Java programming
자바프로그래밍
100% 실전 가이드 1

기본은 물론 응용까지 새로운 JAVA 필독서

심상원 지음

Java programming 자바프로그래밍 100% 실전 가이드 1

초판 1쇄 인쇄 2019년 05월 10일
초판 1쇄 발행 2019년 05월 20일

지은이 심상원
펴낸이 한준희
펴낸곳 (주)아이콕스

기획/편집 다온미디어
디자인 이지선
영업지원 김진아
제작 김정진(오크프린팅)

주소 경기도 부천시 중동로 443번길 12, 1층(삼정동)
홈페이지 http://www.icoxpublish.com
이메일 icoxpub@naver.com
전화 032-674-5685
팩스 032-676-5685
등록 2015년 7월 9일 제 2017-000067호
ISBN 979-11-6426-054-6
979-11-6426-053-9 (세트)

※정가는 뒤표지에 있습니다.
※잘못된 책은 구입하신 서점에서 교환해드립니다.

머리말 | Preface

필자는 다년간의 강의와 공공 기관에서의 프로젝트 진행 경험을 바탕으로, 독립적이고 풍부한 예제와 상세한 주석을 통해 초보 입문자부터 실무 개발자까지 폭넓게 활용할 수 있도록 포괄적으로 구성하였습니다.

[1권]은 주로 자바의 전반적인 문법의 개념과 그 활용을 다루었습니다.

기초부터 매우 복잡한 문법까지 전반적인 개념과 함께 예제를 통한 활용을 자세히 다룹니다.

[2권]은 자바에서 제공하는 클래스로 절차 중심의 처리 방법과 활용 방법을 다루었습니다.

응용 단계로서 절차화된 정의 및 사용 방법을 활용하여 기능을 구현했으며 특히 확장성과 효율성을 고려한 모듈화 과정을 충분히 이해하기를 바랍니다.

장기적인 목표를 가진 프로그래머로 성장하십시오.

이미 구현된 기능을 사용하는 데에는 한계가 있죠. 코드의 효율성과 확장성을 고려해 최적화된 프로그램을 구현하기 위해서는 장기적인 목표를 가지고 지속적인 학습을 통해 하나하나 기술적 지식의 영역을 넓혀가기를 바랍니다.

각 예제의 사용 목적을 명확하게 이해하십시오.

인터페이스, 추상 클래스 등을 효율과 필요도에 맞게 설계/구현할 수 있는 개발자가 될 수 있도록 예제를 통해 사용 목적을 명확하게 이해하길 바랍니다.

가장 심각한 문제는 자기가 무엇을 모르는지 모르는 것입니다.

필자가 강의 시절 가장 많이 했던 말입니다. 이 책을 통해 자신이 무엇을 모르고 무엇을 알고 있는지를 우선 판단하길 바랍니다.

강의를 하면서 가장 공부가 되는 사람은 누구일까요?

강의를 통해 가장 많은 공부를 하게 되는 사람은 바로 강사 자신입니다. 반복적인 설명과 함께 이해의 영역이 점점 넓혀지기 때문이죠. 프로그램에서 반복 학습은 매우 중요하며, 본인이 주체적으로 예제의 구성을 이해하고 구현할 수 있어야 진정한 학습이 되겠죠. 독자 여러분 모두 예문을 눈으로만 이해하지 말고 한 줄 한 줄 직접 코딩하며 진행해 보기를 권합니다.

이 책을 집필하며 1년 6개월이라는 시간이 흘렀습니다. 필자에게는 고통과 두려움의 긴 시간이었지만 집필 과정이 마무리된 지금은 너무나 큰 보람을 느낍니다. 끝까지 집필을 마칠 수 있도록 많은 조언과 도움을 주신 모든 분들께 감사의 말씀을 드립니다. 특히 직장과 집필 시간 외에는 아무 것도 할 수 없었던 상황을 이해해준 가족에게 진심으로 감사와 사랑의 말을 전합니다.

저자 심 상 원

simbrother@hanmail.net

1. 중요 포인트 및 학습 가이드

본격적인 학습 전, 가볍게 읽고 난이도 및 구성 취지를 이해하도록 구성됩니다. 난이도 [중/하]의 경우는 반드시 이해가 필요한 내용을 의미하며 [상]에 해당하는 개념은 우선 넘어가되 향후 보다 심도 깊은 학습이 필요합니다

3.1 | 변수

수준	중요 포인트 및 학습 가이드
하	1. 변수의 개요 – 변수의 가장 큰 목적은 메모리상에 지속적인 자료저장과 자료조회이다. – 타입은 대표적으로 논리형, 정수형, 실수형, 문자형이 있으며 사용빈도가 매우 높다.
하	2. 변수 선언과 값의 저장 – 변수 선언은 타입과 변수명을 이용하여 선언할 수 있다. – 선언과 함께 값을 저장할 수 있으며, 이후에 값을 저장할 수도 있다. – 값의 저장은 대입연산자 '='를 이용하여 값을 저장한다.

3.1. 01 변수의 개요

개념	• 변수의 정의 – '데이터'의 정보를 관리하기 위해 해당 정보를 메모리 상에 입력하고 해당 메모리의 주소를 관리하는 개념을 '변수'라 한다.
사용 목적	• 변수를 사용하는 가장 큰 이유는 '값을 저장하여 재사용'하기 위함이다. • 저장된 값을 변경함으로써 프로그램의 진행 상태를 유지할 수 있다.
설명	• 프로그램 처리과정 절차 [조건 자료] ▷ [로직 처리] ▷ [결과 자료 저장] ▷ [화면에 결과 자료 표현] ※ 프로그램을 하는 과정은 로직처리 상의 자료를 기억하여 최종적으로 구현하고자 하는 자료를 도출해내는 과정이라 생각하면 된다. 여기서 '자료'의 부분을 변수가 담당한다.
특징	• 모든 변수는 타입을 갖는다.

■ 변수 타입의 종류

• 사용빈도가 높은 가장 기본이 되는 변수는 논리형, 숫자형, 문자형이 있으며 이 변수는 반드시 숙지를 해야 하지만 사용빈도가 매우 높기 때문에 굳이 외우지 않아도 자연스럽게 숙지가 될 것이다.

타입	타입명	타입 설명
논리형	boolean	조건에 따라 값을 처리하고자 할 때 사용되는 변수 (true, false 값을 갖는

하	3. 주석의 종류 및 사용방법 ※ 블록 주석과 라인 주석에 관한 표현 방법 및 차이점을 알아야 한다. (블록 주석 : '/*'로 시작하여, '*/'로 종료) (라인 주석 : '//'로 개행이 나올 때까지 주석 구간이다.)
하	4. 주석의 특성 및 사용상 주의 사항 ※ 간단히 이해하고 넘어가도록 한다.

2. 메인 학습 구성 / 학습 방법

단원별 [학습 목표] 및 [주요 개념], [주의 사항]이나 해당 문법의 [처리 방법]에 이르는 효율적인 학습 방법을 제시합니다.

제시된 [학습 목표]를 기준으로 [정의/사용/처리 방법]을 익히고 [사용 예문] 및 [결과], [소스 설명] 및 [정리]까지 순차적으로 살펴볼 수 있습니다.

특히 [학습 절차]의 패키지와 클래스명을 활용하여 예제 파일을 쉽게 찾을 수 있도록 구성하였습니다.

2.2. 01 무조건 따라하기

학습 목표	• 프로그램 실행 후 주석을 정의할 수 있다. – 패키지명 : ch02.part01.main2 – 클래스명 : MyFirstClass2
학습 절차	ch02.part02.main1.MyFirstClass2 클래스 정의

사용 예문

```
package ch02.part02.main1;

/** <pre>
 * 클래스 주석
 *  – 이 클래스는 주석 테스트를 위한 클래스
 * </pre>
 */
public class MyFirstClass2 {

    /** 이 함수는 메인 함수 */
    public static void main(String[] args) { /* 함수 시작 */

        /* 메인함수 내부 구간
           – 이곳은 메인함수 내부 구간으로 로직을
             처리하기 위한 구간이다.
         */

        // System.out.println()은 콘솔에 나타내기 위한 함수
        System.out.println("Hello Java !!!");
        System.out.println("주석연습");  // 콘솔에 '주석연습' 명시

    } // 함수의 종료
}
```

3. 클래스 또는 인터페이스 API

API는 편하게 읽고 넘어간 후 예문 학습에서 다루는 클래스를 API를 통하여 자세히 학습하시기 바랍니다.

▣ javafx.scene.Scene 클래스 API

화면 객체	window – 조회 : public Window getWindow() – 설정 : 없음 • 윈도우의 객체를 저장 – Stage 타입으로 생성된 화면은 'Window' 타입이 된다.

속성

[속성]의 경우 좌측에는 '화면 객체'와 같이 속성의 의미를 담은 요약어를, 우측에는 그 속성과 지침 등을 정리하였습니다.

객체 생성	new ImageView() • 기본 생성자 함수를 이용한 객체 생성
	new ImageView(Image image) • Image 객체를 이용한 객체 생성
	new ImageView(String url) • 해당 URL을 이용한 객체 생성 – 내부에서 URL을 이용해 Image 객체를 생성한 후, 해당 객체를 이용해 객체 생성을 한다.

생성자 함수

좌측에 [객체 생성]으로 표현된 생성자 함수 설명의 경우, 우측에는 해당 생성자 함수를 파라미터와 함께 정리해 두었습니다.

발신 주소	pubic InetAddress getAddress() • 소켓으로 들어오는 발신지 주소 정보를 InetAddress 타입으로 반환
발신 포트	pubic int getPort() • 소켓으로 들어오는 발신지 포트 정보를 반환한다.
발신 주소 / 포트	pubic SocketAddress getSocketAddress() • 소켓으로 들어오는 발신지의 주소 및 포트 정보들을 SocketAddress 타입으로 반환한다.

함수

각 함수의 사용법은 접근 제한자, 반환 타입, 파라미터 정보를 바탕으로 쉽게 이해할 수 있게 설명하였으며 좌측에 정리된 '발신 주소' 등의 기능 요약어와 함께 우측에 자세히 설명되어 있습니다.

❶ 아이콕스 홈페이지(http://icoxpublish.com)로 접속합니다.

❷ 상단 메뉴 중 [자료실 > 도서부록소스] 순으로 메뉴를 클릭하여 해당 자료실로 이동합니다.

❸ 열린 [도서부록소스] 게시판 목록에서 해당하는 도서를 찾아 자료를 다운로드합니다.

01장. 자바 환경 구축

어서 오세요

본 장에서는 자바(Java) 언어의 개념과 특징 등을 알아보고, 본격적인 자바 프로그래밍을 위한 환경을 구축해 보겠습니다.

1.1 개요

1. 자바의 개념

- 자바(Java)는 썬 마이크로시스템즈(Sun Microsystems)에서 개발한 객체지향 언어이다.
- 자바는 C 언어가 객체 지향으로 발전한 C++과는 달리 초기설계부터 객체지향 프로그래밍으로 설계되었다.
- 자바는 웹 애플리케이션 개발에 가장 많이 사용하는 프로그래밍 언어 중 하나이고 모바일 기기용 소프트웨어 개발에도 널리 사용하고 있다.

2. 자바의 특징

- 장점

– 객체지향언어의 특징으로 재사용성과 유지보수에 용이하다.

– 운영체제에 독립적이므로 여러 운영체제나 하드웨어에서 동일하게 실행된다.

– 자동 메모리 관리 지원으로 별도로 메모리 관리를 하지 않아도 된다.

– 코드가 간결하여 배우기 쉽다.

– 멀티 쓰레드 지원으로 구현이 쉽다.

- 단점

– 실행을 위해 JVM(자바가상머신)을 거쳐야 하므로 다른 언어에 비해 실행속도가 느리다.

– 다른 언어에 비해 예외처리를 일일이 지정해줘야 하는 불편함이 있다.

3. 자바 가상 머신

- 자바 컴파일러

– 자바 컴파일러(Java Compiler)는 자바 코드를 자바 바이트 코드로 컴파일한다.

– 자바 바이트 코드(Java bytecode)는 자바 가상 머신이 이해할 수 있는 언어이다.

- 자바 가상 머신 (JVM)

– JVM(Java Virtual Machine)은 바이트 코드를 실행시키기 위한 가상의 기계이다.

– 자바 프로그램은 자바 가상 머신에서만 실행될 수 있다.

– 자바 가상 머신은 운영체제에 종속적이므로 각 운영체제에 맞는 자바 가상머신을 설치해야 한다.

- 자바 실행 환경 (JRE)

– JRE(Java Runtime Environment)는 자바 파일을 실행할 수 있는 환경 구성이다.

– JVM + 클래스 라이브러리 패키지를 포함한다.

- 자바 개발 키트 (JDK)

– JDK(Java Development Kit)는 자바 응용 프로그램을 개발하는 개발 툴이다.

– JRE + 개발을 위해 필요한 도구를 포함한다.

4. 자바 플랫폼

- JAVA SE(Java Platform, Standard Edition), J2SE

– 가장 기본적인 클래스 패키지로 구성된 표준 자바 플랫폼이다.

- JAVA EE(Java Platform, EnterPrise Edition), J2EE

– SE 확장판으로 대형 네트워크환경 프로그램 개발을 위한 플랫폼이다.

– 여러 응용 프로그램과 연동되는 대형 프로젝트에서 네트워크 서버를 위한 플랫폼이다.

- JAVA ME(Java Platform, Micro Edition), J2ME

– 모바일, PDA, 셋톱박스등 임베디드 시스템 개발용 플랫폼이다.

1.2 | JDK 다운로드 및 설정

1.2.01 JDK 다운로드

1. 오라클 공식사이트 접속

– 오라클 홈페이지(http://www.oracle.com)에 접속하여 [Download] 선택

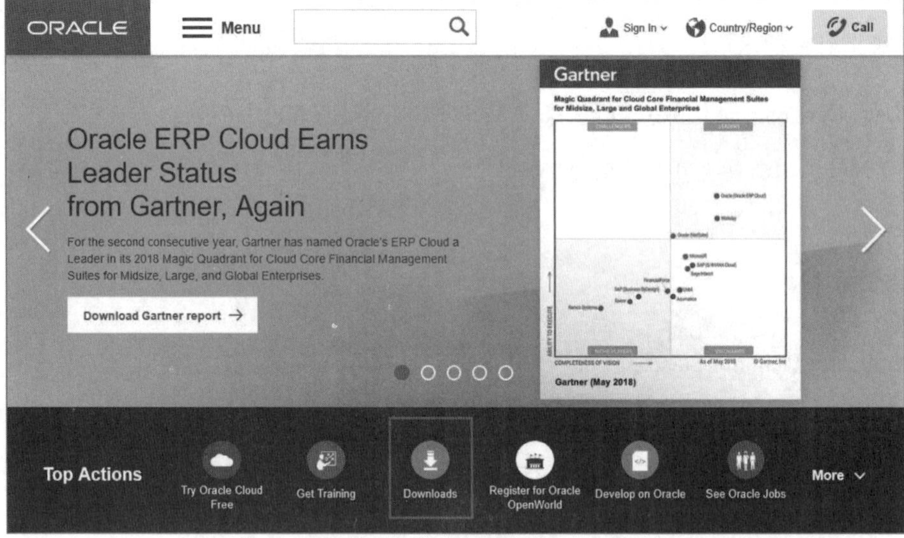

2. [Java] 선택

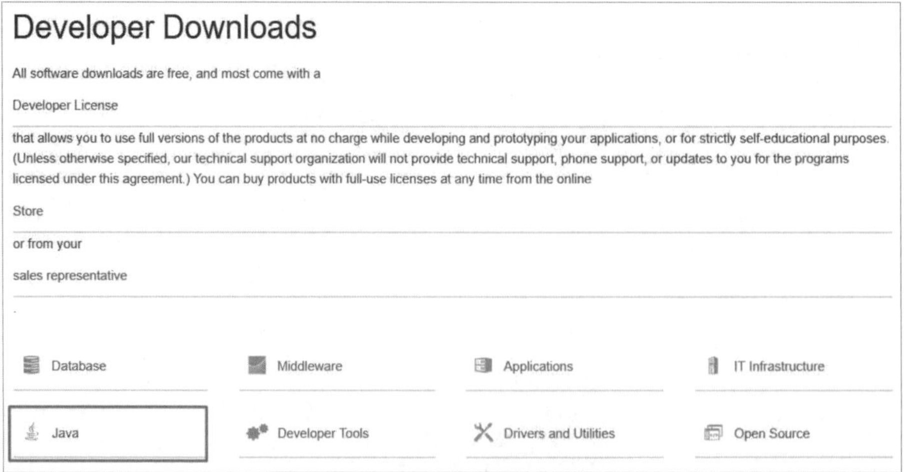

3. [Java(JDK) for Developers] 선택

4. [JDK 버전] 선택

– 현재 최신 버전은 'JDK 11'이므로 해당 버전으로 다운로드한다.

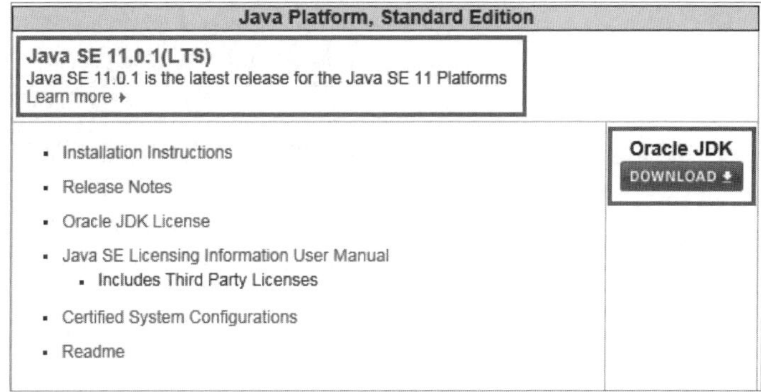

5. 라이선스 동의 및 다운로드

– 'Accept License Agreement' 항목에 체크 후 운영체제에 맞는 파일을 다운로드한다.

– 참고로 사용자의 운영체제 버전(x86/x64)은 [제어판 > 시스템]에서 확인할 수 있다.

Java SE Development Kit 11.0.1

You must accept the Oracle Technology Network License Agreement for Oracle Java SE to download this software.

○ Accept License Agreement ◉ Decline License Agreement

Product / File Description	File Size	Download
Linux	147.4 MB	jdk-11.0.1_linux-x64_bin.deb
Linux	154.09 MB	jdk-11.0.1_linux-x64_bin.rpm
Linux	171.43 MB	jdk-11.0.1_linux-x64_bin.tar.gz
macOS	166.2 MB	jdk-11.0.1_osx-x64_bin.dmg
macOS	166.55 MB	jdk-11.0.1_osx-x64_bin.tar.gz
Solaris SPARC	186.8 MB	jdk-11.0.1_solaris-sparcv9_bin.tar.gz
Windows	150.98 MB	jdk-11.0.1_windows-x64_bin.exe
Windows	170.99 MB	jdk-11.0.1_windows-x64_bin.zip

※ x86 버전 : 32비트 OS / x64 버전 : 64비트 OS

1.2.02 JDK 설치

1. 다운로드한 설치 파일 실행

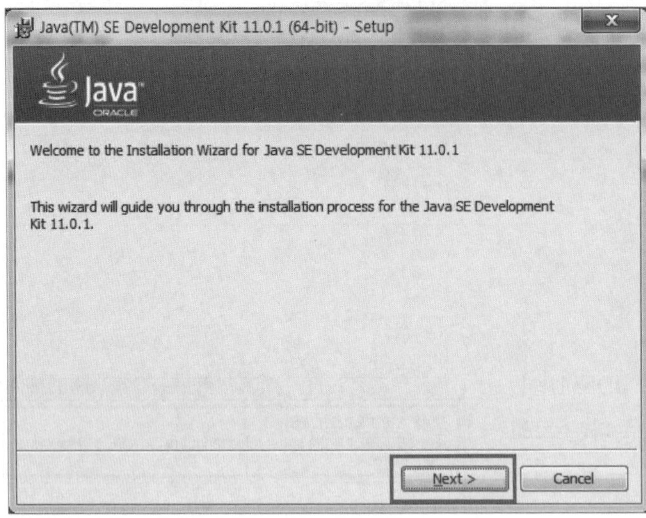

2. JDK 설치 경로 설정

- JDK 설치 경로는 기본 경로로 선택할 수 있으며 변경할 수 있다
  - ▸ 변경하기 위해서는 [Change] 버튼을 클릭한다.
  - ▸ 필자의 경우 [D:₩programFiles₩java₩java11] 경로에 설치하였다.

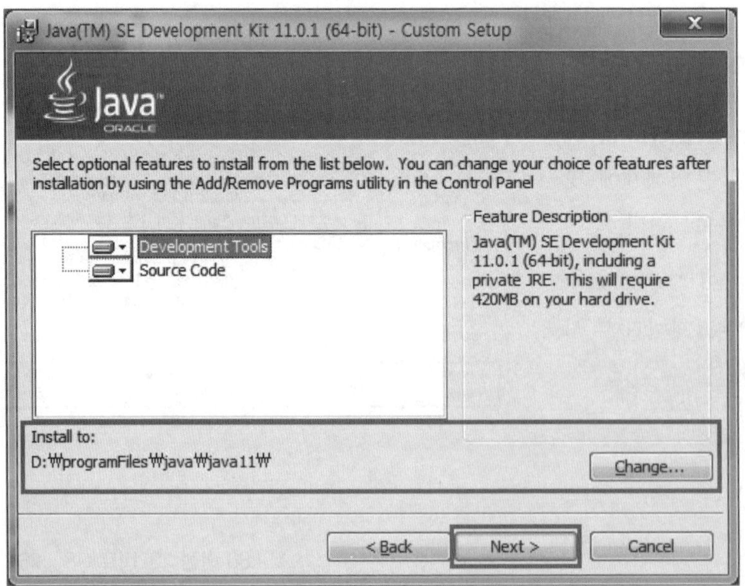

3. 설치 진행

4. 설치 완료

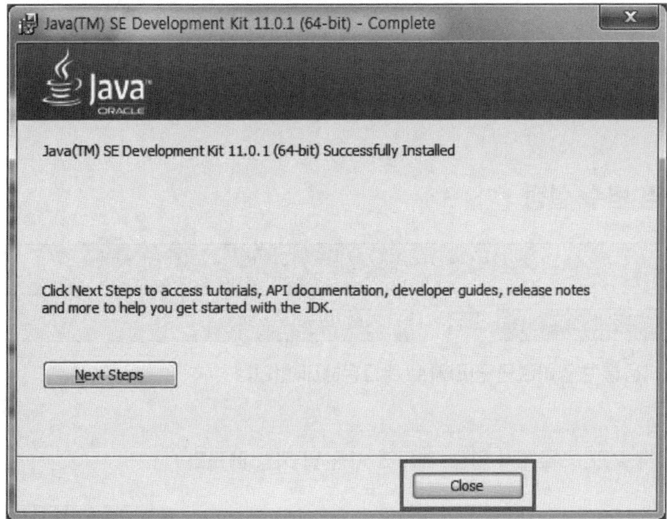

5. 설치 확인

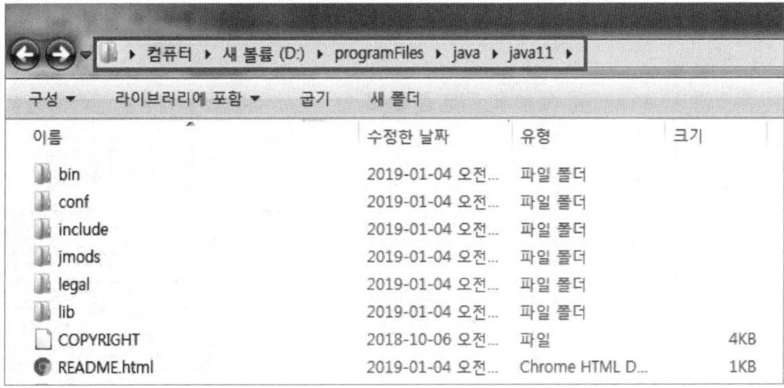

1.2. 03 환경변수 설정

1. 고급 시스템 설정 (제어판 〉 모든 제어판 항목 〉 시스템)

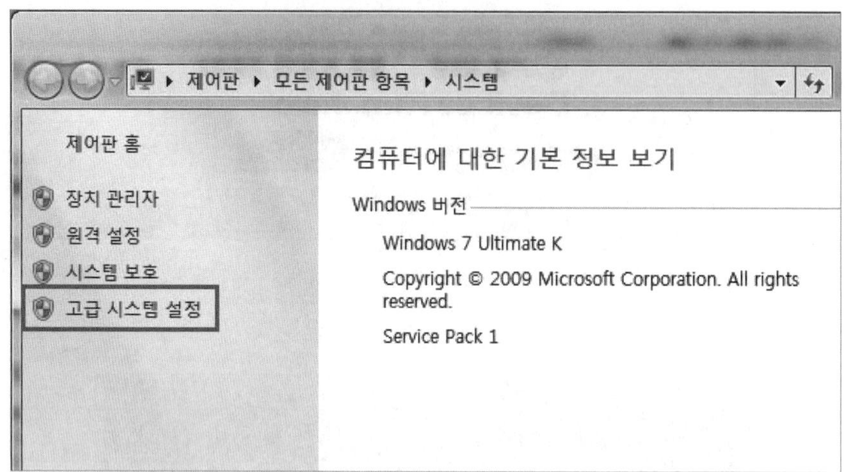

2. 시스템 속성 〉 환경 변수 설정

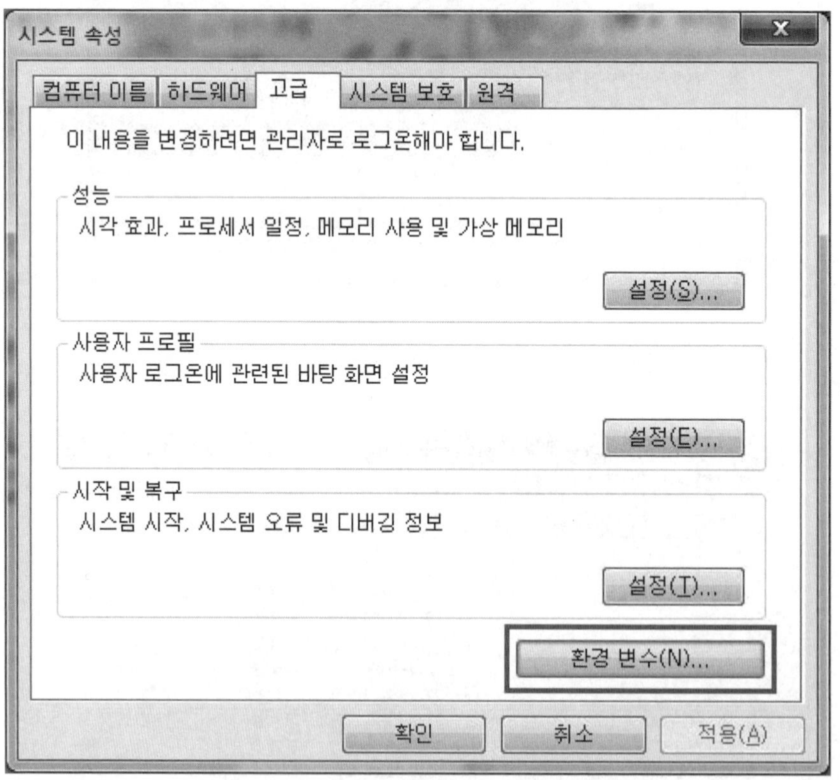

3. 환경 변수 새로 만들기

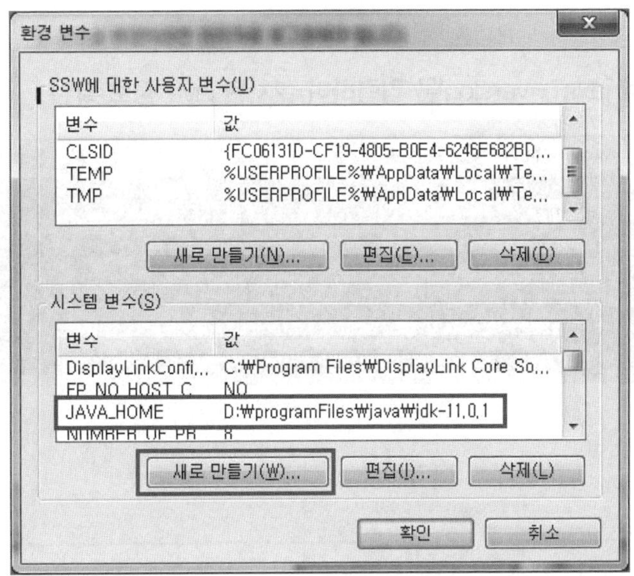

4. 사용자 변수 설정

– 변수 이름 : JAVA_HOME,

– 앞서 설치한 JDK 경로를 입력하는데, [bin] 폴더 이전까지 입력한다.

▸ D:₩programFiles₩java₩java11

5. Path 편집

– 시스템 변수에서 자바의 실행 경로를 'Path' 항목에 추가 등록한다.

▸ 변수 이름 : Path

▸ 변수 값 : %JAVA_HOME%₩bin

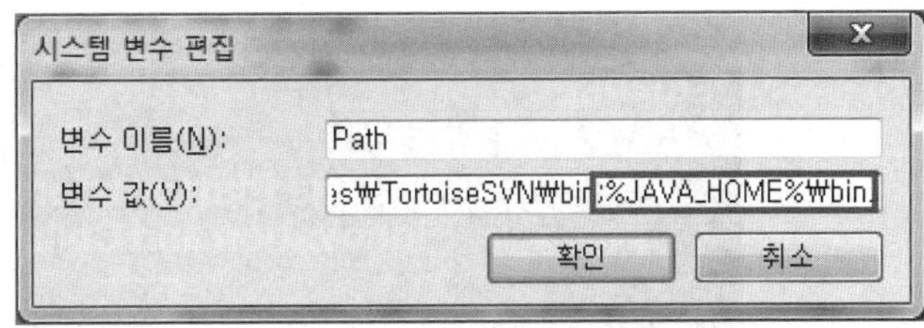

1.2.04 자바 설치 확인

■ 명령 프롬프트에서 'java -version'을 입력하여 설치된 java 정보 확인

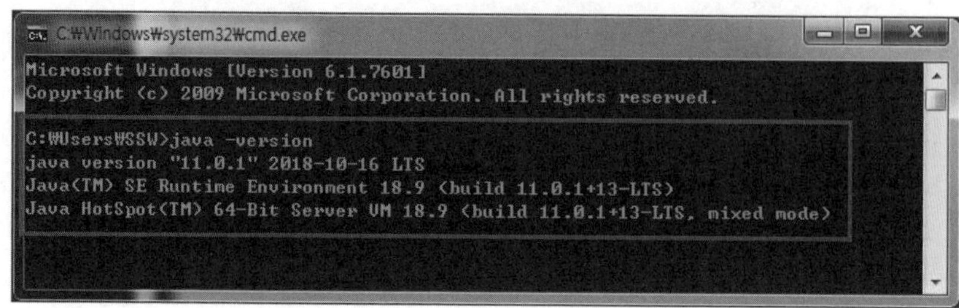

1.3 | 이클립스 다운로드 및 설정

- IBM 주도 자바 기반의 오픈 소스 프로젝트로, IDE(통합개발환경)의 대표적인 자바 개발 프로그램이다.
- 이클립스(Eclipse)는 주요 소프트웨어 벤더, 솔루션 공급자, 기업, 교육 및 연구기관, 개인들이 큰 컨소시엄을 이루어 이클립스 플랫폼을 향상시킬 수 있는 환경을 개발하고 있다.

1.3.01 이클립스 다운로드

1. 오라클 공식사이트(https://www.eclipse.org) 접속 후 [Download] 선택

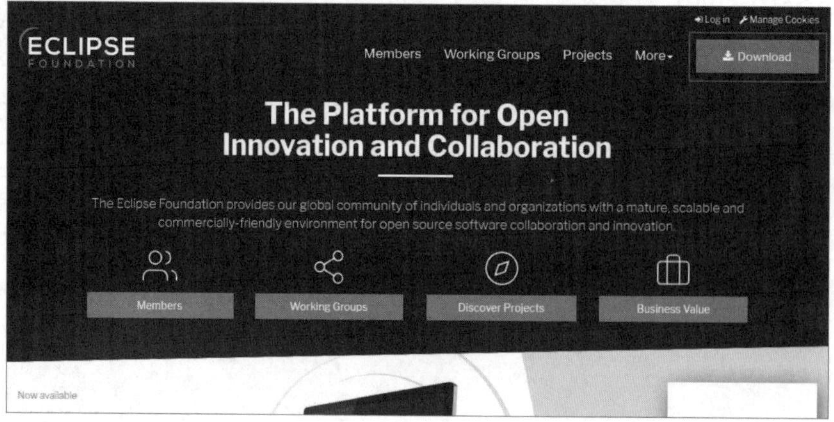

2. Download Packages 선택

3. 이클립스 다운로드

– [Eclipse IDE for Java Developers] 섹션에서 사용자 운영체제에 맞는 버전 선택

4. [Download] 선택

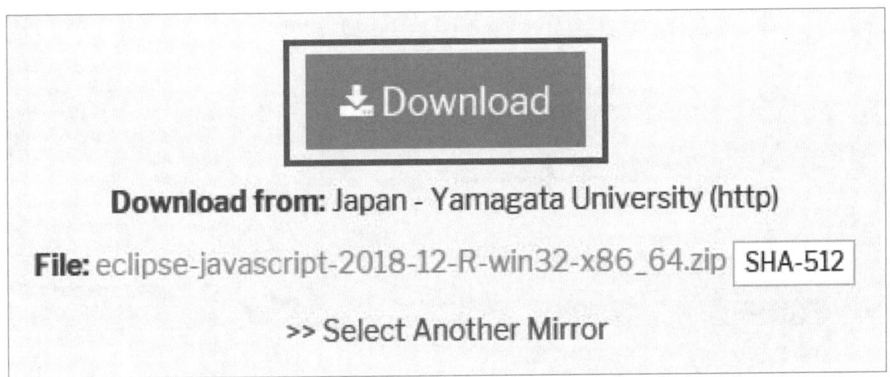

1.3.02 이클립스 실행

1. 희망하는 위치에서 압축을 풀고 eclipse.exe 파일을 실행한다.

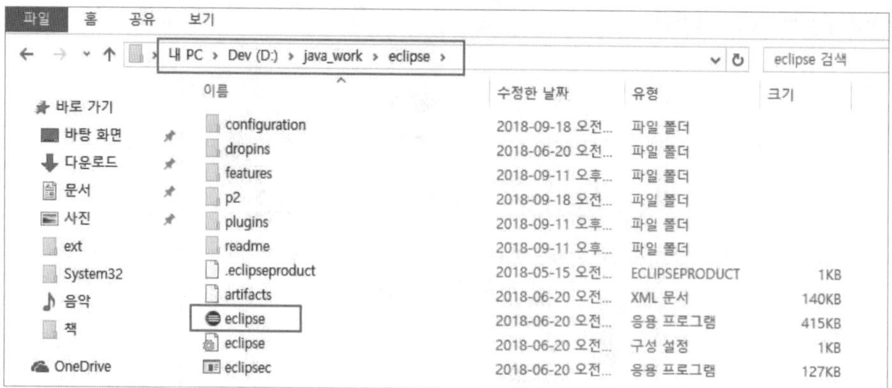

2. 이클립스 실행 확인

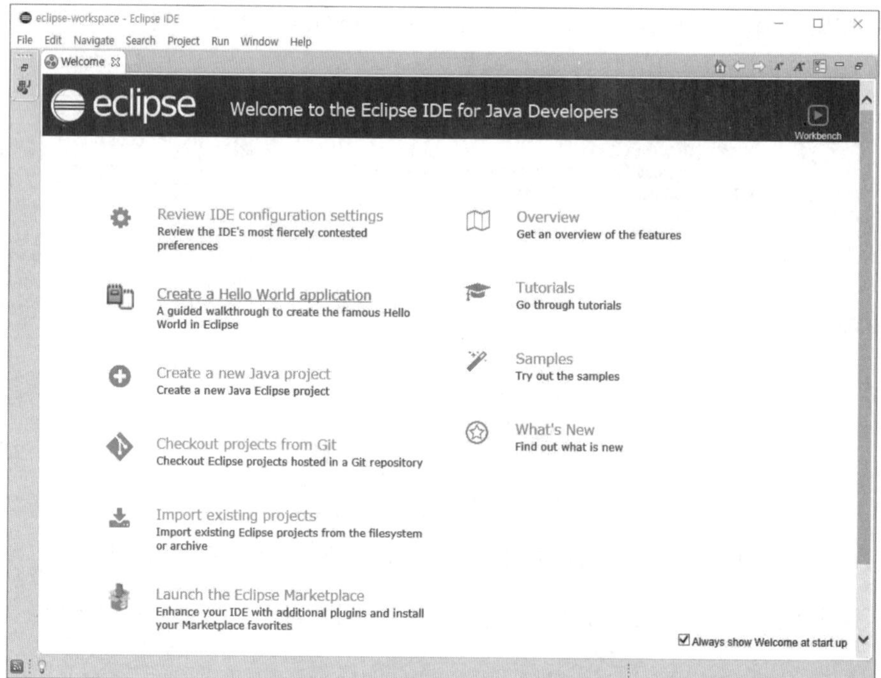

1.3.03 이클립스 JDK 설정

■ **앞에서 설치한 JDK 설정하기 위해 이클립스를 설정한다.**

– [Window 〉 Preferences] 메뉴 클릭

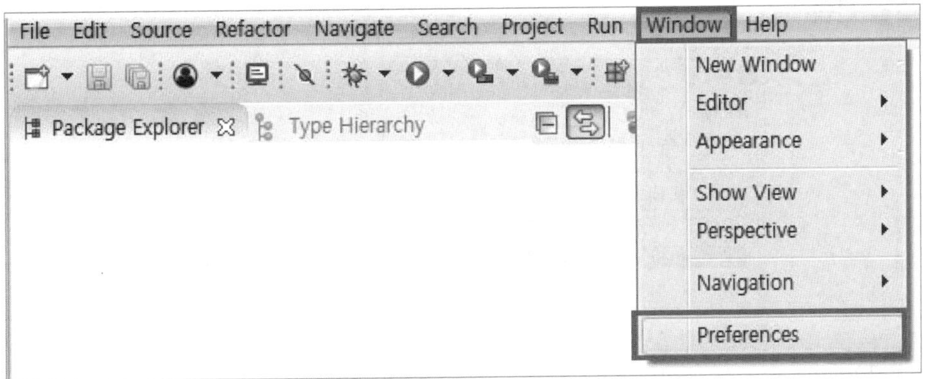

■ **JRE 설정 여부 확인** (추가 과정이 필요할 경우)

– Installed JREs에 자바 11 JDK가 설정되어 있다면 추가 설정은 필요 없으며, 설정이 되지 않았을 경우에는 [Java 〉 Installed JREs] 클릭 후 오른쪽 화면에서 [Add...] 버튼을 클릭한다.

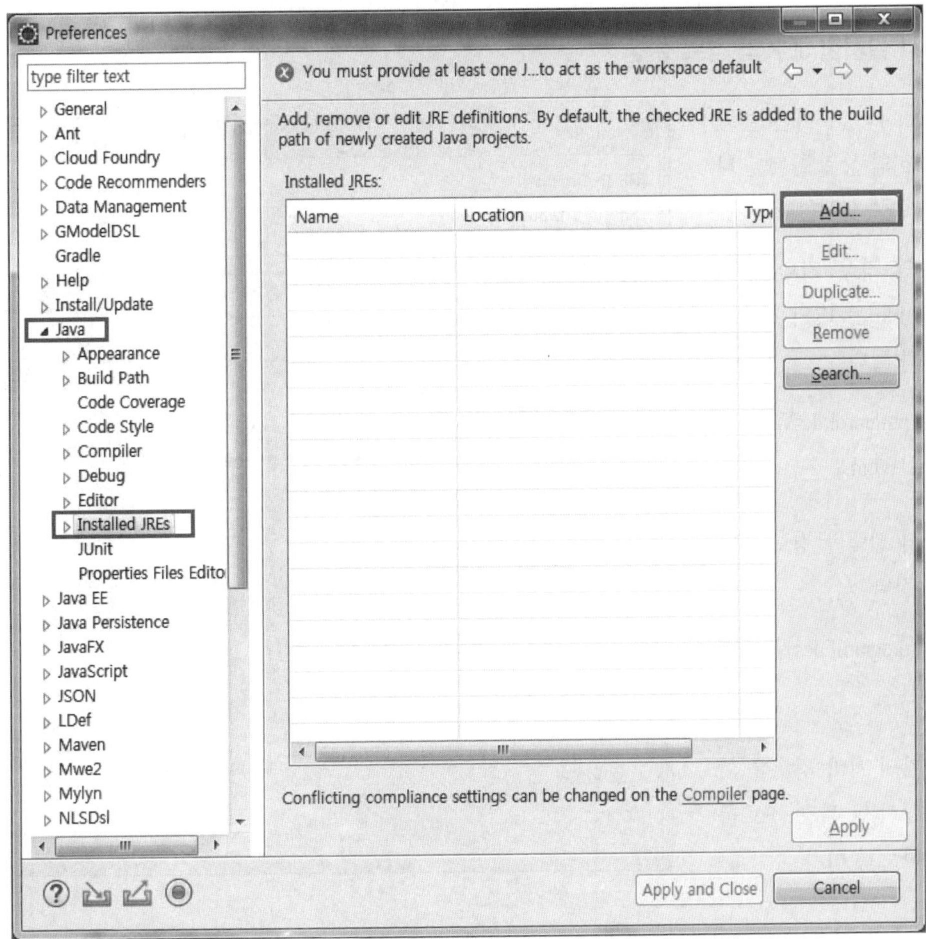

■ JRE 타입 선택

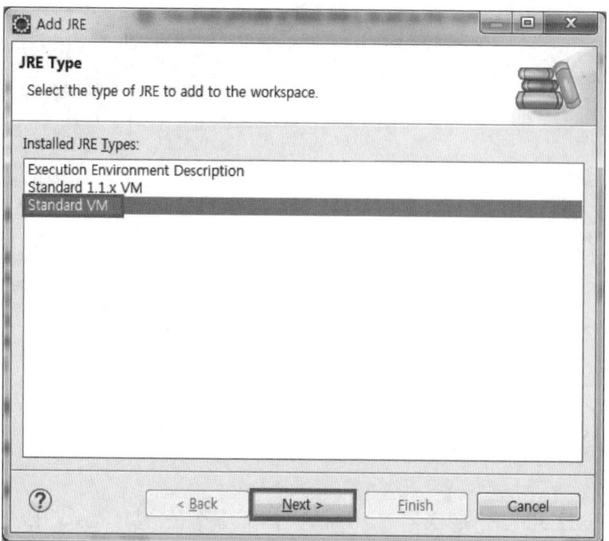

■ 앞에서 설치한 JDK의 경로 설정

- [Directory...] 버튼 클릭 후 [bin]의 상위 폴더를 타겟 경로로 선택한다.
- 필자의 경우 자바가 설치된 [bin] 폴더의 경로는 다음과 같다.
  - ▸ D://programFiles₩java₩java11₩bin
- 따라서 선택할 경로는 다음과 같다.
  - ▸ D://programFiles₩java₩java11
- 학습자의 자바 경로를 확인 후 각자 해당 경로를 입력하도록 하자.

■ 이클립스 Installed JREs에서 자바 11을 설정

– 추가된 java 11을 체크 후 하단의 [Apply and Close] 버튼을 클릭하면 된다.

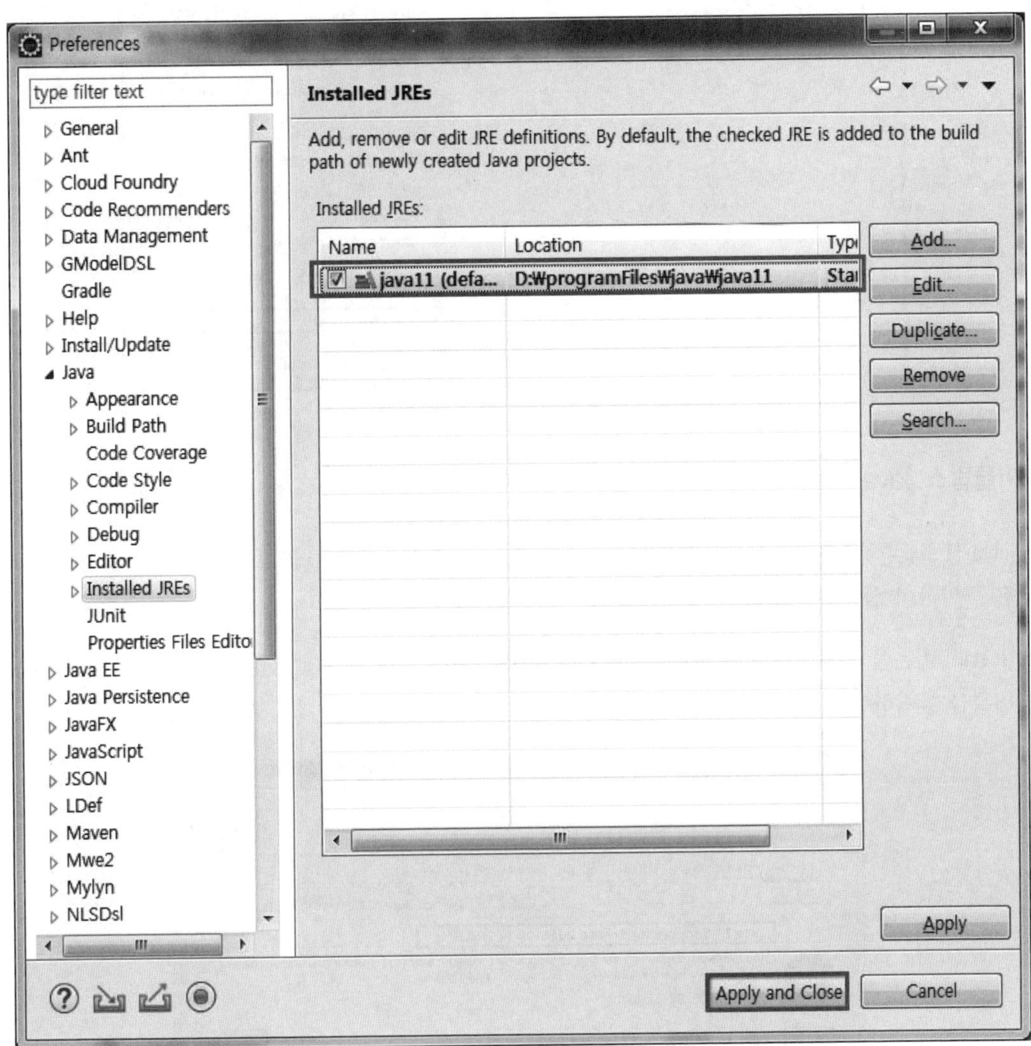

1.3.04 이클립스 Java 1.11 플러그인 설치

- 2장부터 자바 프로젝트를 설치할 때 Java 1.11 버전으로 프로젝트가 설정되지 않을 경우에만 설치하면 되므로 우선 고려하지 않고 넘어가도 상관없으며, 2장에서 프로젝트 생성 시 이런 경우에 해당할 때에는 플러그인 설치를 진행하도록 하자.

■ 이클립스 플러그인 설치를 위해 메뉴에서 [Help > Eclipse Marketplace...]를 선택

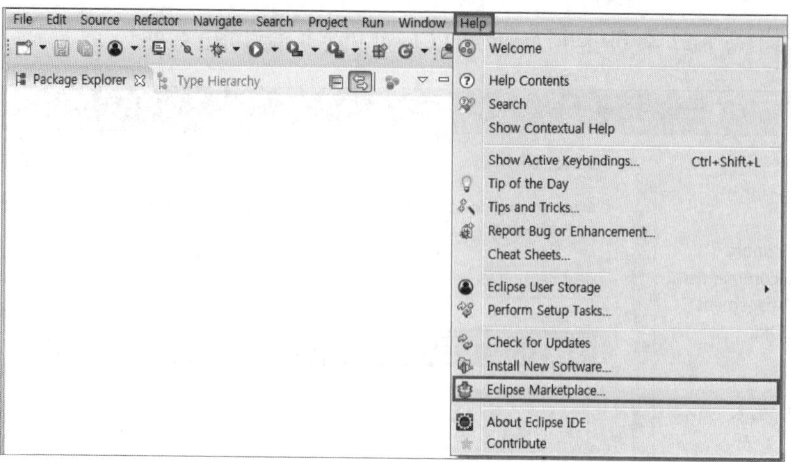

■ 이클립스 Java 11 플러그인 설치

– 'java 11'로 검색을 하면 다음과 같이 [Java 11 Support for Eclipse ...] 플러그인이 검색되며 [Install] 버튼을 클릭하여 설치하면 된다.

– [Install] 버튼을 클릭한 후 다음 화면에서 [I accept the terms of the license agreement]를 선택하고, [Finish] 버튼을 클릭하여 설치를 완료했으면 이클립스 프로그램을 종료한 후 다시 시작한다.

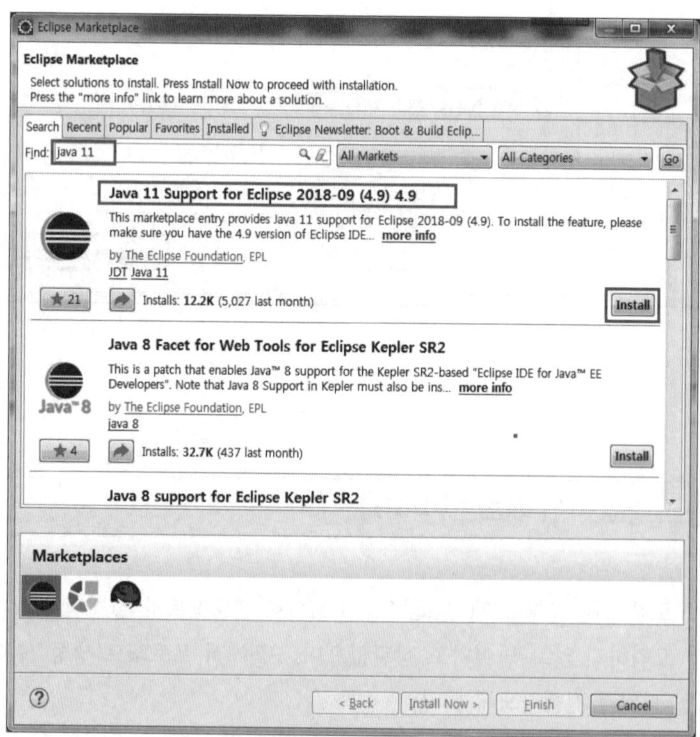

1.3. 05 이클립스 단축키

1. 이클립스의 단축키 보기

– 메뉴 중 [Help 〉 Show Active Keybindings…] 선택, 【단축키 Ctrl + Shift + 『L』】

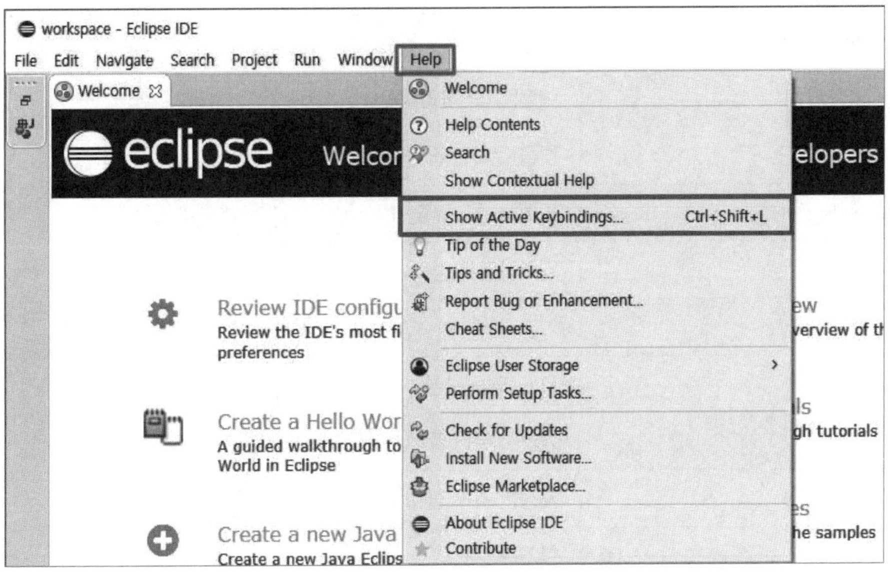

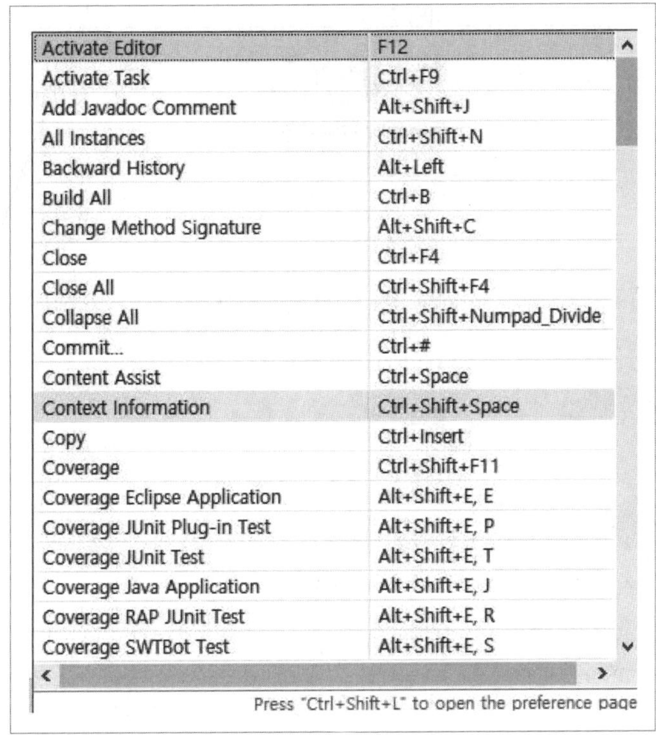

Activate Editor	F12
Activate Task	Ctrl+F9
Add Javadoc Comment	Alt+Shift+J
All Instances	Ctrl+Shift+N
Backward History	Alt+Left
Build All	Ctrl+B
Change Method Signature	Alt+Shift+C
Close	Ctrl+F4
Close All	Ctrl+Shift+F4
Collapse All	Ctrl+Shift+Numpad_Divide
Commit...	Ctrl+#
Content Assist	Ctrl+Space
Context Information	Ctrl+Shift+Space
Copy	Ctrl+Insert
Coverage	Ctrl+Shift+F11
Coverage Eclipse Application	Alt+Shift+E, E
Coverage JUnit Plug-in Test	Alt+Shift+E, P
Coverage JUnit Test	Alt+Shift+E, T
Coverage Java Application	Alt+Shift+E, J
Coverage RAP JUnit Test	Alt+Shift+E, R
Coverage SWTBot Test	Alt+Shift+E, S

Press "Ctrl+Shift+L" to open the preference page

2. 주요 단축키

단축키	설명
Ctrl + F11	이전에 실행했던 클래스 실행
Ctrl + 마우스 커서 (또는 F3)	클래스나 메소드 혹은 멤버 상세 검색 선언된 변수나 메소드 정의로 이동
Alt + Left, Alt + Right	이후, 이전
Alt + 좌우 방향키 ([←] / [→])	이전(다음) 작업 화면
Ctrl + K	찾을 문자열을 블럭으로 지정하고 검색
Ctrl + Shift + K	밑에서 문자열 검색
Ctrl + J	입력하면서 검색
Ctrl + F	기본 검색
Ctrl + Space	코드 자동 완성
F2	컴파일 에러 줄에서 누르면 에러 힌트 제공
Ctrl + L	지정한 소스 줄로 이동
Ctrl + D	한 줄 삭제
Ctrl + W	파일 닫기
Ctrl + Shift + W 또는 Ctrl + Shift + F4	모든 파일 닫기
Ctrl + I	들여쓰기 자동 수정
Ctrl + Shift + /	블록을 주석으로 처리 (/* */)
Ctrl + Shift + ₩	블록 주석을 해제
Ctrl + /	여러 줄을 주석 처리/해제
Alt + Up(Down)	위(아래) 줄과 바꾸기
Alt + Shift + 방향키	블록 선택
Ctrl + Shift + Space	메소드 파라미터 목록
Ctrl + Shift + O	자동 import
Ctrl + M	전체 화면 전환
Ctrl + Alt + Up (Down)	한 줄(블럭) 복사
Ctrl + 1	퀵 픽스 (구문에 맞에 소스 교정 지원)

Ctrl + T	상속 계층 팝업 창
Ctrl + O	메소드나 필드 이동
Ctrl + F6	창 전환
Ctrl + F7	뷰 전환
Ctrl + F8	Perspectives 전환
F12	에디터로 포커스 이동
Ctrl + N	새 파일/프로젝트 생성
Ctrl + O	클래서 구조 트리
Ctrl + Shift + M	해당 객체에 커서를 놓고 키를 누르면 Import 구문 자동 생성
Ctrl + Shift + G	해당 메서드/필드 쓰이는 곳 표시
Alt + Shift + R	이름 변경 (소스 내에서 영향받는 참조 정보까지 변경)
F11	디버깅 시작
F8	디버깅 계속
F6	한 줄씩 디버깅
F5	한 줄씩 디버깅할 때 함수인 경우 함수 내부까지 디버깅
Alt + Up (Down)	해당 줄을 위/아래로 이동
Alt + Shift + S	소스 메뉴 출력(Import 추가 , Comment 추가 , Generator 메뉴)
Alt + Shift + J	해당 메서드/클래스에 대한 주석 생성
Alt + Shift + Z	구문 블록을 감싸는 메뉴 제공
Ctrl + Shift + F	소스 코드 정렬
Ctrl + Alt + Down	한 줄 복사 후 그 아래에 붙여넣음
Ctrl + Shift + X	대문자로 변환
Ctrl + Shift + Y	소문자로 변환
Ctrl + Shift + B	커서 줄에 중단점 설정
Ctrl + Shift + T	클래스 검색

02장. 자바의 기초

어서 오세요

본 장에서는 본격적인 자바(Java) 개발을 위하여 '이클립스(Eclipse)'를 다뤄 보고, 'Hello, Java' 프로그램을 작성한 후 실행하면서 자바 프로그래밍의 기초적인 프로세스를 이해합니다.

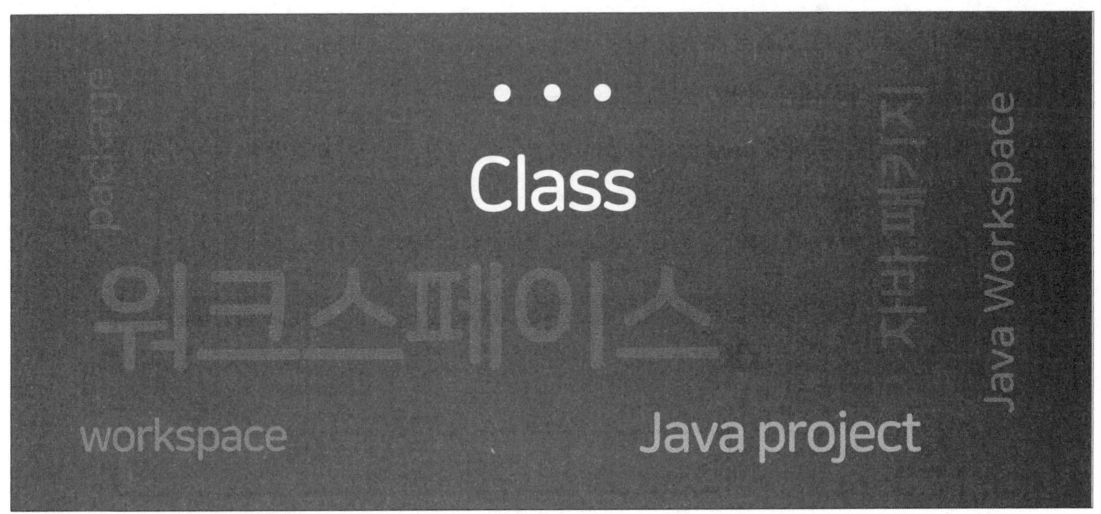

2.1 | 최초 프로그램 작성

수준	중요 포인트 및 학습 가이드(※)
하	1. 이클립스 워크스페이스(workspace) 생성 및 실행하기 – 워크스페이스는 소스를 저장하기 위한 최상위 폴더이다. **※ 워크스페이스를 이용하여 이클립스 실행해야 한다.**
하	2. 최초 자바 프로그램 만들기 **※ 자바 프로그램을 만드는 실행 절차를 반드시 숙지해야 한다.** (자바 프로젝트 ▷ 패키지 ▷ 클래스 ▷ 메인함수 ▷ 로직 ▷ 실행)

2.1.01 이클립스 워크스페이스(workspace) 생성 및 실행

학습 목표	• 이클립스를 실행할 수 있다. 워크스페이스(workspace) 생성 ▷ 메인 프로그램 실행
처리 절차	1. 프로그램 소스를 담을 워크스페이스 생성하기 2. 해당 워크스페이스로 이클립스 프로그램 열기

1. 프로그램 소스를 담을 [workspace] 폴더 생성하기

■ [workspace] 폴더 생성하기

- 워크스페이스 폴더는 프로젝트 소스를 담을 기본 폴더로, 주로 'workspace'라는 이름으로 생성한다.
- [workspace] 폴더 내부에는 여러 프로젝트를 담을 수 있다.
- 필자는 다음과 같은 위치에 [workspace] 폴더를 생성할 예정이며 각자 희망하는 공간에 폴더를 생성하도록 하자.
- 참고로 앞으로 이곳에서 이클립스 프로그램을 열 수 있도록 '바로 가기'까지 생성하였다.

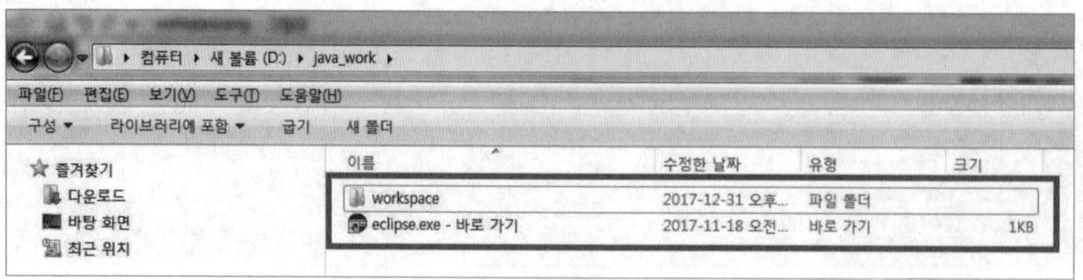

2. 해당 워크스페이스로 이클립스 프로그램 열기

■ [workspace] 폴더 지정하기

- 앞서 생성한 [workspace] 폴더를 지정한 후 [OK] 버튼을 클릭한다.
- 'Use this as the default and do not ask again' 항목에 체크할 경우 이클립스 프로그램 실행 시 아래 그림이 나오지 않고 곧바로 해당 폴더를 기준으로 실행을 하게 된다.

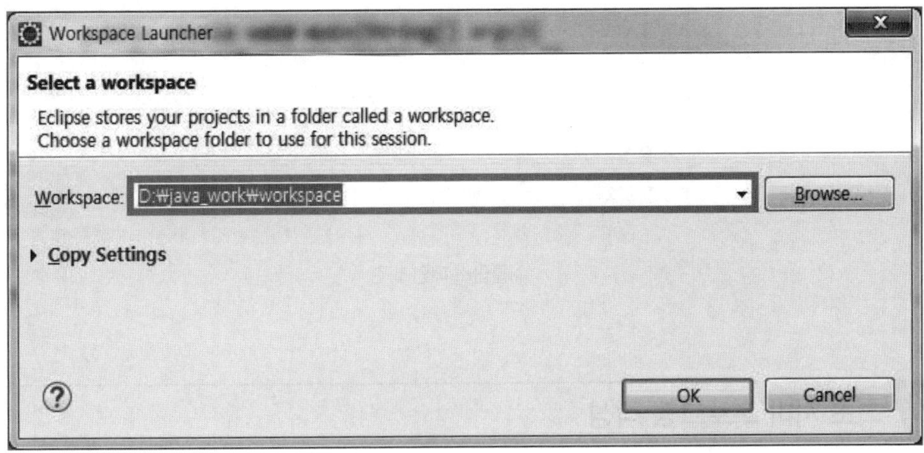

△ 워크스페이스 폴더를 지정

■ 메인 화면 진입하기

- 최초 실행 시 다음과 같은 그림이 나오며, 좌측 상단의 [Welcome] 화면을 끄게 되면 실제 메인 화면으로 진입할 수 있게 된다.

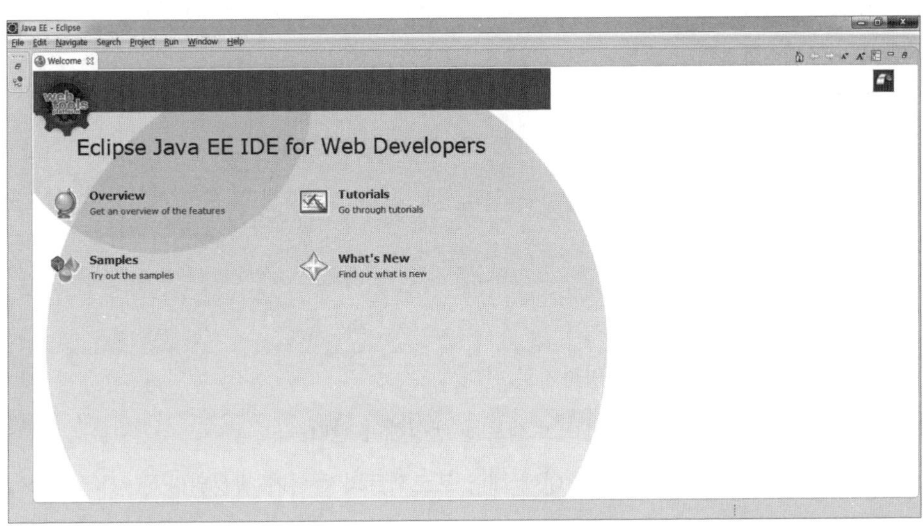

△ • 이클립스 최초 실행 시 화면

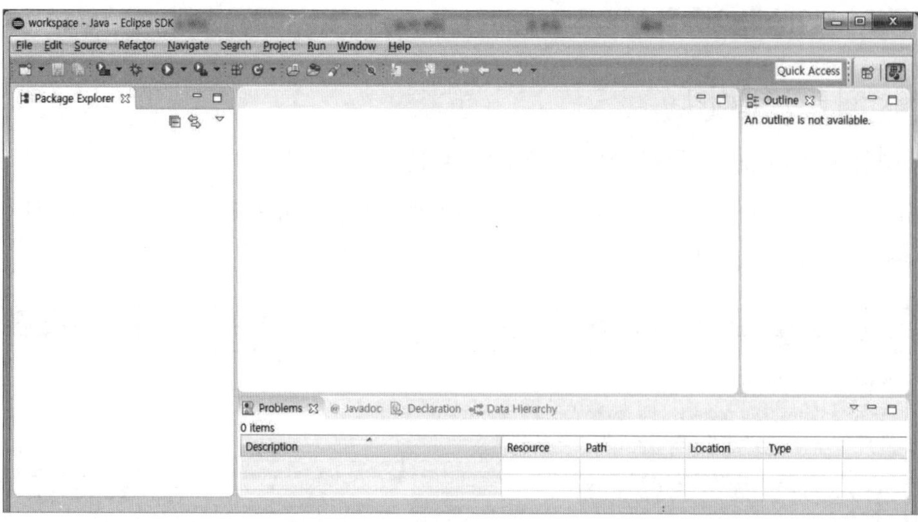

△ 이클립스 메인 화면

2.1.02 최초 자바 프로그램 작성

학습 목표	• 프로그램 실행을 위한 기본 정의를 할 수 있다. 프로젝트 정의 ▷ 패키지 정의 ▷ 클래스 정의 ▷ 메인 함수 정의 ▷ 프로그램 실행 • "Hello Java !!!"를 콘솔 화면에 나타내는 최초의 프로그램을 만들 수 있다.
처리 절차	1. 자바 프로젝트 생성 2. 패키지 정의 3. 클래스 정의 4. 메인 함수의 정의 5. 프로그램 실행

1. 자바 프로젝트(project) 만들기

■ 자바 프로젝트

- 하나의 프로그램을 '프로젝트'로 명명하기로 한다.
- 프로젝트 최초 실행을 위해서는 우선 프로젝트를 생성해야 한다.
  - 프로젝트가 생성되면 workspace 경로 내에 해당 프로젝트의 폴더가 생성된다.
    - ▸ 필자의 프로젝트 위치 – [D:₩java_work₩workspace₩java.study.project]

■ 자바 프로젝트 생성 따라하기

- [Project Explorer] 영역에 오른쪽 클릭 ▷ [New] 클릭 ▷ [Other...] 클릭 (**단축키 : [Ctrl + N]**)
  - [New] 클릭 후 [Java Project]가 있는 경우 [Other...] 대신 직접 선택해도 된다.

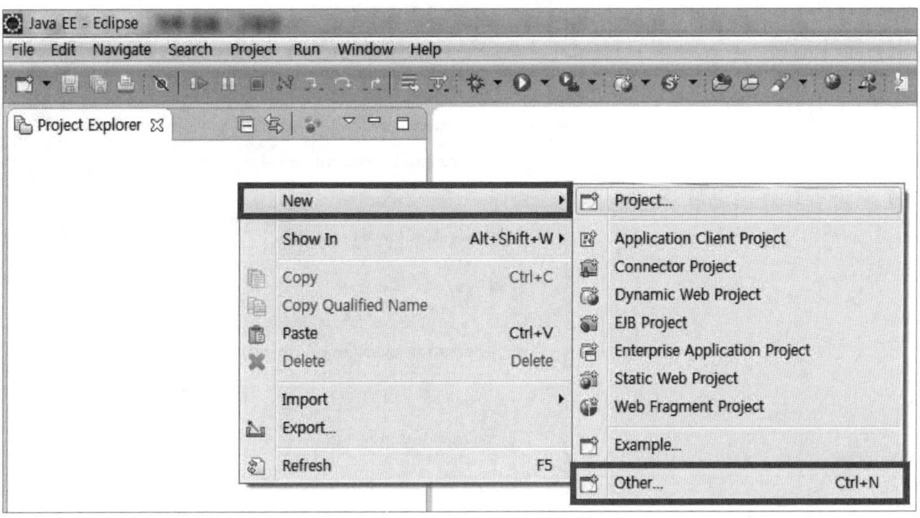

△ [Java Project] 선택

- Java Project 등록(java.study.project)

  – 프로젝트는 자바 11 버전으로 등록할 예정이며, 'JavaSE-11'이 선택되지 않을 경우 플러그인 설치를 해야 한다.

    ▸ 플러그인 설치는 1장 1.3.04 파트의 [Java 1.11 Plugin 설치] 부분을 참고하기 바란다.

- 모듈의 이름을 지정

  – '모듈의 이름'은 기본적으로 '프로젝트명'으로 설정되며, 그대로 사용하도록 한다.

  – '모듈'은 자바 1.9 버전 이후부터 적용되며 이전 버전에서는 적용되지 않는다.

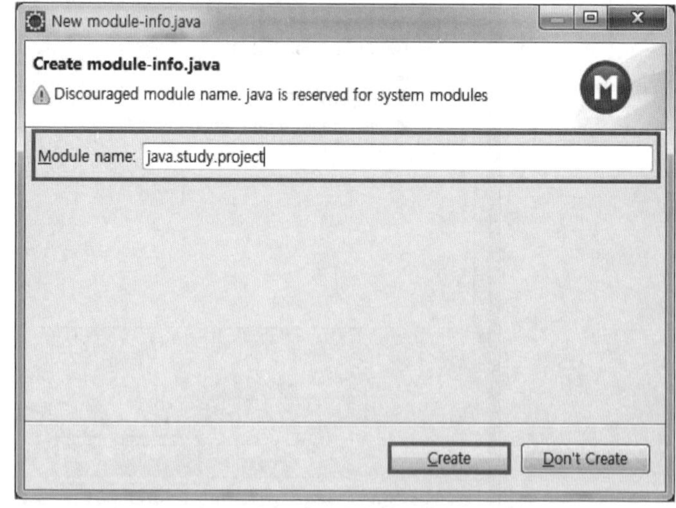

- 다음과 같은 팝업이 나타나면 [Yes] 버튼을 클릭한다. 자바 전용 화면으로 구성하겠다는 의미이다.

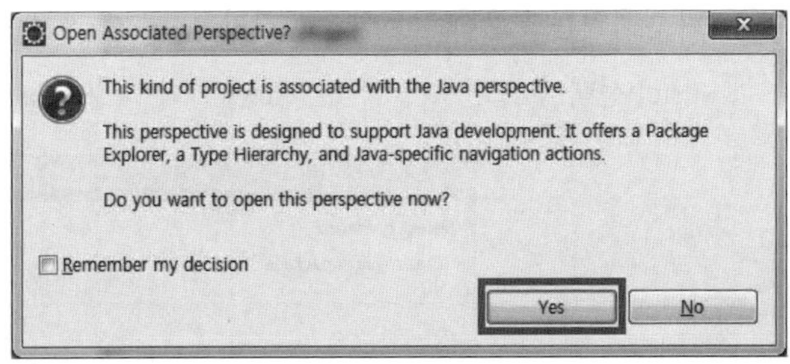

- 자바 프로젝트가 다음과 같이 생성된 것을 확인할 수 있을 것이다.

– **자바 1.9 버전 이후부터** 'module-info.java' 파일이 생성된다.

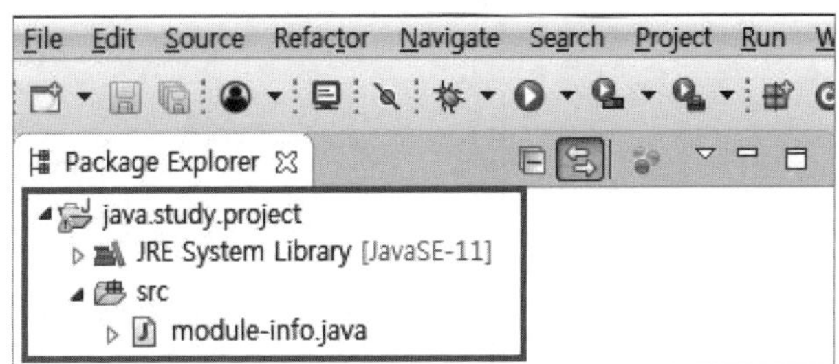

2. 패키지(package) 생성하기

개념	• 패키지 개념 – '패키지'는 자바의 가장 기본이 되는 '클래스(class)'를 구분하는 최소 분류 단위이다.
정의 방법	• 패키지는 'a.b.c.d'의 형태로 생성된다. – '마침표(.)'를 구분자로 하여 생성하며 파일 시스템에서는 '마침표(.)'가 폴더가 된다. – 왼쪽에서 오른쪽으로 갈수록 상위 카테고리에서 하위 카테고리로 분류된다. – 관심사별로 패키지를 만들어 클래스들을 관리한다. – 클래스의 중복은 패키지와 클래스명이 같은 경우에 발생한다. • 클래스의 중복 – 패키지명이 같은 경우 클래스명이 같은 클래스를 생성할 수 없다. – 패키지명이 다를 경우 클래스명이 같은 클래스를 생성할 수 있다. – 프로젝트에서는 외부에서 만들어진 클래스를 같이 사용하는 경우가 많으며 클래스 중복의 방지를 위해 패키지명의 depth를 'a.b.c.d'와 같이 일반적으로 4단계 이상으로 권장한다.

■ 패키지 생성

- [Ctrl + N] 단축키로 [생성 팝업] 실행 후 'package' 검색

– 프로젝트 내 [src] 선택 후 위와 같이 단축키를 사용하여 'package'를 입력하면 된다.

– 위 단축키는 프로젝트 생성과 마찬가지로 다음과 같은 절차의 단축키이다.

▸ [src] 선택 후 오른쪽 클릭 ▷ [New] 클릭 ▷ [Package] 선택 후 팝업

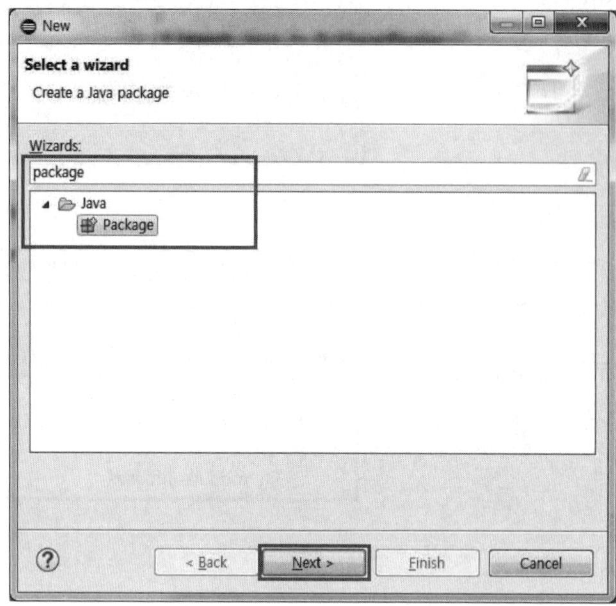

• package 이름으로 'ch02.part01.main1' 입력 ▷ [Finish] 버튼 클릭

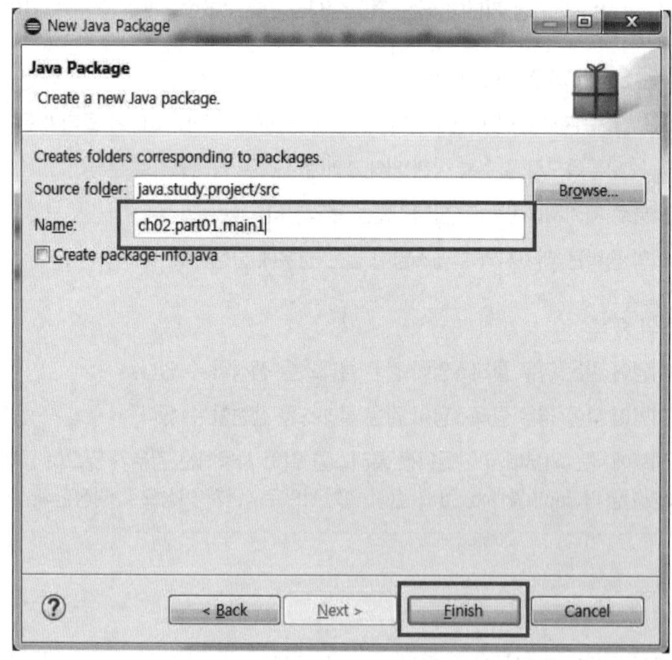

• 패키지가 생성된 결과 화면

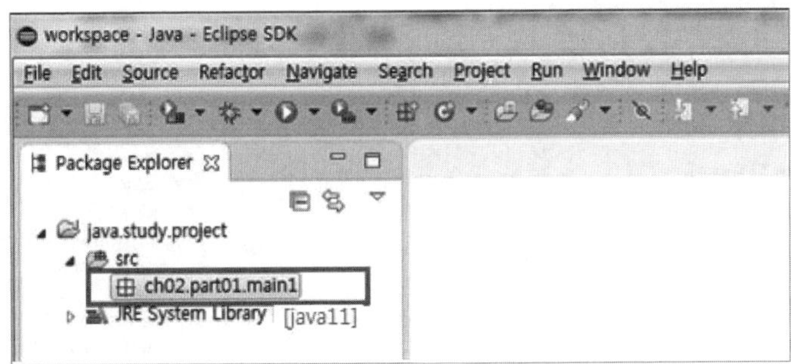

3. 클래스(class) 생성하기

<table>
<tr><td>개념</td><td colspan="2">• 클래스 개념
– 자바 프로그램을 구성하는 파일의 최소 단위이다.
– 자바 프로그램은 클래스를 기반으로 구성이 된다.</td></tr>
<tr><td>정의 방법</td><td>package ch02.part01.main1;

public class MyFirstClass1 {

}</td><td>◁ 패키지명을 명시

◁ 클래스명을 명시
◁ 클래스 내부 구간</td></tr>
<tr><td>소스 설명</td><td colspan="2">▶ package ch02.part01.main1;
• 클래스의 최상단에는 패키지를 명시한다.
• 패키지명이 'ch02.part01.main1'이다.
▶ public class MyFirstClass1 {
...
}
• 클래스명은 'MyFirstClass1'이다.
• 클래스를 명시하며 'public class 클래스명'으로 명시한다.
• 클래스는 '{'로 시작하여 '}'로 끝내며, 클래스 내부를 구분 짓는 구분자 역할을 한다.
• 클래스 내부에 프로그램을 실행하기 위한 로직을 구성한다.</td></tr>
</table>

■ **클래스 생성**

• [ch02.part01.main1] 패키지 선택 후 오른쪽 클릭 ▷ [New] 선택 ▷ [Class]를 선택한다.

– 마찬가지로 [Ctrl + N] 단축키를 사용하면 된다.

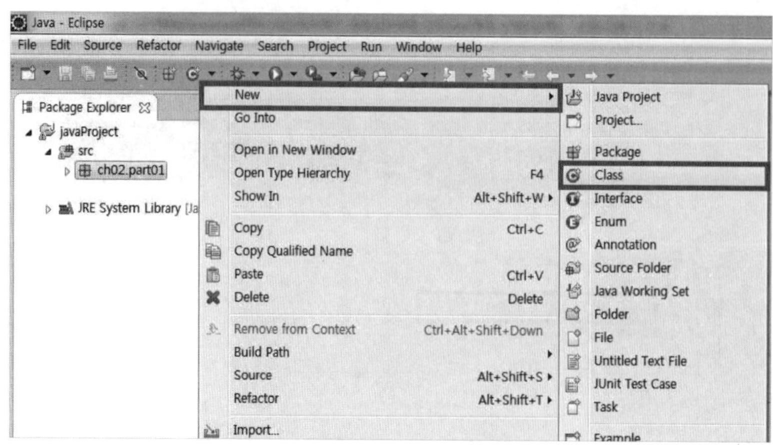

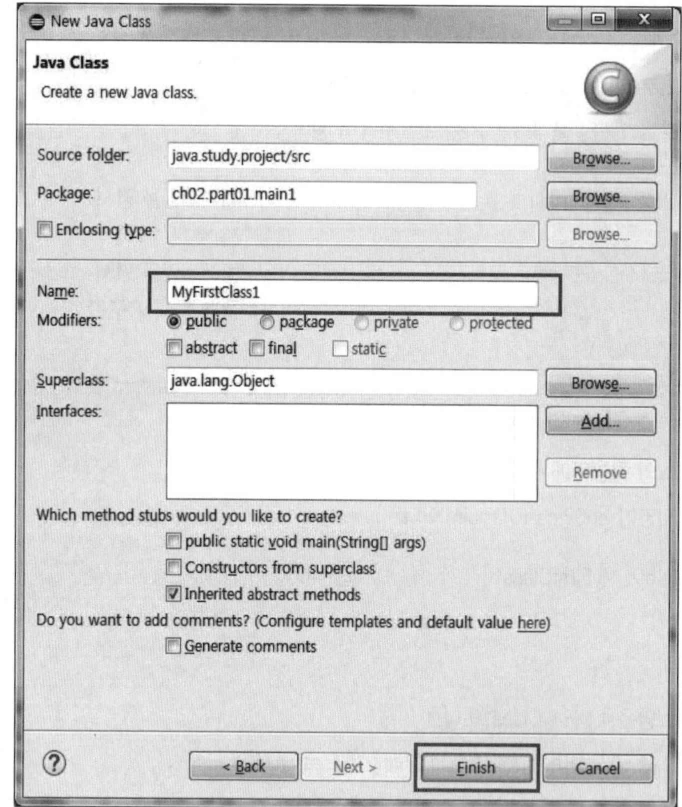

△ 클래스명을 'MyFirstClass1'로 작성 후 [Finish] 버튼 클릭

- 클래스명을 'MyFirstClass1'으로 작성 ▷ [Finish] 버튼 클릭

– 왼쪽은 생성된 클래스명을 확인할 수 있다.

– 오른쪽은 생성된 클래스의 내부 파일을 확인할 수 있으며 여기에 로직을 구성한다.

4. 메인 함수를 만들어 내부에 로직을 구성하기

설명

- '메인 함수'는 자바 프로그램이 최초 실행되는 곳이다.
- 자바 프로그램은 메인 함수에서 시작하여 메인 함수가 끝나면 프로그램은 종료된다.
- 클래스별로 메인 함수를 만들 수 있으며 클래스 내에 중복해서 메인 함수를 생성할 수 없다.

정의 방법

```
package ch02.part01.main1;

public class MyFirstClass1 {
    public static void main(String[] args) {        ◁ 메인 함수
        System.out.println("Hello Java !!!");       ◁ 메인 함수 내부 구간
    }
}
```

소스 설명

▶ public static void main(String[] args) {

...

}

- 메인함수의 문법적인 설명은 다음 장에서 다룰 것이며 항상 그대로 사용하도록 하자.
- 메인 함수는 『 { 』로 시작하여 『 } 』로 끝내며, 함수 내부를 구분 짓는 구분자 역할을 한다.

▶ System.out.println("Hello Java !!!");

- 자바의 명령어로 'Hello Java !!!'라는 문자열을 콘솔 화면에 나타내라는 명령어이다.
- "Hello Java !!!"는 문자 타입의 데이터를 뜻한다.
  - 문자 타입의 데이터는 문자 앞뒤로 '큰따옴표(" ")'로 감싸면 된다.
  - System.out.println() 명령어를 이용한 문자 타입 데이터 활용의 예

```
System.out.println("abcde");
System.out.println("문자 타입 데이터 연습");
```

■ 메인 함수 생성 및 실행 절차

- 메인 함수를 만들고 내부에 로직 구성을 그대로 작성한다.

*MyFirstClass1.java

```java
package ch02.part01.main1;

public class MyFirstClass1 {
    public static void main(String[] args) {
        System.out.println("Hello Java !!!");
    }
}

```

- 프로그램을 실행한다. 단축키 [Ctrl + F11]

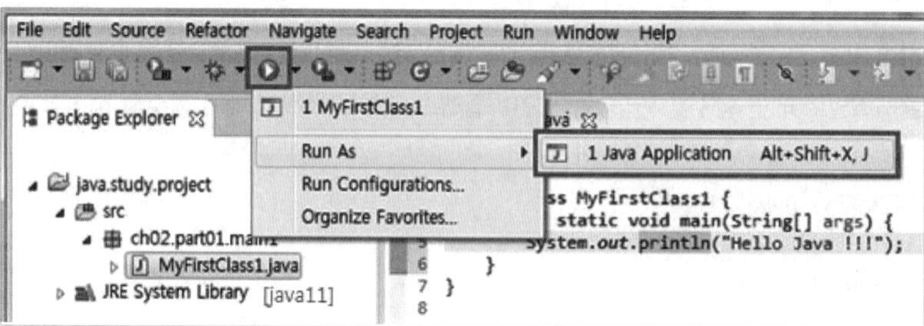

- 실행 결과를 확인한다.

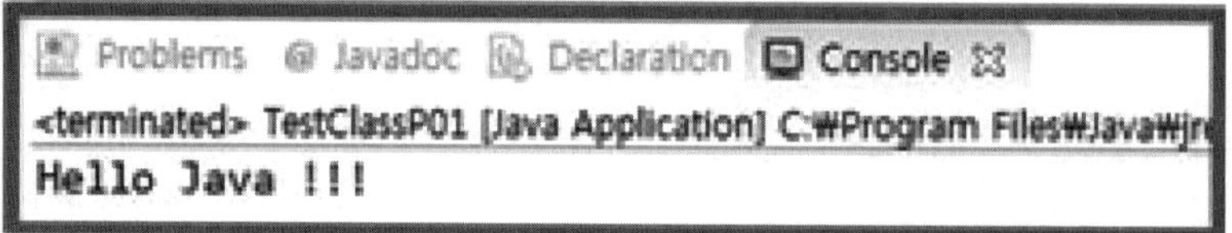

2.2 | 주석 사용하기

수준	학습가이드
하	1. 무조건 따라하기 – 앞서 학습한 절차에 맞추어 자바 프로그램을 생성한다.
하	2. 주석의 정의 및 특성 ※ 간단히 이해하고 넘어가도록 한다.

하	3. 주석의 종류 및 사용방법 ※ **블록 주석과 라인 주석에 관한 표현 방법 및 차이점을 알아야 한다.** (블록 주석 : '/*'로 시작하여, '*/'로 종료) (라인 주석 : '//'로 개행이 나올 때까지 주석 구간이다.)
하	4. 주석의 특성 및 사용상 주의 사항 ※ **간단히 이해하고 넘어가도록 한다.**

2.2. 01 무조건 따라하기

학습 목표	• 프로그램 실행 후 주석을 정의할 수 있다. – 패키지명 : ch02.part01.main2 – 클래스명 : MyFirstClass2
학습 절차	**ch02.part02.main1.MyFirstClass2 클래스 정의**

사용 예문

```
package ch02.part02.main1;

/** 〈pre〉
 * 클래스 주석
 *  – 이 클래스는 주석 테스트를 위한 클래스
 * 〈/pre〉
 */
public class MyFirstClass2 {

    /** 이 함수는 메인 함수 */
    public static void main(String[] args) { /* 함수 시작 */

        /* 메인함수 내부 구간
           – 이곳은 메인함수 내부 구간으로 로직을
             처리하기 위한 구간이다.
         */

        // System.out.println()은 콘솔에 나타내기 위한 함수
        System.out.println("Hello Java !!!");
        System.out.println("주석연습");  // 콘솔에 '주석연습' 명시

    } // 함수의 종료
}
```

소스 설명	▶ /** 〈pre〉
	* 클래스 주석
	* – 이 클래스는 주석 테스트를 위한 클래스
	* 〈/pre〉
	*/
	• 블록주석을 나타내기 위한 표현 방법이다.
	• '/**'로 시작하여 블록주석 중 클래스 설명을 위한 주석이다.
	• 블록주석은 '/**'로 시작하여 '*/'로 끝날 때가지 모두 주석으로 처리된다.
	• 〈pre〉 ~ 〈/pre〉를 사용하는 이유는 개행, 탭, 스페이스바가 적용되어 보이도록 하기 위한 설정이다.
	▶ public static void main(String[] args) { /* 함수 시작 */
	• 블록주석을 나타내기 위한 표현 방법이다.
	• 주석구간은 '/* 함수 시작 */'이 된다.
	▶ System.out.println("주석연습"); // 콘솔에 '주석연습'의 문자열을 출력
	• 라인주석을 나타내기 위한 표현 방법이다.
	• '//' 이후로 개행이 될 때까지는 모두 주석으로 처리된다.

결과	Problems @ Javadoc Declaration Console Data Hiera <terminated> MyFirstClass2 [Java Application] C:₩Program Files₩Java₩jre11 Hello Java !!! 주석연습

2.2.02 주석의 개념 및 특성

개념	• 주석이란? – 프로그램에 대한 부연 설명 및 절차, 그리고 기타 관련 사항 등을 설명하여 프로그램 코드에 대한 이해를 돕기 위한 문장이다.
사용 목적	• 클래스 및 앞으로 다룰 함수의 설명에 관한 사항을 기술할 수 있다. • 소스 코드가 방대해질수록 소스코드만으로 내부 로직의 흐름을 이해하기는 매우 힘들기 때문에 반드시 주석으로 설명을 기술할 필요가 있다.
특성	• 실제 프로그램 컴파일 이후 실행되는데 컴파일될 때 주석은 제외된다. • 주석은 라인 단위의 '라인 주석'과 블록 단위의 '블록 주석'이 존재한다.

2.2.03 주석의 종류 및 사용 방법

종류	표기방법	설 명
라인 주석	// 주석구간	• '//'부터 개행이 되기 전까지 주석 구간이 된다. • 단축키 [Ctrl + /]
블록 주석	/* 주석구간 */	• 개행에 상관없이 '/*'로 시작하면 '*/'가 올 때까지 주석 구간이 된다. • 단축키 [Ctrl + Shift + /]
블록 주석(API)	/** 주석구간 */	• 개행에 상관없이 '/**'로 시작하면 '*/'가 올 때까지 주석 구간이 된다. • 자바 클래스의 API에 사용 설명으로서 사용된다.

■ 블록 주석(API)의 경우 주석 처리 후 클래스명 위에 마우스를 놓으면 클래스 설명을 볼 수 있다.

- 클래스명으로 마우스를 가져가면 다음과 같이 직접 입력한 주석이 나타난다.

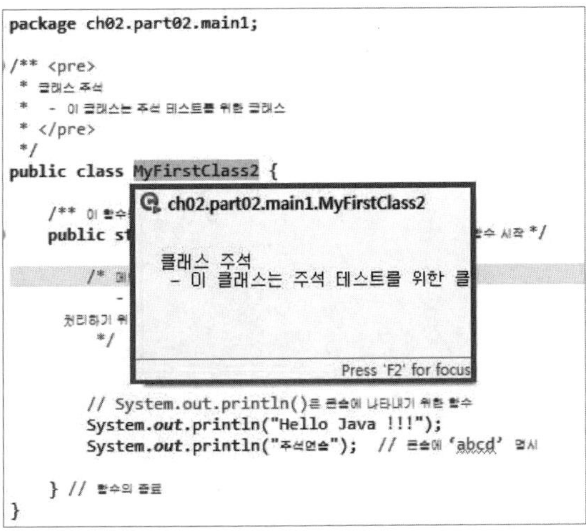

- 메인 함수(main)의 함수명에 마우스를 가져가면 다음과 같이 직접 입력한 주석이 나타난다.

```
/** 이 함수는 메인 함수 */
public static void main(String[] args) { /* 함수 시작 */

    /* 메인함수 내부 구간
       - 이곳은 메인함수
    처리하기 위한 구간이다
     */

    // System.out.p
    System.out.println("Hello Java !!!");
    System.out.println("주석연습"); // 콘솔에 'abcd' 명시
```

```
void ch02.part02.main1.MyFirstClass2.main(String[] args)

이 함수는 메인 함수

Parameters:
    args
Press 'F2' for focus
```

2.2.04 주석의 특성 및 사용 상 주의 사항

- 이클립스에서 생성된 주석 화면은 HTML 형식이므로 '스페이스바, 탭, 개행'이 적용되지 않는다.
- 이를 적용하고자 할 때에는 주석의 시작과 끝 부분에 '〈pre〉 ~ 〈/pre〉'를 붙여서 사용하면 된다.
  - HTML에서 〈pre〉태그는 스페이스바, 탭, 개행이 적용되도록 하기 위한 명령 태그이므로, 크게 신경을 쓰지 않아도 된다.

```
/** <pre>
 * 클래스 주석
 *    - 이 클래스는 주석 테스트를 위한 클래스
 * </pre>
 */
public class MyFirstClass2 {
```

03장. 변수와 함수

어서 오세요

본 장에서는 자바(Java) 개발 과정에서 불특정한 값을 저장하기 위한 '변수' 및 일정한 연산 과정을 정의하기 위한 '함수'를 알아보고, 예제 코드를 직접 타이핑하면서 그 종류별 쓰임새를 익히게 됩니다.

• • •

Variables

protected

파라미터

접근 제한자

Member Variables

parameters

Downcasting

3.1 | 변수

수준	중요 포인트 및 학습 가이드
하	1. 변수의 개요 – 변수의 가장 큰 목적은 메모리상에 지속적인 자료저장과 자료조회이다. – 타입은 대표적으로 논리형, 정수형, 실수형, 문자형이 있으며 사용빈도가 매우 높다.
하	2. 변수 선언과 값의 저장 – 변수 선언은 타입과 변수명을 이용하여 선언할 수 있다. – 선언과 함께 값을 저장할 수 있으며, 이후에 값을 저장할 수도 있다. – 값의 저장은 대입연산자 '='를 이용하여 값을 저장한다.

3.1.01 변수의 개요

개념	• 변수의 정의 – '데이터'의 정보를 관리하기 위해 해당 정보를 메모리 상에 입력하고 해당 메모리의 주소를 관리하는 개념을 '변수'라 한다.
사용 목적	• 변수를 사용하는 가장 큰 이유는 '값을 저장하여 재사용'하기 위함이다. • 저장된 값을 변경함으로써 프로그램의 진행 상태를 유지할 수 있다.
설명	• 프로그램 처리과정 절차 [조건 자료] ▷ [로직 처리] ▷ [결과 자료 저장] ▷ [화면에 결과 자료 표현] ※ 프로그램을 하는 과정은 로직처리 상의 자료를 기억하여 최종적으로 구현하고자 하는 자료를 도출해내는 과정이라 생각하면 된다. 여기서 '자료'의 부분을 변수가 담당한다.
특징	• 모든 변수는 타입을 갖는다.

■ 변수 타입의 종류

• 사용빈도가 높은 가장 기본이 되는 변수는 **논리형, 숫자형, 문자형**이 있으며 이 변수는 반드시 숙지를 해야 하지만 사용빈도가 매우 높기 때문에 굳이 외우지 않아도 자연스럽게 숙지가 될 것이다.

타입	타입명	타입 설명
논리형	boolean	조건에 따라 값을 처리하고자 할 때 사용되는 변수 (true, false 값을 갖는다)

정수형	int	정수의 값을 저장하기 위한 변수
실수형	double	소수점을 가진 실수의 값을 저장하기 위한 변수
문자형	String	문자열을 저장할 때 사용되는 변수 문자열의 값을 나타낼 때 큰따옴표(")로 묶어서 명시한다.

3.1.02 변수 선언과 값의 저장

학습 목표	• 주요 이슈를 이해하고 로직을 구현할 수 있다. 1. 변수 선언 및 값의 저장 예시 2. 변수의 선언 3. 값의 저장

1. 변수의 선언 및 값의 저장 예

학습 절차	**TestVarient1 클래스 정의** – 패키지 : ch03.part01.main2.sub1 – 메인 함수 정의 ▸ 변수 선언 a, b, c, d

개념

```
package ch03.part01.main2.sub1;

public class TestVarient1 {
        public static void main(String[] args) {

                /** 변수의 선언 및 생성 */
                int a = 3;                      // 정수형 변수
                double b = 3.14;                // 실수형 변수
                boolean c = true;               // 논리형 변수
                String d = "Hello Java";        // 문자형 변수

                /** 변수 값의 변경 – 선언된 변수는 변경이 가능하다. */
                a = 4;
                b = 1.414;
                c = false;
                d = "Hello Java2";
```

	``
	        /** 변수 값을 화면에 출력하기 */
	        System.out.println(a);
	        System.out.println(b);
	        System.out.println(c);
	        System.out.println(d);
	    }
	}
	``

소스 설명	▶ int a = 3; • 정수 타입의 변수 a를 선언 후 값 3을 저장. • 프로그램에서 '=' 기호는 오른쪽의 값을 왼쪽에 저장한다는 뜻이다. • 최초 변수를 생성할 경우에는 반드시 타입(int)을 지정해야 한다. ▶ a = 4; • 정수 타입의 변수 a에 4의 값을 저장 – 한번 선언한 변수는 그대로 사용이 가능하다. • 기존의 값이 '3'에서 '4'로 변경이 된다. ▶ System.out.println(a); • 변수 a의 값을 콘솔 화면에 나타내기
결과	4 1.414 false Hello Java2

2. 변수의 선언

- 변수는 변수명 앞에 타입을 지정하여 선언하며, 최초 변수 생성 시 반드시 생성을 해야 한다.

코드 사용 예	설명

int a;	• 변수의 선언으로만 하여 명령을 종료할 수 있다.
	• 현재 변수의 정보가 메모리에 할당이 되지 않은 상태이다.
	• System.out.println(a); // 에러 발생
	– 메모리에 할당되지 않은 변수의 정보를 호출이 될 수 없다.

int a,b,c,d;	• 타입이 같은 변수는 복수로 선언이 가능하다. • 왼쪽과 같은 표현식은 사용빈도가 작다.

	• 보통 변수의 사용 목적이 같은 경우에 사용이 된다.

※ 향후 지역변수와 전역변수의 개념을 학습하게 되는데, 전역변수의 경우는 '기본값(Default Value)' 상태로 자동 생성될 수 있다. (자료형에 따른 기본값은 이후 3.3과 부분에 설명되므로 참고)

3. 값의 저장

코드 사용 예	설명
int a = 3;	• 변수의 선언과 동시에 변수의 값을 저장할 수 있다. • 메모리에 값이 할당된 상태이다. • 가장 일반적인 표현 방법이다.
int a ; a = 3;	• 변수의 선언과 값의 저장 부분을 분리하여 표현할 수 있다.
int a = 3; a = 4;	• 변수의 값을 저장 후 다시 다른 값으로 저장하면 가장 마지막에 저장된 값이 해당 변수의 값이 된다.
int a = 1, b = 2, c = 4;	• 복수로 변수를 선언 및 값을 저장할 수 있다. • 왼쪽과 같은 표현식은 거의 사용하지 않는다.

3.2 | 기본형과 참조형 – 기본 학습

수준	중요 포인트 및 학습 가이드
하	1. 예제 무조건 따라하기 – 기본형 자료 생성 후 조회하기 – 참조형 자료의 객체 생성 및 속성 저장, 조회 ▸ TestMain 클래스에서 ProductVo 객체 생성 후 속성값을 저장하고 조회하기
하	2. 기본형과 참조형의 차이점 ※ 기본형과 참조형의 차이를 반드시 이해해야 한다. ※ 기본형의 8가지 타입을 이해할 수 있다. – 참조형은 기본형 이외의 모든 타입이며 String 역시 참조형 타입이다.

하	3. 클래스 정의와 객체 생성 – 클래스는 값을 관리하기 위한 형식이며, 객체는 이 형식에 값을 담는다. – 객체의 속성을 담는 변수를 '전역변수'라 한다. – 클래스 내에서는 타입이 다른 여러 속성이 존재하여 그룹으로 관리한다.

3.2. 01 예제 무조건 따라하기

학습 목표	• 이 단원에서는 앞으로 배울 기본형과 참조형에 대한 예제를 담았으며, 우선 실행 후 결과를 가지고 이해하도록 하자. • 프로그램 목적 – 기본형 자료 생성 후 조회하기 – 참조형 자료의 객체 생성 및 속성 저장, 조회 ▸ TestMain 클래스에서 ProductVo 객체 생성 후 속성값을 저장하고 조회하기
학습 절차	**1. ch03.part02.main1.vo.ProductVo 클래스 정의** – 전역변수 정의 : productNo, productName, price **2. ch03.part02.main1.TestMain 클래스 정의** – 사용 목적 : ProductVo의 참조형 객체 생성 및 속성값 저장 – 메인 함수 정의 및 프로그램 실행 ▸ 참조형 변수의 객체 생성 – product1, product2, product3 ▸ Product1의 속성 정보 입력 ▸ Product2의 속성 정보 입력 ▸ Product3의 속성 정보 입력 ▸ 객체에 담긴 속성의 값 확인

<table>
<tr><td rowspan="2">사용 예문</td><td colspan="2">1. ch03.part02.main1.vo.ProductVo 클래스 정의</td></tr>
<tr><td>package ch03.part02.main1.vo;
public class ProductVo {
    /** 전역변수 - 타입의 속성 */
    public String productNo;
    public String productName;
    public int price;
}</td><td>
// 제품 정보를 담기 위한 클래스

// productNo : 품목 번호
// productName : 품목명
// price : 제품 단가</td></tr>
</table>

2. ch03.part02.main1.TestMain 클래스 정의

사용 예문

```
package ch03.part02.main1;

/** 패키지가 다른 클래스 import */
import ch03.part02.main1.vo.ProductVo;

public class TestMain{

    /** 메인함수 정의 */
    public static void main(String[] args){

        /** 기본형 변수의 생성 */
        int a = 3;
        System.out.println(a);

        /** 참조형 변수의 생성 */
        ProductVo product1 = new ProductVo();
        ProductVo product2 = new ProductVo();
        ProductVo product3 = new ProductVo();

        /** Product1의 속성 정보 입력 */
        product1.productNo = "a001";
        product1.productName = "아메리카노";
        product1.price = 4000;

        /** product2의 속성 정보 입력 */
        product2.productNo = "a002";
        product2.productName = "카페라떼";
        product2.price = 4300;

        /** product3의 속성 정보 입력 */
        product3.productNo = "a003";
        product3.productName = "카페모카";
        product3.price = 4500;

        /** 객체에 담긴 속성의 값 확인 */
        System.out.println("product1의 정보 ------------ ");
        System.out.println("품목번호["+product1.productNo+"]");
        System.out.println("품목명[" + product1.productName + "]");
        System.out.println("단가[" + product1.price + "]");

        System.out.println("product2의 정보 ------------ ");
        System.out.println("품목번호["+product2.productNo+"]");
```

```
        System.out.println("품목명[" + product2.productName + "]");
        System.out.println("단가[" + product2.price + "]");

        System.out.println("product3의 정보 ------------ ");
        System.out.println("품목번호["+product3.productNo+"]");
        System.out.println("품목명[" + product3.productName + "]");
        System.out.println("단가[" + product3.price + "]");
    }
}
```

소스 설명

1. ch03.part02.main1.vo.ProductVo 클래스 정의

▶ public class ProductVo

- 위 클래스 타입은 제품 타입으로 품목번호, 품목명, 단가의 속성 정보를 저장하기 위한 클래스이다.
- public은 다른 패키지에서 해당 클래스에 접근이 가능하도록 하기 위한 접근제한자이다.

▶ public String productNo;

public String productName;

public int price;

- ProductVo 클래스에는 품목번호, 품목명, 단가 정보를 저장하기 위한 속성이 있으며 클래스 밑에 변수를 선언하여 속성을 설정할 수 있다.
- 클래스의 구간에서 선언되는 변수를 '전역변수'라 한다.

2. ch03.part02.main1.TestMain 클래스 정의

▶ import ch03.part02.main1.vo.ProductVo;

- ProductVo는 패키지가 다르며, 위와 같이 패키지가 다른 경우에는 'import' 명령어를 이용하여 사용해야 한다는 것만 정리하자. 더 자세한 사항은 이후 단원에서 다시 다루도록 할 것이다.
- 이클립스에서는 ProductVo 클래스를 명시하게 되면 에러가 발생하게 되는데 여기서 단축키(Ctrl + O)를 누르면 자동으로 import 명령이 실행된다.

▶ ProductVo product1 = new ProductVo();

- ProductVo 타입의 변수 product1을 생성하는 명령이며, '객체 생성'으로 명명한다.
- product1은 ProductVo 타입의 변수이며, ProductVo 타입의 '객체'라고 명명한다.
- 객체생성은 new 키워드를 이용하며 메모리 할당 후 해당 객체의 정보를 저장한다.

▶ ProductVo product1 = new ProductVo();

ProductVo product2 = new ProductVo();

ProductVo product3 = new ProductVo();

- ProductVo 타입의 변수 product1, product2, product3 생성
- 모두 타입이 같으며 서로 다른 객체의 정보를 담기 위해 3개의 객체를 생성

소스 설명	▶ product1.productNo = "a001"; • ProductVo 클래스에 있는 품목명의 속성 정보를 저장하기 위한 명령임 • product1 변수내의 productNo 속성 정보는 "객체명.속성명"으로 접근이 가능함 • "a001"의 값을 product1 객체의 productNo 속성에 값을 설정 ▶ System.out.println("품목번호["+product1.productNo+"]"); • '+' 기호는 문자열을 이어서 하나의 문자열로 합치기 위한 연산자이며 다음과 같은 결과를 갖는다.

연산식	결과값	설명
"abcd" + "efgh"	"abcdefgh"	문자열 + 문자열 ▷ 문자열
"abcd" + 1234	"abcd1234"	문자열 + 숫자 ▷ 문자열
1234 + "abcd"	"1234abcd"	숫자 + 문자열 ▷ 문자열
12 + 34 + "abcd"	"46abcd"	'+' 연산자는 우선 순위가 같아 왼쪽에서 오른쪽으로 진행되며 순차적으로 계산하기 때문에, 12 + 34 = 46 / 46 + "abcd" = "46abcd"가 된다.

• 따라서 객체 product1의 productNo 전역변수에 들어있는 값은 'a001'이므로 결과값은 다음과 같다.
"품목번호["+product1.productNo+"]"　　// 결과값 : 품목번호[a001]

결과

```
3
product1의 정보 ------------
품목번호[a001]
품목명[아메리카노]
단가[4000]
product2의 정보 ------------
품목번호[a002]
품목명[카페라떼]
단가[4300]
product3의 정보 ------------
품목번호[a003]
품목명[카페모카]
단가[4500]
```

3.2.02 기본형과 참조형의 차이점

• 변수는 크게 '기본형'과 '참조형'으로 나누어져 있으며, 그 차이점은 다음과 같다.

	기본형	참조형
구분	클래스 기반이 아닌 기본 타입 제공	– 클래스를 기반으로 하는 타입 – 클래스 기반 사용자 정의 타입
종류	총 8개의 기본형 타입을 갖는다. – 문자형 : char – 정수형 : byte, short, int, long – 실수형 : float, double – 논리형 : boolean	기본형을 제외한 모든 타입이다. (String 포함)
메모리 할당	**메모리 공간이 미리 할당되어 있다.**	new 연산자를 이용하여 메모리 할당을 해야 한다.
변수 생성	int a = 3; boolean b = true;	ProductVo vo = new ProductVo();
특징	– 변수생성이 편리하다. – 사용빈도가 매우 높다. – 가장 기본이 되는 타입이다. – 연산이 가능하다.	– 사용자에 맞는 타입을 만들 수 있다. – 타입 내에 복합적인 속성을 만들 수 있다.

3.2.03 클래스 정의와 객체 생성

• 참조형 클래스는 표현 양식이며, 클래스의 객체는 양식에 채워진 데이터이다.

품목번호	품목명	단가	▶ 표현 양식(클래스)
a001	아메리카노	4,000	▶ 객체1
a002	카페라떼	4,300	▶ 객체2
a003	카페모카	4,500	▶ 객체3

• 위와 같이 저장된 자료는 3개의 정보를 가지고 있으며, 모두 '품목번호', '품목명', '단가'의 속성을 가

지고 있다. 여기서 3개의 정보는 '객체1, 객체2, 객체3'을 뜻하며, 속성은 '품목번호', '품목명', '단가'의 정보를 담은 표현 양식이 된다.

■ 클래스 정의

- 클래스에서는 속성을 설정할 수 있으며 이러한 속성을 **전역변수** 또는 **멤버변수**, field라 한다.
- 모든 클래스는 **참조형 타입**이다.

public 타입 변수명;	전역변수 표현 형식
public class ProductVo {	
public String productNo;	/** 문자형의 타입 품목번호 속성 설정 */
public String productName;	/** 문자형의 타입 품목명 속성 설정 */
public int price;	/** 정수형의 타입 단가 속성 설정 */
}	

■ 객체 생성

- 객체는 여러 속성을 가진 자료를 관리하기 위해 필요하다.
- 3개의 품목 정보를 관리하기 위해 메모리를 할당하여 객체 생성을 하였다.
- 객체의 생성 방법은 이후에 곧바로 배울 생성자 함수에서 자세히 다룰 것이며, 기본적으로는 아래와 같이 해당 클래스의 객체를 생성할 수 있다.

타입 객체 변수명 = new 타입();	객체 생성 표현 양식
ProductVo product1 = new ProductVo();	/** 타입 : ProductVo , 객체 : product1 */
ProductVo product2 = new ProductVo();	/** 타입 : ProductVo , 객체 : product2 */
ProductVo product3 = new ProductVo();	/** 타입 : ProductVo , 객체 : product3 */

■ 객체의 속성은 전역변수가 담당한다.

- 속성 정보를 저장하기 위해 클래스 구간에 변수를 선언하였으며 이러한 변수를 **전역변수**라 한다. 전역변수는 객체가 생성되어 소멸이 될 때까지 데이터가 유지된다.

객체명.속성명 = 데이터 정보;	속성명에 정보 저장 방법
product1.productNo = "a001";	product1의 객체의 productNo 속성에 값 'a001' 저장

product1.productName = "아메리카노";	productName 속성에 값 '아메리카노' 저장
product1.price = 4000;	price 속성에 값 '4000' 저장

■ **참조형의 타입이 필요한 이유는?**

- 하나의 정보는 여러 개의 속성을 가질 수 있어 복합적으로 관리할 필요가 있기 때문에 이러한 자료를 하나로 관리하기 위한 클래스가 필요하다.

■ **클래스에 전역변수가 필요한 이유는?**

- 한 객체는 여러 속성을 가지며, 그 속성에 정보를 저장함으로써 데이터 관리를 할 수 있기 때문이다.

3.3 | 기본형 – 상세 학습

수준	중요 포인트 및 학습 가이드(※)
하	1. 기본형의 종류 – 기본형은 8가지의 타입이 있으며 '정수형, 실수형, 문자형, 논리형' 등이 있다. – 이 중 'int, double, boolean'형은 반드시 알아야 한다. ※ 나머지는 가볍게 읽고 넘어가도록 하자. – 기본형의 종류 : byte, short, int, long, float, double, char, boolean
하	2. 기본형 타입의 기본값 – 전역변수에 선언만 할 경우 기본값으로 저장된다.
하	3. 기본형의 형 변환(캐스팅, Casting) ※ 형 변환에 대한 이해를 할 수 있어야 한다. ※ 기본형 타입의 업캐스팅과 다운캐스팅의 차이에 대해 이해해야 한다.

3.3.01 기본형의 종류

- 기본형 8가지 타입에 대해 조금 더 구체적으로 설명을 하고자 한다. 기본형은 앞서 설명한 기본 4가지 타입 중 'int, boolean, double'이 가장 많이 사용되기 때문에 나머지는 참고만 하길 바란다. 필요할

때 자연스럽게 알게 될 것이다.

구분	타입	크기	값의 범위	기본값
정수형	byte	1byte	−128~127	0
	short	2byte	−32,768~32,767	0
	int	4byte	−2,147,483,648~2,147,483,647	0
	long	8byte	−9223372036854775808~9223372036854775807	0L
실수형	float	4byte	1.4E−45~3.4028235E38	0.0F
	double	8byte	4.9E−324~1.7976931348623157E308	0.0
문자형	char	2byte	0~65,535	' '
논리형	boolean	1byte	true, false	false

1. 비트(bit)와 바이트(byte)의 개념

- 컴퓨터 메모리의 구조는 단순히 '0'과 '1'의 구조로 되어 있으며, 이를 저장할 때 사용하는 단위이다. 우리는 흔히 파일의 사이즈에 byte 단위를 많이 사용해 왔으며 문자 및 파일, 네트워크 통신에 상당히 많이 사용된다.

개념	
	1. 비트(bit)와 바이트(byte)의 개념 • 1bit란 '0'과 '1'의 값을 저장하는 최소 단위이다. – 1bit가 가지는 총 경우의 수는 '0'과 '1'로 2가지이다. • 1byte란 8bit를 한 단위로 표준화한 단위이다. 2. 1byte가 나타낼 수 있는 총 경우의 수 [0 | 1 | 0 | 1 | 0 | 0 | 0 | 0] ▸ $2 \times 2 \times 2 \times 2 \times 2 \times 2 \times 2 \times 2 = 2^8$

■ byte 단위의 종류

단위	기호	단위 관계
비트	bit	
바이트	byte	1 byte = 8 bit
킬로바이트	Kbyte	1 Kbyte = 1,024 byte
메가바이트	Mbyte	1 Mbyte = 1,024 Kbyte

기가바이트	Gbyte	1 Gbyte = 1,024 Mbyte
테라바이트	Tbyte	1 Tbyte = 1,024 Gbyte

2. byte, short, int, long – 정수형 자료

특징

- 범위 비교
  - byte < short < int < long
  - 일반적으로 int 타입을 주로 사용하며 범위를 제한하거나 확대하고자 할 때 나머지 타입을 사용한다고 생각하자.
  - 값의 범위가 다르다는 점을 빼고는 큰 차이점은 없다.

- byte의 사용
  - byte는 위에서 배운 바이트와 연관성이 있기 때문에 byte와 관련된 문자, 파일 관련하여 많이 사용된다. 향후에 이 부분은 다루도록 할 것이다.
    - ▸ String 인코딩
    - ▸ FileIO InputStream
    - ▸ Network

- long의 사용
  - long 타입은 끝에 영어 대문자 'L' 또는 소문자 'l'을 뒤에 붙일 수 있으며 생략이 가능하기 때문에 크게 신경을 쓰지 않아도 된다.
    - ▸ long var = 1000L;

- int의 사용
  - 가장 일반적으로 사용하는 타입이며, 기본 타입이다.
    - ▸ 'System.out.println(4);'에서 타입 지정이 없이 사용될 때 'int' 타입으로 처리되며, int의 범위를 벗어날 경우 자동으로 'long' 타입이 된다.
  - int는 4byte를 사용하기 때문에 사용 가능한 수는 다음과 같다.
    - ▸ 4byte = 4 × 8 bit = 32 bit
    - ▸ 총 가능한 경우의 수는 2^{32}가지이며 '양수'와 '0', 그리고 '음수'로 이루어져 있으므로 총 범위는 '-2^{16} ~ $2^{16}-1$'. 나머지 정수형 또한 같은 원리로 범위를 구할 수 있다.

3. float, double – 실수형 자료

특징

- 범위 비교
  - float < double, 모두 실수를 나타내는 타입으로, 값의 범위가 다르다는 점을 빼면 큰 차이가 없다.

특징	• float의 사용 – float은 뒤에 영어 대문자 'F' 또는 소문자 'f'를 붙일 수 있으며 생략이 가능하기 때문에 크게 고려하지 않아도 된다. • double의 사용 – 가장 일반적으로 사용하는 타입이며, 기본 타입이다. ▸ 'System.out.println(1.4);'에서 타입 지정이 없이 사용될 때 '1.4'는 'double' 타입으로 처리된다.

4. char

특징	• char는 한 글자 단위의 문자를 나타내는 타입이며 'a', 'b'와 같이 작은따옴표(")를 이용하여 나타낸다. • 문자는 '숫자, 한글, 영문자, 특수문자'를 나타낼 수 있다. – char ch1 = '한'; – char ch2 = '/u01011';

5. boolean

특징	• boolean 타입은 'true/false' 등 2가지의 값을 가지며, true/false 구분에 의해 조건에 의한 분기 처리를 하기 위해 사용된다.

3.3. 02 기본형 타입의 기본값

타입	기본값	비고
byte, short, int, long	0	
float, double	0.0	
boolean	false	
char	' '	※ 기본값이 ''가 아니라, 공백이 1개 포함된 값임을 주의해야 한다.

학습 목표	• 기본형 타입들의 기본값을 이해한다.

설명	• 클래스의 전역변수에서 선언만 할 경우 기본값으로 저장된다.
	public class A {
	  public int a; /** 전역변수는 선언만 할 경우 기본값이 저장된다. */
	}

학습 절차	**1. ch03.part03.main2.vo.TestVo 클래스 정의** – 기본형 타입 전역변수의 정의 **2. ch03.part03.main2.TestMain1 클래스 정의** – 메인 함수 정의 ▸ TestVo 객체 생성 ▸ 속성값 출력

사용 예문

1. ch03.part03.main2.vo.TestVo 클래스 정의

```
package ch03.part03.main2.vo;
public class TestVo {
    /** 전역변수 - 기본형 타입의 속성 */
    public byte var1;
    public short var2;
    public int var3;
    public double var4;
    public float var5;
    public double var6;
    public char var7;
    public boolean var8;
}
```

2. ch03.part03.main2.TestMain1 클래스 정의

```
package ch03.part03.main2;

import ch03.part03.main2.vo.TestVo;

public class TestMain1 {
    public static void main(String[] args) {
        TestVo testVo = new TestVo();
        System.out.println("byte var1 = " + testVo.var1);
        System.out.println("short var2 = " + testVo.var2);
        System.out.println("int var3 = " + testVo.var3);
        System.out.println("long var4 = " + testVo.var4);
        System.out.println("float var5 = " + testVo.var5);
```

	System.out.println("double var6 = " + testVo.var6); System.out.println("char var7 = " + testVo.var7); System.out.println("1"+testVo.var7+"2"); System.out.println("boolean var8 = " + testVo.var8); } }
소스 설명	▶ System.out.println("byte var1 = " + testVo.var1); • 앞서 설명했듯 문자열에 '+' 연산자를 쓰면 그 값을 문자로 처리하여 문자열을 이어서 나타낸 결과를 갖는다. • 'testVo.var1'란 TestMain1 타입의 변수 'testVo' 객체의 속성인 'var1'의 값이다.
결과	Problems @ Javadoc Declaration Console Data Hierarchy <terminated> TestMain1 (1) [Java Application] C:₩Program Files₩Java₩jre1.8.0_172₩bin₩ byte var1 = 0 short var2 = 0 int var3 = 0 long var4 = 0.0 float var5 = 0.0 double var6 = 0.0 char var7 = 1 2 boolean var8 = false
정리	• '객체명.변수명' – 내부 속성의 접근 – 해당 객체 내의 속성에 접근하고자 할 때 마침표(.)를 이용하여 접근이 가능하다. • 문자열의 연산자 '+' – 문자열에서 해당 연산자를 사용하면 계속 이어서 문자열을 합치라는 뜻이다. – "문자1" + "문자2" 연산의 결과는 '문자1문자2'가 된다.

3.3. 03 기본형의 형 변환(캐스팅, Casting)

학습 목표	• 형 변환의 개념을 이해할 수 있다.
개념	• 형 변환이란? – 연산식을 보면 실수형과 기본형의 연산에 의해 도출되는 결과값을 '정수형' 또는 '실수형'으로 나타내고자 하는 경우가 있다. 이럴 경우 기본형에서는 타입 변경이 가능한데, 이를 형 변환(캐스팅, Casting)이라고 한다.
정의 방법	• 형변환타입 변수B = (형변환타입) 변수A ; – 변수 A의 타입를 새로운 '형변환타입'으로 변환하는 것을 '형 변환'이라 한다.

설명	• boolean을 제외한 기본형 변환 가능 관계
	– byte ↔ short ↔ int ↔ long ↔ float ↔ double
	– char ↔ int
	
	• 형 변환 연산자 '(형변환타입)'
	double a = 1.414;
	int b = (int) a; /** (타입) 변수명 */
	
	• 기본형 업캐스팅 & 다운캐스팅
	① 값이 작은 범위에서 큰 범위로의 형 변환을 업캐스팅(Upcasting)이라 한다.
	▸ 값의 손실이 없다.
	int a = 3;
	double b1 = (double) a; // 결과 값 = 3.0, 값의 손실이 없음
	▸ 형변환 연산자 생략이 가능하다.
	double b1 = a;
	
	② 값이 큰 범위에서 작은 범위로의 형 변환을 다운캐스팅(Downcasting)이라 한다.
	▸ 값의 손실이 있을 수 있으며, 형변환 연산자를 반드시 명시해야 한다.
	double a = 1.414;
	int b = (int) a; // 결과 값 = 1, 값의 손실이 있음

주의 사항	• long에서 float으로의 형 변환 과정에서는 값의 유실이 있을 수 있다.
	– long에서 float으로의 형 변환은 실수에서 정수의 범위로 자동 형 변환이 되지만 byte 수가 작기 때문에 값의 유실이 있을 수 있다.
	〈사용 예〉
	long a = 300000123;
	float b = a ;
	System.out.println(b); // 결과값 : 3.00000128E8 (3.00000128 * 10^8)
	System.out.println(a == (long)b); // 결과값 : false

학습 절차	[ch03.part03.main3.TestMain1 클래스 정의] – 메인 함수 정의 ▸ 실수 → 정수로 형 변환 : 값의 변경 있음 ▸ 정수 → 실수로 형 변환 : 값의 변경 없음 ▸ char → 정수로 형 변환 : 값의 변경 있음 ▸ char → 정수로 형 변환 : 값의 변경 있음

사용 예제

```
package ch03.part03.main3;

public class TestMain1 {                                              【 변수 값 】
        public static void main(String[ ] args){

                /** 실수 → 정수로 형 변환 : 값의 변경 있음 */
                double a = 1.414;                                     1.414
                int b = (int) a;                                      1

                /** 정수 → 실수로 형 변환 : 값의 변경 없음 */
                int c = 1;                                            1
                double d = (double) c;                                1.0
                double e = c;                                         1.0

                /** char → 정수로 형 변환 : 값의 변경 있음 */
                char m = 'A' ;                                        'A'
                int n = (int) m;                                      65

                /** char → 정수로 형 변환 : 값의 변경 있음 */
                int o = 100;                                          100
                char p = (char) o;                                    'd'
        }
}
```

소스 설명

▶ double a = 1.414;
int b = (int) a;

- (int)는 형 변환을 int 타입으로 변환을 하기 위한 명령어이며, 그 결과 변수 a의 값을 int 타입으로 변환하게 된다.
- a의 값은 '1.414'이며 이를 정수형으로 변환 시 소수점 이하의 값은 모두 버리고 정수의 값을 가져오게 되어 결과값은 '1'이 된다.
- 형 변환은 다음과 같이 표현할 수 있다.

  타입 변수B = (타입) 변수A ;

▶ int c = 1;
double d = (double) c;
double e = c;

- 위 식은 정수를 실수로 형 변환하였다. 변수 e의 경우 형 변환 없이 double 타입으로 형 변환이 된다. 정수 '1'을 실수 타입으로 변경 시 '1.0'으로 변환되므로 값의 변형은 일어나지 않기 때문에 자동으로 형 변환이 가능하다.
- 정수를 실수로 형 변환 시, 자동으로 형 변환이 되어 형 변환 명령을 명시할 필요가 없다.

3.4 | 참조형 – 상세 학습

수준	중요 포인트 및 학습 가이드(※)
하	1. 참조형 변수의 활용 예제 – ProductVo 타입 정의 방법 – ProductVo 타입 객체 생성 및 속성값 입력 – 객체 비교
하	2. 객체 생성 및 속성 설정 ※ 객체 생성 및 속성값 설정을 이해해야 한다.
하	3. 전역변수와 지역변수 ※ 개념 및 차이점을 이해해야 한다.
하	4. 객체의 기본연산 ※ 객체 비교(==)와 타입 비교(instanceof)를 할 수 있다.
중	5. String 타입 – 참조형 타입이며, 생성 방식은 '리터럴' 방식과 'new 연산자' 방식이 있다. ※ String 객체의 메모리 관리의 이해가 반드시 필요하다.

3.4.01 예제 무조건 따라하기

학습 목표	• 주요 이슈를 이해하고 로직을 구현할 수 있다. – ProductVo 타입 정의 – ProductVo 타입의 객체 생성 및 속성값 입력 – 참조형 객체의 비교
학습 절차	**1. ch03.part04.main1.vo.ProductVo 클래스 정의** – 속성 정의 ▸ productNo, productName **2. ch03.part04.main1.TestReference1 클래스 정의** – 메인 함수 정의 ▸ 참조형 변수의 생성 ▸ product1의 속성 정보 입력

학습 절차	▸ product2의 속성 정보 입력 ▸ product3의 속성 정보 입력 ▸ 객체에 담긴 속성의 값 확인 ▸ 객체 비교 A – 같은 객체인지 비교하기 ▸ 객체 메모리 주소 정보를 복사하기 ▸ 객체 비교 B – 같은 객체인지 비교하기 ▸ 타입 비교

1. ch03.part04.main1.vo.ProductVo 클래스 정의

```
package ch03.part04.main1.vo;
public class ProductVo {
		public String productNo; /** 품목번호 */
		public String productName; /** 품목명 */
		public int price; /** 단가 */
}
```

2. ch03.part04.main1.TestReference1 클래스 정의

사용 예문

```
package ch03.part04.main1;

import ch03.part04.main1.vo.ProductVo;

public class TestReference1 {
		public static void main(String[] args) {

				/** 참조형 변수의 생성 */
				ProductVo product1 = new ProductVo();
				ProductVo product2 = new ProductVo();
				ProductVo product3 = new ProductVo();

				/** Product1의 속성 정보 입력 */
				product1.productNo = "a001";
				product1.productName = "아메리카노";
				product1.price = 4000;

				/** product2 속성 정보 입력 */
				product2.productNo = "a002";
				product2.productName = "카페라떼";
				product2.price = 4300;

				/** product3 속성 정보 입력 */
```

사용
예문

```
product3.productNo = "a003";
product3.productName = "카페모카";
product3.price = 4500;

/** 객체에 담긴 속성의 값 확인 */
System.out.println("product1의 정보 ------------ ");
System.out.println("품목번호[" + product1.productNo + "]");
System.out.println("품목명[" + product1.productName + "]");
System.out.println("단가[" + product1.price + "]");

System.out.println("product2의 정보 ------------ ");
System.out.println("품목번호[" + product2.productNo + "]");
System.out.println("품목명[" + product2.productName + "]");
System.out.println("단가[" + product2.price + "]");

System.out.println("product3의 정보 ------------ ");
System.out.println("품목번호[" + product3.productNo + "]");
System.out.println("품목명[" + product3.productName + "]");
System.out.println("단가[" + product3.price + "]");
System.out.println( );

/** 객체 비교 A - 같은 객체인지 비교하기 */
boolean compare1 = (product1 == product2);
boolean compare2 = (product1 == product3);
System.out.println("compare1 == product2 : " + compare1);
System.out.println("compare1 == product3 : " + compare2);

/** 객체 메모리 주소 정보를 복사하기 */
ProductVo prod1 = product1;
ProductVo prod2 = product2;
ProductVo prod3 = product3;

/** 객체 비교 B - 같은 객체인지 비교하기 */
boolean compare3 = (prod1 == product1);
boolean compare4 = (prod2 == product2);
boolean compare5 = (prod3 == product3);
System.out.println("prod1 == product1 : " + compare3);
System.out.println("prod2 == product2 : " + compare4);
System.out.println("prod3 == product3 : " + compare5);

/** 타입 비교 */
boolean typeCompare1 = (product1 instanceof ProductVo);
```

사용
예문
	boolean typeCompare2 = (product2 instanceof ProductVo);
	boolean typeCompare3 = (product3 instanceof ProductVo);
	System.out.println("product1 instanceof ProductVo : " + typeCompare1);
	System.out.println("product2 instanceof ProductVo : " + typeCompare2);
	System.out.println("product3 instanceof ProductVo : " + typeCompare3);
	
	}
	}

	2. ch03.part04.main1.TestReference1 클래스 정의 (1. ProductVo 클래스 설명은 생략)
소스 설명	▶ ProductVo product1 = new ProductVo(); • 객체 생성은 객체 정보는 별도의 메모리 영역(Heap 메모리 영역)에 담긴다. • product1은 객체 정보를 가리키는 객체의 메모리 주소 정보를 저장한다. ▶ boolean compare1 = (product1 == product2); • 기본형에서 '==' 연산자는 값이 같을 경우 true, 다를 경우 false를 반환한다. • 참조형에서 '==' 연산자는 객체의 메모리 주소값이 같을 경우 true, 다를 경우 false를 반환한다. ▶ ProductVo prod1 = product1; • product1의 객체 주소 정보를 prod1의 변수를 만들어서 대입하였다. • prod1은 ProductVo 객체생성이 아닌 객체 주소를 변수에 저장하였다. • prod1과 product1은 동일 객체의 메모리 주소를 참조한다. • prod1의 속성값 변경 시 product1 속성값이 같이 변경된다. – 동일 객체를 참조하기 때문에, 해당 객체의 속성값을 변경하면 prod1, product1 두 변수는 변경된 값으로 나타나게 된다. ▶ boolean compare3 = (prod1 == product1); • prod1과 product1은 동일 객체의 메모리 주소를 참조하기 때문에 'true'값을 반환한다. ▶ boolean typeCompare1 = (product1 instanceof ProductVo); • '객체 instanceof 타입'에서 'instanceof' 연산자는 타입을 비교하는 연산자이다. • 객체의 타입이 비교하는 타입과 같은 경우 true, 다를 경우 false를 반환한다.
결과	product1의 정보 ------------ 품목번호[a001] 품목명[아메리카노] 단가[4000] product2의 정보 ------------ 품목번호[a002]

결과	품목명[카페라떼] 단가[4300] product3의 정보 ------------ 품목번호[a003] 품목명[카페모카] 단가[4500] compare1 == product2 : false compare1 == product3 : false prod1 == product1 : true prod2 == product2 : true prod3 == product3 : true product1 instanceof ProductVo : true product2 instanceof ProductVo : true product3 instanceof ProductVo : true
정리	• 분석 결과 – 기본형과 달리 참조형의 경우 'new' 키워드를 이용하여 객체 생성을 하였으며, 객체 및 타입을 비교하였다. – 다음 과정부터, 이에 대한 자세한 사항을 설명하도록 하겠다.

3.4. 02 객체 생성 및 속성 설정

- 앞에서 이미 설명한 품목들에 대한 정보를 다음과 같이 관리해야 한다고 생각해 보자.

품목 번호	품목명	단가	▶ 표현 양식(클래스)
a001	아메리카노	4000	▶ 객체1
a002	카페라떼	4300	▶ 객체2
a003	카페모카	4500	▶ 객체3

■ 타입은 '품목' 타입이며 객체는 '아메리카노', '카페라떼', '카페모카' 품목들이다.

– 객체는 타입을 기반으로 실제 품목 정보를 저장할 수 있는 실체라 할 수 있다. 모든 품목 객체는 같은

타입이며, 타입에서 제공하는 속성 정보(품목 번호, 품목명, 단가)를 각각 다른 정보로 저장할 수 있다.

■ 객체는 'new' 연산자를 이용하여 메모리 할당 후 객체를 생성한다.

```
품목타입 변수 = new 품목타입();

ProductVo product1 = new ProductVo();  /** 객체1 생성 */
ProductVo product2 = new ProductVo();  /** 객체2 생성 */
ProductVo product3 = new ProductVo();  /** 객체3 생성 */
```

■ 자바 프로그램은 일반적으로 다음과 같은 과정을 갖는다.

– 클래스 기반 타입 정의 ▷ 객체 생성 ▷ 속성값 설정 ▷ 객체 활용

처리 방법

- **[절차 1]** 클래스 기반 타입 정의

– ProductVo 클래스를 정의하였으며 내부에 속성을 정의한다.

```
public class ProductVo {
        public String productNo;
        public String productName;
        public int price;
}
```

- **[절차 2]** 객체 생성

```
ProductVo product1 = new ProductVo();
```

- **[절차 3]** 속성값 설정

```
product1.productNo = "a001";
product1.productName = "아메리카노";
product1.price = 4000;
```

- **[절차 4]** 객체 활용

– 해당 객체 정보를 DB에 저장한다.

– 해당 객체 정보를 화면에 나타낸다.

– 해당 객체 정보를 엑셀 파일에 저장하여 파일로 만든다.

※ 이 부분은 향후 학습을 하면서 하나하나 익혀 나가도록 할 부분이다.

3.4. 03 전역변수와 지역변수

학습 목표	• 전역변수와 지역변수의 개념과 차이점을 이해할 수 있다.

차이점

구분	전역변수	지역변수
선언 위치	클래스 내부에 선언	함수 내부에 선언
소멸 시기	객체가 소멸 시 소멸	함수가 종료 시 소멸
메모리 위치	Heap 메모리 영역에 저장	Stack 메모리 영역에 저장

설명

• 전역변수는 클래스 하위에 선언된 변수이다.

– 전역변수는 productNo, productName, price와 같이 클래스 내부에 선언된 변수를 의미한다.

– ProductVo의 전역변수는 'productNo, productName, price'가 있다.

```
public class ProductVo {                    /** 『{』를 시작으로 클래스 내부구간 시작 */
        /** 전역변수 productNo, productName, price 정의 */
        public String productNo;
        public String productName;
        public int price;
}                                           /** 『}』를 끝으로 클래스 내부구간 종료 */
```

• 지역변수는 함수 내부에서 선언된 변수이다.

– 지역변수는 곧 다룰 함수 내부에 선언된 변수이다. TestClassP02에서 실행을 하기 위한 메인함수의 내부를 보면 지역변수가 있는 것을 확인할 수 있다.

– 메인함수에서 product1, product2, product3는 지역변수이다.

```
public class TestReference1{
        public static void main(String[ ] args){
                /** 지역변수 product1, product2, product3 정의 */
                ProductVo product1 = new ProductVo( );
                ProductVo product2 = new ProductVo( );
                ProductVo product3 = new ProductVo( );
        }
}
```

• 클래스 내부에는 전역변수와 메인 함수가 존재할 수 있다.

– 클래스의 대표적인 구성 요소는 변수와 함수이다.

```
public class ProductVo {
        /** 전역변수의 정의 */
        public String productNo; /** 품목번호 */
        public String productName; /** 품목명 */
        public int price; /** 단가 */
```

설명	

설명	/** 메인 함수의 정의 */
	public static void main(String[] args) {
	/** 자신의 객체 생성도 가능하며 product1, product2, product3은 함수 내 지역변수 */
	ProductVo product1 = new ProductVo();
	ProductVo product2 = new ProductVo();
	ProductVo product3 = new ProductVo();
	}
	}

3.4.04 객체 기본 연산

구분	연산자	설명	사용 예
대입	=	객체의 주소 정보를 좌항에 대입	ProductVo prod1 = new ProductVo();
객체 비교	==	두 객체 참조 메모리 주소 비교 – 같을 경우 true – 다를 경우 false ※ 기본형의 경우 값을 비교한다.	ProductVo prod1 = new ProductVo(); ProductVo prod2 = new ProductVo(); boolean comapre = (prod1==prod2);
타입 비교	instanceof	객체가 해당 타입 인지 비교 – 타입이 같은 경우 true – 타입이 다른 경우 false	ProductVo prod1 = new ProductVo(); boolean compare = (prod1 instanceof ProductVo);
설명	• 객체 비교 – 참조형에서는 객체가 동일한 메모리를 갖는 주소인지 확인을 하는 경우가 많다. – 특히 13장 UI의 '이벤트' 부분에서 많이 다루게 될 것이다. • 타입 비교 – 앞서 형 변환 학습을 했으며, 참조형에 대한 형 변환 또한 배우게 될 것이다. – 형 변환이 이루어져도 해당 타입은 그대로 유지되기 때문에 향후에 해당 타입인지 확인이 필요할 수 있으며, 이는 9장 학습 이후 자주 사용하게 될 것이다.		

3.4.05 String 타입

학습 목표	• String 타입이 참조형과 다른 특징을 이해할 수 있다.

<table>
<tr><td rowspan="1">특징</td><td>

• String 변수는 참조형의 변수이다.
• String의 생성 방식은 다음과 같이 2가지의 생성 방식을 갖는다.

<table>
<tr><th>구분</th><th>설명</th></tr>
<tr><td>리터럴 방식</td><td>• new 연산자 없이 생성이 가능
String str = "abcde";
• String constant pool 메모리 영역에 저장
– Heap 메모리 영역 내의 별도 영역에 위치함.</td></tr>
<tr><td>new 연산자 생성 방식</td><td>• 참조형의 기본 객체 생성 방식
String str = new String("abcde");
• 참조형 변수와 같이 Heap 메모리 영역에 저장한다.</td></tr>
</table>

</td></tr>
</table>

1. 리터럴 방식의 특징

특징	• 리터럴 방식 – new 연산자를 사용하지 않고 큰따옴표(" ")를 이용하여 기본형과 같은 방식으로 입력한다. – String 객체는 거의 리터럴 방식으로 생성한다. 〈사용 예〉 String str = "abcde"; • String constant pool (String 상수풀) – 문자열의 값은 'String constant pool'이라는 별도의 메모리 공간을 할당하여 그곳에 저장한다. – 상수풀에 문자열의 값이 없을 경우 값을 저장 후 메모리 주소를 반환한다. – 상수풀에 해당 문자열의 값이 있을 경우 해당 문자열의 메모리 주소를 반환한다.

2. 리터럴 방식의 메모리 관리

- String 문자열은 다음과 같은 방식으로 메모리 관리를 한다.
  - 상수풀에 문자열의 **값이 없을 경우 값을 저장 후 메모리 주소를 반환**한다.
  - 상수풀에 해당 문자열의 **값이 있을 경우 해당 문자열의 메모리 주소를 반환**한다.
  - 따라서 **변수가 다르더라도 문자열의 값이 같은 경우 같은 메모리 주소를 참조**하게 된다.

소스코드 예	메모리 주소	설명
String str1 = "abcde";	#주소1	"abcde"의 값이 없으면 #주소1에 값 저장
String str2 = "a";	#주소2	"a"의 값이 없으면 #주소2에 값 저장
str1 = "a";	#주소2	"a"의 값이 있으므로 #주소2를 참조함
str1 = "b";	#주소3	"b"의 값이 없으면 #주소3에 생성함
str1 = "abcde";	#주소1	"abcde" 값이 있으므로 #주소1을 참조함
str2 = "abcde";	#주소1	"abcde" 값이 있으므로 #주소1을 참조함

3. String의 객체 비교 방식

■ 리터럴 방식의 2개 변수 비교

	사용 예	결과값	메모리 저장 위치	메모리 주소
사용 예문	String str1 = "abcde";		상수풀	#주소1
	String str2 = "abcde";		상수풀	#주소1
	System.out.println(str1);	abcde		
	System.out.println(str2);	abcde		
	boolean compare = (str1 == str2);	true		주소가 같음
소스 설명	▶ String str1 = "abcde"; • "abcde" 최초에 String 상수풀에 존재하지 않을 경우 해당 값을 입력 후 그 값이 담긴 주소값 '#주소1'을 반환하게 된다. • 해당 문자열이 존재할 경우 해당 문자열의 주소값 '#주소1'을 반환하게 된다. ▶ String str2 = "abcde"; • "abcde"는 이미 'str1' 변수에서 지정했기 때문에 무조건 존재하며, 그 메모리의 주소값을 'str2'에 저장하게 된다. • 따라서 메모리 주소를 비교할 때 두 값은 일치하게 된다.			

■ 리터럴 방식과 new 연산자 방식의 두 변수 비교

	사용 예	결과값	메모리 저장 위치	메모리 주소
사용 예문	String str1 = "abcde";		상수풀	#주소1
	String str2 = new String("abcde");		Heap	#주소2
	System.out.println(str1);	abcde		

정리	System.out.println(str2); boolean compare = (str1 == str2);	abcde false		 주소가 다름
정리	• '==' 비교 – 참조형의 변수는 메모리 주소값을 비교한다. ▶ 리터럴 방식으로 생성한 변수는 String 상수풀에 저장한다. ▶ new 연산자 방식으로 생성한 변수는 Heap 메모리 영역에 저장한다. – 두 메모리의 주소 값은 다르기 때문에 'false'의 결과값을 갖는다.			

■ new 연산자 방식의 두 변수 비교

	사용 예	결과값	메모리 저장 위치	메모리주소
사용 예문	String str1 = "abc"; str1 = "abcde"; String str2 = "abcde"; System.out.println(str1); System.out.println(str2); boolean compare = (str1 == str2);	 abcde abcde true	상수풀 상수풀 상수풀	#주소1 #주소2 #주소2 주소가 같음
정리	• 상수풀 메모리 관리 – #주소1 : 'abc' 저장 – #주소2 : 'abcde' 저장 • String 변수의 메모리 참조 주소 – str1 : 'abc'『#주소1』→ 'abcde'『#주소2』 – str2 : 'abcde'『#주소2』 • str1와 str2는 메모리 주소가 같다. – 최초 "abc"의 값이 상수풀에 저장되며, "abcde"의 값을 변경할 때 상수풀에 값이 없을 경우 값을 저장 후 해당 메모리 주소를 다시 'str1'에 담게 된다. 그리고 'str2' 역시 "abcde"가 담긴 메모리 주소값을 참조하기 때문에 str1과 str2의 메모리 주소가 일치하게 되는 것이다.			

※ String은 왜 기본형처럼 만들면서 기본형으로 포함하지 않았을까?

- 기본형처럼 사용하는 이유는 사용 빈도가 매우 높기 때문에 관리가 편하도록 하였다.
- **String은 값의 범위를 정할 수 없기 때문에 기본형이 될 수 없다.**

3.5 | 함수

수준	중요 포인트 및 학습 가이드(※)
하	1. 함수 기본 – 함수의 사용 목적은 중복되는 코드의 제거이며, 동적 처리 및 관심사의 분리에 있다. – 파라미터는 '0개' 이상 가능하며, 콤마를 이용하여 '2개' 이상 사용할 수 있다. – 반환 타입이 없는 경우 'void'를 반환 타입으로 정의해야 한다. – 반환 타입이 있는 경우 결과를 반환 타입으로 정의하며, 함수의 마지막에 결과값을 반환하기 위해 "return" 명령문을 사용해야 한다. ※ 함수의 정의 방법 및 파라미터와 반환 타입을 반드시 이해해야 한다.
하	2. 함수의 정의 ※ 함수의 정의를 위해서는 다음과 같은 이슈를 처리할 수 있어야 한다. ▸ 파라미터(Parameter) ▸ 반환 타입(Return Type) 및 반환값(Return Value) ▸ 함수의 종류 – 반환 타입과 파라미터로 분류 ▸ 지역변수와 전역변수 중복 구분 ▸ 제한자 – public, protected, (default), private
하	3. 함수의 사용방법 – 함수의 사용 ▸ 동일 클래스에서 객체 생성 없이 'this.함수명()'으로 호출이 가능하며, 'this'는 생략이 가능하다. ▸ 다른 클래스에서 객체 생성 이후 '객체명.함수명()'으로 호출한다. ▸ 함수 사용 시 타입 순서와 파라미터의 개수가 일치해야 한다. ※ 개념 및 차이점의 이해
중	4. 함수의 활용 예 ※ ProductVo, ProductService를 이용한 품목 관리를 통하여 함수의 사용에 대해 충분히 이해해야 한다.

3.5.01 함수 기본

개념	• 함수란? – 조건 데이터를 받아 와 로직 처리를 통해 결과를 도출하기 위하여 만들어진 클래스의 구성 요소로서, 함수는 '특정 기능이 실행'되거나 '결과값을 반환'하게 된다.

개념	• 파라미터(Parameter)란? – 조건 데이터를 '파라미터'라 하며 0개 이상 존재하며 해당 함수를 사용하는 곳에서 제공받는다. – 파라미터가 2개 이상 존재할 경우 '콤마(,)'를 이용하여 정의할 수 있다. • 반환값(Return Value)이란? – 함수에 의해 반환되는 결과값을 '반환값'이라 하며 해당 함수를 사용하는 곳에서 얻고자 하는 결과값을 말한다. – 반환되는 값이 존재하지 않을 수 있으며 그럴 경우 'void'를 사용한다.
사용 목적	• 코드 중복의 제거 – 공통 로직을 분리하여 함수로 처리하여 코드의 중복을 제거할 수 있다. • 파라미터를 이용한 동적처리 • 모듈화를 통한 관심사의 분리 – 클래스와 함수를 이용하여 관심사를 분리하여 관리의 효율성을 높힐 수 있도록 모듈화가 가능하다.
주요 이슈 사항	• 함수를 활용하기 위해서는 다음과 같은 사항을 숙지해야 한다. – 함수의 정의 및 사용 방법 – 접근 제한자(public, protected, (default), private 등) 사용 구분 – static의 사용 구분 – final의 사용 구분 – 오버로딩(Overloading)의 이해 – 동적 파라미터 및 제네릭스의 활용

3.5.02 함수의 정의

학습 목표	• 함수의 정의를 위해서는 다음과 같은 이슈를 처리할 수 있어야 한다. 1. 파라미터(Parameter) 2. 반환 타입(Return Type) 및 반환값(Return Value) 3. 함수의 종류 – 반환타입과 파라미터로 분류 4. 지역변수와 전역변수 중복 구분 5. 함수 정의 예제

<table>
<tr><td></td><td>6. 제한자 – public, protected, (default), private</td></tr>
<tr><td>정의
방법</td><td>접근제한자 반환타입 함수명(타입1 파라미터1, 타입2 파라미터2, ...)</td></tr>
<tr><td>설명</td><td>• 접근 제한자
– 'public, protected, (default), private' 등 4가지 종류가 있으며, 향후 자세히 학습할 예정이다.
– 특히 'public'은 "전체 사용이 가능하다"는 의미로서, 여기서는 'public'만 사용한다.

• 반환(Return) 타입
– 반환 타입은 함수 처리 후에 결과의 값을 반환받기 위한 타입이다.
– 반환 타입은 없을 수 있으며, 이런 경우 'void'를 사용한다.
– 반환 타입이 있는 경우에는 반드시 함수 내부 마지막 로직에 "return 명령"을 하여 결과값을 반환시켜야 한다.

• 파라미터(Parameter)
– 파라미터는 해당 함수를 사용하는 곳에서 입력할 조건 자료의 정보이다.
– 0개 이상 존재할 수 있으며, 2개 이상의 경우 콤마(,)로 나열한다.
– 조건 자료는 반드시 함수에서 정의한 순서대로 타입과 파라미터의 수가 일치해야 사용이 가능하다.
– 파라미터의 타입과 함수 내 지역변수의 변수명은 중복되어 객체 생성을 할 수 없다.

ex) public void method(String name){
    String name = "name"; ※ 변수 중복에 의한 에러 발생!
}</td></tr>
</table>

1. 파라미터(Parameter)

<table>
<tr><td>처리
방법</td><td>• 0개 이상 사용이 가능하다.
– 2개 이상 존재할 경우 '콤마(,)'를 이용하여 정의할 수 있다.
〈사용 예〉
public void method1( ){ ... };
public void method1(String param1){ ... }
public void method1(String param1, int param2) { ... }

• '타입... 파라미터'를 이용하여 '동적 파라미터'를 정의할 수 있다.
– 동일한 타입을 0개 이상 입력할 수 있다.
– 0개가 입력이 되었을 때 파라미터는 'null'로 처리된다.
– 동적 파라미터는 가장 마지막 파라미터로만 사용할 수 있다.
– 2개 이상의 동적 파라미터 사용은 불가능하다.</td></tr>
</table>

처리 방법	〈사용 예〉 public void method1(String ... param1) { ... } public void method1(int param1, String ... param2) { ... }
사용 예문	• 2개의 파라미터 사용 – 2개의 파라미터를 콤마를 이용하여 사용하였다. – 함수의 사용은 바로 다음 단원에서 설명할 예정이다.

	public class A {
	/** 파라미터
	* – prodId : 품목아이디
	* – prodName : 품목명
	*/
	public void setInfo(String prodId , String prodName) {
	/** 로직 처리 구간 */
	}
	}

	• 동적 파라미터 사용 – '...'를 이용하여 동적 파라미터를 정의할 수 있다. – 함수의 사용은 바로 다음 단원에서 설명할 예정이다.

	public class A {
	public void setInfo(String ... names) {
	/** 로직 처리 구간 */
	}
	}

2. 반환 타입(Return Type) 및 반환값(Return Value)

설명	• 반환 타입이 없는 함수
	– 반환 타입이 없을 경우 반드시 'void'를 반환 타입에 정의해야 한다.
	– 반환 타입이 없기 때문에 로직내부에 'return' 키워드를 사용하지 않는다.
	public void method1() {
	/** 로직처리 */
	}

<table>
<tr><td>설명</td><td>

• 반환타입이 있는 함수
– 반환타입이 String인 타입의 예이다.
– 결과값은 반드시 반환타입인 String 타입이어야 한다.

```
public String method1() {
        /** 로직처리 */
        return 결과값;        /** '결과값'은 반드시 String 타입이어야 한다. */
}
```

</td></tr>
<tr><td>사용 예문</td><td>

• 반환값이 없는 경우 함수의 표현 방법

```
public class A {
    public void getInfo(String param) {
            System.out.println("param = " + param);
    }
}
```

• 반환값이 있는 경우 함수의 표현 방법

```
public class A {
    public String getInfo(String prodId , String prodName) {
            /** 로직 처리 구간 */
            return prodId + ", " + prodName;
    }
}
```

</td></tr>
</table>

3. 함수의 종류 – 반환 타입과 파라미터로 분류

• 함수는 반드시 클래스 구간에서 정의되어야 하며 파라미터와 반환 타입에 따라 다음과 같이 4개의 구조로 정의할 수 있다.

<table>
<tr><th>타입</th><th>반환 타입 여부</th><th>파라미터 여부</th><th>함수의 구조</th></tr>
<tr><td>타입1</td><td>●</td><td>●</td><td>

```
제한자 반환타입 함수명(타입 파라미터1, 타입 파라미터2, ...) {
    /** 함수 로직 처리 구간 */

    /** void가 아닌 반환타입이 있을 경우
     *  반드시 반환타입의 결과값을 반환해야 한다. */
    return 반환값;
}
```

</td></tr>
</table>

타입2	X	●	제한자 void 함수명(타입 파라미터1, 타입 파라미터2, ...) {
			    /** 함수 로직 처리 구간 */
			
			}

타입3	●	X	제한자 반환타입 함수명( ) {
			    /** 함수 로직 처리 구간 */
			
			    /** void가 아닌 반환타입이 있을 경우
			     * 반드시 반환 타입의 결과값을 반환해야 한다. */
			    return 반환값;
			}

타입4	X	X	제한자 void 함수명( ) {
			    /** 함수 로직 처리 구간 */
			
			    /** void의 경우 『return』을 하지 않는다. */
			}

4. 지역변수와 전역변수 중복 구분

처리 방법

- 클래스 내의 전역변수 사용 범위
  - 전역변수는 함수 내에서 사용이 가능하다.
  - getName()의 함수는 전역변수 name의 값을 반환하는 함수이다.

```
public class A {
        public String name;
        public String getName() {
                return name;  // 전역변수 name의 값을 반환
        }
}
```

- 함수 내에 전역변수와 지역변수 또는 파라미터의 변수 중복
  - 변수 중복의 경우 전역변수와 지역변수를 구분하여 접근할 수 있다.
  - 'this.name'은 전역변수를 나타낸다.
    - ▸ 변수의 접근에 대해서는 11장 모듈화 기법 파트에서 자세히 다룰 것이다.
    - ▸ 'this'는 동일 클래스에서 사용되는 '객체 자기 자신'을 뜻한다.
      '객체명.변수명' ▷ '객체'는 자기 자신이기 때문에 'this'를 사용한다.

'this'는 변수의 중복이 없을 경우 생략이 가능하다. 여기서는 파라미터와 변수의 중복이 있기 때문에 생략을 할 수 없다.

– 함수 내에서 'name'은 전역변수보다 지역변수가 우선한다.

```
public class A {
        public String name;                    /** name은 전역변수 */
        public void setName(String name){      /** 파라미터 name은 지역변수 */
                this.name = name;
        }
}
```

5. 함수 정의 예제

문제	• ProductVo 클래스가 다음과 같을 때 내부 로직을 포함하여 함수를 정의하시오.
	– 전역변수 : 품목 번호(productNo), 품목명(productName), 단가(price)
	〈소스 코드〉
	public class ProductVo {
	    public String productNo;
	    public String productName;
	    public int price;
	}
	1. 외부에서 호출 시 전역변수의 품목 번호를 반환하기 위한 함수
	2. 외부에서 품목 번호를 제공 시, 전역변수의 품목 번호에 값을 저장하기 위한 함수
	3. 외부에서 호출 시 전역변수의 제품명을 반환하기 위한 함수
	4. 외부에서 제품명을 제공 시 전역변수의 제품명에 값을 저장하기 위한 함수
	5. 외부에서 호출 시 전역변수의 단가를 반환하기 위한 함수
	6. 외부에서 단가를 제공 시 전역변수의 단가에 값을 저장하기 위한 함수

결과 코드	public class ProductVo {
	
	    /** 전역변수 – 품목번호, 품목명, 단가 */
	    public String productNo;
	    public String productName;
	    public int price;
	
	    /** 외부에서 호출시 전역변수의 품목번호를 반환하기 위한 함수 */

```
    public String getProductNo() {
        return productNo;
    }

    /** 외부에서 품목번호를 제공 시 전역변수의 품목번호에 값을 저장하기 위한 함수 */
    public void setProductNo(String productNo) {
        this.productNo = productNo;
        this.printResult(productNo);
    }

    /** 외부에서 호출 시 전역변수의 제품명을 반환하기 위한 함수 */
    public String getProductName() {
        return productName;
    }

    /** 외부에서 제품명을 제공 시 전역변수의 제품명에 값을 저장하기 위한 함수 */
    public void setProductName(String productName) {
        this.productName = productName;
        this.printResult(productNo);
    }

    /** 외부에서 호출 시 전역변수의 단가를 반환하기 위한 함수 */
    public int getPrice() {
        return price;
    }

    /** 외부에서 단가를 제공 시 전역변수의 단가에 값을 저장하기 위한 함수 */
    public void setPrice(int price) {
        this.price = price;
    }
}
```

6. 제한자

제한자	사용 목적
public protected (default) private	• 접근 제한자로 함수에 대한 접근을 제어하기 위한 제한자이다. • public은 어느 클래스에서든 해당 요소로 접근이 가능하다. • private은 해당 클래스에서만 접근이 가능하다. • 접근 범위는 'private < (default) < protected < public' 순이다. • 이 장의 끝부분에서 다룰 예정이다.

static	• 객체 영역이 아닌 클래스 영역에서 사용하기 위한 함수이다. • 객체 생성 없이 '클래스명.함수명()' 형태로 사용이 가능하다. • 대표적으로 메인 함수에 이 제한자를 사용하고 있다. • 이 장의 끝부분에서 다룰 예정이다.
final	• final은 변경이 불가하도록 설정하여 해당 함수의 확장이 불가능하다. • 상속 및 쓰레드 파트에서 다룰 예정이다.
abstract	• 추상 메소드로 사용자 정의를 하도록 지정하기 위한 제한자이다. • 추상 클래스 파트에서 다룰 예정이다.
synchronized	• 동기화를 위한 예약어로 병렬 처리를 직렬 처리로 변환한다. • 쓰레드 파트에서 다룰 예정이다.

- 읽어도 무슨 말인지 이해가 되지 않을 수 있다. 이 예약어들은 향후에 해당 파트에서 설명할 예정이므로 걱정할 필요가 없다. 그냥 이런 개념들이 있다는 정도로 넘어가도록 하자.
- 우선 'static'에 대해서만 이 장에서 간단히 다루도록 할 예정이다.

3.5.03 함수의 사용 방법 – 객체명.함수명()

1. 함수 사용 기본

<table>
<tr><th></th><th>함수의 정의</th><th></th><th>함수의 사용</th></tr>
<tr><td>처리 방법</td><td><pre>public class A {

  public void method1() { ... }
  public void method2(String p){
    ...
  }
  public String method3(){
    return ... ;
  }
  public String method4(String p){
    method1();
    return ... ;
  }
}</pre></td><td>▶
▶
▶
▶</td><td><pre>public class B {
  public static void main(String[] args) {
    A a = new A();
    a.method1();
    a.method2("test");

    String result3 = a.method3();

    String result4 = a.method4("test");
  }
}</pre></td></tr>
</table>

설명	• 동일 클래스에서 함수의 사용
	– method4()에서 보면 동일 클래스의 함수 method1()을 사용하였으며, 다음과 같이 사용이 가능하다.
	▸ this.method1();
	여기서 this는 '객체명.함수명()' 호출 형식에서의 '객체명'을 나타내며, 객체 자기 자신을 뜻하는데 생략할 수 있다.
	▸ method1(); // 이렇게 this는 생략할 수도 있다.
	• 다른 클래스에서 함수의 사용
	– 함수의 사용은 객체 생성 이후 '객체명.함수명()' 형태로 호출이 가능하다.
	– 함수의 결과는 함수의 반환 타입의 변수로 전달받을 수 있다.
	▸ String result3 = a.method3();

주의 사항	• 함수 사용 시 타입 순서 및 파라미터 개수가 일치해야 한다.
	– 함수에서 정의한 파라미터의 타입의 순서와 그 수가 반드시 일치해야 하며, 해당 타입에 맞는 값을 입력해야 한다.
	〈타입 정의 예〉
	public class A {
	    public void method1(String a, String b, int c){
	        /** 로직생략 */
	    }
	}
	〈사용 예〉
	▸ 위의 method1() 함수를 사용하기 위해서는 반드시 파라미터 3개를 'String, String, int'의 타입 순으로 값을 입력해야 한다.
	A a = new A();
	a.method1("값1", "값2", 3); **※ 타입 순서와 파라미터 개수가 일치!**

학습 절차	1. ch03.part05.main3.vo.ProductVo 클래스 정의 2. ch03.part05.main3.TestMethod 클래스 정의 – 메인 함수 정의 ▸ ProductVo 객체 생성 ▸ ProductVo 함수 사용
사용 예문	**1. ch03.part05.main3.vo.ProductVo 클래스 정의** package ch03.part05.main3.vo;

사용 예문	<pre>public class ProductVo {
	    public String productNo;
	    public String productName;
	    public int price;
	    public void setProductNo(String productNo) {
	      this.productNo = productNo;
	    }
	    public String getProductNo() { return productNo; }
	    public void setProductName(String productName) {
	      this.productName = productName;
	    }
	    public String getProductName() { return productName; }
	    public void setPrice(int price) { this.price = price; }
	    public int getPrice() { return price; }
	}</pre>

	2. ch03.part05.main3.TestMethod 클래스 정의 – 외부 클래스에서 ProductVo 함수의 사용

	<pre>package ch03.part05.main3;
	
	import ch03.part05.main3.vo.ProductVo;
	
	public class TestMethod {
	    public static void main(String[] args) {
	        /** ProductVo 객체생성 */
	        ProductVo v = new ProductVo();
	
	        /** ProductVo 함수사용 */
	        v.setProductNo("a001");
	        v.setProductName("아메리카노");
	        v.setPrice(4000);
	        System.out.println("productNo = " + v.getProductNo());
	        System.out.println("productName = " + v.getProductName());
	        System.out.println("price = " + v.getPrice());
	    }
	}</pre>

결과	productNo = a001 productName = 아메리카노 price = 4000

2. 동일 클래스 내에서 변수, 함수의 접근 – this

- 일반적으로 클래스 내의 함수 및 전역변수는 객체를 통하여 접근이 가능하기 때문에 객체를 생성 후 사용을 해야 한다.

		동일 클래스	외부 클래스
사용 방법	변수의 접근	this.변수	객체명.변수
	함수의 접근	this.함수()	객체명.함수()
설명	• 외부 클래스에서의 '객체명' 대신에 동일 클래스에서는 'this'로 사용된다. • 'this'는 자기 자신의 객체로 생각하면 된다. • 'this'는 중복된 함수 또는 변수가 존재하지 않을 경우 생략이 가능하다. • 'this.변수'는 전역변수인 해당 클래스 타입의 객체 속성을 나타낸다. • 'this.함수'는 클래스 타입의 객체 함수를 나타낸다.		

3.5.04 함수의 활용 예

- 품목 관리를 위해 필요한 함수를 만들어서 사용하고자 한다. 다음을 직접 구성해 보길 바란다.

	• ProductVo를 제외한 다음 클래스를 해당 패키지 내에 생성하시오.		
	패키지명	클래스명	클래스 설명
문제 1	ch03.part05.main4.vo	ProductVo	품목 정보 클래스 – ch03.part05.main3.vo 패키지 내 ProductVo 클래스를 복사하시오. (이후 [사용 예문] 참조)
	ch03.part05.main4	TestMain	메인 함수 실행 클래스
	ch03.part05.main4.service	ProductService	제품 정보 서비스 함수 제공 클래스
문제 2	• ProductService 클래스를 정의하고 요구 사항에 있는 함수를 모두 정의하시오. – 품목 정보 타입은 ProductVo 타입으로 사용하면 된다. – 내부 로직은 생략하며, 해당 타입으로 반환할 수 있도록 구성만 하도록 한다.		
	1. 품목 번호를 제공하면 해당 품목 정보를 반환하는 함수 – 로직 생략할 것		

2. 품목 정보를 제공하면 해당 품목을 수정 후 수정된 데이터의 수를 반환하는 함수

– 로직 생략할 것

3. 품목 정보를 제공하면 해당 품목을 등록 후 성공 여부를 반환하는 함수

– 로직 생략할 것

4. 품목 번호를 제공하면 해당 품목 정보를 삭제하기 위한 함수

– 로직 생략할 것

문제 3

• TestMain 클래스 내 메인 함수에서 ProductService 클래스의 함수를 사용하여 로직을 구현하시오.

1. 다음 3개의 품목의 정보를 ProductVo로 만든 후 신규 등록하시오.

품목번호	품목명	단가
a001	아메리카노	4,000
a002	카페라떼	4,300
a003	카페모카	4,500

2. '아메리카노' 품목의 단가를 200원 인상 후 자료를 저장하시오.

3. '카페모카' 품목을 삭제하시오.

4. 'a001' 품목 정보를 조회하시오.

사용 예문

[문제 1] ch03.part05.main4.vo.ProductVo 클래스 정의

```
package ch03.part05.main4.vo;

public class ProductVo {
    public String productNo;
    public String productName;
    public int price;
    public void setProductNo(String productNo){
        this.productNo = productNo;
    }
    public String getProductNo() { return productNo; }
    public void setProductName(String productName) {
    this.productName = productName;
    }
    public String getProductName() { return productName; }
    public void setPrice(int price) { this.price = price; }
    public int getPrice() { return price; }
}
```

[문제 2] ch03.part05.main4.service.ProductService 클래스 정의

사용 예문

```
package ch03.part05.main4.service;

import ch03.part05.main4.service.ProductService;
import ch03.part05.main4.vo.ProductVo;

public class ProductService {

    /** 1. 품목번호를 제공하면 해당 품목정보를 반환하는 함수 */
    public ProductVo getProduct(String productNo){
        /** 품목정보를 조회하기 위한 로직생략 */
        ProductVo productVo = null ; // 로직생략 – 임의로 null로 처리함.
        return productVo;
    }

    /** 품목정보를 제공하면 해당 품목을 데이터베이스에 수정 후 수정된 데이터의 수를 반환하는 함수 */
    public int updateProduct(ProductVo productVo){
        /** 품목정보를 저장하기 위한 로직생략 */
        int updateProduct = 0 ; // 로직생략 – 임의로 0으로 처리함.
        return updateProduct;
    }

    /** 품목정보를 제공하면 해당 품목을 데이터베이스에 등록 후 성공여부를 반환하는 함수 */
    public boolean insertProduct(ProductVo productVo) {
        /** 품목정보를 신규 등록하기 위한 로직생략 */
        boolean insertProduct = false ; // 로직생략 – 임의로 false
        return insertProduct;
    }

    /** 품목번호를 제공하면 해당 품목 정보를 삭제하기 위한 함수 */
    public void deleteProduct(String productNo){
        /** 품목을 삭제하기 위한 로직생략 */
    }
}
```

[문제 3] ch03.part05.main4.TestMain 클래스 정의

```
package ch03.part05.main4;

import ch03.part05.main4.vo.ProductVo;

public class TestMain {
```

사용 예문

```
    public static void main(String[] args) {

        /** 1. 다음 3개의 품목의 정보를 ProductVo로 만든 후 신규 등록하시오.  */

        // 1) product1 객체생성 및 속성설정
        ProductVo product1 = new ProductVo();
        product1.setProductNo("a001");
        product1.setProductName("아메리카노");
        product1.setPrice(4000);

        // 2) product1 객체생성 및 속성설정
        ProductVo product2 = new ProductVo();
        product2.setProductNo("a002");
        product2.setProductName("까페라떼");
        product2.setPrice(4300);

        // 3) product1 객체생성 및 속성설정
        ProductVo product3 = new ProductVo();
        product3.setProductNo("a003");
        product3.setProductName("까페모카");
        product3.setPrice(4500);

        /** ProductService 함수를 사용하기 위한 서비스 객체생성 */
        ProductService service = new ProductService();

        // 4) 데이터베이스 시스템에 자료 등록
        service.insertProduct(product1);
        service.insertProduct(product2);
        service.insertProduct(product3);

        /** 2. '아메리카노' 품목의 단가를 200원 인상 후 자료를 저장하시오. */
        int price = product1.getPrice() + 200;
        product1.setPrice(price);
        int updateProduct = service.updateProduct(product1);

        /** 3. '카페모카' 품목을 삭제하시오.  */
        service.deleteProduct("a003");

        /** 4. 'a001' 품목정보를 조회하시오.  */
        ProductVo productVo = service.getProduct("a001");
    }
}
```

정리	• ProductVo 타입의 역할 – 품목 1개의 정보를 저장하기 위한 타입 • ProductService 타입의 역할 – 전체 품목에 대한 목록 조회, 품목 수정, 품목 삭제 등 시스템으로의 저장 및 조회를 위한 로직을 처리하기 위한 서비스 클래스이다. – 향후에 학습할 MVC 패턴의 모델에 해당하는 부분으로 서비스 처리를 위한 단위 업무를 해결하기 위한 기능을 관리하는 클래스이다. ▸ 서비스 클래스의 기능 활용 예 · 전체 목록 조회 · 특정 품목의 상세 정보 조회 · 특정 품목의 수정, 삭제

3.6 오버로딩(Overloading)

수준	중요 포인트 및 학습 가이드(※)
하	1. 오버로딩의 개요 – 오버로딩은 동일 함수의 기능을 나타내기 위해 동일한 함수명으로 중복하여 정의하는 것을 말한다. – 동일한 함수명의 경우 반드시 파라미터의 정보가 달라야 한다. ▸ 파라미터의 정보(파라미터의 타입, 파라미터의 수)가 일치할 경우 중복해서 사용할 수 없다. – 오버로딩은 함수명이 같기 때문에 기본적으로 같은 기능을 처리함을 알 수 있다.
하	2. 오버로딩 활용 예제 – setProductInfo() 함수를 오버로딩을 이용하여 정의하였다.

3.6.01 오버로딩(Overloading)의 개요

개념	• '오버로딩'은 파라미터 정보가 다를 때 동일 클래스에 같은 이름의 함수를 중복하여 생성하는 기능이다. • 파라미터의 정보가 같을 경우 동일 클래스에 함수명이 같은 함수를 중복하여 생성할 수 없다. • 파라미터의 정보는 파라미터의 수와 파라미터의 타입, 파라미터의 순서에 의해 구분된다.

	• 파라미터의 수와 타입, 순서 등이 모두 같을 경우, 파라미터의 정보가 같음을 알 수 있다.
사용 목적	• 사용자의 입장에서 보면 함수명이 같은 경우 기능이 같음을 알 수 있다. • 하나의 기능을 여러 가지 파라미터 타입으로 사용할 수 있도록 만들 수 있다.

주의 사항	• 파라미터의 타입이 같으며 파라미터 변수명이 다른 경우 오버로딩일까?
	`public void setProductInfo(String productNo, String productName){...}`
	`public void setProductInfo(String productName, String productNo){...}`
	– 함수명과 함수의 파라미터 수, 파라미터 타입이 같은 경우 같은 함수로 인식하기 때문에 위의 함수는 같은 함수로 인식된다.
	– 클래스 내에서는 동일 함수를 생성할 수 없기 때문에 오류 발생이 일어난다.
	• 파라미터의 수와 타입이 같으며 순서가 다른 경우 오버로딩일까?
	`public void setProductInfo(String productNo, int price){...}`
	`public void setProductInfo(int price, String productNo){...}`
	– 파라미터의 타입과 변수명이 같고 순서가 다른 것은 다른 함수로 인식한다.
	– 오버로딩의 기능으로 두 함수는 정의가 가능하다.

3.6.02 오버로딩 활용 예제

학습 목표	• 주요 이슈를 이해하고 로직구 현을 할 수 있다. – 오버로딩을 이용하여 품목 속성 정보를 저장하기 위한 setProductInfo() 함수 정의
학습 절차	**1. ProductVo 클래스 정의** – 패키지 : ch03.part06.main2.vo **2. TestMain 클래스 정의** – 패키지 : ch03.part06.main2

1. ch03.part06.main2.vo.ProductVo 클래스 정의

사용 예문

```
package ch03.part06.main2.vo;
public class ProductVo {

    public String productNo;
    public String productName;
```

사용 예문

```
    public int price;
    public void setProductNo(String productNo){
        this.productNo = productNo;
    }
    public String getProductNo() { return productNo; }
    public void setProductName(String productName) {
        this.productName = productName;
    }
    public String getProductName() { return productName; }
    public void setPrice(int price) { this.price = price; }
    public int getPrice() { return price; }

    /** 외부에서 품목번호, 품목명을 입력 시 전역변수에 저장하기 위한 함수 */
    public int setProductInfo(String productNo, String productName) {
        this.setProductNo = productNo;
        this.setProductName = productName;
    }

    /** 외부에서 품목번호, 품목명, 단가를 입력 시 전역변수에 저장하기 위한 함수 */
    public int setProductInfo(String productNo, String productName, int price) {
        this.productNo = productNo;
        this.productName = productName;
        this.price = price;
    }
}
```

2. ch03.part06.main2.vo.TestMain 클래스 정의

```
package ch03.part06.main2;

import ch03.part06.main2.vo.ProductVo;

public class TestClassP03 {
    public static void main(String[] args) {

    /** 품목 객체생성 */
    ProductVo product1 = new ProductVo();
    product1.setProductNo("a001");
    product1.setProductName("아메리카노");
    product1.setPrice(4000);

    /** setProductInfo() 함수 사용 */
    ProductVo product2 = new ProductVo();
```

	product2.setProductInfo("a002", "까페라떼");
	product2.setPrice(4300);
	
	/** setProductInfo( ) 함수 사용 */
	ProductVo product3 = new ProductVo( );
	product3.setProductInfo("a003", "까페모카", 4500)
	}
	}

소스 설명	▶ public int setProductInfo(String productNo, String productName) { ... } public int setProductInfo(String productNo, String productName, int price) { ... } • 두 함수의 함수명은 'setProductInfo'로 같으며 파라미터 정보가 다른 함수임을 알 수 있다. 파라미터의 정보가 다를 경우 함수명이 같이 사용될 수 있다. • 이와 같은 기능을 **오버로딩(overloading)**이라 한다.

3.7 | 접근 제한자

수준	중요 포인트 및 학습 가이드(※)
하	1. 예제 무조건 따라하기 ※ 접근 제한자 'public, protected, (default), private'의 활용을 이해해야 한다. ※ TestMain 클래스에서 ProductVo1, ProductVo2 속성으로의 접근
하	2. 접근 제한자 개념 및 특징 ※ 이 부분은 가볍게 읽고 넘어가도록 하자.
하	3. 접근 제한자의 종류 – 상세 – 접근 제한자의 종류는 'public, protecetd, (default), private' 등이 있다. ※ 패키지와 클래스의 위치에 따라 제한자에 의해 접근 가능 여부에 대한 이해를 반드시 해야 한다. ※ 'protected' 제한자는 **9장**에서 '상속'을 학습한 이후 학습할 예정이다.
하	4. 접근 제한자 사용 목적 – 외부에 불필요한 자료는 노출시키지 않는다. – 사용자 관점에서 꼭 필요한 것만 볼 수 있어 편리하다.

하	5. 'getter, setter' 함수 만들기 – 변수를 이용하여 getter, setter 함수 정의하기 – 이클립스 getter, setter 함수 자동 코드 생성하기 ※ 변수와 함수의 역할을 이해하고, 해당 변수, 함수의 제한자를 이용하여 정의해야 한다.

3.7.01 예제 무조건 따라하기

학습 목표

- 접근 제한자 public, protected, (default), private의 활용을 이해할 수 있다.
- [사용 예문]에서 다음의 로직을 이해할 수 있다.
  - TestMain 클래스에서 ProductVo1, ProductVo2 속성의 접근
    - ▸ 패키지가 다른 ProductVo1 속성의 접근
    - ▸ 패키지가 같은 ProductVo2 속성의 접근

종류

- 접근 제한자는 다음과 같이 4가지 경우가 있다.
  - 패키지과 클래스를 기준으로 접근허용과 접근불가의 구분을 할 수 있다.

구분	다른 패키지	사용 예
public	• 모두 접근허용	public String name;
protected	• 다른 패키지 일부허용 – 상속클래스만 접근허용 • 동일 패키지 내 접근허용	protected String name;
(default)	• 동일 패키지 내 접근허용 • 제한자를 입력하지 않을 경우 default 타입이 된다.	String name;
private	• 동일 클래스에서만 접근허용	private String name;

학습 절차

1. ch03.part07.main1.vo.ProductVo1
- 전역변수 productNo, ProductName, price, type 정의
  - ▸ 제한자 public, protected, private, (default) 제한자를 이용함.

2. ch03.part07.main1.ProductVo2
- 전역변수 productNo, ProductName, price, type 정의
  - ▸ 제한자 public, protected, private, (default) 제한자를 이용함.

3. ch03.part07.main1.TestMain
- 메인 함수 정의

사용 예문

▸ ProductVo1 객체 생성 및 각각의 속성 접근

▸ ProductVo2 객체 생성 및 각각의 속성 접근

1. ch03.part07.main1.vo.ProductVo1

```
package ch03.part07.main1.vo;

public class ProductVo1 {
    /** 전역변수 - 타입의 속성 */
    public String productNo;           /** public – 모두 허용 */
    protected String productName;      /** protected – 동일패키지, 상속 */
    private int price;                 /** private – 동일클래스 */
    int type;                          /** default 접근 – 동일패키지 */
}
```

2. ch03.part07.main1.ProductVo2

```
package ch03.part07.main1;

public class ProductVo2 {
    /** 전역변수 - 타입의 속성 */
    public String productNo;           /** public – 모두 허용 */
    protected String productName;      /** protected – 동일패키지, 상속 */
    private int price;                 /** private – 동일클래스 */
    int type;                          /** default 접근 – 동일패키지 */
}
```

3. ch03.part07.main1.TestMain

```
package ch03.part07.main1;

import ch03.part07.main1.vo.ProductVo1;

public class TestMain {
   public static void main(String[] args){

      /** ProductVo1 타입의 객체 생성 */
      ProductVo1 prod1 = new ProductVo1();
      prod1.productNo = "a001";
      prod1.productName = "아메리카노";
      prod1.price = 4000;
      prod1.type = 1;

      /** ProductVo2 타입의 객체 생성 */
```

	ProductVo2 prod2 = new ProductVo2();
	prod2.productNo = "a001";
	prod2.productName = "아메리카노";
	prod2.price = 4000;
	prod2.type = 1;
	}
	}

결과	• 이클립스에서 결과 화면은 다음과 같이 나타난다. – 접근 제한자를 테스트하기 위한 학습이기 때문에 에러가 발생하는 속성을 확인하면 된다.
	(코드 화면 아래 참조)
정리	• TestMain 클래스 기준 접근관계 – ProductVo1은 다른 패키지에 있는 클래스이다. ▸ public에서는 접근이 가능하다. ▸ protected, (default), private에서는 접근이 불가능하다. – ProductVo2은 동일 패키지에 있는 클래스이다. ▸ public, protected, (default)에서는 접근이 가능하다. ▸ private에서는 접근이 불가능하다. • protected 상속의 개념 – 상속은 9장에서 보다 상세히 다룰 예정이다.

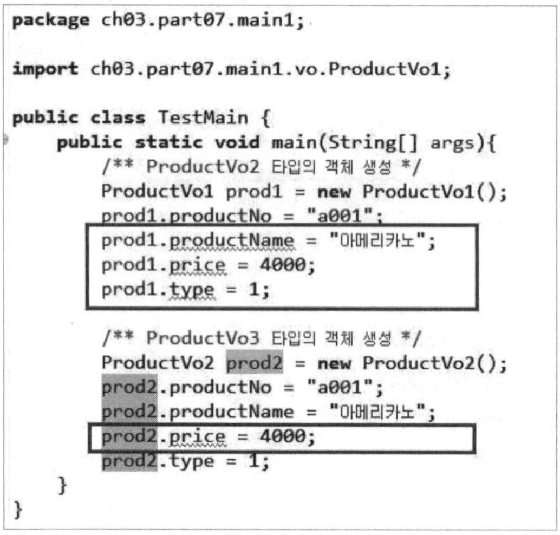

```
package ch03.part07.main1;

import ch03.part07.main1.vo.ProductVo1;

public class TestMain {
    public static void main(String[] args){
        /** ProductVo2 타입의 객체 생성 */
        ProductVo1 prod1 = new ProductVo1();
        prod1.productNo = "a001";
        prod1.productName = "아메리카노";
        prod1.price = 4000;
        prod1.type = 1;

        /** ProductVo3 타입의 객체 생성 */
        ProductVo2 prod2 = new ProductVo2();
        prod2.productNo = "a001";
        prod2.productName = "아메리카노";
        prod2.price = 4000;
        prod2.type = 1;
    }
}
```

3.7.02 접근 제한자의 개념 및 특징

개념	• 접근 제한자란 특정 클래스의 변수, 함수와 같은 구성 요소에 접근을 제한하기 위해 사용하는 제어자이다.
사용 목적	• 클래스간의 접근 관계를 설정한다. – 접근 제한자는 특정 클래스와 그 클래스에 접근하려는 클래스간의 접근 관계를 설정하기 위해 사용된다. • 외부에 불필요한 자료는 노출을 시키지 않는다. – 내부에서만 사용하고자 하는 변수 또는 함수는 굳이 외부로 노출시킬 필요가 없다. • 사용자 관점에서 꼭 필요한 것만 볼 수 있어 편리하다. – 이클립스와 같은 편집기는 해당 클래스가 갖는 모든 변수 및 함수를 자동으로 볼 수 있도록 가이드하는데, 이 경우 사용자가 불필요한 것까지 보게 된다면 오히려 혼란을 줄 수 있다. – 사용자가 필요한 변수 및 함수를 이용하여 쉽게 접근할 수 있도록 하기 위함이다.
특징	• 접근 제한자는 패키지와 클래스의 위치를 통하여 접근 여부를 결정한다. – 패키지가 다른 경우 – 패키지가 다르며 상속 관계에 있는 클래스의 경우 – 패키지가 같으며 클래스가 다른 경우 – 패키지가 같으며 클래스가 같은 경우 • 접근 제한자는 public, protected, (default), private 4 종류가 있다. – (default)는 아무것도 명시하지 않은 경우이다.

3.7.03 접근 제한자의 종류 – 상세

- 접근의 제한은 어떤 클래스와 그 클래스에 접근하고자 하는 클래스 간의 관계(동일/다른/상위 클래스)를 통하여 접근 여부를 결정할 수 있다.
- 패키지와 클래스를 기준으로 제한하고 있으며 접근 관계는 다음과 같다.

접근 제한자	다른 패키지		동일 패키지	
	클래스	상속 클래스	다른 클래스	동일 클래스
public	●	●	●	●
protected	X	●	●	●

(default)	X	X	●	●
private	X	X	X	●

※ '상위 클래스'는 대상 클래스가 상속한 경우를 말하며, 이후 9장 상속 파트에서 다루도록 한다.

■ 3.7.01 파트의 TestMain 클래스와 ProductVo1 클래스의 접근 관계 비교

– TestMain와 ProductVo1의 패키지는 다르기 때문에 우선 상속을 고려하지 않는다면 'public'만 접근이 가능하다.

ProductVo1	TestMain	접근 여부	비 고
public String prodNo;	prod1.prodNo="a001";	가능	
protected String prodName;	prod1.prodName="아메리카노";	불가	오류발생
int type	prod1.type=1;	불가	오류발생
private int price;	prod1.price=4000;	불가	오류발생

■ 3.7.01 파트의 TestMain 클래스와 ProductVo2 클래스의 접근 관계 비교

– TestClassP01와 ProductVo3의 패키지가 같기 때문에 'public, protected, (default)'에서 접근 가능하다.

ProductVo2	TestClassP01	접근여부	비 고
public String prodNo;	prod2.prodNo="a001";	가능	
protected String prodName;	prod2.prodName="아메리카노";	가능	
int type	prod2.type=1;	가능	
private int price;	prod2.price=4000;	불가	오류발생

3.7.04 접근 제한자를 이용한 전역변수 조회, 설정용 함수 만들기

특징	• ProductVo 클래스의 특징 – 'Vo'는 'Value Object'의 약자로서, 해당 타입으로 정보를 저장하기 위해 사용된 일종의 약속된 이름이며 명명 규칙에 대한 강제성은 없다. – 'ProductVo' 클래스는 해당 클래스명을 통하여 '품목 정보'를 갖는 타입으로 판단할 수 있다.

	– 일반적으로 특정한 정보를 저장하기 위한 목적으로 클래스가 사용될 때 'Vo'를 붙여 사용한다. • 변수의 역할 – 데이터 저장 ▸ 순수한 데이터는 자체적으로 관리하며 외부에서 제어할 수 없도록 한다. • 함수의 역할 – 기능 구현 ▸ 외부에서 사용할 수 있는 기능을 여기서 정의한다. ▸ 외부에서 필요한 경우에만 파라미터를 받아와 전역변수의 값을 수정할 수 있다.
	• 속성과 getter setter 함수의 정의

처리 방법	• 속성의 접근 제한 – 'private'
	– 외부에서의 접근을 제한한다.
	– 기본적으로 자료는 자체적으로 관리한다.
	– 변수의 가장 큰 목적은 자료의 저장이다.
	
	private String productNo;
	private String productName;
	private int price;
	
	• 함수의 기능 정의 1 – 외부에서 접근하여 조회할 수 있는 기능 정의
	– 외부에서 접근하여 수정할 수 있도록 'public' 권한 부여
	– 이를 앞으로 'getter 함수'라 부르기로 한다.
	▸ getter 함수는 일반적으로 getXXX() 형태로 명명되며, XXX라는 속성명으로 부여한다.
	– getter 함수의 목적은 외부에 변수의 값을 반환하는 것이다.
	
	public String getProductNo(){
	        return productNo;
	}
	public String getProductName(String productName) {
	        return productName;
	}
	public int getPrice(int price) {
	        return price;
	}
	
	• 함수의 기능 정의 2 – 외부에서 접근하여 수정할 수 있는 기능 정의
	– 외부에서 접근하여 수정할 수 있도록 'public' 권한 부여
	– 이를 앞으로 'setter' 함수라 명명하겠다.
	▸ setter 함수는 일반적으로 setXXX() 형태로 명명되며, XXX라는 속성명으로 부여하여 정의한다.

	– setter 함수의 목적은 외부에서 파라미터로 값을 전달하며, 전역변수의 값을 설정하는 것이다.
	public void setProductNo(String productNo){
	    this.productNo = productNo;
	}
	public void setProductName(String productName) {
	    this.productName = productName;
	}
	public void setPrice(int price) {
	    this.price = price;
	}

자동 생성	• 이클립스 getter, setter 자동 생성 절차 [절차 1] 편집기에서 단축키 [Alt + Shift + S]를 누른다. – 자동 생성 메뉴가 나타난다. – 클래스에 오른쪽 클릭하여 [Source] 항목을 클릭하여 나타나는 화면과 같다. [절차 2] 오른쪽 메뉴가 나타날 때 [R] 키를 누른다. – getter, setter 클래스를 자동으로 생성해 주는 팝업창이 나타난다. – 해당 팝업창에서 [Generate Getters and Setters ...]를 클릭 후 나타나는 화면과 같다. [절차 3] 해당 속성을 선택 후 [OK] 버튼을 클릭한다. **• [절차 1] 편집기에서 단축키 [Alt + Shift + S]를 누른다.**

```
public class ProductVo {
    private String productNo;
    private String productName;
    private int price;
    private int type;

}
```

Toggle Comment	Ctrl+7
Remove Block Comment	Ctrl+Shift+₩
Generate Element Comment	Alt+Shift+J
Correct Indentation	Ctrl+I
Format	Ctrl+Shift+F
Format Element	
Add Import	Ctrl+Shift+M
Organize Imports	Ctrl+Shift+O
Sort Members...	
Clean Up...	
Override/Implement Methods...	
Generate Getters and Setters...	
Generate Delegate Methods...	
Generate hashCode() and equals()...	
Generate toString()...	
Generate Constructor using Fields...	

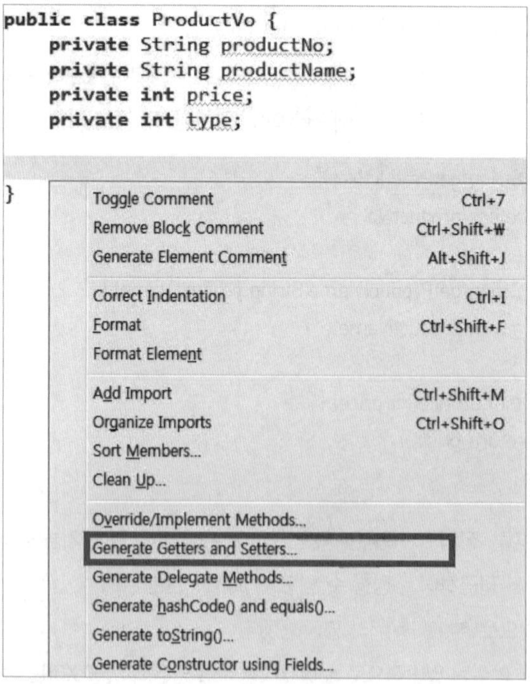

	• [절차 2] 오른쪽 메뉴가 나타날 때 『R』 키를 누른다. • [절차 3] 해당 속성을 선택 후 OK 버튼을 클릭한다.

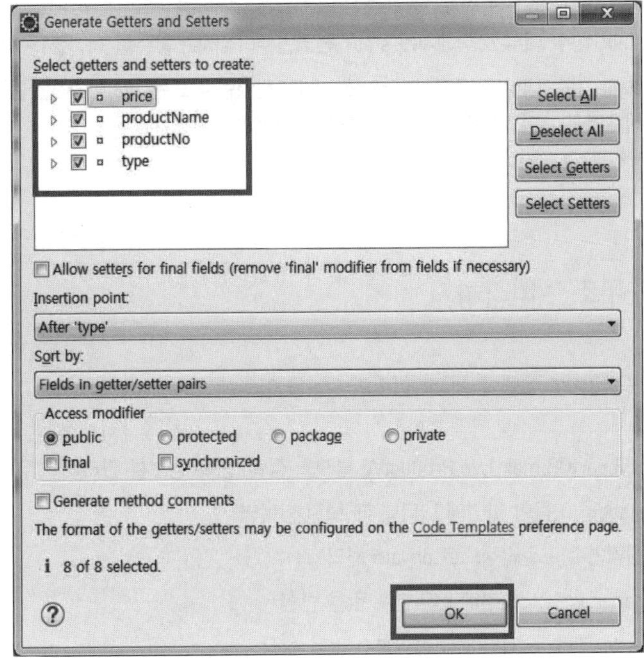

3.8 | static

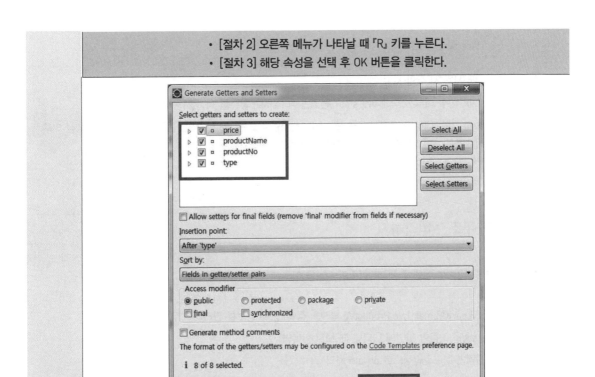

수준	중요 포인트 및 학습 가이드(※)
하	1. 예제 무조건 따라하기 – static을 이용한 전역변수와 static을 이용하지 않은 전역변수의 사용 – TestMain 클래스에서 위의 접근 가능한 전역변수 접근은 다음과 같다. ▸ static 전역변수 : '클래스명.변수명'으로 접근 ▸ static이 아닌 전역변수 : 객체생성 이후 '객체명.변수명'으로 접근
하	2. 'static'의 특징 – static은 변수와 함수와 같은 클래스의 구성요소에 부여할 수 있다. – static 변수는 동일타입의 모든 객체의 공통변수이다. – static의 정보는 저장하는 메모리 영역이 객체 정보가 저장되는 곳과 다르다.

	– static 함수는 모든 객체가 공통으로 사용하는 함수이다.
하	3. static 사용 시 주의 사항 – static 함수 내부 로직에서는 static 전역변수나 static 함수를 직접 사용할 수 있다. – static 함수 내부 로직에서는 none–static 전역변수 또는 none–static 함수를 반드시 객체 생성 이후 '객체명.변수명', '객체명.함수명' 형태로 호출해야 한다.

3.8.01 예제 무조건 따라하기

학습 목표	• 다음 코드를 실행 후 static 함수의 사용을 이해한다.
학습 절차	**1. ch03.part08.main1.vo.ProductVo 클래스 정의 (품목 정보를 관리하기 위한 클래스)** – static을 이용한 화면에 나타낼 때 보일 항목명 – 전역변수 ▸ 일반적으로 private 처리 – getter 함수 ▸ 외부에 전역변수 값을 반환 – setter 함수 ▸ 외부에서 전역변수 값을 설정 **2. ch03.part08.main1.TestMain 클래스 정의 (static 함수를 테스트하기 위한 클래스)** – 메인 함수 정의 ▸ 접근 가능한 static 변수의 호출 ▸ 접근 가능한 static 변수를 객체1에서 호출 ▸ 접근 가능한 static 변수를 객체2에서 호출 ▸ static 변수를 변경

사용 예제 — 1. ch03.part08.main1.vo.ProductVo 클래스 정의

```
package ch03.part08.main1.vo;

public class ProductVo {

    /** static을 이용한 화면에 나타낼 때 보일 항목명 */
    public static String productNoKor = "품목번호";
    public static String productNameKor = "품목명";
    public static String priceKor = "단가";

    /** 전역변수 - 일반적으로 private 처리 */
    private String productNo;
    private String productName;
```

```
    private int price;
    private int type;

    /** getter 함수 - 외부에 전역변수 값을 반환 */
    public String getProductNo(){ return productNo; }
    public String getProductName(String productName) { return productName; }
    public int getPrice(int price) { return price; }

    /** setter 함수 - 외부에서 전역변수 값을 설정 */
    public void setProductNo(String productNo){
        this.productNo = productNo;
    }
    public void setProductName(String productName) {
        this.productName = productName;
    }
    public void setPrice(int price) {
        this.price = price;
    }
}
```

사용 예제

2. ch03.part08.main1.TestMain 클래스 정의

```
package ch03.part08.main1;

import ch03.part08.main1.vo.ProductVo;

public class TestMain {
    public static void main(String[] args){

            /** 접근 가능한 static 변수의 호출 */
            String productNoKor = ProductVo.productNoKor;
            String productNameKor = ProductVo.productNameKor;
            Strin g priceKor = ProductVo.priceKor;

            /** 접근 가능한 static 변수를 객체1에서 호출 */
            ProductVo product1 = new ProductVo();
            String productNoKor1 = product1.productNoKor;
            String productNameKor1 = product1.productNameKor;
            String priceKor1 = product1.priceKor;

            /** 접근 가능한 static 변수를 객체2에서 호출 */
            ProductVo product2 = new ProductVo();
            String productNoKor2 = product2.productNoKor;
```

```
        String productNameKor2 = product2.productNameKor;
        String priceKor2 = product2.priceKor;

        /** static 변수를 변경 */
        product1.productNameKor = "제품명";
        print("product1.productNameKor", product1.productNameKor);
        print("product2.productNameKor", product2.productNameKor);
    }

    /** 외부에서 제목과 값을 부여 시 해당 값을 콘솔화면에 나타내기 위한 함수 */
    private static void print(String title, String value) {
        System.out.println(title+"₩t"+value);      /** "₩t"는 탭 간격을 나타내는 특수문자이다. */
    }

}
```

결과

```
productNoKor                품목 번호
productNameKor              품목명
priceKor                    품목 번호
productNoKor1               품목 번호
productNameKor1             품목명
priceKor1                   품목 번호
productNoKor2               품목 번호
productNameKor2             품목명
priceKor2                   품목 번호
product1.productNameKor     제품명
product2.productNameKor     제품명
```

정리

- static 전역변수
  - 접근이 허용될 경우 '클래스명.전역변수'로 접근이 가능하다.
    - ▸ 객체를 생성하지 않아도 변수가 생성되기 때문에 저장되는 메모리는 객체가 저장되는 공간과 다르다.
  - 모든 객체는 동일한 전역변수를 공유한다.
    - ▸ 모든 객체는 동일한 변수에 공통으로 접근이 가능하다.
    - ▸ 객체와 객체 사이의 공통으로 공유하는 변수로도 볼 수 있다.
    - ▸ 객체에서 접근이 가능하므로, '객체명.변수명'으로도 접근이 가능하다.
  - product1.productNameKor = "제품명";
    - ▸ productNameKor 변수는 전역변수이므로 클래스의 productNameKor의 값을 변경한다.
    - ▸ ProductVo.productNameKor도 "제품명"으로 나타나게 된다.

정리

▸ product2.productNameKor은 클래스의 productNameKor의 변수를 참조하기 때문에 동일하게 "제품명"으로 나타나게 된다.

- static 함수
  - static 함수도 마찬가지로 '클래스명.함수명'으로 접근이 가능하다.
  - static이 아닌 속성과 관련이 없는 함수의 경우 static을 사용하여 처리할 수 있다.
  - 예문에서 메인 함수와 print() 함수는 static 함수이다.

▸ 동일 클래스에서 static 함수의 호출은 '클래스명.함수명'이며 '클래스명'은 생략할 수 있다.

· 메인 함수에서 print() 함수의 사용이 가능하다.

▸ print()가 static 함수가 아닐 경우, 메인 함수에서 직접 사용할 수 없다.

· print() 함수를 사용 시 에러가 발생한다.

※ 바로 다음 단원부터 static에 대해 자세히 다루도록 하겠다.

3.8.02 static의 특징

■ static은 변수와 함수와 같은 클래스의 구성 요소에 부여할 수 있다.

- 클래스의 구성 요소 : 변수, 함수, 생성자 함수, 내부 클래스, enum
- 언급되지 않은 구성요소는 이후 학습할 예정이니 참고로만 알고 넘어가자.

■ static 변수는 동일 타입을 가진 모든 객체의 공통 변수이다.

품목번호	품목명	단가	
			▸ static 변수
a001	아메리카노	4000	▸ 객체1

품목번호	품목명	단가	
			▸ static 변수
a002	카페라떼	4300	▸ 객체2

품목번호	품목명	단가	
			▸ static 변수
a003	카페모카	4500	▸ 객체3

- 모든 객체는 공통으로 "품목번호", "품목명", "단가"의 이름을 가지고 있다.
- 객체 중에 항목명이 "품목명"에서 "제품명"으로 변경 시 모든 객체의 항목명이 변경되어야 한다.
- 각 객체는 고유의 값과 모든 객체가 공유하는 값으로 구분이 되며 static의 유무에 따라 결정된다.
- static은 객체 영역보다는 클래스의 공통정보로 관리되기 때문에 '클래스 변수'라고도 한다.
- 접근이 가능할 경우 '클래스명.변수명'으로 호출하며 객체에서 직접 '객체명.변수명'으로도 호출 가능하다.

■ static의 정보는 저장하는 메모리 영역이 객체 정보가 저장되는 곳과 다르다.

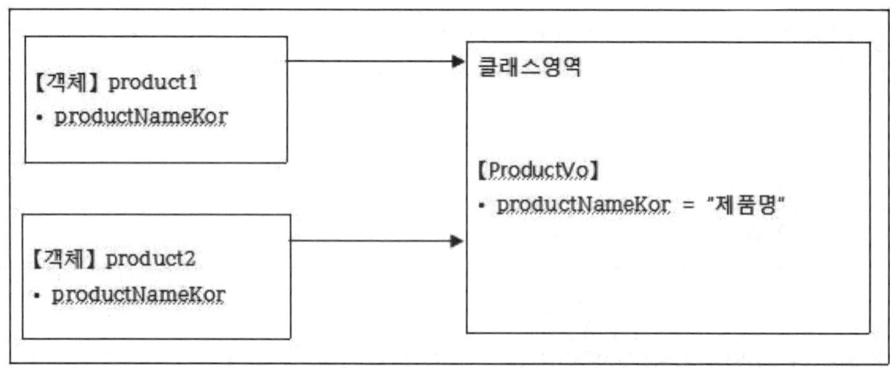

- 객체의 전역변수는 객체 정보를 저장하는 '힙(Heap) 영역'에 저장된다.
- static 변수는 공통으로 사용할 수 있도록 클래스 정보가 담긴 '클래스 영역'에 저장된다.
- 객체별로 productNameKor은 결국 클래스 영역의 'productNameKor'의 주소 정보를 참조한다고 볼 수 있다.
- 클래스 영역의 값이 변경되면 모든 객체의 변수값이 변경되어 나타난다.
- 클래스 영역에는 클래스의 정보를 저장하기 위한 메모리 공간이다.
  - 클래스 내에 있는 전역변수정보, 함수정보 등이 모두 저장되어 있다.

■ static 함수는 모든 객체가 공통으로 사용하는 함수이다.

- static이 아닌 함수는 일반적으로 각각의 객체 속성을 이용하여 처리하기 위한 함수이다.
  - 객체는 각각의 전역변수와 관련하여 기능을 처리하기 위해 사용이 된다.
  - static을 부여하지 않는다.

- static 함수는 모든 객체가 공유하기 위한 함수이다.
  - 전역변수와 관계없이 기능을 공통으로 처리하기 위한 함수이다.
  - static 함수가 필요한 예는 다음과 같다.

1. 정수값 2개를 부여 시 두 값을 합한 결과값을 반환하는 함수

클래스 A
add() 함수 생성
	`public class A {`
	`    public static int add(int a, int b) {`
	`        return a + b;`
	`    }`
	`}`

add() 함수 사용	`public class B {`
	`    public static void main(String[] args) {`
	`        int add = A.add(3,5);`
	`        System.out.println(add);`
	`    }`
	`}`

2. 문자값을 부여 시 콘솔 화면에 나타내기 위한 함수

클래스 A
print() 함수 생성
	`public class A {`
	`    public static void print(String str) {`
	`        System.out.println(str);`
	`    }`
	`}`

print() 함수 사용	`public class B {`
	`    public static void main(String[] args) {`
	`        A.print("콘솔화면 프린트");`
	`    }`
	`}`

3. 문자값을 부여 시 해당 글자의 길이를 반환하는 함수

클래스 A
length() 함수 생성
	`public class A {`
	`    public static int length(String str) {`
	`        /** 로직생략 */`
	`        int len = ... ;`
	`        return len ;`
	`    }`
	`}`

length() 함수 사용	public class B {
	    public static void main(String[] args) {
	        int length = A.length("글자길이 테스트");
	        System.out.println(length);
	    }
	}

3.8.03 static 사용 시 주의 사항

- 이후 부분에서는 static이 아닌 변수, 함수를 'none-static' 변수, 함수 등으로 부르기로 하자.

학습 목표

- 다음 코드를 작성하고 다음의 사항에 대해 오류 발생 원인을 찾도록 한다.
  - static 전역변수의 static 함수에서 사용
  - static 전역변수의 none-static 함수에서 사용
  - none-static 전역변수의 static 함수에서 사용
  - none-static 전역변수의 none-static 함수에서 사용
- 소스 코드의 결과 보다는 코드의 자체의 오류에 초점을 두고 실행해 보길 바란다.

사용 예제

```
package ch03.part08.main3;

public class TestMain {

    /** none-static 전역변수 */
    private String name1 = "name1";

    /** static 전역변수의 정의 */
    private static String name2 = "name2";

    /** static 함수의 정의 */
    public static void method1() {
            System.out.println(name1);      /** ※ 오류발생 - 사용이 불가능하다. */
            System.out.println(name2);
    }

    /** none-static 함수의 정의 */
    public void method2() {
            System.out.println(name1);
```

```
            System.out.println(name2);
    }

    /** 메인함수 - static 함수 */
    public static void main(String[] args) {

            /** static 함수는 직접 호출이 가능하다. */
            TestMain.method1();
            method1(); /** 같은 클래스에서 클래스명은 생략이 가능 */

            /** static이 아닌 함수는 객체생성 이후 사용이 가능하다. */
            method2(); /** ※ 오류발생 - 사용이 불가능하다. */

            /** static이 아닌 함수는 객체 생성 이후 사용이 가능하다. */
            TestMain testMain = new TestMain();
            testMain.method2();
    }
}
```

결과

- 오류 발생 위치
  - static 함수 method1()에서 none-static 전역변수 name1에서 오류가 발생된다.
    - ▸ 동일 클래스 내의 static 함수에서는 static 전역변수만 접근 가능하다.
  - 메인 함수에서 method2() 함수의 호출에서 오류가 발생
    - ▸ 동일 클래스 내의 static 함수에서는 static 함수만 접근이 가능하다.
    - ▸ none-static 함수의 경우 객체 생성 후 '객체명.함수명()'으로 접근할 수 있다.
- static과 none-static과의 접근 관계

구분	static 함수 내부 접근	none-static 함수 내부 접근
static 전역변수	○	○
none-static 전역변수	×	○
static 함수	○	○
none-static 함수	×	○

none-static 변수, 함수 -----[접근 불가]----▷ static 함수

static 변수, 함수 -----[접근 가능]----▷ static 함수

▸ static 변수와 함수는 '클래스 영역'의 메모리 상에 저장되어 있어 사용이 가능하다.

▸ none-static 변수와 함수는 객체 생성 이후 사용이 가능하다.(메모리 상에 정보가 없음)

▸ static 함수에서 none–static 변수와 함수는 객체 정보를 알 수 없기 때문에 직접적으로 사용이 불가능하다.

▸ 앞서 '함수의 생성 및 사용 방법' 부분에서 설명한 바와 같이, 같은 클래스임에도 불구하고 메인 함수에서 객체를 선언한 이유가 이 때문이다.

none–static 변수, 함수 -----[접근 가능]----▷ none–static 함수

static 변수, 함수 -----[접근 가능]----▷ none–static 함수

▸ none–static 함수가 사용될 때는 이미 객체가 생성되어 『객체명.함수명()』으로 호출되어 메모리 상에 존재한다.

▸ static 변수와 함수 정보는 이미 메모리에 존재하기 때문에 none–static 함수에서 사용이 가능하다.

3.9 | final – 더 이상 값을 바꿀 수 없다!

수준	중요 포인트 및 학습 가이드(※)
하	1. final 키워드 개념 및 사용 목적 – 변수, 함수, 클래스에 사용되어 더 이상의 변경을 하지 못하도록 하는 키워드이다.
하	2. final 변수 – final 변수는 함수 내 로컬 변수에 사용 가능하며 '대입 연산자(=)'를 통하여 반드시 초기화되어야 한다. – final 변수는 초기화 이후에 더 이상 변경이 불가능하다. – final 변수는 함수의 파라미터에도 사용이 가능하다. – 시스템 내부 설정값은 주로 'public final static 변수'를 사용한다.
하	3. 객체의 초기화와 final – 클래스 내 초기화를 할 수 있는 곳은 다음과 같다. ▸ static 전역변수, 전역변수, static 초기화블록, 초기화블록, 생성자함수 ※ 자세한 사항은 **7장**에서 다시 다룰 것이기 때문에 가볍게 보도록 하자.
중	4. final 함수 – 상속이후 재정의(Orverride)를 할 수 없도록 한다. ※ **9장** '상속' 파트에서 다룰 예정이므로 static의 관점에서만 이해하도록 하자.

중	5. final 클래스 – 더 이상 해당 클래스를 이용하여 하위클래스 생성을 할 수 없도록 한다. ※ **9장** '상속'에서 다룰 예정이므로 static의 관점에서만 이해하도록 하자.

3.9.01 final 키워드 개념 및 사용 목적

학습 목표	• final의 개념, 사용 목적 및 정의 방법을 이해한다.
개념 및 사용 목적	• 변수, 함수, 클래스에 사용되어 다음과 같이 더 이상의 변경을 하지 못하도록 하는 키워드이다.

구분	설명
변수	• '=' 대입 연산자 중복 사용의 불가능 ▷ 값 변경의 불가능 – 기본형 변수의 경우 값의 변경이 불가능하다. – 참조형 변수의 경우 변수의 메모리 주소 변경이 불가능하다.
함수	• 재정의(Override) 기능이 불가능
클래스	• 하위 클래스 정의 불가능

※ 함수와 클래스에서의 'final' 사용은 9장에서 자세히 다루게 된다.

사용 방법

```
public final class TestFinal {
    private final String  name = "제품명";
    public final void method1(){
          System.out.println("final 함수");
    }
}
```

▷ final 클래스
▷ final 변수
▷ final 함수

3.9.02 final 변수

학습 목표	• final 변수의 특징을 이해할 수 있다.
특징	• final 변수는 전역변수 또는 로컬 변수에 사용 가능하며 '대입 연산자(=)'를 통해 꼭 초기화되어야 한다. – 함수 내에서 final 변수를 설정할 수 있으며 이 변수를 사용하기 위해서는 반드시 초기화가 필요하다. – 마찬가지로 함수의 로직에서 파라미터 변수에 대한 변경이 불가능하도록 설정하기 위해 사용된다. – 이후에 학습할 '쓰레드' 부분에서 사용되는 예를 볼 수 있다.

특징

- final 변수는 초기화 이후에 더 이상 변경이 불가능하다.
  - 변수가 기본형의 경우 값의 변경이 불가능하다.
    - ▶ final int windowWidth = 1000;
      windowWidth = 1200; /** 오류 발생 */
  - 변수가 참조형의 경우 객체의 변경이 불가능하다.
    - ▶ final ProductVo PRODUCT_VO = new ProductVo();
      /** 변수가 참조하는 객체의 변경은 불가능함 */
      PRODUCT_VO = new ProductVo(); /** 오류발생 */
  - 변수가 참조형의 경우 객체 속성의 변경은 가능하다.
    - ▶ final ProductVo PRODUCT_VO = new ProductVo();
      /** 변수가 참조하는 객체의 변경은 불가능하지만 해당 객체의 속성의 변경은 가능함. */
      PRODUCT_VO.setProductNo("a001");
      PRODUCT_VO.setProductName("아메리카노");
      PRODUCT_VO.setPrice(4000);

- final 변수는 함수의 파라미터에도 사용이 가능하다.
  - 파라미터로 들어오는 변수는 이미 초기화가 되어 있기 때문에 초기화가 불가능하다.
  - 함수의 로직에서 파라미터 변수에 대한 변경이 불가능하도록 설정하기 위해 사용된다.
  - 이후에 학습할 '쓰레드' 부분에서 사용되는 예를 볼 수 있다.

```
public class A {
    public void method(final String name){
        /** name 값의 변경은 불가능하다 .*/
    }
}
```

- 시스템 내부 설정값은 주로 'public final static 변수'를 사용한다.
  - 모든 객체에 공통으로 적용되어야 하기 때문에 'static'이 주로 사용된다.
  - 꼭 그런 것은 아니지만 외부에서의 접근을 'getter 함수'보다 static의 경우 관습적으로 'public'을 사용한다.
  - 해당 변수 값에서만 변경할 수 있도록 'final'을 주로 사용한다.
    - ▶ 로직에 의해 값의 변경이 일어나는 것을 막고자 함

```
public class SystemConfig {
    public final static String FILE_ROOT_PATH = "c://tmp";   /** 자료 저장 기본 폴더 */
    public final static String ENCRYPT_USE_YN = "Y";         /** 암호화 사용 여부 */
    public final static int WINDOW_WIDTH = 1200;             /** 메인 화면 너비값 */
```

	``
	    public final static int WINDOW_HEIGHT = 1000; /** 메인 화면 높이 값 */
	}
	
	public class MainApplication {
	    public static void main(String[] args){
	        /** 메인화면의 높이와 너비를 불러와 화면을 호출한다. */
	        int width = SystemConfig.WINDOW_WIDTH;
	        int height = SystemConfig.WINDOW_HEIGHT;
	        ...
	    }
	}
	``

설명	▶ public final static int WINDOW_WIDTH = 1200; /** 메인 화면 너비 값 */ • 'final static' 예약어를 사용하는 변수는 '상수'를 의미하는데, 명명 방법은 관습적으로 대문자로 표시하고 주된 '의미'와 '의미' 사이에는 '언더바(_)'를 넣어 명시한다. • final이 사용되었기 때문에 해당 변수에 담긴 값인 "품목 번호"는 값의 변경이 불가능하다. • static이 사용되었기 때문에 '클래스명.변수명'으로 호출이 가능하다. • 관습적으로 상수의 경우 외부에서 값을 조회하고자 할 때 'getter 함수'를 사용하지 않고 직접 접근할 수 있도록 접근 제한자로 제어한다. – public 접근 제한자를 사용하여 외부에서 'ProductVo.PRODUCT_NO_STR' 형식으로 조회 가능하다. • 변수의 명명방법은 final 바로 다음 장에 명시하도록 하겠다.

3.9.03 객체의 초기화와 final

1. 클래스 초기화 관련 구간

- 클래스의 초기화 구간은 다음과 같으며, 7장 객체 파트에서 자세히 다룰 예정이므로 static의 관점에서만 참고로 가볍게 학습하자.

초기화 구간	설 명
static 전역변수	• 클래스 A가 공통으로 사용하기 위한 변수로 static 부여하여 설정 • 해당 클래스가 최초로 사용될 때 전역변수를 저장한다.
전역변수	• 클래스 A 타입 객체가 각각 개별 데이터를 저장하기 위한 속성값

static 초기화 블럭	• 클래스 A가 공통으로 초기화 로직 처리를 하고자 할 때 사용되는 구간 – 해당 클래스가 최초로 사용될 때 해당 구간이 실행된다.
초기화 블럭	• 클래스 A 타입의 각각의 객체가 로직 처리를 하고자 할 때 사용되는 구간 • 객체 생성 시마다 호출된다.
생성자 함수	• 클래스 A 타입 객체 생성 시 호출되는 초기화 구간 – 오버로딩(Overloading)이 가능하다. • 생성자 함수 중 반드시 하나만 실행이 된다.

※ 바로 다음 예제에서 초기화 구간을 확인할 수 있다.

2. 클래스 초기화 정의 방법 및 예제

학습 목표	• 클래스의 초기화 구간에 대한 정의를 이해하고 final 변수의 초기화를 할 수 있다. • 초기화와 관련된 학습은 7장에서 다시 다룰 것이기 때문에 참고만 하고 넘어가도록 하자.	
종류	**초기화 구간**	**설 명**
	static **전역변수**	• 클래스 공통 변수 – 모든 객체가 공유함. • 클래스가 최초 메모리에 로딩 시 전역변수를 저장한다.
	전역변수	• 클래스의 객체 개별 데이터를 저장하기 위한 속성 값
	static **초기화 블럭**	• 클래스 static 전역변수 초기화 구간 • 클래스가 최초 메모리에 로딩 시 초기화 블록을 실행한다.
	초기화 블럭	• 객체가 초기화 로직 처리 구간 • 객체 생성 시마다 호출된다.
	생성자 함수	• 객체가 초기화 로직 처리 구간 – 초기화 블록 처리 후 실행된다. • 객체 생성 시마다 호출된다. • 오버로딩(Overloading)이 가능하다 • 생성자 함수 중 반드시 하나만 실행이 된다.
정의 방법	public class A { /** static 전역변수 */	

정의 방법	```
	    private static String param1 = "param1";
	
	    /** none-static 전역변수 */
	    private String param2 = "param2";
	
	    static {
	        /** static 초기화 블록구간 */
	    }
	
	    {
	        /** 초기화 블록구간 */
	    }
	
	    public A(){
	        /** 생성자 함수구간1 */
	    }
	
	    public A(String param1){
	        /** 생성자 함수구간2 */
	    }
	}
	``

사용 예문	```
	package ch03.part09.main3;
	
	public class TestClass {
	
	    /** static 전역변수 구간 */
	    public static final price1 = 10; /** 직접 초기화 */
	    public static final price2 ; /** static 초기화 블록에서 값이 설정됨 */
	
	    /** 전역변수 구간 */
	    public final price3 = 30; /** 직접 초기화 */
	    public final price4; /** 초기화 블록에서 값이 설정됨 */
	    public final price5; /** 생성자 함수에서 값이 설정됨 */
	    public final price6; /** 생성자 함수에서 값이 설정됨 */
	
	    /** static 초기화 블록 구간 */
	    static {
	        price2 = 20;
	    }
	
	    /** 초기화 블록 구간 */
	``

사용 예문	```
	    {
	        price4 = 40;
	    }
	
	    /** 생성자 함수1 구간 */
	    public A(int price5){
	        this.price5 = price5;
	        this.price6 = 60;
	    }
	
	    /** 생성자 함수2 구간 */
	    public A(int price5, String name){
	        this.price5 = price5;
	        this.price6 = 60;
	    }
	}
	``

정리	• 클래스 내에서 초기화 되지 않은 final 변수는 에러가 발생한다. • final 전역변수는 생성자 함수를 제외하고 1번만 『대입연산자(=)』를 사용하여 초기화가 된 것을 알 수 있다. • 생성자 함수에 초기화가 된 final 전역변수는 아래의 이유로 모든 생성자 함수에 초기화가 되어야 한다. – 생성자 함수는 오버로드(Overload) 기능이 가능하며 반드시 1개의 함수만 호출되기 때문이다. – final 전역변수는 초기화가 반드시 되어야 한다.

3.9.04 final 함수

• 이 부분은 **7장**에서 상세히 다룰 것이므로 가볍게 이해하는 수준으로 보자.

학습 목표	• final 함수의 특징을 이해할 수 있다.
특징	• 클래스는 '상속'을 할 수 있으며 '재정의(Override)' 기능을 이용하여 함수 내부 로직의 내용을 변경할 수 있다. – 재정의 기능은 사용예문에 나타낼 것이며 정리에서 설명하도록 하겠다. – final 함수를 명시할 경우 더 이상 재정의(Override)를 할 수 없도록 한다. ▸ 더 이상 재정의를 하지 않아야 할 경우에 사용한다.

학습 절차	**1. ch03.part09.main4.Parent 클래스 정의** – Child 클래스에 상속을 주기위한 클래스 **2. ch03.part09.main4.Child 클래스 정의** – Parent 클래스를 상속한 클래스 **3. ch03.part09.main4.TestMain 클래스 정의** – 메인함수에 의한 테스트 클래스

사용 예문

1. ch03.part09.main4.Parent 클래스 정의

```
package ch03.part09.main4;
public class Parent {
    public void testMethod1() {
            System.out.println("testMethod1 함수호출");
    }
    public void testMethod2() {
            System.out.println("testMethod2 함수호출");
    }
    /** 함수에 「final」을 명시하여 해당 함수를 더 이상 Override 되지 않도록 함 */
    public final void testMethod3() {
            System.out.println("testMethod3 함수호출");
    }
}
```

2. ch03.part09.main4.Child 클래스 정의

```
package ch03.part09.main4;

/** 상속한다는 개념은 A의 모든 접근 가능한 구성 요소를 갖는다는 뜻이다.
 *  – 'extends'를 이용하여 상속을 받는다.
 *  – 상속은 1개의 클래스만 가능하다.
 *  – 상속이 표시되지 않은 클래스는 모두 java.lang.Object 클래스를 상속한다.
 */
public class Child extends Parent {  /** Child 클래스는 Parent 클래스를 상속함 */

    /** 부모 함수의 재정의 – 로직 내용을 변경함 */
    public void testMethod2(){
        System.out.println("testMethod2 함수 호출–Override!!!");
    }

    /** 오류 발생 – final 때문에 해당 함수를 Override 할 수 없음
     *  – 부모가 가지고 있는 함수를 그대로 사용해야 함
     *  – 에러를 없애고 테스트하려면 다음 함수를 주석 처리해야 한다.
```

	``
	    */
	    public final void testMethod3(){
	        System.out.println("testMethod3 함수호출-Override");
	    }
	}
	``

3. ch03.part09.main4.TestMain 클래스 정의

구분	코드	출력

사용 예문	package ch03.part09.main4;
	
	public class TestMain {
	    public static void main(String[] args){
	    Child child = new Child();
	        child.testMethod1();
	        child.testMethod2();
	        child.testMethod3();
	    }
	}
		testMethod1 함수호출
		testMethod2 함수호출-Override
		testMethod1 함수호출

결과	testMethod1 함수호출 testMethod2 함수호출-Override testMethod1 함수호출	
정리	• 상속의 개념 – 자식의 부모의 클래스를 상속하게 되면 부모의 함수를 그대로 사용할 수 있다. – 또한 필요에 따라 부모의 함수를 수정해서 사용할 수도 있다. ▸ 이렇게 수정할 수 있는 기능을 바로 '재정의(Override, 오버라이드)'라 일컫는다. • Child 클래스의 분석 – Child 클래스는 Parent 클래스를 상속하여 testMethod1(), testMethod2()와 testMethod3() 함수를 사용할 수 있게 된다. – 자체적으로 testMethod2()와 testMethod3() 함수를 재정의하였다. ▸ testMethod2() 함수의 경우 재정의가 가능하다. ▸ testMethdo3()의 경우 'final' 키워드가 있기 때문에 재정의가 불가능하다.	

3.9.05 final 클래스

- 이 부분도 9장에서 상세히 다룰 것이므로 가볍게 이해하는 수준으로 보자.

설명	• 하위 클래스의 생성을 막는다. – 클래스에 final을 부여할 수 있으며 이는 더 이상 상속을 할 수 없도록 하기 위함이다.
사용 예제	• A 클래스는 더 이상 상속을 허용하지 않기 때문에 B 클래스 정의 시 오류가 발생한다. public final class A { } public class B extends A { } /** 오류발생 */

3.10 지역변수의 타입 추론 – var

수준	중요 포인트 및 학습 가이드
하	1. 지역변수의 타입 추론 ※ 'var'를 이용한 변수의 선언은 매우 쉬우나, **자바 1.10 버전에서의 매우 큰 변화**이므로 버전별로 사용을 주의해야 한다.

3.10 01 지역변수의 타입 추론

개념	• 지역변수의 타입을 해당 타입 대신에 'var' 키워드를 이용하여 사용이 가능하다. – 'var'를 이용하여 정의한 변수는 컴파일을 하면서 해당 타입으로 추론하여 변경된다. – 자바 1.10 버전부터 사용이 가능하기 때문에 버전별 사용에 주의하기 바란다.

처리 방법	• 처리 방법의 설명을 위해 우선 동일한 패키지 내부에 다음과 같이 클래스를 정의하도록 한다.
	public class A { }
	
	• 사용 예 – 'var'를 이용한 객체 생성
	– 지역변수의 생성이 가능하다.
	var str = "test"; // String str = "test";
	var count = 3; // int count = 3;
	var a = new A(); // A a = new A();
	var b = 1 > 0 ? 123 : "error";
	
	– for 연산식의 지역변수 선언도 가능하다.
	for(var i = 0; i<10; i++) {

```
        System.out.println(i);
    }
```

주의 사항

- 다음과 같이 타입을 추론하기 힘든 곳에서의 선언은 불가능하다.
- 선언부만 정의된 var 타입 변수는 사용이 불가능하며 반드시 '=' 연산자를 통하여 생성해야 한다.

```
var test ;                   // 오류발생
var test = null;             // 오류발생
var test = "var test";       // 정상
```

- 전역변수에서는 사용이 불가능하다.

```
public class A {
    private var test = "var test";    // 오류발생
}
```

- 함수 반환타입 및 파라미터 타입 선언 불가능

```
public class A {
    public var method1(){ ... }                  // 오류발생
    public void method2(var test){ ... }         // 오류발생
}
```

- 람다식 내부 함수의 타입 선언 불가능(자바 1.11 버전 이후부터 가능)
  - ▸ 이 부분은 19장을 학습한 후 다시 참고하기 바란다.
  - ▸ 자바 1.11 버전부터는 람다 함수 내부에 'var'의 선언이 가능하도록 보완 되었다.

```
public interface A {
    public void method(String s);
}
public class B {
    public static void main(String[] args){
        A a = (var s) -> {System.out.println(s);} // 정상
    }
}
```

- 중복된 변수의 선언은 불가능하다.

```
int x=1, y=2, z=3;
var x=1, y=2, z=3;           // 오류발생
```

- 배열의 선언
- var[]는 존재할 수 없다.

```
var arr = new int[]{1,2,3};          // 정상
var[] arr1 = new int[]{1,2,3};       // 오류발생
```

– 배열의 선언에서 다음과 같이 생략된 배열의 선언문은 사용이 불가하다.

```
var arr = {1,2,3};          // 오류발생
```

- 삼항연산식에서 서로 다른 타입의 사용이 가능하다.

```
var x = 1 > 0 ? 123 : "error";
```

- 선언된 타입은 다음과 같이 타입의 변경이 불가능하다.

```
var test = 1;
test = "자료변경";          // → 【오류발생】
```

- 상위 타입의 변경은 가능하다. (『9장』 상속 학습 후 확인하길 바란다.)

```
public class Parent { ... }
public class Child extends Parent { ... }
public class A {
        public static void main(String[] args) {
                var test1 = new Parent();
                test1 = new Child();          // 정상 : Child는 상위타입인 Parent 타입이기 때문
                var test2 = new Child();
                test2 = new Parent();         // 오류발생 : Parent는 Child 타입이 아니다.
        }
}
```

※ 자바 1.10 버전 이후부터 'var'의 사용이 가능하지만 아직까지도 실무 프로젝트에서의 사용 빈도는 높지 않기 때문에 앞으로의 예문은 'var'의 사용 없이 기존의 방식대로 타입을 직접 명시하도록 할 예정이다.

04장. 연산자

어서 오세요

본 장에서는 자바(Java) 프로그래밍 알고리즘에 필요한 연산자들을 살펴보게 됩니다. 될수록 간략하게 종류별 연산자와 사용법, 그 우선순위 등을 정리하게 되는 본 장의 내용들을 이후 진행될 과정에서 계속 참고해 주세요.

( ) [ ] ++ -- + - * / % << >>

>>> < > <= >= == != & ^ |

&& || ? : = += -= *= /= %=

4.1 연산자 종류

수준	중요 포인트 및 학습 가이드(※)
하	1. 산술 연산자 ※ 사칙 연산자와 나머지 연산자만 대략 이해하고 넘어가도록 하자. ※ 쉬프트 연산자는 거의 사용할 일이 없기 때문에 가볍게 이해하고 넘어간 후, 필요할 때마다 참고하여 처리할 수 있으면 된다.
하	2. 대입 연산자 ※ 대입 연산자, 복합 연산자는 사용 빈도가 높기 때문에 반드시 알아야 하며, 쉽게 학습이 될 것이다.
하	3. 증감 연산자 – 반드시 알아야 하며, (변수++)과 (++변수)의 차이점을 반드시 알아야 한다.
하	4. 비교 연산자 ※ 비교 연산자는 사용 빈도가 높기 때문에 반드시 알아야 하며, 쉽게 학습이 될 것이다.
하	5. 논리 연산자 ※ 논리 연산은 조건 분기에서 매우 사용을 많이 하기 때문에 반드시 익혀야 하며, 비트 연산은 거의 사용하지 않아 참고만 하고 넘어가도록 하자.
하	6. 삼항 연산자 ※ 삼항 연산자는 사용빈도가 높기 때문에 반드시 알아야 하며, 쉽게 학습이 될 것이다.

■ 연산자 기본 정리

구분	상세	연산자	표현식	설 명
산술	사칙 연산	+	A + B	더하기
		–	A – B	빼기
		*	A * B	곱하기
		/	A / B	나누기
	나머지 연산	%	A % B	나머지
	쉬프트 연산	<<	A << B	비트를 왼쪽으로 이동하여 연산
		>>	A >> B	비트를 오른쪽으로 이동하여 연산
		>>>	A >>> B	비트를 오른쪽으로 이동하여 연산

대입	대입 연산	=	A = B	오른쪽의 값을 왼쪽의 값으로 대입
	복합 연산	+=	A += B	더한 값을 왼쪽항에 대입
		−=	A −= B	뺀 값을 왼쪽 항에 대입
		*=	A *= B	곱한 값을 왼쪽 항에 대입
		/=	A /= B	나눈 값을 왼쪽 항에 대입
		%=	A %= B	나머지 값을 왼쪽 항에 대입
증감	증감 연산	++	A++, ++A	1 증가
		−−	A−−, −−A	1 감소
비교	비교 연산	==	A == B	같으면 true, 다르면 false
		!=	A != B	같지 않으면 true, 같으면 false
		〉	A 〉 B	크면 true, 크지 않으면 false
		〉=	A 〉= B	크거나 같으면 true, 작으면 false
		〈	A 〈 B	작으면 true, 작지 않으면 false
		〈=	A 〈= B	작거나 같으면 true, 크면 false
논리	논리 연산	&&	A && B	모두 true일 때 true, 아님 false
		||	A || B	둘 중 true일 때 true, 아님 false
		!	!A	true이면 false, false이면 true
	비트 연산	&	A & B	모두 1일 때 1, 아님 0 반환
		|	A | B	모두 0일 때 0, 아님 1 반환
		^	A ^ B	다르면 1, 같으면 0 반환
삼항	삼항 연산	? :	(조건식) ? 식1 : 식2	조건식이 참이면 식1, 거짓이면 식2를 수행

4.1.01 산술 연산자

1. 연산자 종류

구 분	연산자	설 명	사용 예	결과값
사칙 연산자	+	더하기	6 + 3	9
	−	빼기	6 − 3	3

	*	곱하기	6 * 3	18
	/	나누기	6 / 3	2
나머지 연산자	%	나머지	6 % 3	0
쉬프트 연산자	<<	비트를 왼쪽으로 이동 (오른쪽 비트는 무조건 '0'으로 채움)	6 << 3	48
			-6 << 3	-48
	>>	비트를 오른쪽으로 이동 (왼쪽 비트는 양수일 경우 '0'으로, 음수일 경우 '1'로 채움)	6 >> 3	0
			-6 >> 3	-1
	>>>	비트를 오른쪽으로 이동 (왼쪽비트는 무조건 0으로 채움)	6 >>> 3	1

2. 상세 설명 및 주의 사항

설명

※ 쉬프트 연산자는 사용빈도가 높지 않으므로, 참고로 읽고 넘어가도록 하자.

- 쉬프트 연산자
  - 정수형 변수에서만 가능하다. (int, byte, short, long, char형)
  - 피연산자의 2진 비트를 정해진 수만큼 왼쪽이나 오른쪽으로 이동(shift)시킨다.
  - a<<b 연산은 $a * 2^b$, a>>b 연산은 $a / 2^b$의 결과와 같다.
  - 동일한 결과임에도 쉬프트 연산자를 사용하는 이유는 화상이나 음성, 압축 정보 등을 다룰 때 비트 단위의 연산을 사용하여 속도면에서 효율을 높힐 수 있기 때문이다.

사용 예제

- 사칙 연산 : +, -, *, /

```
int c1 = 3 + 2;        // 5
int c2 = 3 - 2;        // 1
int c3 = 3 * 2;        // 6
int c4 = 3 / 2;        // 1
```

- 나머지 연산 : %

```
int c5 = 3 % 2;        // 1
```

- 쉬프트 연산 : <<, >>, >>>

```
int c6 = 3 << 2;       // 12
int c7 = -3 << 2;      // -12
int c8 = 3 >> 2;       // 0
int c9 = -3 >> 2;      // -1
int c10 = 3 >>> 2;     // 0
```

예제 설명

▶ int c4 = 3 * 2;

- '*' 연산자는 곱하기 연산자로서 '×' 연산자 대신에 컴퓨터에서는 '*'를 사용한다.

예제 설명

▶ int c4 = 3 / 2;

- '/' 연산자는 나누기 연산자로서 3을 2로 나눈 결과값이다.
- '3 / 2'의 결과값을 생각해 보면 '1.5'라 생각하기 쉽지만, 자바에서는 다음과 같은 연산 규칙을 통해 값이 '1'로 산출된다.

산술 계산 규칙
1. 값의 범위가 더 큰 타입을 결과값의 타입으로 한다 byte 〈 short 〈 int 〈 long
2. 정수와 실수의 계산은 실수 타입으로 한다.

따라서 '정수'와 '정수'의 연산이므로 결과값도 '정수'가 되어야 한다. 그리고 '1.5'를 정수 타입의 경우 버림을 하여 '1'의 값을 갖는다.

▶ int c5 = 3 % 2;

- '%' 연산자는 나머지 값으로서, 3을 2로 나누었을 때의 나머지 값이라 생각하면 된다.

▶ int c6 = 3 〈〈 2;

- 3의 2진수값

```
00000000 00000000 00000000 00000011
```

- 3의 2진수값을 왼쪽으로 2비트 이동하고, 나머지는 '0'으로 채운다.

```
00000000 00000000 00000000 00001100
```

☞ 10진수로 변환하면 '12'의 결과값이 나오게 된다.

▶ int c7 = –3 〈〈 2;

- –3의 2진수값

```
11111111 11111111 11111111 11111100
```

- 3의 2진수값을 왼쪽으로 2비트 이동하고 나머지는 '0'으로 채운다.

```
11111111 11111111 11111111 11110000
```

☞ 10진수로 변환하면 '–12'의 결과값이 나오게 된다.

▶ int c8 = 3 〉〉 2;

- 3의 2진수값

```
00000000 00000000 00000000 00000011
```

- 3의 2진수값을 오른쪽으로 2비트 이동하고 양수이므로 나머지는 '0'으로 채운다.

```
00000000 00000000 00000000 00000000
```

☞ 10진수로 변환하면 '0'의 결과값이 나오게 된다.

▶ int c9 = −3 >> 2;

- −3의 2진수값

```
11111111 11111111 11111111 11111100
```

- 3의 2진수값을 오른쪽으로 2비트 이동하고 음수이므로 나머지는 '1'로 채운다.

```
11111111 11111111 11111111 11111111
```

☞ 10진수로 변환하면 '−1'의 결과값이 나오게 된다.

▶ int c10 = 3 >>> 2;

- 3의 2진수값

```
00000000 00000000 00000000 00000011
```

- 3의 2진수값을 오른쪽으로 2비트 이동하고 나머지는 '0'으로 채운다.

```
00000000 00000000 00000000 00000000
```

☞ 10진수로 변환하면 '0'의 결과값이 나오게 된다.

- 나머지를 무조건 '0'으로 채우게 되므로 이 연산자의 결과는 항상 '양수'가 된다.

4.1.02 대입 연산자

1. 연산자 종류

구 분	연산자	설 명	사용 예	결과값
대입 연산	=	오른쪽의 값을 왼쪽의 값으로 대입	int a = 3; a = a + 5;	3 8
복합 연산	+= −=	더한 값을 왼쪽 항에 대입 뺀 값을 왼쪽 항에 대입	int a = 2; a+=3; int a = 2; a−=3;	5 −1

	*=	곱한 값을 왼쪽 항에 대입	int a = 2; a*=3;	6
	/=	나눈 값을 왼쪽 항에 대입	int a = 2; a/=3;	0
	%=	나머지 값을 왼쪽 항에 대입	int a = 2; a%=3;	2

2. 상세 설명 및 주의 사항

설명	• 대입 연산자 – 변수에 값을 저장하기 위한 용도로 오른쪽 값을 왼쪽의 값으로 대입하는 연산자 – 대입 연산자에 의해 변수값이 바뀌면 해당 변수에 저장되어 있던 값은 없어진다. – 수식을 계산한 후 대입하는 오른쪽 값과 왼쪽의 자료형은 같은 자료형이어야 한다. ▸ 자료형이 다른 경우 왼쪽 변수값을 기준으로 형 변환이 일어난다. • 복합 연산자 – 대입 연산자는 다른 연산자와 결합하여 복합적으로 사용할 수 있다. – 'op=' op(+, –, *, /, %)의 연산 결과를 왼쪽 항에 대입한다.

사용 예제	• 대입 연산 : =
	int b = 6; // 6
	b = b + 2; // 8
	System.out.println(b); // 8
	
	• 복합 연산 : +=, –=, *=, /=, %=
	int g2 = 3; // 3
	g2 += 2; // 5
	System.out.println(g2); // 5
	
	g2 –= 2;
	System.out.println(g2); // 3
	
	g2 *= 2;
	System.out.println(g2); // 6
	
	g2 /= 2;
	System.out.println(g2); // 3
	
	g2 %= 2;
	System.out.println(g2); // 1

예제 설명	▶ int b = 6;
	b = b + 2;
	• 프로그램에서는 위와 같은 식을 많이 사용하게 되는데 '=' 연산자는 '같다'라는 뜻이 아니라 왼쪽의 결과 값 정보를 오른쪽 변수에 저장하라는 뜻이다.
	• 최초 b의 값은 6이며, 두 번째 줄은 b + 2의 결과값을 변수 b에 저장하라는 뜻이므로 결과 값은 8이 되게 된다.
	▶ int g2 = 3;
	g2 += 2;
	• g2 = g2 + 2 와 동일하다.
	• g2 값에 3이 담겨있으므로, 3 + 2의 결과 5를 g2에 다시 대입한다.
	▶ g2 −= 2;
	• g2 = g2 − 2 와 동일하다.
	• g2 값에 5가 담겨 있으므로, 5 − 2 의 결과 3을 g2에 다시 대입한다.
	▶ g2 *= 2;
	• g2 = g2 * 2와 동일하다.
	• g2의 값에 3이 담겨 있으므로, 3 * 2의 결과 6을 g2에 다시 대입한다.
	▶ g2 /= 2;
	• g2 = g2 / 2
	• g2의 값에 6이 담겨있으므로, 6 / 2의 결과 3을 g2에 다시 대입한다.
	▶ g2 %/ = 2;
	• g2 = g2 % 2 와 동일하다.
	• g2의 값에 3이 담겨있으므로, 3 % 2의 결과 1을 g2에 다시 대입한다.

4.1.03 증감 연산자

1. 연산자 종류

구 분	연산자	설 명	사용 예	결과값
증감 연산	++ −−	1 증가 1 감소	int a = 3; a++; int a = 3; a−−;	4 2

2. 상세 설명 및 주의 사항

<table>
<tr><td>설명</td><td>• 증감 연산자
– 한 개의 피연산자를 갖는 단항 연산자다.
– 피연산자를 1씩 증가 혹인 감소시킨다.</td></tr>
<tr><td>사용 예제</td><td>• 증감 연산 : ++, --
– 선연산 ▷ 후증가감 : 먼저 해당 행의 명령 실행 이후 해당 값을 증가감

int d1 = 3; // 3
System.out.println(d1++); // 3
System.out.println(d1); // 4

• 증감 연산 : ++, --
– 선증가감 ▷ 후연산 : 먼저 증가감을 하고 해당 행의 명령을 실행

int e2 = 3; // 3
System.out.println(++e2); // 4
System.out.println(e2); // 4</td></tr>
<tr><td>예제 설명</td><td>▶ int d1 = 3;
System.out.println(d1++);

• '++' 연산자는 d1 변수의 값을 1 증가를 하여 해당 변수에 다시 대입을 한다. 따라서 d1++의 결과값은 '4'가 된다.
• 'd1++'과 '++d1'의 차이에 대해 아래의 식을 보고 이해하도록 하자.

<table><tr><td>System.out.println(d1++);</td><td>▷</td><td>System.out.println(d1);
d1 = d1 + 1;</td></tr><tr><td>System.out.println(++d1);</td><td>▷</td><td>d1 = d1 + 1;
System.out.println(d1);</td></tr></table>
'd1++'은 "라인의 명령이 실행된 이후 값을 증가하라"는 뜻이며, '++d1'은 "우선 값을 증가 후 라인 명령을 실행하라"는 뜻이다.</td></tr>
</table>

4.1.04 비교 연산자

1. 연산자 종류

구 분	연산자	설 명	사용 예	결과값
비교 연산자	==	같으면 true, 다르면 false	3 == 4	false
	!=	같지 않으면 true, 같으면 false	3! = 4	true
	>	크면 true, 크지 않으면 false	3 > 4	false
	>=	크거나 같으면 true, 작으면 false	3 >= 4	false
	<	작으면 true, 작지 않으면 false	3 < 4	true
	<=	작거나 같으면 true, 크면 false	3 <= 4	true

2. 상세설명 및 주의 사항

설명	• 비교 연산자 – 기본형에서는 두 수의 값을 비교하는 연산자이다. – 비교 연산자는 결과 값은 true 또는 false의 boolean 타입이다.

사용 예제	• 비교 연산 : ==, !=, >, >=, <, <=
	int a = 4;
	int b = 5;
	
	• 두 값이 같은지 비교
	boolean r1 = (a == b); // false
	
	• 두 값이 다른지 비교
	boolean r2 = (a != b); // true
	
	• a 값이 b 보다 큰지 비교
	boolean r3 = (a > b); // false
	
	• a 값이 b 보다 크거나 같은지 비교
	boolean r4 = (a >= b); // false
	
	• a 값이 b 보다 작은지 비교
	boolean r5 = (a < b); // true

	• a 값이 b 보다 작거나 같은지 비교 boolean r6 = (a <= b); // true

4.1.05 논리 연산자

1. 연산자 종류

구 분	연산자	설 명	사용 예	결과값
논리 연산	&&	모두 true일 때 true, 아님 false	true && true	true
	||	둘 중 true일 때 true, 아님 false	true || true	true
	!	true이면 false, false이면 true	!true	false
비트 연산	&	모두 1일 때 1, 아님 0 반환	2 & 8	0
	|	모두 0일 때 0, 아님 1 반환	2 | 8	10
	^	다르면 1, 같으면 0 반환	2 ^ 8	10

2. 상세 설명 및 주의 사항

설명

• 논리 연산자

– AND, OR, NOT 등으로, 논리값들 사이에 사용되는 연산자

– 결과값은 'true' 또는 'false'의 boolean 타입이다.

– 연산 결과

x	y	x && y	x || y
true	true	true	true
true	false	false	true
false	true	false	true
true	true	false	false

• 비트 연산자

– 실수형인 float와 double을 제외한 모든 기본형에서 사용 가능하다.

– 피연산자의 각 비트를 이용해서 연산이 이루어짐

설명	

a & b	AND 연산. a,b 모두 '1'일 때 '1', 아닌 경우 '0'을 반환
a | b	OR 연산. a,b 모두 '0'일 때 '1', 아닌 경우 '0'을 반환
a ^ b	XOR 연산. a,b 값이 다를 때 '1', 아닌 경우 '0'을 반환

– 연산 결과

x	y	x & y	x | y	x ^ y
1	1	1	1	0
1	0	0	1	1
0	1	0	1	1
0	0	0	0	0

사용 예제

- 논리 연산자 : && || !

```
boolean i1 = (true && true);      // true
boolean i2 = (true && false);     // false
boolean i3 = (true || false);     // true
boolean i4 = (false || false);    // true
boolean i5 = !true;               // false
boolean i6 = !false;              // true
```

- 비트 연산자 : & | ^ ~

```
int c1 = (2 & 8);     // 0
int c2 = (2 | 8);     // 10
int c3 = (2 ^ 8);     // 10
```

예제 설명

▶ int c1 = (2 & 8);

- AND 연산, 각 비트를 비교하여 양쪽 모두 '1'일 때 '1', 그 외에는 '0'을 반환
- 2의 2진수값

0	0	0	0	0	0	1	0

- 8의 2진수값

0	0	0	0	0	1	0	0

- '&' AND 연산

0	0	0	0	0	0	0	0

☞ 10진수 0의 결과값이 나온다.

예제 설명	▶ int c2 = (2 | 8); • OR연산, 각 비트를 비교하여 양쪽 모두 0일 때 1, 그 외는 0을 반환 • 2의 2진수값 0 0 0 0 0 0 1 0 • 8의 2진수값 0 0 0 0 1 0 0 0 • '|' OR 연산 0 0 0 0 1 0 1 0 ☞ 10진수 10의 결과값이 나온다. ▶ int c3 = (2 ^ 8); • XOR연산, 각 비트를 비교하여 양쪽 값이 다를 때 1, 그 외는 0을 반환 • 2의 2진수값 0 0 0 0 0 0 1 0 • 8의 2진수값 0 0 0 0 1 0 0 0 • '^' OR 연산 0 0 0 0 1 0 1 0 ☞ 10진수 10의 결과값이 나온다.

4.1.06 삼항 연산자

1. 연산자 종류

구 분	연산자	설 명	사용 예	결과값
삼항 연산자	(조건식) ? 식1 : 식2	조건식이 참이면 식1, 거짓이면 식2를 수행	int a = 3; int b = (a>5)?15:20	20

2. 상세 설명 및 주의 사항

<table>
<tr><td>설명</td><td>• 삼항 연산자
– 세 개의 피연산자로 구성되어 조건에 따라 다른 내용을 수행한다.
– 조건식(if~else)를 축약해서 사용할 수 있다.
– 결과값은 true 또는 false의 boolean 타입이다.</td></tr>
<tr><td>사용 예제</td><td>• 초기값 정의
int a = 10;
int b = 20;
int c = 0;

• 조건문으로 표현(※조건문은 5장에서 다룰 예정이다.)
if (a > b) {
   c = 1000;
} else {
   c = 2000;
}
System.out.println(c); // 2000

• 삼항 연산자
– a보다 b가 크면 변수 c에 '1000'을 대입하고, 아니면 '2000'을 대입한다.
c = (a > b) ? 1000 : 2000; // 2000
System.out.println(c);</td></tr>
</table>

4.2 연산자 우선순위

수준	중요 포인트 및 학습 가이드(※)
하	1. 연산자 우선순위 ※ 연산자는 중괄호와 대괄호를 이용하여 우선순위를 결정할 수 있으며, 수학에서 연산식을 괄호로 묶어서 계산을 할 줄 안다면 그렇게 어렵지 않다. ※ 실제로 연산자간의 우선순위도 있지만 괄호를 이용하여 복잡한 식을 명확하게 표현하길 권장한다.

■ 연산자 우선순위

<table>
<tr><th>우선
순위</th><th>구분</th><th>연산자</th></tr>
<tr><td>1</td><td>괄호/ 대괄호</td><td>(), []</td></tr>
<tr><td>2</td><td>증감 연산자</td><td>++, --</td></tr>
<tr><td>3</td><td rowspan="3">산술 연산자</td><td>*, /, %</td></tr>
<tr><td>4</td><td>+ -</td></tr>
<tr><td>5</td><td><<, >>, >>></td></tr>
<tr><td>6</td><td rowspan="2">비교 연산자</td><td><, >, <=, >=</td></tr>
<tr><td>7</td><td>==, !=</td></tr>
<tr><td>8</td><td rowspan="5">논리 연산자</td><td>&</td></tr>
<tr><td>9</td><td>^</td></tr>
<tr><td>10</td><td>|</td></tr>
<tr><td>11</td><td>&&</td></tr>
<tr><td>12</td><td>||</td></tr>
<tr><td>13</td><td>삼항 연산자</td><td>? :</td></tr>
<tr><td>14</td><td>대입 연산자</td><td>=, +=, -=, *=, /=, %=</td></tr>
</table>

사용 예제

▶ System.out.println(2 + 3 * 4);

- 수학 연산과 같이 연산자의 우선 순위는 다음과 같다.
  - '+'와 '-'의 연산자 우선순위는 같다.
  - '*'와 '/'의 연산자 우선순위는 같다.
  - '+', '-' 보다 '*', '/'의 연산자 우선 순위가 높다.

▶ System.out.println(2 + 3 + "abc");

- 타입에 관계없이 모두 '+' 연산자이므로 계산은 왼쪽에서 오른쪽으로 순차적으로 계산된다.
- 2 + 3 + "abc" ▷ 5 + "abc" ▷ 5abc

- 타입이 명시되지 않은 2, 3은 정수의 기본타입 int 타입으로 처리 된다. 소수점을 갖는 실수의 경우 double이 기본 타입이 된다.

▶ System.out.println(2 + (3 + "abc"));

- 괄호 '(', ')'는 우선순위에서 가장 높다. 따라서 계산의 절차는 다음과 같다.
  2 + (3 + "abc") → 2 + "3abc" → "23abc"

▶ System.out.println(2 + "abc" + 3);

- 2 + "abc" + 3 → "2abc" +3 → "2abc3"

▶ System.out.println(1.0 * 3 / 2);

- 1.0 * 3 / 2 → 3.0 / 2 → 1.5
- '실수 * 정수'의 결과는 '실수'가 된다.

▶ System.out.println(1.0 * (3 / 2));

- 1.0 * (3 / 2) → 1.0 * 1 → 1.0
- '정수 / 정수'의 결과는 '정수'가 된다. 3을 2로 나누면 상식적으로 '1.5'의 결과값을 갖지만, 타입이 정수형이기 때문에 결과값은 '1'이 된다.
- '1.5'를 정수타입으로 변환하면 '1'이 된다. (값을 버림 처리)

05장. 조건문과 반복문

어서 오세요

본 장에서는 역시 자바(Java) 프로그래밍 알고리즘에서 중요한 역할을 하게 되는 조건문과 반복문에 대하여 살펴보게 됩니다. 특정 조건의 결과에 따라 동적으로 처리되는 분기 명령이나, 반복된 동작들을 축약시켜 동작하게 하는 명령문들을 살펴보고, 이후 예제들의 구현 과정에서 어떻게 사용되는지 잘 숙지해 주세요.

if ~ else if ~ else
switch ~ case
for, while, break, continue

5.1 | 조건문

수준	중요 포인트 및 학습 가이드(※)
하	1. 조건문의 정의 및 사용 목적 ※ 가볍게 이해하는 수준으로 읽고 넘어가도록 하자.
하	2. if 조건문 ※ if 문은 반드시 로직으로 표현할 수 있어야 한다.
하	3. switch 조건문 ※ switch 문은 반드시 로직으로 표현할 수 있어야 한다.
하	4. 조건문 사용상 주의 사항 – if ~ else if 문과 if ~ if 문의 차이 – 연속된 조건문의 처리 – 문자열 비교 시 주의 사항 – if 문에서 중괄호({ })의 생략 – switch 문에서 변수의 선언 ※ 이 부분은 충분히 실수할 수 있기 때문에 충분히 이해할 수 있도록 학습하길 바란다.

5.1.01 조건문의 정의 및 사용 목적

개념	• 조건문이란 – 참/거짓의 결과에 의해 결과의 처리를 동적으로 처리하기 위한 명령어이다.
사용 목적	• 다양한 경우의 사건을 동적으로 처리하기 위해 사용한다. • 로직처리 시 조건에 의해 로직을 분기하여 각각의 개별 로직을 처리할 수 있다.
종류	• 조건문의 종류로는 'if 조건문'과 'switch 조건문'이 있다.
특징	• 조건문을 분기하여 처리하기 때문에 조건문은 다음과 같은 로직 처리를 할 수 있다. – 1개 이상의 조건문을 갖는다. – 조건문이 true일 경우 '처리 로직'을 실행한다. – 조건문에 모두 해당하지 않을 경우 default로 처리할 수 있도록 한다. • 조건문은 순차적으로 비교하며 조건문이 최초로 true가 되는 로직을 처리 후 조건문을 벗어나게 된다. – 이후에 조건문이 true가 되어도 해당 로직은 처리하지 않는다.

5.1.02 if 조건문

사용 방법	if (조건문1) {
	  /** 조건문1을 만족 시 로직처리 [1] */
	} else if (조건문2) {
	  /** 조건문2를 만족 시 로직처리 [2] */
	} else if (조건문3) {
	  /** 조건문3을 만족 시 로직처리 [3] */
	} else {
	  /** 위의 조건을 모두 만족하지 않을 때 로직처리 [4]*/
	}

설명	• 조건문은 'if(조건문)', 'else if(조건문)', 'else'로 구성된다. – 조건문은 '&&' 또는 '||' 연산자를 이용하여 연속적으로 사용할 수 있다. – if 문은 반드시 '1'개 존재한다. – else if 문은 if 문 이후에 '0'개 이상 사용할 수 있다. – else 문은 없거나 또는 마지막에 1개 사용할 수 있다. • 조건문의 결과는 boolean 타입이며 결과에 따라 다음과 같이 실행한다. – 결과가 true일 경우 하위 로직을 처리 후 종료한다. – 결과가 false일 경우 다음의 조건문으로 넘어간다. • 조건문을 모두 만족하지 않을 경우 'else'의 하위 로직 처리를 실행 후 조건문이 종료된다.
사용 예문	(see code below)

```
package ch05.part01.main2;

public class TestMain {
    public static void main(String[] args) {

        /** if 문을 이용한 7으로 나눌 때 나머지값 분류 */
        int a = 10;
        /** 조건문1 */
        if (a % 7 == 1) {
            System.out.println("a[" + a + "]는 7로 나눌 때 나머지가 1인 수");
        }
        /** 조건문2 */
        else if (a % 7 == 2 || a % 7 == 3) {
            System.out.println("a[" + a + "]는 7로 나눌 때 나머지가 2 또는 3인 수");
        }
```

	/** 조건문3 */
	else if (a % 7 == 4 || a % 7 == 5) {
	System.out.println("a[" + a + "]는 7로 나눌 때 나머지가 4 또는 5인 수");
	}
	/** 조건문4 */
	else if (a % 7 == 6) {
	System.out.println("a[" + a + "]는 7로 나눌 때 나머지가 6인 수");
	}
	/** 조건문을 만족하지 않을 경우 처리로직 구간 */
	else {
	System.out.println("a[" + a + "]는 7로 나누어지는 수");
	}
	}
	}

소스 설명	▶ a % 7 == 1 • 'a%7'은 a의 값을 7로 나누었을 때의 나머지 값을 나타낸다. • 현재 위의 예문에서 a 값이 '10'이므로 'a%7'의 결과값은 '3'이 된다. • 'a%7 == 1' 명령문의 결과는, 'a%7'의 값이 '3'이므로 'false'가 된다. ▶ else if (a % 7 == 2 || a % 7 == 3) { ... } • '||'는 OR 연산자로서 'a%7==2'를 만족하거나 'a%7==3'을 만족하면 조건문은 'true'가 된다. – 참고로 '&&'는 AND 연산자이며, 앞뒤의 조건이 모두 'true'여야 조건문이 'true'가 된다. • '||' 또는 '&&'를 이용하여 조건문을 복합적으로 할 수 있다.
결과	a[10]는 7로 나눌 때 나머지가 2 또는 3인 수
정리	• 조건문 분석 – a의 값은 '10'이며, 7로 나눌 경우 나머지는 '3'이므로 조건문2의 내부 로직을 처리하여 위와 같은 결과를 얻는다.

5.1.03 switch 조건문

사용 방법	switch (조건값) { case 비교값1 : /** 조건값이 비교값1과 같은 경우 로직처리 [1] */ break;

	case 비교값2 :
	    /** 조건값이 비교값1과 같은 경우 로직처리 [2] */
	    break;
	case 비교값3 :
	    /** 조건값이 비교값1과 같은 경우 로직처리 [3] */
	    break;
	default :
	    /** 위의 조건을 모두 만족하지 않을 때 로직처리 [4] */
	}

설명	• 조건문은 'switch(조건값)'와 'case 비교값', 'default'로 구성된다. – switch(조건값)은 반드시 필요하다. – 'case 비교값'은 반드시 1개 이상 사용해야 한다. – 'default'는 없거나 혹은 1개 사용할 수 있다. • case 문이 끝날 때 '콜론(:)'으로 명시해야 하며, 로직 처리 후 'break 문'으로 종료할 수 있다. • break를 사용하지 않을 경우 다음 'case' 또는 'default'를 실행하게 된다. – or 조건의 경우 break를 명시하지 않을 수도 있다. (아래 [사용 예문] 'case 2:', 'case 3:'의 경우를 확인)
사용 예문	(아래 코드 참조)

```
package ch05.part01.main3;

public class TestMain {
    public static void main(String[] args) {

        /** if 문을 이용한 7으로 나눌 때 나머지값 분류 */
        int a = 10;
        switch (a % 7) {
        case 1 :
            System.out.println("a[" + a + "]는 7로 나눌 때 나머지가 1인 수");
            break;
        case 2 :
        case 3 :
            System.out.println("a[" + a + "]는 7로 나눌 때 나머지가 2 또는 3인 수");
            break;
        case 4 :
        case 5 :
            System.out.println("a[" + a + "]는 7로 나눌 때 나머지가 4 또는 5인 수");
            break;
        case 6 :
            System.out.println("a[" + a + "]는 7로 나눌 때 나머지가 6인 수");
```

	break; default : System.out.println("a[" + a + "]는 7로 나누어지는 수"); } } }
설명	▶ switch (a % 7) { ... } • 'a%7'의 값을 조건 값으로 하여 case의 비교값과 비교한다. ▶ case 2 : case 3 : System.out.println("a[" + a + "]는 7로 나눌 때 나머지가 2 또는 3인 수"); break; • 비교값이 '2' 또는 '3'일 경우 하위 로직을 실행하게 된다. • 'case 2 :'와 'case 3 :'에는 break 문이 없기 때문에 순차적으로 실행되어 OR 조건과 같은 효과를 갖는다.
결과	a[10]는 7로 나눌 때 나머지가 '2' 또는 '3'인 수
정리	• 조건문 분석 – a의 값은 '10'이며, 7로 나눌 경우 나머지는 '3'이므로 case 3 하위 로직을 처리하여 위와 같은 결과를 얻는다.

5.1.04 조건문 사용 상 주의 사항

1. if ~ else if 문과 if ~ if 문의 차이

• 가끔 소스를 보면 다음의 오른쪽과 같이 조건문을 모두 if 문으로 나타내는 경우가 있다. 어떤 차이가 있을까?

	소스코드	설 명

비교 [1]	if (조건문1) {
	/** 로직처리 구간1 */
	}
	else if (조건문2) {
		• 조건문 1개로 구성된 로직
		– 순차적으로 true가 될 때까지 조건 비교한다.
		– 조건문이 true일 경우 해당 로직 처리 후 조건문은 종료된다.

<table>
<tr><td></td><td>/** 로직처리 구간2 */
}
else if (조건문3) {
/** 로직처리 구간3 */
}</td><td>• 연관성이 있을 경우 if ~ else if ~ else로 처리해야 한다.
– 세 가지 조건 중 하나만 처리하고자 할 때 사용 한다.</td></tr>
<tr><td>비교 [2]</td><td>if (조건문1) {
/** 로직처리 구간1 */
}
if (조건문2) {
/** 로직처리 구간2 */
}
if (조건문3) {
/** 로직처리 구간3 */
}</td><td>• 독립된 조건문 3개로 구성된 로직
– 조건문이 true에 관계없이 무조건 3번 조건문 실행을 한다.
• 조건문이 if ~ if ~ if의 경우 연관성이 없는 독립된 로직에서 주로 사용된다.
– 모든 경우를 '조건 처리' 하고자 할 때 사용</td></tr>
<tr><td>주의 사항</td><td colspan="2">• 일반적으로 'if, else if'로 구성해야 할 조건문을 비교 [2]의 방식과 같이 'if, if' 조건문으로 로직을 처리하는 경우가 있는데 연관성이 있는 경우에는 반드시 비교 [1]과 같은 방식으로 로직 처리를 해야 한다.</td></tr>
</table>

2. 연속된 조건문의 처리

• if 문의 특성이라기보다, 앞서 다룬 '연산자'의 처리라 생각하는 게 더 나을 듯하다. 하지만 if 문에 사용되는 조건문에 복합적으로 조건이 많이 일어나기 때문에 다시 한 번 언급하고자 한다.

<table>
<tr><td>처리 방법</td><td>• AND 연산을 통한 조건문 처리
– 조건문1, 조건문2, 조건문3 모두 만족하면 내부 로직 처리를 실행한다.
– 조건문1 ▷ 조건문2 ▷ 조건문3 순으로 조건문이 실행된다.
– 이 중 만족하지 않는 조건문이 있으면 끝까지 조건문 실행을 하지 않고 도중에 if 문을 종료한다.

if(조건문1 && 조건문2 && 조건문3){
/** 내부 로직 처리 */
}

• OR 연산을 통한 조건문 처리
– 조건문1, 조건문2, 조건문3 중 하나라도 만족하면 내부 로직 처리를 실행한다.
– 조건문1 ▷ 조건문2 ▷ 조건문3 순으로 조건문이 실행된다.
– 이 중 만족하는 조건문이 있으면 끝까지 조건문 실행을 하지 않고 도중에 내부 로직 처리 구간을 처리한다.</td></tr>
</table>

```
if( 조건문1 || 조건문2 || 조건문3 ){
    /** 내부 로직 처리 */
}
```

3. 문자열 비교 시 주의 사항

학습 목표	• 문자열의 비교함수 equals()를 이해할 수 있다. • 문자열 비교 시 NullPointerException 발생을 방지하기 위해 처리하기 위한 로직 처리를 할 수 있다.

설명	• 문자열 비교함수 'equals()'
	– String 클래스가 가진 함수이며, 20장 유용한 클래스에 String에 관한 함수 정리가 되어 있기 때문에 향후 참고하길 바란다.
	– a.equals(b) 함수는 a와 b의 문자열이 같을 경우 true, 다를 경우 false를 반환하는 함수이다.
	String a = "문자열1";
	String b = "문자열2";
	boolean compare2 = a.equals(b);
	
	※ 'a.equals(b)'와 'a == b'의 차이점
	– 'a.equals(b)'는 문자열의 값을 비교하는 함수이다.
	– 'a == b'는 객체가 가리키는 메모리 주소를 비교하는 함수이다.
	– 다음의 경우를 보면 두 명령의 결과는 같을 수 있다.
	▸ new를 사용하지 않는 경우 문자열의 값이 같을 경우 메모리 주소가 같다.
	〈사용 예〉
	String a = "비교";
	String b = "비교";
	boolean compare1 = a.equals(b); // ☞ true
	boolean compare2 = (a == b); // ☞ true
	
	– 다음의 경우를 보면 두 명령의 결과는 다르다.
	▸ new를 사용하는 경우 메모리 주소가 각각 다르게 할당된다.
	〈사용 예〉
	String a = new String("비교");
	String b = "비교";
	boolean compare1 = a.equals(b); // ☞ true
	boolean compare2 = (a == b); // ☞ false

<table>
<tr><td>주의
사항</td><td>• 문자열의 비교
– 다음과 같이 비교가 될 때 어떤 현상이 일어날까?

String a = null;
if(a.equals("123"){
        System.out.println("a의 문자열은 '123'이다");
}
▸ NullPointer 에러발생!</td></tr>
<tr><td>설명</td><td>• 함수는 '객체명.함수명'으로 호출이 된다.
• 만약 객체명이 메모리의 값을 가지지 않은 'null'이라면 해당 객체가 없는 상태에서 그 객체 내에 존재하는 함수명을 호출한다면 에러가 발생하게 된다.
• 이러한 에러를 'NullPointerException'이라 한다.
– NullPointerException에 대해서는 10장 예외 처리 파트에서 자세히 다룰 예정이다.</td></tr>
<tr><td>처리
방법</td><td>• 문자열의 비교는 null 체크부터 고려를 해야 한다.
– 실제 운영 시스템에서 빈번하게 발생하는 오류이며 이 오류 때문에 서버를 수정하고 다시 재기동해야 하는 경우가 발생한다.
– a가 null인 경우 if 문은 a.equals(b)를 실행하지 않고 if 문을 벗어나게 된다.

String a = null;
if(a!=null || a.equals("123")){
        System.out.println("a의 문자열은 '123'이다");
}</td></tr>
</table>

4. if 문에서 중괄호({ })의 생략

- if 문은 한 줄 명령의 경우에만 중괄호의 생략이 가능하다. 다음을 보면 쉽게 알 수 있을 것이다.
- 하지만 중괄호를 생략할 경우 소스가 복잡할 때 오히려 혼잡성을 줄 수 있기 때문에 중괄호의 사용을 권장한다.

<table>
<tr><td>사용
예문</td><td>int a = 0;
if(a==0) System.out.println("a의 값이 0일 때의 단일 명령처리");
else if(a==1) System.out.println("a의 값이 1일 때의 단일 명령처리");
else System.out.println("a의 값이 0, 1이 아닐 때의 처리");</td></tr>
</table>

5. switch 문에서 변수의 선언

- switch 문에서 조건별로 동일한 변수 선언을 하는 경우 에러가 발생하기 때문에, **동일한 변수의 선언이 필요한 경우에는 switch 문 이전에 선언한 후 사용해야 한다.**

<table>
<tr><th>에러 발생 처리 전</th><th>에러 발생 처리 후</th></tr>
<tr><td>

```
int a = 0;

switch(a){
case 0 :
   int b = 1;
   System.out.println(b);
   break;
case 1 :
   int b = 2;          [에러 발생]
   Sysetm.out.println(b);
   break;
default :
   int b = 3;          [에러 발생]
   Sysetm.out.println(b);
}
```

</td><td>

```
int a = 0;
int b = 0;          [동일한 변수의 선언]
switch(a){
case 0 :
   b = 1;
   System.out.println(b);
   break;
case 1 :
   b = 2;
   Sysetm.out.println(b);
   break;
default :
   b = 3;
   Sysetm.out.println(b);
}
```

</td></tr>
</table>

5.2 반복문

수준	중요 포인트 및 학습 가이드(※)
하	1. 반복문의 정의 및 사용 목적 – 특정한 로직을 일정한 패턴으로 반복해서 처리하고자 할 때 반복문을 사용한다. – 반복문은 'for 문'과 'while 문'이 있다. – 'break'는 반복문을 도중에 벗어나고자 할 때 사용된다. – 'continue'는 반복문 도중에 로직을 멈추고 다음 반복문으로 넘어간다. ※ 가볍게 이해하는 수준으로 읽고 넘어가도록 하자.
하	2. 예제 무조건 따라하기 ※ 해당 소스를 이해함으로써 반복문의 상당 부분을 이해하게 되므로 결과를 통하여 사용 방법을 이해하도록 하자.

하	3. 반복문 for ※ for 문은 반드시 로직으로 표현할 수 있어야 한다.
하	4. 반복문 while ※ while 문은 반드시 로직으로 표현할 수 있어야 한다.
하	5. break, continue의 사용 – 반복문 제어 ※ 반복문에서 break, continue를 사용할 수 있도록 이해해야 한다.
하	6. 무한루프 ※ 가볍게 이해하는 수준으로 읽고 넘어가도록 하자.
하	7. 반복문 사용상 주의 사항 ※ 가볍게 이해하는 수준으로 읽고 넘어가도록 하자.

5.2.01 반복문의 정의 및 사용 목적

개념	• 반복문이란 – 특정한 로직을 일정한 패턴으로 반복하여 처리하고자 할 때, 그 반복되는 로직을 처리하기 위해 사용하는 문장이다.
사용 목적	• 반복되는 로직을 처리함으로써 코드의 중복을 막을 수 있다. • 그룹화된 자료를 이용하여 일괄 처리를 할 수 있다.
특징	• 반복문은 '인덱스 초기값', '인덱스 반복 구간', '인덱스 증감식'을 기준으로 반복이 이루어진다. – 인덱스 초기값을 시작으로 반복문이 실행된다. – 반복문이 실행되면 인덱스 증감식에 의해 인덱스의 값이 증감된다. – 인덱스의 값이 반복 구간을 만족할 때까지 반복문이 실행된다. • 반복구간이 무한히 반복이 되는 경우를 무한 루프라고 한다.

5.2.02 예제 무조건 따라하기

학습 목적	• 주요 이슈를 이해하고 로직 구현을 할 수 있다. – for 문을 이용한 반복문 – while 문을 이용한 반복문

	– continue를 이용한 다음 반복문으로 넘기기 – break를 이용한 반복문 벗어나기 ※ 이번 단원은 코드 실행 후 결과에 대한 로직을 이해하는 수준으로 넘어가며, 다음 단원부터 하나씩 상세 학습을 진행할 예정이다.
학습 절차	**ch05.part02.main2.TestMain 클래스 정의** – 메인 함수 정의 ▸ 반복문 : for 문을 이용하여 1부터 100까지의 합 구하기 ▸ 반복문 : while 문을 이용하여 1부터 100까지의 합 구하기 ▸ 반복문 : for 문을 이용하여 1부터 100까지 짝수 값의 합 구하기 ▸ 반복문 : 1부터 1씩 증가하여 값을 더할 때 그 합의 값이 최초로 '3000'이 넘는 정수의 값 구하기
사용 예문	(see code below)

```
package ch05.part02.main2;
public class TestMain {
	public static void main(String[] args) {

		/** 반복문 : for문을 이용하여 1부터 100까지의 합 구하기 */
		int sum1 = 0;
		for(int i = 1; i<=100; i++) {
			sum1 += i;
		}
		System.out.println("1부터 100까지의 합은 [" + sum1 + "]입니다.");

		/** 반복문 : while문을 이용하여 1부터 100까지의 합 구하기 */
		int index = 0;
		int sum2 = 0;
		while(index<=100) {
			sum2 += ( index++ );
		}
		System.out.println("1부터 100까지의 합은 [" + sum2 + "]입니다.");

		/** 반복문 : for문을 이용하여 1부터 100까지 짝수 값의 합 구하기 */
		int sum3 = 0;
		for(int i = 1; i<=100; i++) {
			if( i % 2 == 1 ) continue;
			sum3 += i;
		}
		System.out.println("1부터 100까지의 합은 [" + sum3 + "]입니다.");

		/** 반복문 : 1부터 1씩 증가하여 값을 더할 때 최초로 3000이 넘는 정수의 값 구하기 */
		int index4 = 0;
```

```
            int sum4 = 0;
            while(true) {
                    sum4 += (index4++);
                    if(sum4 >= 3000){ break; }
            }
            String msg = "1부터 1씩 증가하여 값을 더할 때 그 합이 최초로 '3000'을 넘기는 정수는";
            msg += " [" + index4 +"]이며, 합의 값은 [" + sum4 + "]이다. ";
            System.out.println(msg);
    }
}
```

소스 설명

▶ [복습] sum1 += i;

- 'sum = sum + i;' 문장과 같다.
- sum의 값에 i의 값을 더한 후 그 결과 값을 왼쪽의 sum의 변수에 대입하라는 뜻이다.

▶ int sum1 = 0;

```
for(int i = 1; i<=100; i++){    /** 반복문 실행 시작 구간 */
        sum1 += i;
}                               /** 반복문 실행 종료 구간 */
```

- for(int i = 1; i<=100; i++){

– 정수 'i'의 값이 '1부터 100까지' 1씩 증가하면서 반복문을 실행하라는 뜻이다.

인덱스 초기값	int i = 1
인덱스 반복 구간	i <= 100
인덱스 증감식	i++

- '{'에서 시작하여 '}'가 될 때까지가 반복문을 한 번 처리하는 구간이다.

▶ [복습] sum2 += (i++);

- 『i++』의 뜻은 해당 행의 연산을 먼저 실행한 이후에 i 값을 1 더하라는 명령이다.

```
sum2 += (i++);  ▷  sum2 += i;
                   i = i + 1;
```

▶ int i = 0;

```
int sum2 = 0;
while(i<=100) {           /** i<=100 될 때까지 반복문을 수행한다. */
      sum2 += ( i++ );
}
```

- i <= 100이 될 때까지 반복문을 반복 수행한다.

	▶ if(i % 2 == 1) continue; • I값을 2로 나눌 때 나머지가 1인 경우 다음 반복문으로 넘어간다는 뜻이다. ▶ if(sum4 >= 3000) break; • sum4의 값이 3000 이상인 경우 반복문의 실행을 멈추가 반복문을 종료하라는 뜻이다.
결과	1부터 100까지의 합은 [5050]입니다. 1부터 100까지의 합은 [5050]입니다. 1부터 100까지의 합은 [2550]입니다. 1부터 1씩 증가하여 값을 더할 때 그 합이 최초로 '3000'을 넘기는 정수는 [78]이며, 합의 값은 [3003]이다.

정리	• 반복문 for
	– for 반복문은 일반적으로 인덱스 시작 값을 기준으로 종료조건을 만족할 때까지 인덱스의 값을 증가 조건에 맞게 변경하면서 반복을 실행한다.
	〈사용 예〉
	for(int i = 0; i<10; i++){ /** 반복문 처리 */ }
	▸ 인덱스 i는 '0'을 시작값으로 하여 '10 이하'를 만족할 때까지 1씩 증가시키면서 반복문을 처리한다.
	• 반복문 while
	– while 문은 일반적으로 해당 조건을 만족시킬 때까지 반복문을 실행하며 특정 조건에서 break 문을 이용하여 벗어나도록 처리한다.
	〈사용 예〉
	int index = 0;
	while(index<10) {
	    /** 반복문 처리 */
	    index++;
	}
	▸ index의 값을 기준으로 10미만의 경우에 반복문을 실해하며 한번 실행될 때마다 index의 값을 1씩 증가시키는 명령이다.
	• continue
	– 반복문에서 사용되며 해당 명령 시 다음 실행을 하지 않고 다음 인덱스의 값으로 반복문을 실행한다.
	〈사용 예〉
	for(int i = 0; i<10; i++) {
	    if(i%2==0) continue;
	    System.out.println("i = " + i);
	}
	▸ 짝수의 경우에는 다음 행으로 실행을 하지 않고 다음 반복문으로 넘어간다.

- break
  - 반복문에서 break를 사용할 경우 반복문을 실행하지 않고 벗어나게 된다.

〈사용 예〉

```
int sum = 0;
for(int i = 0; i<10; i++) {
        if(sum>20==0) break;;
        sum += i;
        System.out.println("i = " + i + ", sum = " + sum);
}
```

▸ 인덱스의 합이 '20'을 넘을 경우 반복문을 벗어나는 로직이다.

5.2.03 반복문 for

사용 방법	**for (초기값; 반복 구간; 증감식) {** **/** 내부 로직 처리 구간 */** **}** • 반복문에는 몇 번 반복되는지에 대한 설정이 필요하며 이 기준이 되는 값을 '인덱스'라 한다. • 반복문 실행을 위해 인덱스의 초기값, 반복 구간, 증감식이 필요하다. – 인덱스 초기값을 시작으로 반복문이 실행된다. – 인덱스가 반복 구간을 만족할 때까지 반복문이 연속하여 실행된다. – 반복이 될 때마다 증감식에 의해 인덱스의 증감이 발생한다.
	for (타입 변수 : 그룹 변수) { **/** 내부 로직 처리 구간 */** **}** • 향상된 for 문이라 하며, 그룹 변수를 이용하여 자료에 접근하기 위한 반복 처리 명령이다. • '그룹 변수'란 앞으로 배울 '배열', 'List', 'Set' 등의 자료 구조를 말한다. (바로 다음 6장 배열 파트 참조) • 그룹 변수는 해당 타입의 변수를 0개 이상 가지고 있으며 해당 자료를 순차적으로 하나씩 반복문에 나타내도록 구성되어 있다.

1. 그룹 변수 이해하기

- 1개 이상의 자료를 담기 위해 필요한 변수를 '그룹 변수'라 한다. 이러한 그룹 변수에는 '배열(Array),

List, Set' 등이 있으며 이후 상세히 다룰 것이다. 우선 다음 장에서 다룰 '배열'에 대해서만 소개하는 수준으로 설명한다.

학습 목표	• 그룹 변수의 의미를 이해하고 반복문을 이용하여 그룹 내 자료에 접근 방법을 이해할 수 있다.
처리 방법 [1]	• 배열 객체 생성 및 속성 접근하기
	• 그룹 변수는 자료 'a', 'b', 'c'를 가지고 있다고 하자. – 배열(array)은 세 개의 자료를 묶음으로 관리하기 위한 변수다. – String 타입 바로 뒤에 '대괄호([ ])'를 붙였으며 '배열'을 나타낸다. String[ ] array = new String[ ]{ "a", "b", "c" }; • 배열의 길이를 나타내며 배열에는 3개의 요소가 담겨있기 때문에 값이 '3'이 된다. int length = array.length; • 배열의 접근 – '변수명[인덱스]' 형태로 접근할 수 있다. – 인덱스는 '0'부터 시작하며, array[0]은 첫 번째 요소 'a'가 된다. String a = array[0]; String b = array[1]; String c = array[2];
처리 방법 [2]	• 반복문을 이용하여 배열자료 접근하기

	• [방법 1] for문에서 인덱스 값을 이용하여 배열자료 접근
	for(int i = 0; i<array.length; i++) {
	        System.out.println("배열 요소의 값 : " + array[i]);
	}
	• [방법 2] 향상된 for문을 이용하여 배열자료 접근
	for(String s : array){
	        System.out.println("배열 요소의 값 : " + s);
	}

사용 예문	package ch05.part02.main3;
	
	public class TestMain1 {
	    public static void main(String[ ] args) {
	
	        /** String 배열 객체생성 */

	``
	        String[] arr = new String[]{"a", "b", "c"};
	
	        /** for문을 이용하여 접근 – 배열의 인덱스 이용 */
	        for(int i = 0; i<arr.length; i++) {
	            System.out.println("arr["+i+"] = " + arr[i]);
	        }
	        System.out.println();
	
	        /** 향상된 for문을 이용하여 자료접근 */
	        for (String s : arr) {
	            System.out.println("자료조회 = " + s);
	        }
	    }
	}
	``

결과	arr[0] = a arr[1] = b arr[2] = c 자료조회 = a 자료조회 = b 자료조회 = c

2. 반복문을 이용하여 구구단을 콘솔화면에 나타내기

문제	• 반복문을 이용하여 구구단을 1단부터 9단까지 아래와 같은 방법으로 콘솔에 다음과 같이 나타내시오. – 결과화면(9단) 9단 9 * 1 = 9 9 * 2 = 18 9 * 3 = 27 9 * 4 = 36 9 * 5 = 45 9 * 6 = 54 9 * 7 = 63 9 * 8 = 72 9 * 9 = 81
설명	• 구구단을 처리하기 위해서는 for문이 2개가 있어야 한다. – 단을 나타내는 반복문과 1~9 항을 나타내는 반복문으로 처리되어야 한다.

사용 예문	package ch05.part02.main3;
	
	public class TestMain2 {
	    public static void main(String[] args) {
	        for(int i = 1; i<=9; i++) {
	            System.out.println(i+"단 ");
	            for(int j =1; j<=9; j++) {
	                System.out.println("₩t" + i + " * " + j + " = " + i*j);
	            }
	        }
	}

소스 설명	▶ System.out.println("₩t" + i + " * " + j + " = " + i*j);
	• '₩t'는 탭 간격을 나타내는 특수 문자이다.
	– String 문자열에서는 탭, 개행 등과 같이 특수 문자를 다음과 같이 가지고 있다. 향후에도 예문에 사용되기 때문에 참고하도록 하자.
	① ₩t – 탭
	② ₩r₩n – 개행
	③ ₩" – 문자열에 따옴표 나타내기
	④ ₩₩ – 문자열에 '₩' 문자 나타내기
	
	▶ for(int i = 1; i<=9; i++){
	System.out.println(i+"단 ");
	    for(int j =1; j<=9; j++) {
	        System.out.println("₩t" + i + " * " + j + " = " + i*j);
	    }
	}
	• for 문이 2개 사용이 되었으며 '외부 for 문'과 '내부 for 문'으로 나누어서 설명하도록 하겠다.
	– '외부 for 문'의 인덱스가 실행될 때마다 '내부 for 문'의 반복문이 실행된다.
	① i = 1 ▷ j가 1~9까지 반복문 실행
	② i = 2 ▷ j가 1~9까지 반복문 실행
	③ ...
	④ i = 9 ▷ j가 1~9까지 반복문 실행

정리	• 분석결과 – 반복문 내에 반복문이 중복되서 사용될 수 있다. – 외부의 반복문이 실행될 때마다 내부의 반복문은 전체를 반복 실행한다.

5.2.04 반복문 while

사용 방법	**while(반복 조건){** **/** 내부 로직 처리 구간 */** **}** • 반복 조건이 true일 경우 반복문을 계속 실행한다. • 반복 조건을 실행 후 true라면 내부 로직을 처리한다.
	do { **/** 내부 로직 처리 구간 */** **} while(반복 조건);** • 반복 조건이 true일 경우 반복문을 계속 실행한다. • 내부 로직을 처리 후 반복 조건을 실행하며 true일 경우 내부 로직을 다시 실행한다.
특징	• while 문의 경우, 주로 반복문을 벗어나고자 하는 특정 경우에 break 명령어를 이용하여 처리한다. • 주로 종료값이 없이 특정 조건에서 반복문을 벗어날 때까지 실행을 하고자 할 때 주로 사용한다.
사용 예문	• 다음 break, continue의 사용 예문에서 같이 학습하도록 하자.

5.2.05 break, continue의 사용 – 반복문 제어

학습 목표	• break와 continue의 사용 목적을 이해할 수 있다.
사용 방법	**break** • 반복문 내부 로직의 실행을 멈추고 반복문을 벗어난다.
	continue • 반복문 내부 로직의 실행을 멈추고 다음 반복문으로 넘어간다.
문제	1부터 시작하여 홀수의 합을 더할 때, 1000이 넘는 첫 번째 수를 파악하고자 한다. continue, break 문을 이용하여 로직을 구현하시오.

사용 예문

```
package ch05.part02.main5;

public class TestMain {
    public static void main(String[] args) {
```

```
        /** while문을 이용하여 반복문을 실행 */
        int sum = 0;
        int index = 1;
        while (true) {

            /** index의 값을 우선 1씩 증가 */
            index++;

            /** index의 값이 짝수일 경우 다음 반복문을 실행 – continue */
            if (index % 2 == 0){continue;}

            /** 합의 값을 넣는 변수에 인덱스의 값을 더한다. */
            sum += (index++);

            /** 종료조건 – 1000을 넘을 경우 반복문을 종료한다. */
            if (sum > 1000){break;}
        }
        System.out.println("1000을 넘는 첫 번 째 정수는 " + index + "이다.");
    }
}
```

소스 설명

▶ while(true){ ... }

- 몇 번 반복을 해야 하는지 종료값에 대해 알 수 없으므로 for 문보다는 while 문이 적당하다.

▶ if(index % 2 == 0) continue;

- 짝수의 경우에는 아래의 로직을 실행하지 않고 다음 반복문으로 넘어가라는 뜻이다.
- 반복문의 첫 줄인 'while(true)' 부분부터 실행되어 반복 구간을 확인 후 반복문을 실행한다.

▶ if(sum > 1000) break;

- 해당 조건을 만족하게 되면 while 문을 완전히 벗어나게 된다.

결과

1000을 넘는 첫 번째 정수는 '64'이다.

5.2.06 무한 루프

개념

- 무한 루프란
  - 반복 회수가 무한하게 실행되도록 하기 위한 반복문이며, 주로 break 문을 이용하여 루프를 벗어나는 로직을 함께 이용한다.

사용 방법

```
for( ; ; ) {
    /** 내부로직 처리구간 */
```

```
}
```

- for문을 이용하여 무한 루프를 나타내는 로직이며 거의 사용하지 않는다.

```
while(true) {
    /** 내부 로직 처리 구간 */
}
```

- 가장 일반적으로 사용하는 무한 루프의 로직 처리 방식이다.

```
do {
    /** 내부 로직 처리 구간 */
} while(true)
```

- do-while 문을 이용하는 무한 루프 로직 처리 방식이다.

5.2.07 반복문 사용 상 주의 사항

■ NullPointerException 처리

- if 문에서 'NullPointerException' 처리에 대해 설명했지만, for 문에서도 이러한 문제가 발생되기 때문에 주의해야 한다.
  - NullPointerException은 '객체명.함수()' 또는 '객체명.변수' 형태로 호출할 때 객체가 'null'일 경우에 발생하는 오류이다.

오류 코드 예	수정 코드 예

String[] arr = null;
for(int i = 0; i<arr.length; i++){ [에러 발생]
    System.out.println(arr[i]);
}
	String[] arr = null;
	if(arr!=null){ [if 문으로 null 체크를 해야 함]
	    for(int i = 0; i<arr.length; i++){
	        System.out.println(arr[i]);
	    }
	}

String[] arr = null;
for(String s : arr){ [에러 발생]
    System.out.println(s);
}
	String[] arr = null;
	if(arr!=null){ [if 문으로 null 체크를 해야 함]
	    for(String s : arr){
	        System.out.println(s);

```
    }
}
```

06장. 배열

어서 오세요

본 장에서는 자바(Java) 프로그래밍에서의 자료 구조에 대하여 알아보고, 그 중 가장 자주 사용되는 기본 자료 구조 '배열'의 활용을 살펴보게 됩니다. 아울러, 종류별 배열의 구조와 자료 조회 방법들을 활용하여 향후 프로젝트 개발에 필요한 지식을 쌓게 됩니다.

6.1 자료 구조

수준	중요 포인트 및 학습 가이드(※)
하	1. 자료 구조 개요 – 자료 구조란 자료를 효율적으로 관리하기 위해 그룹화된 '자료 저장 방식'이다. ※ 개념 및 사용 목적은 간단히 읽고 넘어가도록 하자.
하	2. 배열의 개요 – 배열은 가장 기본적인 자료 구조 중에 하나이다.

6.1.01 자료 구조 개요

개념	• 자료 구조란? – 자료를 효율적으로 관리하기 위해 그룹화된 '자료 저장 방식'이다.
사용 목적	• 회원의 정보를 저장하고 있는 회원가입 신청서를 관리하기 위해 '회원가입 신청서' 서류철을 자료 구조와 비교하여 설명하고자 한다. – '회원가입 신청서' 서류철은 프로그램에서 '자료 구조'와 같다. – 회원가입 신청서는 자료 구조에 저장되는 자료의 타입과 같으며 주로 같은 타입의 정보를 담는다. – 서류철을 사용하는 목적은 관리의 효율성 때문이다. ▸ 자료가 하나의 그룹으로 관리가 된다. ▸ 유실될 우려가 적다. ▸ 자료의 접근이 용이하다. ▸ 자료의 수를 파악하기 쉽다. – 서류철의 기능은 신청서 자료의 '추가, 수정, 삭제, 조회' 등의 기능이 있다. ▸ 신청서를 추가한다. ▸ 특정 신청서에 접근하여 수정한다. ▸ 특정 신청서를 삭제한다. ▸ 특정 신청서에 접근한다.
설명	• 자료 구조와 CRUD – 자료 구조의 가장 주된 관심사는 '등록(Create), 조회(Read), 수정(Update), 삭제(Delete)'이며, 이를 흔히 CRUD라 칭한다. ▸ 등록 : 자료의 수가 증가, 해당 자료가 최초 입력

※ '추가' 또는 '삽입'이라는 용어로 표현되기도 한다.

▸ 수정 : 자료의 수가 변동이 없으며 해당 자료의 값이 변경

▸ 삭제 : 자료의 수가 감소, 해당 자료가 삭제

▸ 조회 : 특정 자료의 값을 조회

– CRUD는 자료 구조의 가장 기본적이 관심사이기 때문에, 자료의 저장과 관련된 자료 구조는 모두 CRUD를 중심으로 학습한다면 이해가 쉽다.

6.1.02 배열의 개요

개념

- 배열이란?
  – 동일 타입으로 된 0개 이상의 자료를 그룹화하여 하나의 타입으로 관리하기 위한 가장 기본이 되는 자료 구조이다.

사용 목적

- 그룹명 : 배열자료

배열자료[0]	배열자료[1]	배열자료[2]	배열자료[3]	배열자료[4]
자료1	자료2	자료3	자료4	자료5

- 위의 표는 구조화된 배열을 나타낸 것이며, 아래와 같은 분석 결과를 얻을 수 있다.
  – 그룹을 대표하는 그룹명은 '배열자료'이다.
  – 그룹 내에는 '[0] ~ [4]'와 같이 자료를 위치시키는 위치 번호가 존재하는데, 이를 '인덱스'라 한다.
  – 그룹 내에는 '자료1 ~ 자료5' 등의 자료 5개가 들어있다.
  – 인덱스의 값이 '0'인 첫 번째 자료에는 '자료1'이 들어 있다.

특징

- 자료 구조의 종류 중 하나이며 가장 기본이 되는 자료 구조이다.
- 배열 객체는 인덱스를 이용하여 개별 자료에 접근할 수 있다.
- 그룹 변수는 반복문을 이용하여 일괄 처리가 가능하다.

6.2 배열 – 상세 학습

수준	중요 포인트 및 학습 가이드(※)
하	1. 예제 무조건 따라하기 – 배열을 생성하고 반복문을 이용하여 조회하기 위한 예제이다. ※ 배열을 생성하는 방식 3가지를 이해할 수 있어야 하며, 향후 반드시 숙지되어야 한다.
하	2. 배열 타입의 선언 및 객체 생성 ※ 배열의 선언 및 생성 방식 3가지를 반드시 숙지해야 한다.
하	3. 배열의 자료조회 및 자료 수정 – 인덱스 이용 ※ 배열에서 인덱스의 개념을 이해해야 한다. – 배열의 길이와 인덱스를 이용하여 조회 및 수정을 할 수 있다.
하	4. 배열의 CRUD 특징 – 배열은 인덱스를 조회하고 수정할 수 있다. – 배열은 삽입과 삭제가 불가능하다. ▸ 생성 이후 배열에 포함된 자료의 수는 늘어나거나 줄어들지 않는다.
하	5. 반복문을 이용한 배열의 접근 – 배열의 길이와 인덱스를 이용하여 일반 for 문을 이용하여 조회할 수 있다. – 향상된 for 문을 이용하여 배열의 자료에 접근할 수 있다.

6.2.01 예제 무조건 따라하기

학습 목적

- 배열의 형태를 이해하고 객체생성 및 자료추가의 과정을 이해할 수 있다.
- 배열을 for문을 이용하여 개별 자료에 접근하여 조회할 수 있다.

사용 예문

```
package ch06.part02.main1;

public class TestMain {
    public static void main(String[] args) {

        /** 배열 생성 및 사용 방법 [1] */
        String[] array1 = new String[] { "자료1", "자료2", "자료3", "자료4", "자료5" };
        String data11 = array1[0]; /** 배열 내부 첫 번째 요소에 접근 */
```

```
        String data12 = array1[1]; /** 배열 내부 두 번째 요소에 접근 */
        String data13 = array1[2]; /** 배열 내부 세 번째 요소에 접근 */
        String data14 = array1[3]; /** 배열 내부 네 번째 요소에 접근 */
        String data15 = array1[4]; /** 배열 내부 다섯 번째 요소에 접근 */
        int length1 = array1.length; /** 배열의 길이 */

        /** 배열 생성 및 사용 방법 [2] */
        String[] array2 = { "자료1", "자료2", "자료3", "자료4", "자료5" };
        String data21 = array2[0]; /** 배열 내부 첫 번째 요소에 접근 */
        String data22 = array2[1]; /** 배열 내부 두 번째 요소에 접근 */
        String data23 = array2[2]; /** 배열 내부 세 번째 요소에 접근 */
        String data24 = array2[3]; /** 배열 내부 네 번째 요소에 접근 */
        String data25 = array2[4]; /** 배열 내부 다섯 번째 요소에 접근 */
        int length2 = array2.length; /** 배열의 길이 */

        /** 배열 생성 및 사용 방법 [3] */
        String[] array3 = new String[5];
        array3[0] = "자료1"; /** 배열 내부 첫 번째 요소에 접근 */
        array3[1] = "자료2"; /** 배열 내부 두 번째 요소에 접근 */
        array3[2] = "자료3"; /** 배열 내부 세 번째 요소에 접근 */
        array3[3] = "자료4"; /** 배열 내부 네 번째 요소에 접근 */
        array3[4] = "자료5"; /** 배열 내부 다섯 번째 요소에 접근 */
        int length3 = array3.length; /** 배열의 길이 */

        /** 반복문을 이용한 배열 내부 요소 접근 */
        if (array1 != null) {
            for (int i = 0; i < array1.length; i++) {
                System.out.println((i + 1) + "번째 배열 값 = " + array1[i]);
            }
        }
    }
}
```

소스 설명

▶ String[] array1 = new String[]{"자료1", "자료2", "자료3", "자료4", "자료5"};

- 위 식은 배열 객체를 생성하는 식이다.
- 'String[]'에서 '[대괄호]'는 배열을 의미하며, String의 데이터를 0개 이상 담은 배열을 의미한다.
- 현재 배열 변수 'array1'은 '자료1' ~ '자료5'의 자료를 담은 배열 객체이다.

▶ String data11 = array1[0];

- array1[0]는 배열 변수 'array1'의 인덱스가 '0'인 자료의 값을 의미한다.
  - array1[i]에서 'i'는 배열의 인덱스값이며, 인덱스는 '0'부터 시작하는 정수이다.

소스 설명	– 첫 번째 자료는 인덱스가 0인 값이다. – 두 번째 자료는 인덱스가 1인 값이다. – N 번째 자료는 인덱스가 (N–1)인 값이다. • array1[0]의 값은 배열의 첫 번째 자료인 '자료1'이다. ▶ String[] array2 = {"자료1", "자료2", "자료3", "자료4", "자료5"}; • 위 식은 배열 객체를 생성하는 두 번째 식이다. • 객체 생성 시 'new String[]'의 생략이 가능하다. ▶ String[] array3 = new String[5]; • "new String[5];"는 String 타입의 기본값을 5개 담은 배열 객체를 의미한다. • [복습] String 타입의 참조형이며 참조형의 기본값은 'null'이다. ▶ array3[0] = "자료1"; • 배열 변수 array3의 첫 번째 자료(인덱스 = 0)에 '자료1'의 값을 저장한다. ▶ array1.length • 'array1.length'는 배열 변수 'array1에 담긴 자료의 수'를 말한다.
결과	1번째 배열 값 = 자료1 2번째 배열 값 = 자료2 3번째 배열 값 = 자료3 4번째 배열 값 = 자료4 5번째 배열 값 = 자료5

6.2.02 배열 타입의 선언 및 객체 생성

1. 배열 타입의 선언

정의 방법	**타입[ ] 변수;** – 객체 생성을 하지 않은 상태이다. – 배열의 선언은 타입에 [대괄호]를 같이 선언함으로써 배열 타입이 된다.	
설명	String[ ] arr	String 타입 데이터의 배열 타입
	int[ ] arr	int 데이터의 배열 타입

	boolean[ ] arr	boolean 데이터의 배열 타입
	ProductVo[ ] arr	ProductVo 데이터의 배열 타입

2. 생성 방법 [1] – 초기값 동시 생성

객체 생성	**타입 [ ] 변수 = new 타입[ ]{ 자료1, 자료2, 자료3, ... }** **타입 [ ] 변수 = { 자료1, 자료2, 자료3, ... }** – 배열의 생성과 함께 초기 값 설정을 할 수 있다. – 초기 값이 이미 결정된 자료를 배열로 선언할 때 주로 사용된다. – 선언과 함께 생성이 되는 경우에는 'new 타입[ ]'을 생략할 수 있다. ▸ 선언과 생성이 분리되는 경우 생략이 불가능하다.
처리 방법	• 가장 일반적인 객체 생성 방법 String[ ] array = new String[ ]{"자료1", "자료2", "자료3", "자료4", "자료5"}; • 선언과 분리된 객체 생성이며 반드시 'new String[ ]'이 명시되어야 한다. String[ ] array; array = new String[ ]{"자료1", "자료2", "자료3", "자료4", "자료5"}; • 선언과 함께 생성하는 경우에는 'new String[ ]'을 생략 가능하다. String[ ] array = {"자료1", "자료2", "자료3", "자료4", "자료5"};
주의 사항	• 선언과 분리된 객체 생성이므로 'new String[ ]'이 명시되지 않아 오류가 발생한다. String[ ] array; array = {"자료1", "자료2", "자료3", "자료4", "자료5"}; [오류발생]

3. 생성 방법 [2] – 기본값으로 공간만 할당

객체 생성	**타입 [ ] 변수 = new 타입[자료수]** – 자료의 수만큼 배열 공간을 생성한다. – 생성 시점에는 자료에 대한 정보 없이 우선 공간을 생성한 후 자료를 입력하고자 할 때 주로 사용된다. – 자료의 값이 많으며 반복문을 이용하여 값을 담을 수 있는 경우, 우선 공간을 만들고 반복문을 이용하여 값을 처리할 때 사용할 수 있다. – 생성 시 최초 초기값은 해당 타입의 기본값으로 설정된다.

	– 타입별 기본값 복습 ▸ 참조형의 기본값은 모두 'null'이다. ▸ 기본형의 숫자형 타입의 기본값은 모두 '0'이다. ▸ 기본형의 boolean 타입의 기본값은 'false'이다. ▸ 기본형의 char 타입의 기본값은 ' '이다.
사용 예문	• 배열 객체 생성 int[ ] array = new int[3]; [0, 0, 0] /** 배열 객체의 생성 */ • 배열 자료입력 array[0] = 1; [1, 0, 0] /** 1 번째 자료 수정 */ array[1] = 2; [1, 2, 0] /** 2 번째 자료 수정 */ array[2] = 3; [1, 2, 3] /** 3 번째 자료 수정 */

6.2.03 인덱스를 활용한 배열의 자료 조회 및 수정

1. 자료 조회

사용 방법	**타입변수 = 배열[인덱스];** – 배열의 접근은 인덱스를 이용하여 조회가 가능하다. – 배열 변수[인덱스] ▸ '배열 변수' 내의 요소 중 '인덱스' 순번에 해당하는 객체를 반환한다. – 인덱스의 값은 '0'부터 시작하여 순차적으로 증가한다. ▸ 'N' 번째 자료의 인덱스는 'N–1'이 된다.
처리 방법	• 배열 객체의 생성 String[ ] array1 = new String[ ]{"자료1", "자료2", "자료3", "자료4", "자료5"}; • 배열 요소의 접근 String data1 = array1[0]; /** 1 번째 요소 : "자료1" */ String data2 = array1[1]; /** 2 번째 요소 : "자료2" */ String data3 = array1[2]; /** 3 번째 요소 : "자료3" */ String data4 = array1[3]; /** 4 번째 요소 : "자료4" */ String data5 = array1[4]; /** 5 번째 요소 : "자료5" */

2. 자료 수정

사용 방법	**배열변수[인덱스] = 자료값;** – '타입 객체'의 값을 배열 변수의 인덱스 순번에 해당하는 위치에 값을 대입 ▸ 타입 객체가 참조형의 경우 메모리 주소의 값을 저장한다. ▸ 타입 객체가 기본형의 경우 값을 저장한다. – 인덱스를 이용하여 배열 내부에 접근하여 수정이 가능하다.
사용 예문	• 배열 객체의 생성 String[ ] array1 = new String[ ]{"자료1", "자료2", "자료3", "자료4", "자료5"}; • 배열 요소의 수정 array1[0] = "1"; /** 1 번째 요소 : "자료1" ▶ "1"로 수정 */ array1[1] = "2"; /** 2 번째 요소 : "자료2" ▶ "2"로 수정 */

3. 배열 자료의 길이

방법	**int 변수 = 배열변수.length;** – 현재 배열에 담겨 있는 자료의 수를 반환한다.
사용 예문	• 배열 객체의 생성 String[ ] array = new String[ ]{"자료1", "자료2", "자료3", "자료4", "자료5"}; • 배열 자료의 길이 int len = array.length; // 값은 5를 반환한다.

6.2.04 배열의 CRUD 특징

- 자료를 저장하는 기능과 관련하여 학습할 때는 반드시 자료의 저장과 조회 방식에 대해 초점을 두고 학습해야 한다.
- CRUD는 앞에서 언급하였듯 **'삽입(CREATE), 삭제(DELETE), 수정(UPDATE), 조회(READ)'의 기능**을 말하며, 배열이 이 기능을 가지고 있는지 확인하고자 한다.

<table>
<tr><td rowspan="5">설명</td><td>CRUD</td><td>설명</td><td>자료의 수</td><td>배열 기능 존재 여부</td></tr>
<tr><td>삽입(C)</td><td>배열 요소의 신규 등록</td><td>자료 수 증가</td><td>×</td></tr>
<tr><td>삭제(D)</td><td>배열 요소의 삭제</td><td>자료 수 감소</td><td>×</td></tr>
<tr><td>수정(U)</td><td>배열 요소의 값을 수정</td><td>변함 없음</td><td>○</td></tr>
<tr><td>조회(R)</td><td>배열 요소의 값을 조회</td><td>변함 없음</td><td>○</td></tr>
<tr><td>처리 방법</td><td colspan="4">• int 타입 배열 객체 생성
int[] array = {1, 2, 3, 4, 5}; [1, 2, 3, 4, 5]
• 배열 자료 수정
– 인덱스를 이용하여 접근을 할 수 있다.
array[1] = 12; [1, 12, 3, 4, 5]
• 배열 요소의 조회
int data2 = array[1]; 12</td></tr>
<tr><td>정리</td><td colspan="4">• 배열은 삽입, 삭제가 불가능하다.
– 배열의 길이는 늘거나 줄어들지 않는다.
• 배열은 인덱스를 이용하여 수정, 조회가 가능하다.</td></tr>
</table>

6.2. 05 반복문을 이용한 배열의 접근

<table>
<tr><td>설명</td><td>• 배열은 주로 반복문을 이용하여 개별 객체에 접근하여 필요한 객체를 찾아 로직을 처리한다.
• 반복문에서 배운 for 문의 2가지 방법을 이용하여 배열에 접근한다.
– [방법 1] 인덱스를 이용한 for 문
– [방법 2] 향상된 for 문</td></tr>
<tr><td rowspan="2">처리 방법 [1]</td><td>• 인덱스를 이용한 for 문</td></tr>
<tr><td>String[] array1 = new String[]{"자료1", "자료2", "자료3", "자료4", "자료5"};
/** for 문을 이용한 개별 접근 */
for(int i = 0; i<array1.length; i++) {
    String arr = array[i];
    System.out.println("배열의 값 = " + arr);
}</td></tr>
</table>

	• 향상된 for 문

처리 방법 [2]	String[ ] array1 = new String[ ]{"자료1", "자료2", "자료3", "자료4", "자료5"};
	/** 향상된 for 문을 이용한 개별 접근 */
	for(String s : array1) {
	    System.out.println("배열의 값 = " + s);
	}

※ 위의 방법은 '반복문'에서 다루었던 부분이기 때문에 충분이 이해가 될 것이라 생각한다.

6.3 | 다차원 배열

수준	중요 포인트 및 학습 가이드(※)
하	1. 다차원 배열 종류 및 구조 설명 – 배열 내부에 배열이 포함된 구조이다. ※ 간단히 이해하는 수준으로 읽고 넘어가자.
하	2. 2차원 배열 객체 생성 및 자료 조회 ※ 2차원 배열의 고정 배열과 가변 배열에 대해 반드시 이해하고 넘어가야 한다. ※ 배열을 이용한 문제풀이 [1], [2]를 통하여 String[ ][ ]로 담는 자료 구조와 MemberVo 타입을 만들어 MemberVo [ ]로 구성된 자료 구조 중 어느 것이 효율적인지 판단할 수 있어야 한다.

6.3.01 다차원 배열 종류 및 구조 설명

종류	• 다차원 배열의 종류 – 1차원 배열 〉 자료 – 2차원 배열 〉 1차원 배열 〉 자료 ▸ 2차원 배열은 내부에 1차원 배열을 자료로 가지고 있다. – 3차원 배열 〉 2차원 배열 〉 1차원 배열 〉 자료 ▸ 3차원 배열은 내부에 2차원 배열을 자료로 가지고 있다.

	– N차원 배열 〉 N–1차원 배열 〉 ... 〉 2차원 배열 〉 1차원 배열 〉 자료 ▸ N차원 배열은 내부에 N–1차원의 배열을 자료로 가지고 있다.
설명	• 다차원 배열 생성 시 첫 번째 배열의 자료 수는 반드시 고정되어야 한다. – 반드시 첫 번째 자료 수가 결정이 되어 다음의 자료를 넣을 수 있는 공간을 만들어야 한다. ▸ 자료 공간에는 두 번째 자료 값을 담은 배열의 주소 정보가 저장된다. – 두 번째 자료 이후부터는 공간을 할당받은 후 자료 입력을 하면 된다. ▸ 공간 할당은 객체 생성 또는 생성된 객체를 입력하는 방법이 있다. • new String[2][3] 과 new String[2][ ]의 차이 – new String[2][3]은 2개의 각 1차원 배열에 각각 3개씩의 자료를 넣을 공간을 미리 할당하였다. ▸ 자료는 [0][0], [0][1], [0][2], [1][0], [1][1], [1][2] 등 6개의 공간이 생성되며 배열의 특성 상 공간이 더 이상 늘거나 줄지 않는다. – new String[2][ ]은 1차원 배열을 2개 할당하였으며, 1차원 배열의 자료에 대해서는 공간 할당이 되지 않았다. ▸ 공간의 할당은 이후에 정의하여 처리할 수 있다. ▸ 1차원 배열의 크기는 각각 다를 수 있다.

6.3.02 2차원 배열 객체 생성 및 자료 조회

1. 2차원 배열 객체 생성 – 고정 배열

• 다음은 1차원 배열의 자료의 수가 동일한 고정 배열인 경우의 객체 생성 방법이다.

1차원 인덱스	1차원 자료	2차원 인덱스	2차원 자료	비고
[0]	배열 arr1	[0]	자료11	arr[0][0] ◁ 자료11
		[1]	자료12	arr[0][1] ◁ 자료12
		[2]	자료13	arr[0][2] ◁ 자료13
[1]	배열 arr2	[0]	자료21	arr[1][0] ◁ 자료21
		[1]	자료22	arr[1][1] ◁ 자료22
		[2]	자료23	arr[1][2] ◁ 자료23

※ 여기서 언급된 공간 할당의 의미는 '객체를 생성하되 자료는 기본값이 입력된 상태'를 나타낸다.

객체 생성 [1]	• 자료 ▷ 2차원 배열 객체 생성
	String[ ][ ] arr = new String[ ][ ]{ {"자료11", "자료12", "자료13"}, {"자료21", "자료22", "자료23"} }; String[ ][ ] arr = { {"자료11", "자료12", "자료13"}, {"자료21", "자료22", "자료23"} };
객체 생성 [2]	• 자료 ▷ 1차원 배열 객체 생성 → 2차원 배열 객체 생성
	String[ ] arr1 = {"자료11", "자료12", "자료13"}; String[ ] arr2 = {"자료21", "자료22", "자료23"}; String[ ][ ] arr = new String[ ][ ]{ arr1, arr2 };
객체 생성 [3]	• 자료 ▷ 1차원 배열 객체 생성 ▷ 2차원 배열 공간 할당 ▷ 1차원 배열 추가

	String[ ] arr1 = {"자료11", "자료12", "자료13"};
	String[ ] arr2 = {"자료21", "자료22", "자료23"};
	String[ ][ ] arr = new String[2][ ];
	arr[0] = arr1;
	arr[1] = arr2;

객체 생성 [4]	• 2차원 배열 공간 할당 ▷ 1차원 배열 공간 할당 ▷ 1차원 배열 자료 추가

	String[ ][ ] arr = new String[2][ ];
	String arr1 = new String[3];
	String arr2 = new String[3];
	arr[0] = arr1;
	arr[1] = arr2;
	arr1[0] = "자료11"; arr1[1] = "자료12"; arr1[2] = "자료13";
	arr2[0] = "자료21"; arr2[1] = "자료22"; arr2[2] = "자료23";

객체 생성 [5]	• 2차원 배열 공간 할당 ▷ 자료 입력
	String[ ][ ] arr = new String[2][3]; arr[0][0] = "자료11"; arr[0][1] = "자료12"; arr[0][2] = "자료13"; arr[1][0] = "자료21"; arr[1][1] = "자료22"; arr[1][2] = "자료23";

2. 2차원 배열 객체 생성 – 가변 배열

• 다음은 1차원 배열의 자료의 수가 다른 가변 배열인 경우의 객체 생성 방법이다.

1차원 인덱스	1차원 자료	2차원 인덱스	2차원 자료	비고
[0]	배열 arr1	[0]	자료11	arr[0][0] ◁ 자료11
		[1]	자료12	arr[0][1] ◁ 자료12
		[2]	자료13	arr[0][2] ◁ 자료13
[1]	배열 arr2	[0]	자료21	arr[1][0] ◁ 자료21
		[1]	자료22	arr[1][1] ◁ 자료22

※ 여기서 언급된 공간 할당의 의미는 '객체를 생성하되 자료는 입력되지 않은 상태'를 나타낸다.

객체 생성 [1]	• 자료 ▷ 2차원 배열 객체 생성
	String[][] arr = new String[][]{ {"자료11", "자료12", "자료13"}, {"자료21", "자료22"} }; String[][] arr = { {"자료11", "자료12", "자료13"}, {"자료21", "자료22"} };
객체 생성 [2]	• 자료 ▷ 1차원 배열 객체 생성 ▷ 2차원 배열 객체 생성
	String[] arr1 = {"자료11", "자료12", "자료13"}; String[] arr2 = {"자료21", "자료22"}; String[][] arr = new String[][]{ arr1, arr2 };
객체 생성 [3]	• 자료 ▷ 1차원 배열 객체 생성 ▷ 2차원 배열 공간 할당 ▷ 1차원 배열 추가

	String[] arr1 = {"자료11", "자료12", "자료13"};
	String[] arr2 = {"자료21", "자료22"};
	String[][] arr = new String[2][];
	arr[0] = arr1;
	arr[1] = arr2;

객체 생성 [4]	• 2차원 배열 공간 할당 ▷ 1차원 배열 공간 할당 ▷ 1차원 배열 자료 추가

	String[][] arr = new String[2][];
	String arr1 = new String[3];
	String arr2 = new String[3];
	arr[0] = arr1;
	arr[1] = arr2;

	arr1[0] = "자료11"; arr1[1] = "자료12"; arr1[2] = "자료13"; arr2[0] = "자료21"; arr2[1] = "자료22";
객체 생성 [5]	**• 2차원 배열 공간 할당 ▷ 자료 입력** **– 1차원 자료가 동일하지 않기 때문에 공간 할당을 2차원 배열에서 직접 할 수 없다.**
	[불가능]

3. 자료 조회

학습 목표	• 위에서 객체로 생성된 arr 변수를 가지고 조회하는 로직을 구현하도록 하겠다. • 객체 생성부터 조회까지 로직으로 구현한다.
자료 조회 [1]	**• 인덱스를 이용하여 for 문으로 접근하기**

```
for(int i = 0; i<arr.length; i++) {
		for(int j = 0; j<arr[i].length; j++) {
				String data = arr[i][j];
				System.out.println("arr["+i+"]["+j+"] = " + data);
		}
}
```

자료 조회 [2]	**• 향상된 for 문을 이용하여 접근하기**

```
for(String[ ] array : arr) {
		for(String s : array) {
				System.out.println("arr 자료접근 = " + s);
		}
}
```

학습 절차	**ch06.part03.main2.sub3.TestMain 클래스 정의** – 메인 함수 정의 ▸ 2차원 배열 객체 생성 ▸ 인덱스를 이용하여 for 문으로 접근하기 ▸ 향상된 for 문을 이용하여 접근하기
사용 예문	

```
package ch06.part03.main2.sub3;

public class TestMain {
```

사용 예문

```
    public static void main(String[] args) {

        /** 2차원 배열 객체생성 */
        String[] arr1 = {"자료11", "자료12", "자료13"};
        String[] arr2 = {"자료21", "자료22", "자료23"};
        String[][] arr = new String[][]{ arr1, arr2 };

        /** 인덱스를 이용하여 for문으로 접근하기 */
        for(int i = 0; i<arr.length; i++){
            for(int j = 0; j<arr[i].length; j++) {
                String data = arr[i][j];
                System.out.println("arr["+i+"]["+j+"] = " + data);
            }
        }

        /** 향상된 for문을 이용하여 접근하기 */
        for(String[] array : arr) {
            for(String s : array) {
                System.out.println("arr 자료접근 = " + s);
            }
        }
    }
}
```

결과

```
arr[0][0] = 자료11
arr[0][1] = 자료12
arr[0][2] = 자료13
arr[1][0] = 자료21
arr[1][1] = 자료22
arr[1][2] = 자료23
arr 자료접근 = 자료11
arr 자료접근 = 자료12
arr 자료접근 = 자료13
arr 자료접근 = 자료21
arr 자료접근 = 자료22
arr 자료접근 = 자료23
```

정리

- 다차원 배열의 처리
  - 2차원의 경우 2개의 반복문을 이용하여 개별 자료에 접근이 가능하다.
    - ▸ N차원의 경우 N개의 반복문을 이용해야 개별 자료 접근이 가능하다.

	– 향상된 for문을 이용하여 쉽게 자료에 접근할 수 있다.

4. 배열을 이용한 간단한 문제 풀이 [1]

문제

1. 다음의 내용을 다차원 배열을 이용하여 자료를 추가한 후 반복문을 이용해 조회하는 메인 클래스를 구성하시오.

회원번호	회원명	전화번호
a001	김철수	010-1111-1111
a002	이영희	010-2222-2222
a003	박남수	010-3333-3333

학습 절차

ch06.part03.main2.sub4.TestMain 클래스 정의

- 메인 함수 정의
  - ▸ 배열로 나타내기
  - ▸ 반복문을 이용하여 조회하기

사용 예문

```
package ch06.part03.main2.sub4;

public class TestMain {
    public static void main(String[] args) {

        /** 배열로 나타내기 */
        String[][] array = { {"a001", "김철수", "010-1111-1111"}
                            , {"a002", "이영희", "010-2222-2222"}
                            , {"a003", "박남수", "010-3333-3333"} };

        /** for문으로 조회 */
        System.out.println("for문으로 조회하기");
        for(int i = 0; i<array.length; i++) {
            System.out.println();
            for(int j = 0; j< array[i].length; j++) {
                String data = array[i][j];
                System.out.println("\t조회되는 자료 " + data);
            }
        }

        /** 향상된 for문으로 조회 */
        System.out.println("\r\n향상된 for문으로 조회하기");
```

	for (String[] arr1 : array) {
	System.out.println();
	for (String data : arr1) {
	System.out.println("₩t조회되는 자료 " + data);
	}
	}
	}
	}

결과	**for문으로 조회하기** 조회되는 자료 a001 조회되는 자료 김철수 조회되는 자료 010-1111-1111 조회되는 자료 a002 조회되는 자료 이영희 조회되는 자료 010-2222-2222 조회되는 자료 a003 조회되는 자료 박남수 조회되는 자료 010-3333-3333 **향상된 for문으로 조회하기** 조회되는 자료 a001 조회되는 자료 김철수 조회되는 자료 010-1111-1111 조회되는 자료 a002 조회되는 자료 이영희 조회되는 자료 010-2222-2222 조회되는 자료 a003 조회되는 자료 박남수 조회되는 자료 010-3333-3333

5. 배열을 이용한 간단한 문제 풀이 [2]

문제	MemberVo 타입을 정의하여, 바로 앞에서 처리한 문제의 자료를 해당 타입의 배열로 다시 저장하도록 하시오.

학습 절차	**1. ch06.part03.main2.sub5.MemberVo 클래스 정의** – 전역변수 정의 : memberNo, memberName, cellPhone – getter & setter 함수 정의 **2. ch06.part03.main2.sub5.TestMain 클래스 정의** – 메인 함수 정의 ▶ 배열로 나타내기 ▶ 반복문을 이용하여 조회하기

사용 예문

1. ch06.part03.main2.sub5.MemberVo 클래스 정의

```
package ch06.part03.main2.sub5;

public class MemberVo {

    /** 전역변수 정의 : memberNo, memberName, cellPhone */
    private String memberNo;
    private String memberName;
    private String cellPhone;

    /** getter & setter 함수 정의 */
    public String getMemberNo() { return memberNo; }
    public void setMemberNo(String memberNo) {
        this.memberNo = memberNo;
    }

    public String getMemberName() { return memberName; }

    public void setMemberName(String memberName) {
        this.memberName = memberName;
    }

    public String getCellPhone() { return cellPhone; }
    public void setCellPhone(String cellPhone) {
        this.cellPhone = cellPhone;
    }
}
```

2. ch06.part03.main2.sub5.TestMain 클래스 정의

```
package ch06.part03.main2.sub5;

public class TestMain {
```

사용 예문

```
    public static void main(String[] args) {

        /** MemberVo member1, member2, member3 객체생성 */
        MemberVo member1 = new MemberVo();
        member1.setMemberNo("a001");
        member1.setMemberName("김철수");
        member1.setCellPhone("010-1111-1111");
        MemberVo member2 = new MemberVo();
        member2.setMemberNo("a002");
        member2.setMemberName("이영희");
        member2.setCellPhone("010-2222-2222");
        MemberVo member3 = new MemberVo();
        member3.setMemberNo("a003");
        member3.setMemberName("박남수");
        member3.setCellPhone("010-3333-3333");

        /** MemberVo 배열 객체생성 */
        MemberVo[] members = { member1, member2, member3 };

        /** 배열객체 자료조회 */
        for(MemberVo m : members){
            String info = m.getMemberNo();
            info += "\t" + m.getMemberName();
            info += "\t" + m.getCellPhone();
            System.out.println(info);
        }
    }
}
```

정리

- 앞 문제의 배열과 이 문제의 클래스 비교
- 현재 동일한 데이터를 '배열'과 '클래스'를 이용하여 저장하였으며, 다음과 같은 차이점을 갖는다.

배열	클래스
• 자료 구조 타입 – String[][] array • 자료의 추가 또는 삭제는 불가능 • 서로 다른 타입의 자료 등록 불가능	• 자료 구조 타입 – MemberVo[] array • 속성의 추가 또는 삭제는 불가능 • 다른 타입의 속성도 구성이 가능

- 배열은 인덱스에 자료를 입력하는 방식이므로 배열 자체에 속성의 의미를 갖게 할 수 없지만, 클래스는 속성을 정의하여 속성의 의미를 갖게 한다.

- 배열의 경우 몇 번째가 어떤 속성의 값인지 알 수 없기 때문에 다른 종류의 속성을 담기에는 불편함이 있을 수 있다.
- MemberVo는 속성명이 정해져 있기 때문에 해당 속성명에 입력이 가능하다.

• 배열은 서로 다른 타입의 정보를 동시에 가질 수 없지만, 클래스의 경우에는 서로 다른 타입에 대한 입력이 가능하다.
- String[][] 타입의 경우 내부에 속성을 다른 타입으로 입력이 불가능하기 때문에 동일한 타입의 데이터를 저장하는 것이 적합하다.
- 클래스 내부 속성은 별도로 타입을 지정하기 때문에 각자 속성에 맞는 타입을 지정할 수 있다.

• 동일한 타입의 회원 정보를 저장은 배열이 효과적이며, 향후에 자료의 추가나 삭제를 위해서는 **12장**에서 학습할 **콜렉션(Collection)**이 효과적이다.

6.4 | 배열의 부가 기능

수준	중요 포인트 및 학습 가이드(※)
하	1. 예제 무조건 따라하기 ※ System.arraycopy() 함수를 이용한 배열 복사와 Arrays 클래스의 toString(), sort()의 사용 로직과 결과를 이해하는 수준으로 학습하자.
하	2. 배열의 복사 ※ 배열 복사를 위한 System.arraycopy() 함수를 활용 빈도는 높지 않지만 간단히 이해하고 넘어가자.
하	3. Arrays 클래스 ※ Arrays 클래스의 toString(), sort() 함수를 이해하고 넘어가자

6.4.01 예제 무조건 따라하기

학습 목표	• 사용 예문을 이용하여 다음과 같은 로직을 처리하고자 하며, 로직의 이해를 할 수 있다. - System.arraycopy() 함수를 이용한 배열 복사 - Arrays 클래스 기능 활용하기 ▸ toString() 함수를 이용하여 배열에 담긴 자료 조회하기

	▸ sort() 함수를 이용하여 자료 정렬하기
학습 절차	**ch06.part04.main1.TestMain 클래스 정의** – 메인 함수 정의 ▸ 배열 객체 생성하기 ▸ 배열 복사하기 ▸ for 문을 이용하여 복사된 배열 조회 ▸ Arrays.toString()을 이용하여 배열 조회하기 ▸ Arrays.sort()을 이용하여 배열 정렬하기 ▸ Arrays.toString()을 이용하여 정렬된 배열 조회하기

사용 예문

```
package ch06.part04.main1;

import java.util.Arrays;

public class TestMain {
    public static void main(String[] args) {

        /** 배열객체 생성하기 */
        int[] arr1 = new int[] { 1, 3, 5, 2, 4 };

        /** 배열복사하기 */
        int[] arr2 = new int[5];
        System.arraycopy(arr1, 1, arr2, 0, 2);

        /** for문을 이용하여 복사된 배열 조회 */
        for (int i = 0; i < arr2.length; i++) {
            System.out.println("배열 [" + i + "] = " + arr2[i]);
        }

        /** Arrays.toString()을 이용하여 배열조회 하기 */
        String toString = Arrays.toString(arr1);
        System.out.println(toString);

        /** Arrays.sort()을 이용하여 배열정렬 하기 */
        Arrays.sort(arr1); /** 크기 순으로 정렬 */

        /** Arrays.toString()을 이용하여 정렬된 배열조회 하기 */
        System.out.println(Arrays.toString(arr1));
    }
}
```

소스 설명	▶ System.arraycopy(arr1, 1, arr2, 0, 2); • 배열 복사를 하기 위한 명령어이며 다음과 같이 파라미터를 이용하여 복사를 한다. – arr1 배열에서 arr2로 배열을 복사한다. – arr1의 인덱스 1위치에서 길이 2만큼 arr2의 인덱스 0의 위치에 복사한다. arr1[1], arr1[2] ▷ arr2[0], arr2[1] • 복사 과정 및 결과는 다음과 같다. – 최초 arr1, arr2의 배열 값 arr1 : {1, 3, 5, 2, 4} arr2 : {0, 0, 0, 0, 0} /** 최초 생성시 모두 기본 값으로 생성된다. */ – 복사되는 데이터 arr1 : 3, 5 [인덱스가 1이며, 길이가 2인 데이터는 3, 5가 된다.] – 복사 이후의 결과 값 arr1 : {1, 3, 5, 2, 4} /** 2, 3의 자료가 복사됨 */ arr2 : {3, 5, 0, 0, 0} /** 인덱스 0의 자료에 복사됨 */ ▶ String toString = Arrays.toString(arr2); • Arrays 클래스는 배열의 편의 기능을 제공하는 클래스이며, 배열에 담긴 자료를 나타내기 위한 함수이다. • [복습] 클래스명.함수()로 호출하기 때문에 static 함수임을 알 수 있다. – static을 왜 사용할까? ※ **'Arrays 타입' 객체에 관계없이 동일한 로직을 처리하기 때문이다.** • 결과값은 String 타입으로 다음과 같이 나타낸다. [1, 3, 5, 2, 4] ▶ Arrays.sort(arr2); • 배열의 정렬을 하기 위한 함수이며 오름차순 정렬을 기본으로 한다. • 오름차순 정렬은 모든 타입이 가능한 것은 아니며 '크다, 같다, 작다'의 기준이 있는 데이터는 기본적으로 가능하다. – 우선 'Arrays.sort()'를 사용해서 에러가 발생하는 경우 불가능하다고 판단할 수 있다. • 오름차순 외에 내림차순 및 사용자 정렬 기준으로 정렬을 할 수 있으며, 이는 인터페이스 파트에서 설명하도록 하겠다. – 'Arrays.sort()'를 사용할 때, 오류의 경우 사용자 정렬 기준에 의한 정렬을 해야 한다. • 결과값은 다음과 같다. [1, 2, 3, 4, 5]
결과	배열 [0] = 3 배열 [1] = 5

결과	배열 [2] = 0 배열 [3] = 0 배열 [4] = 0 [1, 3, 5, 2, 4] [1, 2, 3, 4, 5]

6.4. 02 배열의 복사

▣ java.lang.System 클래스 API

배열 복사	**public static void arraycopy(Object fromObj, int fromIndex, Object toObj, int toIndex, int length);** • 파라미터 설명 fromObj : 복사할 배열 fromIndex : 복사할 배열의 시작 인덱스 toObj : 복사될 배열 toIndex : 복사될 배열의 시작 인덱스 length : 복사할 데이터의 길이 • 복사할 배열 fromObj에서 배열될 배열 toObj로 복사하기 위한 함수 • static 함수이므로 System.arraycopy( )로 사용된다.

■ System.arraycopy() – 배열 복사 함수

설명	• System.arraycopy()를 이용하여 파일복사하기 int[ ] array1 = new int[ ]{ 11, 12, 13, 14, 15}; int[ ] array2 = new int[ ]{ 21, 22, 23, 24, 25 }; System.arraycopy(array1, 1, array2, 0, 3); • 위의 결과 과정을 도시화하면 다음 그림과 같이 나타난다.

array1	▸	11	12	13	14	15
복사 전 array1	▸	21	22	23	24	25

	복사 후 array1 ▸ 12 | 13 | 14 | 15 | 16
학습 절차	**ch06.part04.main2.TestMain 클래스 정의** – 메인 함수 정의 ▸ 복사할 대상 배열 ▸ 복사될 대상 배열 ▸ System.arraycopy( ) 함수 실행

사용 예문

```
package ch06.part04.main2;

public class TestMain {
    public static void main(String[ ] args) {

        /** 복사할 대상 배열 */
        int[ ] array1 = new int[ ]{ 11, 12, 13, 14, 15};

        /** 복사될 대상 배열 */
        int[ ] array2 = new int[ ]{ 21, 22, 23, 24, 25 };

        /** array1 배열의 인덱스 1부터 시작해서 array2 배열의 인덱스 0으로 길이 3만큼만 복사하겠
           다는 명령 */
        System.arraycopy( array1, 1, array2, 0, 3 );

        for (int i = 0 ; i<array2.length; i++ ) {
            System.out.println("array["+i+"] = " + array2[i]);
        }
    }
}
```

결과

```
array[0] = 12
array[1] = 13
array[2] = 14
array[3] = 24
array[4] = 25
```

6.4. 03 Arrays 클래스

- Arrays 클래스는 배열의 정보를 편리하게 하기 위한 **유틸 클래스(Utility Class)**로서 배열의 부가적인 편의 기능을 가진 함수를 제공하고 있다.

※ 유틸 클래스【 Utility Class 】

- 업무의 효율성을 높이기 위해 특정 기능을 제공하는 클래스
- 자바에서 기본적으로 제공하는 클래스가 있지만 일반적으로 사용자가 업무 특성에 맞게 재구성하는 경우가 많다.

▣ java.util.Arrays API

<table>
<tr>
<td>배열
자료
조회</td>
<td>
public String toString(byte[] array)
public String toString(short[] array)
public String toString(int[] array)
public String toString(long[] array)
public String toString(float[] array)
public String toString(double[] array)
public String toString(char[] array)
public String toString(boolean[] array)
public String toString(Object[] array)

• 파라미터 설명
– array : 모든 타입의 배열 객체

• 배열 자료의 값을 문자열로 나타내는 함수이다.
– 파라미터는 모든 배열 타입이며, 반환 값은 String 타입이 된다.
※ 참조형은 모두 Object 타입이며, 이는 이후 9장에서 설명할 것이다. 우선 모든 참조형 타입의 조상이라고 생각하자.

〈사용 예〉
String[] array = new String[]{ "자료1", "자료2", "자료3" };
String toString = Arrays.toString(array);
System.out.println(toString) ;
– 결과 [자료1, 자료2, 자료3]
</td>
</tr>
</table>

배열 정렬	public void sort(byte[] array) public void sort(short[] array) public void sort(int[] array) public void sort(long[] array) public void sort(float[] array) public void sort(double[] array) public void sort(char[] array) public void sort(boolean[] array) public void sort(Object[] array) • 배열 오름차순 정렬 함수 – 배열이 가지고 있는 객체의 자료를 오름차순 정렬하기 〈사용 예〉 /** 한글 오름차순 정렬 */ String[] array = new String[]{ "홍길동", "강감찬", "이순신"}; Arrays.sort(array); String toString = Arrays.toString(array); – 결과 [강감찬, 이순신, 홍길동]

■ Arrays 클래스 활용예제

학습 목표	• 주요 이슈를 이해하고 로직 구현을 할 수 있다. – 배열의 자료를 정렬하여 조회하기
학습 절차	**ch06.part04.main3.TestMain 클래스 정의** – 메인 함수 정의 ▸ 객체 생성 ▸ 배열 오름차순 정렬 – sort() ▸ 배열 조회 – toString()
사용 예문	package ch06.part04.main3; import java.util.Arrays; public class TestMain {

	``
	    public static void main(String[] args) {
	        /** 배열 객체생성 */
	        int[] arr = {1,5,3,4,6,7,2};
	
	        /** 배열 오름차순 정렬 – sort() */
	        Arrays.sort(arr);
	
	        /** 배열조회 – toString() */
	        String toString = Arrays.toString(arr);
	        System.out.println(toString);
	    }
	}
	``

결과	[1, 2, 3, 4, 5, 6, 7]

6.5 배열의 활용

수준	중요 포인트 및 학습 가이드(※)
하	1. 자료 추가, 삭제를 위한 기본 로직 구성하기 – 배열에서 추가, 삭제 삭제가 불가능하기 때문에 새로운 배열을 만들어서 복사하는 방식을 이용하여 로직을 구성하였다. – 마지막 자료 추가, 중간 삽입, 자료 삭제에 대한 로직을 구성하였다.
중	2. 자료 추가, 삭제 – 함수 분리 ※ 6.5.01에서 구현한 TestMain 클래스의 로직을 ArrayUtil 클래스의 함수로 분리하여 처리하였으며, 분리한 이유와 결과 코드에 대해 충분히 이해하길 바란다.
중	3. 함수 분리 – 문제점 보완하기 – 6.5.02에서 구현한 ArrayUtil 클래스의 문제점을 보완하도록 한다. ※ NullPointerException 및 ArrayIndexOutOfBoundsException 에러 발생의 원인을 반드시 이해해야 한다.

6.5.01 자료 추가, 삭제를 위한 기본 로직 구성

학습 목적

- 배열에는 자료를 추가하거나 삭제할 수 있는 기능이 없으나 사실상 추가와 삭제의 기능을 배열 복사 기능을 만들어 사용하고자 한다.
  - 결론적으로는 삽입, 삭제 기능이 필요한 자료 구조의 처리는 12장에서 배울 콜렉션(Collection)을 사용하기 때문에 참고로 학습하길 바란다.

• 마지막에 자료 추가 절차

1. 기존의 배열보다 길이가 '1'이 큰 신규 배열을 객체로 생성한다.
2. 반복문을 이용하여 신규 배열에 기존 배열의 값을 저장한다.
3. 배열의 마지막에 추가하고자 하는 자료를 입력한다.

처리 방법 [1]

- 기존의 int 타입 배열은 다음과 같으며, 마지막에 '자료 6'을 추가하고자 한다.

```
int[] array = {1, 2, 3, 4, 5};
```

- 1. 기존의 배열보다 길이가 1이 큰 신규 배열을 객체로 생성한다.
  - 배열의 길이를 1 추가하기 위해서는 배열의 길이를 알아야 한다.
    - ▸ 배열의 결이는 'array.length'가 된다.

```
int[] array2 = new int[array.length + 1];
```

- 2. 반복문을 이용하여 신규 배열에 기존 배열의 값을 저장한다.

```
for (int i = 0; i<array.length; i++){
    array2[i] = array[i];           // 값을 추가 후 array의 인덱스값을 증가시킨다.
}
```

- 3. 배열의 마지막에 추가하고자 하는 자료를 입력한다.

```
array2[array2.length-1] = 6;
```

• 중간 삽입을 위한 자료 추가 절차

1. 기존의 배열보다 길이가 '1'이 큰 신규 배열을 객체 생성한다.
2. 반복문을 이용하여 신규 배열에 기존 배열의 값을 저장한다.

처리 방법 [2]

- 기존의 int 타입 배열이 다음과 같을 때 인덱스 2의 위치에 '7'을 추가하는 배열을 구현하기 위한 방법이다.

```
int[] array = {1, 2, 3, 4, 5};
```

- 1. 기존의 배열보다 길이가 1이 큰 신규 배열을 객체 생성한다.
  - 배열의 길이를 1 추가하기 위해서는 배열의 길이를 알아야 한다.
    - ▸ 배열의 결이는 『array.length』가 된다.

```
int[] array2 = new int[array.length + 1];
```

- 2. 반복문을 이용하여 신규 배열에 기존 배열의 값을 저장한다.

- 배열의 인덱스가 추가하고자 하는 인덱스가 아닐 경우에만 복사한다.
- 배열의 인덱스가 추가하고자 하는 익덱스와 같을 때 자료를 추가한다.

```
int index = 2;                    // 입력할 인덱스 위치
int value = 7;                    // 입력할 인덱스에 입력할 자료
int row = 0;                      // 복사할 array의 인덱스
for (int i = 0; i<array2.length; i++){
    if(i == index){
        array2[i] = value;
    }else{
        array2[i] = array[row];   // array의 인덱스 row를 증기시키면서 복사
        row++;
    }
}
```

처리 방법 [2]

• N번째 인덱스의 자료 삭제 절차

1. 기존의 배열보다 길이가 1이 작은 신규 배열을 만든다.
2. 반복문을 이용하여 신규 배열에 삭제할 자료를 제외한 기존 배열의 값을 저장한다.

- 기존의 int 타입 배열이 다음과 같을 때 인덱스 1의 위치에 있는 자료를 삭제하는 배열을 구현하기 위한 처리 방법이다.

```
int[] array = {1, 2, 3, 4, 5};
```

- 1. 기존의 배열보다 길이가 1이 작은 신규 배열을 만든다.

```
int[] array2 = new int[array.length - 1];
```

- 2. 반복문을 이용하여 신규 배열에 삭제할 자료를 제외한 기존 배열의 값을 저장한다.
  - 배열의 인덱스가 추가하고자 하는 인덱스가 아닐 경우에만 복사한다.

```
int index = 1;              // 삭제할 인덱스 위치
int row = 0;                      // 복사할 array의 인덱스
for (int i = 0; i<array.length; i++){
    if(i != index){
        array2[row] = array[i]; // array의 인덱스 row를 증기시키면서 복사
        row++;
    }
}
```

학습 절차

ch06.part02.main1.TestMain 클래스 정의

- 메인 함수 정의

▸ 마지막 자료 추가
▸ 자료 중간 삽입
▸ 인덱스 1의 자료 삭제
▸ 배열 오름차순 정렬

사용 예문

```
package ch06.part05.main1;

import java.util.Arrays;

public class TestMain {
    public static void main(String[] args) {

        /** 마지막 자료추가 */
        int[] array = { 1, 2, 3, 4, 5 };
        int[] array2 = new int[array.length + 1];
        for (int i = 0; i < array.length; i++) {
            array2[i] = array[i]; // 값을 추가 후 array의 인덱스의 값을 증가시킨다.
        }
        array2[array2.length - 1] = 6;
        System.out.println("자료원본\t: " + Arrays.toString(array));
        System.out.println("자료추가 6\t: " + Arrays.toString(array2));

        /** 자료 중간삽입 */
        int[] array3 = new int[array2.length + 1];
        int index = 2; // 입력할 인덱스 위치
        int value = 7; // 입력할 인덱스에 입력할 자료
        int row = 0; // 복사할 array의 인덱스
        for (int i = 0; i < array3.length; i++) {
            if (i == index) {
                array3[i] = value;
            } else {
                array3[i] = array2[row]; // array의 인덱스 row를 증기시키면서 복사
                row++;
            }
        }
        System.out.println("중간삽입 7\t: " + Arrays.toString(array3));

        /** 인덱스 1의 자료삭제 */
        int[] array4 = new int[array3.length - 1];
        int index2 = 1;
        int row2 = 0; // 복사할 array의 인덱스
```

```
            for (int i = 0; i < array3.length; i++) {
                if (i != index2) {
                    array4[row2] = array3[i]; // array의 인덱스 row를 증기시키면서 복사
                    row2++;
                }
            }
            System.out.println("자료삭제 2\t: " + Arrays.toString(array4));

            /** 배열 오름차순 정렬 */
            Arrays.sort(array4);
            System.out.println("자료정렬 \t: " + Arrays.toString(array4));

    }
}
```

결과

```
자료원본        : [1, 2, 3, 4, 5]
자료추가 6      : [1, 2, 3, 4, 5, 6]
중간삽입 7      : [1, 2, 7, 3, 4, 5, 6]
자료삭제 2      : [1, 7, 3, 4, 5, 6]
자료정렬        : [1, 3, 4, 5, 6, 7]
```

6.5.02 자료 추가, 삭제 – 함수 분리

학습 목적

- 앞서 구현한 로직을 이용하여 다음과 같이 정의할 수 있다.

1. ch06.part05.main2.ArrayUtil 클래스
2. ArrayUtil 클래스에서 3개의 함수 정의
   1) 마지막 자료 추가 함수
   2) 자료 중간 삽입 함수
   3) 자료 삭제 함수

※ 배열 추가 및 삭제 함수는 int 타입의 배열을 처리하는 함수로 제한하도록 한다.

학습 절차

1. ch06.part05.main2.ArrayUtil 클래스 정의

– 마지막 자료 추가 함수 정의
– 자료 중간 삽입 함수 정의
– 자료 삭제 함수

2. ch06.part05.main2.TestMain 클래스 정의

- 메인 함수 정의
  - int 타입 배열 객체 생성
  - 마지막 자료 추가
  - 자료 중간 삽입
  - 자료 삭제

1. ch06.part05.main2.ArrayUtil 클래스 정의

사용 예문

```
package ch06.part05.main2;

public class ArrayUtil {

        /**
        * 배열(array)의 마지막 자료(value)를 추가하기 위한 함수
        * @param array : 배열
        * @param value : 추가할 값
        * @return
        */
        public static int[] add(int[] array, int value) {
                int[] array2 = new int[array.length + 1];
                System.arraycopy(array, 0, array2, 0, array.length);
                array2[array2.length - 1] = value;
                return array2;
        }

        /**
        * 배열(array)의 인덱스(index)에 자료(value)를 중간 삽입하기 위한 함수
        * @param array  : 배열
        * @param index  : 인덱스
        * @param value  : 추가할 값
        * @return
        */
        public static int[] add(int[] array, int index, int value) {

                int[] array2 = new int[array.length + 1];
                int row = 0; // 복사할 array의 인덱스
                for (int i = 0; i < array2.length; i++) {
                    if (i == index) {
                            array2[i] = value;
                    } else {
                            array2[i] = array[row]; // array의 인덱스 row를 증기시키면서 복사
                            row++;
```

```
			}
		}
		return array2;
	}

	/**
	 * 배열(array)의 인덱스(index)의 자료를 삭제하기 위한 함수
	 * @param array  : 배열
	 * @param index  : 인덱스
	 * @return
	 */
	public static int[] remove(int[] array, int index) {
		int[] array2 = new int[array.length - 1];
		int row = 0; // 복사할 array의 인덱스
		for (int i = 0; i < array.length; i++) {
			if (i != index) {
				array2[row] = array[i]; // array의 인덱스 row를 증기시키면서 복사
				row++;
			}
		}
		return array2;
	}
}
```

사용 예문

2. ch06.part05.main2.TestMain 클래스 정의

```
package ch06.part05.main2;

import java.util.Arrays;

public class TestMain {
	public static void main(String[] args) {

		int[] array = { 1, 2, 3, 4, 5 };
		System.out.println("자료원본\t: " + Arrays.toString(array));

		int[] array2 = ArrayUtil.add(array, 6);
		System.out.println("자료추가 6\t: " + Arrays.toString(array2));

		int[] array3 = ArrayUtil.add(array2, 2, 7);
		System.out.println("중간삽입 7\t: " + Arrays.toString(array3));

		int[] array4 = ArrayUtil.remove(array3, 1);
		System.out.println("자료삭제 2\t: " + Arrays.toString(array4));
```

```
            Arrays.sort(array4);
            System.out.println("자료정렬 \t: " + Arrays.toString(array4));
    }
}
```

결과 화면	자료원본 : [1, 2, 3, 4, 5] 자료추가 6 : [1, 2, 3, 4, 5, 6] 중간삽입 7 : [1, 2, 7, 3, 4, 5, 6] 자료삭제 2 : [1, 7, 3, 4, 5, 6] 자료정렬 : [1, 3, 4, 5, 6, 7]
정리	• ArrayUtil 클래스에서 3개의 함수를 static으로 지정한 이유 – none-static 함수는 클래스의 속성(전역변수)과 관련된 함수일 경우 주로 사용 – static 함수는 클래스의 속성(전역변수)과 연관성이 없을 때 사용 ▸ ArrayUtil 클래스의 경우 속성이 없으며 기능을 처리하는 데 초점을 두고 있으므로 static 함수로 처리하였다. • 클래스 내에서 add() 함수는 오버로딩의 특성을 이용하여 중복하여 사용하였다. – '마지막 자료 추가' 및 '중간 삽입' 기능은 추가한다는 점에서 같은 의미를 갖기 때문에 파라미터가 다른 오버로딩 기능을 이용하였다. • 왜 이렇게 로직을 분리하여 '함수화'했을까? – 함수의 재사용에 의의가 있다. – 로직을 별도로 처리하여 관심사를 분리하였다. ▸ ArrayUtil 클래스는 int 타입 배열의 '자료 추가, 중간 삽입, 자료 삭제' 등에 관심사를 갖는다. ▸ 메인 로직에서 상세한 부분까지 로직 처리에 관심을 둘 필요가 없다. • 문제점 발생 가능성 – ArrayUtil 3개의 함수에 들어가는 파라미터 중에 array가 null일 경우 어떤 문제가 발생할까? – ArrayUtil 중간 삽입 함수 또는 삭제 함수에서 존재하지 않는 인덱스(index)를 입력할 경우 어떤 문제가 발생할까? (바로 이어서 고민해 보자)

6.5.03 함수 분리 – 문제점 보완하기

학습 목적	• 앞서 6.5.02 파트에서 구현한 ArrayUtil 클래스의 문제점 보완의 목적과 처리 로직을 이해할 수 있다.
설명	• NullPointerException 에러 발생

설명	– 배열의 요소에 접근하여 조회 또는 수정을 할 때 해당 객체가 null인 경우 에러가 발생하게 된다. ▸ ArrayUtil 3개의 함수에 들어가는 파라미터 중에 array가 null일 경우 문제 발생 – 특히 함수의 파라미터로 넘어올 때 외부 조건을 알 수 없을 경우 반드시 null 여부를 고려해야 한다. ▸ 해당 객체의 null 체크를 반드시 처리해야 한다. • ArrayIndexOutOfBoundsException 에러 발생 – 배열 요소에 접근하여 조회 또는 수정을 할 때 해당 인덱스 범위를 벗어날 경우 발생되는 에러이다. ▸ ArrayUtil 중간 삽입 함수 또는 삭제 함수에서 존재하지 않는 인덱스(index)를 입력할 경우 문제 발생 – 배열을 사용 시 인덱스 범위를 고려할 필요가 있을 경우 범위 확인을 할 필요가 있다. – 특히 함수의 파라미터로 넘어오는 경우 외부 조건을 알 수 없을 경우 반드시 고려해야 한다. ▸ 해당 배열 객체의 길이를 확인하여 인덱스에 해당하지 않을 경우를 고려한다.
학습 절차	**1. ch06.part05.main3.ArrayUtil 클래스 정의** – 배열(array)의 마지막 자료(value)를 추가하기 위한 함수 – 배열(array)의 인덱스(index)에 자료(value)를 중간 삽입하기 위한 함수 – 배열(array)의 인덱스(index)의 자료를 삭제하기 위한 함수 ※ ch06.part05.main2의 로직을 가져와서 수정하도록 하자.
사용 예문	(see code below)

```
package ch06.part05.main3;

public class ArrayUtil {

        /**
        * 배열(array)의 마지막 자료(value)를 추가하기 위한 함수
        * @param array : 배열
        * @param value : 추가할 값
        * @return
        */
        public static int[] add(int[] array, int value) {
                /** NullPointerException의 에러처리 – 기존 배열 그대로 반환 */
                if(array==null) return array;
                int[] array2 = new int[array.length + 1];
                System.arraycopy(array, 0, array2, 0, array.length);
                array2[array2.length - 1] = value;
                return array2;
        }

        /**
        * 배열(array)의 인덱스(index)에 자료(value)를 중간삽입하기 위한 함수
        * @param array  : 배열
        * @param index  : 인덱스
```

사용 예문

```
* @param value  : 추가할 값
* @return
*/
public static int[] add(int[] array, int index, int value) {

        /** NullPointerException의 에러처리 – 기존 배열 그대로 반환 */
        if(array==null) return array;

        /** ArrayIndexOutOfBoundsException 에러처리 – 기존 배열 그대로 반환 */
        if(index<0 || index >= array.length) return array;

        int[] array2 = new int[array.length + 1];
        int row = 0; // 복사할 array의 인덱스
        for (int i = 0; i < array2.length; i++) {
           if (i == index) {
                    array2[i] = value;
           } else {
                    array2[i] = array[row]; // array의 인덱스 row를 증기시키면서 복사
                    row++;
           }
        }
        return array2;
}

/**
* 배열(array)의 인덱스(index)의 자료를 삭제하기 위한 함수
* @param array  : 배열
* @param index  : 인덱스
* @return
*/
public static int[] remove(int[] array, int index) {

        /** NullPointerException의 에러처리 – 기존 배열 그대로 반환 */
        if(array==null) return array;

        /** ArrayIndexOutOfBoundsException 에러처리 – 기존 배열 그대로 반환 */
        if(index<0 || index >= array.length) return array;

        int[] array2 = new int[array.length – 1];
        int row = 0; // 복사할 array의 인덱스
        for (int i = 0; i < array.length; i++) {
           if (i != index) {
                    array2[row] = array[i]; // array의 인덱스 row를 증기시키면서 복사
```

```
                    row++;
                }
            }
            return array2;
        }
}
```

정리

- 예외 처리

  – 운영 시스템에서 'NullPointerException' 및 'ArrayIndexOutOfBoundsException' 에러는 매우 빈번하게 발생할 수 있으며, 항상 이 부분을 고려해서 처리해야 한다.

- 향후 학습 계획

  – 지금 현재는 int 타입의 배열만 처리가 되도록 로직 구성이 되어 있으나, 이를 제네릭스를 이용하여 동적으로 처리할 수 있다.

    ▸ 제네릭스는 7장에서 학습할 계획이다.

  – 배열에서 현재는 대상이 되는 배열과 추가 또는 삭제되는 배열의 메모리 주소가 다르기 때문에 설계에 있어서는 문제점을 가질 수 있다.

    ▸ 추가, 삭제가 필요한 자료 구조의 처리는 12장에서 다시 학습하게 될 것이다.

07장. 클래스와 객체

어서 오세요

본 장에서는 대표적인 객체 지향 언어로서의 자바(Java)의 특징을 나타내 주는 프로그래밍 요소 '클래스'와 '객체'를 살펴보게 됩니다. 실습을 통하여 앞서 다뤄 왔던 클래스와 객체에 대한 구성 요소 및 호출 순서 등 기본적인 규칙들을 정리하면서, 보다 명확한 개념으로 정리할 수 있을 것입니다.

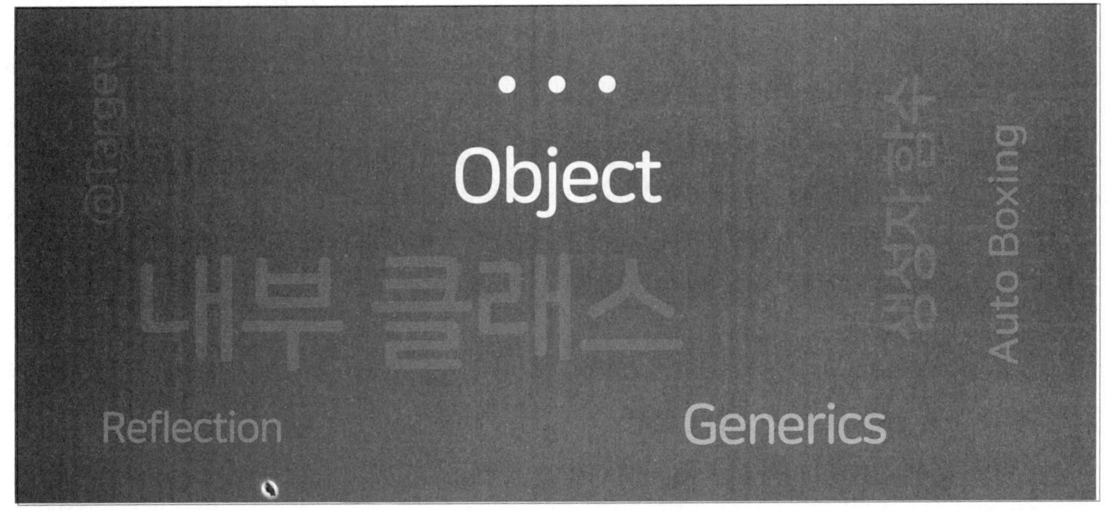

7.1 클래스의 구성 요소

수준	중요 포인트 및 학습 가이드(※)
중	1. 예제 무조건 따라하기 – 지금까지 배운 클래스의 구성 요소는 '변수, 생성자 함수, 함수' 등이다. – 추가되는 클래스의 구성 요소로는 '정적 초기화 블록, 초기화 블록, 내부 클래스, enum, 제네릭스, 어노테이션' 등이 존재한다. ※ 정적 초기화 블록, enum 타입, 제네릭스를 이용한 예제로 개념의 이해보다는 간단한 코드를 구현하여 그 실행 결과를 확인하는 수준으로 학습하길 바란다.
중	2. 클래스 구성요소 개요 ※ 개념의 이해보다는 구성요소의 소스코드 형태를 이해하는 수준으로 학습하길 바란다

7.1.01 예제 무조건 따라하기

학습 목표	• 클래스를 구성하는 요소를 이용하여 로직을 구현하였으며, 흐름에 대해서만 이해할 수 있는 수준으로 학습하자. • 자세한 사항은 이후부터 하나씩 배워나갈 것이다. • 주요 이슈 사항 – 정적(static) 초기화 블록 – enum 타입의 사용 – 제네릭스를 이용한 함수의 동적 반환 타입
학습 절차	※ 로직이 복잡해지기 때문에 가급적이면 같은 패키지로 설명한다. **1. ch07.part01.main1.ProductVo 클래스 정의** – 속성으로 '품목 번호, 품목명, 단가' 정의 – 객체의 생성 개체 수 저장을 위해 'count' 변수 설정 – 품목 번호는 count 변수를 이용하여 'a001'과 같이 4자리 문자열로 표현 – ProductVo 자료를 표로 나타내기 위한 설정 1) 내부 클래스 'TableInfo' 정의 – 항목명을 String[] 타입으로 정의 – 항목 너비를 int[] 타입으로 정의 2) ProductVo의 항목을 String[]으로 반환하는 함수 생성

2. ch07.part01.main1.ArrayUtil 클래스 정의

– ProductVo 타입 외에 모든 타입에 적용할 수 있는 범용적인 배열 처리 유틸 클래스 정의

▸ 배열 add() 함수

▸ 배열 update() 함수

▸ 배열 delete() 함수

3. ch07.part01.main1.TestMain 클래스 정의

– 테스트를 위한 메인 클래스

▸ ProductVo 타입을 이용하여 배열 add(), update(), delete() 테스트

▸ String 타입을 이용하여 배열 add(), update(), delete() 테스트

▸ ProductVo[]에서 다음 값 가져 오기

. String[] : 헤더 정보(항목명)

. String[][] : 항목 자료(품목 번호, 품목명, 단가)

사용 예문

1. ch07.part01.main1.ProductVo 클래스 정의

```
package ch07.part01.main1;

public class ProductVo {

    /** 정적(static) 전역변수 – 객체수를 저장하기 위한 목적으로 정의 */
    private static int count;

    /** enum 타입 */
    public enum DataType {
        INSERT, UPDATE, DELETE, NORMAL
    };

    /** 전역변수 */
    private String productNo;          // 품목번호
    private String productName;        // 품목명
    private int price;                 // 단가

    /** 전역변수 – 자료구분 : 기본 값으로 NORMAL로 설정함 */
    private DataType dataType = DataType.NORMAL;

    /** 정적(static) 초기화 구간 */
    static {
        System.out.println("ProductVo – 정적 초기화 구간 실행 ");
        System.out.println("ProductVo – count = " + count);
    }
```

사용 예문

```
/** 초기화블록 */
{

	/** 객체생성 시 마다 호출이 일어나며 count의 값을 1씩 증가시킴 */
	count++;
	System.out.println("ProductVo - 초기화 구간 실행 count[" + count +"]");

	/** count를 이용하여 객체 품목번호를 정의함 */
	if (count < 10) {
		productNo = "a00" + count;
	} else if (count < 100) {
		productNo = "a0" + count;
	} else {
		productNo = "a" + count;
	}
	System.out.println("ProductVo - productNo[" + productNo +"]");
}

/** 생성자함수 1 */
public ProductVo() {
	System.out.println("ProductVo - 생성자함수【1】 실행");
}

/** 생성자함수 2 */
public ProductVo(String productName, int price) {
	this.productName = productName;
	this.price = price;
	System.out.println("ProductVo - 생성자함수【2】 실행");
}

/** getter setter 함수 */
public String getProductNo() { return productNo;}
public void setProductNo(String productNo) {	this.productNo = productNo;	}
public String getProductName() { return productName; }
public void setProductName(String productName) {this.productName = productName;	}
public int getPrice() { return price; }
public void setPrice(int price) { this.price = price; }

/** toString 함수 */
public String toString() {
	return productNo + "₩t" + productName + "₩t" + price;
}
```

```
	/** ProductVo의 항목을 String[]로 나타내기 위한 함수 */
	public String[] getData() {
		return new String[] { productNo, productName, "" + price };
	}

	/** 내부 클래스 – 테이블 항목 정보 */
	public static class TableInfo {
		public static final String[] HEADER_NAME_INFO
			= new String[] { "품목번호", "품목명", "단가", "상태" };
		// final static의 제한자는 바꾸어서 선언해도 상관없다.
		public final static int[] WIDTH_INFO = { 100, 400, 100, 80 };
	}
}
```

2. ch07.part01.main1.ArrayUtil 클래스 정의

사용 예문

```
package ch07.part01.main1;

import java.lang.reflect.Array;
import java.util.Arrays;

public class ArrayUtil {

	/** 배열, 자료 → 배열 마지막에 자료추가 된 신규배열 반환 */
	public static <T> T[] add(T[] arr, T t) {
		if(arr==null) return null;
		T[] newInstance = (T[]) Array.newInstance(t.getClass(), arr.length + 1);
		System.arraycopy(arr, 0, newInstance, 0, arr.length);
		newInstance[arr.length] = t;
		return newInstance;
	}

	/** 배열, 인덱스 → 배열 인덱스 자료가 삭제된 신규배열 반환 */
	public static <T> T[] remove(T[] arr, int removeIndex) {
		if(arr==null) return null;
		if(arr.length <= removeIndex || removeIndex<0) return arr;
		T[] newInstance = (T[]) Array.newInstance(arr[0].getClass(), arr.length - 1);
		int index = 0;
		for (int i = 0; i < arr.length; i++) {
			if (i != removeIndex) {
				newInstance[index++] = arr[i];
			}
		}
```

사용 예문

```
        return newInstance;
    }


    /** int 타입 배열, 자료 → 배열 마지막에 자료추가 된 신규배열 반환 */
    public static int[] add(int[] arr, int t) {
        if(arr==null) return null;
        int[] arr2 = new int[arr.length + 1];
        System.arraycopy(arr, 0, arr2, 0, arr.length);
        arr2[arr.length] = t;
        return arr2;
    }

    /** int 타입 배열, 인덱스 → 배열 인덱스 자료가 삭제된 신규배열 반환 */
    public static int[] remove(int[] arr, int removeIndex) {
        if(arr==null) return null;
        if(arr.length <= removeIndex || removeIndex<0) return arr;
        int[] newInstance = new int[arr.length - 1];
        int index = 0;
        for (int i = 0; i < arr.length; i++) {
            if (i != removeIndex) {
                newInstance[index++] = arr[i];
            }
        }
        return newInstance;
    }
}
```

3. ch07.part01.main1.TestMain 클래스 정의

```
package ch07.part01.main1;

import java.util.Arrays;

public class TestMain {
    public static void main(String[] args) {

        /** ArayUtil 클래스를 이용하여 배열을 동적으로 CRUD */
        String[] arr11 = { "a", "b", "c" };
        System.out.println("arr11 기존 - " + Arrays.toString(arr11));
        String[] arr12 = ArrayUtil.add(arr11, "ddd");
        System.out.println("arr12 추가 - " + Arrays.toString(arr12));
        String[] arr13 = ArrayUtil.remove(arr12, 0);
```

사용
예문

```
System.out.println("arr13 삭제 - " + Arrays.toString(arr13));

/** 동일객체 여부파악 */
boolean isSame1 = (arr11 == arr12);
boolean isSame2 = (arr12 == arr13);
String msg = "동일객체 여부 isSame1["+isSame1+"], isSame2["+isSame2+"]";
System.out.println(msg + "₩r₩n");

/** ArayUtil 클래스를 이용하여 배열을 동적으로 CRUD */
int[] arr2 = { 1, 2, 3 };
System.out.println("arr2 기존 - " + Arrays.toString(arr2));
arr2 = ArrayUtil.add(arr2, 23);
System.out.println("arr2 추가 - " + Arrays.toString(arr2));
arr2 = ArrayUtil.remove(arr2, 0);
System.out.println("arr2 삭제 - " + Arrays.toString(arr2));
System.out.println();

/** PrductVo 객체생성 */
ProductVo v1 = new ProductVo("아메리카노", 3500);
ProductVo v2 = new ProductVo("카페라떼", 4000);
ProductVo[] productList = { v1, v2 };

/** 품목코드를 확인 */
System.out.println();
for (ProductVo v : productList) {
        System.out.println("추가 전 ProductVo : " + v);
}
System.out.println();

/** prductList에 객체 추가 */
ProductVo v3 = new ProductVo("까페모카", 4500);
System.out.println();
productList = ArrayUtil.add(productList, v3);
for(ProductVo v : productList){
        System.out.println("추가 후 ProductVo : " +  v);
}
System.out.println();

/**
 * 품목정보를 화면에 나타내기 위해 다음과 같은 타입 배열로 생성
 *       1.항목 정보 : String[]
 *           2.제품 목록 : String[][]
 */
```

```java
        /** 1. 항목 정보 → String[] headerNames 변환 */
        String[] headerNames = ProductVo.TableInfo.HEADER_NAME_INFO;
        System.out.println("ProductVo 머리글 - " + Arrays.toString(headerNames));

        /** 2. ProductVo[] productList → String[][] dataList 변환 */
        String[][] dataList = new String[productList.length][];
        for (int i = 0; i < dataList.length; i++) {
            dataList[i] = productList[i].getData();
        }

        /** 3. 너비 정보 → int[] widthInfo 변환 */
        int[] widthInfo = ProductVo.TableInfo.WIDTH_INFO;
        System.out.println("ProductVo 너비 - " + Arrays.toString(widthInfo));
    }
}
```

소스 결과

```
arr11 기존 - [a, b, c]
arr12 추가 - [a, b, c, ddd]
arr13 삭제 - [b, c, ddd]
동일객체 여부 isSame1[false], isSame2[false]

arr2 기존 - [1, 2, 3]
arr2 추가 - [1, 2, 3, 23]
arr2 삭제 - [2, 3, 23]

ProductVo - 정적 초기화 구간 실행
ProductVo - count = 0
ProductVo - 초기화 구간 실행 count[1]
ProductVo - productNo[a001]
ProductVo - 생성자함수【2】 실행
ProductVo - 초기화 구간 실행 count[2]
ProductVo - productNo[a002]
ProductVo - 생성자함수【2】 실행

추가 전 ProductVo : a001      아메리카노  3500
추가 전 ProductVo : a002      카페라떼  4000

ProductVo - 초기화 구간 실행 count[3]
```

ProductVo – productNo[a003]

ProductVo – 생성자함수【2】 실행

추가 후 ProductVo : a001　　아메리카노 3500
추가 후 ProductVo : a002　　카페라떼 4000
추가 후 ProductVo : a003　　까페모카 4500

ProductVo 머리글 – [품목번호, 품목명, 단가, 상태]
ProductVo 너비 – [100, 400, 100, 80]

소스 설명

1. ch07.part01.main1.ProductVo 클래스 정의

▶ private static int count;

- count 변수의 사용 목적

– static은 동일 타입의 모든 객체가 공유할 수 있는 변수이다.

– 변수와 위와 같은 형태로 활용되는 예는 없지만, static의 특징을 이용하여 productNo의 값을 부여하였다.

▷ 모든 객체가 생성될 때마다 공통된 변수에 값을 증가시켜 품목 번호를 채번하였다.

▶ /** enum 타입 */

```
public enum DataType {
        DATA_INSERT, DATA_UPDATE, DATA_DELETE, DATA_SEARCH
};
```

- class와 같이 enum 타입을 정의할 수 있다.

- enum 타입은 타입값의 범위를 제한하여 사용자가 범위 내에서만 사용할 수 있도록 만든 타입이다.

– 목적을 벗어나는 범주의 자료가 입력되지 않도록 하기 위함이다.

- 정의된 DataType은 4가지 자료의 범위 가지고 있다.

– DATA_INSERT : 자료가 신규가 될 때 자료 저장소에 신규 등록을 하기 위한 구분자

– DATA_UPDATE : 자료가 수정될 때 자료 저장소에 수정을 하기 위한 구분자

– DATA_DELETE : 자료가 삭제될 때 자료 저장소에 삭제를 하기 위한 구분자

– DATA_SEARCH : 자료가 조회될 때 사용되며 해당 구분자가 있을 경우 저장소에 저장하지 않음

▶ static { }

- static 초기화 블록이며, 클래스가 메모리에 로딩 될 때 한 번 실행된다.

– 클래스에 대한 최초 설정이며, 주로 static의 변수 설정을 할 때 사용한다.

▶ /** 초기화블록 */

```
{ ... }
```

소스 설명

- 클래스 내부 구간에 '{ ... }'를 정의할 수 있으며 이를 '초기화 블록'이라 한다.
- 초기화 블록을 사용하는 이유
  - 객체 생성을 하면서 초기화 작업을 하기 위함
  - 생성자 함수에서 로직을 처리할 수 있으나 현재 생성자 함수가 2개 존재하기 때문에 중복 로직이 발생한다. ※ 함수명이 같은 2개의 함수를 가질 수 있는 기능을 '오버로딩(Overloading)'이라 한다.
  - 주로 초기화 블록은 외부의 파라미터에 관계없이 초기화 작업이 필요한 경우에 사용된다.
  - 생성자 함수는 주로 외부의 파라미터를 이용하여 초기화 작업을 하는 경우에 사용된다.

▶ public ProductVo() { ... }
public ProductVo(String productName, int price) { ... }

- 생성자 함수
  - 지금까지 객체 생성을 하면서 'new ProductVo()'의 코드를 이용하여 객체 생성을 하였으며, 이는 실제로 'ProductVo()' 생성자 함수를 호출한 것이다.
    ▷ 생성자 함수가 정의되지 않을 경우 'ProductVo()' 기본 생성자 함수가 존재하게 된다.
  - 생성자 함수는 1개 이상 존재할 수 있으며 파라미터의 종류가 달라야 한다.
    ▷ 생성자 함수도 엄연히 함수이기 때문에 '오버로드(Overload)'의 기능을 갖는다.

▶ public String toString(){ return productNo + "₩t" + productName + "₩t" + price ; }

- 상속이란
  - 클래스가 가지는 특성으로 상속하는 클래스를 '부모 클래스', 상속받는 클래스를 '자식 클래스'라 할 때 부모 클래스의 특성을 자식 클래스에 물려줄 수 있다. 이는 9장에서 자세히 다루도록 하겠다.
- 상속의 특징
  - 모든 클래스는 Object 클래스를 상속받고 있다.
  - 모든 클래스는 Object의 속성과 기능을 그대로 물려받는다.
    ▷ Obejct 타입에는 'toString()' 함수가 존재 〉 ProductVo 타입에서 사용가능
- 상속의 특징 – 상속받은 기능은 수정하여 사용할 수 있다.
  - ProducVo 클래스에서 toString() 함수를 그대로 정의할 경우 이후 부터는 자식의 함수를 사용함.
    ▷ 상속에서는 '재정의(Override)' 기능이라 한다.
- 외부에서 다음과 같이 호출하게 되면 자동으로 toString() 함수를 호출한다.

  〈사용 예〉

  ProductVo v1 = new ProductVo("아메리카노", 3500);
  System.out.println(v1); ▷ 해당 함수의 경우 객체는 toString() 함수를 호출함.

2. ch07.part01.main1.ArrayUtil 클래스 정의

▶ public static 〈T〉 T[] add(T[] arr, T t){ ... }
public static 〈T〉 T[] update(T[] arr, int updateIndex, T t){ ... }

소스 설명

public static <T> T[] remove(T[] arr, int removeIndex){ ... }

- 제네릭스(Generics)의 사용
  - 함수의 반환 타입 앞에 <T>를 부여하여 '제네릭스'를 적용하였다.
  - T는 실제 클래스 타입이 아닌 해당 함수를 사용할 때 입력되는 파라미터의 타입을 말한다.
  - T[]는 'T 타입의 배열'을 뜻한다.
- 제네릭스를 사용하는 가장 큰 이유는 동적으로 반환 타입을 지정할 수 있기 때문이다.
  - 반환 타입이 T[]이며 이는 들어오는 파라미터의 타입에 따라 해당 타입이 결정된다.

▶ public static int[] add(int[] arr, int t){
public static <T> T[] add(T[] arr, T t){ ... }

- 제네릭스는 기본형의 타입은 적용되지 않는다.
  - int[] 타입이란 'int 배열' 타입이며, 참조형이다.
  - int는 기본형 타입이며 제네릭스가 적용되지 않는다.
- 함수를 동적으로 제어하고자 할 때 기본형은 별도로 고려해야 한다.
  - add() 함수를 완벽하게 구현하고자 한다면 기본형 타입의 모든 타입에 대해 함수를 지정해야 한다.
  - public static byte[] add(byte[] arr, byte t){ ... }
  - public static char[] add(char[] arr, char t){ ... }
  - public static short[] add(short[] arr, short t){ ... }
  - public static long[] add(long[] arr, long t){ ... }
  - public static float[] add(float[] arr, float t){ ... }
  - public static double[] add(double[] arr, double t){ ... }
  - public static boolean[] add(boolean[] arr, boolean t){ ... }
  - 이와 같이 정의된 파라미터의 타입이 달라도 함수명을 같이 사용하는 것을 '오버라이딩(overriding)' 기능이라 한다.

▶ T[] newInstance = (T[])Array.newInstance(t.getClass(), arr.length+1);

- Array.newInstance() 함수는 배열을 동적으로 생성해 주는 함수이다.
  - 첫 번째 파라미터는 '배열에 사용될 타입'을 뜻한다.
  - 두 번째 파라미터는 '배열의 길이'를 뜻한다.
  - 반환 타입은 'Object' 타입이며 Object는 모든 클래스의 부모가 되는 클래이다.
  - 자세한 것은 이후 상속 파트에서 학습할 계획이다.
  - 실제 들어 있는 자료가 T 타입의 배열이기 때문에 형 변환을 이용하여 'T[]' 타입으로 변환하였다.

3. ch07.part01.main1.TestMain 클래스 정의

▶ String[] headerNames = ProductVo.TableInfo.HEADER_NAME_INFO; /** 헤더 정보 */
String[][] dataList = new String[productList.length][]; /** 자료 정보*/

```
int[] widthInfo = ProductVo.TableInfo.WIDTH_INFO;                /** 너비 정보 */
```

• ProductVo 클래스는 다음과 같은 일을 하기 위한 기반이 되는 소스를 구현하였다.

너비(100)	너비(400)	너비(100)	너비(80)	
품목번호	품목명	단가	상태	▸ 헤더 정보
a001	아메리카노	4000	수정	▸ 자료 정보 1
a002	카페라떼	4300	삭제	▸ 자료 정보 2
a003	카페모카	4500	–	▸ 자료 정보 3

• 헤더 정보의 static 전역변수 설정

– 헤더 및 너비 정보는 해당 객체만이 아닌 공통된 속성이므로 static으로 관리. ▷ 객체마다 생성할 필요가 없는 정보이다.

• 품목 정보 내부에 표(Table) 관련 정보를 내부 클래스 'TableInfo' 타입으로 정의하였다.

– 품목에 관한 정보와 분리되어 관리할 수 있다.

정리

• 7장 이후부터는 조금씩 어려운 문법을 접하게 된다.

– 어려운 부분도 있겠지만, 차근차근 해 나간다면 충분히 소화할 수 있다.

– 프로그램의 문법을 전부 기억하지 않아도 되지만 최소한 왜 필요한지에 대한 필요성을 반드시 기억해야 한다.

7.1.02 클래스 구성 요소 개요

• 클래스를 구성하고자 할 때 다음과 같은 요소들이 존재하며, 이에 대한 기본적인 사용 목적과 특징을 설명하고자 하며 개념의 이해보다는 가볍게 확인하는 수준으로 학습하길 바란다.

– 정적(static) 전역변수 및 정적(static) 초기화 블록

– 전역변수 및 초기화 블록

– 생성자 함수

– 정적(static) 함수 및 일반(none-static) 함수

– 내부 클래스 및 정적 내부 클래스

– enum

– 제네릭스(Generics)

– 어노테이션(annotation)

– 상속

– 인터페이스(interface)

– 추상 클래스

<table>
<tr><th>구성요소</th><th>사용 예</th><th>설명</th></tr>
<tr><td>정적(static)
전역변수</td><td>public class A {
    /** 전역변수 */
    public static int count;
}</td><td>• 클래스 영역에 저장되어 동일 타입의 모든 객체가 공유하는 변수
• 객체 생성을 하지 않고도 호출이 가능하며 접근이 가능할 경우 '클래스명.변수명'으로 호출된다.
int count = A.count ;</td></tr>
<tr><td>정적(static)
초기화 블록</td><td>public class A {
    /** 정적 초기화블록 구간 */
    static {
        /** 초기화작업구간 */
    }
}</td><td>• 최초로 클래스가 사용될 때 호출되는 구간으로 1회 호출이 된다.
• 주로 정적 전역변수를 구성할 때 로직이 필요한 경우 사용된다.</td></tr>
<tr><td>전역변수</td><td>public class A {
    /** 전역변수 */
    private String name;
}</td><td>• 객체가 가지는 속성으로 값을 저장하는 역할을 한다.
• 객체마다 다른 값을 갖는다.</td></tr>
<tr><td>초기화 블록</td><td>public class A {
    /** 초기화블록 */
    {
        /** 초기화작업구간 */
    }
}</td><td>• 객체 생성 시 호출되는 최초 구간이다.
• 초기화 블록은 주로 전역변수를 구성할 때 특정 로직이 필요한 경우 사용된다.
• 생성자 함수보다 먼저 호출된다.</td></tr>
<tr><td>생성자 함수</td><td>public class A {
    /** 생성자함수 1 */
    public A(){ ... }
    /** 생성자함수 2 */
    public A(String name){ ... }
}</td><td>• 객체 생성 시 호출되는 함수이다.
• 클래스명과 함수명이 일치한다.
• 파라미터의 종류가 다를 경우 1개 이상의 생성자 함수를 정의할 수 있다.
• 생성자 함수를 지정하지 않을 경우 기본 생성자 함수를 갖는다.
/** 기본 생성자함수 */
public A () {}</td></tr>
</table>

<table>
<tr>
<td>정적(static)
함수</td>
<td>public class A {
    /** static 함수 */
    public static void method(){
        ...
    }
}</td>
<td>• 함수에 static 제한자를 사용
• 객체 속성값에 상관없이 일정한 결과를 가질 경우 static 함수를 사용한다.
• 사용은 '클래스명.함수명()'으로 호출이 가능하다.
A.method();</td>
</tr>
<tr>
<td>함수</td>
<td>public class A {
    /** 함수 */
    public void method(){
        ...
    }
}</td>
<td>• 객체 생성 후 함수의 사용이 가능하며 '객체명.함수명()'으로 호출한다.
A a = new A();
a.method();
• 객체마다 결과가 다를 경우 주로 사용한다.</td>
</tr>
<tr>
<td>정적(static)
내부 클래스</td>
<td>public class A {
    /** 정적 내부 클래스 */
    public static class B {
        ...
    }
}</td>
<td>• 클래스 내부에 클래스를 정의할 수 있으며 내부 클래스에 static 제한자를 사용한 클래스이다.
• A 클래스와 밀접한 관계가 있을 경우 내부 클래스를 정의한다.
• A 클래스의 객체에 관계없이 일정한 타입을 가질 때 사용한다.
• A 클래스 밖의 다른 클래스에서 객체 생성 시 다음과 같이 생성 가능하다.
B b = new A.B();
• 주로 외부에서 사용하기 위해 내부 클래스에 static 제한자를 사용하여 정의한다.</td>
</tr>
<tr>
<td>내부 클래스</td>
<td>public class A {
    /** 내부클래스 */
    public class B {
        ...
    }
}</td>
<td>• 클래스 내부에 클래스를 정의할 수 있다.
• A 클래스와 밀접한 관계가 있을 경우 내부 클래스를 정의한다.
• A 클래스의 객체별로 타입을 가질 때 사용한다.
• A 클래스 밖의 다른 클래스에서 객체 생성 시 다음과 같이 생성이 가능하다.
A a = new A();
B b = a.new B();
• 주로 외부에서 사용하기보다는 A 클래스 내에서 사용하기 위해 사용한다.</td>
</tr>
</table>

<table>
<tr><td rowspan="2">enum</td><td>public class A {
    /** 클래스 내부에 정의 */
    public enum DataType {
        A_Type, B_Type, C_Type;
    }
}</td><td rowspan="2">• 클래스와 같이 하나의 타입으로 값을 제한하여 사용하고자 할 때 사용한다.
– 현재 DataType enum은 3개의 자료를 가지고 있음
– '남자', '여자'와 같이 특정값 중에서 입력을 해야할 때 사용
• 클래스처럼 독립적으로 정의 가능하며 내부 클래스처럼 클래스 내부에 정의할 수 있다.
– 독립된 타입은 'DataType.java' 파일로 저장되며 'DataType.class'로 컴파일된다.</td></tr>
<tr><td>/** 독립된 타입으로 정의 */
public enum DataType {
    A_Type, B_Type, C_Type;
}</td></tr>
<tr><td rowspan="2">제네릭스
(Generics)</td><td>/** 클래스에 제네릭스 사용 */
public class A<T> {

}</td><td rowspan="2">• 클래스 또는 함수에 제네릭스를 사용할 수 있다.
• 제네릭 타입 T를 이용하여 제네릭스를 이용하였으며 T는 임시 타입이다.
• 제네릭 타입은 객체 생성 시 지정한 타입으로 사용된다.
• 객체 생성 시 지정한 타입을 사용하기 때문에 타입을 동적으로 사용 가능하다.</td></tr>
<tr><td>public class A {
    /** 함수에 제네릭스 사용 */
    public <T> T getMethod() {
        return ... ;
    }
}</td></tr>
<tr><td>어노테이션
(Annotation)</td><td>/** 클래스에 적용 */
@annotation1
public class A {

    /** 전역변수에 적용 */
    @table(name="제품명")
    private String productName;

    /** 함수에 적용 */
    @annotaiton3
    public void method() { ... }

    /** 함수의 파라미터에 적용 */
    public void method(
        @annotation4 String name) {
        ...
    }
}</td><td>• 클래스, 전역변수, 함수 등에 '@'를 부여하여 '어노테이션'을 사용한다.
• 해당 클래스, 전역변수, 함수 등에서 고유한 설정값을 가지며 주로 '리플렉션(Reflection)'을 이용하여 사용된다.
※ 리플렉션은 이번 장에서 다룬다.
• 리플렉션을 이용하여 중복되는 로직 처리를 효율적으로 동적 처리할 수 있다.</td></tr>
</table>

상속	/** 부모클래스 */
	public class A {
	    ...
	}
	
	/** A 클래스를 상속한 B 클래스 */
	public class B extends A {
	    ...
	}
	
	/** B 클래스를 상속한 C 클래스 */
	public class C extends B {
	    ...
	}
		• 상속을 하는 목적은 A 클래스의 속성과 기능을 그대로 B 클래스에서 사용하기 위함이다.
		• 'extends 부모 클래스' 형태로 정의하여 상속을 받을 수 있다.
		• 상속은 하나의 클래스만 가능하다.
		• 부모 클래스 A와 자식 클래스 B의 관계를 'A 〈 B'로 표현할 때 'A, B, C' 클래스는 다음과 같은 관계를 갖는다.
		– A 〈 Object
		– B 〈 A 〈 Object
		– C 〈 B 〈 A 〈 Object
		따라서 C 클래스는 B, A,, Object의 기능과 속성을 상속받는다.
		• 상속은 9장에서 자세히 다룰 예정이다.

인터페이스	/** 인터페이스 A */
	public interface A {
	    /** 추상메소드 정의 */
	    public void method();
	}
	/** 인터페이스 구현클래스 B */
	public class B implements A {
	    /** 추상메소드 구현 */
	    @override
	    public void method(){
	        ....
	    }
	}
		• '인터페이스'는 표준화를 위해 사용된다.
		– 업무 절차 상 필요한 기능 목록을 부여하여 반드시 처리해야 할 기능 목록을 강제적으로 구현하도록 하기 위함이다.
		– 기능 목록은 추상 메소드로 예문과 같이 정의한다.
		• 클래스에 'implements'를 부여하여 구현할 수 있으며 인터페이스에서 정의한 추상 메소드는 강제적으로 구현해야 한다.
		• 인터페이스는 9장에서 자세히 다루도록 하겠다.

추상 클래스	/** 추상메소드 정의 */
	public abstract class A {
	    /** 추상메소드 정의 */
	    public abstract void method();
	
	    public void method2(){
	        ...
	    }
	}
	
	/** 추상클래스 구현클래스 B */
	public class B extends A {
		• 추상 클래스는 'abstract'를 부여하여 정의할 수 있다.
		• 추상 클래스는 상속의 기능과 인터페이스의 두 가지 기능을 갖는다.
		• 추상 메소드는 'abstract'를 부여하여 정의할 수 있다.
		• 추상 클래스는 인터페이스과 같이 독립적으로 사용을 하지 못하며 이 클래스를 상속받은 클래스를 사용한다.

	/** 추상메소드 구현 */
	@override
	public void method(){
	....
	}
	}
		• 추상 클래스는 9장에서 자세히 다루도록 하겠다.

7.2 객체 생성 시 호출 순서

수준	중요 포인트 및 학습 가이드(※)
하	1. 객체 생성 시 호출 순서 – 첫 번째 객체 생성 및 호출 순서(최초 메모리 로딩 시에만 적용된다.) ※ 정적(static) 전역변수 ▷ 정적(static) 초기화 블록 ▷ 전역변수 ▷ 초기화 블록 ▷ 생성자 함수 – 두 번째 이후 객체 생성 및 호출 순서 ※ 전역변수 ▷ 초기화 블록 ▷ 생성자 함수
중	2. 정적(static) 전역변수 – 모든 객체가 동일한 객체의 정보를 공유하기 위해서 사용한다. ※ 정적 전역변수의 사용 목적과 호출 방법을 이해해야 한다.
중	3. 정적(static) 초기화 블록 – 주로 정적 전역변수의 속성값 설정 시 로직이 필요한 경우에 사용된다. ※ 사용 빈도가 높지 않기 때문에 간단히 이해하는 수준으로 학습하길 바란다.
하	4. 전역변수 ※ 지금까지 학습한 속성에 관한 내용이다. 충분히 가볍게 이해할 수 있어야 한다.
하	5. 초기화 블록 – 주로 전역변수의 속성값 설정 시 로직이 필요한 경우에 사용된다. – 생성자 파라미터와 관계없이 공통된 로직이 필요한 경우에 사용된다.
하	6. 생성자 함수 – 객체 생성 시 외부 파라미터와 관련하여 초기화 작업을 할 때 주로 사용한다. – 생성자 함수는 파라미터가 다를 경우 중복해서 함수를 정의할 수 있다. – this()를 이용하여 다른 생성자 함수를 호출할 수 있다.

상	7. 싱글톤 패턴을 이용한 객체 생성 – private 생성자 함수를 사용하여 정의하며 동일한 메모리의 객체를 얻기 위해 해당 패턴을 이용한다. ※ 이 타입은 이해하지 못해도 된다. 향후 '싱글톤 패턴'을 접할 때 참고하길 바란다. ※ 향후 17장 데이터베이스 파트에서 싱글톤 패턴을 이용해 Connection 객체 생성을 하여 로직을 구현할 계획

7.2.01 객체 생성 시 호출 순서

학습 목표

- 객체 생성과 관련된 클래스의 구성 요소를 이해하고 객체 생성 시 관련된 구성 요소의 실행 순서를 이해할 수 있도록 하자.
- 해당 구성 요소는 호출 순서를 학습 후 하나씩 자세하게 설명하도록 하겠다.

설명

- 객체 생성과 관련된 클래스의 구성 요소

– 클래스의 구성 요소는 다음과 같이 5가지 존재한다.

▸ 정적(static) 전역변수

▸ 전역변수

▸ 정적(static) 초기화 블록

▸ 초기화 블록

▸ 생성자 함수

```
public class TypeA {
    private static String var1;           /** 정적(static) 전역변수 */
    private String var2;                  /** 전역변수 */
    static { ... }                        /** 정적(static) 초기화블록 */
    { ... }                               /** 초기화블록 */
    public TypeA() { ... }                /** 생성자함수 1 */
    public TypeA(String name) { ... }     /** 생성자함수 2 */
}
```

- 첫 번째 객체 생성 및 호출 순서 (클래스 최초 메모리 로딩의 경우)

– 첫 번째 객체 생성 시 호출되는 순서는 다음과 같다.

※ 정적(static) 전역변수 ▷ 정적(static) 초기화 블록 ▷ 전역변수 ▷ 초기화 블록 ▷ 생성자 함수

```
TypeA tyapA1 = new TypeA();
```

- 두 번째 이후 객체 생성 및 호출 순서

– 두 번째 객체 생성 이후부터 호출되는 순서는 다음과 같다.

※ 전역변수 ▷ 초기화 블록 ▷ 생성자 함수

```
TypeA tyapA2 = new TypeA();
```

• 차이점 분석

– 정적(static) 전역변수 및 정적(static) 초기화 블록에 대한 호출은 클래스 정보가 메모리에 로딩되지 않은 상태에서 첫 번째 객체가 생성되는 시점에 호출되었다.

– 정적(static) 전역변수 및 정적(static) 초기화 블록은 '클래스 최초 메모리 로딩 시점'에 실행이 된다.

• 클래스 최초 메모리 로딩 시점

– 자바에서는 메모리 사용의 효율성을 위하여 클래스가 사용되는 시점에 해당 클래스 정보가 메모리에 로딩된다.

– 최초 로딩 시점에 정적(static) 전역변수와 정적(static) 초기화 블록이 실행된다.

※ 반드시 객체 생성이 아니더라도 static 함수의 사용과 같이 메모리가 로딩되지 않은 클래스를 최초 사용하는 시점에 실행된다.

학습 절차

1. ch07.part02.main1.TypeA 클래스 정의

– 정적(static) 전역변수 정의

– 전역변수 정의

– 정적(static) 초기화 블록 정의

– 초기화 블록 정의

– 생성자 함수 정의 1

– 생성자 함수 정의 2

2. ch07.part02.main1.TestMain 클래스 정의

– 메인 함수 정의

▸ TypeA 객체 생성 1

▸ TypeA 객체 생성 2

▸ TypeA 객체 생성 3

▸ TypeA 객체 생성 4

▸ TypeA 객체 생성 5

사용 예문

1. ch07.part02.main1.TypeA 클래스 정의

```
package ch07.part02.main1;

public class TypeA {

    /** 정적(static) 전역변수 */
    private static String var1 = "var1";

    /** 전역변수 */
    private String var2 = "var2";

    /** 정적(static) 초기화블록 */
```

사용 예문

```
	static {
		System.out.println("\t정적 초기화블록 : var1[" + var1 + "]");
	}

	/** 초기화블록 */
	{
		System.out.println("\t초기화블록 : var1[" + var1 + "], var2[" + var2 + "]");
	}

	/** 생성자함수 1 */
	public TypeA() {
		System.out.println("\t생성자함수1 : var1[" + var1 + "], var2[" + var2 + "]");
	}

	/** 생성자함수 2 */
	public TypeA(String param) {
		String msg = "\t생성자함수2 : var1[" + var1 + "]";
		msg += ", var2[" + var2 + "]";
		msg += ", param[" + param + "]";
		System.out.println(msg);
	}
}
```

2. ch07.part02.main1.TestMain 클래스 정의

```
package ch07.part02.main1;

public class TestMain {
	public static void main(String[] args) {

		System.out.println("▶ 객체1 생성");
		TypeA typeA1 = new TypeA();
		System.out.println("▶ 객체2 생성");
		TypeA typeA2 = new TypeA();
		System.out.println("▶ 객체3 생성");
		TypeA typeA3 = new TypeA();
		System.out.println("▶ 객체4 생성");
		TypeA typeA4 = new TypeA("생성자 파라미터1");
		System.out.println("▶ 객체5 생성");
		TypeA typeA5 = new TypeA("생성자 파라미터2");
	}
}
```

결과	▶ 객체1 생성 정적 초기화블록 : var1[var1] 초기화블록 : var1[var1], var2[var2] 생성자함수1 : var1[var1], var2[var2] ▶ 객체2 생성 초기화블록 : var1[var1], var2[var2] 생성자함수1 : var1[var1], var2[var2] ▶ 객체3 생성 초기화블록 : var1[var1], var2[var2] 생성자함수1 : var1[var1], var2[var2] ▶ 객체4 생성 초기화블록 : var1[var1], var2[var2] 생성자함수2 : var1[var1], var2[var2], param [생성자 파라미터1] ▶ 객체5 생성 초기화블록 : var1[var1], var2[var2] 생성자함수2 : var1[var1], var2[var2], param [생성자 파라미터2]
정리	• 분석 결과 – 객체 1의 생성을 보면 정적 초기화 블록이 실행됨을 알 수 있으며, 정적 전역변수의 값이 나타나므로 그 이전에 정적 전역변수가 실행됨을 알 수 있다. – 객체 2부터는 정적 초기화 블록이 실행되지 않음을 알 수 있다. – 객체 4와 객체 5의 경우는 다른 생성자 함수를 사용하였으며, 모든 객체가 생성자 함수에 상관없이 초기화 블록이 실행됨을 알 수 있다. – 구성 요소의 사용 방법 ▸ 모든 객체에 공통으로 적용하고자 할 때는 정적 전역변수와 정적 초기화 블록에 정의하면 된다. ▸ 모든 객체에 동일한 초기화 작업을 하고자할 경우에는 초기화 블록을 이용할 수 있다. ▸ 생성하면서 파라미터를 이용하여 생성할 경우에는 생성자 함수의 오버로딩 방법을 이용하여 생성자 함수를 1개 이상 정의할 수 있다.

7.2.02 정적(static) 전역변수

사용 목적	• 모든 객체가 동일한 객체의 정보를 공유하기 위해서 사용한다.

설명	• 정적(static) 전역변수는 '객체' 변수가 아닌 '클래스' 변수이다. – 모든 객체가 동일한 변수를 참조하기 때문에 객체 정보가 아닌 클래스 정보에 자료를 저장한다. ▸ static의 목적은 '객체 정보 저장 영역'이 아닌 '클래스 정보 저장 영역'에 저장하는 것이다.

처리 방법	• 정적 전역변수의 정의
	– 전역변수에 'static' 제한자를 사용한다.
	public class TypeA {
	/** 정적 전역변수 – static을 이용한다. */
	public static int count;
	}
	• 정적 전역변수의 사용
	– 접근 가능한 외부 영역에서 '클래스명.변수명'으로 호출이 가능하다.
	▸ 객체도 클래스 변수를 참조하기 때문에 '객체명.변수명'으로도 호출이 가능하다.
	– 내부에서는 '클래스명.변수명'으로 호출이 가능하며, 동일 클래스에서는 '클래스명'을 생략할 수 있어 대부분 '변수명'으로 사용한다.
	int count1 = TypeA.count;

특징	• 접근 가능한 전역변수는 **'클래스명.변수명'**으로 호출될 수 있다. • 클래스 메모리가 최초 로딩이 될 때 호출된다. – 클래스 정보를 최초 사용 시 메모리에 로딩된다.

사용 예문	package ch07.part02.main2;
	
	public class ProductVo {
	/** 정적 전역변수 정의 */
	public final static String[] HEADER_NAEMS = {"품목번호", "품목명", "단가"};
	}

	package ch07.part02.main2;
	
	import java.util.Arrays;
	
	public class TestMain {
	public static void main(String[] args) {
	/** 정적 전역변수의 사용 */
	String[] headerNames = ProductVo.HEADER_NAEMS;
	System.out.println(Arrays.toString(headerNames));
	}
	}

결과	• 헤더 설정을 static으로 설정한 이유 – 다음과 같이 제품 정보를 나타내는 표를 생각해 보자 ▸ 헤더 및 자료 정보는 다음과 같이 나타낼 수 있다. [품목번호 / 품목명 / 단가 ▶ 헤더 정보] [a001 / 아메리카노 / 4000 ▶ 자료 정보 1] [a002 / 카페라떼 / 4300 ▶ 자료 정보 2] [a003 / 카페모카 / 4500 ▶ 자료 정보 3] – 여기서 품목 번호, 품목명, 단가는 모든 객체별로 관리하는 것보다 클래스 정보를 활용해 공통으로 관리하는 것이 더 낫다. – 모든 객체는 동일한 헤더명을 가지며, 혹시라도 변경이 필요하다면 모든 객체에 공통으로 적용되어 변경해야 한다. • 'HEADER_NAEMS' 변수에 'final' 제한자를 부여한 이유 – 'final' 제한자는 값을 더 이상 변경할 수 없도록 하는 제한자이므로 헤더명을 더 이상 변경할 수 없게 된다. ▸ 이는 외부에서의 변경을 막기 위함이며, 더 이상 값의 변경을 막기 위해 사용한다.

품목번호	품목명	단가	
a001	아메리카노	4000	▶ 자료 정보 1
a002	카페라떼	4300	▶ 자료 정보 2
a003	카페모카	4500	▶ 자료 정보 3

7.2.03 정적(static) 초기화 블록

사용 목적	• 주로 정적 전역변수의 속성값 설정 시 특정 로직이 필요한 경우에 사용된다.

처리 방법	• 정적(static) 초기화 블록의 정의
	public class TypeA {
	/** 정적 초기화 블록 */
	static {
	/** 클래스 초기화로직구성 */
	}
	}

특징	• 클래스 메모리가 최초 로딩이 될 때 호출된다. – 클래스 정보를 최초 사용 시 메모리에 로딩된다.
사용 예문	package ch07.part02.main3; public class ProductVo {

```
	public final static String[] HEADER_NAEMS ;

	/** 정적(static) 초기화블록 */
	static {
		/** 향후에는 이러한 정보를 파일에서 가져올 수도 있다. */
		HEADER_NAEMS = new String[] {"품목번호", "품목명", "단가"};
	}
}
```

정리

- 정적 초기화 블록의 사용
  - 정적 전역변수 중에서는 시스템 구성 정보와 같이 파일에서 정보를 읽어 와 최초 로딩 시 자료를 저장을 하는 경우가 있다.
  - 정적 초기화 블록에서는 최초 초기화 작업을 하며 특히 정적 전역변수의 초기값을 설정하는데 사용된다.

7.2.04 전역변수

사용 목적

- 객체별로 자료를 저장하기 위한 속성 정보이다.

처리 방법

- 전역변수의 정의
  - 일반적으로 전역변수의 접근 제한자는 'private'으로 설정한다.
  - 전역변수의 값을 조회하거나 설정은 일반적으로 'getter, setter' 함수를 이용한다.
    - ▸ 반드시 getter, setter 함수가 필요한 것은 아니며, 외부에서 필요한 경우에만 정의하면 된다.

```
public class TypeA {
	/** 전역변수 */
	private String var1;
	/** getter setter 함수 */
	public String getVar1() { return var1; }
	public void setVar1(String var1) { this.var1 = var1; }
}
```

사용 예문

```
package ch07.part02.main4;

public class ProductVo {

	/** 전역변수 */
	private String productNo;
	private String productName;
```

	``
	    private int price;
	
	    /** getter setter 함수 */
	    public String getProductNo() { return productNo; }
	    public void setProductNo(String productNo) {
	        this.productNo = productNo;
	    }
	    public String getProductName() { return productName; }
	    public void setProductName(String productName) {
	        this.productName = productName;
	    }
	    public int getPrice() { return price; }
	    public void setPrice(int price) { this.price = price; }
	}
	``

특징	• 객체가 생성될 때마다 실행된다. • 객체가 가지는 속성 정보이다. • 객체가 소멸할 때까지 객체별로 고유 정보를 가지고 있다. • 접근 가능 시 '객체명.변수명'으로 호출될 수 있다.

7.2.05 초기화 블록

사용 목적	• 객체별로 자료를 저장하기 위한 속성 정보이다.

정의 방법	• 초기화 블록의 정의
	public class TypeA {
	  /** 초기화 블록 */
	  {
	    /** 객체 초기화 로직 구성 */
	  }
	}

특징	• 객체 생성이 될 때마다 초기화 블록이 실행된다.
사용 예문	package ch07.part02.main5; /** 객체를 생성할 때마다 생성된 객체의 순번대로 객체 번호가 저장되도록 로직을 구성 */ public class ProductVo { private static int count;

```java
    private int no;
    {
        no = ++count;
    }
    public static void main(String[] args){

        ProductVo v1 = new ProductVo();
        ProductVo v2 = new ProductVo();
        ProductVo v3 = new ProductVo();
        ProductVo v4 = new ProductVo();
        ProductVo v5 = new ProductVo();

        System.out.println("객체1 : v1.no ["+v1.no+"]");
        System.out.println("객체2 : v2.no ["+v2.no+"]");
        System.out.println("객체3 : v3.no ["+v3.no+"]");
        System.out.println("객체4 : v4.no ["+v4.no+"]");
        System.out.println("객체5 : v5.no ["+v5.no+"]");

        System.out.println("객체1 : v1.count ["+v1.count+"]");
        System.out.println("객체2 : v2.count ["+v2.count+"]");
        System.out.println("객체3 : v3.count ["+v3.count+"]");
        System.out.println("객체4 : v4.count ["+v4.count+"]");
        System.out.println("객체5 : v5.count ["+v5.count+"]");

        System.out.println("ProductVo.count ["+ProductVo.count+"]");
    }
}
```

결과

```
객체1 : v1.no [1]
객체2 : v2.no [2]
객체3 : v3.no [3]
객체4 : v4.no [4]
객체5 : v5.no [5]
객체1 : v1.count [5]
객체2 : v2.count [5]
객체3 : v3.count [5]
객체4 : v4.count [5]
객체5 : v5.count [5]
ProductVo.count [5]
```

예문 설명

▶ no = ++count;

- 객체의 생성된 수를 이용하여 순번을 저장함.

– 객체의 생성된 수는 모든 객체가 공통으로 알아야 함 ▷ static 전역변수

– 객체별로 순번을 저장해야 함 ▷ 전역변수

[복습] 'no = ++count;'와 'no = count++;'의 차이점은 ?

- no = ++count; ▸ count = count + 1;
  no = count;
- no = count++; ▸ no = count ;
  count = count + 1;

정리

- 각 객체별 전역변수 'no'

– 전역변수는 각각의 객체마다 값의 정보가 다름을 알 수 있다.

– 전역변수는 각 객체별로 고유의 값을 저장하기 위한 공간이다.

- 각 객체별 정적 전역변수 'count'

– 현재 모든 객체가 참조하는 count 전역변수의 값은 모두 일정하다. 그 이유는 정적 전역변수는 모든 객체가 참조하는 클래스 영역에 자료가 위치하기 때문이다.

– 객체 생성을 할 때마다 값을 '1'씩 증가시키는 작업은 초기화 블록에서 실행을 하였으며 그로 인해 변수 count의 값이 '1'씩 증가된 것을 알 수 있다.

7.2.06 생성자 함수

사용 목적

- 객체 생성 시 외부 파라미터와 관련하여 초기화 작업을 할 때 주로 사용한다.

처리 방법

- 생성자 함수의 정의

– 파라미터의 타입은 String 타입을 이용하였는데, 어떤 타입이든 가능하다.

```
public class TypeA {
        /** 생성자함수 1 */
        public TypeA() {  /** 초기화작업 */  }
        /** 생성자함수 2 */
        public TypeA(String var1){ /** 초기화작업 */ }
}
```

- 생성자 함수 1의 사용

```
TypeA a = new TypeA();
```

- 생성자 함수 2의 사용

```
TypeA a = new TypeA("var1");
```

특징	• 객체 생성 시마다 해당 생성자 함수가 호출된다. • 모든 클래스는 default 생성자 함수가 존재한다. – 생성자 함수는 클래스명과 같으며 파라미터가 없는 함수이다. –[중요] 생성자 함수를 1개 이상 명시할 때 default 생성자 함수는 소멸된다. • 생성자 함수는 '오버로딩(Overloading)' 기능이 있어 1개 이상 정의할 수 있다.

사용 예문

```
package ch07.part02.main6;

public class ProductVo {

    /** 전역변수 정의 */
    private String productNo;
    private String productName;
    private int price;

    /** 생성자함수 [1] */
    public ProductVo(String productNo) {
        this.productNo = productNo;
    }

    /** 생성자함수 [2] */
    public ProductVo(String productNo, String productName) {
        this.productNo = productNo;
        this.productName = productName;
    }

    /** 생성자함수 [3] */
    public ProductVo(String productNo, String productName, int price) {
        this.productNo = productNo;
        this.productName = productName;
        this.price = price;
    }

    /** getter setter 함수 정의 */
    public String getProductNo() { return productNo; }
    public void setProductNo(String productNo) {
        this.productNo = productNo;
    }
    public String getProductName() { return productName; }
    public void setProductName(String productName) {
        this.productName = productName;
    }
    public int getPrice() { return price; }
```

	``
	    public void setPrice(int price) { this.price = price; }
	}
	``

메인 실행	```
	package ch07.part02.main6;
	
	public class TestMain {
	    public static void main(String[] args) {
	
	        /** 객체생성 불가능 : 생성자함수가 있어 소멸됨 */
	        // ProductVo vo1 = new ProductVo();
	
	        /** 생성자함수 [1] 호출 */
	        ProductVo vo2 = new ProductVo("a001");
	        vo2.setProductName("아메리카노");
	        vo2.setPrice(4000);
	
	        /** 생성자함수 [2] 호출 */
	        ProductVo vo3 = new ProductVo("a002", "까페라떼");
	        vo3.setPrice(4300);
	
	        /** 생성자함수 [3] 호출 */
	        ProductVo vo4 = new ProductVo("a003", "까페모카", 4500);
	    }
	}
	``

정리	• 기본 생성자 함수의 소멸 – ProductVo에 생성자 함수를 정의하면서 기본 생성자 함수가 소멸되었기 때문에 'new ProductVo()' 호출 시 오류가 발생하게 된다. – 'new ProductVo()'를 사용하기 위해서는 기본 생성자 함수를 클래스에 직접 정의해야 한다. • 생성자 함수의 활용 – 생성자 함수를 1개 이상 사용함으로써 초기값을 이용해 편리하게 객체 생성할 수 있음을 알 수 있다. – 일반적으로 속성과 관련하여 위와 같이 여러 개의 생성자 함수를 이용하여 처리하는 경우가 많다. ▸ 생성자 함수에 직접 입력할 수도 있지만 변경할 수도 있기 때문에 일반적으로 객체 생성 이후의 속성 변경은 setter() 함수를 정의하여 사용한다.

■ this()

사용 목적	• 객체 생성 시 외부 파라미터와 관련하여 초기화 작업을 할 때 주로 사용한다.

<table>
<tr><th></th><th>this()를 이용한 클래스</th><th>동일한 내용의 클래스</th></tr>
<tr><td>처리 방법</td><td><pre>public class A {
  private String a;
  private String b;
  private String c;
  public A(String a) {
    this(a, null, null);

  }
  public A(String a, String b) {
    this(a, b, null);

  }
  public A(String a, String b, String c){
    this.a = a;
    this.b = b;
    this.c = c;
    /** 로직처리 */
  }
}</pre></td><td><pre>public class B {
  private String a;
  private String b;
  private String c;
  public B(String a) {
    this.a = a;
    /** 로직처리 [1] */
  }
  public B(String a, String b) {
    this.a = a;
    this.b = b;
    /** 로직처리 [2] */
  }
  public B(String a, String b, String c){
    this.a = a;
    this.b = b;
    this.c = c;
    /** 로직처리 [3] */
  }
}</pre></td></tr>
<tr><td>설명</td><td colspan="2">• 클래스 B의 생성자 함수 내부에 로직 처리 [1], [2], [3]이 동일한 로직이라면 어떻게 해야 하는가?
– 프로그램에서 복잡성이 증가되지 않는다면 가급적 동일한 로직은 통합을 하길 권장한다.
▸ 그 이유는 변경이 일어날 때마다 각각의 로직을 모두 처리해야 하기 때문이다. 통합은 한 번의 수정으로 전체 로직의 변경이 가능하다.
– 동일한 로직을 사용하기 위한 처리 방법
▸ 외부에 함수를 분리하여 생성자 함수 내에서 동일한 함수를 호출할 수 있다.
– 동일한 로직을 사용하기 위한 처리 방법
▸ 외부에 함수를 분리하여 생성자 함수 내에서 동일한 함수를 호출할 수 있다.
▸ this()를 이용하여 다른 생성자 함수를 호출할 수 있다.
• 클래스 A에서 생성자 함수 내부에 사용된 this()의 함수
– 'this(a, null, null);', 'this(a, b, null);'
▸ 동일한 클래스의 파라미터 정보가 같은 생성자 함수를 호출하기 때문에 다음의 생성자 함수가 호출된다.
public A(String a, String b, String c) { ... }</td></tr>
<tr><td>주의 사항</td><td colspan="2">• this()를 사용할 경우에는 반드시 첫 번째 실행이 되어야 한다.
– 생성자 함수 첫 번째로 실행이 되어야 한다.</td></tr>
</table>

– 오류 발생 예

```
public A(String a) {
        System.out.println("생성자함수 호출");  /** 오류발생 */
        this(a, null, null);
}
```

7.2.07 싱글톤 패턴을 이용한 객체 생성

학습 목표	• 싱글톤 패턴을 사용하는 목적과 정의 방법을 이해하도록 하자. • 이 부분은 아직 활용될 필요가 없기 때문에 간단히 이해하는 수준으로 학습하길 바란다. • 생성자 함수도 접근 제한자를 변경할 수 있음을 이해할 수 있다.
사용 목적	• 동일한 메모리의 객체를 얻기 위함이다. – 생성한 객체가 모두 동일한 메모리 주소를 갖는 객체이다. – 실제로 객체 생성을 한 번만 하고 동일한 객체를 반환하도록 구성한 것이다. – 불필요한 객체 생성을 막는다. • 왜 이러한 방법을 이용하려 할까? – 고유한 속성 정보를 갖기보다는 '공통 속성(전역변수)' 또는 '공통 기능(함수)'으로 처리해야 하는 경우에는 각각의 객체가 아닌 동일한 객체를 이용하는 것이 좋다. ▸ 향후 데이터베이스의 'Connection' 객체 생성에서 활용된다.
설계	• 어떻게 동일한 메모리의 객체를 생성할 수 있을까? – 'new'를 이용할 경우 새로운 메모리가 생성되기 때문에 'new'를 사용하지 못하도록 한다. ▸ 생성자 함수가 'public'이 아닌 'private'으로 설정한다. – 객체 생성을 동일 클래스 내부에서 직접 한다. – 객체 생성하지 않고 해당 객체를 반환하기 위해서는 static 함수를 이용하여 반환해야 한다. ▸ 따라서 생성된 객체는 static 함수에서 사용하기 위해서는 static 제한자를 부여해야 한다. (※ 다음 [처리 방법] 코드를 보면 이해할 수 있다.)
처리 방법	• 싱글톤 패턴 정의 절차 – [절차 1] private 생성자 함수 정의 – [절차 2] 전역변수에서 객체 생성 – [절차 3] 해당 객체를 반환하기 위한 함수 정의 ▸ 객체 생성을 할 수 없으므로 '클래스명.함수()'로 호출되도록 static 처리 ▸ 함수명은 getInstance()로 정의한다.

– [절차 4] 전역변수 static 처리

▸ static 구간 내에서는 none–static 전역변수가 사용될 수 없다.

```
public class A {
    private static A a = new A();
    private A(){ }
    public static A getInstance(){ return a; }
}
```

• 싱글톤 패턴 정의 절차 (유연한 객체 생성)

– 위의 절차대로 생성하며 객체가 null 또는 특정 환경에서 다시 생성해야 하는 경우 getInstance() 함수 내에서 생성 로직을 부여할 수 있다.

▸ 다음 객체 생성 로직에서 조건을 해당 환경에 맞게 수정할 수 있다.

· 소켓 close()와 같이 다른 분기 조건의 경우 객체 생성을 할 수 있다.

```
public class A {
    private static A a = null;
    private A(){ }
    public static A getInstance(){
        if(a==null) a = new A();  // 객체생성
        return a;
    }
}
```

• 싱글톤 패턴 객체의 사용

– '클래스명.함수()'를 이용하여 객체를 호출할 수 있다.

```
A a = A.getInstance();
```

학습 절차

1. ch07.part02.main7.SingletonType 클래스 정의

– private 생성자 함수 정의

– getInstance() 함수 정의

2. ch07.part02.main7.TestMain 클래스 정의

– 메인함수 정의

▸ SingletonType 객체 생성

사용 예문

1. ch07.part02.main7.SingletonType 클래스 정의

```
package ch07.part02.main7;

public class SingletonType {
```

```
    /** 동일타입의 객체를 반환하기 위해 전역변수 정의 */
    private static SingletonType type = null;

    /** private 생성자함수 */
    private SingletonType(){ }

    public static SingletonType getInstance() {
        /** null일 경우만 객체생성 → 해당 객체반환 */
        if (type == null)
            type = new SingletonType(); // 객체생성
        return type;
    }
}
```

2. ch07.part02.main7.TestMain 클래스 정의

```
package ch07.part02.main7;

public class TestMain {
    public static void main(String[] args) {

        /** 싱글톤 패턴 객체 */
        SingletonType type1 = SingletonType.getInstance();
        SingletonType type2 = SingletonType.getInstance();

        /** 메모리 주소비교 */
        if (type1 == type2) {
            System.out.println("a1객체와 a2객체는 메모리주소가 같다. ");
        } else {
            System.out.println("a1객체와 a2객체는 메모리주소가 다르다. ");
        }
    }
}
```

결과	a1 객체와 a2 객체는 메모리 주소가 같다.
정리	• 싱글톤 패턴으로 객체를 생성할 경우에는 'new' 연산자를 사용하지 않는다. – SingletonType type1 = SingletonType.getInstance();

7.3 내부 클래스

수준	중요 포인트 및 학습 가이드(※)
중	1. 내부 클래스(Inner Class)와 정적 내부 클래스(Nested Class) – 내부 클래스와 정적 내부 클래스는 클래스 내부에 정의한 클래스이다. – static을 부여함으로써 내부 클래스와 정적 내부 클래스를 구분한다. ※ 내부 클래스와 정적 내부 클래스의 사용 예제에서 정의된 클래스를 간단히 이해하는 수준으로 학습하자.
중	2. 내부 클래스와 정적 내부 클래스의 비교 – 내부 클래스는 객체와 연관성이 크며 주로 클래스 내부에서 주로 활용된다. – 정적 내부 클래스는 클래스와 연관성이 크며 주로 외부에서 직접 객체 생성을 하여 활용된다. ※ 내부 클래스와 정적 내부 클래스의 정의 및 사용 방법을 확실하게 이해하길 바란다.
하	3. 내부 클래스(Inner Class) – 접근 및 정의 – Outer 클래스에서 내부 클래스로의 접근은 모두 가능하다. – 내부 클래스에서는 static 함수와 static 전역변수를 정의할 수 없다. ※ 접근 및 정의의 규칙은 외울 필요가 없으며 이해만 하고 넘어가자. 편집기가 알아서 경고해 준다.
하	4. 정적 내부 클래스 – 접근 및 정의 – Outer 클래스에서 정적 내부 클래스로의 접근은 static 요소만 모두 가능하다. – 정적 내부 클래스에서는 모든 함수와 전역변수를 정의할 수 있다. ※ 접근 및 정의의 규칙은 외울 필요가 없으며 이해만 하고 넘어가자. 편집기가 알아서 경고해 준다.

※ 설명의 편의 상 다음과 같이 용어에 대해 명명하도록 하겠다.

– 내부 클래스 또는 Inner 클래스 : 클래스 내에 정의된 클래스

– Outer 클래스 : 내부 클래스를 덮고 있는 클래스

– 외부 클래스 : Inner 클래스도 Outer 클래스도 아닌 클래스

7.3.01 내부 클래스(Inner Class)와 정적 내부 클래스(Nested Class)

사용 목적	• 특정 클래스에만 타입이 필요한 경우 사용된다. – 외부에 클래스를 만든다면 특정 클래스 외에 사용할 가능성이 있으며 유기적인 연관성을 찾기가 힘들 수 있기 때문에 일반적으로 내부에 클래스를 정의하여 사용한다.

	• 사용 예제 [1] – 제품 정보에 다음과 같은 속성이 존재한다고 생각하자. 1. 품목 고유 정보 : 품목 번호, 품목명, 단가 2. 품목 공통 정보 : 헤더명 정보, 헤더 너비 정보 ▸ 모든 객체에 공통으로 된 정보가 필요하다. ▸ 고유 정보와 분리하기 위하여 내부 클래스로 공통 정보를 관리할 수도 있다. • 사용 예제 [2] – 화면에 버튼(Button)이 있으며 버튼을 관리하는 클래스가 있다고 가정한다. 1. 입력값(caption), 위치 정보(PositionInfo) ▸ 위치 정보 : x위치, y위치, 너비, 높이 ▸ 위치 정보를 하나의 그룹으로 관리하고자 할 때 위치 정보를 버튼 내 타입으로 정의하여 사용할 수 있음

처리 방법	• 내부 클래스 정의 방법
	– 클래스의 정의는 전역변수, 함수와 같이 static을 부여할 수 있다.
	public class A {
	    /** 내부클래스 */
	    public class B {
	        ...
	    }
	    /** 정적 내부클래스 */
	    public static class C {
	        ...
	    }
	}

설명	• 내부 클래스와 정적 내부 클래스 – 클래스 내에 클래스를 구성 요소로 정의할 수 있다. • 정적 내부 클래스 – 클래스에 static 제한자를 사용한다. – 외부에서 주로 내부 클래스의 객체 생성을 할 경우에 주로 사용한다. – 내부 클래스를 독립된 클래스처럼 사용한다. • 내부 클래스 – Outer클래스 내에서 주로 내부 클래스 객체 생성을 하여 사용한다.

1. 내부 클래스 정의 및 사용 예제

학습 절차

1. ch07.part03.main1.sub1.MyButton 클래스 정의

- 버튼의 캡션 정보 전역변수 정의
- 버튼의 위치 정보 전역변수 정의
- 버튼의 위치 정보 타입 정의
  - ▸ 버튼의 위치 속성 정의
  - ▸ 버튼 정보 toString() 재정의

2. ch07.part03.main1.sub1.TestMain 클래스 정의

- 메인 함수 정의
  - ▸ 버튼 객체 생성
  - ▸ 버튼 제목 설정
  - ▸ 버튼 위치 설정
  - ▸ 버튼 정보 조회

사용 예제

1. ch07.part03.main1.sub1.MyButton 클래스 정의

```
package ch07.part03.main1.sub1;

public class MyButton {

    /** 버튼의 캡션정보 */
    private String caption;
    public void setCaption(String caption) { this.caption = caption; }
    public String getCaption() { return caption; }

    /** 버튼의 위치정보 */
    private PositionInfo positionInfo = new PositionInfo();
    public PositionInfo getPositionInfo() {return positionInfo; }

    /** 버튼의 위치정보타입 정의 */
    public class PositionInfo {

        /** 버튼 위치속성 정의 */
        public int x;
        public int y;
        public int width;
        public int height;

        /** 버튼정보 toString() 재정의 */
        @Override
```

```
            public String toString() {
                String msg = "PositionInfo [";
                msg += "x=" + x + ", y=" + y ;
                msg += ", width=" + width + ", height=" + height + "]";
                return msg;
            }
    }
}
```

2. ch07.part03.main1.sub1.TestMain 클래스 정의

```
package ch07.part03.main1.sub1;

import ch07.part03.main1.sub1.MyButton.PositionInfo;

public class TestMain {
    public static void main(String[] args) {

            /** 버튼 객체생성 */
            MyButton btn = new MyButton();

            /** 버튼 제목설정 */
            btn.setCaption("저장");

            /** 버튼 위치설정 */
            PositionInfo positionInfo = btn.getPositionInfo();
            positionInfo.x = 100;
            positionInfo.y = 100;
            positionInfo.width = 200;
            positionInfo.height = 40;

            /** 버튼정보 조회 */
            System.out.println("버튼 제목정보 = " + btn.getCaption());
            System.out.println("버튼 위치정보 = " + positionInfo);
    }
}
```

결과

```
버튼 제목 정보 = 저장
버튼 위치 정보 = PositionInfo [x=100, y=100, width=200, height=40]
```

정리

- 내부 클래스의 사용
  - PositionInfo 클래스는 위치 정보를 갖는 클래스이다.
  - MyButton은 위치 정보를 갖기 위해 PositionInfo 클래스를 내부 클래스로 정의하였다.

▸ PositionInfo 클래스는 MyButton에서만 활용하기 위해 정의되었다.

▸ 해당 위치 정보가 다른 클래스에서도 활용이 필요하다면 내부 클래스가 아닌 독립된 클래스로 사용되는 것을 권장한다.

– 일반적으로 내부 클래스의 사용 목적은 두 개의 클래스의 연관성이며 Outer 클래스에서만 활용하기 위해 사용된다.

• toString() 함수 재정의

– toString()은 이미 클래스가 가지고 있는 함수이며 그대로 정의를 할 경우 기존의 로직이 수정된다.

▸ 이는 9장 상속 파트에서 자세히 설명을 할 것이다.

– 'System.out.println()'에서 해당 객체를 파라미터로 입력할 경우 자동으로 toString() 함수를 호출한다.

2. 정적 내부 클래스 정의 및 사용 예제

학습 절차

1. ch07.part03.main1.sub2.ProductVo 클래스 정의

– 전역변수 정의

– 품목 그리드 관련 공통 정보 타입 정의

▸ 품목 그리드 헤더 정보

▸ 품목 그리드 너비 정보

2. ch07.part03.main1.sub2.TestMain 클래스 정의

– 품목 그리드 관련 공통 정보 조회

– 품목 그리드 관련 공통 정보 출력

사용 예제

1. ch07.part03.main1.sub2.ProductVo 클래스 정의

```
package ch07.part03.main1.sub2;

public class ProductVo {

    /** 전역변수 정의 */
    private String productNo;
    private String productName;
    private String price;

    /** 품목 그리드관련 공통정보타입 정의 */
    public static class TableInfo {
        /** 품목 그리드 헤더정보 */
        public final static String[] HEADER_INFO = { "품목번호", "품목명", "단가" };
        /** 품목 그리드 너비정보 */
```

```
            public final static int[] WIDTH_INFO = { 100, 400, 100 };
    }
}
```

2. ch07.part03.main1.sub2.TestMain 클래스 정의

```
package ch07.part03.main1.sub2;

import java.util.Arrays;

public class TestMain {
    public static void main(String[] args) {

            /** 품목 그리드관련 공통정보 조회 */
            String[] headerInfo = ProductVo.TableInfo.HEADER_INFO;
            int[] widthInfo = ProductVo.TableInfo.WIDTH_INFO;

            /** 품목 그리드관련 공통정보 출력 */
            System.out.println(Arrays.toString(headerInfo));
            System.out.println(Arrays.toString(widthInfo));
    }
}
```

결과

```
[품목번호, 품목명, 단가]
[100, 400, 100]
```

정리

- 정적 내부 클래스의 사용
  - 외부에서 직접 접근을 위해 static을 정의된 내부 클래스 사용
    - ▸ ProductVo.TableInfo로 접근이 가능하다.
  - Outer 클래스의 객체와 상관없이 내부 클래스 객체를 이용하여 처리하고자 할 때 주로 사용한다.

※ 내부 클래스, 정적 내부 클래스의 활용 방법

- 두 클래스 모두 Outer 클래스와의 연관성이 클 때 클래스를 내부에서 정의할 수 있다.
- 우선 내부 클래스로 정의 후 외부에서 사용이 필요할 경우 'static'으로 부여 후 활용하면 된다.

7.3.02 내부 클래스와 정적 내부 클래스의 비교

<table>
<tr><th></th><th>내부 클래스</th><th>정적 내부 클래스</th></tr>
<tr><td>정의 방법</td><td><pre>public class A {
    /** 내부 클래스 */
    public class B {

    }
}</pre></td><td><pre>public class A {
    /** 정적 내부 클래스 */
    public static class B {

    }
}</pre></td></tr>
<tr><td rowspan="2">사용 방법</td><td><pre>public class A {
    /** 주로 A 클래스의 속성으로 사용 */
    private B b = new B();
    /** 내부 클래스 */
    public class B {

    }
}</pre></td><td><pre>public class A {

    /** 정적 내부 클래스 */
    public static class B {

    }
}</pre></td></tr>
<tr><td><pre>public class C {
    public static void main(String[] args) {
        A a = new A();
        /** A 타입 객체를 이용 */
        B b = a.new B();
    }
}</pre></td><td><pre>public class C {
    public static void main(String[] args) {

        /** 주로 독립적으로 사용 */
        B b = new A.B();
    }
}</pre></td></tr>
<tr><td>공통점</td><td colspan="2">• 클래스 내부에 클래스를 정의한다.
• 다른 클래스와 상관없이 Outer 클래스와의 연관성이 클 때 사용한다.</td></tr>
<tr><td>차이점</td><td>• 'static' 사용 안 한다.
• A 클래스 객체와 연관성이 크다.
• 주로 A 클래스 내부에서 객체를 생성한다.</td><td>• 'static' 사용한다.
• A 클래스와 연관성이 크다.
• 주로 외부 클래스에서 B 클래스 객체를 생성한다.</td></tr>
</table>

7.3.03 내부 클래스 – 접근 및 정의

학습 목표	• 다음의 주요 이슈를 이해할 수 있다. – Outer 클래스에서 내부 클래스로의 접근 ▷ 모두 OK – 내부 클래스 변수와 함수 정의 ▷ none-static 요소만 정의 가능

※ 다음의 접근만 반드시 이해하도록 하자

- static 요소의 static 로직 구간 접근 : 가능
- static 요소의 none–static 로직 구간 접근 : 가능
- none–static 요소의 static 로직 구간 접근 : 불가능
- none–static 요소의 none–static 로직 구간 접근 : 가능

처리 방법

- Outer 클래스에서 내부 클래스로의 접근 ▷ 모두 OK
  - 모든 Outer 클래스의 변수와 함수는 내부 클래스로 접근이 가능하다.

Outer 클래스 구성 요소		내부 클래스로의 접근 여부
none–static	전역변수	○
	함수	○
static	전역변수	○
	함수	○

- 내부 클래스 변수와 함수 정의 ▷ none–static 요소만 정의 가능

내부 클래스 구성 요소		내부 클래스 정의 가능 여부
none–static	전역변수	○
	함수	○
static	전역변수	×
	함수	×

학습 절차

1. ch07.part03.main3.TypeA 클래스 정의

- static 전역변수 정의
- 전역변수 정의
- static 함수 정의
- 함수 정의
- 내부 클래스 정의
  - ▸ static 전역변수 정의
  - ▸ 전역변수 정의
  - ▸ static 함수 정의
  - ▸ 함수 정의

사용 예문

```
package ch07.part03.main3;

public class TypeA {
```

```
    /** static 전역변수 */
    private static int count1 = 1;

    /** 전역변수 */
    private int count2 = 2;

    /** static 함수 */
    private static void method1() {        }

    /** 함수 */
    private void method2() { }

    /** 내부클래스 정의 */
    public class TypeB {

        /** 전역변수 정의 → 가능 */
        private int count3 = 3;

        /** static 전역변수 → 불가능 */
        // private static int count4 = 4;

        /** 함수 정의 → 가능 */
        public void method3() {
            System.out.println(count1);     /** Outer 클래스 static 전역변수 접근가능 */
            System.out.println(count2);     /** Outer 클래스 전역변수 접근가능 */
            method1();                      /** Outer 클래스 static 함수 접근가능 */
            method2();                      /** Outer 클래스 함수 접근가능 */
        }

        /** static 함수생성 → 불가능 */
        // public static void method4(){
        //
        // }
    }
}
```

정리

- Outer 클래스에서 내부 클래스로의 접근
  - 전역변수와 함수가 모두 사용이 가능하다.
    - ▸ 전역변수 count1과 count2는 내부 클래스의 method3()에 사용하였다.
    - ▸ 함수 method1과 method2는 내부 클래스의 method3()에 사용하였다.
- 내부 클래스에서 구성 요소의 정의
  - static 함수와 변수 생성 시 오류가 발생하여 정의가 불가능하다.
  - none-static 함수와 변수의 정의는 가능하다.

※ 개발 시 정보를 모두 알아야 하는가?

– 이미 이클립스와 같은 편집기에서는 정의가 불가능할 경우 코드에서 오류를 나타내므로 금방 알 수 있다.

– 이러한 에러가 나타날 때 원인을 알고 어떻게 처리할지에 대해 방법만 알기를 바란다.

▸ 내부 클래스 정의에서 반드시 static이 필요한 경우라면 정적 내부 클래스로 변경해 처리하면 된다.

7.3.04 정적 내부 클래스 – 접근 및 정의

학습 목표

• 다음의 주요 이슈를 이해할 수 있다.

– Outer 클래스에서 정적 내부 클래스로의 접근 ▷ static 요소만 OK

– 정적 내부 클래스 변수와 함수 정의 ▷ 모두 OK

※ 다음의 접근만 반드시 이해하도록 하자

– static 요소의 static 로직 구간 접근 : 가능

– static 요소의 none–static 로직 구간 접근 : 가능

– none–static 요소의 static 로직 구간 접근 : 불가능

– none–static 요소의 none–static 로직 구간 접근 : 가능

처리 방법

• Outer 클래스에서 내부 클래스로의 접근 ▷ static 요소만 OK

– 모든 Outer 클래스의 변수와 함수는 내부 클래스로 접근이 가능하다.

Outer 클래스 구성 요소		내부 클래스로의 접근 여부
none–static	전역변수	×
	함수	×
static	전역변수	○
	함수	○

• 내부 클래스 변수와 함수 정의 ▷ static은 정의할 수 없다.

내부 클래스 구성 요소		내부 클래스 정의 가능 여부
none–static	전역변수	○
	함수	○
static	전역변수	○
	함수	○

학습 절차	**1. ch07.part03.main4.TypeA 클래스 정의** – static 전역변수 정의 – 전역변수 정의 – static 함수 정의 – 함수 정의 – ch07.part03.main4.TypeA.TypeB 정적 내부 클래스 정의 ▸ static 전역변수 정의 ▸ 전역변수 정의 ▸ static 함수 정의 ▸ 함수 정의

사용 예문

```
package ch07.part03.main4;

public class TypeA {

    /** static 전역변수 */
    private static int count1 = 1;

    /** 전역변수 */
    private int count2 = 2;

    /** static 함수 */
    private static void method1() {         }

    /** 함수 */
    private void method2() { }

    /** 정적 내부클래스 정의 */
    public static class TypeB {

        /** 전역변수 정의 → 가능 */
        private int count3 = 3;

        /** static 전역변수 → 가능 */
        private static int count4 = 4;

        /** 함수 정의 → 가능 */
        public void method3() {
            System.out.println(count1);        /** Outer 클래스 static 전역변수 접근가능 */
            //System.out.println(count2);      /** Outer 클래스 전역변수 접근불가능 */
            method1();                         /** Outer 클래스 static 함수 접근가능 */
            //method2();                       /** Outer 클래스 함수 접근불가능 */
```

	``
	        }
	
	        /** static 함수생성 → 가능 */
	        public static void method4(){
	            System.out.println(count1); /** Outer 클래스 static 전역변수 접근가능 */
	            //System.out.println(count2); /** Outer 클래스 전역변수 접근불가능 */
	            method1(); /** Outer 클래스 static 함수 접근가능 */
	            //method2(); /** Outer 클래스 함수 접근불가능 */
	        }
	    }
	}
	``

정리	• Outer 클래스에서 정적 내부 클래스로의 접근 – 정적 내부 클래스가 'static'이므로 외부에서는 static 요소만 접근이 가능하다. • 정적 내부 클래스에서 구성 요소의 정의 – 정적 내부 클래스가 이미 클래스 영역에 있기 때문에 static, none–static 요소 정의가 모두 가능하다. ※ 개발 시 정보를 모두 알아야 하는가? – 앞에서 언급을 하였듯이 편집기를 통하여 불가능한 상황만 이해하고 이에 대한 해결책만 고려하면 된다.

7.4 | enum

수준	중요 포인트 및 학습 가이드(※)
중	1. enum 타입 기본 학습 – 변수의 타입은 지정할 수 있지만 값의 범위는 제한할 수 없으므로 제한을 위해 'enum'을 사용한다. – enum은 클래스와 같이 참조형의 타입이다. – enum의 정의 방법은 클래스와 같이 독립된 단위로 정의할 수 있으며 내부 클래스와 같이 클래스 내에서 하나의 타입으로 정의할 수 있다. – enum은 new 연산자를 이용하여 객체 생성을 하지 않으며 '타입명.속성값'으로 호출한다. – enum 값의 비교는 연산자 '=='로 비교할 수 있다. – enum 값과 매핑이 되는 상수값을 설정할 수 있다. – enum은 클래스와 같이 구성 요소를 갖을 수 있으며 생성자 함수는 new 선언을 할 수 없도록 'private' 연산자를 사용한다. – 동일 타입의 제한된 자료를 입력하고자 'enum'을 사용한다. ※ enum 타입의 정의 및 처리 방법은 반드시 숙지하고 넘어가자.

상	2. enum 속성에 내부 속성 설정하기 ※ 사용 빈도는 높지 않기 때문에 필요할 때 참고할 수 있도록 하면 된다. ※ 학습을 위해서는 enum 타입 속성의 내부 속성을 정의하기 위한 절차 과정을 이해해야 한다.

7.4. 01 enum 타입 기본 학습

사용 목적	• 자료에 '남자' 또는 '여자'와 같이 한정된 자료만을 입력을 하도록 지정하려면? – '남자'와 '여자'의 자료값은 변경할 수 없도록 한다. ▸ 변수는 타입이 자동으로 제한되지만 입력되는 값을 제한할 수 없다. ▸ 입력되는 값을 변경할 수 없도록 '상수화'된 자료를 가져와야 한다. – 동일 타입의 제한된 자료를 입력하고자 'enum'을 사용한다. 〈사용 예〉 ▸ 요일에 해당하는 7개의 자료 중에서만 선택해야 함. ▸ 자료 타입 'A', 'B', 'C', 'D'의 값 중 하나의 값만 선택해야 함.

정의 방법	**enum 타입명 { 속성1, 속성2, ... }**
	• 변수값의 범위를 제한하기 위해 enum 타입을 사용한다.
	• enum의 정의 방법은 클래스와 같이 독립된 단위로 정의할 수 있으며, 내부 클래스와 같이 클래스 내에서 하나의 타입으로 정의할 수 있다.
	〈사용 예〉
	public enum ProductType {
	        TYPE_A, TYPE_B, TYPE_C, TYPE_D
	}

처리 방법	• enum 타입 정의 방법 1 – 클래스 내부에 enum 타입 정의
	– A.java 파일 내에 존재한다.
	– 'enum 타입명 { 속성1, 속성2, 속성3, ... };'과 같이 표현한다.
	public class A {
	        public enum GenderType { MAN, WOMAN };
	}
	• enum 타입 정의 방법 2 – 독립된 타입으로 정의
	– GenderType.java 파일로 저장된다.
	– 'enum 타입명 { 속성1, 속성2, 속성3, ... };'과 같이 정의한다.

	public enum GenderType {
	MAN, WOMAN
	}
	• enum 타입 사용 방법 – 객체 생성
	– new를 사용하지 않고 '타입명.속성명'으로 생성한다.
	GenderType genderType1 = GenderType.MAN;
	GenderType genderType2 = GenderType.WOMAN;

특징	• 객체 생성 – new 연산자를 사용하지 않으며 '타입명.속성명'으로 객체를 호출한다. – '타입명.속성명'으로 호출하기 때문에 static의 특징을 갖는다. • 객체 비교 – enum은 클래스와 같이 참조형의 타입이므로 '==' 연산자를 이용하여 객체를 비교할 수 있다. • enum 속성의 값은 변경이 불가능하다. – 속성값의 변경이 불가능하기 때문에 'final'의 특징을 갖는다.
학습 절차	**1. ch07.part04.main1.TypeA 클래스 정의** – enum 타입 정의 – GenderType 전역변수 생성 – genderType getter 함수 생성 – genderType setter 함수 생성 **2. ch07.part04.main1.TestMain 클래스 정의** – 메인 함수 정의 ▸ TypeA 객체생성 ▸ 객체 genderType 설정 ▸ genderType 비교
사용 예문	1. ch07.part04.main1.TypeA 클래스 정의

```
package ch07.part04.main1;

public class TypeA {

    /** enum 타입의 정의 */
    public enum GenderType {
        MAN, WOMAN
    };
```

```
	/** GenderType 전역변수 생성 */
	private GenderType genderType;

	/** genderType getter 함수생성 */
	public GenderType getGenderType() {
		return genderType;
	}

	/** genderType setter 함수생성 */
	public void setGenderType(GenderType genderType) {
		this.genderType = genderType;
	}
}
```

2. ch07.part04.main1.TestMain 클래스 정의

```
package ch07.part04.main1;

import ch07.part04.main1.TypeA.GenderType;

public class TestMain {
	public static void main(String[] args) {
		/** TypeA 객체생성 */
		TypeA a = new TypeA();

		/** 자료의 입력은 '타입.속성명' 형태로 입력을 한다. */
		a.setGenderType( GenderType.MAN);

		/** 비교는 연산자 '=='로 할 수 있다. */
		if (a.getGenderType() == GenderType.MAN) {
			System.out.println("객체비교 a.getGenderType() [남자]");
		} else if (a.getGenderType() == GenderType.WOMAN) {
			System.out.println("객체비교 a.getGenderType() [여자]");
		} else {
			System.out.println("비교불가");
		}
	}
}
```

결과

객체비교 a.getGenderType() [남자]

소스 설명

▶ public enum GenderType { MAN, WOMAN };

- enum의 생성방식이며 속성은 콤마(,)로 연결한다.
- 속성의 값은 변경이 불가하여 상수처럼 취급이 된다.
  - 상수값의 명명은 언더바(_)와 대문자를 이용하여 표기를 권장한다.

	ex) DATA_INSERT, PRODUCT_TYPE_A ▶ a.setDataType(GenderType.MAN); • GenderType의 객체는 'GenderType.속성' 형태로 객체를 호출한다. – 'new' 연산자를 이용하여 객체생성하지 않는다. GenderType genderType = GenderType.MAN; – '타입.속성'으로 호출되기 때문에 enum은 static의 특성을 갖는다. – enum은 속성의 값이 변경되지 않기 때문에 final의 특성을 갖는다. ▶ if(a.getDataType() == GenderType.MAN){ ... } • enum 타입 객체 비교는 '==' 연산자를 이용한다. – 참조형으로써 메모리 주소 비교를 한다.
정리	• enum을 왜 사용해야 하는가? – 타입의 제한뿐만 아니라 자료 값을 제한해야 하는 경우 사용해야 한다.

7.4. 02 enum 타입의 내부 속성 설정하기

학습 목표	• enum 타입 속성의 내부 속성을 정의하기 위한 절차 과정을 이해해야 한다.
사용 목적	• enum의 값을 저장 시 특정 값으로 대체할 수 없을까? – 선택된 enum 타입 객체를 다른 타입의 변수에 담거나 데이터베이스와 같은 저장 시스템에 입력해야 할 때 저장하기 위해 속성이 필요하다. ▸ 예를 들어 '남자', '여자'의 속성에서 '남자'는 '1', '여자'는 '2'로 입력하고자 함 – enum은 속성값을 정의할 수 있다.
학습 절차	**1. ch07.part04.main2.Gender enum 타입 정의** – [절차 1] 괄호를 이용하여 넣고자 하는 enum 타입 값을 넣는다. – [절차 2] private 생성자 함수를 [절차 1]의 괄호에 맞는 타입으로 정의 **2. ch07.part04.main2.Gender enum 타입 정의** – [절차 3] 외부에서 name, value에 접근할 수 있도록 public 전역변수 생성 – [절차 4] 생성자 파라미터를 전역변수와 연결한다. **3. ch07.part04.main2.Gender enum 타입 정의** – [절차 5] public에서 private으로 변경한다. – [절차 6] getter 함수 생성

	4. ch07.part04.main2.TestMain 클래스 정의 – 메인 함수 정의 ▸ Gender.MAN 자료 선택 ▸ Gender.WOMAN 자료 선택

처리 방법	<pre>package ch07.part04.main2;
	
	public enum Gender {
	    /** [절차 1] 괄호를 이용하여 넣고자 하는 enum 타입 값을 넣는다. */
	    MAN(1,"남자"), WOMAN(2,"여자") ;
	
	    /** [절차 2] private 생성자 함수를 [절차 1]의 괄호에 맞는 타입으로 정의 */
	    private Gender(int value, String name){ }
	}</pre>

	[문제점] ▷ 다음의 '개선 결과'에 반영 • 'Gender.MAN'으로 객체 생성이 가능하지만 내부 value 또는 name에 접근할 수 없음 ▷ 전역변수 필요

개선 결과	<pre>package ch07.part04.main2;
	
	public enum Gender {
	    MAN(1,"남자"), WOMAN(2,"여자") ;
	
	    /** [절차 3] 외부에서 name, value에 접근할 수 있도록 public 전역변수 생성 */
	    public int value ;
	    public String name;
	
	    /** [절차 4] 생성자 파라미터를 전역변수와 연결한다. */
	    private Gender(int value, String name){
	        this.value = value;
	        this.name = name;
	    }
	}</pre>

	[문제점] ▷ 다음의 '개선 결과'에 반영 • Gender.MAN.value 또는 Gender.MAN.name으로 접근이 가능하지만 외부에서 값을 변경할 수 있으므로, 외부에서 값을 변경할 수 없도록 처리한다. ▸ 전역변수를 private으로 변경 후 setter 함수 없이 getter 함수만 생성한다.

개선 완료	<pre>package ch07.part04.main2;
	
	public enum Gender {</pre>

```java
    MAN(1,"남자"), WOMAN(2,"여자") ;

    /** [절차 5] public에서 private으로 변경한다. */
    private int value ;
    private String name;

    private Gender(int value, String name){
        this.value = value;
        this.name = name;
    }

    /** [절차 6] getter 함수생성 */
    public int getValue(){ return value; }
    public String getName(){ return name; }
}
```

메인 실행

```java
package ch07.part04.main2;

public class TestMain {
    public static void main(String[] args) {

        /** Gender.MAN 자료선택 */
        Gender gender1 = Gender.MAN;
        int value1 = gender1.getValue();
        String name1 = gender1.getName();
        System.out.println("Gender.MAN value = " + value1);
        System.out.println("Gender.MAN name = " + name1);

        /** Gender.WOMAN 자료선택 */
        Gender gender2 = Gender.WOMAN;
        int value2 = gender2.getValue();
        String name2 = gender2.getName();
        System.out.println("Gender.WOMAN value = " + value2);
        System.out.println("Gender.WOMAN name = " + name2);
    }
}
```

결과

```
Gender.MAN value = 1
Gender.MAN name = 남자
Gender.WOMAN value = 2
Gender.WOMAN name = 여자
```

소스 설명

▶ MAN(1,"남자"), WOMAN(2,"여자") ;

- enum 자료에 값을 설정할 수 있다.

	– 첫 번째 파라미터 : int – 두 번째 파라미터 : String ▶ private Gender(int value, String name) • 자료에 입력된 파라미터의 타입과 수가 생성자함수와 일치해야 한다. • 생성자함수는 『private』 연산자를 사용한다. – 외부 new 연산을 이용한 객체생성 차단하기 위함이다. ※ 앞에서 싱글톤 패턴의 정의에서도 언급한 바 있다. ▶ private int value; private String name; • enum은 전역변수를 가질 수 있다. • 외부에서 접근할 수 없도록 private으로 지정한다. • 값에 접근할 수 있도록 getter 함수를 정의하겠다. • 값을 설정할 수 없도록 setter 함수는 정의하지 않는다. ▶ int value = gender.getValue(); String name = gender.getName(); • 'enum객체명.함수명()'으로 함수의 사용이 가능하다.
정리	• enum 타입의 특징 – 클래스와 같이 속성을 정의할 수 있으며 함수를 정의할 수 있다. – 클래스와 같이 'private' 생성자 함수를 정의할 수 있다. ▸ enum 타입은 'new'를 이용하여 객체 생성을 할 수 없도록 하기 위함이다.

7.5 | 제네릭스(Generics)

수준	중요 포인트 및 학습 가이드(※)
상	1. 제네릭스 개요 – 제네릭스(Generics)를 이용한 타입의 동적 처리를 위해 사용한다. ▸ 클래스 내부 또는 함수 내부에서 타입의 동적 처리를 위해 제네릭스를 사용한다. ▸ 클래스 내부 또는 함수 내부에서 사용할 수 있는 타입을 제한할 수 있다.

	– 제네릭스의 사용은 '제네릭 타입'과 '제네릭 함수'가 있고 임시 타입인 '타입 파라미터'를 이용해 정의한다. – 타입 파라미터는 사용 시점에 입력된 타입으로 대체하기 때문에 동적 활용이 가능하다. ▸ 제네릭 타입의 사용 시점 : 객체 생성 시 타입이 결정된다. ▸ 제네릭 함수의 사용 시점 : 함수 사용 시 타입이 결정된다. ※ 제네릭스는 처음부터 이해하고 사용하기가 매우 어렵다. 개념 이해를 위해 서두르지 말고 천천히 이해하길 바란다.
상	2. 타입 파라미터 및 타입 파라미터의 제한 – 강제적이지는 않지만 통상적으로 사용되는 타입명의 규칙이 존재한다. – 타입 파라미터는 'extends'를 이용하여 제한할 수 있다. ※ 이 부분을 이해하는 것은 어렵지 않으며 타입의 제한은 9장 상속 부분과 연관성이 있다.
상	3. 와일드카드 타입 〈?〉 – 타입 파라미터가 제네릭스를 이용하는 경우 와일드카드 타입이 사용될 수 있다. ▸ Clazz 〈T extends A〈?〉〉 – 와일드카드 타입 〈?〉는 타입 파라미터가 제네릭 타입인 경우 사용되며 모든 타입을 허용해야 하는 경우 사용된다. ※ 초급 수준에서 정의해서 사용할 일은 거의 없기 때문에 이해하는 수준으로 학습하길 바란다.
하	4. 제네릭스와 기본형, Wrapper 클래스 – 기본형의 타입은 제네릭스의 타입 파라미터로 사용을 할 수 없다. – 기본형 타입 대신에 Wrapper 클래스를 이용하여 사용해야 한다. – Wrapper 클래스의 종류는 총 8가지이다. ▸ Byte, Short, Integer, Long, Float, Double, Character, Boolean ※ 오토 박싱(auto boxing)과 오토 언박싱(auto unboxing)을 이해해야 한다.
상	5. 제네릭스 활용 예제 ※ 제품 목록과 회원 목록을 화면을 이용하여 나타내도록 구현하였으며 이를 제네릭스를 이용하여 모듈화된 'TableGroup'을 이용하여 조금 더 효율적으로 변환을 하였다. 그 과정을 이해하고 효과를 이해하길 바란다.

7.5.01 제네릭스 개요

사용 목적	• 제네릭스(Generics)를 이용한 타입의 동적 처리 – 클래스 내부 또는 함수 내부에서 타입의 동적 처리를 위해 제네릭스를 사용한다. – 클래스 내부 또는 함수 내부에서 사용할 수 있는 타입을 제한할 수 있다.

	1. 클래스에 제네릭스 정의 - 제네릭 타입
정의 방법 [1]	public class A 〈T〉 { ... } • 타입 파라미터의 정의 – 임의의 문자로 〈T〉를 정의한다. ▸ 문자는 임으로 정의하였으며 7.7.02 파트에서 명명 규칙에 대해 설명할 예정이다. – T 타입은 제네릭 타입이라 한다. ▸ 제네릭 타입은 임시 타입이며 사용 시점에 타입이 결정된다. • 타입 파라미터의 결정 – 사용 시점은 '객체 생성 시점'이며, 객체가 메모리에 로딩 시 결정된 타입으로 로딩되게 된다. – 사용 시점에 T 타입이 String 타입으로 전환 A〈String〉 a = new A〈String〉(); – 타입 파라미터가 정의되지 않을 경우 참조형의 가장 상위 클래스인 'Object' 타입으로 결정 A a = new A(); • 제네릭스 타입의 생략 – 자바 1.7 버전 이후 부터는 new 연산자 부분의 제네릭스 타입은 생략이 가능하다. ▸ 반드시 변수 선언부가 존재해야 한다. 〈사용 예 – 생략 가능〉 A〈String〉 a = new A〈〉(); 〈사용 예 – 생략 불가능〉 A〈String〉 a = null; a = new A〈〉();
	2. 함수에 제네릭스 정의 - 제네릭 함수
정의 방법 [2]	public 〈T〉 T method(T t){ ... } public static 〈T〉 T method(T t){ ... } • 타입 파라미터의 정의 – 임의의 문자로 〈T〉를 정의한다. ▸ 문자는 임으로 정의하였으며 이후 7.7과에서 명명 규칙에 대해 설명할 예정이다. – T 타입은 제네릭 타입이라 한다. ▸ 제네릭 타입은 임시 타입이며 사용 시점에 타입이 결정된다. – static, non–static 함수에서 정의가 가능하다. • 타입 파라미터의 결정 – 타입 결정 시점은 '함수의 사용 시점'이다.

– 함수에 정의된 타입 파라미터 〈T〉에 의해 반환 타입이 결정된다.

– 파라미터에 정의된 T 타입이 사용시점에 대체된다.

– 사용 시점에 입력되는 타입 파라미터 정보가 없을 경우

▸ 타입 파라미터가 정의되지 않을 경우 참조형의 가장 상위 클래스인 'Object' 타입으로 결정된다.

〈사용 예〉

```
public class A {
        // 함수 내부의 로직은 모두 반환값을 null로 하여 임의 처리하였다.
        public <T> T method1(T t){ return null; }
        public <T> T method2(A<T> a){ return null; }
        public static <T> T method3(T t){ return null; }
        public static <T> T method4(A<T> a) { return null;. }
}
```

학습 절차

1. ch07.part05.main1.TypeA 클래스 정의

– 제네릭 타입을 타입으로 하는 속성 정의

– 제네릭 타입을 이용한 생성자함수 정의

– 반환 타입이 제네릭 타입(T 타입)인 getter 함수 정의

2. ch07.part05.main1.TypeB 클래스 정의

– 제네릭 타입을 이용한 함수 정의 1

– 제네릭 타입을 이용한 static 함수 정의 2

– 제네릭 타입을 이용한 함수 정의 3 ▷ 제네릭 타입을 가진 파라미터

– 제네릭 타입을 이용한 static 함수 정의 4 ▷ 제네릭 타입을 가진 파라미터

3. ch07.part05.main1.TestMain 클래스 정의

– 메인 함수 정의

▸ TypeB 객체 생성 – method1(), method2() 함수사용

▸ TypeA 객체 생성 – 제네릭 타입 사용 → 제네릭 타입 반환

▸ TypeA 객체 생성 – 제네릭 타입 사용 안 함 → Object 타입 반환

사용 예문

1. ch07.part05.main1.TypeA 클래스 정의 – 제네릭 타입이 T인 클래스 정의

```
package ch07.part05.main1;

/** 제네릭 타입이 T인 클래스 정의 */
public class TypeA<T> {

    /** 제네릭 타입을 타입으로 하는 속성 정의 */
    private T t;
```

```
    /** 제네릭 타입을 이용한 생성자함수 정의 */
    public TypeA(T t) {
        this.t = t;
    }

    /** 반환타입이 제네릭 타입(T 타입)인 getter 함수 정의 */
    public T getT() {
        return t;
    };
}
```

2. ch07.part05.main1.TypeB 클래스 정의

```
package ch07.part05.main1;

public class TypeB {

    /** 제네릭 타입을 이용한 함수 정의 1 */
    public <T> T method1(T t) {
        return t;
    }

    /** 제네릭 타입을 이용한 static 함수 정의 2 */
    public static <T> T method2(T t) {
        return t;
    }
    /** 제네릭 타입을 이용한 함수 정의 3 – 제네릭 타입을 가진 파라미터 */
    public <T> T method3(TypeA<T> a) {
        return a.getT();
    }

    /** 제네릭 타입을 이용한 static 함수 정의 4 – 제네릭 타입을 가진 파라미터 */
    public static <T> T method4(TypeA<T> a) {
        return a.getT();
    }
}
```

3. ch07.part05.main1.TestMain 클래스 정의

```
package ch07.part05.main1;

public class TestMain {
    public static void main(String[] args) {

        /** TypeB 객체 생성 – method1(), method2() 함수 사용 */
        TypeB b = new TypeB(); /** TypeB 객체생성 */
```

```
            String method1 = b.method1("테스트1");
            String method2 = TypeB.method2("테스트2");

            /** TypeA 객체 생성 - 제네릭 타입 사용 → 제네릭 타입 반환 */
            TypeA<String> a1 = new TypeA<String>("1");
            String t1 = a1.getT();
            String method3 = b.method3(a1);
            String method4 = TypeB.method4(a1);

            /** TypeA 객체 생성 - 제네릭 타입 사용 안 함 → Object 타입 반환 */
            TypeA a2 = new TypeA("2");
            Object t2 = a2.getT();
            Object method6 = b.method3(a2);
            Object method5 = TypeB.method4(a2);
        }
    }
```

결과

※ 메인 함수의 실행 결과 콘솔 화면에 나타나는 내용은 없으며 위와 같이 소스 코드를 작성하였을 때 오류가 발생하지 않을 경우 성공한 것이며 TestMain 클래스에서 서로 다른 타입이 나타나는 것을 확인하면 된다.

- 제네릭 타입에 의해 T ▷ String으로 변환되었다.

  String method1 = b.method1("테스트1");

  String method2 = TypeB.method2("테스트2");

- 제네릭 타입에 의해 T ▷ String으로 변환되었다.

  String method3 = b.method3(a1);

  String method4 = TypeB.method4(a1);

- 제네릭 타입을 정의하지 않아 T ▷ Object로 변환되었다.

  Object method6 = b.method3(a2);

  Object method5 = TypeB.method4(a2);

소스 설명

▶ public class TypeA<T> { ... }

- 제네릭 타입(Generics)
  - <>로 정의된 TypeA 클래스
- 타입 파라미터 T
  - 타입 파라미터는 실제 클래스 타입이 아닌 임의 타입으로 일반적으로 대문자로 된 임의의 단일 문자를 타입으로 지정한다.

▶ TypeA<String> a1 = new TypeA<String>("1");
String t1 = a1.getT();

- 객체 생성을 할 때 타입 파라미터가 T에서 String으로 대체된다.

▶ TypeA a2 = new TypeA("2");
Object t2 = a2.getT();

- 제네릭 타입의 객체 생성 시점에서 타입 파라미터를 지정하지 않으면, 기본 타입인 'Object' 타입으로 대체되어 반환 타입이 Object가 된다.
〈T〉 ▷ 〈Object〉

▶ TypeB b = new TypeB();
String method1 = b.method1("테스트1");
String method2 = TypeB.method2("테스트2");

- method1() 함수는 다음과 같다.
– public 〈T〉 T method1(T t) { return t; }
- 파라미터의 타입은 String 타입이며 타입 파라미터 T는 String이 된다.
– 따라서 사용 시점에 반환 타입은 String을 얻게 된다.

▶ TypeA〈String〉 a1 = new TypeA〈String〉("1");
TypeB b = new TypeB(); /** B 객체생성 */
String method2 = b.method3(a1);

- method3() 함수는 다음과 같다.
– public 〈T〉 T method2(TypeA〈T〉 a) { return a.getT(); }
- method3()의 반환 타입이 String으로 결정되는 과정은 다음과 같다.
– 〈T〉는 method3()의 파라미터 타입 TypeA〈T〉에서 T 타입에 의해 결정이 된다.
– a1의 객체는 TypeA〈String〉 타입이므로 T 타입은 String 타입이 된다.
– 사용시점에 반환 타입은 T 타입에서 String 타입으로 대체된다.
- TestMain 클래스의 메인 함수 내에 있는 a2의 객체는 제네릭의 타입 파라미터가 존재하지 않기 때문에 T 타입이 Object 타입으로 대체된다.

정리

- 제네릭 타입을 이용한 반환 타입의 변경
– 제네릭 타입을 지정함으로써 클래스 내부에서는 해당 제네릭 타입을 이용하여 함수 또는 속성을 정의할 수 있다.
– 제네릭 타입을 지정함으로써 함수의 반환 타입이 동적으로 변경된다.

7.5. 02 타입 파라미터 및 그 제한

- 설명에 앞서 타입 파라미터의 정의 방법을 이해하기 위해서는 '상속'의 개념을 이해해야 하며 바로 다음 표에 '상속'에 관한 기본 설명을 하였다. 우선 참고 후에 살펴보기 바란다.

1. 타입 파라미터 정의

구 분	설 명
〈T〉	• 제네릭스의 가장 기본이 되는 표현 형태이다. • 타입 파라미터 : T
〈K, V〉 〈A, B, C〉	• 제네릭 파라미터는 콤마(,)를 이용하여 1개 이상 정의할 수 있다. • 타입 파라미터 : K, V
〈T extends A〉 〈T extends String〉	• 사용되는 타입을 제한할 수 있다. • 타입 파라미터 : T • A 클래스 또는 A 클래스의 하위 클래스만이 타입 파라미터로 올 수 있다.
〈K extends String, V extends Object〉	• 사용되는 타입을 제한할 수 있다. • 타입 파라미터 : T • A 클래스 또는 A클래스의 상위 클래스만이 타입 파라미터로 올 수 있다.

2. 타입 파라미터 명명 규칙

타입명	사용 방법	
E	Element의 요소로 사용	콜렉션(Collection)에서 주로 사용
K	Key의 의미로 사용	맵(Map)에서 주로 사용
V	Value의 의미로 사용	
N	Number의 의미로 사용	
T	일반 타입의 의미로 사용	일반 타입을 지정할 때 주로 사용
S	두 번째 타입의 의미로 사용	
U	세 번째 타입의 의미로 사용	

- 타입 파라미터는 일반적으로 대문자로 된 단일 문자를 주로 사용한다.
- 강제적이지는 않지만 통상적으로 사용되는 타입명의 규칙이 존재한다.
- 주의 사항

– 중복해서 타입 파라미터를 정의할 수 없다.

▶ public class A 〈K, K〉 [오류 발생]

※ 콜렉션(Collection), 맵(Map)은 12장 '자료 구조' 파트에서 자세히 다룰 것이다.

3. [예습] 상속

• 이 부분은 상속을 이해해야 하며 이후 9장 '상속' 파트에서 다시 언급을 하도록 하겠다.

<table>
<tr><td>목적</td><td>• 부모의 속성과 기능을 상속받아 재활용을 하기 위함이다.</td></tr>
<tr><td>정의 방법</td><td>public class A extends B { ... }
• A 클래스는 B 클래스를 상속한다.
– A의 상위 클래스는 B 클래스이다.
– B의 하위 클래스는 A 클래스이다.
• A 클래스는 B 클래스의 구성 요소를 모두 상속받는다.
• 앞으로 A와 B 클래스의 관계를 이 책에서는 'A 〈 B'로 표현하도록 하겠다.</td></tr>
<tr><td>학습 절차</td><td>1. ch07.part05.main2.sub3.TypeA 클래스 정의
2. ch07.part05.main2.sub3.TypeB 클래스 정의
– TypeB 클래스는 TypeA 클래스를 상속
3. ch07.part05.main2.sub3.TypeC 클래스 정의
– TypeC 클래스는 TypeB 클래스를 상속
4. ch07.part05.main2.sub3.TestMain 클래스 정의
– 메인 함수 정의
▸ TypeC 객체 생성
▸ TypeC 객체로 TypeB의 함수 사용
▸ TypeC 객체로 TypeC의 함수 사용</td></tr>
<tr><td>사용 예문</td><td>1. ch07.part05.main2.sub3.TypeA 클래스 정의
<pre>package ch07.part05.main2.sub3;

public class TypeA {
    private String name = "name";
    public void setName(String name) { this.name = name; }
    public String getName(){ return name; }</pre></td></tr>
</table>

```
}
```

2. ch07.part05.main2.sub3.TypeB 클래스 정의

```
package ch07.part05.main2.sub3;

/** TypeB 클래스는 TypeA 클래스를 상속 */
public class TypeB extends TypeA {

    /** TypeB 클래스는 TypeA 클래스가 가지는 클래스 구성요소를 모두 갖는다. */
    /** TypeB 클래스만의 속성과 기능을 가질 수 있다. */
    private int value = 1;
    public void setValue( int value ){ this.value = value; }
    public int getValue() { return value; }

}
```

3. ch07.part05.main2.sub3.TypeC 클래스 정의

```
package ch07.part05.main2.sub3;

/** TypeC 클래스는 TypeB 클래스를 상속 */
public class TypeC extends TypeB {
    /** TypeC 클래스는 TypeB 클래스가 가지는 클래스 구성요소를 모두 갖는다. */
}
```

4. ch07.part05.main2.sub3.TestMain 클래스 정의

```
package ch07.part05.main2.sub3;

public class TestMain {
    public static void main(String[] args){

        /** TypeC 객체생성 */
        TypeC c = new TypeC();

        /** TypeC 객체로 TypeB의 함수사용 */
        int value = c.getValue();

        /** TypeC 객체로 TypeA의 함수사용 */
        String name = c.getName();
    }
}
```

정리

- 상속 관계
  - TypeA 클래스는 상속 표기가 없다.

▸ 기본으로 상속 표기가 없을 경우에는 'Object 클래스'를 상속받는다.

– TypeB 클래스는 TypeA 클래스를 상속받는다.

– TypeC 클래스는 TypeB 클래스를 상속받는다.

– 따라서 상속 관계는 다음과 같이 된다.

▸ TypeC 클래스 〈 TypeB 클래스 〈 TypeA 클래스 〈 Object

– 즉, Object 클래스는 모든 클래스의 조상이 되는 클래스라 생각하면 된다.

– B 클래스의 상위 클래스는 A 클래스, Object 클래스이다.

– A 클래스의 하위 클래스는 B 클래스, C 클래스이다.

4. 상속 관계와 제네릭 타입 제한

처리 방법

※ 전제 조건

– 클래스의 상속 관계를 아래와 같이 가정할 때 객체 생성 시 사용할 수 있는 타입의 관계를 살펴보도록 하자.

▸ C 클래스 〈 B 클래스 〈 A 클래스 〈 Object

• 〈T extends B〉 제네릭 타입을 이용한 클래스 정의

– T는 B 클래스 또는 B 클래스의 하위클래스로 제한이 되어 있다.

```
public class D<T extends B>{
        ...
}
```

• 객체 생성 가능 여부

– 클래스 상속 관계를 고려할 때 객체 생성 시 올 수 있는 타입은 'B 클래스, C 클래스'이다.

```
D<Object> d = new D<Object>();    ▷ 객체 생성 불가능
D<A> d = new D<A>();              ▷ 객체 생성 불가능
D<B> d = new D<B>();              ▷ 객체 생성 가능
D<C> d = new D<C>();              ▷ 객체 생성 가능
```

7.5.03 와일드카드 타입 〈?〉

개념

• 와일드카드 타입 〈?〉

– 〈?〉에서 ? 타입은 어떠한 타입도 허용을 하겠다는 뜻이다.

- 와일드카드 타입의 사용
  - 제네릭 타입을 타입 파라미터로 하는 경우에 와일드카드 타입이 사용된다.
    - ▸ 〈T extends A〈?〉〉

정의 방법

〈?〉

- 어떤 클래스 타입이라도 허용

〈? extends A〉

- A 클래스 또는 A 하위 클래스 중 어떤 클래스라도 허용

〈? super A〉

- A 클래스 또는 A 상위 클래스 중 어떤 클래스라도 허용

사용 목적

- 와일드카드 타입은 어떠한 클래스 타입이라도 타입 파라미터로 허용할 수 있도록 하기 위한 목적을 가지고 있다.
  - 타입 파라미터 A〈?〉는 A〈String〉, A〈Object〉 등 어떠한 타입으로도 사용이 가능하다.

학습 절차

1. ch07.part05.main3.TypeA〈T〉 **클래스 정의**
2. ch07.part05.main3.TypeB〈T extends TypeA〈String〉〉 **클래스 정의**
3. ch07.part05.main3.TypeC〈T extends TypeA〈Object〉〉 **클래스 정의**
4. ch07.part05.main3.TypeD〈T extends TypeA〈?〉〉 **클래스 정의**
5. ch07.part05.main3.TypeE〈T extends TypeA〈U〉〉 **클래스 정의**
6. ch07.part05.main3.TestMain **클래스 정의**

- 에러 없이 객체 생성이 가능한 클래스를 찾아보자.

사용 예문

1. ch07.part05.main3.TypeA〈T〉 클래스 정의

```
package ch07.part05.main3;

public class TypeA<T> {

}
```

2. ch07.part05.main3.TypeB〈T extends TypeA〈String〉〉 클래스 정의
– 제네릭 타입 : T – TypeA〈String〉 타입 또는 하위 타입

```
package ch07.part05.main3;

public class TypeB <T extends TypeA<String>> {
```

```java
}
```

3. ch07.part05.main3.TypeC<T extends TypeA<Object>> 클래스 정의
- 제네릭 타입 : T – TypeA<Object> 타입 또는 하위 타입

```java
package ch07.part05.main3;

public class TypeC <T extends TypeA<Object>> {

}
```

4. ch07.part05.main3.TypeD<T extends TypeA<?>> 클래스 정의
- 제네릭 타입 : T – TypeA<?> 타입 또는 하위 타입

```java
package ch07.part05.main3;

public class TypeD <T extends TypeA<?>> {

}
```

사용 예문

5. ch07.part05.main3.TypeE<T extends TypeA<U>> 클래스 정의
- 제네릭 타입 : T – TypeA<U> 타입 또는 하위 타입
- U 타입이 정의되지 않아 오류가 발생한다.
  - ▸ 클래스 생성 오류 발생
  - ▸ 클래스 생성 불가능

```java
package ch07.part05.main3;

public class TypeE <T extends TypeA<U>> {  // ☞ 오류발생

}
```

6. ch07.part05.main3.TestMain 클래스 정의

```java
package ch07.part05.main3;

public class TestMain {
    public static void main(String[] args) {

        /** 타입 : TypeA<String> → <T extends TypeA<String> */
        TypeB<TypeA<String>> typeB = new TypeB<TypeA<String>>();

        /** 타입 : TypeA<String> → <T extends TypeA<Object>> */
        // TypeC<TypeA<Object>> typeC = new TypeC<TypeA<String>>();
```

```
        /** 타입 : TypeA〈String〉 → 〈T extends TypeA〈?〉〉 */
        TypeD〈TypeA〈String〉〉 typeD = new TypeD〈TypeA〈String〉〉();

    }
}
```

소스 설명

▶ public class TypeB 〈T extends TypeA〈String〉〉 { ... }

- TypeB 클래스는 타입 파라미터 〈T extends TypeA〈String〉〉을 사용하는 클래스이다.
- 타입 파라미터 T는 TypeA〈String〉 또는 TypeA〈String〉의 하위 파라미터 타입이다.

정리

- TypeA〈String〉 타입 파라미터를 가질 수 있는 제네릭 타입은 다음과 같음을 알 수 있다.
  - public class TypeB〈T extends TypeA〈?〉〉 { ... }
  - public class TypeD〈T extends TypeA〈String〉〉 { ... }

7.5.04 제네릭스와 기본형, Wrapper 클래스

사용 목적

- 기본형의 타입은 제네릭스의 타입 파라미터로 사용할 수 없다.
  - 타입 파라미터는 '참조형'의 타입만 허용된다.
- 기본형 타입 대신에 Wrapper 클래스를 이용하여 사용해야 한다.
  - Byte, Short, Integer, Long, Float, Double, Character, Boolean 등이 있다.
    - ▸ 타입을 보면 기본형과 연결을 할 수 있을 것이다.
    - ▸ 각각의 기본형의 특징을 가진 클래스이다.
  - 기본형은 'null'이 없으나 해당 클래스는 'null'이 존재한다.

처리 방법

- 제네릭 타입 클래스의 정의

```
public class A〈T〉 {
        /** 로직생략 */
}
```

- 제네릭 타입 클래스 객체 생성
  - 타입 파라미터는 기본형의 타입을 사용할 수 없다.
  - 기본형에 해당하는 Wrapper 클래스를 사용

```
A〈int〉 a = new A〈int〉();              // 오류발생
A〈Integer〉 a = new A〈Integer〉();
```

1. Wrapper 클래스의 종류

• Wrapper 클래스는 모든 기본형 타입마다 있기 때문에, 총 8개의 Wrapper 클래스가 존재한다.

Wrapper 클래스	기본형	객체 생성
Byte	byte	• Byte value = new Byte((byte)10); • Byte value = new Byte("10");
Short	short	• Short value = new Short((short)10); • Short value = new Short("10");
Integer	int	• Integer value = new Integer(10); • Integer value = new Integer("10");
Long	long	• Long value = new Long(10); • Long value = new Long("10");
Float	float	• Float value = new Float(10.2f); • Float value = new Float("10.2f");
Double	double	• Double value = new Double(10.2); • Double value = new Double("10.2");
Character	char	• Character value = new Character('a');
Boolean	boolean	• Boolean value = new Boolean(true); • Boolean value = new Boolean("true");

2. 오토 박싱(Auto Boxing) , 오토 언박싱(Auto Unboxing)

구 분	설 명
오토 박싱 (Auto Boxing)	기본형의 값을 해당 Wrapper 클래스의 참조형 타입 객체로 자동 변환하는 기능
오토 언박싱 (Auto Unboxing)	Wrapper 클래스의 참조형 객체를 기본형의 값으로 자동 변환하는 기능

구 분	사용 예	설 명
오토 박싱 (Auto Boxing)	byte → Byte short → Short int → Integer long → Long	• 기본형의 타입을 참조형의 타입으로 자동으로 변형 〈사용 예〉 Integer a = 10;

	float → Float double → Double char → Character boolean → Boolean	
오토 언박싱 (Auto Unboxing)	Byte → byte Short → short Integer → int Long → long Float → float Double → double Character → char Boolean → boolean	• 참조형의 타입을 기본형의 타입으로 자동으로 변경 〈사용 예〉 int a = new Integer(10);

3. Wrapper 클래스의 주요 함수

- Wrapper 클래스의 함수는 기본형 타입마다 사용되는 함수명이 거의 일정하기 때문에 활용하기 어렵지 않으며 대표적으로 'Integer' 타입만 다루도록 하겠다.

▣ java.lang.Integer API

객체 생성	**new Integer(int value)** • int 타입의 값(value)을 이용하여 객체 생성
	new Integer(String value) • String 타입의 숫자형 문자를 이용하여 객체 생성
숫자 변환	**public static int parseInt(String value)** • 파라미터 설명 – value : 숫자형 문자 • String ▷ int 값으로 변환하기 위한 함수 〈사용 예〉 int value = Integer.parseInt("12345"); /** value : 12345 */
진수 변환	**public static String toBinaryString(int value)** • 파라미터 설명 – value : 숫자

- int 값을 2진수의 문자열 값으로 변환

〈사용 예〉

String value = Integer.toBinaryString(123); /** value : 1111011 */

public static String toOctalString(int value)

- 파라미터 설명
  - value : 숫자
- int 값을 8진수의 문자열 값으로 변환

〈사용 예〉

String value = Integer.toOctalString(123); /** value : 173 */

public static String toHexString(int value)

- 파라미터 설명
  - value : 숫자
- int 값을 16진수의 문자열 값으로 변환

〈사용 예〉

String value = Integer.toHexString(123); /** value : 7b */

public static String toString(int value, int p)

- 파라미터 설명
  - value : 숫자
  - p : 진수 (2 : 2진수, 8 : 8진수, 16 : 16진수)
- int 값을 해당 진수의 문자열 값으로 변환

〈사용 예〉

String value = Integer.toString(123, 2); /** value : 1111011 */

7.5. 05 제네릭스 활용 예제

※ 프로그램 작성 시 자바 1.9 버전 이후 22.3.01의 설명대로 모듈을 정의하자.

▷ 'module-info.java' 파일에 'requires java.desktop;' 모듈 추가

학습 목표	• 주요 이슈를 이해하고 로직 구현을 할 수 있다. – 제네릭스를 활용한 예제에서는 윈도우 화면에 테이블 목록 정보를 나타내기 위한 '모듈화' 과정을 나타내고자 하며 다음과 같이 설명을 하고자 한다.

	1. 윈도우 화면에 UI 화면을 띄우기 2. UI 화면에 테이블 목록 정보를 나타내기 3. 제품 정보 및 회원 정보를 테이블 목록에 나타내기 4. 테이블 정보를 모듈화하기 5. 테이블 정보를 이용하여 제품 정보 및 회원 정보를 테이블 목록에 나타내기

1. Swing을 이용하여 윈도우 화면에 최초 UI 화면을 띄우기

- 뒤에서 우리는 'Swing'을 대체할 'JavaFx'를 학습할 것이며, **13장** UI 파트에서 학습할 예정이다. Swing은 구 버전이지만 구현이 비교적 간단한 부분이 있어 사용하는 것이므로 참고만 해 두자.

처리 방법

- Swing을 이용하여 화면 구성하기
  - [절차 1] JFrame 클래스 상속
  - [절차 2] 화면 크기 설정
  - [절차 3] 화면에 보일도록 설정

```
public class A extends JFrame { /** 절차1 : JFrame 상속 */
        public A () {
                this.setSize(300,300); /** 절차2 : 화면크기 설정 */
        }
        public static void main(String[ ] args) {
                A a  = new A();
                a.setVisible(true); /** 절차3 : 화면에 보이도록 설정 */
        }
}
```

사용 예문

```
package ch07.part05.main5.sub1;

import javax.swing.JFrame;
public class MainUi extends JFrame {

    public MainUi() {
        this.setSize(300,300);
    }

    public static void main(String[ ] args) {
        MainUi mainUi = new MainUi();
        mainUi.setVisible(true);
    }
}
```

결과 화면	
예문 설명	▶ public class MainUi extends JFrame { • MainUi 클래스는 JFrame 클래스를 상속받은 클래스이다. – 따라서 기본 설정만 조금 진행해도 JFrame으로부터 상속받은 기능을 이용하여 화면이 구성된다. – 화면에 관한 정보는 JFrame의 상위 클래스가 가지고 있다. ▶ this.setSize(300,300); • 화면의 크기를 가로 300 픽셀(px), 세로 300 픽셀(px)로 구성하라는 뜻 – 사이즈를 변경하면 화면의 크기가 변경되는 것을 확인할 수 있다. • JFrame을 상속받았기 때문에 setSize() 함수가 존재한다.
정리	• 화면의 구성 절차 – JFrame 상속 ▷ size 설정 ▷ 객체 생성 ▷ visible 설정 • 절차형 작업의 필요성 – JFrame 클래스는 이미 만들어져 있는 클래스이기 때문에 절차에 맞추어서 작업을 할 필요가 있다.

2. Swing을 이용하여 UI 화면에 테이블 목록 정보 나타내기

- 이 부분도 마찬가지로 Swing의 최소 로직을 나타낼 것이며, 참고로만 이해할 수 있도록 하자.

학습 목표	• Swing은 학습할 필요는 없으며 학습 과정 상 로직의 흐름만 이해하도록 하자.
처리 방법	• Swing 화면에 테이블을 이용하여 목록 나타내기 절차 – [절차 1] 테이블 헤더와 자료 목록 구성

	– [절차 2] 테이블을 생성 후 화면에 추가
	– [절차 3] 테이블에 스크롤과 헤더가 나타나도록 스크롤 패널 생성
	– [절차 4] 스크롤 패널에 테이블 추가
	– [절차 5] 화면에 스크롤 패널을 추가
	String[] header = ... ; // 절차 1
	String[][] data = ... ; // 절차 1
	JTable table = new JTable(data, header); // 절차 2
	JScrollPane pane = new JScrollPane(); // 절차 3
	pane.setViewportView(table); // 절차 4
	this.add(pane); // 절차 5

사용 예문	(see code below)

```
package ch07.part05.main5.sub2;

import javax.swing.JFrame;
import javax.swing.JScrollPane;
import javax.swing.JTable;

public class MainUi extends JFrame {
    public MainUi() {
        this.setSize(300, 300);

        /** 절차1 : 테이블 헤더와 자료목록 구성한다. */
        String[] header = { "항목1", "항목2", "항목3" };
        String[][] data = {  { "값11", "값12", "값13" }, { "값21", "값22", "값23" }, { "값31", "값32", "값33" } };

        /** 절차2 : 테이블을 생성 후 화면에 추가한다. */
        JTable table = new JTable(data, header);

        /** 절차3 : 테이블에 스크롤과 헤더가 나타나도록 스크롤 패널을 생성한다. */
        JScrollPane pane = new JScrollPane();

        /** 절차4 : 테이블을 스크롤 패널에 추가한다. */
        pane.setViewportView(table);

        /** 절차5 : 패널을 메인화면에 추가한다. */
        this.add(pane);
    }

    public static void main(String[] args) {
        MainUi mainUi = new MainUi();
        mainUi.setVisible(true);                /** 화면 visible true 설정 */
    }
}
```

<table>
<tr><td>결과
화면</td><td>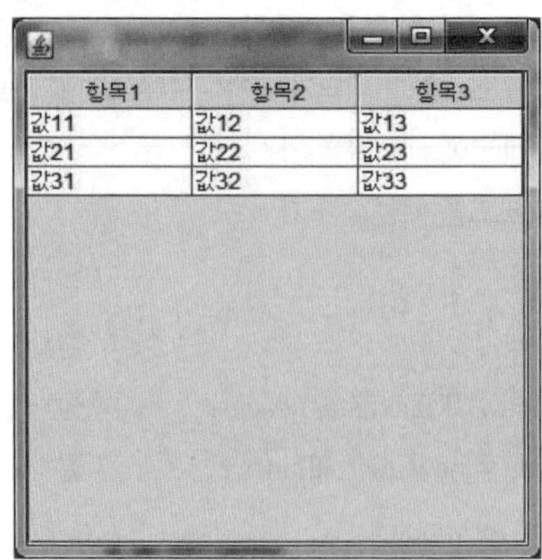
</td></tr>
<tr><td>예문
설명</td><td>▶ JTable table = new JTable(data, header);

• 화면에서 목록을 나타내기 위한 컴포넌트이다.
– 생성자 함수의 파라미터 정보는 다음과 같다.
▷ data : Object[ ][ ] 타입으로 자료 정보를 나타낸다.
▷ header : Object[ ] 타입으로 항목의 정보를 나타낸다.

▶ JScrollPane pane = new JScrollPane( );
pane.setViewportView(table);

• JScrollPane이 하는 일
– 스크롤바 생성
▷ 테이블 목록이 많아질 경우 자동으로 생성
– 헤더명 생성

▶ this.add(pane);

• 컴포넌트는 생성 후 메인 화면에 연결이 되어야 화면에 나타난다.
• 화면 구성 절차는 다음과 같다.
– JTable 객체 생성 ▷ JScrollPane 객체 생성 및 설정 ▷ 메인 화면 추가
• add() 함수는 MainUi의 상위클래스에 존재하는 함수이다.
– 현재 화면의 Layout은 BorderLayout이며 'Center' 부분에 추가되었다.</td></tr>
</table>

3. 제품 정보 및 테이블 정보를 테이블 목록에 나타내기

학습 절차	**1. ch07.part05.main5.sub3.ProductVo 클래스 정의** – 속성 정의

- 생성자 함수 정의
- 자료의 정보를 반환하는 함수 정의
- 테이블의 헤더 정보를 반환하는 함수 정의

2. ch07.part05.main5.sub3.MemberVo 클래스 정의

- 속성 정의
- 생성자 함수 정의
- 자료의 정보를 반환하는 함수 정의
- 테이블의 헤더 정보를 반환하는 함수 정의

3. ch07.part05.main5.sub3.ProductView 클래스 정의

- 화면 크기 설정
- 테이블 자료 생성
- 테이블 정보 생성
- 테이블 컴포넌트 구성
- 메인 화면에 테이블 컴포넌트 추가
- 메인 함수 정의
  - ▸ UI 화면 실행

4. ch07.part05.main5.sub3.MemberView 클래스 정의

- 화면 크기 설정
- 테이블 자료 생성
- 테이블 정보 생성
- 테이블 컴포넌트 구성
- 메인 화면에 테이블 컴포넌트 추가
- 메인 함수 정의
  - ▸ UI 화면 실행

사용 예문

1. ch07.part05.main5.sub3.ProductVo 클래스 정의
– 품목 정보를 나타내는 클래스

```
package ch07.part05.main5.sub3;

public class ProductVo {

    /** 속성 정의 */
    private String productNo;
    private String productName;
    private int price;
```

```
    /** 생성자함수 정의 */
    public ProductVo(String productNo, String productName, int price) {
        this.productNo = productNo;
        this.productName = productName;
        this.price = price;
    }

    /** 자료의 정보를 반환하는 함수 정의 */
    public Object[] getData() {
        return new Object[] { productNo, productName, price };
    }

    /** 테이블의 헤더정보를 반환하는 함수 정의 */
    public static String[] getHeaderInfo() {
        return new String[] { "품목번호", "품목명", "단가" };
    }
}
```

사용 예문

2. ch07.part05.main5.sub3.MemberVo 클래스 정의
– 회원 정보를 나타내는 클래스

```
package ch07.part05.main5.sub3;

public class MemberVo {

    /** 속성 정의 */
    private String memberId;
    private String memberName;

    /** 생성자함수 정의 */
    public MemberVo(String memberId, String memberName) {
        this.memberId = memberId;
        this.memberName = memberName;
    }

    /** 자료의 정보를 반환하는 함수 정의 */
    public Object[] getData() {
        return new Object[] { memberId, memberName };
    }

    /** 테이블의 헤더 정보를 반환하는 함수 정의 */
    public static String[] getHeaderInfo() {
        return new String[] { "회원아이디", "회원명" };
    }
}
```

3. ch07.part05.main5.sub3.ProductView 클래스 정의
– 제품 정보 목록을 화면 구성 및 실행을 위한 클래스

사용 예문

```
package ch07.part05.main5.sub3;

import javax.swing.JFrame;
import javax.swing.JScrollPane;
import javax.swing.JTable;

public class ProductView extends JFrame {
    public ProductView() {

        /** 화면 사이즈 설정 */
        this.setSize(300, 300);

        /** 테이블 자료 */
        ProductVo product1 = new ProductVo("a001", "아메리카노", 4000);
        ProductVo product2 = new ProductVo("a002", "까페라떼", 4300);
        ProductVo product3 = new ProductVo("a003", "까페모카", 4500);

        /** 테이블 정보 만들기 */
        String[] header = product1.getHeaderInfo();
        Object[][] data = new Object[][] { product1.getData(), product2.getData(), product3.getData() };

        /** 테이블 컴포넌트 구성하기 */
        JTable table = new JTable(data, header);
        JScrollPane pane = new JScrollPane();
        pane.setViewportView(table);

        /** 화면에 추가하기 */
        this.add(pane);
    }

    public static void main(String[] args) {
        ProductView view = new ProductView();
        view.setVisible(true);
    }
}
```

4. ch07.part05.main5.sub3.MemberView 클래스 정의
– 회원 정보 목록을 화면 구성 및 실행을 위한 클래스

```
package ch07.part05.main5.sub3;

import javax.swing.JFrame;
```

사용 예문	(code below)

```
import javax.swing.JScrollPane;
import javax.swing.JTable;

public class MemberView extends JFrame {
    public MemberView() {

        /** 화면 사이즈 설정 */
        this.setSize(300, 300);

        /** 테이블 자료 */
        MemberVo member1 = new MemberVo("a001", "강감찬");
        MemberVo member2 = new MemberVo("a001", "이순신");
        MemberVo member3 = new MemberVo("a001", "홍길동");

        /** 테이블 정보 만들기 */
        String[] header = member1.getHeaderInfo();
        Object[][] data = new Object[][] { member1.getData(), member2.getData(), member3.getData() };

        /** 테이블 컴포넌트 구성하기 */
        JTable table = new JTable(data, header);
        JScrollPane pane = new JScrollPane();
        pane.setViewportView(table);

        /** 화면에 추가하기 */
        this.add(pane);
    }

    public static void main(String[] args) {
        MemberView memberView = new MemberView();
        memberView.setVisible(true);
    }
}
```

결과 화면

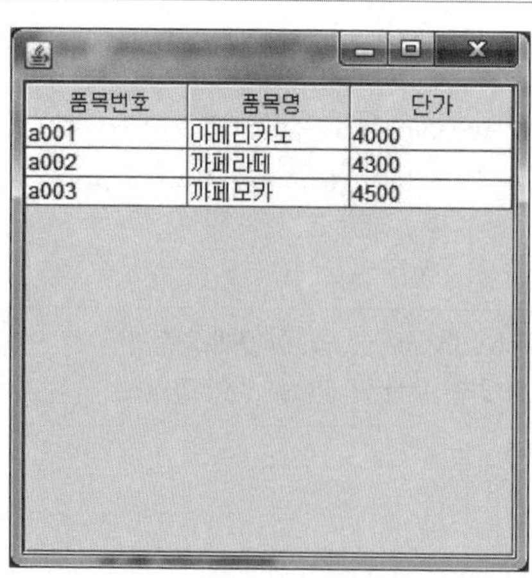

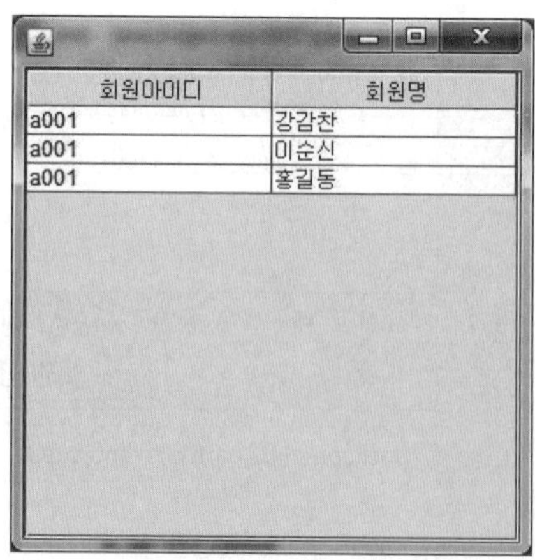

정리	• 분석 결과 – ProductView와 MemberView를 각각 실행하면 위의 결과 화면을 얻을 수 있다. – ProductVo와 MemberVo 클래스는 각각 getData() 함수를 이용하여 자료 정보를 제공한다. ▸ 자료 정보는 자료마다 고유하기 때문에 객체별로 저장하기 위해 none–static 함수를 사용하였다. – ProductVo와 MemberVo 클래스는 각각 getHeaderInfo() 함수를 이용하여 자료 헤더 정보를 제공한다. ▸ 자료 정보는 자료마다 동일하기 때문에 객체별로 저장하지 않도록 static 함수를 사용하였다.

4. 테이블 정보를 모듈화하기

• 바로 앞 예제에서 ProductView와 MemberView를 모듈화한 이후에 결과를 비교한 것이다.

학습 목표	• 만약 View 화면이 2개가 아니라 매우 많은 화면이 존재한다면, 다음과 같은 로직이 반복되어 이루어질 것이다. 1. String[] header 정보, Object[][] data 정보를 가져온다. 2. JTable 객체를 생성 3. JScrollPane 객체 생성 및 설정 4. 메인 화면에 JScrollPane 컴포넌트 추가 • 반복을 없애기 위한 모듈화 처리 – 'TableGroup'이라는 클래스로 분리하여 모듈화를 하자. ▸ 위의 로직을 처리할 수 있도록 별도의 클래스를 두고 관리하자.
학습 절차	**1. ch07.part05.main5.sub4.DefaultVo 클래스 정의** – 헤더 정보 및 자료 정보를 속성으로 정의 **2. ch07.part05.main5.sub4.TableGroup 클래스 정의** – 생성자 함수 정의 ▸ 헤더 정보와 자료 목록 정보를 가져와서 테이블에 처리 ▸ 테이블 구성 ※ 다음의 클래스는 바로 앞에서 정의한 클래스를 그대로 패키지명만 변경 후 일부만 수정하였으며, 수정된 부분만 언급 후 소스 코드에서 나타내도록 하겠다. **3. ch07.part05.main5.sub4.ProductVo 클래스 정의** – 해당 클래스 DefaultVo 상속 처리 – getHeaderInfo()를 none–static 함수로 처리

4. ch07.part05.main5.sub4.MemberVo 클래스 정의

- 해당 클래스 DefaultVo 상속처리
- getHeaderInfo()를 none-static 함수로 처리

5. ch07.part05.main5.sub4.ProductView 클래스 정의

- 테이블 자료 및 컴포넌트 구성을 TableGroup으로 처리

6. ch07.part05.main5.sub4.MemberView 클래스 정의

- 테이블 자료 및 컴포넌트 구성을 TableGroup으로 처리

사용 예문

1. ch07.part05.main5.sub4.DefaultVo 클래스 정의
- 모든 Vo 클래스의 부모 클래스 타입으로 설정하기 위한 클래스

```
package ch07.part05.main5.sub4;

public class DefaultVo {
    /** 헤더정보 및 자료정보를 속성으로 정의 */
    public String[] getHeaderInfo(){ return null; }
    public Object[] getData(){return null;}
}
```

2. ch07.part05.main5.sub4.TableGroup 클래스 정의
- 테이블 정보를 모듈화한 클래스

```
package ch07.part05.main5.sub4;

import javax.swing.JScrollPane;
import javax.swing.JTable;
import javax.swing.table.DefaultTableModel;

public class TableGroup<T extends DefaultVo> {

    private JScrollPane pane = new JScrollPane();

    public TableGroup(T... array) {

        /** 헤더정보와 자료목록정보를 가져와서 테이블에 처리 */
        String[] header = array[0].getHeaderInfo();
        Object[][] data = new Object[array.length][];

        for (int i = 0; i < data.length; i++) {
            T t = array[i];
```

```
                data[i] = t.getData();
            }

            /** 테이블 구성 */
            JTable table = new JTable(data, header);
            pane.setViewportView(table);
    }

    public JScrollPane getTablePanel() {
            return pane;
    }
}
```

3. ch07.part05.main5.sub4.ProductVo 클래스 정의
- 품목 정보를 나타내는 클래스
- ch07.part05.main5.sub3.ProductVo 클래스 일부 수정
  ▸ DefaultVo 클래스 상속
  ▸ getHeaderInfo()를 none-static 함수로 처리

사용 예문

```
package ch07.part05.main5.sub4;

public class ProductVo extends DefaultVo{

    /** 속성 정의 */
    private String productNo;
    private String productName;
    private int price;

    /** 생성자함수 정의 */
    public ProductVo(String productNo, String productName, int price) {
            this.productNo = productNo;
            this.productName = productName;
            this.price = price;
    }

    /** 자료의 정보를 반환하는 함수 정의 */
    public Object[] getData() {
            return new Object[] { productNo, productName, price };
    }

    /** 테이블의 헤더정보를 반환하는 함수 정의 */
    public static String[] getHeaderInfo() {
```

```
        return new String[] { "품목번호", "품목명", "단가" };
    }
}
```

4. ch07.part05.main5.sub4.MemberVo 클래스 정의
- 회원 정보를 나타내는 클래스
- ch07.part05.main5.sub3.MemberVo 클래스 일부 수정
  ▸ DefaultVo 클래스 상속
  ▸ getHeaderInfo()를 none-static 함수로 처리

사용 예문

```
package ch07.part05.main5.sub4;

public class MemberVo extends DefaultVo{

    /** 속성 정의 */
    private String memberId;
    private String memberName;

    /** 생성자함수 정의 */
    public MemberVo(String memberId, String memberName) {
        this.memberId = memberId;
        this.memberName = memberName;
    }

    /** 자료의 정보를 반환하는 함수 정의 */
    public Object[] getData() {
        return new Object[] { memberId, memberName };
    }

    /** 테이블의 헤더정보를 반환하는 함수 정의 */
    public String[] getHeaderInfo() {
        return new String[] { "회원아이디", "회원명" };
    }
}
```

5. ch07.part05.main5.sub4.ProductView 클래스 정의
- 제품 정보 목록을 화면 구성 및 실행을 위한 클래스
- ch07.part05.main5.sub3.ProductView 클래스 일부 수정
  ▸ 모듈을 이용하여 테이블 정보 만들기

```
package ch07.part05.main5.sub4;
```

사용
예문

```
import javax.swing.JFrame;
import javax.swing.JScrollPane;
import javax.swing.JTable;

public class ProductView extends JFrame {
    public ProductView() {

        /** 화면 사이즈 설정 */
        this.setSize(300, 300);

        /** 테이블 자료 */
        ProductVo product1 = new ProductVo("a001", "아메리카노", 4000);
        ProductVo product2 = new ProductVo("a002", "까페라떼", 4300);
        ProductVo product3 = new ProductVo("a003", "까페모카", 4500);

        /** 모듈을 이용하여 테이블 정보 만들기 */
        TableGroup<ProductVo> tableGroup
            = new TableGroup<ProductVo>(product1, product2, product3);

        /** 화면에 추가하기 */
        this.add(tableGroup.getTablePanel());
    }

    public static void main(String[] args) {
        ProductView view = new ProductView();
        view.setVisible(true);
    }
}
```

6. ch07.part05.main5.sub4.MemberView 클래스 정의

– 회원 정보 목록을 화면 구성 및 실행을 위한 클래스

– ch07.part05.main5.sub3.MemberView 클래스 일부 수정

▸ 모듈을 이용하여 테이블 정보 만들기

```
package ch07.part05.main5.sub4;

import javax.swing.JFrame;
import javax.swing.JScrollPane;
import javax.swing.JTable;

public class MemberView extends JFrame {
    public MemberView() {
```

사용 예문

```
        /** 화면 사이즈 설정 */
        this.setSize(300, 300);

        /** 테이블 자료 */
        MemberVo member1 = new MemberVo("a001", "강감찬");
        MemberVo member2 = new MemberVo("a001", "이순신");
        MemberVo member3 = new MemberVo("a001", "홍길동");

        /** 모듈을 이용하여 테이블 정보 만들기 */
        MemberVo[] members = {member1, member2, member3};
        TableGroup<MemberVo> tableGroup = new TableGroup<MemberVo>(members);

        /** 화면에 추가하기 */
        this.add( tableGroup.getTablePanel() );
    }

    public static void main(String[] args) {
        MemberView memberView = new MemberView();
        memberView.setVisible(true);
    }
}
```

소스 설명

▶ public class ProductVo extends DefaultVo {

- ProductVo 클래스는 DefaultVo 클래스를 상속함
- ProductVo는 ProductVo 타입이면서 DefaultVo의 타입으로 볼 수 있으며 형 변환이 다음과 같이 될 수 있다.(이 부분은 상속에서 자세히 설명할 것이다.)

– DefaultVo vo = new ProductVo();

- '오버라이드(Override)' 기능

– DefaultVo 클래스는 getData()와 getHeaderInfo()가 정의

– ProductVo 클래스는 getData()와 getHeaderInfo()가 재정의

▷ 다시 정의할 경우 다음과 같은 효과가 있다.

```
DefaultVo vo = new ProductVo();
Object[] data = vo.getData();                재정의된 로직으로 처리된다.
String[] headerIndo = vo.getHeaderInfo();    재정의된 로직으로 처리된다.
```

▶ public class TableGroup<T extends DefaultVo> {

```
        public TableGroup(T... array){ ... }
        ...
}
```

소스 설명

- 〈T extends DefaultVo〉 타입 파라미터의 이용
  - 타입 파라미터 T는 DefaultVo 또는 DefaultVo의 하위 클래스로 사용할 때 적용할 수 있다.
  - ProductVo, MemberVo 클래스는 DefaultVo의 하위 클래스이므로 생성자 함수를 고려하여 다음과 같이 객체 생성을 할 수 있다.
    ▷ new TableGroup〈ProductVo〉 (자료 목록 객체);
    ▷ new TableGroup〈MemberVo〉 (자료 목록 객체);

- 제네릭스를 사용하는 이유
  - 타입 파라미터로 들어오는 T 타입은 Default의 상속을 받은 클래스이기 때문에 getHeaderInfo(), getData()를 사용하기 위해 정의하였다.

- TableGroup(T... array) 생성자 함수의 동적 파라미터
  - 동적 파라미터를 이용할 수 있도록 정의됨.
    ▷ T 타입의 배열 또는 콤마를 이용하여 T 타입의 객체를 입력할 수 있다.

〈사용 예〉 [1] : 0개 이상의 T 타입의 객체를 콤마를 이용하여 입력 가능

```
ProductVo vo1 = ... ;
ProductVo vo2 = ... ;
ProductVo vo3 = ... ;
new TableGroup<ProductVo>          (vo1, vo2, vo3);
```

〈사용 예〉 [2] : T 타입의 배열로 입력 가능

```
ProductVo vo1 = ... ;
ProductVo vo2 = ... ;
ProductVo vo3 = ... ;
ProductVo[] products = { vo1, vo2, vo3 };
new TableGroup<ProductVo>(products);
```

▶ TableGroup〈ProductVo〉 tableGroup
　　= new TableGroup〈ProductVo〉(product1, product2, product3);

- 모듈화를 이용한 코드의 단순화 및 소스 코드의 중복 방지
  - 위의 코드는 원래 아래와 같은 일을 하며 단 한 줄로 설정하였다.
  - 기존의 소스 코드 사용 예

```
/** 테이블 정보 만들기 */
String[] header = product1.getHeaderInfo();
Object[][] data = new Object[][]{product1.getData(), product2.getData(), product3.getData()};
/** 테이블 컴포넌트 구성하기 */
JTable table = new JTable(data,header);
```

	JScrollPane pane = new JScrollPane();
	pane.setViewportView(table);
	/** 화면에 추가하기 */
	this.add(pane);
	– 변경된 소스 코드 사용 예
	TableGroup〈ProductVo〉 tableGroup = new TableGroup〈ProductVo〉(product1, product2, product3);

정리	• 분석 결과 – 제네릭 타입을 사용하여 테이블 정보를 동적으로 나타낼 수 있도록 화면 구성을 재구성하였다. – 주로 모듈을 구성할 때 다양한 경우를 고려해야 하기 때문에 제네릭스가 많이 사용된다. • 제네릭스 사용 효과 – 모듈에서 동적으로 처리해야 하는 경우 매우 용이하다. ▸ 타입 파라미터를 이용하여 내부 로직에서 해당 타입의 함수 사용이 가능하다. ▸ 반환 타입을 동적으로 처리가 가능하다. • 모듈화의 효과 – 각자의 관심사를 분리하여 해당 관심 업무 로직에만 집중할 수 있다. – 모듈의 사용이 많을수록 재사용이 증가하여 소스 코드의 양이 줄어든다. ▸ View의 생성 수만큼 위의 로직의 반복을 막을 수 있다. ▸ TableGroup을 사용하는 곳에서는 매우 간단한 코드로 사용이 가능하다. – 통합 관리가 가능하며 기능의 확장이 용이하다. ▸ 위의 로직에 수정이 필요한 경우 TableGroup 클래스만 변경하면 된다. ▸ 필요한 기능은 TableGroup에 추가하여 사용할 수 있다. • 상속 : 함수의 재정의(Override) – 상속을 받은 클래스는 상위 클래스의 함수를 사용할 수 있으며, 재정의를 하여 사용할 수도 있다. ▸ 필요한 부분을 고쳐서 사용할 수 있다. – 'static' 함수는 재정의가 불가능하다. ▸ 재정의가 불가능하기 때문에 소스의 개선에서 static이 아닌 함수로 수정을 한 것이다.

5. 모듈화된 TableGroup의 소스 개선

개선 사항	• TableGroup 생성자 함수 내부의 'NullPointerException' 에러 발생 처리 – 'array[0].getHeaderInfo()' 코드에서 proudcts가 'null'일 때 발생할 수 있다.

개선 사항

```
if(array==null) {
        /** 로직처리 - null일 경우 */
} else {
        /** 로직처리 - null이 아닐 경우 */
}
```

- TableGroup 생성자 함수 내부의 'ArrayIndexOutOfBounds' 에러 발생 처리
  - null은 아니지만 products 배열의 수가 '0'일 경우 발생할 수 있다.
    - ▸ array[0].getHeaderInfo( ) 함수에서 array의 수가 '0'이므로 에러가 발생한다.

```
if(array==null || array.length==0) {
        /** 로직처리 - null 또는 길이가 0일 경우 */
} else {
        /** 로직처리 - null이 아니며 길이가 0이 아닐 경우 */
}
```

- 헤더 정보 구성 시 자료의 수가 '0'일 경우의 처리
  - 자료의 수가 '0'일 경우 다음의 코드가 불가능해진다.
    - ▸ String[ ] header = array[0].getHeaderInfo( );
  - 처리 방법 [1]
    - ▸ getHeaderInfo( ) 함수를 static으로 정의할 수 있지만 static 함수로 변경할 경우 재정의(Override) 기능이 불가능해진다.
    - ▸ static로 함수를 사용한다면 어떨까?
      - · DefaultVo 클래스와 상속 관계를 끊어야 하지만, 생성자함수 내부에서는 T 타입에 존재하는 함수만 사용할 수 있도록 설계가 되어 있다. ▷ 결론적으로 처리가 힘들다.
  - 처리 방법 [2]
    - ▸ '리플렉션(Reflection)'을 이용하여 동적으로 객체 생성을 할 수 있다.
    - ▸ 바로 다음에 설명을 할 예정이므로 여기서는 설명 없이 소스 코드만 나타내도록 하겠다.

```
T t = clazz.newInstance( );
String[ ] header = t.getHeaderInfo( );
```

ch07.part05.main5.sub5.TableGroup 클래스 정의
– 리플렉션은 이후 7.6과에서 설명할 예정이다.

사용 예문

```
package ch07.part05.main5.sub5;

import javax.swing.JScrollPane;
import javax.swing.JTable;
import javax.swing.table.DefaultTableModel;

import ch07.part05.main5.sub4.DefaultVo;
```

사용 예문

```
public class TableGroup<T extends DefaultVo> {

    private JScrollPane pane = new JScrollPane();

    /** 리플렉션으로 객체생성을 위해 Class<T> 타입 파라미터 추가 */
    public TableGroup(Class<T> clazz, T... array) {

        /** null을 고려하여 자료목록정보 구성 */
        Object[][] data = null;
        if (array == null) { // null일 경우의 처리
            data = new Object[0][];
        } else { // null이 아닐 경우 처리
            data = new Object[array.length][];
            for (int i = 0; i < data.length; i++) {
                T t = array[i];
                data[i] = t.getData();
            }
        }

        /** null과 배열의 길이를 고려하여 헤더정보 구성 */
        String[] header = null;
        if (array == null || array.length == 0) {
            /** 리플렉션을 이용한 클래스 객체생성 */
            try {
                T t = clazz.newInstance();
                header = t.getHeaderInfo();
            } catch (InstantiationException e) {
                e.printStackTrace();
            } catch (IllegalAccessException e) {
                e.printStackTrace();
            }
        } else {
            header = array[0].getHeaderInfo();
        }

        /** 테이블 구성 */
        JTable table = new JTable(data, header);
        pane.setViewportView(table);
    }

    public JScrollPane getTablePanel() {
        return pane;
    }
}
```

소스 설명	▶ try {
	　　T t = clazz.newInstance();
	　　header = t.getHeaderInfo();
	} catch (InstantiationException e) {
	　　e.printStackTrace();
	} catch (IllegalAccessException e) {
	　　e.printStackTrace();
	}
	• 'try – catch'로 이루어진 부분은 10장 예외 처리 파트에서 다룰 예정이다.
	– 일단은 번거로움이 있어도 그냥 그대로 처리하도록 하자.
	• T t = clazz.newInstance();
	– 이 부분이 리플렉션의 기능이며 Class 타입의 객체를 이용하여 동적으로 객체 생성을 하였다.

정리	• 제네릭스의 사용 목적 – 클래스 및 함수 내부에서 반환 타입을 동적으로 사용하기 위함이다. – 동적으로 함수의 반환 타입을 정의할 수 있다. • 리플렉션의 사용 목적 – Class 타입 객체를 이용하여 객체 생성을 동적으로 할 수 있다. – 자세한 설명은 바로 다음 7.6과에서 설명하도록 하겠다.

7.6 | 리플렉션(Reflection)

수준	중요 포인트 및 학습 가이드(※)
중	1. 리플렉션의 개념 및 사용 목적 – 리플렉션이란 문자열로 Class 클래스의 정보를 가져와 해당 클래스의 객체 생성 및 함수의 조회 및 실행을 동적으로 할 수 있도록 구현할 수 있는 기능을 말한다. – Class를 이용하여 Constructor, Field, Method 객체 생성하며 해당 클래스로 리플렉션 처리를 한다. – 리플렉션을 이용하여 동적으로 객체 생성 및 전역변수 조회 및 설정, 함수의 호출이 가능하다. ※ 모듈화에서 사용될 수 있으며 동적 객체 생성, 전역변수 조회 및 설정, 함수 호출에 초점을 두고 학습하기 바란다.

중	2. 리플렉션 기본 학습 ※ Class 객체를 이용하여 객체 생성 및 함수 호출의 과정을 이해해야 한다.
중	3. Class 타입 객체 정보 가져오기 [Class 클래스] – Class 객체 생성은 클래스, 객체, 문자열을 이용하여 생성이 가능하다. – 기본형 타입의 Class 객체 생성은 기본형과 Wrapper 클래스로 생성이 가능하다. ▸ Class intType = int.class ▸ Class intType = Integer.TYPE
중	4 Constructor 클래스 – 생성자 함수 관리 – Class 객체를 이용하여 기본 생성자 함수를 이용한 객체 생성이 가능하다. – Constructor 객체를 이용하여 기본 생성자 함수 및 파라미터가 존재하는 생성자 함수의 객체 생성이 가능하다.
중	4. Field 클래스 – 전역변수 관리 – Field 객체를 이용하여 전역변수 값의 조회 및 수정이 가능하다.
중	5. Method 클래스 – 함수 관리 – Method 객체를 이용하여 해당 클래스의 함수 호출이 가능하다.

7.6.01 리플렉션의 개념 및 사용 목적

학습 목표	• 주요 이슈를 이해하고 로직 구현을 할 수 있다. – 리플렉션의 개념 – 리플렉션의 사용 목적
개념	• 리플렉션이란 – 문자열로 Class 클래스의 정보를 가져와 해당 클래스의 객체 생성 및 함수의 조회 및 실행을 동적으로 할 수 있도록 구현할 수 있는 기능을 말한다. • Class 클래스 – 클래스의 정보를 관리하며 리플렉션의 가장 기본이 되는 클래스이다. – Constructor, Field, Method 등 클래스의 요소에 대한 객체 정보를 반환하는 함수가 존재한다. • Constructor 클래스 – 생성자 함수를 관리하기 위한 클래스이며 실행을 통하여 객체 생성을 할 수 있다.

	• Field 클래스 – 전역변수의 정보를 관리하며 전역변수의 종류 및 전역변수 값의 조회 및 값의 변경이 가능하다. • Method 클래스 – 함수의 정보를 관리하며 함수의 종류 및 함수의 호출이 가능하다.
사용 목적	• 리플렉션(Reflection)을 왜 사용할까? – 문자를 이용하여 Class 객체를 생성하며, Class 객체를 기반으로 전역변수와 함수 등 클래스의 구성 요소에 대한 조회 및 실행을 동적으로 처리할 수 있도록 한다. – 위 예제와 같이 대표적으로 모듈화를 구성하면서 범용적으로 사용하기 위해서는 다음과 같은 처리들이 필요할 수 있다. ▸ 동적으로 객체 생성 ▸ 동적으로 클래스 필드의 정보를 가져오거나 필드에 값을 부여 ▸ 동적으로 함수 호출 ※ 동적 처리를 위해서는 '리플렉션(Reflection)'이 필요하다. • 제네릭스를 사용하면 되지 않는가? – 제네릭스는 동적 타입의 제어만 가능하다. – 제네릭 클래스 내의 static 함수는 동적 활용이 불가능하다. ※ 리플렉션은 타입을 가져와 해당 클래스의 속성 및 함수의 동적 활용이 가능하다.

7.6.02 리플렉션 기본 학습

1. 사용 예제 무조건 따라하기 [1]

학습 목표	• 주요 이슈를 이해하고 로직 구현을 할 수 있다. – 리플렉션을 이용한 객체 생성 – 리플렉션을 이용한 함수 생성 및 함수 호출
학습 절차	**1. ch07.part06.main2.sub1.TypeA 클래스 정의** – name 속성 정의 – 기본 생성자 및 생성자 함수 정의 – name 속성 getter setter 함수 정의 – static 함수 정의

2. ch07.part06.main2.sub1.TestMain1 클래스 정의

– 메인 함수 정의

▸ TypeA a1 객체 생성

▸ a1 getName() 함수 호출

▸ a1 setName() 함수 호출

▸ a1 getName() 함수 호출

▸ TypeA a2 객체 생성 – 두 번째 생성자 함수 사용

▸ a2 getName() 함수 호출

▸ static 함수 호출

3. ch07.part06.main2.sub1.TestMain2 클래스 정의

– 메인 함수 정의

▸ 리플렉션을 이용한 TypeA a1 객체 생성

▸ 리플렉션을 이용한 a1 getName() 함수 호출

▸ 리플렉션을 이용한 a1 setName() 함수 호출

▸ 리플렉션을 이용한 a1 getName() 함수 호출

▸ 리플렉션을 이용한 TypeA a2 객체 생성 – 두 번째 생성자 함수 사용

▸ 리플렉션을 이용한 a2 getName() 함수 호출

▸ 리플렉션을 이용한 static 함수 호출

사용 예문

1. ch07.part06.main2.sub1.TypeA 클래스 정의

```
package ch07.part06.main2.sub1;

public class TypeA {

    /** name 속성 정의 */
    private String name = "name 속성";

    /** 생성자함수 정의 */
    public TypeA() {}
    public TypeA(String name) { this.name = name; }

    /** name 속성 getter setter 함수 정의 */
    public void setName(String name) { this.name = name; }
    public String getName() { return name; }

    /** static 함수 정의 */
    public static void method1() {
        System.out.println("TypeA.method1() – static method1 함수 호출");
```

```java
    }
}
```

2. ch07.part06.main2.sub1.TestMain1 클래스 정의

```java
package ch07.part06.main2.sub1;

public class TestMain1 {
    public static void main(String[] args) {

        /** TypeA a1 객체생성 */
        TypeA a1 = new TypeA();

        /** a1 getName() 함수호출 */
        String name1 = a1.getName();
        System.out.println("a1 name = " + name1);

        /** a1 setName() 함수호출 */
        a1.setName("name2");

        /** a1 getName() 함수호출 */
        String name2 = a1.getName();
        System.out.println("a1 name = " + name2);

        /** TypeA a2 객체생성 – 두 번째 생성자함수사용 */
        TypeA a2 = new TypeA("name3");

        /** a2 getName() 함수호출 */
        String name3 = a2.getName();
        System.out.println("a2 name = " +name3);

        /** static 함수호출 */
        TypeA.method1();
    }
}
```

사용 예문

3. ch07.part06.main1.sub1.TestMain2 클래스 정의
– 리플렉션을 이용하여 객체 생성 및 함수 호출을 하였으며,
TestMain1 클래스의 실행 결과와 동일한 결과를 갖는다.

```java
package ch07.part06.main2.sub1;

import java.lang.reflect.Constructor;
```

사용 예문

```
import java.lang.reflect.Method;

public class TestMain2 {

    /** 예외처리를 위해 아래와 같이 『throws Exception』 처리를 하자. */
    public static void main(String[] args) throws Exception {

        // TypeA a1 = new TypeA();
        Class forName = Class.forName("ch07.part06.main2.sub1.TypeA");
        Object a1 = forName.newInstance();

        // String name1 = a1.getName();
        Method method1 = forName.getDeclaredMethod("getName");
        Object name1 = method1.invoke(a1);
        System.out.println("a1 name = " + name1);

        // a1.setName("name2");
        Method method2 = forName.getDeclaredMethod("setName", String.class);
        method2.invoke(a1, "name2");

        //String name2 = a1.getName();
        Object name2 = method1.invoke(a1);
        System.out.println("a1 name = " + name2);

        // TypeA a2 = new TypeA("name3");
        Constructor constructor = forName.getDeclaredConstructor(String.class);
        Object a2 = constructor.newInstance("name3");

        //String name3 = a2.getName();
        Object name3 = method1.invoke(a2);
        System.out.println("a2 name = " + name3);

        //TypeA.method1();
        Method method3 = forName.getDeclaredMethod("method1");
        method3.invoke(null);
    }
}
```

결과

※ TestMain1과 TestMain2의 실행 결과는 동일하게 나타나기 때문에 한 번에 나타내도록 하겠다.

```
a1 name = name 속성
a1 name = name2
```

a2 name = name3

TypeA.method1() – static method1 함수 호출

소스 설명

▶ public static void main(String[ ] args) throws Exception {

- 예외 처리 방법 중의 하나이며 예외를 위임하기 위한 정의 방법이다.
  – 예외를 위임할 경우 예외 처리를 하지 않아도 되기 때문에 학습 목적 상 위임 처리를 하였다.
- 예외 처리는 10장에서 자세히 다루도록 하겠다.

▶ Class forName = Class.forName("ch07.part06.main2.sub1.TypeA");

- String의 문자열을 이용하여 Class 타입의 객체 생성을 할 수 있다.
  – String 타입을 Class 타입으로 동적 객체 생성을 하였다.
  – String 타입으로 패키지를 포함한 클래스의 정식 명칭을 입력해야 한다.
- Class 클래스는 자바의 클래스를 관리하기 위한 클래스이다.

▶ Object a1 = forName.newInstance();

- Class 타입 객체 'forName'을 이용하여 객체 생성을 하였다.
  – 'new TypeA()'를 호출한 것과 같다.
    ▸ String 타입 객체 ▷ Class 타입 객체 ▷ 객체 생성

▶ Method method1 = forName.getDeclaredMethod("getName");

- Class 타입 객체 forName을 이용하여 함수를 관리하는 Method 클래스 객체를 호출할 수 있다.
  – 현재는 getName()의 함수를 호출하였다.

▶ Object name2 = method1.invoke(a1);

- 객체와 Method 타입 객체를 이용하여 함수를 호출하였다.
  – 'String name2 = a1.getName()'를 호출한 것과 같다.

▶ Constructor constructor = forName.getDeclaredConstructor(String.class);

- Class 타입 객체 forName을 이용하여 함수를 관리하는 Constructor 클래스 객체를 호출할 수 있다.

▶ Object a2 = constructor.newInstance("name3");

- Constructor 클래스 객체를 이용하여 객체 생성
  – 'TypeA a2 = new TypeA("name3")'를 호출한 것과 같다.

정리

- 리플렉션의 사용
  – 리플렉션을 이용하여 String의 문자열로부터 객체 생성 및 함수 호출이 가능하다.

2. 사용 예제 무조건 따라하기 [2]

학습 목표	• 위 예제에서 만든 ProductVo 클래스가 있다고 할 때 리플렉션을 이용하여 다음과 같은 기능을 구현할 것이다. 1. Class 타입 객체 생성 2. 생성자 함수 관리 클래스인 Constructor 객체의 호출 및 객체 생성 3. 전역변수의 관리 클래스인 Field 객체의 호출 및 전역변수 값을 조회, 수정 4. 함수의 관리 클래스인 Method 객체의 호출 및 함수 실행

사용 예문

1. ch07.part06.main2.sub2.ProductVo 클래스 정의

```
package ch07.part06.main2.sub2;

public class ProductVo {

    /** 전역변수 정의 */
    private String productName;
    private int price;

    /** 생성자함수 정의 */
    public ProductVo(String productName, int price) {
        this.productName = productName;
        this.price = price;
    }

    /** getter setter 함수 정의 */
    public void setProductName(String productName) {
        this.productName = productName;
    }
    public String getProductName() { return productName; }
    public void setPrice(int price) { this.price = price; }
    public int getPrice() { return price; }

    /** toString() 함수 재정의 */
    public String toString() { return productName + " : " + price; }
}
```

2. ch07.part06.main2.sub2.TestMain 클래스 정의
– ProductVo를 리플렉션을 이용하여 객체 생성, 속성값 변경, 함수 실행을 하기 위한 클래스

```
package ch07.part06.main2.sub2;

import java.lang.reflect.Constructor;
```

사용 예제

```
import java.lang.reflect.Field;
import java.lang.reflect.Method;

public class TestMain {
    /** 예외 처리는 10장에서 다룰 것이다. 일단 넘어가자 */
    public static void main(String[] args) throws Exception {

        /** 1. 동적으로 Class 객체를 가져오기 */
        Class clazz = Class.forName("ch07.part06.main2.sub2.ProductVo");

        /** 2. 생성자함수 호출하기 - ProductVo(String productName, int price)  */
        Constructor constructor = clazz.getDeclaredConstructor(String.class, int.class);

        /** 3. Constructor를 이용하여 객체생성 */
        Object obj = constructor.newInstance("테스트2", 2);
        System.out.println("객체정보 ::: " + obj);

        /** 4. prodcutName의 속성정보 객체 호출 */
        Field field = clazz.getDeclaredField("productName");

        /** 5. productName 속성의 접근여부 확인 ( private 속성은 false ) */
        boolean isAccessible = field.isAccessible();

        /** 6. productName 속성에 직접 접근가능하도록 설정 */
        field.setAccessible(true); // private 속성은 접근불가능하기 때문

        /** 7. productName 속성의 값 조회 */
        Object nameFieldValue = field.get(obj);
        System.out.println("productName 속성의 값 ::: " + nameFieldValue);

        /** 8. productName 속성의 값 변경 */
        field.set(obj, "테스트3");
        System.out.println("productName 속성의 값 ::: " + field.get());

        /** 9. name 속성의 접근여부를 회복 */
        field.setAccessible(isAccessible);

        /** 10. getPrice() 함수 관리 객체 호출 및 함수 실행 */
        Method method = clazz.getDeclaredMethod("getPrice");
        Object returnVal1 = method.invoke(obj);
        System.out.println("getPrice() 함수 호출결과 ::: " + returnVal1);
```

```
        /** 11. setPrice() 함수 관리 객체 호출 */
        Method method2 = clazz.getDeclaredMethod("setPrice", int.class);
        Object returnVal2 = method2.invoke(obj, 3);
        System.out.println("setPrice() 함수 호출결과 ::: " + returnVal2);
        System.out.println("객체정보 ::: " + obj);
    }
}
```

결과

```
객체정보 ::: 테스트2 : 2
productName 속성의 값 ::: 테스트2
productName 속성의 값 ::: 테스트3
getPrice() 함수 호출결과 ::: 2
setPrice() 함수 호출결과 ::: null
객체정보 ::: 테스트3 : 3
```

소스 설명

▶ Constructor constructor = clazz.getDeclaredConstructor(String.class, int.class);

- 생성자 함수의 파라미터가 『String, int』인 생성자 함수 관리 클래스 객체 조회
- clazz 객체는 ProductVo 클래스의 Class 타입 객체이며 다음의 생성자 함수를 조회한 것이다.
  – public ProductVo(String productName, int price) { ... }

▶ Object obj = constructor.newInstance("테스트2", 2);

- 위의 코드는 다음과 같은 코드의 결과가 같은 결과를 갖는다.
  – ProductVo obj = new ProductVo("테스트2", 2);
- 모든 클래스의 상위 클래스는 Object 클래스이다.
  – 모든 타입은 Object 타입이다.
  – 하지만 모든 Object는 ProductVo 타입이라 할 수 없다.

▶ Field field = clazz.getDeclaredField("productName");

- productName의 전역변수를 관리하는 Field 타입 객체를 조회

▶ boolean isAccessible = field.isAccessible();

- Field 타입 객체를 통하여 해당 전역변수의 접근 가능 여부를 조회
  – 접근이 가능할 경우 값을 조회하거나 변경할 수 있다.

▶ field.setAccessible(true); // private 속성은 접근 불가능하기 때문

- Field 타입 객체를 통하여 해당 전역변수의 접근 가능 여부를 설정
  – 접근이 가능하도록 설정할 수 있다.

▶ Object nameFieldValue = field.get(obj);

- 접근이 가능한 상태에서 전역변수의 값을 조회할 수 있다.

	▶ field.set(obj, "테스트3"); • 해당 전역변수의 값을 변경할 수 있다.

7.6.03 Class 타입 객체 정보 가져오기 – Class 클래스

1. Class 타입 객체 정보 가져오기

개요	• Class 타입 – 클래스를 관리하기 위한 클래스 ▸ 해당 클래스가 가지고 있는 모든 정보를 관리하는 클래스 – 리플렉션을 처리하기 위한 가장 기본이 되는 클래스이다.
처리 방법	• Class 타입 객체 생성 방법 1. 클래스로부터 Class 타입 객체 생성 2. 객체로부터 Class 타입 객체 생성 3. 문자열로부터 Class 타입 객체 생성

	※ 기본 설정 사항
	– 다음 클래스가 있다고 하자.
	package ch07.part06.main3.sub1;
	public class TypeA {
	}
	
	1. 클래스로부터 Class 타입 객체 생성
	Class clazz = TypeA.class;
	
	2. 객체로부터 Class 타입 객체 생성
	TypeA obj = new TypeA();
	Class clazz2 = obj.getclass();
	
	3. 문자열로부터 Class 타입 객체 생성
	– 다음 코드는 '예외 처리'를 필요로 하는데, 이는 10장에서 다룰 예정이다.
	Class clazz = Class.forName("ch07.part06.main3.sub1.TypeA");

사용 예문	1. ch07.part06.main3.sub1.TypeA 클래스 정의
	package ch07.part06.main3.sub1;

사용 예문	<pre>public class TypeA {
	
	}</pre>

	2. ch07.part06.main3.sub1.TestMain 클래스 정의

	<pre>package ch07.part06.main3.sub1;
	
	public class TestMain {
	    public static void main(String[] args) {
	        /** 클래스로부터 Class 타입 객체생성 */
	        Class<TypeA> clazz1 = TypeA.class;
	        System.out.println("클래스정보 1 ::: " + clazz1);
	
	        /** 객체로부터 Class 타입 객체생성 */
	        TypeA typeA = new TypeA();
	        Class<? extends TypeA> clazz2 = typeA.getClass();
	        System.out.println("클래스정보 2 ::: " + clazz2);
	
	        /** 문자열로부터 Class 타입 객체생성 */
	        try {
	            Class clazz3 = Class.forName("ch07.part06.main3.sub1.TypeA");
	            System.out.println("클래스정보 3 ::: " + clazz3);
	        } catch (ClassNotFoundException e) {
	            e.printStackTrace();
	        }
	    }
	}</pre>

결과	클래스정보 1 ::: class ch07.part06.main3.sub1.TypeA 클래스정보 2 ::: class ch07.part06.main3.sub1.TypeA 클래스정보 3 ::: class ch07.part06.main3.sub1.TypeA
소스 설명	▶ Class clazz = Class.forName("ch07.part07.main3.sub1.TypeA"); • 클래스 정보를 호출하기 위한 코드 – 클래스 정보가 메모리에 로딩이 되어 있지 않을 경우 로딩을 처리한다. – 이 때 최초 호출이라면 'static 전역변수' 및 'static 초기화 블록'이 실행이 될 것이다.

2. 이클립스를 이용한 에러 처리 소스 코드 자동 생성 가이드

```
package ch07.part06.main3.sub1;

public class TestMain {
    public static void main(String[] args) {

        Class.forName("ch07.part06.main3.sub1.TypeA");

    }
}
```

- 다음과 같이 해당 코드를 이클립스에서 작성할 경우 다음과 같이 밑줄이 생길 것이다.
- 이는 "예외 처리가 필요한 항목임"을 말해 주는 것인데 해당 코드에 마우스를 갖다 대거나 [Ctrl + 1] 키를 클릭하면 다음과 같은 안내 가이드가 생성될 것이다.

```
package ch07.part06.main3.sub1;

public class TestMain {
    public static void main(String[] args) {

        Class.forName("ch07.part06.main3.sub1.TypeA");
                              Unhandled exception type ClassNotFoundException
    }                         2 quick fixes available:
}                               Add throws declaration
                                Surround with try/catch
                                                       Press 'F2' for focus
```

- 가이드 팝업의 'Surround with try/catch' 항목을 클릭하면 다음과 같이 자동으로 소스가 생성되는 것을 알 수 있다.

```
package ch07.part06.main3.sub1;

public class TestMain {
    public static void main(String[] args) {
        try {
            Class.forName("ch07.part06.main3.sub1.TypeA");
        } catch (ClassNotFoundException e) {
            // TODO Auto-generated catch block
            e.printStackTrace();
        }

    }
}
```

- 예외 처리 (※ **예외 처리는 10장에서 자세히 학습할 계획이다)**

– 정식 클래스명으로 입력 시 클래스가 존재하지 않을 때 처리하기 위한 로직이다.

– 대부분의 자바 편집기에서는 자동으로 오류 처리에 대한 정보를 제공한다.

▸ 어떤 에러를 처리해야 하는지에 대해서는 크게 신경 쓰지 않아도 된다.

3. 기본형의 Class 타입 정보

<table>
<tr><td>학습
목표</td><td>• 기본형의 Class 타입 객체 생성을 할 수 있다.</td></tr>
<tr><td rowspan="2">처리
방법</td><td>• Class 타입 객체 생성 방법
1. 기본형으로부터 Class 타입 객체 생성
2. Wrapper 클래스로부터 Class 타입 객체 생성</td></tr>
<tr><td>1. 기본형으로부터 Class 타입 객체 생성

Class byteType = byte.class;
Class shortType = short.class;
Class intType = int.class;
Class longType = long.class;
Class floatType = float.class;
Class doubleType = double.class;
Class charType = char.class;
Class booleanType = boolean.class;

2. Wrapper 클래스로부터 Class 타입 객체 생성
– Wrapper 클래스로부터 TYPE 변수를 이용
– Integer.class는 int의 타입이 아님을 주의해야 한다.

Class byteType = Byte.TYPE;
Class shortType = Short.TYPE;
Class intType = Integer.TYPE;
Class longType = Long.TYPE;
Class floatType = Float.TYPE;
Class doubleType = Double.TYPE;
Class charType = Character.TYPE;
Class booleanType = Boolean.TYPE;</td></tr>
</table>

7.6.04 Constructor 클래스 – 생성자 함수 관리

• API는 해당 함수에 대한 정보를 간단히 보고 우선 넘어가도록 하며 향후에 참고할 수 있도록 하자.

▣ java.lang.Class 클래스 API

<table>
<tr><td>생성자 함수</td><td>

public Constructor getDeclaredConstructor(Class ... p1)
public Constructor getConstructor(Class ... p1)

• 파라미터 설명
– p1 : 해당 생성자 함수에 들어가는 클래스 타입

• 파라미터 타입이 같은 생성자 함수 정보를 관리하는 Constructor 객체를 반환함
– getDeclaredConstructor() : 해당 클래스에 정의된 생성자 함수 정보를 반환
– getConstructor() : 'public'으로 선언된 생성자 함수 정보를 반환

• 파라미터 타입이 일치하는 생성자 함수가 없을 경우 에러가 발생함

〈사용 예〉
Class clazz = Test.class;
/** 기본 생성자 함수 */
Constructor constructor = clazz.getDeclaredConstructor();
/** 파라미터가 1개이고 String 타입인 생성자 함수 */
Constructor constructor = clazz.getDeclaredConstructor(String.class);
</td></tr>
<tr><td>전체 생성자 함수</td><td>

public Constructor[] getDeclaredConstructors()
public Constructor[] getConstructors()

• 클래스의 생성자 함수 정보를 관리하는 Constructor 객체를 반환
– getDeclaredConstructors() : 해당 클래스에 정의된 모든 생성자 함수 정보를 반환
– getConstructors() : 'public'으로 선언된 모든 생성자 함수 정보를 반환

• 해당 클래스에 명시된 생성자 함수의 정보를 배열로 반환

• 부모 클래스의 생성자 함수는 나타나지 않음

〈사용 예〉
Class clazz = Test.class;
Constructor[] constructors = clazz.getDeclaredConstructors();
</td></tr>
<tr><td>기본 생성자 함수</td><td>

public Object newInstance()

• 기본 생성자 함수를 이용하여 객체 생성
</td></tr>
</table>

	– 파라미터가 있는 생성자 함수는 Constructor 객체를 이용해야 한다. – 해당 함수는 자바 1.9 버전 이후부터 @Deprecated(사용하지 않을 것을 권고)되어 있으며 대신에 바로 다음에 이어 설명되는 'Constructor의 newInstance()' 함수를 이용하여 생성할 것을 권장한다. 〈사용 예〉 Class clazz = TypeA.class; Object obj = clazz.newInstance();

▣ java.lang.reflect.Constructor API – 생성자 함수를 이용한 객체 생성

기본 생성자 함수	**public Object newInstance(Object ... p1)** • 파라미터 정보 – p1 : 생성자 함수에 입력할 실제 값 • Contructor 객체 생성 시 설정된 타입 파라미터 배열과 동일하게 값의 정보를 입력하여 동적으로 객체 생성함 〈사용 예〉 – 다음 코드는 『TypeA obj = new TypeA("테스트", 1);』와 같은 기능을 동적으로 처리한 것이다. Class clazz = TypeA.class; /** 생성자 함수 정보 객체 생성 */ Constructor constructor = clazz.getDeclaredConstructor(String.class, int.class); /** 객체 생성하기 */ Object obj = clazz.newInstance("테스트", 1);

1. 생성자 함수 정보 조회하기

학습 목표	• Constructor 객체 생성하기 – 객체 생성을 하기 위해서는 생성자 함수를 관리하는 Constructor 클래스 객체를 생성할 수 있어야 한다.
개요	• Constructor 타입 – 해당 클래스가 가지고 있는 모든 생성자 함수의 정보를 관리하는 클래스 – 해당 객체를 가져오는 가장 큰 이유는 객체 생성을 하기 위함이다.
학습 절차	**1. ch07.part06.main4.sub1.TypeA 클래스 정의** – 전역변수 정의

사용 예문

– 생성자 함수1 정의
– 생성자 함수2 정의

2. ch07.part06.main4.sub1.TestMain 클래스 정의

– 메인 함수 정의
- Class 타입 객체 생성
- 명시된 생성자 함수 정보를 가져옴
- 기본 생성자 함수 정보 조회
- 파라미터 타입이 String, int인 생성자 함수 조회

1. ch07.part06.main4.sub1.TypeA 클래스 정의

```
package ch07.part06.main4.sub1;

public class TypeA {

    /** 전역변수 */
    private String name = "테스트";
    private int value = 1;

    /** 생성자함수1 */
    public TypeA() { }

    /** 생성자함수2 */
    public TypeA(String name, int value) {
        this.name = name;
        this.value = value;
    }
}
```

2. ch07.part06.main4.sub1.TestMain 클래스 정의

```
package ch07.part06.main4.sub1;

import java.lang.reflect.Constructor;

public class TestMain {
    public static void main(String[] args) {

        /** Class 타입 객체생성 */
        Class clazz = TypeA.class;

        /** 명시된 전체 생성자함수 객체목록 조회 */
```

```
		Constructor[] constructors = clazz.getDeclaredConstructors();
		for (Constructor c : constructors) {
			System.out.println("생성자함수 목록 - " + c);
		}

		try {
			/** 기본 생성자함수 정보 조회 */
			Constructor constructor2 = clazz.getDeclaredConstructor();
			System.out.println(constructor2);

			/** 파라미터 타입이 String, int인 생성자함수 조회 */
			Constructor constructor3
			   = clazz.getDeclaredConstructor(String.class, Integer.TYPE);
			System.out.println(constructor3);

		} catch (NoSuchMethodException e) {
			e.printStackTrace();
		} catch (SecurityException e) {
			e.printStackTrace();
		}
	}
}
```

결과

```
생성자함수 목록 - public ch07.part06.main4.sub1.TypeA()
생성자함수 목록 - public ch07.part06.main4.sub1.TypeA(java.lang.String,int)
public ch07.part06.main4.sub1.TypeA()
public ch07.part06.main4.sub1.TypeA(java.lang.String,int)
```

예문 설명

▶ Constructor constructor3
   = clazz.getDeclaredConstructor(String.class, Integer.TYPE);

- 파라미터가 String, int 타입인 생성자 함수 정보 객체 생성
  - 생성자 함수 : public Test(String p1, int p2)
  - int의 class 타입은 앞에서 언급한 것처럼 2가지 방법으로 가져올 수 있다.
    Class clazz = int.class;
    Class clazz = Integer.TYPE;
  - 위의 식에서 Integer.TYPE 대신에 Integer.class를 사용할 경우 에러가 발생한다.

정리

- 생성자 함수의 관리 타입인 Contructor 객체 생성
  - Class 클래스의 getDeclaredConstructor() 함수를 이용하여 객체 생성을 할 수 있다.
  - 생성 시 클래스의 생성자 함수 파라미터 정보가 일치해야 한다.
    ▸ 파라미터 정보는 타입 순서와 파라미터 수가 모두 일치해야 한다.

2. Constructor를 이용한 객체 생성

학습 목표	• 다음과 같이 동적으로 객체 생성을 할 수 있다. – Class 객체로 기본 생성자 함수를 이용한 객체 생성 – Constructor 객체로 기본 생성자 함수 외 생성자 함수를 이용한 객체 생성
처리 방법	• Class 객체를 이용한 객체 생성 – 기본 생성자 함수 실행과 같으며, 자바 1.9 버전 이후부터 @Deprecated 되었다. – 처리 절차 ▸ Class 객체 생성 ▷ newInstance() 함수 호출 ▷ 객체 생성 Class clazz = TypeA.class; Object obj1 = clazz.newInstance(); TypeA test1 = (TypeA) obj1; • Constructor 객체를 이용한 객체 생성 – 기본 생성자 함수를 포함한 모든 생성자 함수 실행 – 처리 절차 ▶ Class 객체 생성 ▷ Constructor 객체 생성 ▷ newInstance() 함수 호출 ▷ 객체 생성 Class clazz = TypeA.class; Constructor constructor = clazz.getConstructor(String.class, int.class); Object obj2 = constructor.newInstance("테스트", 1); TypeA test2 = (TypeA) obj2;
학습 절차	**1. ch07.part06.main4.sub2.TypeA 클래스 정의** – 전역변수 정의 – 생성자 함수1 정의 – 생성자 함수2 정의 – toString() 함수 재정의 **2. ch07.part06.main4.sub2.TestMain 클래스 정의** – 메인 함수 정의 ▸ Class 타입 객체 생성 ▸ Class 객체를 이용한 객체 생성 ▸ Constructor 객체를 이용하여 객체 생성하기
사용 예문	**1. ch07.part06.main4.sub2.TypeA 클래스 정의** **– ch07.part06.main4.sub1.TypeA 클래스를 그대로 사용하도록 하자.** package ch07.part06.main4.sub2;

```java
public class TypeA {

    /** 전역변수 */
    private String name = "테스트";
    private int value = 1;

    /** 생성자함수1 */
    public TypeA() { }

    /** 생성자함수2 */
    public TypeA(String name, int value) {
        this.name = name;
        this.value = value;
    }
    /** toString() 함수 재정의 */
    @Override
    public String toString() {
        return "TypeA [name=" + name + ", value=" + value + "]";
    }
}
```

사용 예문

2. ch07.part06.main4.sub2.TestMain 클래스 정의

```java
package ch07.part06.main4.sub2;

import java.lang.reflect.Constructor;
import java.lang.reflect.InvocationTargetException;

public class TestMain {
    public static void main(String[] args) {

        /** Class 객체생성 */
        Class clazz = TypeA.class;

        try {
            /** Class 객체를 이용한 객체생성 */
            Object obj1 = clazz.newInstance();
            TypeA test1 = (TypeA) obj1;
            System.out.println("class 객체를 이용한 객체생성 : " + test1);
        } catch (InstantiationException e) {
            e.printStackTrace();
        } catch (IllegalAccessException e) {
            e.printStackTrace();
        }
```

```
        try {
            /** Constructor 객체를 이용하여 객체생성하기 */
            Constructor constructor = clazz.getConstructor(String.class, int.class);
            Object obj2 = constructor.newInstance("테스트", 1);
            TypeA test2 = (TypeA) obj2;
            System.out.println("Constructor 객체를 이용한 객체생성 : " + test2);
        } catch (NoSuchMethodException e) {
            e.printStackTrace();
        } catch (SecurityException e) {
            e.printStackTrace();
        } catch (InstantiationException e) {
            e.printStackTrace();
        } catch (IllegalAccessException e) {
            e.printStackTrace();
        } catch (IllegalArgumentException e) {
            e.printStackTrace();
        } catch (InvocationTargetException e) {
            e.printStackTrace();
        }
    }
}
```

결과

```
class 객체를 이용한 객체생성 : TypeA [name=테스트, value=1]
Constructor 객체를 이용한 객체생성 : TypeA [name=테스트, value=1]
```

예문 설명

▶ Constructor constructor = clazz.getConstructor(String.class, int.class);
Object obj2 = constructor.newInstance("테스트", 1);

- Constructor 객체 생성 후 에러 처리를 위해 화면에서 'Surround with try/catch'를 클릭하면 소스가 자동으로 생성된다.
- Object 객체 생성 코드를 입력하면 다시 에러 처리가 필요한데 이 때 'Add catch clause to surrounding try' 항목을 클릭하면 소스가 기존의 에러 영역 밑으로 자동으로 추가되어 생성된다.

```
try {
    Constructor constructor = clazz.getConstructor(String.class, int.class);
    constructor.newInstance("테스트", 1);
} catch (NoSuchMethodEx
    e.printStackTrace()
} catch (SecurityExcept
    e.printStackTrace()
}
```

Add throws declaration
Add catch clause to surrounding try
Surround with try/multi-catch
Surround with try/catch

7.6.05 Field 클래스 – 전역변수 관리

- API는 해당 함수에 대한 정보를 간단히 보고 우선 넘어가도록 하며 향후에 참고할 수 있도록 하자.

▣ java.lang.Class 클래스 API

전역 변수	**public Field getDeclaredField(String p1)** **public Field getField(String p1)** • 파라미터 설명 – p1 : 전역변수명 • 전역변수명이 같은 해당 클래스의 전역변수를 반환함. – getDeclaredField() : 해당 클래스에 정의된 전역변수 정보를 반환 – getField() : 'public'으로 선언된 전역변수 정보를 반환 • 해당 클래스에 명시된 전역변수 중에서 전역변수명이 같은 Field 객체를 반환함 • 부모 클래스의 전역변수는 나타나지 않음 • 전역변수명이 없을 경우 에러가 발생함 〈사용 예〉 Class clazz = Test.class; Field field = clazz.getDeclaredField("value");
전체 전역 변수	**public Field[] getDeclaredFields()** **public Field[] getFields()** • 해당 클래스의 전역변수의 정보를 배열로 반환함 – getDeclaredFields() : 해당 클래스에 정의된 모든 전역변수정보 반환 – getFields() : 'public'으로 선언된 모든 전역변수 정보 반환 • 부모 클래스의 전역변수는 나타나지 않음 〈사용 예〉 Class clazz = TypeA.class; Field[ ] fields = clazz.getDeclaredFields();

▣ java.lang.reflect.Field 클래스 API

변수 이름	**public String getName()** • 해당 객체의 전역변수명을 문자열로 반환한다.

전역 변수 설정	**public void set(Object p1, Object p2)**
	• 파라미터 설명
	– p1 : 객체
	– p2 : 속성값
	• 해당 객체의 전역변수 값을 설정한다.
	– 접근이 불가능할 경우 에러가 발생한다.
	– 접근이 가능한 변수는 '객체명.변수'로 접근할 수 있다.
	– 전역변수의 값을 알기 위해서는 객체 정보를 가져와야 한다.
	〈사용 예〉
	Class clazz = TypeA.class; // TypeA 클래스의 Class 객체 생성
	Object obj = clazz.newInstance(); // TypeA 객체 생성
	Field field = clazz.getDeclaredField("name"); // .TypeA 클래스 name 속성
	field.set(obj, "테스트2"); // 객체 obj의 name 속성을 '테스트2'로 설정

전역 변수 조회	**public Object get(Object p1)**
	• 파라미터 설명
	– p1 : 객체
	• 해당 객체의 전역변수 값을 조회한다.
	– 접근이 불가능할 경우 에러가 발생한다.
	– 접근이 가능한 변수는 '객체명.변수'로 접근할 수 있다.
	– 전역변수의 값을 알기 위해서는 객체 정보를 가져와야 한다.
	〈사용 예〉
	Class clazz = TypeA.class; // TypeA 클래스의 Class 객체생성
	Object obj = clazz.newInstance(); // TypeA 객체생성
	Field field = clazz.getDeclaredField("name"); // .TypeA 클래스 name 속성
	Object value = field.get(obj); // 객체 obj의 name 속성 값 조회

접근 여부 설정	**public void setAccessible(boolean p1)** • 파라미터 설명 – p1 : 접근 가능 여부 ▸ true로 설정할 경우 private 전역변수도 접근이 가능해진다. • 해당 객체의 전역변수 값의 조회 및 값의 설정 여부를 제어한다. – true의 경우 전역변수에 접근이 가능하다. – false의 경우 전역변수에 접근이 불가하다.

	〈사용 예〉 Field field = ... ; field.setAccessible(true);
접근 여부 조회	**public boolean isAccessible()** • 해당 전역변수가 접근이 가능한지 여부를 나타낸다. – setAccessible() 함수에 의해 값이 설정되며 최초의 값은 'false'이다. ▸ 'setAccessible(true);' 이후 isAccessible() 함수의 값이 'true'가 된다. – 자바 1.9 버전에서 @Deprecated 되었으며 대신에 'canAccess()' 함수를 사용할 것이 권장된다. 〈사용 예〉 Field field = ... ; boolean isAccessible = field.isAccessible();
	public boolean canAccess(Object obj) • 해당 전역변수가 접근이 가능한지 여부를 나타낸다. – 접근 제한자에 의해 접근 가능여부를 반환한다. – 자바 1.9 버전에서부터 사용이 가능하다. 〈사용 예〉 Field field = ... ; boolean access = field.canAccess();

1. 속성 정보 Field 객체 조회하기

개요	• Field 타입 – 해당 클래스가 가지고 있는 모든 속성의 정보를 관리하는 클래스 – 속성을 '필드' 또는 '전역변수'라 할 수 있다.
학습 절차	**1. ch07.part06.main5.sub1.TypeA 클래스 정의** – private, public, protected, (default) 전역변수 정의 **2. ch07.part06.main5.sub1.TestMain 클래스 정의** – 메인 함수 정의 ▸ Class 타입 객체 생성 ▸ 클래스에 정의된 모든 속성 정보를 가져옴 ▸ 클래스에 정의된 모든 public 속성 정보를 가져옴 ▸ 개별 속성 정보 조회

사용 예문

1. ch07.part06.main5.sub1.TypeA 클래스 정의

```
package ch07.part06.main5.sub1;

public class TypeA {

    /** private 전역변수 정의 */
    private String name = "테스트";
    private int value = 1;

    /** public 전역변수 정의 */
    public String name2 = "테스트2";
    public int value2 = 2;

    /** protecetd 전역변수 정의 */
    protected int value3 = 3;

    /** default 전역변수 정의 */
    int value4 = 4;
}
```

2. ch07.part06.main5.sub1.TestMain 클래스 정의

```
package ch07.part06.main5.sub1;

import java.lang.reflect.Field;

public class TestMain {
    public static void main(String[] args) {

        /** Class 타입 객체생성 */
        Class clazz = TypeA.class;

        /** 클래스에 정의된 모든 속성정보를 가져옴 */
        System.out.println("---- 전체속성정보 ----");
        Field[] fields = clazz.getDeclaredFields();
        for (Field f : fields) {
            System.out.println(f.getName() + "₩t" + f.isAccessible() + "₩t" + f);
        }
        System.out.println();

        /** 클래스에 정의된 모든 public 속성정보를 가져옴 */
        System.out.println("---- public 전체속성정보 ----");
        Field[] fields2 = clazz.getFields();
        for (Field f : fields2) {
            System.out.println(f.getName() + "₩t" + f.isAccessible() + "₩t" + f);
```

```
        }
        System.out.println();

        /** 개별 속성정보 조회 */
        System.out.println("---- value 속성정보 ----");
        try {
            Field f = clazz.getDeclaredField("value");
            System.out.println(f.getName() + "₩t" + f.isAccessible() + "₩t" + f);
        } catch (NoSuchFieldException e) {
            e.printStackTrace();
        } catch (SecurityException e) {
            e.printStackTrace();
        }
    }
}
```

결과

```
---- 전체속성정보 ----
name    false   private java.lang.String ch07.part06.main5.sub1.TypeA.name
value   false   private int ch07.part06.main5.sub1.TypeA.value
name2   false   public java.lang.String ch07.part06.main5.sub1.TypeA.name2
value2  false   public int ch07.part06.main5.sub1.TypeA.value2
value3  false   protected int ch07.part06.main5.sub1.TypeA.value3
value4  false   int ch07.part06.main5.sub1.TypeA.value4

---- public 전체속성정보 ----
name2   false   public java.lang.String ch07.part06.main5.sub1.TypeA.name2
value2  false   public int ch07.part06.main5.sub1.TypeA.value2

---- value 속성정보 ----
value   false   private int ch07.part06.main5.sub1.TypeA.value
```

정리

- 분석결과
  - TypeA의 클래스를 Field 클래스를 이용하여 전역변수의 정보를 조회하였다.
  - 바로 다음 과정에서 Field 객체를 이용하여 값을 설정하고 조회하도록 하자.
  - isAcessible() 함수는 모두 false이며 setAccessible(true) 이후 true가 된다.
    - ▸ 자바 1.9 버전에서 @Deprecated 되어 있으며 대신에 'canAccess()' 함수를 사용하면 된다.
    - ▸ 사용 예문에서 canAccess() 함수는 해당 클래스의 객체가 없기 때문에 객체를 생성하여 해당 객체를 이용하여 사용 가능하다.

2. Field 객체를 이용한 전역변수 관리

학습 목표	1. Test 클래스 정의 2. 메인 클래스 정의 ▷ 메인 함수 정의 • 동적으로 객체 생성 후 전역변수 값 변경 • Class 객체 생성 ▷ 객체 생성, Field 객체 생성 • Field ▷ 접근 권한 조회 ▷ 접근 권한 설정 ▷ 전역변수 값 변경 ▷ 접근 권한 회복
학습 절차	**1. ch07.part06.main5.sub1.TypeA 클래스 정의** – 앞서 정의한 클래스를 그대로 사용하도록 하겠다. **2. ch07.part06.main5.sub2.TestMain 클래스 정의** – 메인 함수 정의 ▸ Class 객체 호출 ▸ TypeA 객체 생성 ▸ 속성명 name과 일치하는 Field 객체 호출 ▸ name 속성에 접근 여부 조회 ▸ name 속성에 접근 가능하도록 설정 ▸ name 속성값 조회 ▸ name 속성값 "테스트2"로 변경 ▸ name 속성값 다시 조회 ▸ name 속성에 접근 여부 원래대로 설정

사용 예문

2. ch07.part06.main5.sub2.TestMain 클래스 정의

```
package ch07.part06.main5.sub2;

import java.lang.reflect.Field;
import ch07.part06.main5.sub1.TypeA;

public class TestMain {
    public static void main(String[] args) {
        try {
            /** 1. Class 객체 호출 */
            Class clazz = TypeA.class;
            /** 2. TypeA 객체 생성 */
            Object obj = clazz.newInstance();
            /** 3. 속성명 name과 일치하는 Field 객체 호출 */
            Field nameField = clazz.getDeclaredField("name");
            /** 4. name 속성에 접근 여부 조회 */
            boolean accessible = nameField.canAccess();
```

```
                /** 5. name 속성에 접근가능하도록 설정 */
                nameField.setAccessible(true);
                /** 6. name 속성 값 조회 */
                Object fieldObj = nameField.get(obj);
                System.out.println("변경 전 name 속성 값 ::: " + fieldObj);
                /** 7. name 속성 값 "테스트2"로 변경 */
                nameField.set(obj, "테스트2");
                /** 8. name 속성 값 다시 조회 */
                Object fieldObj2 = nameField.get(obj);
                System.out.println("변경 후 name 속성 값 ::: " + fieldObj2);
                /** 9. name 속성에 접근여부 원래대로 설정 */
                nameField.setAccessible(accessible);

            } catch (InstantiationException e) {
                e.printStackTrace();
            } catch (IllegalAccessException e) {
                e.printStackTrace();
            } catch (NoSuchFieldException e) {
                e.printStackTrace();
            } catch (SecurityException e) {
                e.printStackTrace();
            }
        }
}
```

결과

변경 전 name 속성값 ::: 테스트

변경 후 name 속성값 ::: 테스트2

정리

- 전역변수 값의 변경 절차
  - 전역변수의 값을 변경하기 위해서는 'canAccess()'의 값이 'true'여야 한다.
    - ▸ 따라서 값을 변경하기 위해서는 접근이 가능하도록 설정 후 처리해야 한다.
  - 처리 절차는 다음과 같다.

    Class 객체 생성 ▷ Constructor 객체 생성 ▷ 객체 생성 obj ▷ Field 객체 생성 ▷ 접근 여부 true 설정 ▷ 속성값 변경 ▷ 접근 권한 회복

7.6.06 Method 클래스 – 함수 관리

- API는 해당 함수에 대한 정보를 간단히 보고 우선 넘어가도록 하며 향후에 참고할 수 있도록 하자.

▣ java.lang.Class 클래스 API

전역 변수	**public Method getDeclaredMethod(String p1, Class ... p2)** **public Method getMethod(String p1, Class ... p2)** • 파라미터 설명 – p1 : 전역변수명 – p2 : 함수의 파라미터 타입 (동적 파라미터) • 함수명과 파라미터의 정보가 같은 해당 클래스의 함수 정보를 Method 타입으로 반환함. – getDeclaredMethod() : 해당 클래스에 정의된 함수 정보 반환 – getMethod() : 'public'으로 선언된 함수 정보 반환 • 부모 클래스의 함수는 나타나지 않음 • 해당 함수가 존재하지 않을 경우 에러 발생함 〈사용 예〉 Class clazz = TypeA.class; Method method = clazz.getDeclaredMethod("getName");
전체 전역 변수	**public Method[] getDeclaredMethods()** **public Method[] getMethods()** • 해당 클래스의 함수의 정보를 배열로 반환함 – getDeclaredMethods() : 해당 클래스에 정의된 모든 함수 정보 반환 – getMethods() : 'public'으로 선언된 모든 함수 정보 반환 • 부모 클래스의 함수는 나타나지 않음 〈사용 예〉 Class clazz = TypeA.class; Method[] methods = clazz.getDeclaredMethods();

▣ java.lang.reflect.Method 클래스 API

함수 이름	**public String getName()** • 해당 함수의 이름을 문자열로 반환한다.
함수 실행	**public Object invoke(Object p1, Object ... p2)** • 파라미터 설명

	– p1 : 객체 – p2 : 함수의 파라미터에 넣을 값 • Method 객체에 해당 타입의 객체와 함수의 파라미터 값을 입력하여 함수를 실행하기 위한 함수 – 함수는 '객체명.함수명()'으로 호출하기 때문에 객체 정보가 필요하다. – 값이 null인 경우 객체가 아닌 static 함수로 호출된다.
접근 여부 조회	**public boolean isAccessible()** • 해당 함수가 접근이 가능한지 여부를 나타낸다. – setAccessible() 함수에 의해 값이 설정되며 최초의 값은 'false'이다. ▸ 'setAccessible(true);' 이후 isAccessible() 함수의 값이 'true'가 된다. – 자바 1.9 버전에서 @Deprecated 되어 있으며 대신 'canAccess()' 함수를 사용하길 권장하고 있다. 〈사용 예〉 Method m = ...; Object obj = ...; boolean isAccessible = m.isAccessible();
	public boolean canAccess(Object obj) • 해당 함수가 접근이 가능한지 여부를 나타낸다. – 접근 제한자에 의해 접근 가능 여부를 반환한다. – 자바 1.9 버전부터 사용 가능하다. 〈사용 예〉 Method m = ...; Object obj = ...; boolean access = m.canAccess(obj);

1. 함수 정보 조회하기

개요	• Method 타입 – 해당 클래스가 가지고 있는 모든 함수의 정보를 관리하는 클래스
학습 절차	**1. ch07.part06.main6.sub1TypeA 클래스 정의** – 전역변수 정의 – 함수 정의

2. ch07.part06.main6.sub1.TestMain 클래스 정의

- 메인 함수 정의
  - ▸ Class 타입 객체 생성
  - ▸ 전체 함수 정보
  - ▸ 전체 public 함수 정보
  - ▸ 개별 함수 정보 getName()
  - ▸ 개별 함수 정보 setName()
  - ▸ 개별 함수 정보 setValue() – int.class 파라미터의 처리
  - ▸ 개별 함수 정보 setValue() – Integer.TYPE 파라미터의 처리
  - ▸ int 타입 ▷ Integer.class의 경우 오류 발생
  - ▸ 개별 함수 정보 setValue() – Integer.class 파라미터 오류 발생

사용 예문

```
package ch07.part06.main6.sub1;
public class TypeA {

    /** 전역변수 정의 */
    private String name = "테스트";
    private int value = 1;

    /** 함수 정의 */
    public String getName(){ return name; }
    public void setName(String name){ this.name = name; }
    public int getValue(){ return value; }
    public void setValue(int value){ this.value = value; }

}
```

```
package ch07.part06.main6.sub1;

import java.lang.reflect.Method;

public class TestMain {
    public static void main(String[] args) {

        /** Class 타입 객체생성 */
        Class clazz = TypeA.class;

        /** 전체 함수정보 */
        TypeA typeA = new TypeA();

        /** 전체 함수정보 */
        System.out.println(" 전체 함수정보 ----");
```

```
        Method[] methods = clazz.getDeclaredMethods();
        for (Method m : methods) {
            System.out.println(m.getName() + "₩t" + m.canAccess() + "₩t" + m);
        }

        /** 전체 public 함수정보 */
        System.out.println("₩r₩n 전체 public 함수정보 ----");
        Method[] methods2 = clazz.getDeclaredMethods();
        for (Method m : methods2) {
            System.out.println(m.getName() + "₩t" + m.canAccess() + "₩t" + m);
        }

        try {
            /** 개별 함수정보 getName() */
            System.out.println("₩r₩n 개별 함수정보 getName() ----");
            Method method2 = clazz.getDeclaredMethod("getName");
            System.out.println(method2);

            /** 개별 함수정보 setName() */
            System.out.println("₩r₩n 개별 함수정보 setName() ----");
            Method method3 = clazz.getDeclaredMethod("setName", String.class);
            System.out.println(method3);

            /** 개별 함수정보 setValue() - int.class 파라미터의 처리 */
            System.out.println("₩r₩n int.class 타입의 처리 - 개별 함수정보 setValue() ----");
            Method method4 = clazz.getDeclaredMethod("setValue", int.class);
            System.out.println(method4);

            /** 개별 함수정보 setValue() - Integer.TYPE 파라미터의 처리 */
            System.out.println("₩r₩n Integer.TYPE 타입의 처리 - 개별 함수정보 setValue()
            ----");
            Method method5 = clazz.getDeclaredMethod("setValue", Integer.TYPE);
            System.out.println("함수정보 5 ::: " + method5);

            /** 개별 함수정보 setValue() - Integer.class 파라미터 오류발생 */
            // Method method6 = clazz.getDeclaredMethod("setValue",Integer.class);
            // System.out.println("함수정보 6 ::: " + method6);

        } catch (NoSuchMethodException e) {
            e.printStackTrace();
        } catch (SecurityException e) {
            e.printStackTrace();
        }
    }
}
```

사용 예문

결과	---- 전체 함수정보 ---- getName true　　public java.lang.String ch07.part06.main6.sub1.TypeA.getName() getValue true　　public int ch07.part06.main6.sub1.TypeA.getValue() setName true　　public void ch07.part06.main6.sub1.TypeA.setName(java.lang.String) setValue true　　public void ch07.part06.main6.sub1.TypeA.setValue(int) ---- 전체 public 함수정보 ---- getName true　　public java.lang.String ch07.part06.main6.sub1.TypeA.getName() getValue true　　public int ch07.part06.main6.sub1.TypeA.getValue() setName true　　public void ch07.part06.main6.sub1.TypeA.setName(java.lang.String) setValue true　　public void ch07.part06.main6.sub1.TypeA.setValue(int) ---- 개별 함수정보 getName() ---- public java.lang.String ch07.part06.main6.sub1.TypeA.getName() ---- 개별 함수정보 setName() ---- public void ch07.part06.main6.sub1.TypeA.setName(java.lang.String) ---- int.class 타입의 처리 - 개별 함수정보 setValue() ---- public void ch07.part06.main6.sub1.TypeA.setValue(int) ---- Integer.TYPE 타입의 처리 - 개별 함수정보 setValue() ---- 함수정보 5 ::: public void ch07.part06.main6.sub1.TypeA.setValue(int)
예문 설명	▶ Method method6 = clazz.getDeclaredMethod("setValue",Integer.class); • 오류 발생 (해당 함수가 존재하지 않음) - 함수의 파라미터는 int 타입이며 Integer의 타입과 다르다. - int의 class 타입은 앞에서 언급한 것처럼 2가지 방법으로 가져올 수 있다. Class clazz = int.class; Class clazz = Integer.TYPE;

2. Method 객체를 이용한 함수 관리

학습 절차	**1. ch07.part06.main6.sub1TypeA 클래스 정의** - 앞에서 다룬 TypeA 클래스를 그대로 사용하도록 하겠다. **2. ch07.part06.main6.sub2.TestMain 클래스 정의**

	2. ch07.part06.main6.sub2.TestMain 클래스 정의

사용 예문	package ch07.part06.main6.sub2;
	
	import java.lang.reflect.InvocationTargetException;
	import java.lang.reflect.Method;
	
	import ch07.part06.main6.sub1.TypeA;
	
	public class TestMain {
	    public static void main(String[] args) throws Exception {
	
	        /** Class 타입 객체생성 → 객체생성 */
	        Class clazz = TypeA.class;
	        Object obj = clazz.newInstance();
	
	        /** 함수 실행 전 조회 */
	        TypeA test = (TypeA) obj;
	        System.out.println("변경 전 ::: name [" + test.getName() + "]");
	        System.out.println("변경 전 ::: value [" + test.getValue() + "]");
	
	        /** 개별 함수 정보 조회 */
	        Method method1 = clazz.getDeclaredMethod("getName");
	        Method method2 = clazz.getDeclaredMethod("setName", String.class);
	        Method method3 = clazz.getDeclaredMethod("getValue");
	        Method method4 = clazz.getDeclaredMethod("setValue", int.class);
	
	        /** 개별 함수 실행 */
	        Object result1 = method1.invoke(test);
	        Object result2 = method2.invoke(test, "테스트2");
	        Object result3 = method3.invoke(test);
	        Object result4 = method4.invoke(test, 2);
	
	        /** 함수 실행 후 조회 */
	        System.out.println("변경 후 ::: name [" + test.getName() + "]");
	        System.out.println("변경 후 ::: value [" + test.getValue() + "]");
	    }
	}

결과	변경 전 ::: name [테스트] 변경 전 ::: value [1] 변경 후 ::: name [테스트2] 변경 후 ::: value [2]

<table>
<tr><td>예문 설명</td><td>

▶ Object obj = clazz.newInstance();
TypeA test = (TypeA) obj;

- obj 객체는 Object 타입이며 모든 클래스의 최상위 클래스이다.
  - TypeA를 이용하여 리플렉션으로 생성한 객체는 Object로 반환시키지만 사실상 TypeA의 타입이며 해당 타입으로 '형 변환'을 할 수 있다.
    - ▸ TypeA test = (TypeA) obj;

▶ Method method1 = clazz.getDeclaredMethod("getName");
Object result1 = method1.invoke(test);

- 위의 식은 다음의 코드와 같으며 result1의 타입은 String 타입이 될 것이다.
  - String result1 = test.getName();

▶ Method method2 = clazz.getDeclaredMethod("setName", String.class);
Object result2 = method2.invoke(test, "테스트2");

- 위의 식은 다음의 코드와 같으며 result2의 타입은 void 함수이므로 null이 된다.
  - test.setName("테스트2");

</td></tr>
<tr><td>결과</td><td>변경 전 ::: name [테스트]
변경 전 ::: value [1]
변경 후 ::: name [테스트2]
변경 후 ::: value [2]</td></tr>
</table>

7.7 | 어노테이션(Annotation)

수준	중요 포인트 및 학습 가이드(※)
상	1. 예제 무조건 따라하기 ※ 초급 과정에서의 사용 빈도는 높지 않기 때문에 리플렉션은 그냥 넘어가도 된다. ※ @Grid 어노테이션 정의 후 ProductVo에 사용하며 이를 TableGroup에서 로직 처리를 하는 과정을 이해하길 바란다.
상	2. 어노테이션(Annotation) 사용 목적 및 특징 – 어노테이션은 '@' 기호를 이용하여 소스 상에 명시적으로 나타낸다. – 어노테이션은 모듈화를 가능하게 한다.

	– 어노테이션 사용 시 소스의 가독성이 높아지기 때문에 유지 관리가 편리하다. – 로직을 별도로 처리할 수 있도록 정의하기 때문에 반복 로직을 제거할 수 있다.
상	3. 어노테이션(Annotation) 기본 문법 ※ 어노테이션 타입정의를 위한 @Retention, @Target, @Repeatable을 이해해야 한다. – @Retention은 어노테이션의 생명 주기를 관리한다. – @Target은 어노테이션 대상 범위를 설정할 수 있다. – @Repeatable 어노테이션은 반복 사용을 할 수 있도록 하기 위한 옵션이다. – 어노테이션 속성값이 1개이며 속성명이 'value'로 정의될 경우 해당 어노테이션의 사용에 있어 속성명을 생략할 수 있다. – default를 이용하여 기본값 설정이 가능하다.

※ 어노테이션 학습에 대하여

– 개발 입문자의 경우 이해가 어렵다면 그냥 넘어가도 좋다.

– 이번 장은 로직이 매우 복잡하기 때문에 프로젝트의 공통 구성을 위해 분리되는 과정에 대하여 시간을 갖고 충분히 이해할 필요가 있다.

7.7.01 예제 무조건 따라하기

※ 프로그램 작성 시 자바 1.9 버전 이후에는 22.3.01 파트의 설명대로 모듈을 정의하자.

▷ 'module-info.java' 파일에 'requires java.desktop;' 모듈 추가

학습 목표	• 어노테이션을 이용하여 프로젝트의 모듈화 구현 과정을 이해할 수 있다. • 어노테이션의 개념 및 사용 목적을 이해할 수 있다.
학습 절차	※ 7.6과에서 다룬 예제를 가져와 어노테이션을 이용하여 개선 작업을 할 계획이다. **1. ch07.part07.main1.DefaultVo 클래스 정의** – 정의된 모든 함수 제거 ▷ 어노테이션으로 처리 **2. ch07.part07.main1.Grid 어노테이션 정의** – 어노테이션 타입 정의 ▷ @Grid 정의 ▸ 어노테이션 속성 정의

3. ch07.part07.main1.ProductVo 클래스 정의

– 전역변수 – 정의된 @Grid 어노테이션을 사용

4. ch07.part07.main1.MemberVo 클래스 정의

– 전역변수 – 정의된 @Grid 어노테이션을 사용

5. ch07.part07.main1.TableGroup 클래스 정의

– @Grid 어노테이션을 사용한 필드 수 조회 ▷ 테이블 컬럼
  - ▶ 자료 조회 : 해당 필드에 @Grid가 없을 경우 annotation 객체가 null

– @Grid가 있는 필드 정보 ▷ 헤더 정보 배열, 자료 정보 배열 자료 등록
  - ▶ 필드 접속 가능 설정 ▷ 어노테이션 값 조회 ▷ 필드 접속 권한 회복
  - ▶ @Grid(name="속성")의 name '속성' 값을 조회하기 위한 코드

– 자료 정보 만들기 – T의 속성(Field) 값을 읽기
  - ▶ 필드 접속 가능 설정 ▷ 필드값 조회 ▷ 필드 접속 권한 회복

– 테이블 만들기

6. ch07.part07.main1.ProductView 클래스 정의

– 화면 사이즈 설정

– 테이블 자료 구성

– 모듈화 된 TableGroup 사용

– 화면에 추가하기

– 화면에 보이기

7. ch07.part07.main1.MemberView 클래스 정의

– 화면 사이즈 설정

– 테이블 자료 구성

– 모듈화 된 TableGroup 사용

– 화면에 추가하기

– 화면에 보이기

1. ch07.part07.main1.DefaultVo 클래스 정의

– 내부의 모든 함수를 제거할 계획이며, Vo 내부에서 어노테이션을 이용하여 처리할 계획이다.

– 하지만 향후 공통으로 구성될 항목 또는 함수를 위해 그대로 사용하는 것으로 하겠다.

사용 예문

```
package ch07.part07.main1;

public class DefaultVo {
    /** 모든 함수가 제거됨 → 어노테이션으로 처리 */
}
```

사용 예문

2. ch07.part07.main1.Grid 어노테이션 정의
– 해당 어노테이션(annotation)은 ProductVo, MemberVo에 적용된다.

```
package ch07.part07.main1;

import java.lang.annotation.ElementType;
import java.lang.annotation.Retention;
import java.lang.annotation.RetentionPolicy;
import java.lang.annotation.Target;

/** 어노테이션 타입 정의 → @Grid 정의 */
@Retention(RetentionPolicy.RUNTIME)
@Target(value = { ElementType.FIELD })
public @interface Grid {
    /** 어노테이션 속성 정의 */
    public String name();
}
```

3. ch07.part07.main1.ProductVo 클래스 정의
– 제품 정보 타입
▸ 어노테이션 @Grid()의 사용
▸ getHeaderInfo(), getData() 함수 제거

```
package ch07.part07.main1;

public class ProductVo extends DefaultVo {

    /** 전역변수 – 정의된 @Grid 어노테이션을 사용 */
    @Grid(name = "품목번호")
    private String productNo;
    @Grid(name = "품목명")
    private String productName;
    @Grid(name = "단가")
    private int price;

    public ProductVo(String productNo, String productName, int price) {
        this.productNo = productNo;
        this.productName = productName;
        this.price = price;
    }
}
```

4. ch07.part07.main1.MemberVo 클래스 정의
– 회원 정보 타입

▸ 어노테이션 @Grid()의 사용
▸ getHeaderInfo(), getData() 함수 제거

```
package ch07.part07.main1;

public class MemberVo extends DefaultVo {

    /** 전역변수 – 정의된 @Grid 어노테이션을 사용 */
    @Grid(name = "회원아이디")
    private String memberId;
    @Grid(name = "회원명")
    private String memberName;

    public MemberVo(String memberId, String memberName) {
        this.memberId = memberId;
        this.memberName = memberName;
    }
}
```

5. ch07.part07.main1.TableGroup 클래스 정의
– 테이블 정보를 모듈화하기 위한 클래스

사용 예문

```
package ch07.part07.main1;

import java.lang.reflect.Field;
import java.lang.reflect.InvocationTargetException;
import java.lang.reflect.Method;
import java.util.Arrays;

import javax.swing.JScrollPane;
import javax.swing.JTable;
import javax.swing.table.DefaultTableModel;

public class TableGroup<T extends DefaultVo> {

    private JScrollPane pane = new JScrollPane();

    public TableGroup(Class<T> clazz, T... array) {

        /** @Grid 어노테이션을 사용한 필드 수 조회 → 테이블 컬럼 수 일치 */
        Field[] fields = clazz.getDeclaredFields();
        int count = 0;
        for (Field f : fields) {
            /** 자료조회 : 해당 필드에 @Grid가 없을 경우 annotation 객체가 null */
```

사용
예문

```
            Grid annotation = f.getAnnotation(Grid.class);
            if (annotation != null) {
                count++;
            }
    }

    /** @Grid가 있는 필드정보 →  헤더정보 배열, 자료정보 배열 자료등록 */
    String[] headerInfo = new String[count]; /** 헤더정보 */
    Field[] headerField = new Field[count]; /** 필드정보 */
    int index = 0;
    for (Field f : fields) {
            /** 필드 접속가능설정 → 어노테이션 값 조회 → 필드 접속권한 회복 */
            boolean accessible = f.isAccessible();
            f.setAccessible(true);
            Grid annotation = f.getAnnotation(Grid.class);
            if (annotation != null) {
                /** @Grid(name="속성")의 name '속성' 값을 조회하기 위한 코드 */
                String name = annotation.name();
                headerInfo[index] = name;
                headerField[index] = f;
                index++;
            }
            f.setAccessible(accessible);
    }
    /** 자료정보 만들기 – T의 속성(Field) 값을 읽기 */
    Object[][] data = new Object[0][];
    if (array != null) {
            data = new Object[array.length][];
            int index2 = 0;
            for (T t : array) {
                Object[] datum = new Object[count];
                int index3 = 0;
                for (Field f : headerField) {
                        /** 필드 접속가능설정 → 필드 값 조회 → 필드 접속권한회복 */
                        boolean accessible = f.isAccessible();
                        f.setAccessible(true);
                        try {
                                datum[index3] = f.get(t);
                        } catch (IllegalArgumentException e) {
                                e.printStackTrace();
                        } catch (IllegalAccessException e) {
                                e.printStackTrace();
                        }
```

```
                    f.setAccessible(accessible);
                    index3++;
                }
                data[index2] = datum;
                index2++;
            }
        }

        /** 테이블 만들기 */
        JTable table = new JTable(data, headerInfo);
        pane.setViewportView(table);
    }

    public JScrollPane getTablePanel() {
        return pane;
    }
}
```

6. ch07.part07.main1.ProductView 클래스 정의

사용 예문

```
package ch07.part07.main1;

import javax.swing.JFrame;
import javax.swing.JTable;

public class ProductView extends JFrame {
    public ProductView() {

        /** 화면 사이즈 설정 */
        this.setSize(300, 300);

        /** 테이블 자료구성 */
        ProductVo product1 = new ProductVo("a001", "아메리카노", 4000);
        ProductVo product2 = new ProductVo("a002", "까페라떼", 4300);
        ProductVo product3 = new ProductVo("a003", "까페모카", 4500);

        /** 모듈화된 TableGroup 사용 */
        TableGroup<ProductVo> tableGroup
            = new TableGroup<ProductVo>(
                ProductVo.class, new ProductVo[] { product1, product2, product3 });

        /** 화면에 추가하기 */
        this.add(tableGroup.getTablePanel());

        /** 화면에 보이기 */
```

```
		this.setVisible(true);
	}

	public static void main(String[] args) {
		new ProductView();
	}
}
```

7. ch07.part07.main1.MemberView 클래스 정의

사용 예문

```
package ch07.part07.main1;

import java.lang.reflect.InvocationTargetException;
import java.lang.reflect.Method;
import java.util.Arrays;

import javax.swing.JFrame;
import javax.swing.JTable;

public class MemberView extends JFrame {
	public MemberView() {

		/** 화면 사이즈 설정 */
		this.setSize(300, 300);

		/** 테이블 자료 */
		MemberVo member1 = new MemberVo("a001", "강감찬");
		MemberVo member2 = new MemberVo("a002", "이순신");
		MemberVo member3 = new MemberVo("a003", "홍길동");

		/** 모듈화된 TableGroup 사용 */
		TableGroup<MemberVo> tableGroup
			= new TableGroup<MemberVo> (
				MemberVo.class, new MemberVo[] { member1, member2, member3 });

		/** 화면에 추가하기 */
		this.add(tableGroup.getTablePanel());

		/** 화면에 보이기 */
		this.setVisible(true);

	}

	public static void main(String[] args) {
		new MemberView();
```

```
    }
}
```

	2. ch07.part07.main1.Grid 어노테이션 정의

소스 설명	▶ @Retention(RetentionPolicy.RUNTIME)
	• 어노테이션을 설정 시 해당 어노테이션이 런타임 이후에도 적용되도록 하기 위함
	– 실행 후 사용하려면 무조건 위와 같이 코드를 부여하면 된다.
	– 위의 코드가 없을 경우 어노테이션을 인식하지 못한다.
	
	▶ @Target(value = {ElementType.FIELD})
	• 해당 어노테이션을 전역변수에만 사용하도록 지정한다.
	– 클래스 및 함수에 어노테이션 설정이 불가능하다.
	
	▶ public @interface Grid {
	public String name();
	}
	• 어노테이션 타입 지정
	– @Grid를 다른 클래스에서 사용할 수 있도록 정의한다.
	– 현재 ProductVo, MemberVo 클래스에서 해당 어노테이션을 사용한다.
	– 어노테이션을 적용하기 위해서는 리플렉션을 이용하여 처리하며 TableGroup 클래스에 적용하였다.
	• @Grid(name="속성 값") 으로 사용할 수 있도록 어노테이션의 속성을 지정한다.

	5. ch07.part07.main1.TableGroup 클래스 정의
	▶ Grid annotation = f.getAnnotation(Grid.class); • Field f 객체는 getAnnotation() 함수를 가지고 있으며 해당 어노테이션 객체를 가져온다. – @Grid 어노테이션이 없을 경우 null이 된다. ▶ String name = annotation.name(); • @Grid(name="속성")의 경우 name의 값은 '속성'이 된다. – ProductVo, MemberVo에 부여된 @Grid 내의 name 속성 값을 읽어 온다.
정리	• 무엇이 좋아졌는가? – ProductVo, MemberVo에서 테이블을 구성하기 위한 함수가 제거되었으며 항목명이 전역변수 위에 정의됨으로써 매우 직관적으로 판단할 수 있게 되었다. – 함수가 제거됨으로써 불필요한 코드를 줄임으로써 프로그램 소스량을 줄일 수 있다. ▸ TableGroup 클래스의 소스가 증가하였지만 화면의 수가 많아지면 많아질수록 소스의 효율성이 더욱 부각될 것이다.

– 소스 변경이 대부분 모듈화된 TableGroup에서 일어나며 다른 클래스에 크게 영향을 미치지 않는다.
▸ 모듈화의 장점은 확장을 하는데 있어서 매우 효율적으로 변경할 수 있다.
▸ 관심사를 한 곳에서 관리하기 때문에 분석이 편리하다.
▸ 모듈화를 통하여 소스의 중복을 막을 수 있기 때문에 소스 수정 부분이 작아진다.

7.7.02 어노테이션 사용 목적 및 특징

개념

• 어노테이션이란
– '@' 기호를 이용해 설정된 저장값을 자바 코드 실행에 같이 사용될 수 있는 일종의 '메타 데이터'

사용 목적

• ProductVo, MemberVo에서 속성과 속성의 항목명 관리를 위해 다음 함수를 만들어서 관리하였다.
– getHeaderInfo() : String[]의 값을 반환하며 속성 항목명 반환하는 함수
– getData() : 전역변수의 값을 반환하는 함수

```
public class ProductVo {
    private String productNo;
    private String productName;
    private String price;
    public static String[] getHeaderInfo(){
        return new String[]{"품목번호", "품목명", "단가"};
    }
    public Object[] getData(){
        return new Object[]{ productNo, productName, price };
    }
    public static int[] getWidth() {
        return new int[]{ 100, 400, 200 };
    }
}
```

※ 항목의 '추가/수정/삭제'가 있을 때마다 겪어야 하는 일

1) getHeaderInfo()와 getData()를 수정해야 하며 만약에 하나라도 입력을 하지 않는다면 자료가 잘못 나오거나 오류가 발생한다.
2) 항목이 길어질 경우 '속성의 항목명'과 '속성값의 순서'를 맞추기도 어렵다.
3) 가독성이 좋지 않다.

※ 이를 다음과 같이 입력해도 관리가 된다면 어떨까?

```
public class ProductVo {
    @Grid(name="품목번호", width=100, order=1)
```

	``
	    private String productNo;
	    @Grid(name="품목명", width=400, order=2)
	    private String productName;
	    @Grid(name="단가", width=200, order=3)
	    private String price;
	}
	``
	※ 어노테이션을 이용하면 전역변수 바로 위에 명시를 하기 때문에 가독성이 매우 좋기 때문에 유지/관리가 편리하다.
	- 명시된 대상을 처리하기 위한 로직 처리를 모듈화할 수 있어 관리가 편리하다.
	- 단, 어노테이션을 가져와 처리하는 곳은 대부분 공통 로직을 구성하는 곳이기 때문에 코드의 복잡성이나 난이도는 다소 높을 수는 있다.
	• 프로그램의 공통코어 개발자라면 개발을 어떤 방식으로 해야 하는가?
	- 작업자가 관리하기 편한 방식으로 개발을 해야 한다.
	- 개발자에게 테이블 입력을 위해 getHeaderInfo(), getData(), getWidth() 함수를 만들도록 하는 것보다 어노테이션을 이용하게 하는 게 훨씬 전달하기가 쉽다.	

특징	• 어노테이션을 이용하여 반복되는 로직을 명시적으로 표현함으로써 다음과 같은 효과를 얻을 수 있다. - 모듈화를 가능하게 한다. - 가독성이 좋으며 반복 로직을 제거할 수 있다. • 리플렉션(Reflection)과 같이 사용되어 어노테이션으로 명시된 로직을 처리할 수 있다.	

정의 방법	```
	/** 어노테이션 정의 */
	@Retention(RetentionPolicy.RUNTIME)
	@Target({ElementType.FIELD})
	public @interface Grid {
	        public String name();
	        public int width();
	        public int order();
	}
	``
		• 클래스와 같이 파일 단위로 생성할 수 있으며 'Grid.java'로 저장된다.
		• 내부 클래스와 같이 클래스 내부에 선언될 수 있다.

사용 방법	```
	/**정의된 어노테이션 사용 */
	public class ProductVo {
	    /** 어노테이션 table을 사용 */
	    @Grid(name="품목번호", width=100, order=1)
	    private String productNo;
	    @Grid(name="품목명", width=400, order=2)
	    private String productName;
	    @Grid(name="단가", width=100, order=3)
	    private int price;
	}
	``	

예문 설명	▶ @Retention(RetentionPolicy.RUNTIME) • 어노테이션의 사용 주기를 설정하기 위한 구문 – 자바 프로그램이 실행되기까지는 다음과 같은 과정을 갖는다. [소스 ▷ (컴파일) ▷ 클래스 ▷ (런타임 클래스 로딩) ▷ VM메모리] ▸ RetentionPolicy.SOURCE : 컴파일 이후 소멸됨 ▸ RetentionPolicy.CLASS : 런타임 클래스 로딩 이후 소멸됨 ▸ RetentionPolicy.RUNTIME : 소멸되지 않고 유지됨 • 어노테이션을 적용하여 사용할 시점은 개발자 입장에서 런타임 이후이기 때문에 'RetentionPolicy.RUNTIME'만 생각하도록 하자. ▶ @Target({ElementType.FIELD}) • 어노테이션 사용 시 어노테이션을 어디에 부여할 것인지 설정한다. – 배열 타입으로 설정하며, 배열 타입은 중괄호({ })로 표현한다. – ElementType.FIELD : 전역변수에 부여 ▶ public @interface Grid • 어노테이션 정의 구문이며 '@interface'를 명시하여 정의한다. – 사용하는 곳에서는 '@Grid'로 사용할 수 있다.

7.7.03 어노테이션 기본 문법

처리 방법	• 어노테이션의 정의 및 사용 절차 1. 어노테이션 정의 2. 어노테이션 사용 3. 사용 클래스의 로직 처리 ※ 어노테이션의 처리 방법은 사용 예문을 통하여 직접 설명하도록 하겠다.
학습 절차	**1. ch07.part07.main3.Grid 어노테이션 정의** – 어노테이션 생명 주기 정의 – 어노테이션 적용 대상 정의 – @interface : 어노테이션 타입 정의 ▸ 속성 name, width, order 정의 **2. ch07.part07.main3.ProductVo 클래스 정의** – 어노테이션 전역변수에 @Grid 적용

3. ch07.part07.main3.TestMain 클래스 정의

– 메인 함수 정의

▸ 어노테이션 전역변수에 @Grid 적용

▸ productNo Field 객체 ▷ Grid 어노테이션 객체 호출

▸ Grid 어노테이션 속성값을 호출

사용 예문

1. ch07.part07.main3.Grid 어노테이션 정의
– [절차 1] Grid 어노테이션의 정의

```
package ch07.part07.main3;

import java.lang.annotation.ElementType;
import java.lang.annotation.Retention;
import java.lang.annotation.RetentionPolicy;
import java.lang.annotation.Target;

@Retention(RetentionPolicy.RUNTIME)    /** 어노테이션 생명주기 정의 */
@Target({ ElementType.FIELD })         /** 어노테이션 적용대상 정의 */
public @interface Grid {               /** @interface : 어노테이션 타입 정의 */

    /** 속성 name, width, order 정의 */
    public String name();
    public int width();
    public int order();

}
```

2. ch07.part07.main3.ProductVo 클래스 정의
– [절차 2] Grid 어노테이션 사용

```
package ch07.part07.main3;

public class ProductVo {

    /** 어노테이션 전역변수에 @Grid 적용 */
    @Grid(name = "품목번호", width = 100, order = 1)
    private String productNo;
    @Grid(name = "품목명", width = 400, order = 2)
    private String productName;
    @Grid(name = "단가", width = 200, order = 3)
    private int price;

    public ProductVo(String productNo, String productName, int price) {
        this.productNo = productNo;
```

```
            this.productName = productName;
            this.price = price;
        }
    }
```

3. ch07.part07.main3.TestMain 클래스 정의
– [절차 3] Grid 사용 클래스의 로직 처리

```
package ch07.part07.main3;

import java.lang.reflect.Field;

public class TestMain {
    public static void main(String[] args) {
        try {
            /** ProductVo 클래스 → Class 객체 → Field 객체 */
            Class clazz = ProductVo.class;
            Field field = clazz.getDeclaredField("productNo");

            /** productNo Field 객체 → Grid 어노테이션 객체호출 */
            Grid anno = field.getAnnotation(Grid.class);
            /** Grid 어노테이션 속성 값을 호출 */
            String name = anno.name();
            int width = anno.width();
            int order = anno.order();
            System.out.println("name 속성 값 = " + name);
            System.out.println("width 속성 값 = " + width);
            System.out.println("order 속성 값 = " + order);
        } catch (NoSuchFieldException e) {
            e.printStackTrace();
        } catch (SecurityException e) {
            e.printStackTrace();
        }
    }
}
```

결과

```
name 속성 값 = 품목번호
width 속성 값 = 100
order 속성 값 = 1
```

소스 설명

▶ Class clazz = MemberVo.class
Field field = clazz.getDeclaredField("productNo");
Grid anno = field.getAnnotation(Grid.class);

- 어노테이션은 리플렉션을 이용하여 소스에 적용할 수 있다.

	• 소스에서 어노테이션은 전역변수에 적용하였기 때문에 Field 객체에서 어노테이션 Grid 타입의 객체를 가져온다.
	– Grid anno = field.getAnnotation(Grid.class);
	
	▶ String name = anno.name();
	int width = anno.width();
	int order = anno.order();
	• 어노테이션 Grid 객체를 불러와 각각의 속성에 접근을 할 수 있다.

정리	• 분석 결과 – 클래스를 보면 어노테이션의 정의 및 사용, 그리고 어노테이션에 설정된 값을 기준으로 로직 처리가 가능한 것을 확인할 수 있다.

1. 어노테이션 생명 주기 설정를 위한 @Retention

• 만약 @Retention을 부여하지 않으면 어떻게 될까? @Retention을 제거 후 실행해 보자

설명	• 『NullPointerException』 발생 – Grid anno = field.getAnnotation(Grid.class); String name = anno.name(); /** anno가 null이 된다. */ – Why? 〉 @Grid는 프로그램이 실행될 때 소멸되기 때문이다. ▸ 자바에서 어노테이션은 프로그램이 실행될 때 소멸되도록 기본 설정이 되어 있다. – How? 〉 프로그램이 실행된 이후에 소멸되지 않도록 설정해야 한다. ▸ @Retention : 어노테이션의 생명 주기를 관리한다.

• @Retention을 위한 'RetentionPolicy'의 종류

구 분	설 명
RetentionPolicy.SOURCE	• 컴파일 이후에 소멸된다. – 소스 단위에서만 유효하다. – 컴파일 시 나타나는 정보의 제공한다.
RetentionPolicy.COMPILE	• 프로그램 실행 후 소멸된다. (기본값) – 배포 시 나타나는 정보의 제공한다.
RetentionPolicy.RUNTIME	• 실행 후에도 소멸되지 않는다.

※ 사용자가 만든 프로그램은 대부분 프로그램이 실행된 이후에 사용하기 위해 만들기 때문에 거의 'RetentionPolicy.RUNTIME'으로 설정된다.

2. 어노테이션 적용 범위 설정을 위한 @Target

• 만약 @Target을 부여하지 않으면 어떻게 될까? @Target을 제거한 이후 실행을 해 보자.

<table>
<tr><td>설명</td><td>• @Target의 정의
– '@Target에 ElementType.FIELD'를 부여할 경우, 전역변수가 아닌 곳에 사용하면 에러가 발생된다.
– Why? 〉 기본값은 모든 대상으로 하며, 대상 설정 이후에는 해당 대상에만 적용이 된다.
▸ ElementType.FIELD는 전역변수의 '@Grid 사용 대상'을 뜻한다.
– 전역변수, 함수 등 필요한 요소에만 어노테이션 설정을 하고 싶다면?
▸ '@Target'을 정의하며 대상 범위를 설정해야 한다.
– How? 〉 어노테이션을 부여할 수 있는 범위를 알아야 한다.
▸ @Target의 요소에 입력될 'ElementType'의 종류를 이해해야 한다.
• @Target을 제거할 경우
– 어노테이션을 속성 외 클래스 생성자 함수 등에 사용이 가능하다.
<pre>@Grid(name="")
public class ProductVo {
        @Grid(name="")
        private String productNo;
        @Grid(name="")
        public void method() { ... }
}</pre></td></tr>
<tr><td>처리 방법</td><td>• @Target 어노테이션의 정의 방법 (1개 설정 시)
– 필드에만 적용되도록 설정
<pre>@Target({ ElementType.FIELD })
public @interface Grid { ... }</pre>• @Target 어노테이션의 정의 방법 (2개 이상 설정 시)
– 콤마(,)를 이용하여 2개 이상 정의가 가능하다.
– 필드 및 함수에만 적용되도록 설정
<pre>@Target({ ElementType.FIELD, ElementType.METHOD })
public @interface Grid { ... }</pre></td></tr>
</table>

- @Target을 위한 ElementType의 종류

  – ElementType은 enum 타입이며 해당 타입 중에서만 선택이 가능하다.

구 분	설 명
ElementType.TYPE	타입(클래스, enum, 인터페이스, 어노테이션)에 적용
ElementType.CONSTRUCTOR	생성자 함수에 적용
ElementType.FIELD	전역변수에 적용
ElementType.METHOD	함수에 적용
ElementType.PARAMERTER	함수 파라미터에 적용
ElementType.LOCAL_VARIABLE	지역변수에 적용
ElementType.ANNOTATION_TYPE	어노테이션 타입에만 적용
ElementType.TYPE_USE	기술하고 있는 ElementType의 요소 중에서 'ElementType.METHOD'를 제외한 나머지 모든 타입이 적용됨

3. 어노테이션 속성 정의

- 어노테이션 속성의 타입은 제한이 있으며 아래의 타입 이외에는 타입 정의가 불가능하다.

  – DataType 타입과 Child 타입은 사용자가 직접 정의한 enum 타입, 어노테이션 타입이며 사용 예문에 나타내었다.

적용 위치	타입의 종류	사용 예

일반 타입	**기본형**
	String **타입**
	enum **타입**
	어노테이션 타입
		public int value();
		public String name();
		public DataType dataType();
		public Child child();

배열 타입	**기본형 배열 타입**
	String **배열 타입**
	enum **배열 타입**
	어노테이션 배열 타입
		public int[] values();
		public String[] names();
		public DataType[] dataTypes();
		public Child[] child();

학습 절차	**1. ch07.part07.main3.sub3.DataType enum 타입 정의** – enum 속성 정의

2. ch07.part07.main3.sub3.Child 어노테이션 정의

– 어노테이션 속성 정의

3. ch07.part07.main3.sub3.Anno1 어노테이션 정의

– 어노테이션 속성 정의

▸ 기본형, String, enum, Annotation 타입을 이용한 속성 정의

4. ch07.part07.main3.sub3.Anno2 어노테이션 정의

– 어노테이션 속성 정의

▸ 기본형, String, enum, Annotation 배열 타입을 이용한 속성 정의

5. ch07.part07.main3.sub3.ProductVo 클래스 정의

– 일반타입을 기본으로한 Anno1 어노테이션의 사용

6. ch07.part07.main3.sub3.TestMain 클래스 정의

– ProductVo 타입의 클래스 객체 생성
– 일반 타입(Field 객체 조회) ▷ Anno1 어노테이션 객체 조회 ▷ 속성 접근
– 배열 타입(Field 객체 조회) ▷ Anno1 어노테이션 객체 조회 ▷ 속성 접근

사용 예문

1. ch07.part07.main3.sub3.DataType enum 타입 정의

```
package ch07.part07.main3.sub3;

public enum DataType {
    /** enum 속성 정의 */
    A, B, C, D
}
```

2. ch07.part07.main3.sub3.Child 어노테이션 정의

```
package ch07.part07.main3.sub3;

import java.lang.annotation.Retention;
import java.lang.annotation.RetentionPolicy;

@Retention(RetentionPolicy.RUNTIME)
public @interface Child {
    /** 어노테이션 속성 정의 */
    public int value();
}
```

3. ch07.part07.main3.sub3.Anno1 어노테이션 정의
– 어노테이션 가능 속성 타입 : String, 기본형, Annotation, enum 타입

사용 예문

```
package ch07.part07.main3.sub3;

import java.lang.annotation.ElementType;
import java.lang.annotation.Retention;
import java.lang.annotation.RetentionPolicy;
import java.lang.annotation.Target;

@Retention(RetentionPolicy.RUNTIME)
@Target({ ElementType.FIELD })
public @interface Anno1 {

    /** 어노테이션 속성 정의 */
    public int value();                 /** 기본형 타입 */
    public String name();               /** String 타입 */
    public DataType dataType();         /** enum 타입 */
    public Child child();               /** 어노테이션 타입 */

}
```

4. ch07.part07.main3.sub3.Anno2 어노테이션 정의

```
package ch07.part07.main3.sub3;

import java.lang.annotation.ElementType;
import java.lang.annotation.Retention;
import java.lang.annotation.RetentionPolicy;
import java.lang.annotation.Target;

@Retention(RetentionPolicy.RUNTIME)
@Target({ ElementType.FIELD })
public @interface Anno2 {

    /** 어노테이션 속성 정의 */
    public int[] value();               /** 기본형 배열타입 */
    public String[] name();             /** String 배열타입 */
    public DataType[] dataType();       /** enum 배열타입 */
    public Child[] child();             /** 어노테이션 배열타입 */

}
```

5. ch07.part07.main3.sub3.ProductVo 클래스 정의

```
package ch07.part07.main3.sub3;

public class ProductVo {
```

```
    /** 일반타입을 기본으로한 Anno1 어노테이션의 사용 */
    @Anno1( value=1
            , name="name"
            , dataType=DataType.A
            , child=@Child(value=1))
    private String productNo;

    /** 배열타입을 기본으로한 Anno2 어노테이션의 사용 */
    @Anno2(values={1,2},
            , names={"name1","name2"}
            , dataTypes={DataType.A,DataType.B}
            , children={@Child(value=1), @Child(value=2)})
    private String productName;

}
```

6. ch07.part07.main3.sub3.TestMain 클래스 정의

사용 예문

```
package ch07.part07.main3.sub3;

import java.lang.reflect.Field;
import java.util.Arrays;

public class TestMain {
    public static void main(String[] args) throws Exception {

            /** ProductVo 타입의 클래스 객체생성 */
            Class<ProductVo> clazz = ProductVo.class;

            /** 일반타입 – Field 객체조회 → Anno1 어노테이션 객체조회 → 속성접근 */
            Field field1 = clazz.getDeclaredField("productNo");
            Anno1 anno1 = field1.getAnnotation(Anno1.class);
            int value = anno1.value();
            String name = anno1.name();
            DataType dataType = anno1.dataType();
            Child child = anno1.child();
            int childValue = child.value();

            System.out.println("--- 일반타입 ---");
            System.out.println("value = " + value);
            System.out.println("name = " + name);
            System.out.println("dataType = " + dataType);
            System.out.println("child = " + child);
            System.out.println("₩t childValue = " + childValue);

            /** 배열타입 – Field 객체조회 → Anno1 어노테이션 객체조회 → 속성접근 */
```

```
        Field field2 = clazz.getDeclaredField("productName");
        Anno2 anno2 = field2.getAnnotation(Anno2.class);
        int[] values = anno2.values();
        String[] names = anno2.names();
        DataType[] dataTypes = anno2.dataTypes();
        Child[] children = anno2.children();

        System.out.println("--- 배열타입 ---");
        System.out.println("values = " + Arrays.toString(values));
        System.out.println("names = " + Arrays.toString(names));
        System.out.println("children = " + Arrays.toString(children));
        System.out.println("dataTypes = " + Arrays.toString(dataTypes));
        for (Child c : children) {
            System.out.println("₩t childValue = " + c.value());
        }

    }
}
```

결과

```
--- 일반타입 ---
value = 1
name = name
child = @ch07.part07.main4.sub3.Child(value=1)
        childValue = 1
dataType = A

--- 배열타입 ---
values = [1, 2]
names = [name1, name2]
children = [@ch07.part07.main4.sub3.Child(value=1), @ch07.part07.main4.sub3.Child(value=2)]
        childValue = 1
        childValue = 2
dataTypes = [A, B]
```

4. 어노테이션 기본값 – default

- @Grid에서 너비의 기본값이 '100'이라면 명시하지 않고 값을 100으로 가져올 수 없을까?
  - 'default'를 이용하여 기본값을 설정할 수 있다.
  - 기본값을 설정하면 @Grid 내부의 속성값을 입력하지 않아도 된다.

<table>
<tr><td>정의
방법</td><td>• 어노테이션 속성의 기본값 설정
– 해당 타입 값으로 기본값을 설정할 수 있다.
– 'default' 키워드를 사용하여 기본값을 입력할 수 있다.
▸ public 타입 속성() default 타입값;</td></tr>
<tr><td rowspan="4">처리
방법</td><td>• Grid 어노테이션 정의
– 'default'를 이용하여 기본값을 설정할 수 있다.</td></tr>
<tr><td><pre>@Rentention(RetentionPolicy.RUNTIME)
@Target({ElementType.FIELD})
public @interface Grid {
    public String name() default "항목명";
    public int width() default 100;
    public int order() default 1;
}</pre></td></tr>
<tr><td>• Grid 어노테이션 기본값의 사용
– 어노테이션을 다음과 같이 사용할 때 해당 항목을 명시하지 않은 경우에는 기본값이 적용된다.
– 기본값이 있을 경우에만 항목을 생략할 수 있다.</td></tr>
<tr><td>• @Grid 사용 시 속성값
– name : 항목명, width : 100, order = 1
• @Grid(name="품목번호") 사용 시 속성값
– name : 품목번호, width : 100, order = 1
• @Grid(name="품목번호", width=400) 사용 시 속성값
– name : 품목번호, width : 400, order = 1
• @Grid(name="품목번호", width=400, order=2) 사용 시 속성값
– name : 품목번호, width : 400, order = 2</td></tr>
</table>

5. 어노테이션 요소명의 생략 – value()

<table>
<tr><td rowspan="2">사용
예문</td><td colspan="2">• 어노테이션 속성 타입이 1개이며 속성명이 value의 경우만 가능하다.</td></tr>
<tr><td><pre>@Rentention(RetentionPolicy.RUNTIME)
@Target({ElementType.FIELD})
public @interface Grid {
    public String value();
}</pre></td><td>▶ @Grid(value="항목명")
@Grid("항목명")</td></tr>
</table>

	/** 배열 타입의 속성 요소 생략 */
	@Rentention(RetentionPolicy.RUNTIME)
	@Target({ElementType.FIELD})
	public @interface Grid {
	    public String[ ] value();
	}
	▶ @Grid(value={"항목1", "항목2"})
	@Grid({ "항목1", "항목2"})

주의 사항	• 생략할 수 있는 요소명은 'value()' 뿐이다. 나머지는 반드시 명시해야 한다. @Grid(name="항목명") ▷ @Grid("항목명") [불가능] @Grid(value="항목명") ▷ @Grid("항목명") [가능]

6. 배열을 이용한 어노테이션 반복 사용

학습 목표	• 배열을 이용하여 우선 반복 사용을 위한 구현을 할 수 있다.
처리 절차	※ 품목의 단가를 국가별 통화의 값으로 입력하고자 한다고 가정할 때 다음과 같이 나타내고자 한다. – @Price : 국가별 통화의 단가를 입력한 어노테이션 타입 – @Prices : @Price 어노테이션을 배열 타입으로 함. • 국가별 가격 입력을 위한 처리 절차 1. @Price 어노테이션 정의 2. @Prices 어노테이션 정의 – @Price 배열을 속성으로 하며 속성명은 반드시 'value'로 한다. ▸ value의 경우 속성명의 생략이 가능하다. 3. ProductVo 타입 @Prices 어노테이션 정의
학습 절차	**1. ch07.part07.main3.sub6.Price 어노테이션 정의** – @Price 어노테이션 정의 ▸ @Price 속성 정의 – 환율, 통화, 통화명 **2. ch07.part07.main3.sub6.Prices 어노테이션 정의** – @Prices 어노테이션 정의 ▸ @Prices value 속성 정의 – @Price 배열 **3. ch07.part07.main3.sub6.ProductVo 클래스 정의** – 통화별로 환율 정보 기입 – 생성자 함수 정의 – getter setter 함수 정의

4. ch07.part07.main3.sub6.TestMain 클래스 정의

- ProductVo 클래스 ▷ Class 객체 ▷ Field 객체
- @Prices 객체 조회
- @Price 배열 객체 조회
  - ▸ @Price 가격 정보 조회 – 환율, 통화, 통화명
  - ▸ 해당 통화의 값으로 변환
  - ▸ 소수 2째자리로 반올림하여 나타내기 위한 로직 작성

사용 예문

1. ch07.part07.main3.sub6.Price 어노테이션 정의
– [절차 1] @Price 어노테이션 정의

```
package ch07.part07.main3.sub6;

import java.lang.annotation.ElementType;
import java.lang.annotation.Retention;
import java.lang.annotation.RetentionPolicy;
import java.lang.annotation.Target;

/** @Price 어노테이션 정의 */
@Retention(RetentionPolicy.RUNTIME)
@Target({ ElementType.FIELD })
public @interface Price {

    /** @Price 속성 정의 – 환율, 통화, 통화명 */
    public double value();              /** 환율 */
    public String currency();           /** 통화 */
    public String currencyName();       /** 통화명 */
}
```

2. ch07.part07.main3.sub6.Prices 어노테이션 정의
– [절차 2] @Prices 어노테이션 정의
▸ @Price를 배열로 정의하여 반복하여 사용하기 위함이다.

```
package ch07.part07.main3.sub6;

import java.lang.annotation.ElementType;
import java.lang.annotation.Retention;
import java.lang.annotation.RetentionPolicy;
import java.lang.annotation.Target;

/** @Prices 어노테이션 정의 */
@Retention(RetentionPolicy.RUNTIME)
```

```
@Target(ElementType.FIELD)
public @interface Prices {

    /** @Prices value 속성 정의 – @Price 배열 */
    public Price[] value(); /** @Price 배열 */

}
```

3. ch07.part07.main3.sub6.ProductVo 클래스 정의

– [절차 3] ProductVo 타입 @Prices 어노테이션 정의

▸ @Prices 어노테이션을 사용한다.

▸ @Prices 어노테이션 내부에 @Price를 반복 사용한다.

사용 예문

```
package ch07.part07.main3.sub6;

public class ProductVo {

    private String productNo;
    private String productName;

    /** 통화별로 환율정보 기입 */
    @Prices({
            @Price( value=10.19, currencyName="엔", currency="JPY")
            , @Price( value=1142.50, currencyName="달러", currency="USD")
    })
    private int price;

    /** 생성자함수 정의 */
    public ProductVo(String productNo, String proudctName, int price) {
            this.productNo = productNo;
            this.productName = productName;
            this.price = price;
    }

    /** getter setter 함수 정의 */
    public int getPrice() { return price; }
    public String getProductNo() { return productNo; }
    public void setProductNo(String productNo) { this.productNo = productNo; }
    public String getProductName() { return productName; }
    public void setProductName(String productName) { this.productName = productName; }
    public void setPrice(int price) { this.price = price; }
}
```

4. ch07.part07.main3.sub6.TestMain 클래스 정의
– Class 객체 ▷ Field 객체 ▷ @Prices 객체 ▷ @Price 객체를 얻는다.

```
package ch07.part07.main3.sub6;

import java.lang.reflect.Field;

public class TestMain {
    public static void main(String[] args) {
        ProductVo p = new ProductVo("a001", "아메리카노", 4000);
        try {
            /** ProductVo 클래스 → Class 객체 → Field 객체 */
            Field field = ProductVo.class.getDeclaredField("price");
            /** @Prices 객체조회 */
            Prices prices = field.getAnnotation(Prices.class);
            /** @Price 배열객체조회 */
            Price[] types = prices.value();
            for (Price price : types) {

                /** @Price 가격정보 조회 – 환율, 통화, 통화명 */
                System.out.println("[어노테이션 정보] ::: " + price);
                double value = price.value();
                String nation = price.currency();
                String unitName = price.currencyName();

                /** 해당 통화의 값으로 변환 */
                double price2 = 1.0 * p.getPrice() / value;

                /** 소수 2째자리로 반올림하여 나타내기 위한 로직작성 */
                price2 = ((int)(price2*100+0.5))/100.0;
                System.out.println(nation + " : " + price2 + " " + unitName);
            }
        } catch (NoSuchFieldException e) {
            e.printStackTrace();
        } catch (SecurityException e) {
            e.printStackTrace();
        }
    }
}
```

결과

```
[어노테이션 정보] ::: @ch07.part07.main3.sub6.Price(value=10.19, currencyName=엔, currency=JPY)
JPY : 392.54 엔
```

<table>
<tr><td></td><td>[어노테이션 정보] ::: @ch07.part07.main3.sub6.Price(value=1142.5, currencyName=달러, currency=USD)
USD : 3.5 달러</td></tr>
<tr><td>소스 설명</td><td>▶ double price2 = 1.0 * p.getPrice() / value;
• 만약에 p.getPrice()와 value가 모두 int 타입의 경우 결과값의 타입은 int 타입이 됨을 유의해야 한다.
▸ 'int 값1 / int 값2 = int 값'이 됨을 유의해야 한다.
• 명확하게 계산을 하기 위해 필자는 보통 맨 앞에 1.0을 부여하여 계산을 한다.
▸ double 값1 * int 값2 = double 값

▶ price2 = ((int)(price2*100+0.5))/100.0;
• 위 로직은 소수점 3번째 자리에서 반올림하여 결과가 소수점 2째 자리로 나타내기 위한 로직이며 price2의 값이 '1.234'일 경우 처리 결과는 다음과 같다.
<table>
<tr><td>• double*int ▷ double
price2*100 ▷ double 타입값</td><td>1.236*100 = 123.6</td></tr>
<tr><td>• double+int ▷ double
double 타입값 + 0.5 ▷ double 타입값</td><td>123.6+0.5 = 124.1</td></tr>
<tr><td>• (int) double값 ▷ int (형변환)
(int)(double 타입값) ▷ 소수점을 버림한 int 타입값</td><td>(int)(124.1) = 124</td></tr>
<tr><td>• int / double ▷ double
int 타입값 / 100.0 ▷ double 타입값</td><td>124 / 100.0 = 1.24</td></tr>
</table></td></tr>
</table>

7. @Repeatable을 이용한 어노테이션 반복 사용

- 앞서 우리는 배열을 이용하여 반복 사용할 수 있도록 구현을 하였으며, 이보다 간단한 표현을 위해 '@Repeatable'을 사용하였다.

<table>
<tr><td>처리 방법</td><td>1. 배열을 이용한 어노테이션 반복 사용에서 정의한 @Price, @Prices 타입을 그대로 사용한다.

2. @Price 타입에 @Repeatable을 클래스에 정의한다.
– @Repeatable은 해당 어노테이션을 기본 배열 속성으로 사용하는 어노테이션을 속성값으로 입력
〈사용 예〉
@Retention(RetentionPolicy.RUNTIME)
@Target({ ElementType.FIELD })</td></tr>
</table>

처리 방법	@Repeatable(Prices.class) /** 배열 속성으로 사용할 @Prices 타입을 명시 */
	public @interface Prices { ... }
	
	3. ProductVo에 @Prices 대신 @Price로 중복해서 정의한다.
	〈사용 예〉
	public class ProductVo {
	    ...
	    @Price(value=9.97, unitName="엔" currency="JPY")
	    @Price(value=1200, unitName="달러" currency="USD")
	    private int price;
	    ...
	}
	
	4. Field 객체에서 getAnnotationsByType() 함수를 이용하여 @Price에 직접 접근한다.
	– 접근 방법
	▸ Class 객체 ▷ Field 객체 ▷ getAnnotationsByType() ▷ @Price 배열
	〈사용 예〉
	Field field = ProductVo.class.getDeclaredField("price");
	Price[] types = field.getAnnotationsByType(Price.class);

학습 절차	**1. ch07.part07.main3.sub7.Price 어노테이션 정의** – @Price 어노테이션 정의 ▸ @Price 속성 정의 – 환율, 통화, 통화명 **2. ch07.part07.main3.sub7.Prices 어노테이션 정의** – @Prices 어노테이션 정의 – @Repeatable 사용(배열 속성으로 사용할 @Prices 타입을 명시) ▸ @Prices value 속성 정의(@Price 배열) **3. ch07.part07.main3.sub7.ProductVo 클래스 정의** – 통화별로 환율정보 기입(@Price 반복 사용) – 생성자 함수 정의 – getter setter 함수 정의 **4. ch07.part07.main3.sub7.TestMain 클래스 정의** – ProductVo 클래스 ▷ Class 객체 ▷ Field 객체 – @Price 배열 객체로 직접 조회 ▸ @Price 가격 정보 조회 – 환율, 통화, 통화명

	▸ 해당 통화의 값으로 변환 ▸ 소수 2째 자리로 반올림하여 나타내기 위한 로직 작성
사용 예문	**1. ch07.part07.main3.sub7.Price 어노테이션 정의** **– [절차 1] 배열을 이용한 어노테이션 반복 사용에서 정의한 @Price, @Prices 타입을 그대로 사용한다.** **– [절차 2] @Price 타입에 @Repeatable을 정의한다.**

```
package ch07.part07.main3.sub7;

import java.lang.annotation.ElementType;
import java.lang.annotation.Repeatable;
import java.lang.annotation.Retention;
import java.lang.annotation.RetentionPolicy;
import java.lang.annotation.Target;

/** @Price 어노테이션 정의 */
@Retention(RetentionPolicy.RUNTIME)
@Target({ ElementType.FIELD })
@Repeatable(Prices.class)  /** 배열속성으로 사용할 @Prices 타입을 명시 */
public @interface Price {

    /** @Price 속성 정의 – 환율, 통화, 통화명 */
    public double value();              /** 환율 */
    public String currency();           /** 통화 */
    public String currencyName();       /** 통화명 */
}
```

2. ch07.part07.main3.sub7.Prices 어노테이션 정의
– [절차 2] @Prices 어노테이션 정의
▸ @Price를 배열로 정의하여 반복하여 사용하기 위함이다.

```
package ch07.part07.main3.sub7;

import java.lang.annotation.ElementType;
import java.lang.annotation.Retention;
import java.lang.annotation.RetentionPolicy;
import java.lang.annotation.Target;

/** @Prices 어노테이션 정의 */
@Retention(RetentionPolicy.RUNTIME)
@Target(ElementType.FIELD)
public @interface Prices {
```

```
    /** @Prices value 속성 정의 – @Price 배열 */
    public Price[] value(); /** @Price 배열 */

}
```

3. ch07.part07.main3.sub7.ProductVo 클래스 정의
– [절차 3] ProductVo 타입 @Prices 어노테이션 정의
▸ @Prices 어노테이션을 사용한다.
▸ @Prices 어노테이션 내부에 @Price를 반복 사용한다.

사용 예문

```
package ch07.part07.main3.sub7;

public class ProductVo {

    private String productNo;
    private String productName;

    /** 통화별로 환율정보 기입 – @Price 반복사용 */
    @Price( value=10.19, currencyName="엔", currency="JPY")
    @Price( value=1142.50, currencyName="달러", currency="USD")
    private int price;

    /** 생성자함수 정의 */
    public ProductVo(String productNo, String proudctName, int price) {
        this.productNo = productNo;
        this.productName = productName;
        this.price = price;
    }

    /** getter setter 함수 정의 */
    public int getPrice() { return price; }
    public String getProductNo() { return productNo; }
    public void setProductNo(String productNo) { this.productNo = productNo; }
    public String getProductName() { return productName; }
    public void setProductName(String productName) { this.productName = productName; }
    public void setPrice(int price) { this.price = price; }
}
```

4. ch07.part07.main3.sub7.TestMain 클래스 정의
– Class 객체 ▷ Field 객체 ▷ @Prices 객체 ▷ @Price 객체를 얻는다.

```
package ch07.part07.main3.sub7;

import java.lang.reflect.Field;
```

```
public class TestMain {
    public static void main(String[] args) {
        ProductVo p = new ProductVo("a001", "아메리카노", 4000);
        try {
            /** ProductVo 클래스 → Class 객체 → Field 객체 */
            Field field = ProductVo.class.getDeclaredField("price");
            /** @Price 객체로 직접조회 */
            Price[] prices = field.getAnnotationsByType(Price.class);
            for (Price price : prices) {

                /** @Price 가격정보 조회 - 환율, 통화, 통화명 */
                System.out.println("[어노테이션 정보] ::: " + price);
                double value = price.value();
                String nation = price.currency();
                String unitName = price.currencyName();

                /** 해당 통화의 값으로 변환 */
                double price2 = 1.0 * p.getPrice() / value;

                /** 소수 2째자리로 반올림하여 나타내기 위한 로직작성 */
                price2 = ((int)(price2*100+0.5))/100.0;
                System.out.println(nation + " : " + price2 + " " + unitName);
            }
        } catch (NoSuchFieldException e) {
            e.printStackTrace();
        } catch (SecurityException e) {
            e.printStackTrace();
        }
    }
}
```

결과

```
[어노테이션 정보] ::: @ch07.part07.main3.sub6.Price(value=10.19, currencyName=엔, currency=JPY)
JPY : 392.54 엔
[어노테이션 정보] ::: @ch07.part07.main3.sub6.Price(value=1142.5, currencyName=달러, currency=USD)
USD : 3.5 달러
```

정리

- 분석 결과
  - @Repeatable 어노테이션은 @Prices를 사용하지 않고 간단히 @Price를 반복해서 사용할 수 있도록 한다.
  - 기존 배열의 방식으로 사용해도 무방하지만 @Repeatable을 이용함으로써 조금 더 간결하게 코드 사용을 할 수 있음을 알 수 있다.

- @Prices는 반드시 다음 규칙을 지켜야 한다.
  - ▸ 반드시 단 1개의 속성으로 지정해야 하며 속성명은 반드시 'value'로 정의되어야 한다.
  - ▸ 속성명이 'value'이며 단 1개의 속성의 경우 속성명의 생략이 가능하다.

8. @Repeatable의 적용 위치 및 처리 방법

- 반복 사용을 위한 어노테이션 설정 방법을 알았다면 이에 대한 처리 방법을 이해하면 된다.
- 처리 방법은 중복된 어노테이션의 객체를 조회할 수 있으면 된다. 다음의 표는 사용된 어노테이션의 객체를 가져오기 위한 코드이다.
- 중복된 어노테이션이 '@Key'라 가정 후 다음의 소스 코드를 살펴보도록 한다.

적용 위치	반복 사용 어노테이션 조회 소스 코드
클래스	Class<ProductVo> clazz = ProductVo.class; Key[] kies = clazz.getAnnotationsByType(Key.class);
생성자 함수	Class<ProductVo> clazz = ProductVo.class; Constructor<ProductVo> constructor = clazz.getDeclaredConstructor(); Key[] kies = constructor.getAnnotationsByType(Key.class);
생성자 함수 파라미터	Class<ProductVo> clazz = ProductVo.class; Constructor<ProductVo> constructor = clazz.getDeclaredConstructor(); Parameter[] parameters = constructor.getParameters(); Parameter parameter = parameters[0]; /** 첫 번째 파라미터 */ Key[] kies = parameter.getAnnotationsByType(Key.class);
전역변수	Class<ProductVo> clazz = ProductVo.class; Field field = clazz.getDeclaredField("price"); Key[] kies = field.getAnnotationsByType(Key.class);
함수	Class<ProductVo> clazz = ProductVo.class; Method method = clazz.getDeclaredMethod("getPrice"); Key[] kies = method.getAnnotationsByType(Key.class);
함수 파라미터	Class<ProductVo> clazz = ProductVo.class; Method method = clazz.getDeclaredMethod("getPrice"); Parameter[] parameters = method.getParameters(); Parameter parameter = parameters[0]; /** 첫 번째 파라미터 */ Key[] kies = parameter.getAnnotationsByType(Key.class);

08장. 함수 II

어서 오세요

본 장에서는 앞서 3장에서 변수와 함께 다룬 자바 프로그래밍 함수를 보다 집중적으로 살펴보게 됩니다. 기본적인 문법에서 한 발 더 나아가 파라미터의 나열과 함께 이를 이용한 동적 처리를 알아보고, 배열 사용과 재귀함수 등 좀 더 다양한 함수의 활용 방법을 익힐 수 있습니다.

동적 파라미터
Factorial
String Class
재귀함수
Call by Value
ArrayList
Call by Reference

8.1 함수의 동적 처리

수준	중요 포인트 및 학습 가이드(※)
중	1. 함수의 파라미터 동적 처리 – '...' – 콤마를 이용하여 파라미터를 열거하거나 배열을 파라미터로 사용할 수도 있다. – 함수 내부에서는 배열로 처리할 수 있다. – 동적 파라미터는 반드시 파라미터가 마지막에 위치해야 한다. – 두 개 이상의 동적 파라미터를 사용할 수 없다. ※ 함수의 파라미터를 동적으로 입력하기 위한 방법이며, 반드시 이해하고 넘어갈 수 있도록 해야 한다.
상	2. 함수의 반환 타입 동적처리 – 제네릭스 〈T〉 ※ 제네릭스를 이용한 함수 내부 및 반환 타입의 동적 처리를 이해해야 한다.

8.1.01 함수의 파라미터 동적 처리 – '...'

학습 목적

• 앞서 익힌 '...' 연산자를 이해할 수 있다.

처리 방법

• 파라미터의 동적 처리 정의

– 함수 파라미터의 타입과 변수 사이에 '...' 연산자를 넣으면 된다.

– 함수 내부에서는 배열로 처리할 수 있다.

```
public class A {
        /** 동적파라미터의 사용 */
        public void method(String... msg){
                /** 내부에서는 배열로 사용된다. */
                String[] array = msg;
        }
}
```

• 파라미터의 동적 처리 사용

– 파라미터를 콤마를 이용하여 열거 또는 배열을 파라미터로 사용할 수 있다.

```
public class B {
        public static void main(String[] args) {
                A a = new A();
                /** 입력방법 1 – 콤마를 이용하여 변수를 열거 */
```

```
                a.method("A", "B", "C", "D");
                /** 입력방법 2 – 배열을 이용하여 변수를 입력 */
                a.method(new String[]{"A", "B", "C", "D"});
        }
}
```

주의 사항

- 동적 파라미터는 반드시 파라미터가 마지막에 위치해야 한다.
- 두 개 이상의 동적 파라미터를 사용할 수 없다.

사용 목적

- 두 클래스의 같은 기능을 하고 있는 print() 함수를 비교해 보자.
  - A 클래스의 print() 함수는 파라미터를 동적으로 정의하였다.
  - B 클래스의 print() 함수는 파라미터를 배열로 정의하였다.

※ 어떤 함수가 더 간편하게 느껴지는가?

▶ 꼭 그렇다고는 볼 수 없지만 A 클래스의 print() 함수가 편리하다.

· 배열을 만들 필요 없이 콤마를 이용하여 열거하면 된다.

· 배열로 입력할 수도 있다.

사용 예문

```
public class A {
    /** 동적파라미터 사용 */
    public void print(String ... msg) {
        if(msg==null) return ;
        String[] messages = msg;
        for(String s : messages) {
            System.out.println(s);
        }
    }
}
```

```
public class B {
    /** 배열 파라미터 사용 */
    public void print(String[] messages) {
        if(messages==null) return ;

        for(String s : messages) {
            System.out.println(s);
        }
    }
}
```

```
public class TestMain {
    public static void main(String[] args) {
        A a = new A();
        B b = new B();

        /** 열거를 이용한 동적 파라미터의 이용 */
        a.print("a", "b", "c", "d", "e");

        /** 배열을 이용한 함수의 이용 */
        String[] array = {"a", "b", "c", "d", "e"};
        a.print(array);   /** 동적 파라미터도 배열로 입력받을 수 있다. */
        b.print(array);
```

```
    }
}
```

정리	• '...'를 타입과 파라미터 사이에 명시하면 '동적 파라미터'로 사용이 가능하다. • 파라미터는 배열 또는 콤마를 이용한 열거 방식으로 입력받을 수도 있다.

8.1.02 함수의 반환 타입 동적 처리 – 제네릭스 ‹T›

학습 목표	• 제네릭스를 이용한 함수 내부 및 반환 타입의 동적 처리를 이해할 수 있다.

처리 방법

• 반환 타입의 동적 처리 정의

– 함수의 제네릭 타입을 정의한다.

– 함수의 목적은 파라미터로 들어오는 동적 파라미터를 배열로 변환해 반환하는 함수를 만들고자 한다.

```
public class A {
        /** 동적 반환 타입을 위한 제네릭스의 사용 */
        public <T> T[] method(T... t){
                T[] array = t;
                return array;
        }
}
```

• 반환 타입의 동적 처리 사용

```
public class B {
        public static void main(String[] args) {
                A a = new A();
                String[] array1 = a.method("A", "B", "C", "D");
                /** 입력방법 2 – 배열을 이용하여 변수를 입력 */
                Integer[] array2 = a.method(1, 2, 3, 4);
        }
}
```

8.2 | 기본형 파라미터와 참조형 파라미터

수준	중요 포인트 및 학습 가이드(※)
하	1. Call By Value와 Call By Reference의 차이점 – 자바는 Call By Value 특성으로 함수 실행 이후 변수의 메모리 주소의 값이 변경될 수 없다. – 자바에서는 메모리 주소의 값을 변경할 수 없으며 메모리 주소 정보를 담은 변수를 별도로 존재하지 않는다. ※ 간단히 이해하고 다음 학습의 예제에서 이해하도록 하자.
중	2. 자바는 'Call By Value' – 기본형의 경우에는 파라미터로 '메모리 주소의 정보'가 아닌 '값의 정보'를 전달하기 때문에 'Call By Value'의 특성을 갖는다. – 참조형의 경우에는 파라미터로 메모리 주소 정보를 전달하며, 내부에서 주소 변경이 일어나도 외부에서 주소 변경을 할 수 없기 때문에 'Call By Value'의 특성을 갖는다.
중	3. 기본형 파라미터와 참조형 파라미터의 차이점 – 기본형 타입은 변수에 값의 정보를 저장하며, 참조형 타입은 메모리 주소 정보를 저장한다. ※ 참조형 파라미터의 경우 함수 내에서 속성값의 변경 시, 함수 종료 이후에도 값이 유지되는 이유를 반드시 이해해야 한다.
중	4. String 클래스와 StringBuffer 클래스 – String은 문자열의 값을 변경 시 새로운 메모리 주소가 부여되며, StringBuffer는 메모리 생성 이후 변경되지 않는다. – StringBuffer 객체 내부의 문자열의 값이 변경이 되어도 객체의 메모리 주소가 유지되기 때문에 객체를 통하여 변경된 내부 문자열로의 접근과 수정이 가능하다.

※ 이번 장에서 다룰 주요 내용은 '함수를 실행할 때 전달되는 파라미터'를 주제로 하여 설명한다.

8.2.01 Call By Value와 Call By Reference의 차이점

	Call By Value	Call By Reference
차이점	• 파라미터로 값의 정보를 전달한다. • 함수 실행 이후 변수의 메모리 주소의 값이 변경될 수 없다.	• 파라미터로 메모리 주소 정보를 전달한다. • 함수 실행 이후 파라미터의 메모리 주소값이 변경될 수 있다.
공통점	• 함수의 파라미터로 사용된다.	

특징	• 자바에서는 메모리 주소의 값을 변경할 수 없다. • 자바에는 메모리 주소 정보를 담은 변수가 별도로 존재하지 않는다. – 이 때문에 자바는 'Call By Value'의 특성을 갖는다.

8.2.02 자바는 'Call By Value'

학습 목표	• Call By Value와 Call By Reference의 차이점을 이해할 수 있다. • 자바가 Call By Value의 특성을 갖는 이유를 이해할 수 있다.

사용 예문

```
package ch08.part02.main2;

public class TestMain {
    public static void main(String[] args) {

        /** 기본형 변수 */
        int a = 3;
        int b = a;  // a가 참조하는 값을 b에 복사

        /** 자바에서는 method() 함수를 통하여 위에 있는 변수 a의 값을 변경할 수 없다. */
        int c = method(a);
        System.out.println("동일변수 비교 = " + (a == b));

        /** 참조형 변수 */
        TypeA typeA1 = new TypeA();
        TypeA typeA2 = typeA1; // typeA1이 참조하는 주소를 typeA2에 복사

        /** 자바에서는 method() 함수를 통하여 위의 객체 typeA1 주소를 변경할 수 없다. */
        TypeA typeA3 = method(typeA1);
        System.out.println("동일변수 비교 = " + (typeA1 == typeA2));
    }

    /** 내부클래스 */
    public static class TypeA { }

    /** 기본형 int 타입의 값을 변경하기 위한 함수 */
    public static int method(int a){
        a = a+1;
        return a;
    }
```

```
    /** TypeA 객체를 받아와 내부에서 새로운 메모리 주소를 갖는 객체를 생성 */
    public static TypeA method(TypeA typeA){
        typeA = new TypeA();
        return typeA;
    }
}
```

결과	기본형 변수 비교 = true 참조형 변수 비교 = true
예문 설명	▶ int a = 3; int b = a; • 'b = a'의 코드 실행 – 기본형은 변수에 값을 직접 저장하기 때문에 a의 값 '3'을 b에 저장한다. – 이후부터는 a의 값이 변경이 일어나도 b의 값은 변경이 일어나지 않는다. ▶ int c = method(a); System.out.println("동일변수 비교 = " + a == b); • method() 함수 내부에서는 a의 값을 변경 후 다시 a에 담아 반환한다. • 기본형의 타입은 파라미터로 값을 전달하기 때문에 무조건 Call By Value의 특성을 갖기 때문에 a값의 변경이 일어날 수 없으므로 무조건 'true'를 반환하게 된다. ▶ TypeA typeA1 = new TypeA(); TypeA typeA2 = typeA1; • 'typeA2 = typeA1'의 코드 실행 – 참조형은 변수에 메모리 주소값을 저장하며 해당 메모리 주소에 객체의 정보를 저장하기 때문에 typeA1의 메모리 주소값을 typeA2에 저장한다. – 이후 typeA1의 메모리 주소를 변경하여도 typeA2의 메모리 주소는 변경이 되지 않는다. – typeA1 객체의 속성을 변경할 경우 현재 typeA2도 같은 객체의 메모리 주소를 참조하기 때문에 변경된 속성을 확인할 수 있다. ▶ TypeA typeA3 = method(typeA1); System.out.println("동일변수 비교 = " + typeA1 == typeA2); • method() 함수 내부에서는 다시 객체를 생성하여 typeA1에 담아 반환한다. • Call By Reference는 method() 함수에 의해 메모리 주소 변경을 할 경우 메인 함수 내 typeA1의 메모리 주소 변경이 가능하지만, 자바에서는 변경할 수 없기 때문에 Call By Value의 특성을 갖는다. ▸ 자바에서는 'method()' 함수를 이용하여 메인 함수 내 typeA1의 메모리 주소를 변경할 수 없다.

정리	• 기본형의 경우에는 파라미터로 메모리 주소 정보가 아닌 값의 정보를 전달하기 때문에 Call By Value의 특성을 갖는다. • 참조형의 경우에는 파라미터로 메모리 주소 정보를 전달하며 내부에서 주소 변경이 일어나도 외부에서 주소 변경을 할 수 없기 때문에 Call By Value의 특성을 갖는다. ▸ 자바는 'Call By Value'의 특성을 갖는다.

8.2.03 기본형 파라미터와 참조형 파라미터의 차이점

- 파라미터로 전달되는 참조형의 변수에 대해 알아보자.
  - 외부에서 기본형의 변수를 파라미터로 전달할 경우 값을 전달하기 때문에 외부 기본형의 값은 변경이 되지 않는다.
  - 외부에서 참조형의 변수를 파라미터로 전달할 경우 메모리 주소 정보를 전달하지만 외부 참조형 변수의 정보 변경은 불가능하다.
  - 외부에서 참조형의 변수를 파라미터로 전달할 경우 메모리 주소 정보를 전달하기 때문에 함수 내부에서 해당 객체의 속성 정보를 변경할 경우 외부 참조형의 변수도 그대로 적용된다.

	기본형	참조형
차이점	• 변수에 값의 정보를 저장한다. • 속성이 존재하지 않는다. • 파라미터로 전달될 경우 '값'을 전달하므로, 사용되는 함수에서만 영향을 미친다.	• 변수에 메모리 주소 정보를 저장한다. • 속성이 존재할 수 있다. • 참조형은 메모리 주소를 넘기기 때문에 속성의 변경이 일어날 경우 변경된 값이 유지된다.
학습 절차	**1. ch08.part02.main3.TestMain1 클래스 정의** – static method() 함수 정의 ▸ 변수의 값 증가 – 메인 함수 정의 ▸ count 변수의 생성 ▸ count를 파라미터로 전달하여 함수 내부에서 값 증가 ▸ count의 값 비교 〉값의 변경이 없다. [함수 실행 후 값의 영향이 없다.] **2. ch08.part02.main3.TypeA 클래스 정의**	

- count 속성 정의
- getter setter 함수 정의

3. ch08.part02.main3.TestMain2 클래스 정의

- static method() 함수 정의
  ▸ 파라미터 객체의 count 속성값 변경
- 메인 함수 정의
  ▸ TypeA 객체 생성 및 속성 설정
  ▸ 함수 사용 ▷ TypeA 객체를 파라미터로 사용 ▷ 함수에서 객체의 속성 변경
  ▸ 변수 속성 변경 여부 확인
  〉 속성값의 변경이 있다. [함수 실행 후 속성값의 영향이 있다.]

사용 예문

1. ch08.part02.main3.TestMain1 클래스 정의

```
package ch08.part02.main3;

public class TestMain1 {

    /** static method() 함수 정의 */
    public static int method(int count) {
        /** 변수의 값을 증가 */
        return count++;
    }

    public static void main(String[] args) {

        /** count 변수의 생성 */
        int count = 0;
        System.out.println("count = " + count); // ☞ count = 1

        /** count를 파라미터 전달하여 함수내부에서 값을 증가 */
        method(count);

        /** count의 값은 그대로 유지된다. */
        System.out.println("count = " + count); // ☞ count = 1
    }
}
```

2. ch08.part02.main3.TypeA 클래스 정의

```
package ch08.part02.main3;
```

```
public class TypeA {

    /** count 속성 정의 */
    private int count = 0;

    /** getter setter 함수 정의 */
    public void setCount(int count){ this.count = count; }
    public int getCount(){ return count; }

}
```

3. ch08.part02.main3.TestMain2 클래스 정의

사용 예문

```
package ch08.part02.main3;

public class TestMain2 {

    /** static method() 함수 정의 */
    public static void method(TypeA a) {

        /** 파라미터 객체의 count 속성 값 변경 */
        a.setCount(a.getCount() + 1);
    }

    public static void main(String[] args) {

        /** TypeA 객체생성 및 속성설정 */
        TypeA a = new TypeA();
        a.setCount(1);
        System.out.println(a.getCount()); // ☞ count = 1

        /** 함수사용 - TypeA 객체를 파라미터로 사용 - 함수에서 객체 속성변경 */
        method(a);

        /** 변수속성 변경여부 확인 */
        System.out.println(a.getCount()); // ☞ count = 2
    }
}
```

정리

1. 기본형과 참조형의 변수는 'Call By Value' 특성 상 변경되지 않는다.
   - 기본형은 값의 정보를 파라미터의 값으로 전달한다.
   - 참조형은 메모리 주소 정보를 파라미터 값으로 전달한다.

2. 참조형 변수의 내부 속성은 메모리 주소 정보를 기준으로 변경될 수 있다.

– 변수의 속성은 변수의 메모리 주소를 기준으로 내부 속성의 값이 변경되기 때문에 메모리 주소 변경이 일어날 수 있다.

변수	▷	함수(변수) 실행 ▸ 변수의 속성 변경	▷	변수의 속성 ▸ 변경값 유지

8.2.04 String 클래스와 StringBuffer 클래스

이제 'String' 클래스와 'StringBuffer' 클래스를 이용하여 파라미터에 대해 설명한다. StringBuffer 클래스의 정보는 부록에 있으므로, 보다 자세한 사항은 **20장 유용한 클래스** 파트를 참고하길 바란다.

▣ java.lang.StringBuffer 클래스 API

객체 생성

new StringBuffer( )

- 기본 생성자 함수를 이용한 객체 생성
  – 문자열이 공백(" ")으로 저장된다.

〈사용 예〉

```
StringBuffer sb = new StringBuffer( ) ;              /** 객체 */
System.out.println( sb.toString( ) == null );        //☞ false
System.out.println( sb.toString( ).equals("") );     //☞ true
```

new StringBuffer(String str)

- 외부에서 문자열을 이용한 객체 생성
  – 문자열이 str의 문자열로 저장된다.

〈사용 예〉

```
StringBuffer sb = new StringBuffer("a") ;            /** 객체 */
```

이어 쓰기

public StringBuffer append(String p1)

- 기존의 문자열에 p1의 문자열을 이어서 쓰기

〈사용 예〉

```
StringBuffer sb = new StringBuffer("a") ;            /** 객체 */
sb.append("b");                                      /** 이어쓰기 */
```

```
/** 반환타입이 StringBuffer이므로 이어서 실행이 가능하다. */
sb.append("c").append("d");
System.out.println(sb.toString());                /** 결과값 : abcd */
```

1. String 클래스와 StringBuffer 클래스 비교

- 문자열을 관리하기 위한 클래스이며 String 클래스와 기능이 유사하지만 많은 차이점이 있다.

	String	StringBuffer
차이점	• 문자열의 값을 변경 시 새로운 메모리 주소가 부여된다. • 문자열 저장 후 동일 메모리 주소로 쓰기가 불가능하다. – 변경하면 새로운 메모리 주소가 부여되기 때문 • 문자열을 이어서 쓰기 작업 시 변경되는 소스가 많을 경우 메모리를 계속 생성해야 하기 때문에 시간 소요가 많이 들 수 있다.	• 문자열의 값을 변경 시 동일 메모리 주소에 쓰기 작업을 한다. • 문자열 저장 후 동일 메모리 주소로 쓰기가 가능하다. • 문자열을 이어서 쓰기 작업 시 변경되는 소스가 많을 경우에도 동일 메모리에 문자열을 이어서 쓰기 때문에 쓰기 작업의 속도가 String에 비해 빠르다.

2. String 클래스와 StringBuffer 클래스의 비교 – 문자열 이어쓰기

학습 목표

- method() 함수를 이용하여 내부에서 각각의 문자열의 값을 추가시킬 때의 결과값을 비교해 보자.
  – String 문자열 str ▷ method(str) ▷ str의 문자열 변경 여부
  – StringBuffer 문자열 sb ▷ method(sb) ▷ sb 문자열 변경 여부

사용 예문

```
package ch08.part02.main4.sub2;

public class TestMain {
    public static void method(String str) {
        /** 파라미터터의 문자열에 이어서 쓰기작업을 한다. */
        str += " – 문자열 추가";
    }

    public static void method(StringBuffer sb) {
        /** StringBuffer의 내부의 문자열에 이어서 쓰기작업을 한다. */
```

```
            sb.append(" - 문자열 추가");
    }

    public static void main(String[] args) {
            /** String, StringBuffer 변수의 생성 */
            String str = "메인 str";
            StringBuffer sb = new StringBuffer("메인 sb");
            System.out.println("String 초기 값 = " + str);
            System.out.println("StringBuffer 초기 값 = " + sb.toString());

            /** static 함수사용 - 파라미터로 각각의 변수전달 */
            method(str);
            method(sb);

            /** String, StringBuffer 변수 값 조회 */
            System.out.println("String 변경 값 = " + str);
            System.out.println("StringBuffer 변경 값 = " + sb.toString());
    }
}
```

결과

String 초기 값 = 메인 str	
StringBuffer 초기 값 = 메인 sb	
String 변경 값 = 메인 str	값의 변경이 없다.
StringBuffer 변경 값 = 메인 sb - 문자열 추가	값의 변경 정보가 유지된다.

정리

- why?) 왜 String은 값의 변경이 없을까?
  - String은 메모리 운용 방식이 다르다.
    - ▸ String은 String 전용 저장 공간(상수풀, Constant Pool)에 값을 저장한다.
      - 〉 값의 변경이 일어나면 해당 값이 있을 경우엔 해당 값이 담긴 메모리 주소를 반환하며, 없을 경우 메모리 공간을 새로 만들어서 저장 후 해당 메모리 주소를 반환한다.
        - 〉 즉, 값의 변경이 일어날 때마다 메모리 주소가 달라진다.

소스 코드	str	문자열 값
String str = "메인 str";	[주소 1]	메인 str
method(str);	[주소 1]	메인 str
str += " - 문자열 추가";	[주소 2]	메인 str - 문자열 추가
System.out.println(str);	[주소 1]	메인 str

- why?) 왜 StringBuffer는 값의 변경이 있을까?
  - StringBuffer는 기본적인 참조형 변수의 메모리 운영 방식을 따르기 때문에 메모리 주소가 일정하게 유지된다.
    - ▸ StringBuffer의 메모리 주소 변경은 일어나지 않으며, 내부 속성의 메모리 주소는 StringBuffer에 저장되고 속성값의 변경이 일어나더라도 변경된 메모리 주소가 StringBuffer에 저장되기 때문에 언제든지 StringBuffere를 통해 접근 가능하게 된다.
    - 〉 즉, 속성값의 변경이 일어날 때마다 StringBuffer에 변경된 메모리 주소가 저장된다.

소스 코드	sb	문자열	문자열 값
StringBuffer sb = new StringBuffer("메인 str");	[주소 1]	[주소 2]	메인 sb
method(sb);	[주소 1]	[주소 2]	메인 sb
sb.append(" – 문자열 추가");	[주소 1]	[주소 3]	메인 sb – 문자열 추가
System.out.println(sb.toString());	[주소 1]	[주소 3]	메인 sb – 문자열 추가

※ 문자열의 주소가 변경이 일어나도 변경된 주소가 sb에 저장되기 때문에 sb를 통하여 문자열에 접근할 수 있어 변경된 값이 유지된다.

8.2.05 [예습] ArrayList 클래스 객체 생성 및 함수 사용

– ArrayList 클래스는 **12장 자료 구조** 파트에서 보다 자세히 다룰 예정이다.

▣ java.util.ArrayList 클래스 API

개요	• ArrayList는 배열과 같이 자료를 순차적으로 담기 위한 클래스이다. • 배열과의 차이점 – 자료의 수가 고정되지 않으며 '동적으로 삽입', '중간 삽입' 또는 '삭제'가 가능하다. – 자료 수에 변경이 일어나도 메모리의 주소 변경이 일어나지 않는다.
객체 생성	**ArrayList list = new ArrayList();** **ArrayList〈T〉 list = new ArrayList〈T〉();** • 기본 생성자 함수를 이용한 객체 생성 • 제네릭스를 이용하여 자료 구조의 타입을 지정할 수 있다. – 제네릭스를 정의하지 않을 경우 'Object'로 설정된다.

삽입	public boolean add(T t) • 파라미터 설명 – t : 자료 구조에 들어갈 자료이며 제네릭스를 이용하여 타입 제한을 함. • 자료 구조에 자료를 추가하며 추가된 자료는 자료 목록의 마지막에 추가된다.
중간 삽입	public boolean add(int index, T t) • 파라미터 설명 – index : 자료가 담긴 순번이며 배열과 같이 인덱스로 관리한다. – t : 자료 구조에 들어갈 자료이며 제네릭스를 이용하여 타입 제한을 함. • 자료 구조에 자료를 특정 인덱스 위치에 추가한다.
조회	public T get(int index) • 파라미터 설명 – index : 자료가 담긴 순번이며 배열과 같이 인덱스로 관리한다. • 해당 인덱스에 담긴 자료를 반환
자료 크기	public int size() • 자료 구조에 담긴 자료 목록의 수를 반환

1. ArrayList 클래스를 이용한 자료 추가 및 조회

학습 목표	• ArrayList 클래스의 객체 생성 및 함수 사용법에 대해 이해할 수 있다. – 객체 생성 – 자료 저장 – 자료 목록 조회
학습 절차	**1. ch08.part02.main5.sub1.TestMain1 클래스 정의** – 메인 함수 정의 ▸ ArrayList 객체 생성 ▸ 자료 추가 ▸ for 문을 이용한 개별 자료 접근 **2. ch08.part02.main5.sub1.TestMain2 클래스 정의** – 메인 함수 정의

	▸ 제네릭스를 이용한 ArrayList 객체 생성 ▸ 자료 추가 ▸ 향상된 for 문을 이용한 개별 자료 접근
사용 예문 [1]	**1. ch08.part02.main5.sub1.TestMain1 클래스 정의** **– ArrayList에 자료를 저장 후 저장된 자료 조회하기**

	<pre>package ch08.part02.main5.sub1;
	
	import java.util.ArrayList;
	
	public class TestMain1 {
	    public static void main(String[] args) {
	
	        /** ArrayList 객체생성 */
	        ArrayList list = new ArrayList();
	
	        /** 자료추가 */
	        list.add("1");
	        list.add(2);
	        System.out.println(list);
	
	        /** for문을 이용한 개별 자료접근 */
	        for (int i = 0; i < list.size(); i++) {
	            Object obj = list.get(i);
	            System.out.println(obj);
	            if (obj != null) {
	                System.out.println(obj.getClass());
	            }
	        }
	    }
	}</pre>

결과	[1, 2] 1 class java.lang.String 2 class java.lang.Integer
사용 예문 [2]	**2. ch08.part02.main5.sub1.TestMain2 클래스 정의** **– 제네릭스를 이용하여 ArrayList에 자료를 저장 후 저장된 자료 조회하기**

<table>
<tr><td>사용
예문
[2]</td><td>

```
package ch08.part02.main5.sub1;

import java.util.ArrayList;

public class TestMain2 {
    public static void main(String[] args) {

        /** 제네릭스를 이용한 ArrayList 객체생성 */
        ArrayList<String> list = new ArrayList<String>();

        /** 자료추가 */
        list.add("a");
        list.add("b");
        System.out.println(list);

        /** 향상된 for문을 이용한 개별 자료접근 */
        for (String s : list) {
            System.out.println(s);
        }
    }
}
```

</td></tr>
<tr><td>결과</td><td>[a, b]
a
b</td></tr>
<tr><td>소스
설명</td><td>▶ ArrayList<String> list = new ArrayList<String>();
• 해당 자료 구조는 모두 String 타입의 자료만 저장하겠다는 뜻이다.</td></tr>
</table>

2. ArrayList 클래스 파라미터

<table>
<tr><td>학습
목표</td><td>• ArrayList와 추가할 자료를 파라미터로 하는 모듈 구성 로직을 이해할 수 있다.
– 구성 로직 함수
▸ ArrayList<String> 타입 객체와 String 타입의 동적 파라미터 자료를 부여 시 자료 구조에 해당 String 타입 자료 목록을 저장하기 위한 함수를 모듈로 구성
▸ 제네릭스를 이용하여 ArrayList<T> 타입 객체와 T 타입의 동적 파라미터 자료를 부여 시 자료 구조에 해당 T 타입 자료 목록을 저장하기 위한 함수를 모듈로 구성</td></tr>
<tr><td>학습
절차</td><td>1. ch08.part02.main5.sub2.ArrayListUtil 클래스 정의
– String 타입의 자료를 ArrayList에 추가하기 위한 함수 정의</td></tr>
</table>

– 제네릭스를 이용하여 특정 타입의 자료를 ArrayList에 추가하기 위한 함수 정의

2. ch08.part02.main5.sub2.TestMain 클래스 정의

– 메인 함수 정의

▶ 1. public static void add(ArrayList⟨String⟩ list, String... str) 함수 사용

· 객체 생성 ▷ 자료 추가 ▷ 모듈을 이용한 자료 추가

▶ 2. public static ⟨T⟩ void add(ArrayList⟨T⟩ list, T... str) 함수 사용

· 객체 생성 ▷ 자료 추가 ▷ 모듈을 이용한 자료 추가

사용 예문

1. ch08.part02.main5.sub2.ArrayListUtil 클래스 정의

```
package ch08.part02.main5.sub2;

import java.util.ArrayList;

public class ArrayListUtil {

    /** String 타입의 자료를 ArrayList에 추가하기 위한 함수 */
    public static void add(ArrayList<String> list, String... str) {
        System.out.println("\t add(ArrayList<String> list, String... str) 실행");
        if (list == null || str == null)
            return;
        for (String s : str) {
            list.add(s);
        }
    }

    /** 제네릭스를 이용하여 특정타입의 자료를 ArrayList에 추가하기 위한 함수 */
    public static <T> void add(ArrayList<T> list, T... str) {
        System.out.println("\t add(ArrayList<T> list, T... str) 실행");
        if (list == null || str == null)
            return;
        for (T s : str) {
            list.add(s);
        }
    }
}
```

2. ch08.part02.main5.sub2.TestMain 클래스 정의

```
package ch08.part02.main5.sub2;

import java.util.ArrayList;
```

사용 예문

```
public class TestMain {

    public static void main(String[] args) {

        /** 1. public static void add(ArrayList<String> list, String... str) 함수사용 */

        /** 객체생성 */
        ArrayList<String> list1 = new ArrayList<String>();

        /** 자료추가 */
        list1.add("a");
        list1.add("b");
        System.out.println(list1);

        /** 모듈을 이용한 자료추가 */
        ArrayListUtil.add(list1, "c", "d", "e", "f");
        System.out.println(list1);

        /** 2. public static <T> void add(ArrayList<T> list, T... str) 함수사용 */

        /** 객체생성 */
        ArrayList<Integer> list2 = new ArrayList<Integer>();

        /** 자료추가 */
        list2.add(1);
        list2.add(2);
        System.out.println(list2);

        /** 모듈을 이용한 자료추가 */
        ArrayListUtil.add(list2, 3, 4, 5);
        System.out.println(list2);
    }
}
```

결과

```
[a, b]
    add(ArrayList<String> list, String... str) 실행
[a, b, c, d, e, f]
[1, 2]
    add(ArrayList<T> list, T... str) 실행
[1, 2, 3, 4, 5]
```

소스 설명	▶ public static 〈T〉 void add(ArrayList〈T〉 list, T... str) { ... } • 제네릭스를 이용하여 함수를 정의하였다. – T 타입으로 정의된 타입은 ArrayList의 제한타입으로 정의되었으며 해당 타입으로 추가할 자료 목록 파라미터를 정의하였다. – 함수에서 제네릭스를 정의할 때 해당 타입을 반드시 '〈T〉'와 같이 정의해야 한다.
정리	• why?) 왜 ArrayList는 값의 변경이 있을까? – ArrayList 역시 참조형 타입의 메모리 운영 방식을 따른다. ▸ 속성값의 변경이 일어나면 해당 메모리 공간에 변경 내역을 반영한다. 〉 즉, 속성값의 변경이 일어날 때마다 객체의 메모리 주소에 속성값에 관한 주소 정보를 반영한다.

8.3 | 재귀함수

수준	중요 포인트 및 학습 가이드(※)
중	1. 재귀함수의 개요 – 재귀함수란 함수의 내부 로직에서 자신의 함수를 다시 호출하는 함수를 말한다. ※ 간단히 이해하고 다음 학습의 예제에서 이해하도록 하자.
상	2. 재귀함수의 활용 – 팩토리얼(factorial) 함수 구현 ※ 재귀함수를 처음부터 이해하기는 어려울 수 있으므로, 우선 예제를 작성 후 로직을 이해하도록 노력하자. ※ 초급 수준에서는 꽤 어려울 수 있기 때문에 로직을 이해하는 수준으로 학습하길 바란다.
상	3. 재귀함수의 활용 – 특정 폴더의 하위 정보 조회 ※ File 타입을 이해하고 재귀함수를 이용하여 특정 폴더의 하위 정보를 조회하는 로직을 이해하도록 하자. ※ 초급 수준에서는 꽤 어려울 수 있기 때문에 로직을 이해하는 수준으로 학습하길 바란다.

8.3.01 재귀함수의 개요

학습 목표	• 재귀함수의 개요 및 사용 목적를 이해할 수 있다. • 특정 폴더 드라이브 하위의 모든 파일 정보 및 폴더 정보를 조회할 수 있다.

정의	• 재귀함수란? – 함수의 내부 로직에서 자신의 함수를 다시 호출하는 함수를 말한다.
사용 목적	• 함수 내부에서 동일한 패턴의 로직이 무한 발생할 경우 처리하기 위해 사용한다.
주의 사항	• 재귀함수는 무한 반복이 일어날 수 있기 때문에 반드시 함수를 종료시키는 로직이 필요하다. • 무한 반복에 의해 자료 저장 공간이 모두 소진되어 메모리 부족 발생이 될 수 있다.

정의 방법	• 재귀함수는 내부에서 자신의 함수를 아래와 같이 사용되는 것을 말한다.
	`public void method(){   /** 함수명 method() */`
	`    ...`
	`    method(); /** 자신 함수 method()를 다시 실행 */`
	`    ...`
	`}`

8.3.02 재귀함수의 활용 – 팩토리얼(factorial) 함수 구현

문제	• 재귀함수를 이용하여 팩토리얼 식을 구현하는 함수를 구현하시오. – 팩터리얼(factorial) 계산 예제 0! = 1 1! = 1 2! = 2 * 1 = 2 3! = 3 * 2 * 1 = 6 4! = 4 * 3 * 2 * 1 = 24 5! = 5 * 4 * 3 * 2 * 1 = 120
처리 절차	• n! = n * (n–1)! – 내부에서 로직이 반복되기 때문에 재귀함수의 사용이 가능하다.

사용 예문	`package ch08.part03.main2;`
	
	`public class TestMain {`
	`    public static int factorial (int a) {`
	`        return a * factorial(a–1);`
	`    }`

	public static void main(String[] args) {
	    int result = factorial(5);
	    System.out.println("결과 값 ::: " + result);
	  }
	}

결과	• [에러 발생] java.lang.StackOverflowError – 팩토리얼이 '1'에서 멈추는 것이 아니라 음수 범위까지 넘어서며, 함수의 종료 시점이 존재하지 않아 무한 루프를 실행하게 되어 메모리가 찰 때까지 실행하다가 에러가 발생하게 된다. ▸ 재귀함수는 반드시 함수의 종료 시점 로직이 필요하다. ▸ a의 값에 음수값은 존재하지 않도록 한다. (반환값을 '-1'로 설정한다)

소스 개선	package ch08.part03.main2;
	
	public class TestMain {
	  public static int factorial (int a) {
	    if(a<0) return -1;
	    if(a==0 || a==1) return 1;
	    int value = a * factorial(a-1);
	    System.out.println("₩t"+ a + "* factorial(" + (a-1) + ")");
	    return value;
	  }
	  public static void main(String[] args) {
	    int result = factorial(5);
	    System.out.println("결과 값 ::: " + result);
	  }
	}

8.3.03 재귀함수의 활용 – 특정 폴더의 하위 정보 조회

1. [예습] 파일 시스템 정보 조회를 위한 File 클래스 객체 생성 및 함수 사용

학습 목표	• File 클래스의 객체 생성 및 함수의 사용법에 대해 이해할 수 있다. – 파일 객체 생성 후 파일의 정보를 가져오기 – C드라이브 바로 밑에 있는 파일 및 폴더의 정보를 조회하기

타입 정보	• File 클래스 객체 생성 방법
	– File은 파일 시스템의 파일 또는 폴더 정보를 모두 가지고 있다.
	
	1. File file = new File("폴더/파일경로");
	2. File file = new File("부모 폴더 경로", "하위 폴더/파일 경로");
	
	• File 클래스 함수 정보
	– 이 장에서는 예제에 필요한 함수에 대해서만 간단히 설명을 하고자 한다.
	– File의 주요 기능에 대해서는 15장에서 자세히 다룰 예정이다.
	
	1. 파일명
	String fileName = file.getName();
	2. 파일 절대 경로
	String filePath = file.getAbsolutePath();
	3. 파일 존재 여부
	boolean exists = file.exists();
	4. 파일 여부
	boolean isFile = file.isFile();
	5. 폴더 여부
	boolean isDirectory = file.isDirectory();
	6. 폴더의 경우 폴더에 존재하는 하위 폴더, 파일의 정보
	File[] files = file.listFiles();

학습 절차	**1. ch08.part03.main3.sub1.TestMain1 클래스 정의** – 메인 함수 정의 ▸ 물리 파일의 경로 설정 ▸ File 객체 생성 ▸ 해당 물리 파일의 절대 경로 조회 ▸ 해당 물리 파일의 파일명을 조회 ▸ 해당 물리 파일의 존재 여부를 조회 ▸ 해당 물리 파일이 파일 타입인지 조회 ▸ 해당 물리 파일이 디렉토리 타입인지 조회 **2. ch08.part03.main3.sub1.TestMain2 클래스 정의** – 메인 함수 정의 ▸ C 드라이브 경로 설정 ▸ File 객체 생성

▸ 해당 디렉토리에 하위에 있는 File 객체 목록을 조회

▸ File 객체 목록 상세 내역 조회

1. ch08.part03.main3.sub1.TestMain1 클래스 정의

– 파일 객체 생성 후 파일의 정보를 가져오기 위한 클래스

▸ 해당 시스템에서 다음 폴더를 만들고 파일을 직접 만든 후 사용 예문을 이용하여 해당 파일의 정보를 조회하도록 하겠다.

c://tmp/test.txt

사용 예문

```
package ch08.part03.main3.sub1;

import java.io.File;

public class TestMain1 {
    public static void main(String[] args) {

        /** 물리파일의 경로설정 */
        String path = "c://tmp/test.txt";

        /** File 객체생성 */
        File file = new File(path);

        /** 해당 물리파일의 절대경로 조회 */
        String absolutePath = file.getAbsolutePath();
        System.out.println("absolutePath = " + absolutePath);

        /** 해당 물리파일의 파일명을 조회 */
        String name = file.getName();
        System.out.println("name = " + name);

        /** 해당 물리파일의 존재여부를 조회 */
        boolean exists = file.exists();
        System.out.println("exists = " + exists);

        /** 해당 물리파일이 파일타입인지 조회 */
        boolean isFile = file.isFile();
        System.out.println("isFile = " + isFile);

        /** 해당 물리파일이 디렉토리타입인지 조회 */
        boolean isDirectory = file.isDirectory();
        System.out.println("isDirectory = " + isDirectory);
```

```
    }
}
```

결과

```
absolutePath = c:₩tmp₩test.txt
name = test.txt
exists = true
isFile = true
isDirectory = false
```

2. ch08.part03.main3.sub1.TestMain2 클래스 정의
– C 드라이브 바로 밑에 있는 파일 및 폴더의 정보를 조회하기

사용 예문

```
package ch08.part03.main3.sub1;

import java.io.File;

public class TestMain2 {
    public static void main(String[] args) {

        /** C드라이브 경로설정 */
        String path = "c://";

        /** File 객체생성 */
        File file = new File(path);

        /** 해당 디렉토리에 하위에 있는 File 객체목록을 조회 */
        File[] files = file.listFiles();
        if (files != null) {
            /** File 객체목록 상세내역 조회 */
            for (File f : files) {
                String name = f.getName();
                String isFile = (file.isFile() == true ? "파일" : "폴더");
                System.out.println(isFile + "₩t" + name);
            }
        }
    }
}
```

결과

- 결과는 윈도우 탐색기의 C 드라이브 목록에 해당하는 정보로 나타날 것인데, 학습자마다 다르기 때문에 나타내지 않도록 하겠다.
- File 타입은 '물리적 파일'뿐만 아니라 '물리적 폴더'를 포함한다.

2. 특정 폴더의 하위 정보를 콘솔 화면에 나타내기

<table>
<tr><td>학습 목표</td><td>• 특정 폴더 내에 있는 하위의 파일 및 폴더의 모든 정보를 조회하도록 하자.
– 폴더의 경우 해당 하위 정보를 모두 조회할 수 있어야 한다.</td></tr>
<tr><td>처리 방법</td><td>• 특정 폴더 내의 하위 정보 조회 로직
1. File 객체 정보를 받아 와 listFiles() 함수를 이용하여 하위 File[] 목록 조회
2. File[] 배열을 for 문을 이용하여 개별 File 객체 조회
3. 물리 파일의 경우 콘솔 화면에 표시
4. 물리 폴더의 경우
▸ 1. 해당 File 객체 정보를 받아 와 listFiles() 함수를 이용하여 하위 File[] 목록 조회
2. File[] 배열을 for 문을 이용하여 개별 File 객체 조회
3. 물리 파일의 경우 콘솔 화면에 표시
4. 물리 폴더의 경우
※ 로직을 보면 중복 로직이 계속 나타나는 것을 알 수 있을 것이며, 재귀함수를 이용하여 로직을 처리한다.</td></tr>
<tr><td>학습 절차</td><td>1. ch08.part03.main3.sub2.TestMain 클래스 정의
– scan() 함수 정의 : 파일의 정보를 받아와 하위 폴더 및 파일의 목록을 조회
▸ File 객체가 null 또는 존재하지 않는 파일 정보일 때 종료
▸ 폴더의 경우 다시 하위 폴더 조회
· 파일의 정보를 받아 와 하위 폴더 및 파일의 목록을 조회
▸ 파일의 경우 파일의 정보를 조회
– 메인 함수 정의
▸ 해당 폴더 및 하위 폴더의 정보를 가져오기
▸ File 객체 생성
▸ scan() 함수 호출 ▷ 재귀함수</td></tr>
<tr><td>사용 예문</td><td>1. ch08.part03.main3.sub2.TestMain 클래스 정의
– 메인 함수의 특정 폴더는 학습자의 특정 폴더를 지정하도록 하자.</td></tr>
</table>

```
package ch08.part03.main3.sub2;

import java.io.File;

public class TestMain {

    /** 파일의 정보를 받아와 하위 폴더 및 파일의 목록을 조회 */
    public static void scan(File file) {
```

	(code below)

```
            /** File 객체가 null 또는 존재하지 않는 파일 정보일 때 종료 */
            if (file == null || file.exists() == false){ return; }

            /** 폴더의 경우 다시 하위폴더 조회 */
            if (file.isDirectory()) {
                    File[] files = file.listFiles();
                    if (files != null) {
                        for (File f : files) {
                                /** 파일의 정보를 받아와 하위 폴더 및 파일의 목록을 조회 */
                                scan(f);
                        }
                    }
            }
            /** 파일의 경우 파일의 정보를 조회 */
            else {
                    String isFile = (file.isFile() == true ? "파일" : "폴더");
                    String name = file.getName();
                    String path = file.getAbsolutePath();
                    System.out.println(isFile + "₩t" + name + "₩t" + path);
            }
    }

    public static void main(String[] args) {

            /** 해당 폴더 및 하위폴더의 정보를 가져오기 */
            String rootPath = "d://03.프로그램"; /** 개인 특정폴더를 지정하자. */

            /** File 객체생성 */
            File file = new File(rootPath);

            /** scan() 함수호출 */
            scan(file);
    }
}
```

결과	• 특정 폴더의 하위 자료가 콘솔 화면에 나타날 경우 성공한 것이다.

3. 특정 폴더의 하위 정보를 ArrayList에 추가하기

학습 목표	• 바로 앞의 예제를 이용하여 폴더가 아닌 파일의 경우 해당 파일 정보를 ArrayList에 담아 보자. – 타입은 'ArrayList〈File〉' 타입으로 만들기

• 바로 앞의 예제와 변경된 부분을 비교하여 처리된 로직을 살펴보도록 하자.

사용 예문

```
package ch08.part03.main3.sub3;

import java.io.File;
import java.util.ArrayList;

public class TestMain {

    /** 파일의 정보를 받아와 하위 폴더 및 파일의 목록을 조회 */
    public static void scan(File file, ArrayList<File> fileList) {

        /** File 객체가 null 또는 존재하지 않는 파일 정보일 때 종료 */
        if (file == null || file.exists() == false){ return; }

        /** 폴더의 경우 다시 하위폴더 조회 */
        if (file.isDirectory()) {
            File[] files = file.listFiles();
            if (files != null) {
                for (File f : files) {
                    /** 파일의 정보를 받아와 하위 폴더 및 파일의 목록을 조회 */
                    scan(f, fileList);
                }
            }
        }
        /** 파일의 경우 파일의 정보를 조회 */
        else {
            String isFile = (file.isFile() == true ? "파일" : "폴더");
            String name = file.getName();
            String path = file.getAbsolutePath();
            //System.out.println(isFile + "₩t" + name + "₩t" + path);

            /** 파일의 경우이므로 fileList에 자료를 담는다. */
            fileList.add(file);
        }
    }

    public static void main(String[] args) {

        /** 해당 폴더 및 하위폴더의 정보를 가져오기 */
        String rootPath = "d://03.프로그램"; /** 개인 특정폴더를 지정하자. */
```

```
		/** File 객체생성 */
		File file = new File(rootPath);

		/** 물리파일정보를 저장하기 위한 ArrayList 객체생성 */
		ArrayList<File> list = new ArrayList<File>();

		/** scan() 함수호출 */
		scan(file, list);			/** ☞ list를 파라미터로 보내 해당 함수에서 추가 */

		/** 전체목록 조회 */
		for (File f : list) {
			String isFile = (file.isFile() == true ? "파일" : "폴더");
			String name = file.getName();
			String path = file.getAbsolutePath();
			System.out.println(f.isFile() + "₩t" + name + "₩t" + path);
		}
	}
}
```

주의 사항

- 메모리 부족 발생
  - 재귀함수는 함수 내에서 자기 함수를 다시 호출한다.
  - 함수는 재귀 호출된 자기 함수가 종료될 때까지 종료되지 않는다.
    - ▸ 함수 내의 정보를 담는 곳의 메모리가 계속 무리하게 증가될 수 있다.
  - 메모리 용량을 넘어설 경우 오류가 발생하여 시스템이 멈춘다.
  - 따라서 반드시 재귀함수의 경우 메모리에 대해 유의를 하여야 한다.

※ 메모리 부족 시 해결 방법

- Heap 메모리 부족으로 나타날 경우 Heap 메모리를 늘린다.
  - ▸ 이 방법은 웹에서 검색하면 쉽게 찾을 수 있다.
- 메모리 부족 시 재귀함수의 계산 범위를 줄여야 한다.

- 무한 루프 처리
  - 재귀함수를 실행할 때 함수 종료 로직을 처리하지 않을 경우 무한 루프가 실행될 수 있다.
  - 무한 루프를 돌면서 메모리가 쌓일 경우 위와 같이 메모리 부족으로 에러가 발생하지만 그렇지 않을 경우 무한히 로직을 반복하게 된다.

09장. 상속, 인터페이스, 추상 클래스, 익명클래스

어서 오세요

본 장에서는 앞선 자바 프로그래밍 과정에서 반복적으로 언급되었던 상속의 개념을 보다 명확히 정리하고, 인터페이스 및 추상 클래스의 개념 역시 실제 예제 프로그래밍 실습을 통하여 정확히 습득하게 됩니다. 한 단계 더 나아가는 본 장을 통해 모호했던 개념들을 확실하게 정리하시기 바랍니다.

Interface

Extends

Up Casting

익명 클래스

Down Casting

인터페이스

추상 클래스

9.1 | 상속

수준	중요 포인트 및 학습 가이드(※)
상	1. 예제 무조건 따라하기 ※ 상속을 이용한 클래스의 toString() 함수 구현은 반드시 이해해야 한다. – 어렵지만 매우 유용하게 사용될 수 있다.
하	2. 상속의 개념 설명 및 효과 – 상속은 기본 구성 요소를 제공받아 사용할 수 있다. – 상속은 필요하면 기능을 고쳐서 사용할 수 있다. – 'extends'를 이용하여 상속을 정의할 수 있으며 다중 상속은 불가능하다.
하	3. Object 클래스 – 클래스가 'extends'를 정의하지 않을 경우 Object 클래스가 부모 클래스가 된다. – Object 클래스는 최상위 타입이며 가장 기본이 되는 클래스이다. ※ 리플렉션을 이용하여 Object 클래스의 클래스, 필드, 함수 정보를 조회하는 과정을 이해해야 한다.
중	4. 부모 클래스 속성 및 함수의 접근 – 'super', 'protected' – 'super'는 클래스 내에서 부모 클래스의 객체에 접근하기 위한 키워드이다. – 'protected'는 접근 제한자로서, 부모 클래스에서 정의 시 자식 클래스에서 접근이 가능하다.
중	5. 함수의 재정의(Overrid) 및 접근 – 상속받은 자식 클래스에서는 부모 클래스의 함수를 재정의할 수 있다 – 'final' 제한자는 더 이상 하위 클래스에서 함수를 재정의(Override)할 수 없게 한다. – 부모 클래스 함수의 접근은 'super'를 이용하여 접근이 가능하다.
중	6. 형 변환 : 업캐스팅(Up–Casting), 다운캐스팅(Down–Casting) – 업캐스팅(Up–Casting)은 하위 타입의 객체를 상위 타입의 객체로 형 변환하는 것을 말하며, 형 변환 연산자를 생략할 수 있다. – 다운캐스팅(Down–Casting)은 상위 타입에서 하위 타입으로 형 변환하는 것을 말하며, 형 변환 연산자를 반드시 명시해야 한다.
상	7. 상속을 고려한 객체 생성 순서 – 초기화 블록, 생성자 함수 ※ 클래스가 메모리에 로딩될 때의 호출과 객체 생성 시 호출되는 로직을 이해해야 한다.
중	8. 상속의 활용 [1] – UI ※ JFrame을 상속받은 ProductView 클래스를 정의하여 간단하게 화면 구성하는 과정을 이해해야 한다.

중	9. 상속의 활용 [2] – UI ※ JFrame을 상속받은 MainView 클래스에 공통 구성 후 ProductView 클래스를 이용하여 화면 구성하는 과정을 이해해야 한다. – JFrame 〉 MainView 〉 ProductView ▸ MainView 클래스에서는 공통 구성을 할 수 있으며 ProductView 클래스는 개별 화면 처리만 하면 된다. – 공통 처리를 위해 MainView 클래스에서 처리하는 이유를 알아야 한다.
중	10. [복습] 클래스의 계층 구조 조회 ※ 재귀함수를 이용하여 클래스의 모든 상위 타입을 조회할 수 있다.

9.1.01 예제 무조건 따라하기

학습 목표	• 상속을 이용하여 클래스의 toString() 함수 구현을 하도록 하자. – 이번 예제는 앞에서 배운 Generics, Reflection, Annotation을 이용하여 객체의 정보를 나타내는 함수를 구현할 것이다. 다소 어려운 부분이 있을 수도 있지만 반복적으로 살펴 꼭 이해하길 바란다. – 또한 상속을 이용해 DefaultVo 클래스에서 구현한 함수를 상속받아 사용되는 과정을 보여줄 것이다. • 처음이어서 이해가 어렵다면 우선 대략적으로 학습한 이후에 꼭 다시 복습하길 당부한다.
학습 절차	**1. ch09.part01.main1.Desc 어노테이션 정의** – name() 정의 **2. ch09.part01.main1.DefaultVo 어노테이션 정의** – toString() 함수 정의 ▸ 문자열의 자료 저장을 위한 StringBuffer 클래스 객체 생성 ▸ 문자열에 Class 객체 생성 및 클래스정보 저장 ▸ Field 목록 객체 생성 · 전역변수명 조회 · @Desc 어노테이션에 명시된 name() 값 조회 – 필드 항목명 · 전역변수의 값 조회 접근 권한 부여 ▷ 전역변수값 조회 ▷ 접근 권한 복원 ▸ 앞의 문자열에 name, value, desc의 정보를 갖는 문자열 추가 **3. ch09.part01.main1.ProductVo 클래스 정의** – 전역변수 정의 – getter setter 함수 정의

4. ch09.part01.main1.MemberVo 클래스 정의

– 전역변수 정의

– getter setter 함수 정의

5. ch09.part01.main1.TestMain 클래스 정의

– 메인 함수 정의

▸ ProductVo 객체 생성 ▷ 속성 설정 ▷ 객체 정보 조회

▸ MemberVo 객체 생성 ▷ 속성 설정 ▷ 객체 정보 조회

사용 예문

1. ch09.part01.main1.Grid 어노테이션 정의
– toString()에 나타낼 속성명을 정의하기 위한 @Desc 어노테이션

```
package ch09.part01.main1;

import java.lang.annotation.ElementType;
import java.lang.annotation.Retention;
import java.lang.annotation.RetentionPolicy;
import java.lang.annotation.Target;

/** toString()에 나타낼 속성명을 정의하기위한 @Desc 어노테이션 정의 */
@Retention(RetentionPolicy.RUNTIME)
@Target(ElementType.FIELD)
public @interface Desc {
    /** name() 정의 */
    public String name();
}
```

2. ch09.part01.main1.DefaultVo 어노테이션 정의

```
package ch09.part01.main1;

import java.lang.reflect.Field;

public class DefaultVo {
    @Override
    public String toString() {

            /** 문자열의 자료저장을 위한 StringBuffer 클래스 객체생성 */
            StringBuffer sb = new StringBuffer();

            /** 문자열에 Class 객체생성 및 클래스정보 저장 */
            Class<? extends DefaultVo> clazz = this.getClass();
            sb.append(clazz.getName() + " 정보");
```

```
        /** Field 목록 객체생성 */
        Field[] declaredFields = clazz.getDeclaredFields();
        for (Field f : declaredFields) {
            if (f != null) {

                /** 전역변수명 조회 */
                String name = f.getName();
                String desc = "";
                /** @Desc 어노테이션에 명시된 name() 값 조회 - 필드 항목명 */
                Desc anno = f.getDeclaredAnnotation(Desc.class);
                if (anno != null) { desc = anno.name(); }

                /** 전역변수의 값 조회 */
                String value = "";
                try {

                    /** 접근권한부여 → 전역변수 값 조회 → 접근권한복원 */
                    boolean accessible = f.isAccessible();
                    f.setAccessible(true);
                    Object obj = f.get(this);                // 전역변수 값
                    if (obj != null) { value = obj.toString(); }
                    f.setAccessible(accessible);             // 접근권한복원
                } catch (IllegalArgumentException e) {
                    e.printStackTrace();
                } catch (IllegalAccessException e) {
                    e.printStackTrace();
                }

                /** 앞의 문자열에 name, value, desc의 정보를 갖는 문자열 추가 */
                sb.append("₩r₩n₩t" + name + " = " + value + "  [" + desc + "]");

            }
        }
        return sb.toString();
    }
}
```

사용 예문

3. ch09.part01.main1.ProductVo 클래스 정의 – DefaultVo 클래스를 상속

```
package ch09.part01.main1;

public class ProductVo extends DefaultVo {        /** DefaultVo 클래스를 상속 */
```

```java
    /** 전역변수 정의 */
    @Desc(name="품목번호")
    private String productNo;
    @Desc(name="품목명")
    private String productName;
    @Desc(name="단가")
    private int price;

    /** getter setter 함수 정의 */
    public String getProductNo() { return productNo; }
    public void setProductNo(String productNo) {
        this.productNo = productNo;
    }
    public String getProductName() { return productName; }
    public void setProductName(String productName) {
        this.productName = productName;
    }
    public int getPrice() { return price; }
    public void setPrice(int price) { this.price = price; }
}
```

사용 예문

4. ch09.part01.main1.MemberVo 클래스 정의
– DefaultVo 클래스를 상속

```java
package ch09.part01.main1;

public class MemberVo extends DefaultVo {        /** DefaultVo 클래스를 상속 */

    /** 전역변수 정의 */
    @Desc(name="회원아이디")
    private String memberId;
    @Desc(name="회원명")
    private String memberName;

    /** getter setter 함수 정의 */
    public String getMemberId() { return memberId; }
    public void setMemberId(String memberId) { this.memberId = memberId; }
    public String getMemberName() { return memberName; }
    public void setMemberName(String memberName) {
        this.memberName = memberName;
    }
}
```

	5. ch09.part01.main1.TestMain 클래스 정의

	<pre>package ch09.part01.main1;
	
	public class TestMain {
	    public static void main(String[ ] args) {
	
	        /** ProductVo 객체생성 → 속성설정 → 객체정보 조회 */
	        ProductVo v1 = new ProductVo( );
	        v1.setPrice(1000);
	        v1.setProductName("아메리카노");
	        v1.setProductNo("a001");
	        System.out.println(v1);
	
	        /** MemberVo 객체생성 → 속성설정 → 객체정보 조회 */
	        MemberVo v2 = new MemberVo( );
	        v2.setMemberId("m001");
	        v2.setMemberName("홍길동");
	        System.out.println(v2);
	    }
	}</pre>

결과	ch09.part01.main1.ProductVo 정보
	        productNo = a001 [품목번호]
	        productName = 아메리카노 [품목명]
	        price = 1000 [단가]
	ch09.part01.main1.MemberVo 정보
	        memberId = m001 [회원아이디]
	        memberName = 홍길동 [회원명]

소스 설명	**1. ch09.part01.main1.Desc 클래스**
	
	▶ @Retention(RetentionPolicy.RUNTIME) [복습]
	• 자바 프로그램이 메모리에 로딩이 된 이후에도 지속하여 어노테이션을 사용하겠다는 뜻
	
	▶ @Target(ElementType.FIELD) [복습]
	• 해당 어노테이션을 전역변수에만 사용하겠다는 뜻
	
	▶ public @interface Desc { [복습]
	    public String name( );
	  }
	• @Desc(name="속성명")을 사용할 수 있도록 어노테이션 타입 정의

소스 설명

2. ch09.part01.main1.DefaultVo 클래스

▶ @Override
public String toString(){ ... }

- '@Override'는 부모 클래스가 가지고 있는 함수를 '재정의'하겠다는 뜻
  - 향후 부모 함수의 로직은 사라지고 재정의된 로직이 실행된다.
  - 현재 DefaultVo 클래스는 상속받는 클래스가 명시되지 않아 자동으로 Object 클래스를 상속받는다.
  - toString() 함수는 Object 클래스가 가지고 있는 함수로 단순히 객체 정보를 출력할 때 String 타입으로 객체의 정보를 반환하는 함수이다.
    - ▸ System.out.println(객체); ▷ 객체 toString() 함수 호출 ▷ 객체 정보 반환

▶ 로직 처리 절차
- 객체 정보
  - 모든 전역변수의 필드명, 필드값, @Desc에 명시된 name 값으로 보여 줌
- 필드 명 : Class 객체 getDeclaredField() ▷ Field 객체 getName()
- 필드 값 : Class 객체 getDeclaredField() ▷ Field 객체 get(객체)
- 필드 항목 명 : Class 객체 getDeclaredField() ▷ Field 객체 getDeclaredAnnotation() ▷ @Desc 객체 name()

▶ StringBuffer sb = new StringBuffer();
sb.append(clazz.getName()+" 정보");
- StringBuffer 클래스는 문자열의 정보를 관리하는 클래스이다.
- append(문자열) 함수는 현재의 문자열에 '문자열'을 이어서 저장한다.

3. ch09.part01.main1.ProductVo 클래스

▶ public class ProductVo extends DefaultVo
- ProductVo 클래스는 DefaultVo 클래스를 상속받는다.
  - ProductVo 클래스는 DefaultVo 클래스의 필드 및 함수를 상속받는다.
  - 함수의 경우 재정의를 하면 해당 함수의 로직은 자식의 로직을 따른다.
    - 〉 [복습] 이러한 기능을 '오버라이딩(Overriding)'이라 한다.

5. ch09.part01.main1.TestMain 클래스

▶ System.out.println(v1); 〉 v1.toString(); 함수가 실행됨
System.out.println(v2); 〉 v2.toString(); 함수가 실행됨
- 자바는 System.out.println(객체)를 실행 시 해당 객체의 toString() 함수를 호출한다.
- 현재 ProductVo, MemberVo는 DefaultVo 클래스를 상속받으므로 상속 관계는 다음과 같다.

	– Object ▷ DefaultVo ▷ ProductVo – Object ▷ DefaultVo ▷ MemberVo • ProductVo 및 MemberVo 클래스는 toString() 함수가 DefaultVo 클래스에서 재정의되어, 재정의된 함수 로직이 실행된다. – Object(toString() 정의) ▷ DefaultVo(toString() 함수 재정의) ▷ ProductVo ▸ ProductVo의 toString() 함수는 DefaultVo의 재정의된 toString() 함수 호출 – Object(toString() 정의) ▷ DefaultVo(toString() 함수 재정의) ▷ MemberVo ▸ MemberVo의 toString() 함수는 DefaultVo의 재정의된 toString() 함수 호출
정리	• 상속의 효과 – ProductVo, MemberVo는 DefaultVo 클래스를 상속받음으로써 DefaultVo 클래스의 재정의된 toString() 함수를 사용할 수 있다. – DefaultVo 클래스에서 toString() 함수를 재정의함으로써 향후에도 해당 함수를 수정하면 상속받은 모든 클래스에 적용이 된다.

9.1.02 상속의 개념 설명 및 효과

개념 설명	[개념 1] 기본을 제공해 줄 테니 받아서 써라! • 상속의 기능을 사용함으로써 부모 클래스의 정보를 받아 와 재사용이 가능하다. • 접근 권한이 있는 부모의 속성에 접근할 수 있다. [개념 2] 필요하면 기능을 고쳐서 써라! • 자식 클래스에서 상속받은 함수를 재정의할 수 있으며, 이런 경우에 부모 함수의 로직은 제거되고, 자식의 로직으로 덮어쓰게 된다.
효과	• 제공받은 만큼 코드의 라인 수가 줄어들기 때문에 경제적이다. • 코드의 중복 사용을 줄일 수 있기 때문에 유지/관리에 용이하다. • 공통 업무 처리 후 해당 클래스를 모듈로서 사용할 수 있다. – 이번 과의 9.1.09. 상속의 활용 [2] – UI 파트의 예제에서 학습할 예정이다.

처리 방법	• 상속의 처리 방법
	– 'extends'를 이용하여 상속을 정의한다.
	– 아래의 Child 클래스는 Parent 클래스를 상속받는 것을 정의한 것이다.
	`public class Child extends Parent {`
	`        ...`
	`}`

주의 사항	• 상속은 1개의 클래스만 가능하다.
	– 자바에서 다중 상속은 허용되지 않으며 오류가 발생된다.
	`public class Child extends Parent1, Parent2 {     /** 오류 발생 */`
	`    ...`
	`}`

9.1.03 Object 클래스

학습 목표	• 상속을 하지 않은 TestMain 클래스의 부모 클래스를 조회하도록 한다.

사용 예문

```
package ch09.part01.main3;

import java.lang.reflect.Field;
import java.lang.reflect.Method;
import java.util.Arrays;

public class TestMain {
    public static void main(String[] args) {

        /** TestMain 클래스 Class 객체생성 */
        Class clz = TestMain.class;

        /** TestMain 클래스의 부모클래스 조회 → Object 클래스 */
        Class superClass = clz.getSuperclass();
        System.out.println("부모클래스 = " +superClass);

        /** 부모클래스(Object)의 필드정보조회 */
        Field[] fields = superClass.getDeclaredFields();
        for (Field f : fields) {
            System.out.println("전역변수 = " + f.getName());
        }

        /** 부모클래스(Object)의 함수정보조회 */
        Method[] methods = superClass.getDeclaredMethods();
        for (Method m : methods) {
            String name = m.getName();
            String parameterTypes = Arrays.toString(m.getParameterTypes());
            System.out.println("함수 = " + name+" : "+parameterTypes);
```

```
        }
    }
}
```

결과

```
부모클래스 = class java.lang.Object
함수 = finalize : []
함수 = wait : []
함수 = wait : [long, int]
함수 = wait : [long]
함수 = equals : [class java.lang.Object]
함수 = toString : []
함수 = hashCode : []
함수 = getClass : []
함수 = clone : []
함수 = notify : []
함수 = notifyAll : []
함수 = registerNatives : []
```

정리

- 분석 결과
  - 기본적으로 상속을 하지 않은 클래스는 Object 클래스가 부모 클래스가 된다.
    - ▸ 클래스에 'extends'를 명시하지 않을 경우 기본적으로 Object 클래스를 상속한다.
    - ▸ TestMain 클래스의 부모 클래스이다.
  - Object 클래스는 클래스들의 가장 기본이 되며, 최상위 타입이 된다.
  - 현재 명시된 Object의 필드 정보는 존재하지 않는다.
  - Object의 함수
    - ▸ TestMain 클래스는 기본적으로 Object 클래스의 함수 및 변수를 상속받는다.
    - ▸ 향후에 Object 클래스의 함수를 다룰 예정이며 아래에 toString() 함수와 hashCode() 함수는 간단히 소개하도록 하겠다.

- hashCode() 함수
  - 객체의 해시코드 값을 반환하는 함수
  - 해시코드(hash code)란 객체를 구별하기 위한 값으로 메모리 주소를 바탕으로 정수화된 값이다. (메모리 주소값을 바탕으로 연산된 결과값이다.)
    - 〉[주의] 객체의 해시코드 값의 중복이 일어날 가능성이 있다.

- toString() 함수
  - 해당 객체의 정보를 문자열로 반환하는 함수이다.

▸ 기본적으로 객체 정보는 '클래스명@해시코드'로 나타내고 있으며, 대부분 재정의를 하여 사용한다.

– Object의 클래스는 클래스정보와 해시코드의 값을 16진수로 반환한다.

– 다음 소스코드의 클래스를 정의하여 실행해 보면 금방 알 수 있을 것이다.

```
public class A {
    public static void main(String[] args) {
        A a = new A();
        int hashCode = a.hashCode();
        /** 【복습】 Integer 함수 – 16진수 변환 : toHexString() */
        String hexHashCode = Integer.toHexString(hashCode);
        String toString = a.toString();
        /** toString() 정보는 『클래스명@해시코드』 임을 알 수 있다. */
        System.out.println(toString + " : " + hexHashCode );
    }
}
```

9.1.04 부모 클래스 속성 및 함수의 접근 – super, protected

학습 목표

• 다음 사용 예문을 실행 후 'super'와 'protected'를 이해하도록 한다.

학습 절차

1. ch09.part01.main4.Parent 클래스 정의

– name, value, type 전역변수 정의

– enum 타입 정의

2. ch09.part01.main4.Child 클래스 정의

– name, value, type 필드 출력

– super.name, super.value, super.type 필드 출력

– this.name, this.value, this.type 필드 출력

– TypeA 타입 출력

사용 예문

1. ch09.part01.main4.Parent 클래스 정의
– 부모클래스 정의

```
package ch09.part01.main4;

public class Parent {
```

```
    /** 전역변수 정의 */
    protected String name = "parent";
    public int value = 1;
    private Type type = Type.A;

    /** enum 타입 정의 */
    public enum Type { A, B, C, D };
}
```

2. ch09.part01.main4.Child 클래스 정의
– 자식클래스 정의

사용 예문

```
package ch09.part01.main4;

public class Child extends Parent {

    /** 전역변수 정의 */
    private int value = 2;
    {
        /** 【비교1】 변수 print() */
        System.out.println("name = " + name); /** 부모필드 */
        System.out.println("value = " + value); /** 자식필드 */
        // System.out.println(type); 【오류발생】 – 주석처리

        /** 【비교2】 super.변수 print() – 부모필드 */
        System.out.println("super.name = " + super.name);
        System.out.println("super.value = " + super.value);
        // System.out.println(super.type); 【오류발생】 – 주석처리

        /** 【비교3】 this.변수 print() */
        System.out.println("this.name = " + this.name); /** 부모필드 */
        System.out.println("this.value = " + this.value); /** 자식필드 */
        // System.out.println(this.type); 【오류발생】 – 주석처리

        /** 부모 클래스의 enum 접근 */
        System.out.println("Type.A = " + Type.A);
    }

    public static void main(String[] args) {
        new Child();
    }
}
```

소스 설명	▶ System.out.println("name = " + name); /** 부모필드 */ System.out.println("value = " + value); /** 자식필드 */ • 객체의 전역변수 접근 – Child 클래스에 필드가 있을 경우 Child의 필드 정보를 반환 ▸ value는 자식 필드로 존재하므로 자식 필드의 정보를 반환 – Child 클래스에 필드가 없을 경우 Parent의 필드 정보를 반환 ▸ name은 자식 필드로 존재하지 않으므로 부모 필드의 정보를 반환 ▶ System.out.println("super.name = " + super.name); System.out.println("super.value = " + super.value); • 부모 객체 – 'super' – this는 동일 클래스에서 자기 자신의 객체이며 super는 클래스의 부모 클래스의 객체를 뜻한다. ▸ 여기서 부모 클래스는 상속을 하고 있는 모든 클래스를 뜻한다. – super.value는 '부모 클래스 객체의 value 속성'을 뜻한다. ▶ System.out.println("this.name = " + this.name); /** 부모필드 */ System.out.println("this.value = " + this.value); /** 자식필드 */ • 자기 자신 객체 – 'this' – this는 '동일 클래스에서 자기 자신의 객체'를 뜻하며 생략이 가능하다. ▸ this.name과 name은 같은 객체의 필드이다. – this라 하더라도 동일 클래스에 해당 필드가 없을 경우 부모 클래스의 필드 정보를 반환한다. ▶ System.out.println(type); [오류 발생] – 주석 처리 • 부모 클래스의 속성이 private 제한자의 경우 자식 클래스에서 접근이 불가능하다.
정리	• [정리 1] 접근 권한이 있는 부모의 속성에 접근할 수 있다. – protected는 동일 패키지 또는 상속받은 외부 클래스에서 접근이 가능하다. – public은 외부의 모든 클래스에서 접근이 가능하다. – (default)는 같은 패키지에서만 사용이 가능하다. ▸ (default)는 아무것도 명시하지 않은 것을 말한다. – private은 해당 클래스 내부에서만 접근이 가능하다. • [정리 2] 부모의 접근은 'super'를 이용하여 접근할 수 있다. – super는 변수가 아니기 때문에 독립적으로 사용이 불가능하다. – super는 변수가 아닌, 부모 클래스의 속성 또는 함수 등의 구성 요소 접근을 위한 키워드이다. – super를 명시하지 않은 경우에는 자식 클래스의 정보가 부모 클래스의 정보보다 우선한다.

▸ 자식 클래스에 변수가 있을 경우 자식 클래스의 변수 정보를 참조한다.

▸ 자식 클래스에 변수가 없을 경우 부모 클래스의 변수 정보를 참조한다.

- [정리 3] this는 자기 자신 객체의 정보를 갖는 변수이다.
  - '변수명'과 'this.변수명'은 같으며 우선 순위는 자식 클래스가 더 높다.
    ▸ 자식 클래스에 name 필드가 없기 때문에 부모 클래스의 필드 정보를 갖는다.
    ▸ 자식 클래스에 value 필드가 있기 때문에 자식 클래스의 필드 정보를 갖는다.

9.1.05 함수의 재정의(Override) 및 접근

학습 목표

- 사용 예문을 실행 후 다음의 이슈를 이해할 수 있다.
  - 오버라이드(Override)
  - 자식 클래스에서 부모 클래스 함수 호출

학습 절차

1. ch09.part01.main5.Parent 클래스 정의

- method1() 부모 함수 정의
- method2() 부모 함수 정의
- 'final' method3() 부모 함수 정의 (자식 클래스 재정의 불가능)

2. ch09.part01.main5.Child 클래스 정의

- method1() 부모 함수 재정의(Override)
- method3() 자식 함수 정의
  ▸ 자식 함수에서 부모 함수 호출 – 'super'

3. ch09.part01.main5.TestMain 클래스 정의

- Parent 객체 생성 → method1(), method2() 함수 호출
- Child 객체 생성 → method1(), method2() 함수 호출

사용 예문

1. ch09.part01.main5.Parent 클래스 정의

```
package ch09.part01.main5;

public class Parent {

    /** method1() 부모함수 정의 */
    public void method1(String msg) {
        System.out.println(msg + "₩t부모함수 method1()");
    }
```

사용 예문

```
    /** method2() 부모함수 정의 */
    public void method2(String msg) {
        System.out.println(msg + "₩t부모함수 method2()");
    }

    /** 『final』 method3() 부모함수 정의 – 자식클래스 재정의 불가능 */
    public final void method3(String msg) {
        System.out.println(msg + "₩t부모함수 method4()");
    }
}
```

2. ch09.part01.main5.Child 클래스 정의

```
package ch09.part01.main5;

public class Child extends Parent {

    /** method1() 부모함수 재정의(Override) */
    public void method1(String msg) {
        System.out.println(msg + "₩t재정의 된 자식함수 method1()");
    }

    /** method3() 자식함수 정의 */
    public void method4(String msg) {
        System.out.println(msg + "₩t자식함수 method4() 호출 시작--- ");
        /** 자식함수에서 부모함수 호출 - 『super』 */
        method1(msg + "-1");
        super.method1(msg + "-2"); // 부모함수 method1() 호출
        super.method2(msg + "-3"); // 부모함수 method2() 호출
        super.method3(msg + "-4"); // 부모함수 method3() 호출
        System.out.println(msg + "₩t자식함수 method4() 호출 종료--- ");
    }
}
```

3. ch09.part01.main5.TestMain 클래스 정의

```
package ch09.part01.main5;

public class TestMain {
    public static void main(String[] args) {

        /** Parent 객체생성 */
        Parent p = new Parent();
```

	``
	        p.method1("1");
	        p.method2("2");
	        p.method3("3");
	
	        /** Child 객체생성 */
	        Child c = new Child();
	        c.method1("4");
	        c.method2("5");
	        c.method3("6");
	        c.method4("7");
	    }
	}
	``

결과	1 부모함수 method1() 2 부모함수 method2() 3 부모함수 method4() 4 재정의 된 자식함수 method1() 5 부모함수 method2() 6 부모함수 method4() 7 자식함수 method4() 호출 시작--- 7-1 재정의 된 자식함수 method1() 7-2 부모함수 method1() 7-3 부모함수 method2() 7-4 부모함수 method4() 7 자식함수 method4() 호출 종료---
정리	**[정리 1] 오버라이드(Override) 개요** • 상속받은 자식 클래스에서는 부모 클래스의 함수를 재정의할 수 있다. – 재정의된 함수에서 부모 로직은 더 이상 사용할 수 없다. ▸ 단 'super.함수명()'으로 로직 내에서 부모 함수로의 접근은 가능하다. – 재정의된 로직이 새로 정의된다. ※ 기본 로직을 제공하고 필요하면 자식이 고쳐 쓰는 형태! **[정리 2] 오버라이드(Override) 함수의 조건** • 에러를 발생하는 경우 – 부모 함수와 반환 타입이 다른 경우 – 부모 함수가 static 함수를 재정의하는 경우 – 접근 제한자의 범위가 다른 경우 (자식의 범위가 더 넓어야 한다.)

부모클래스	자식클래스 사용가능 제한자
private	상속 불가능
(default)	(default), protected, public 가능
protected	protected, public 가능
public	public 가능

- 에러를 발생하지 않지만 재정의(Override)가 아닌 경우
  - 파라미터의 수와 타입이 다른 경우 다른 함수로 인식한다.

※ 오버라이드 조건은 크게 고려하지 않아도 되는 이유

- 오버라이드 조건에 맞지 않는 경우 이클립스와 같은 자바 편집기에서 에러를 발생시켜 곧바로 확인할 수 있기 때문에 걱정할 필요가 없다.

[정리 3] 'final' 제한자는 더 이상 함수를 재정의(Override)할 수 없게 한다.

- 변수에 final 제한자를 사용하는 경우, 해당 변수가 초기화된 이후부터 변수의 값을 변경할 수 없다.
- 함수에 final 제한자를 사용하는 경우, 해당 클래스를 상속한 자식 클래스에서 재정의가 불가능하다.

[정리 4] 부모 클래스 함수의 접근 – 'super'

- 자식 클래스에서 부모 요소로의 접근은 'super'를 이용하여 할 수 있다.
- 'super.함수명()'은 부모 함수를 호출하는 형식이며 자식 클래스 내에서만 키워드의 사용이 가능하다.

9.1.06 형 변환 – 업캐스팅(Up Casting), 다운캐스팅(Down Casting)

학습 목표

- 업캐스팅과 다운캐스팅을 이해할 수 있다.
- 재정의된 함수의 호출 방식을 이해할 수 있다.

처리 방법

- 클래스의 관계가 다음과 같다고 가정하여 설명을 하도록 하겠다.
  - Object 〉 Parent 〉 Child
    - ▸ public class Parent { ... }
    - ▸ public class Child extends Parent { ... }
- 업캐스팅 (Up–Casting)
  - 하위 타입의 객체를 상위 타입의 객체로 형 변환하는 것을 말한다.
  - 상위 타입으로 변환 시 캐스팅 연산자는 생략할 수 있다.

– 업캐스팅은 상위 타입의 관점으로 접근 제어를 하는 것이지 실제로 변수 메모리의 변경은 없다.

▸ 상위 타입에서 해당하는 속성 및 함수의 정보만 확인할 수 있다.

▸ [중요!!!] 오버라이드(Override)된 함수는 업캐스팅이 되어도 자식에서 재정의된 함수가 사용된다.

– 하위 타입은 상위 타입으로 형 변환이 가능하며, 자동으로 형 변환이 되므로 형 변환 연산자를 사용하지 않아도 된다.

▸ Child 타입은 Parent 타입 또는 Object 타입으로 형 변환할 수 있다.

· Child child1 = new Child(); /** Child 타입으로 생성 가능 */

· Parent child2 = new Child(); /** Parent 타입으로 자동 형 변환 */

· Object child3 = new Child(); /** Object 타입으로 자동 형 변환 */

▸ Parent 타입은 Object 타입으로 형 변환할 수 있다.

· Parent parent1 = new parent();

· Object parent2 = new Parent();

• 다운캐스팅 (Down–Casting)

– 상위 타입에서 하위 타입으로 형 변환하는 것을 '다운캐스팅'이라 한다.

▸ Child 객체를 Parent 업캐스팅 후 Child 다운캐스팅 가능함

▸ Child 객체를 Object 업캐스팅 후 Parent 또는 Child 다운캐스팅 가능함

▸ Parent 객체를 Object 업캐스팅 후 Parent 다운캐스팅 가능함

▸ 하위 타입으로 변환 시 반드시 캐스팅 연산자를 사용해야 한다.

· Child c22 = (Child) c21; // 형 변환 연산자 : (Child)

– 최초 생성된 클래스의 객체의 메모리는 형 변환이 일어나도 변경이 일어나지 않기 때문에 다운캐스팅이 되었을 때 해당 속성 또는 함수의 접근이 가능한 것이다.

– 다운캐스팅(Down–Casting) 에러 발생

▸ 반드시 다운캐스팅할 타입일 경우에만 상위 타입에서 하위 타입으로 다운캐스팅이 가능하다.

▸ Parent 객체 ▷ Child 다운캐스팅의 경우 에러를 발생한다.

· Parent p = new Parent();
Child c = (Child) p; 〉 에러 발생

▸ [에러 발생] Exception in thread "main" java.lang.ClassCastException

학습 절차

1. ch09.part01.main6.Parent 클래스 정의

– field1, field2 전역변수 정의

– method1() 함수 정의

– method2() 함수 정의

2. ch09.part01.main6.Child 클래스 정의

– field2, file3 전역변수 정의

- method1() 함수 재정의(Override)

3. ch09.part01.main6.TestMain 클래스 정의

- 메인 함수 정의
  - ▸ Child 객체 생성
  - ▸ Child 객체를 Parent 타입으로 형 변환 : 업캐스팅
  - ▸ Child 객체 ▷ Parent 타입 객체 ▷ Child 타입 형 변환 : 다운캐스팅

사용 예문

1. ch09.part01.main6.Parent 클래스 정의

```
package ch09.part01.main6;

public class Parent {

    /** field1, field2 전역변수 정의 */
    public String field1 = "field1-Parent";
    public String field2 = "field2-Parent";

    /** method1() 함수 정의 */
    public void method1(String msg) {
            System.out.println(msg + "₩t부모함수 method1()");
    }

    /** method2() 함수 정의 */
    public void method2(String msg) {
            System.out.println(msg + "₩t부모함수 method2()");
    }
}
```

2. ch09.part01.main6.Child 클래스 정의
- 부모 클래스

```
package ch09.part01.main6;

public class Child extends Parent {

    /** field2, file3 전역변수 정의 */
    public String field2 = "field2-Child";
    public String field3 = "field3-Child";

    /** method1() 함수 재정의(Override) */
    public void method1(String msg) {
            System.out.println(msg + "₩t자식함수 method1()");
```

```
    }

    /** method3() 함수 정의 */
    public void method3(){
        /** 부모필드 및 부모함수 호출 */
        System.out.println(super.field1);
        System.out.println(super.field2);
        super.method1("method1");
        super.method2("method2");
    }
}
```

3. ch09.part01.main6.TestMain 클래스 정의
– Parent 클래스를 상속받은 클래스

사용 예문

```
package ch09.part01.main6;

public class TestMain {
    public static void main(String[] args) {

        /** Child 객체생성 */
        System.out.println("[1] Child 객체생성");
        Child c1 = new Child();
        System.out.println(c1.field1); /** 자식필드 없음 → 부모필드 값 */
        System.out.println(c1.field2); /** 자식필드 값 */
        System.out.println(c1.field3); /** 자식필드 값 */
        c1.method1("1"); /** 자식함수 Override */
        c1.method2("2"); /** 자식함수 없음 → 부모함수호출 */
        c.1.method3();                /** 자식함수호출 */
        System.out.println();

        /** Child 객체를 → Parent 타입으로 형변환 : 업캐스팅 */
        System.out.println("[2] Child 객체를 → Parent 타입으로 형 변환 : 업캐스팅");
        Parent c21 = c1; /** 자식에서 부모로 형 변환 가능 */
        System.out.println(c21.field1); /** 부모필드 값 */
        System.out.println(c21.field2); /** 부모필드 값 */
        // System.out.println(c21.field3); /** 부모필드 없음 */
        c21.method1("1"); /** 재정의는 로직을 덮어씀 → 자식함수 로직호출 */
        c21.method2("2"); /** 부모함수호출 */
        System.out.println();

        /** Child 객체 → Parent 타입 객체 → Child 타입 형변환 : 다운캐스팅 */
```

```
        System.out.println("[3] Child 객체 → Parent 타입 객체 → Child 타입 형변환 : 다운캐스팅");
        Child c22 = (Child) c21;                 /** Parent → Child 형변환 */
        System.out.println(c22.field1);          /** 자식필드없음 → 부모필드 값 */
        System.out.println(c22.field2);          /** 자식필드 값 */
        System.out.println(c22.field3);          /** 자식필드 값 */
        c22.method1("1");                        /** 재정의 된 자식함수호출  */
        c22.method2("2");                        /** 자식함수 없음 → 부모함수호출 */
        c22.method3( );                          /** 자식함수호출 */
    }
}
```

결과

```
[1] Child 객체생성
field1-Parent
field2-Child
field3-Child
1         자식함수 method1()
2         부모함수 method2()
method3() 로직시작 -----
field1-Parent
field2-Parent
method1  부모함수 method1()
method2  부모함수 method2()
method3() 로직종료 -----

[2] Child 객체를 → Parent 타입으로 형변환 : 업캐스팅
field1-Parent
field2-Parent
1         자식함수 method1()
2         부모함수 method2()

[3] Child 객체 → Parent 타입 객체 → Child 타입 형변환 : 다운캐스팅
field1-Parent
field2-Child
field3-Child
1         자식함수 method1()
2         부모함수 method2()
method3() 로직시작 -----
```

field1–Parent

field2–Parent

method1 부모함수 method1()

method2 부모함수 method2()

method3() 로직종료 -----

소스 설명

2. ch09.part01.main6.Child 클래스 정의

▶ System.out.println(super.field1);
System.out.println(super.field2);
super.method1("method1");
super.method2("method2");

- 부모 클래스의 필드 또는 함수의 접근 – 'super'
  – 자식 클래스에서는 super 키워드를 이용하여 부모의 필드 및 함수에 접근이 가능하다.
    ▸ super.field1 : 부모 클래스의 필드 field1의 값
    ▸ super.field2 : 부모 클래스의 필드 field2의 값
    ▸ super.method1() : 부모 클래스의 method1() 호출
    ▸ super.method2() : 부모 클래스의 method2() 호출

3. ch09.part01.main6.TestMain 클래스 정의

▶ Child c1 = new Child();
Parent c21 = c1;

- 업캐스팅(Up–Casting)
  – 자식 클래스(Child) ▷ 부모 클래스(Parent)로 형 변환할 수 있다.
  – 업캐스팅은 형 변환 연산자를 생략할 수 있다.
    ▸ Parent c21 = (Parent) c1; // (Parent) 생략 가능
  – 자식 클래스에서 부모 클래스로의 형 변환을 업캐스팅(Up–Casting)이라 한다.

▶ Parent c21 = c1;
Child c22 = (Child) c21;

- 다운캐스팅(Down–Casting)
  – 업캐스팅된 자식 클래스(Child)는 다시 자식 타입으로 형 변환할 수 있다.
    ▸ Child 타입 ▷ Parent 타입 형 변환 가능 ▷ Child 타입 형 변환 가능
  – 업캐스팅된 타입을 다시 자식 클래스로 형 변환하는 것을 다운캐스팅(Down–Casting)이라 한다.
  – 다운캐스팅은 반드시 캐스팅 연산자를 사용해야 한다.
    ▸ Child c22 = (Child) c21;

9.1.07 상속을 고려한 객체 생성 순서 - 초기화 블록, 생성자 함수

학습 목표

- TestMain 클래스의 객체 생성 시, 호출 순서를 이해할 수 있다.
  - 최초 메모리 로딩 시 객체 생성 호출 순서
  - 최초 메모리 로딩 이후의 객체 생성 호출 순서

설명

- 상속을 고려한 객체 생성의 호출 순서
  - 객체 생성 시 호출 순서 : 클래스 최초 메모리 로딩 시
    - ▸ [1] 부모 클래스 정적(static) 전역변수
    - ▸ [2] 부모 클래스 정적(static) 초기화 블록
    - ▸ [3] 자식 클래스 정적(static) 전역변수
    - ▸ [4] 자식 클래스 정적(static) 초기화 블록
    - ▸ [5] 부모 클래스 전역변수
    - ▸ [6] 부모 클래스 초기화 블록
    - ▸ [7] 부모 클래스 생성자 함수
    - ▸ [8] 자식 클래스 전역변수
    - ▸ [9] 자식 클래스 초기화 블록
    - ▸ [10] 자식 클래스 생성자 함수
  - 객체 생성 시 호출 순서 : 클래스 메모리 로딩 이후
    - ▸ [1] 부모 클래스 전역변수
    - ▸ [2] 부모 클래스 초기화 블록
    - ▸ [3] 부모 클래스 생성자 함수
    - ▸ [4] 자식 클래스 전역변수
    - ▸ [5] 자식 클래스 초기화 블록
    - ▸ [6] 자식 클래스 생성자 함수

- 부모 클래스의 생성자 함수 호출 – super(), super(매개 변수)
  - 생성자 함수는 반드시 부모 클래스의 생성자 함수를 호출한다.
    - ▸ 반드시 첫 번째 명령으로 호출된다.
    - ▸ 부모 클래스의 기본 생성자 함수 'super()'는 생략 가능하다.
    - ▸ 첫 번째 명령 이후 생성자 함수가 호출되면 에러가 발생한다.

  〈사용 예〉

```
public class A extends B {
    public A() {
        super();
        System.out.println("로직");
```

```
public class A extends B {
    public A() {
        System.out.println("로직");
        super();        //【에러발생】
```

```
    }
}
```

```
    }
}
```

– 부모의 생성자 함수는 'super(매개 변수)'를 이용하여 호출한다.
  ▸ 'super(매개 변수)'의 매개 변수 타입과 매개 변수의 수가 일치하는 부모의 생성자 함수를 호출한다.

– 자식 클래스에서 호출한 부모 클래스의 생성자 함수가 존재하지 않을 경우 에러를 발생시킨다.

학습 절차

1. ch09.part01.main7.Parent 클래스 정의

– static 초기화 블록, 초기화 블록, 생성자 함수 정의

2. ch09.part01.main7.Child 클래스 정의

– Parent 클래스 상속
– static 초기화 블록, 초기화 블록, 생성자 함수 정의

3. ch09.part01.main7.TestMain 클래스 정의

– 메인 함수 정의
– B 클래스 객체 생성

사용 예문

1. ch09.part01.main7.Parent **클래스 정의**

```
package ch09.part01.main7;

public class Parent {

    /** 정적(static) 초기화블록 */
    static {
        System.out.println("\tParent 클래스 - 정적(static) 초기화블록 구간");
    }

    /** 초기화블록 */
    {
        System.out.println("\tParent 클래스 - 초기화블록 구간");
    }

    /** 생성자함수 1 */
    public Parent() {
        System.out.println("\tParent 클래스 - 생성자함수 구간【1】");
    }

    /** 생성자함수 2 */
    public Parent(int a) {
        System.out.println("\tParent 클래스 - 생성자함수 구간【2】");
    }
}
```

	2. ch09.part01.main7.Child 클래스 정의
사용 예문	(see code below)

```
package ch09.part01.main7;

public class Child extends Parent {
    /** 정적(static) 초기화블록 */
    static {
        System.out.println("₩tChild 클래스 - 정적(static) 초기화블록 구간");
    }

    /** 초기화블록 */
    {
        System.out.println("₩tChild 클래스 - 초기화블록 구간");
    }

    /** 생성자함수 1 */
    public Child() {
        System.out.println("₩tChild 클래스 - 생성자함수 구간");
    }

    /** 생성자함수 2 */
    public Child(int a) {
        super(a);
        System.out.println("₩tChild 클래스 - 생성자함수 구간");
    }
}
```

3. ch09.part01.main7.TestMain 클래스 정의

```
package ch09.part01.main7;

public class TestMain {
    public static void main(String[] args) {

        System.out.println("child1 객체생성 ----");
        Child child1 = new Child();
        System.out.println("child2 객체생성 ----");
        Child child2 = new Child();
        System.out.println("child3 객체생성 ----");
        Child child3 = new Child(1);

    }
}
```

결과

```
child1 객체생성 ----
        Parent 클래스 - 정적(static) 초기화블록 구간
        Child 클래스 - 정적(static) 초기화블록 구간
```

	Parent 클래스 – 초기화블록 구간 Parent 클래스 – 생성자함수 구간【1】 Child 클래스 – 초기화블록 구간 Child 클래스 – 생성자함수 구간 child2 객체생성 ---- Parent 클래스 – 초기화블록 구간 Parent 클래스 – 생성자함수 구간【1】 Child 클래스 – 초기화블록 구간 Child 클래스 – 생성자함수 구간 child3 객체생성 ---- Parent 클래스 – 초기화블록 구간 Parent 클래스 – 생성자함수 구간【2】 Child 클래스 – 초기화블록 구간 Child 클래스 – 생성자함수 구간
소스 설명	▶ [복습] 객체 생성 과정 • 최초 객체 생성 : 정적(static) 초기화 블록 ▷ 초기화 블록 ▷ 생성자 함수 • 이후 객체 생성 : 초기화 블록 ▷ 생성자 함수 ▶ super(a); • 'super()'는 상속받는 Parent 클래스의 생성자 함수이다. – super() : Parent() 생성자 함수를 호출한다. – super(a) : Parent(int a) 생성자 함수를 호출한다. • 모든 클래스는 상속받는 클래스의 생성자 함수를 호출해야 한다. – 호출을 명시하지 않을 경우 super() 생성자 함수를 호출한다. ▶ Child child1 = new Child(); • Child는 Parent 클래스를 상속받은 클래스이다. • 생성자 함수는 Child()를 이용하여 객체를 생성하였다. • 자식의 생성자 함수 – '첫 번째 명령'으로 반드시 부모 클래스의 생성자 함수를 호출해야 한다. – '첫 번째 명령'으로 생성자 함수를 명시하지 않을 경우 부모 클래스의 기본 생성자 함수 'super()'를 호출한 것이다. ▸ 이 때 부모 클래스에 기본 생성자 함수가 정의되지 않을 경우 에러 발생 – '첫 번째 명령' 외에 다른 곳에서 부모의 생성자 함수를 호출할 경우 에러가 발생한다. ▸ 부모 클래스의 생성자 함수는 반드시 '첫 번째 명령'으로 '한 번만 호출'시켜야 한다.

9.1.08 상속의 활용 [1] – UI

※ 프로그램 작성 시 자바 1.9 버전 이후에는 22.3.01 파트의 설명대로 모듈을 정의하자.

▷ 'module-info.java' 파일에 'requires java.desktop;' 모듈 추가

구분	내용
학습 목표	• JFrame을 상속받은 ProductView 클래스를 이용하여 화면 생성하기
학습 절차	**ch09.part01.main8.ProductView 클래스 정의** – JFrame 클래스 상속 – 생성자 함수 생성 ▸ 타이틀 설정 ▷ 크기 설정 ▷ 위치 설정 – 메인 함수 정의 ▸ 객체 생성 ▷ visible true

사용 예문

```
package ch09.part01.main8;

import javax.swing.JFrame;

/** JFrame 상속 */
public class ProductView extends JFrame {

    /** 생성자함수 */
    public ProductView() {

        /** 타이틀설정 → 크기설정 → 위치설정 */
        this.setTitle("제품 관리 화면");
        this.setSize(400, 300);
        this.setLocation(200, 200);
    }
    /** 메인함수 정의 */
    public static void main(String[] args) {
        /** 객체생성 → visible true */
        ProductView view = new ProductView();
        view.setVisible(true);
    }
}
```

소스 설명

▶ public class ProductView extends JFrame {

• JFrame 클래스를 상속하여 JFrame이 제공하는 기능을 그대로 사용할 수 있음

▶ this.setTitle("제품 관리 화면");
this.setSize(400, 300);

	this.setLocation(200, 200);
	this.setVisible(true);
	• JFrame 클래스가 가지는 함수로서 ProductView에서 해당 함수를 사용할 수 있다.
	• setTitle("제품 관리 화면") : 화면 상단 타이틀 바의 제목을 설정
	• setSize(400, 300) : 화면의 크기 설정 함수(가로 400 px, 세로 300 px)
	• setLocation(200, 200) : 화면이 나타나는 위치를 설정하는 함수
	– 화면의 왼쪽 상단을 기준으로 함
	▸ x축 : 화면 왼쪽에서 오른쪽으로 갈수록 값이 증가함
	▸ y축 : 화면 상단에서 하단으로 갈수록 값이 증가함
	▸ (0,0)은 메인 화면의 왼쪽 상단이 된다.
	▸ x축으로 200 px, y축으로 200 px만큼 위치한 곳에서 화면 나타남
	• setVisible(true) : 화면에 View를 보일지 여부 (true : 보임, false : 안 보임)

결과	
정리	• 상속을 이용하면 단 몇 줄로 화면 구성이 가능하다. – JFrame을 상속하여 JFrame이 제공해 주는 함수를 기반으로 화면을 구성. – '제품 관리 화면' 외에 시스템에서 몇 백 개의 화면이 필요하다면 상속의 위력이 얼마나 중요한지 이해가 갈 것이다.

9.1.09 상속의 활용 [2] – UI

※ 프로그램 작성 시 자바 1.9 버전 이후 22.3.01 파트의 설명대로 모듈을 정의하자.

▷ 'module-info.java' 파일에 'requires java.desktop;' 모듈 추가

학습 목표	• JFrame을 상속받은 MainView 클래스를 이용하여 ProductView 클래스의 화면 생성하기

사용 목적	• 시스템 화면에서 공통으로 처리되는 로직을 구현하기 위해 다음과 같이 클래스를 구성하였다. – Object 〉 JFrame 〉 MainView 〉 ProductView • MainView 클래스 정의 목적 – 하위 클래스 사이의 공통된 속성 또는 기능을 추가하기 위한 목적 ▸ ProductView 외에 개별 화면은 시스템에서 상당히 많이 추가될 수 있다.
학습 절차	**1. ch09.part01.main9.MainView 클래스 정의** – JFrame 클래스 상속 ▸ 개별 화면의 공통 로직을 여기에서 처리 **2. ch09.part01.main9.ProductView 클래스 정의** – MainView 클래스 상속 ▸ 개별 로직 정의 **3. ch09.part01.main9.TestMain 클래스 정의** – 메인 함수 정의 ▸ ProductView 화면 실행

사용 예문

1. ch09.part01.main9.MainView 클래스 정의

```
package ch09.part01.main9;

import javax.swing.JFrame;

public class MainView extends JFrame {
    public MainView(String title, int width, int height, int x, int y){

            /** 개별화면의 공통로직을 여기에서 처리할 수 있다. */
            this.setTitle(title);
            this.setSize(width, height);
            this.setLocation(x, y);
    }
```

2. ch09.part01.main9.ProductView 클래스 정의

```
package ch09.part01.main9;

public class ProductView extends MainView {
    public ProductView(){
            /** 개별로직 정의 */
            super("제품 관리 화면", 400, 300, 200, 200);
    }
}
```

	3. ch09.part01.main9.TestMain 클래스 정의

	``
	package ch09.part01.main9;
	
	public class TestMain {
	    public static void main(String[] args) {
	        /** ProductView 화면실행 */
	        ProductView view = new ProductView();
	        view.setVisible(true);
	    }
	}
	``

결과	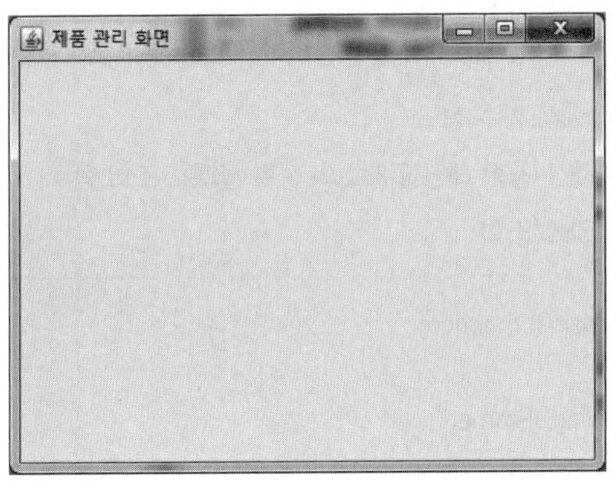 ※ 앞의 기능과 동일한 결과를 얻는 것을 확인할 수 있다.
정리	• 분석 결과 – 앞의 활용 예제와 동일한 결과를 얻을 수 있다. – MainView 클래스 사용 효과 ▸ 공통으로 처리할 수 있는 기능을 MainView에 구현한다면 모든 개별 클래스에 자동 구현이 된다. ▸ 현재는 매우 단순하게 공통 로직을 나타냈지만 향후 매우 복잡하게 MainView를 구성할 경우 개별 클래스 사용 효과가 더욱 클 수 있다. • 상속을 해야 하는 중요한 이유 – 보통 큰 시스템에서는 이와 같이 모듈을 구성하는 가장 큰 이유는 전체 제어에 있다. ▸ 향후에 변경이 있을 경우 전체를 바꾸지 않고 MainView에서 수정하면 전체에 반영된다. – 공통 기능에 대한 확장성이 용이하다. ▸ MainView 클래스에 기능 부여 시 자동으로 모든 하위 클래스는 해당 기능을 사용할 수 있게 된다. – MainView 클래스를 상속 후 최소한의 코드로 업무 처리를 할 수 있다. ▸ 개별 화면에서 공통으로 만들 수 있는 기능을 개별 화면 각각에 적용한다면 얼마나 많은 낭비인가를 생각해 보자.

9.1.10 [복습] 클래스의 계층 구조 조회

※ 프로그램 작성 시 자바 1.9 버전 이후 22.3.01 파트의 설명대로 모듈을 정의하자.

▷ 'module-info.java' 파일에 'requires java.desktop;' 모듈 추가

<table>
<tr><td>학습 목표</td><td>• 특정 클래스의 상위 클래스 조회하기
– 자바에서 제공하는 JFrame 클래스의 상위 클래스를 모두 조회하도록 하겠다.</td></tr>
<tr><td>학습 절차</td><td>ch09.part01.main9.MainView 클래스 정의
– 메인 함수 정의
▸ JFrame 클래스 Class 객체를 이용하여 getSuperClass() 함수 호출
– getSuperClass() 함수 정의
▸ 재귀 함수를 이용한 해당 클래스의 상위 클래스 조회 함수
· 상위 클래스 조회</td></tr>
<tr><td>사용 예문</td><td>

```
package ch09.part01.main10;

import javax.swing.JFrame;

public class TestMain {

    public static void main(String[] args) {
        /** JFrame 클래스 Class 객체를 이용하여 getSuperClass() 함수호출 */
        Class clazz = JFrame.class;
        getSuperClass(clazz);
    }

    /** 재귀함수를 이용한 해당클래스의 상위클래스 조회함수 */
    public static void getSuperClass(Class clazz){
        if(clazz == null) return ;
        System.out.println("클래스명 = " + clazz.getName());

        /** 상위클래스 조회 */
        Class superclass = clazz.getSuperclass();
        if(superclass!=null){
            getSuperClass(superclass);
        }
    }
}
```

</td></tr>
</table>

소스 설명	▶ Class superclass = clazz.getSuperclass(); • 해당 클래스의 상위 클래스를 반환하는 함수 – Class 클래스에서 제공하는 함수이다.
결과	클래스명 = javax.swing.JFrame 클래스명 = java.awt.Frame 클래스명 = java.awt.Window 클래스명 = java.awt.Container 클래스명 = java.awt.Component 클래스명 = java.lang.Object
정리	• 분석 결과 – JFrame 클래스의 상위 클래스는 다음과 같다. ▸ Object 〉 Component 〉 Container 〉 Window 〉 Frame 〉 JFrame – JFrame 클래스는 모든 상위 클래스의 기능과 속성을 부여받았다. • 재귀 함수를 이용한 로직 구현 – getSuperClass() 함수의 로직을 분석하면 다음과 같다. ▸ [1] 현재 clazz 객체가 null일 경우 함수 종료 ▸ [2] 콘솔 화면에 클래스명을 출력 ▸ [3] 상위 클래스를 조회 · [4] 상위 클래스 clazz 객체가 null일 경우 함수 종료 · [5] 콘솔 화면에 클래스명을 출력 · [6] 상위 클래스를 조회 – 위의 로직 순서를 보면 [4~6]의 로직은 [1~3]의 로직으로 반복되기 때문에 재귀 함수를 사용할 수 있게 된다.

9.2 인터페이스

수준	중요 포인트 및 학습 가이드(※)
상	1. 예제 무조건 따라하기 – 인터페이스는 기능을 정의하며 이를 사용하기 위해서는 인터페이스를 구현한 클래스를 정의하여 사용해야 한다.

	– 인터페이스는 'implements'를 이용하여 구현할 수 있다. – 인터페이스는 추상 메소드를 정의할 수 있으며 반드시 구현 클래스에서 재정의해야 한다. ※ 인터페이스와 익명 클래스를 이용하여 화면을 구성하여 버튼을 클릭할 때의 이벤트 구성을 이해해야 한다.
하	2. 인터페이스의 개념 및 효과 – 인터페이스란 개념적인 의미로 사용자와 사용자가 추구하고자 하는 일을 처리하기 위한 중간 매개체이다. – 표준화된 관리 타입을 위해 인터페이스가 사용된다. – '기능 목록'을 줄 테니 재정의(Override)하여 사용하라!
하	3. 인터페이스 정의 및 사용 방법 ※ 인터페이스의 정의 및 사용 방법은 반드시 이해해야 한다.
하	4. 인터페이스 다중 상속 및 다중구현 – 인터페이스는 'extends' 키워드와 콤마(,)를 이용하여 다중 상속이 가능하다. ▸ 여러 개의 인터페이스를 상속받아 하나의 인터페이스로 처리 – 인터페이스는 'implements' 키워드와 콤마(,)를 이용하여 다중 구현이 가능하다. ▸ 여러 개의 인터페이스를 클래스에서 직접 구현 – 다중 상속과 다중 구현의 경우, 함수가 같을 경우에는 사용이 불가능하다.
중	5. 인터페이스를 이용한 버튼 클릭 이벤트 구현 ※ 화면과 관련된 클래스의 정보는 중요하지 않다. 중요한 것은 화면에 버튼과 텍스트를 만들어서 이벤트를 구현하기 위해 사용된 인터페이스에 초점을 두고 학습해야 한다.
중	6. 인터페이스 구현 클래스 정의 방법 ※ 인터페이스 구현 클래스를 만들 수 있는 클래스의 종류를 반드시 이해해야 한다. – 내부 클래스, 외부 클래스, 클래스 자기 자신, 익명 클래스
중	7. 인터페이스 내부구성요소 – 인터페이스 내부에서는 클래스의 구성 요소 및 추상 메소드를 정의할 수 있다. – '자바 1.8' 버전부터는 default 및 static 메소드를 정의할 수 있다.
상	8. 인터페이스 업캐스팅(Up Casting), 다운캐스팅(Down Casting) – 인터페이스도 하나의 타입이며 인터페이스 구현 클래스는 인터페이스 타입이다. ※ 형 변환은 '상속'에서 학습한 내용과 방법적으로 같으며 사용 목적을 충분히 이해할 수 있어야 한다.
하	9. 인터페이스 구현과 인터페이스 구현 클래스의 상속 – 인터페이스를 구현 클래스는 인터페이스에 정의된 추상 메소드를 모두 구현해야 한다.

	– 인터페이스를 구현한 클래스를 상속받은 경우 모든 기능을 그대로 사용할 수 있으며 필요한 기능을 재정의하여 사용할 수 있다. ※ 최종적으로 정의되는 클래스의 차이점을 이해해야 한다.
상	10. 인터페이스 활용 예제 - 모듈구성하기 ※ 자료 정렬을 위한 모듈을 구성하는 과정을 이해하고 인터페이스를 이용하여 해당 로직을 구현하는 과정을 어렵지만 이해하길 바란다.

9.2.01 예제 무조건 따라하기

※ 프로그램 작성 시 자바 1.9 버전 이후 22.3.01 파트의 설명대로 모듈을 정의하자.

▷ 'module-info.java' 파일에 'requires java.desktop;' 모듈 추가

학습 목표	• 화면 구성을 이용하여 다음을 이해하도록 하자. – 인터페이스를 이용한 버튼 클릭 이벤트 구현 처리 – 인터페이스를 이용하여 팝업창을 처리하기 위한 모듈을 구성 – 익명클래스를 이용하여 인터페이스 구현 객체 정의 ※ 위의 코드를 이후부터 학습할 계획이기 때문에 이해가 가지 않는다면 인터페이스 학습이 끝난 후 다시 확인해 보길 바란다.
학습 절차	**1. ch09.part02.main1.MainView 클래스 정의** – 생성자 함수 정의 ▸ MainView 클래스를 상속받은 클래스는 아래의 로직이 공통 적용됨 ▸ 배치 설정 수동 처리 – 수동 처리 시 크기와 위치를 설정해야 함. ▸ MainView의 기본 사이즈를 '가로 300px, 세로 200px'로 설정 **2. ch09.part02.main1.ConfirmUtil 클래스 정의** – confirmWindow() 함수 정의 ▸ 예/아니오 선택 팝업창 띄우기 위한 함수 정의 ▸ 확인 창 : 0('예' 선택), 1('아니오' 선택), 2('취소' 선택) · '예' 선택 시 업무 처리 · '아니오' 선택 시 업무 처리 · '취소' 선택 시 업무 처리 – ConfirmWindowWork 인터페이스 정의

▸ 모듈 사용 시 기능 목록을 사용자가 정의할 수 있도록 인터페이스 정의
  · 팝업에서 '예'를 클릭할 때 처리하기 위한 함수 정의
  · 팝업에서 '아니오'를 클릭할 때 처리하기 위한 함수 정의

3. ch09.part02.main1.TestView 클래스 정의

– 생성자 함수 정의
  ▸ 버튼 컴포넌트 객체 생성 및 크기, 위치 지정
  ▸ 버튼 클릭 시 이벤트 처리를 위한 객체 생성
  ▸ 버튼 클릭 이벤트 설정
  ▸ 화면에 버튼 컴포넌트 추가하기
– ActionListener 인터페이스 : 이벤트 구현을 위한 클래스
  ▸ 버튼 클릭 시 actionPerformed() 함수를 실행한다.
    · [예/아니오] 팝업창 모듈 사용
    〉[예] 버튼을 클릭 시 yesWork() 함수 실행
    〉[아니오] 버튼을 클릭 시 noWork() 함수 실행
– 메인 함수 실행
  ▸ 화면 구동 실행

사용 예문

1. ch09.part02.main1.MainView 클래스 정의
– 전체 View의 공통 구성을 위한 클래스
▸ 현재 특정 업무를 하지 않음
▸ 향후 전체 View의 공통 로직은 여기에 구성

```
package ch09.part02.main1;

import javax.swing.JFrame;

public class MainView extends JFrame {

    /** MainView 클래스를 상속받은 클래스는 아래의 로직이 공통적용됨 */
    public MainView() {

        /** 배치설정 수동처리 – 수동처리 시 크기와 위치를 설정해야 함. */
        setLayout(null);

        /** MainView의 기본사이즈를 가로 300px, 세로 200px로 설정 */
        setSize(300, 200);
    }
}
```

2. ch09.part02.main1.ConfirmUtil 클래스 정의

- 모듈 실행 시 다음과 같은 팝업이 나타남.
- '예', '아니오' 일 때 각각 업무 로직을 처리할 수 있도록 구성하기 위한 Util 클래스
  - 인터페이스를 이용하여 기능 목록 정의함.

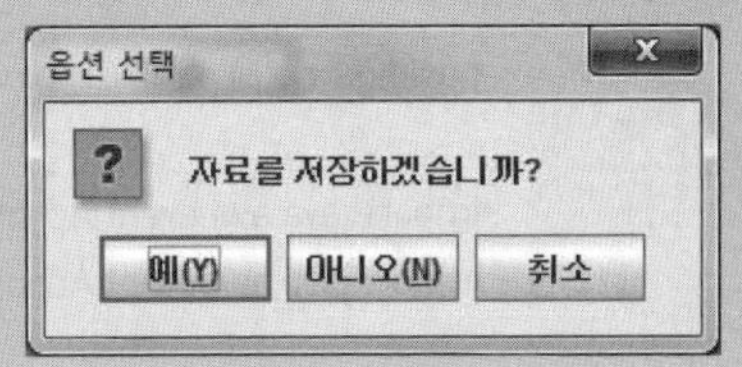

사용 예문

```
package ch09.part02.main1;

import javax.swing.JComponent;
import javax.swing.JOptionPane;

public class ConfirmUtil {

    /** 예/아니오 선택팝업창 띄우기 위한 함수 정의 */
    public static void confirmWindow( MainView component, ConfirmWindowWork confirm) {

        /** 확인창 : 0('예' 선택), 1('아니오' 선택), 2('취소' 선택) */
        String msg = "자료를 저장하겠습니까?";
        int showConfirmDialog = JOptionPane.showConfirmDialog(component, msg);

        /** '예' 선택 시 업무처리 */
        if (showConfirmDialog == 0) {
            String yesWork = confirm.yesWork( );
            JOptionPane.showMessageDialog(component, yesWork);
        }
        /** '아니오' 선택 시 업무처리 */
        else if (showConfirmDialog == 1) {
            String msg = confirm.noWork( );
            JOptionPane.showMessageDialog(component, msg);
        }
        /** '취소' 선택 시 업무처리 */
        else {
            JOptionPane.showMessageDialog(component, "취소하였습니다.");
        }
    }

    /** 모듈 사용 시 기능목록을 사용자가 정의할 수 있도록 인터페이스 정의 */
    public interface ConfirmWindowWork {
        /** 팝업에서 '예'를 클릭할 때 처리하기위한 함수정의 */
        public String yesWork( );
        /** 팝업에서 '아니오'를 클릭할 때 처리하기위한 함수정의 */
        public String noWork( );
    }
}
```

3. ch09.part02.main1.TestView 클래스 정의

사용 예문

```
package ch09.part02.main1;

import java.awt.event.ActionEvent;
import java.awt.event.ActionListener;

import javax.swing.JButton;

import ch09.part02.main1.ConfirmUtil.ConfirmWindowWork;

public class TestView extends MainView {

    /** 생성자함수 정의 */
    public TestView() {

        /** 버튼 컴포넌트 객체생성 및 크기, 위치지정 */
        JButton btn = new JButton("저장");
        btn.setBounds(10, 10, 100, 30);

        /** 버튼 클릭 시 이벤트처리를 위한 객체생성 */
        ButtonAction action = new ButtonAction();

        /** 버튼 클릭 이벤트 설정 */
        btn.addActionListener(action);

        /** 화면에 버튼 컴포넌트 추가하기 */
        this.add(btn);
    }

    /** ActionListener 인터페이스 - 이벤트 구현을 위한 클래스 */
    public class ButtonAction implements ActionListener {

        /** 버튼클릭 시 actionPerformed() 함수를 실행한다. */
        @Override
        public void actionPerformed(ActionEvent e) {

            /** 예/아니오 팝업창 모듈사용 */
            ConfirmUtil.confirmWindow(TestView.this, new ConfirmWindowWork() {

                /** '예' 버튼을 클릭 시 yesWork() 함수실행 */
                @Override
                public String yesWork() {
                        /** '예' 처리를 위한 로직구현구간 (생략) */
                        return "'예'를 선택하였습니다.";
```

```
                }

                /** '아니오' 버튼을 클릭 시 noWork() 함수실행 */
                @Override
                public String noWork() {
                        /** '아니오' 처리를 위한 로직구현구간 (생략) */
                        return "'아니오'를 선택하였습니다.";
                }
            });
        }
    }

    /** 메인함수 실행 */
    public static void main(String[] args) {
        TestView view = new TestView();
        view.setVisible(true);
    }
}
```

결과 화면

• 최초 실행 시 나타나는 화면	• [저장] 버튼 클릭 시 나타나는 화면
• [예] 버튼 클릭 시 나타나는 화면	• [아니오] 버튼 클릭 시 나타나는 화면

소스 설명

1. ch09.part02.main1.MainView 클래스 정의

▶ public class MainView extends JFrame

- MainView 클래스는 JFrame을 상속받은 클래스임

▶ setLayout(null);

- 컴포넌트의 배치 처리용 함수이며 'null'의 경우 수동 처리를 해야 한다.

– 수동 처리는 크기(width, height) 및 위치(x, y)를 직접 설정해야 한다.

▸ 설정을 하지 않을 경우 'width, height, x, y'는 모두 '0'이 된다.

▶ setSize(300,200);

- 전체 화면의 크기를 '가로 300px, 세로 200px' 크기로 설정함

– 상속받은 모든 클래스는 기본 크기로 '가로 300px, 세로 200px'가 설정됨

– 상속받은 클래스는 setSize() 함수를 이용하여 크기 재설정이 가능함.

▸ 상속의 특징 : 기본값을 줄 테니 필요하면 고쳐서 사용하라!

2. ch09.part02.main1.ConfirmUtil 클래스 정의

소스 설명

▶ public static void confirmWindow(MainView component, ConfirmWindowWork confirm)

- 파라미터 설명

– MainView component : 해당 팝업창을 호출하게 하는 화면 객체

▸ 해당 화면 객체를 기준으로 팝업창이 중앙에 나타나며, 'null'일 경우 윈도우 화면 중앙에 팝업창이 나타난다.

– ConfirmWindowWork confirm : '예', '아니오'의 로직 구현 클래스

- 해당 함수의 사용 목적

– 외부 화면에서 호출 시 [예/아니오] 팝업창을 띄워서 '예'일 때와 '아니오'일 때의 업무를 처리하기 위한 모듈 구성

– 모듈을 구성하지 않을 경우 화면마다 필요한 기능을 중복되게 사용하기 때문에, 코드의 효율성과 중복 제거를 위해 모듈 구성

- 해당 함수는 객체 속성값에 영향을 받지 않으므로 static 함수로 설정하였음

▶ JOptionPane.showConfirmDialog(component, "자료를 저장하겠습니까?");

- 파라미터 설명

– component

▸ 해당 팝업을 나타나게 하는 메인 화면이며, 해당 화면의 중앙에 팝업이 나타남

▸ 해당 값이 null 일 경우 윈도우 메인 화면의 중앙에 나타남

– "자료를 저장하겠습니까?" : 위 팝업에 해당 문구가 나타남

- 자바에서 제공해 주는 클래스이며, 다음의 문구와 함께 해당 팝업창이 나타난다.

– '클래스명.함수명()' 형태로 호출하기 때문에 static 함수임을 알 수 있다.

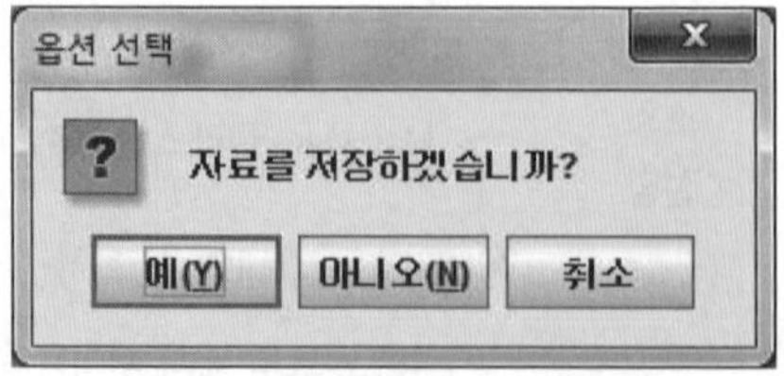

• 결과값은 int 타입이며, [예] 선택 시 '0', [아니오] 선택 시 '1', [취소] 선택 시 '2'를 반환함

– 사용자의 선택에 의해 로직 처리를 하기 위한 옵션 선택 팝업창이다.

▶ JOptionPane.showMessageDialog(component, msg);

• 자바에서 제공해 주는 클래스이며, 아래의 팝업창이 나타난다.

– '특정 정보를 제공해 주기 위한 알림창이다.

• 파라미터 설명

– component

▸ 해당 팝업을 나타나게 하는 메인 화면이며, 해당 화면의 중앙에 팝업이 나타남

▸ 해당 값이 null 일 경우 윈도우 메인 화면의 중앙에 나타남

– msg : 알림창에 나타내기 위한 문구

– 위 팝업의 경우 msg의 값은 ['예'를 선택하였습니다.]가 된다.

소스 설명

▶ public interface ConfirmWindowWork {

```
public interface ConfirmWindowWork {
        public String yesWork();
        public String noWork();
}
```

• 인터페이스 정의

– [확인] 창을 선택 시 '예'일 때와 '아니오'일 때의 기능 목록을 정의

– 인터페이스도 클래스와 같이 하나의 타입으로 사용될 수 있다.

– 인터페이스는 직접 객체 생성을 할 수 없으며, 구현 클래스가 있어야 한다.

▸ 구현 클래스는 TestView 클래스에서 확인할 수 있다.

– 인터페이스는 일반적으로 기능 목록을 구현하기 위한 '추상 메소드'를 정의한다.

▸ 추상 메소드란 함수를 처리하기 위한 로직이 존재하지 않은 함수 정보만 갖는 함수이다.

• 인터페이스 기능 목록

– yesWork() : [예] 버튼을 클릭 시 처리를 하기 위한 추상 메소드

– noWork() : [아니오] 버튼을 클릭 시 처리를 하기 위한 추상 메소드

3. ch09.part02.main1.TestMain 클래스 정의

▶ JButton btn = new JButton("저장");

...

소스 설명

ButtonAction action = new ButtonAction();
btn.addActionListener(action);

- addActionListener() 함수는 버튼 클릭 시의 처리 함수이며 ActionListener 타입을 파라미터로 함
- ActionListener는 인터페이스이며, 버튼클릭 시 로직 처리를 위한 추상 메소드가 정의되어 있다.
  - public void actionPerformed(ActionEvent e)
- 인터페이스는 반드시 인터페이스 구현 클래스를 만들어서 객체 생성을 할 수 있으며, 'ButtonAction' 이라는 클래스로 정의함.
  - public class ButtonAction implements ActionListener { ... }
    - ▸ ButtonAction 클래스는 ActionListener 인터페이스의 구현 클래스이다.
    - ▸ ActionListener를 구현한 ButtonAction 클래스는 인터페이스가 갖는 추상 메소드를 재정의해야 한다.

▶ public class ButtonAction implements ActionListener {

```
    @Override
    public void actionPerformed(ActionEvent e) {
        ...
    }
}
```

- 추상 메소드 재정의(Override)
  - ActionListener를 구현한 ButtonAction 클래스는 인터페이스가 갖는 추상 메소드를 재정의해야 한다.

▶ ConfirmUtil.confirmWindow(TestView.this, new ConfirmWindowWork() {

```
    @Override
    public String yesWork() { ... }
    @Override
    public String noWork() { ... }
});
```

- 파라미터 분석
  - 첫 번째 파라미터의 값 : TestView.this
    - ▸ 위의 로직을 사용하고 있는 곳은 ButtonAction 클래스이므로 this는 ButtonAction 자기 자신 객체를 의미한다.
    - ▸ TestView의 자기 자신 객체를 호출해야 한다.
      - · 'ch09.part02.main1.TestView.this'가 정식명이다.
      - · 패키지명이 같을 경우 패키지명을 생략할 수 있기 때문에 'TestView.this'가 된다.
  - 두 번째 파라미터는 다음과 같으며 ConfirmWindowWork 인터페이스를 구현한 '익명 클래스'이다.
    - ▸ 두 번째 파라미터 : new ConfirmWindowWork() {

```
                          @Override
                          public String yesWork() { ... }
                          @Override
```

```
        public String noWork() { ... }
}
```

• 익명 클래스

– 말 그대로 '익명'이기 때문에 클래스의 이름이 존재하지 않으며 이어질 9.4과에서 학습할 예정이다.

정리

• 분석 결과

– ActionListener 인터페이스를 구현한 ButtonAction 내부 클래스를 이용해 버튼 클릭 이벤트를 처리했다.

– 팝업 처리를 모듈화하여 세부 업무 로직은 인터페이스를 이용하여 구현하도록 정의하였다.

– 익명 클래스를 이용하여 팝업 처리를 위한 세부 업무 로직을 구현하였다.

※ 인터페이스의 사용법은 매우 쉽다. 하지만 인터페이스를 언제 사용할지 설계를 하는 것은 그리 쉬운 일이 아니다. 정확한 개념을 이해하고 있지 않는다면 거의 사용할 일이 없을 것이다.

9.2.02 인터페이스의 개념 및 효과

개념

• [개념 1] 인터페이스란 개념적인 의미로 사용자와 사용자가 추구하고자 하는 일을 처리하기 위한 중간 매개체이다.

– 〈비교 1〉 TV 리모콘 (사용자 - 리모콘 - 기계 제어 기능)

▸ 리모콘 사용자는 리모콘에서 제공하는 기능 목록을 이해하면 TV를 제어할 수 있다.

▸ 리모콘은 기계 제어 프로그램을 이용하여 TV를 제어한다.

▸ 리모콘 사용자는 기계 제어 기능은 알 필요가 없다.

▸ 버튼의 기계적인 기능을 모두 구현하면 리모콘 기능이 완성된다.

▸ 리모콘은 사용자와 기계 제어 기능 간의 인터페이스 역할을 한다.

– 〈비교 2〉 프로그램 개발 시스템 화면 (사용자 - 화면 - 프로그램 기능)

▸ 프로그램 사용자는 제공하는 기능 목록을 이해하면 해당 시스템을 제어할 수 있다.

▸ 시스템 화면의 기능은 프로그램 언어를 이용하여 로직을 구성하였다.

▸ 시스템 사용자는 프로그램 언어를 이용한 로직 구성에 대해서는 알 필요가 없다.

▸ 화면에 있는 기능 목록을 모두 구현해야 해당 관리 기능이 완성된다.

▸ 화면은 사용자와 프로그램 기능 간의 인터페이스 역할을 한다.

▸ 화면은 사용자가 가시적으로 확인할 수 있도록 되어 있으므로 'GUI(Graphic User Interface)'라 한다.

※ 우리가 아는 대부분의 기기들은 모두 인터페이스라 생각해도 된다. 그 이유는 기능을 구현할 필요 없이 사용 방법만 이해하기만 되기 때문이다.

• [개념 2] 표준화된 관리 타입을 위해 인터페이스가 사용된다.

– 인터페이스가 정의한 기능 목록을 구현한다면 해당 관리 기준의 타입이 된다.

	▸ ex1) 전원 기능 : 1. 켜다, 2. 끄다 · '켜다'와 '끄다'의 기능이 있다면 '전원 기능 타입'이라 할 수 있다. ▸ ex2) 시스템 기능 : 1. 구동하다. 2. 멈추다. 3. 상태를 나타내다. · '구동하다', '멈추다', '상태를 나타내다'의 기능이 있다면 '시스템 기능 타입'이라 할 수 있다. ▸ ex3) 자료 저장 기능 : 1. 조회하다. 2. 신규 등록하다. 3. 수정하다. 4. 삭제하다. · 위의 기능을 모두 구현한다면 '자료 저장 기능 타입'이라 할 수 있다. • [개념 3] '기능 목록'을 줄 테니 재정의(Override)하여 사용하라! – 인터페이스는 업무를 위한 기능 목록을 관리한다. ▸ 체크 리스트와 같은 기능으로 해당 기능을 모두 구현해야 한다. – 기능 목록의 재정의를 위해 반드시 클래스를 구현해야 한다. • [개념 4] 변수를 파라미터로 전달하듯 기능을 파라미터로 전달할 수 있다. – 9.2.10 인터페이스 파트의 활용을 학습 후 이해하도록 한다.
효과	• 인터페이스를 제시함으로써 관리 타입을 위한 기능 목록을 명확히 알 수 있다. – 기능 목록은 추상 메소드에 의해 정의된다. • 인터페이스를 구현한 클래스의 관리가 편리하다. – 인터페이스에 기능 목록을 수정하면 이를 구현한 모든 클래스가 수정되어야 한다. • 해당 기능 목록을 구현하면 해당 기능의 타입이라 할 수 있기 때문에 모듈 구성에 매우 용이하다. – 모듈은 범용화할수록 유용해지는데, 해당 기능의 타입으로 파라미터를 지정할 수 있다. ▸ A 인터페이스를 구현한 B, C, D의 클래스 객체는 모두 A 인터페이스 타입이 될 수 있다. ▸ 모듈에 사용될 함수의 파라미터 타입을 A 타입으로 지정한다면 B, C, D 타입의 객체를 모두 사용할 수 있게 될 것이다.

9.2 03 인터페이스 정의 및 사용 방법

학습 목표	• 인터페이스의 정의 및 사용 방법을 이해할 수 있다. – 인터페이스를 정의 후 구현 클래스를 만들어서 사용하는 과정을 이해한다. – 인터페이스에는 구현해야 할 기능 목록을 추상 메소드로 정의한다. – 구현 클래스는 인터페이스의 추상 메소드를 재정의해야 한다.
처리 방법	• 인터페이스의 정의 방법 – 'interface' 키워드를 사용하여 인터페이스를 정의한다. – 인터페이스 내부에는 추상 메소드로 구성된 기능 목록을 구현한다. public interface 인터페이스명 {

	/** 추상메소드 기능목록 정의 */
	}
	
	• 인터페이스 사용 방법
	– 'implements'를 이용하여 인터페이스 구현 클래스를 정의한다.
	– 인터페이스에 정의된 추상 메소드를 구현해야 한다.
	public class 클래스명 implements 인터페이스명 {
	/** 기능목록 재정의(Override) */
	}

학습 절차	**1. ch09.part02.main3.ISystemManager 인터페이스 정의** – 추상 메소드 기능 목록 정의 ▸ 시스템 구동 기능 정의 ▸ 시스템 정지 기능 정의 ▸ 시스템 상태 기능 정의 **2. ch09.part02.main3.SystemManagerImpl 클래스 정의** – 추상 메소드 기능 목록 재정의 ▸ 시스템 start() 로직 구성 ▸ 시스템 stop() 로직 구성 ▸ 시스템 status() 로직 구성 – 메인 함수 정의

사용 예문

1. ch09.part02.main3.ISystemManager 인터페이스 정의

```
package ch09.part02.main3;

/** 인터페이스 정의 */
public interface ISystemManager {

    /** 시스템 구동기능 정의 */
    public void start();

    /** 시스템 정지기능 정의 */
    public void stop();

    /** 시스템 상태기능 정의 */
    public void status();
}
```

2. ch09.part02.main3.SystemManagerImpl 클래스 정의

```java
package ch09.part02.main3;

public class SystemManagerImpl implements ISystemManager {

    /** 추상메소드 기능목록 재정의 */

    @Override
    public void start() {
        /** 시스템 start 로직구성 - 생략 */
        System.out.println("system start()");
    }
    @Override
    public void stop() {
        /** 시스템 stop 로직구성 - 생략 */
        System.out.println("system stop()");
    }
    @Override
    public void status() {
        /** 시스템상태 로직구성 - 생략 */
        System.out.println("system status()");
    }

    /** 메인함수 정의 */
    public static void main(String[] args) {
        SystemManagerImpl systemManager = new SystemManagerImpl();
        systemManager.start();
        systemManager.status();
        systemManager.stop();
    }
}
```

결과

```
system start()
system status()
system stop()
```

소스 설명

▶ /** 추상메소드 기능목록 정의 */

```java
public void start();      /** 시스템 구동기능 정의 */
public void stop();       /** 시스템 정지기능 정의 */
public void status();     /** 시스템 상태기능 정의 */
```

- 인터페이스의 추상 메소드
  - 내부 로직 구성 부분은 존재하지 않는다.
  - 추상 메소드의 정의는 'abstract' 키워드를 사용해야 하며, 인터페이스에서는 생략이 가능하다.

```java
public abstract void start();      /** 시스템 구동기능 정의 */
```

	public abstract void stop(); /** 시스템 정지기능 정의 */ public abstract void status(); /** 시스템 상태기능 정의 */

9.2.04 인터페이스 다중 상속 및 다중 구현

학습 목표	• 인터페이스의 다중 상속과 다중 구현을 이해할 수 있다.

처리 방법	※ 다음 설명을 위해 인터페이스A와 인터페이스B 정의를 가정 후에 설명하기로 한다.
	public interface A { /** 추상메소드 정의 */ }
	public interface B { /** 추상메소드 정의 */ }
	
	• 인터페이스 다중 상속
	– 인터페이스는 'extends'를 이용하여 상속이 가능하다.
	– 2개 이상 상속 시 콤마(,)로 연결하여 '다중 상속'이 가능하다.
	▸ [주의] 클래스는 다중 상속이 불가능하다.
	– 다중 상속의 경우에 상속한 모든 인터페이스의 추상 메소드를 재정의해야 한다.
	– 다중 상속을 하는 인터페이스 간 함수명은 중복이 될 수 없다.
	▸ 동일 함수 조건 : 함수명이 같으며 파라미터의 순서와 타입이 일치한다.
	public interface C extends A, B {
	/** 추상메소드 정의 */
	}
	public class D implements C {
	/** 추상메소드 재정의 */
	}
	
	• 인터페이스 다중 구현
	– 클래스에서 인터페이스를 2개 이상 구현할 경우 콤마(,)를 이용하여 구현이 가능하다.
	– 2개 이상의 경우 인터페이스 간 함수명은 중복이 될 수 없다.
	▸ 동일 함수 조건 : 함수명이 같으며 파라미터의 순서와 타입이 일치한다.
	public class 구현 클래스 implements 인터페이스명1, 인터페이스명2 {
	@Override
	/** 추상메소드1 구현 */
	@Override
	/** 추상메소드2 구현 */
	}

9.2.05 인터페이스를 이용한 버튼 클릭 이벤트 구현

※ 프로그램 작성 시 자바 1.9 버전 이후 22.3.01 파트의 설명대로 모듈을 정의하자.

▷ 'module-info.java' 파일에 'requires java.desktop;' 모듈 추가

학습 목표	• 화면에 텍스트 입력 컴포넌트(JTextField)와 버튼 컴포넌트(JButton)를 정의한다. • 버튼을 클릭 시 텍스트 입력 컴포넌트에 특정 문구가 나타나도록 이벤트 구현

처리 방법	※ Swing은 학습 목적용으로만 사용하도록 하며 향후 JavaFx를 학습할 계획이다. 간단히 이해하는 수준으로만 학습하길 바라며 인터페이스의 처리 방법에 대해 집중하여 학습하길 바란다.
	
	• 텍스트 입력 컴포넌트 정의 및 위치, 크기 설정
	JTextField textField = new JTextField();
	textField.setLocation(10, 10); // x 위치 : 10 픽셀, y 위치 : 10 픽셀 위치설정
	textField.setSize(200, 30); // 너비 200 픽셀, 높이 30 픽셀 크기설정
	
	• JTextField에 텍스트 입력하기
	textField.setText("입력할 문자열");
	
	• 버튼 컴포넌트 정의 및 위치, 크기 설정
	JButton btn = new JButton("클릭");
	btn.setLocation(220, 10); // x 위치 : 220 픽셀, y 위치 : 10 픽셀 위치설정
	btn.setSize(100, 30); // 너비 100 픽셀, 높이 30 픽셀 크기설정
	
	• 버튼 클릭 이벤트 함수 처리 절차
	- [절차 1] ActionListener 구현 클래스 정의
	▸ ActionListener 인터페이스를 구현한 ActionListenerImpl 클래스 정의
	- [절차 2] 버튼 클릭 이벤트 함수 사용
	▸ ActionListenerImpl 클래스의 actionListener 객체 생성
	▸ btn.addActionListener(actinoListener) 함수 사용
	
	• [절차 1] ActionListener 구현 클래스 정의
	- 구현 클래스는 ActionListener 인터페이스를 구현해야 한다.
	▸ ActionListenerImpl은 ActionListener 타입이다.(자동 업캐스팅)
	- 구현 클래스는 외부 클래스 또는 내부 클래스로 정의할 수 있다.
	public class ActionListenerImpl implements ActionListener {
	    @Override
	    public void actionPerformed(ActionEvent event) {

```
                /** 버튼클릭 시 해당로직이 실행된다. */
        }
    }
```

- [절차 2] 버튼 클릭 이벤트 함수 사용
  - 버튼 클릭 이벤트는 btn 객체의 addActionListener() 함수로 처리된다.
  - addActionListener() 함수는 ActionListener 타입 객체를 파라미터로 한다.
  - ActionListener는 인터페이스이며 actionPerformed() 추상메소드를 가지고 있다.

```
ActionListener actionListener = new ActionListenerImpl();        // 객체 생성
btn.addActionListener(actionListener);                            // 함수 사용
```

학습 절차

ch09.part02.main5.MyView 클래스 정의

- 객체 생성 시 컴포넌트를 구성하기 위해 생성자 함수 정의
  - ▸ 텍스트 입력 컴포넌트 정의 및 위치, 크기 설정
  - ▸ 버튼 컴포넌트 정의 및 위치, 크기 설정
  - ▸ 버튼 클릭 이벤트 처리
    - · ActionListener 객체 생성 및 btn.addActionListener() 함수 사용
- 메인 함수 정의
  - ▸ 화면 구동 실행
- 버튼 이벤트를 구현하기 위한 ActionListener 인터페이스 구현 클래스 정의
  - ▸ actionPerformed() 함수 재정의
    - · 텍스트 입력 컴포넌트에 'test'라는 문자열의 값을 입력

사용 예문

ch09.part02.main5.MyView 클래스 정의
– 버튼을 클릭하면 텍스트 입력창에 'test'라는 글자가 나타나도록 구현하기 위한 클래스

```
package ch09.part02.main5;

import java.awt.event.ActionEvent;
import java.awt.event.ActionListener;

import javax.swing.JButton;
import javax.swing.JFrame;
import javax.swing.JTextField;

public class MyView extends JFrame {

    private JTextField textField = new JTextField();

    /** 객체생성 시 컴포넌트를 구성하기 위해 생성자함수에 구현 */
```

```
    public MyView() {

        setLayout(null);
        setSize(400, 200); // 메인화면 크기 - 너비 400 픽셀, 높이 200 픽셀

        /** 텍스트입력 컴포넌트 정의 및 위치, 크기설정 */
        // JTextField textField = new JTextField(); ☞ 전역변수로 이동
        textField.setLocation(10, 10);                  // 위치설정
        textField.setSize(200, 30);                     // 크기설정
        add(textField);                                 // 화면에 컴포넌트 추가

        /** 버튼 컴포넌트 정의 및 위치, 크기설정 */
        JButton btn = new JButton("클릭");
        btn.setLocation(220, 10);                       // 위치설정
        btn.setSize(100, 30);                           // 크기설정
        add(btn);                                       // 화면에 컴포넌트 추가

        /** 버튼 클릭 이벤트 처리 */
        ActionListener action = new ActionEventImpl();
        btn.addActionListener(action);
    }

    public static void main(String[] args) {
        MyView myView = new MyView();
        myView.setVisible(true);
    }

    /** 버튼 이벤트를 구현하기위한 ActionListener 인터페이스 구현클래스 */
    public class ActionEventImpl implements ActionListener {
        @Override
        public void actionPerformed(ActionEvent arg0) {
            /** 텍스트 입력 컴포넌트에 'test'라는 문자열의 값을 입력 */
            textField.setText("test");
        }
    }
}
```

결과

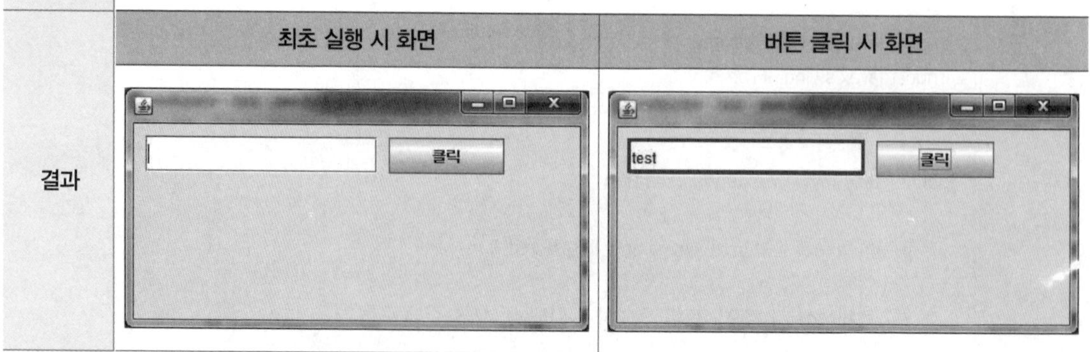

소스 설명

▶ setLayout(null);

- 메인 화면에 컴포넌트를 배치할 수 있으며 이때 배치는 'null'로 설정함.
  - null로 설정할 경우 추가할 컴포넌트는 위치 설정과 크기 설정을 해야 한다.

▶ add(textField);
add(btn);

- add() 함수는 해당 컴포넌트를 MyView 메인 화면에 추가하기 위한 함수이며 결과에서 보면 텍스트 입력 컴포넌트와 버튼 컴포넌트가 추가된 것을 확인할 수 있다.
  - add(textField) : textField 컴포넌트를 메인 화면(MyView)에 추가
  - add(btn) : btn 컴포넌트를 메인 화면(MyView)에 추가
- add() 함수는 MyView 클래스의 함수이며 MyView 클래스 함수는 JFrame 클래스로부터 상속받았다.

▶ ActionEvent action = new ActionEventImpl();
btn.addActionListener(action);

- 버튼 클릭을 위해서는 ActionEvent 구현 클래스의 객체가 필요하며, 이클립스의 경우 다음과 같은 절차로 개발이 가능하다.
  - [절차 1] 'btn.addActionListener('까지 입력 후 [Ctrl + Spacebar]를 누르면 다음과 같은 [Code Assist] 화면이 나타난다.
    - ▸ ActionListener 타입의 객체가 필요한 것을 알 수 있다.

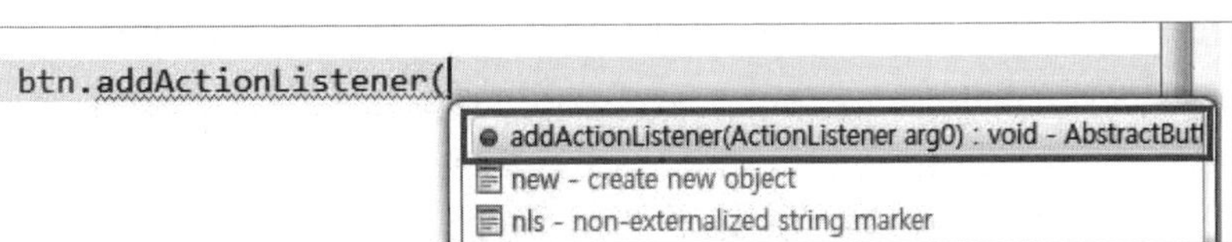

  - [절차 2] 'new ActionListener' 입력 후 [Ctrl + Spacebar]를 누르면 다음과 같은 [Code Assist] 화면이 나타난다.

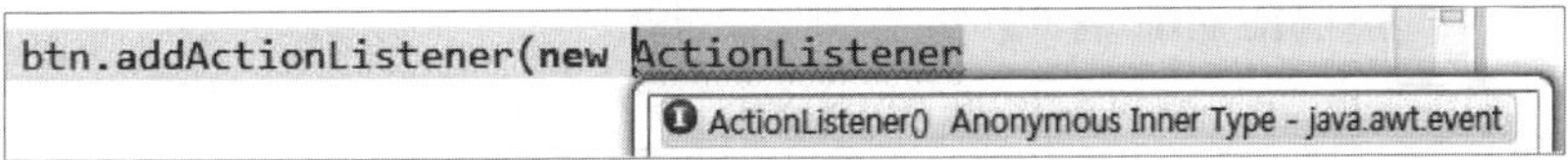

    - ▸ 여기서 'ActionListener'는 'I'로 명시되며, '인터페이스'임을 나타낸다. 따라서 ActionListener를 구현한 클래스를 내부 클래스로 만들었다.
    - ▸ 해당 버튼의 구현 클래스는 해당 클래스만 관련이 있으므로 내부 클래스로 나타내었다.
  - [절차 3] 인터페이스를 구현한 클래스 타입을 정의하면 다음과 같은 에러가 발생되며 [Ctrl + 1]을 입력 후 다음의 항목을 선택하면 재정의(Override)할 함수의 소스 코드가 자동으로 생성된다.

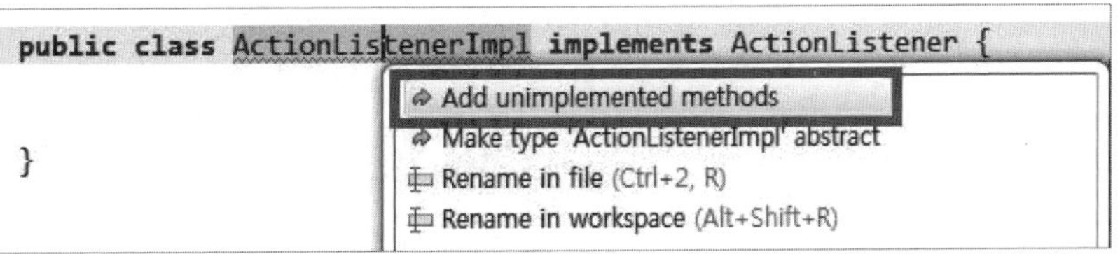

소스 설명	– [절차 4] 이클립스 편집기에서 해당 함수의 소스 코드가 자동으로 정의되면 내부 구현을 하면 된다.
	`public class ActionListenerImpl implements ActionListener {`
	`    @Override`
	`    public void actionPerformed(ActionEvent arg0) {`
	`        // TODO Auto-generated method stub`
	`        textField.setText("test");`
	`    }`
	`}`

정리	• 버튼 클릭 이벤트 구현을 위한 처리 과정 – JButton 클래스는 addActionListener() 이벤트 처리 함수를 제공한다. – addActionListener 함수는 ActionListener 인터페이스 타입을 파라미터로 입력해야 한다. – 인터페이스 구현 ActionListenerImpl 클래스 정의 – ActionListenerImpl 객체 생성 이후 addActionListener() 함수 사용

9.2.06 인터페이스 구현 클래스 정의 방법

※ 프로그램 작성 시 자바 1.9 버전 이후 22.3.01 파트의 설명대로 모듈을 정의하자.

▷ 'module-info.java' 파일에 'requires java.desktop;' 모듈 추가

학습 목표	• 인터페이스 구현 클래스를 정의하기 위한 방법을 이해할 수 있다. – 내부 클래스를 이용한 인터페이스 구현 클래스 정의 – 외부 클래스를 이용한 인터페이스 구현 클래스 정의 – 자기 자신 클래스를 이용한 인터페이스 정의 – 익명 클래스를 이용한 인터페이스 정의

처리 방법	※ 앞 단원(9.2.05)에서 처리한 ActionListener 인터페이스를 이용하여 설명하도록 하겠다.
	• [1] 내부 클래스를 이용한 인터페이스 구현 클래스 정의
	– ActionListener 객체를 사용하는 클래스 내부에 클래스 정의
	– MyView 클래스 외 관련이 없을 경우 처리한다.
	`public class MyView {`
	`    public MyView() {`
	`        ...`
	`        ActionListener action = new ActionListenerImpl();`
	`        ...`

```
        }
        public class ActionEventImpl implements ActionListener {
                @Override
                public void actionPerformed(ActionEvent arg0) {
                        /** 로직구현 */
                }
        }
}
```

처리 방법

- [2] 외부 클래스를 이용한 인터페이스 구현 클래스 정의
  - 독립적인 클래스로 정의하여 처리
  - MyView 클래스 외에 공통으로 같이 사용해야 할 경우, 일반적으로 독립된 인터페이스로 구현한다.

```
public class MyView {
        public MyView() {
                ...
                ActionListener action = new ActionListenerImpl();
                ...
        }
}
public class ActionEventImpl implements ActionListener {
        @Override
        public void actionPerformed(ActionEvent arg0) {
                /** 로직구현 */
        }
}
```

- [3] 자기 자신 클래스를 이용한 인터페이스 구현 클래스 정의
  - 내부 클래스와 마찬가지로 MyView 클래스 외 관련이 없을 경우 처리한다.

```
public class MyView implements ActionListener {
        public MyView() {
                ...
                /** 객체 생성을 할 필요 없이 'this'를 사용하면 된다 */
                ...
        }
        @Override
        public void actionPerformed(ActionEvent event) {
                /** 로직구현 */
        }
```

```
}
```

- [4] 익명 클래스를 이용한 인터페이스 구현 클래스 정의
  - 익명 클래스는 말 그대로 클래스명이 존재하지 않으며 클래스 정의와 함께 객체를 생성한다. 익명 클래스는 이어지는 9.4과에서 다시 설명한다.
    - ▸ 인터페이스 객체 = new 인터페이스(){ /** 익명클래스 내부 */ };
    - ▸ 익명클래스 내부에서는 인터페이스의 추상 메소드를 반드시 재정의해야 한다.

```
public class MyView {
    public MyView() {
            ...
            ActionListener action = new ActionListener(){
                    @Override
                    public void actionPerformed(ActionEvent arg0) {
                            /** 로직구현 */
                    }
            }
            ...
    }
}
```

※ Swing은 학습 목적용으로만 사용하도록 하며 향후 'JavaFx'를 학습할 계획이다. 간단히 이해하는 수준으로만 학습하길 바라며 인터페이스의 처리 방법에 대해 집중하여 학습하길 바란다.

1. 내부 클래스를 이용한 인터페이스 구현 클래스 정의

학습 목표	• 내부 클래스를 이용한 인터페이스 구현 클래스 정의를 할 수 있다. • 메인 클래스 생성자 함수와 내부 클래스의 함수와의 데이터 연결을 할 수 있다.
학습 절차	**ch09.part02.main6.sub1.MyView 클래스 정의** – textField 전역 변수 정의 : MyView 생성자 함수와 내부 클래스 공통 사용 목적 – MyView 생성자 함수 정의 : 화면 구성 ▸ 메인 화면 화면 크기 설정 ▸ null의 경우 컴포넌트 수동 배치 설정 : 크기와 위치를 직접 설정해야 함. ▸ 텍스트 입력 컴포넌트(JTextField) 정의 및 위치, 크기 설정 ▸ 버튼 컴포넌트(JButton) 정의 및 위치, 크기 설정 ▸ 텍스트 입력 컴포넌트 및 버튼을 메인 화면에 추가

▸ 버튼 클릭 이벤트 설정 : ActionEvent 인터페이스 사용 ▷ 내부 클래스

– 메인 함수 정의

▸ 화면 구동 실행

– ActionListener 구현 클래스 정의

▸ 추상 메소드 재정의(Override)

· 버튼 클릭 이벤트 로직 처리 구간 ▷ textField에 특정 문자 입력

사용 예문

```
package ch09.part02.main6.sub1;

import java.awt.event.ActionEvent;
import java.awt.event.ActionListener;
import javax.swing.JButton;
import javax.swing.JFrame;
import javax.swing.JTextField;

public class MyView extends JFrame {

    /** MyView 생성자함수와 내부클래스에서 공통으로 사용하기 위해 전역변수로 정의 */
    private JTextField textField = new JTextField();

    /** MyView 생성자함수 정의 – 화면구성 */
    public MyView() {

        /** 메인화면 화면크기설정 */
        setSize(400, 200);              // 메인화면 크기 – 너비 400 픽셀, 높이 200 픽셀

        /** null의 경우 컴포넌트 수동배치 설정 – 크기와 위치를 직접 설정해야 함. */
        setLayout(null);

        /** 텍스트입력 컴포넌트(JTextField) 정의 및 위치, 크기설정 */
        // JTextField textField = new JTextField(); ☞ 전역변수로 이동
        textField.setLocation(10, 10);  // x 위치 : 10 픽셀, y 위치 : 10 픽셀
        textField.setSize(200, 30);     // 너비 200 픽셀, 높이 30 픽셀

        /** 버튼 컴포넌트(JButton) 정의 및 위치, 크기설정 */
        JButton btn = new JButton("클릭");
        btn.setLocation(220, 10);       // x 위치 : 220 픽셀, y 위치 : 10 픽셀
        btn.setSize(100, 30);           // 너비 100 픽셀, 높이 30 픽셀

        /** 텍스트입력 컴포넌트 및 버튼을 메인 화면에 추가 */
        add(textField);                 // 화면에 컴포넌트 추가
        add(btn);                       // 화면에 컴포넌트 추가

        /** 버튼 클릭 이벤트 설정 – ActionEvent 인터페이스 사용 → 내부 클래스 */
```

```
        ActionListener action = new ActionListenerImpl();
        btn.addActionListener(action);
    }

    /** 메인함수 정의 */
    public static void main(String[] args) {
        MyView myView = new MyView();
        myView.setVisible(true);
    }

    /** ActionListener 구현 클래스 정의 */
    public class ActionListenerImpl implements ActionListener {

        /** 추상메소드 재정의(Override) */
        @Override
        public void actionPerformed(ActionEvent arg0) {
            /** 버튼클릭 이벤트 로직처리 구간 → textField에 특정 문자 입력 */
            textField.setText("내부클래스 인터페이스 구현");
        }
    }
}
```

정리

- 내부 클래스를 이용한 인터페이스 구현 클래스 정의
  - 클래스 내부에 ActionListenerImpl 클래스를 정의하였으며 ActionListener 인터페이스를 구현하였다.
  - ActionListenerImpl 클래스는 ActionListener 인터페이스의 추상 메소드를 재정의하였다.
  - 내부에서 버튼 클릭 이벤트 로직 처리를 하였다.
- 메인 클래스 생성자 함수와 내부 클래스의 데이터 연결
  - 클래스 내부에서의 데이터 연결은 전역 변수를 이용하여 연결할 수 있다.
    - ▸ none-static 전역변수는 static 구간 외 접근이 가능하다.
    - ▸ static 전역변수는 모든 구간의 접근이 가능하다.

2. 외부 클래스를 이용한 인터페이스 구현 클래스 정의

학습 목표

- 외부 클래스를 이용한 인터페이스 구현 클래스 정의를 할 수 있다.
- 메인 클래스 생성자 함수와 외부 클래스 함수와의 데이터 연결을 할 수 있다.

학습 절차

1. ch09.part02.main6.sub2.MyView 클래스 정의

- textField 전역변수 정의 : 생성자 함수와 setText()의 공통 사용을 위함.

– setTextField() 함수 정의 : 외부에서 textField의 text 속성값 변경
– MyView 생성자 함수 정의 : 화면 구성
▸ 메인 화면의 크기 설정
▸ null의 경우 컴포넌트 수동 배치 설정 : 크기와 위치를 직접 설정해야 함.
▸ 텍스트 입력 컴포넌트(JTextField) 정의 및 위치, 크기 설정
▸ 버튼 컴포넌트(JButton) 정의 및 위치, 크기 설정
▸ 텍스트 입력 컴포넌트 및 버튼을 메인 화면에 추가
▸ 버튼 클릭 이벤트 설정 : ActionEvent 인터페이스 사용 ▷ 외부 클래스

– 메인 함수 정의
▸ 화면 구동 실행

2. ch09.part02.main6.sub2.ActionListenerImpl 클래스 정의

– MyView 타입 myView 전역변수 정의
– 생성자 함수 정의
▸ MyView 객체 myView를 파라미터로 사용하여 데이터 연결

– 추상 메소드 재정의(Override)
▸ 버튼 클릭 이벤트 로직 처리 구간
▶ myView.setText() ▷ textField에 특정 문자 입력

사용 예문

1. ch09.part02.main6.sub2.MyView **클래스 정의**

```
package ch09.part02.main6.sub2;

import java.awt.event.ActionEvent;
import java.awt.event.ActionListener;

import javax.swing.JButton;
import javax.swing.JFrame;
import javax.swing.JTextField;

public class MyView extends JFrame {

    /** textField 전역변수 정의 – 생성자함수와 setText()의 공통사용을 위함 */
    private JTextField textField = new JTextField();

    /** setText() 함수 정의 – 외부에서 textField의 text 속성 값 변경 */
    public void setText(String text) {textField.setText(text);}

    /** MyView 생성자함수 정의 – 화면구성 */
    public MyView() {
```

사용 예문

```
		/** 메인화면 화면크기설정 */
		setSize(400, 200); // 메인화면 크기 - 너비 400 픽셀, 높이 200 픽셀

		/** null의 경우 컴포넌트 수동배치 설정 – 크기와 위치를 직접 설정해야 함. */
		setLayout(null);

		/** 텍스트입력 컴포넌트(JTextField) 정의 및 위치, 크기설정 */
		// JTextField textField = new JTextField(); ☞ 전역변수로 이동
		textField.setLocation(10, 10);		// x 위치 : 10 픽셀, y 위치 : 10 픽셀
		textField.setSize(200, 30);		// 너비 200 픽셀, 높이 30 픽셀

		/** 버튼 컴포넌트(JButton) 정의 및 위치, 크기설정 */
		JButton btn = new JButton("클릭");
		btn.setLocation(220, 10);		// x 위치 : 220 픽셀, y 위치 : 10 픽셀
		btn.setSize(100, 30);			// 너비 100 픽셀, 높이 30 픽셀

		/** 텍스트입력 컴포넌트 및 버튼을 메인화면에 추가 */
		add(textField);			// 화면에 컴포넌트 추가
		add(btn);				// 화면에 컴포넌트 추가

		/** 버튼클릭 이벤트 설정 – ActionEvent 인터페이스 사용 → 외부클래스 */
		ActionListener action = new ActionListenerImpl(this);
		btn.addActionListener(action);
	}

	/** 메인함수 정의 */
	public static void main(String[] args) {
		MyView myView = new MyView();
		myView.setVisible(true);
	}
}
```

2. ch09.part02.main6.sub2.ActionListenerImpl 클래스 정의

```
package ch09.part02.main6.sub2;

import java.awt.event.ActionEvent;
import java.awt.event.ActionListener;

/** ActionListener 구현 클래스 정의 */
public class ActionListenerImpl implements ActionListener {

	/** MyView 타입 myView 전역변수 정의 */
	private MyView myView;

	/** 생성자함수 정의 */
	public ActionListenerImpl(MyView myView) {
```

	`/** MyView 객체를 파라미터로 사용하여 데이터연결 */`
	`this.myView = myView;`
	`}`
	
	`/** 추상메소드 재정의(Override) */`
	`@Override`
	`public void actionPerformed(ActionEvent arg0) {`
	`/** 버튼클릭 이벤트 로직처리 구간 */`
	`/** myView.setText() → textField에 특정 문자입력 */`
	`myView.setText("외부클래스 인터페이스 구현");`
	`}`
	`}`

정리	• 외부 클래스를 이용한 인터페이스 구현 클래스 정의 – 클래스 외부에 ActionListenerImpl 클래스를 정의하였으며 ActionListener 인터페이스를 구현하였다. – ActionListenerImpl 클래스는 ActionListener 인터페이스의 추상 메소드를 재정의하였다. – 내부에서 버튼 클릭 이벤트 로직 처리를 하였다. • 메인 클래스 생성자 함수와 외부 클래스 함수와의 데이터 연결 – [1] MyView 객체 ▷ ActionListenerImpl 자료 연결 ▸ 생성자 파라미터를 이용하여 MyView 객체를 ActionListenerImpl에 전달 · new ActionListenerImpl(this); 〉this는 MyView 클래스의 '자기 자신' 객체를 뜻함. – [2] ActionListenerImpl 생성자 함수의 MyView 객체를 전역변수로 연결 ▸ 생성자 함수에서 전역변수로 연결 · this.myView = myView; 〉여기서 this.myView는 전역변수이며 myView는 생성자 파라미터이다. – [3] 전역변수를 이용하여 actionPerformed() 함수에 myView 연결 ▸ 전역변수는 내부 클래스에 접근이 가능하다. – [4] ActionListener actionPerformed() 함수에서 MyView의 textField의 연결 ▸ myView.setText("외부 클래스 인터페이스 구현"); . myView 객체의 setText() 함수를 사용하여 textField에 값 전달

3. 자기 자신 클래스를 이용한 인터페이스 구현 클래스 정의

학습 목표	• 자기 자신 클래스를 이용한 인터페이스 구현을 할 수 있다. • 메인 클래스 자기 자신의 생성자 함수와 함수의 데이터 연결을 할 수 있다.

학습 절차	**ch09.part02.main6.sub3.MyView 클래스 정의** – textField 전역변수 정의 : 생성자 함수와 함수의 공통 사용을 위함 – MyView 생성자 함수 정의 : 화면 구성 ▸ 메인 화면 화면 크기 설정 ▸ null의 경우 컴포넌트 수동 배치 설정 – 크기와 위치를 직접 설정해야 함. ▸ 텍스트 입력 컴포넌트(JTextField) 정의 및 위치, 크기 설정 ▸ 버튼 컴포넌트(JButton) 정의 및 위치, 크기 설정 ▸ 텍스트 입력 컴포넌트 및 버튼을 메인 화면에 추가 ▸ 버튼 클릭 이벤트 설정 : ActionEvent 인터페이스 사용 ▷ 자기 자신 클래스 – 메인 함수 정의 ▸ 화면 구동 실행 – 추상 메소드 재정의(Override) ▶ 버튼 클릭 이벤트 로직 처리 구간 ▷ textField에 특정 문자 입력

사용 예문

```
package ch09.part02.main6.sub3;

import java.awt.event.ActionEvent;
import java.awt.event.ActionListener;

import javax.swing.JButton;
import javax.swing.JFrame;
import javax.swing.JTextField;

/** 자기 클래스에 ActionListener 인터페이스 구현 */
public class MyView extends JFrame implements ActionListener {

    /** textField 전역변수 정의 – 생성자함수와 함수의 공통사용을 위함 */
    private JTextField textField = new JTextField();

    /** MyView 생성자함수 정의 – 화면구성 */
    public MyView() {

        /** 메인화면 화면크기설정 */
        setSize(400, 200); // 메인화면 크기 – 너비 400 픽셀, 높이 200 픽셀

        /** null의 경우 컴포넌트 수동배치 설정 – 크기와 위치를 직접 설정해야 함. */
        setLayout(null);

        /** 텍스트입력 컴포넌트(JTextField) 정의 및 위치, 크기설정 */
```

```
        // JTextField textField = new JTextField(); ☞ 전역변수로 이동
        textField.setLocation(10, 10); // x 위치 : 10 픽셀, y 위치 : 10 픽셀
        textField.setSize(200, 30); // 너비 200 픽셀, 높이 30 픽셀

        /** 버튼 컴포넌트(JButton) 정의 및 위치, 크기설정 */
        JButton btn = new JButton("클릭");
        btn.setLocation(220, 10); // x 위치 : 220 픽셀, y 위치 : 10 픽셀
        btn.setSize(100, 30); // 너비 100 픽셀, 높이 30 픽셀

        /** 텍스트입력 컴포넌트 및 버튼을 메인화면에 추가 */
        add(textField); // 화면에 컴포넌트 추가
        add(btn); // 화면에 컴포넌트 추가

        /** 버튼 클릭 이벤트 설정 - ActionEvent 인터페이스 사용 */
        btn.addActionListener(this);
    }

    /** 메인함수 정의 */
    public static void main(String[] args) {
        MyView myView = new MyView();
        myView.setVisible(true);
    }

    /** 추상메소드 재정의(Override) */
    @Override
    public void actionPerformed(ActionEvent arg0) {
        /** 버튼클릭 이벤트 로직처리 구간 → textField에 특정 문자 입력 */
        textField.setText("자기 자신 클래스 인터페이스 구현");
    }

}
```

정리

- 자기 자신 클래스를 이용한 인터페이스 구현
  - MyView 클래스에 ActionListener 인터페이스를 구현하였다.
  - MyView 클래스는 ActionListener 인터페이스의 추상 메소드를 재정의하였다.
  - 내부에서 버튼 클릭 이벤트 로직 처리를 하였다.
- 메인 클래스 자기 자신의 생성자 함수와 함수의 데이터 연결
  - 클래스 내부에서의 데이터 연결은 전역변수를 이용하여 연결할 수 있다.
    - ▸ none-static 전역변수는 static 구간 외 접근이 가능하다.
    - ▸ static 전역변수는 모든 구간의 접근이 가능하다.

4. 익명 클래스를 이용한 인터페이스 구현 클래스 정의

<table>
<tr><td>학습 목표</td><td>

- 익명 클래스를 이용한 인터페이스 구현을 할 수 있다.
- 메인 클래스의 생성자 함수와 익명 클래스 함수와의 데이터 연결을 할 수 있다.

</td></tr>
<tr><td>학습 절차</td><td>

ch09.part02.main6.sub3.MyView 클래스 정의

- textField 전역변수 정의 : MyView 생성자 함수와 익명 클래스의 공통 사용 목적
- MyView 생성자 함수 정의 : 화면 구성
  - ▸ 메인 화면 화면 크기 설정
  - ▸ null의 경우 컴포넌트 수동 배치 설정 – 크기와 위치를 직접 설정해야 함.
  - ▸ 텍스트입력 컴포넌트(JTextField) 정의 및 위치, 크기 설정
  - ▸ 버튼 컴포넌트(JButton) 정의 및 위치, 크기 설정
  - ▸ 텍스트 입력 컴포넌트 및 버튼을 메인 화면에 추가
  - ▸ 버튼 클릭 이벤트 설정 : ActionEvent 인터페이스 사용 ▷ 익명 클래스
- 메인 함수 정의
  - ▸ 화면 구동 실행
- 추상 메소드 재정의(Override)
  - ▶ 버튼 클릭 이벤트 로직 처리 구간 → textField에 특정 문자 입력

</td></tr>
<tr><td>사용 예문</td><td>

```
package ch09.part02.main6.sub4;

import java.awt.event.ActionEvent;
import java.awt.event.ActionListener;

import javax.swing.JButton;
import javax.swing.JFrame;
import javax.swing.JTextField;

/** 자기 클래스에 ActionListener 인터페이스 구현 */
public class MyView extends JFrame {

    /** textField 전역변수 정의 – 생성자함수와 setText()의 공통사용을 위함 */
    private JTextField textField = new JTextField();

    /** MyView 생성자함수 정의 – 화면구성 */
    public MyView() {

        /** 메인화면 화면크기설정 */
        setSize(400, 200); // 메인화면 크기 - 너비 400 픽셀, 높이 200 픽셀

        /** null의 경우 컴포넌트 수동배치 설정 – 크기와 위치를 직접 설정해야 함. */
```

</td></tr>
</table>

```
		setLayout(null);

		/** 텍스트입력 컴포넌트(JTextField) 정의 및 위치, 크기설정 */
		// JTextField textField = new JTextField(); ☞ 전역변수로 이동
		textField.setLocation(10, 10); // x 위치 : 10 픽셀, y 위치 : 10 픽셀
		textField.setSize(200, 30); // 너비 200 픽셀, 높이 30 픽셀

		/** 버튼 컴포넌트(JButton) 정의 및 위치, 크기설정 */
		JButton btn = new JButton("클릭");
		btn.setLocation(220, 10); // x 위치 : 220 픽셀, y 위치 : 10 픽셀
		btn.setSize(100, 30); // 너비 100 픽셀, 높이 30 픽셀

		/** 텍스트입력 컴포넌트 및 버튼을 메인화면에 추가 */
		add(textField); // 화면에 컴포넌트 추가
		add(btn); // 화면에 컴포넌트 추가

		/** 버튼클릭 이벤트 설정 - ActionEvent 인터페이스 사용 */
		ActionListener action = new ActionListener(){
			/** 추상메소드 재정의(Override) */
			@Override
			public void actionPerformed(ActionEvent e) {
				/** 버튼클릭 이벤트 로직처리 구간 → textField에 특정 문자 입력 */
				textField.setText("익명클래스 인터페이스 구현");
			}
		};
		btn.addActionListener(action);
	}

	/** 메인함수 정의 */
	public static void main(String[] args) {
		MyView myView = new MyView();
		myView.setVisible(true);
	}
}
```

정리

- 익명 클래스를 이용한 인터페이스 구현
  - MyView 클래스 생성자 함수 내부 로직에 ActionListener 인터페이스를 구현하기 위한 익명 클래스를 정의하였다.
  - 익명 클래스는 ActionListener 인터페이스의 추상 메소드를 재정의하였다.
  - 익명 클래스 내부에서 버튼 클릭 이벤트 로직 처리를 하였다.
- 메인 클래스 생성자 함수와 익명 클래스 내부 함수의 데이터 연결
  - 클래스 내부에서의 데이터 연결은 전역변수를 이용하여 연결할 수 있다.
    - ▸ none-static 전역변수는 static 구간 외 접근이 가능하다.

▸ static 전역변수는 모든 구간의 접근이 가능하다.

– 생성자 함수 내부 로직에서 직접 연결할 수도 있다.

▸ 이때 생성자 함수의 변수는 반드시 'final' 제한자를 사용해야 한다.

· 자바 1.8 버전 이후부터는 'final' 제한자의 사용을 생략할 수 있으나 'final' 제한자의 특성 상 값의 변경은 불가능하다.

〈사용 예〉

```
public class MyView extends JFrame {
    public MyView(){
        ...
        final JTextField textField = new JTextField();
        ...
        ActionListener action = new ActionListener(){
            @Override
            public void actionPerformed(ActionEvent e) {
                textField.setText("익명클래스 인터페이스 구현");
            }
        };
    }
}
```

9.2.07 인터페이스 내부 구성 요소

개요	• 인터페이스 내부에 기본적으로 올 수 있는 요소는 다음과 같다. – [1] 추상 메소드 – [2] final static 변수 – [3] 내부 클래스, 인터페이스, enum • 자바 버전 1.8 이후부터는 다음과 같은 기능이 추가되었다. – [4] default 메소드 – [5] static 메소드 • 자바 버전 1.9 이후부터는 다음과 같은 기능이 추가되었다. – [6] private 메소드
처리 방법	• [1] 추상 메소드 – 인터페이스를 사용하는 데에 있어서 가장 중요한 요소이다. – 로직 구현부가 없이 함수의 선언부만 명시한 함수를 말한다.

처리 방법

– 'abstract' 키워드를 함수 선언에 명시해야 하며, 인터페이스의 경우 생략 가능하다.
– 기능 목록은 반드시 인터페이스 구현 클래스에서 재정의(Override)를 해야 한다.
– 인터페이스는 세부 로직보다는 기능 목록의 관리가 더 중요하다.
– 추상 메소드로서, static 함수는 사용이 불가능하다.
  ▸ static 함수는 로직 구성을 반드시 해야 한다. (자바1.8 이후부터 가능하며 곧이어 설명하도록 한다.)

```
public interface ITest {
    /** 추상 메소드 정의 */
    public void method1();
    public abstract void method2();
}
public class TestImpl implements ITest {
    public void method1(){ /** 로직 구현 생략 */ }
    public void method2(){ /** 로직 구현 생략 */ }
}
```

• [2] final static 변수
– 프로그램에서 설정값을 관리하기 위해 다음과 같이 구현을 하는 경우가 있다.
  ▸ 파일에 설정 값을 저장하여 시스템 구동 시 설정값을 읽는다.
  ex) application.properties
  ▸ 데이터베이스에 설정값을 저장하여 시스템 구동 시 설정값을 읽는다.
  ▸ 클래스 또는 인터페이스의 상수로 설정하여 시스템에서 곧바로 사용한다.
– 인터페이스 내부의 변수는 모두 'final static'의 특성을 가지므로 해당 키워드 생략이 가능하다.
– 'final'의 특성 상 값의 변경이 불가능하기 때문에 '상수'로서 사용된다.
– 'static'의 특성 상 '인터페이스명.변수명' 형태로 호출이 가능하다.

```
public interface ITest {
    /** 인터페이스 상수 값 정의 */
    public String ROOT_TEMP_DIR = "c://tmp";
    public final static String SYSTEM_NAME = "System-type-A";
}
public class Main {
    public static void main(String[] args) {
        /** 인터페이스 변수의 사용 */
        String rootTempDir = ITest.ROOT_TEMP_DIR;
        String systemName = ITest.SYSTEM_NAME;
        System.out.println("임시 폴더 루트 경로 ::: " + rootTempDir );
```

```
                System.out.println("시스템명 ::: " + systemName );
        }
}
```

처리 방법

- [3] 내부 클래스, 인터 페이스, enum
 - 클래스와 같이 내부 클래스, 인터페이스, enum의 사용이 가능하지만, 사용 빈도가 매우 낮다.
 - 해당 인터페이스 타입에서만 관련성이 있을 때 정의하여 사용된다.

```
public interface ITest {
        public class A { }                          /** 내부클래스 정의 */
        public static class B { }                   /** 정적 내부클래스 정의 */
        public interface C { }                      /** 인터페이스 정의 */
        public enum D { TYPE_A, TYPE_B, TYPE_C }    /** enum 정의 */
}
public class Main {
        public static void main(String[ ] args) {
        /** ITest 인터페이스 내의 A 클래스 객체생성 */
        ITest t = new ITest(){ }; /** ITest 익명클래스 객체생성 */
        A a = t.new A();

        /** ITest 인터페이스 내의 정적클래스 B 객체생성 */
        B b = new ITest.B();

        /** ITest 인터페이스 내의 인터페이스 객체생성 */
        C c = new ITest.C(){ };

        /** ITest 인터페이스 내의 enum 호출 */
        D d = new ITest.D.Type_A;
        }
}
```

- [4] default 메소드
 - 자바 1.8 버전 이후 추가된 기능이며, 'default' 키워드를 사용한다.
 - 'default' 키워드를 사용할 경우 반드시 추상 메소드가 아닌 로직을 포함한 메소드를 구현해야 한다.
 - 인터페이스에서 독립적으로 사용이 불가능하며, 반드시 구현 클래스에서 함수의 사용이 가능하다.
 - 만약 인터페이스를 구현한 N개의 클래스에 기능 목록을 추가해야 할 경우 어떻게 처리해야 할까?
   ▸ 인터페이스 기능 목록을 추가 후 N개의 클래스에 함수를 재정의하면 된다. (기존 방식)
   ▸ 내부 로직이 동일한 경우 인터페이스에 default 함수를 정의하여 사용할 수 있다.

처리 방법

– 인터페이스는 상속과 같이 해당 default 함수를 상속하여 사용할 수 있다.
  ▸ 재정의를 '필수'가 아닌, '선택'으로 할 수 있다.
  ▸ 재정의를 하지 않을 경우 상속과 같이 부모가 제공한 인터페이스의 default 함수 로직이 적용된다.

```
public interface ITest {
    /** default  함수 정의 */
    public default void method1(){
            System.out.println("ITest default 함수사용 - method1()");
    }
}
public class TestImpl implements ITest {
}
public class Main {
    public static void main(String[] args) {
            TestImpl test = new TestImpl();
            /** default 함수사용 */
            test.method1();
    }
}
```

• [5] static 메소드
– 자바 1.8 버전 이후 추가된 기능이며, 'static' 키워드를 사용한다.
– static 함수의 경우 반드시 로직을 구현해야 한다.
– 클래스에서 사용하는 static 함수의 호출 방법이 같다.
– '인터페이스명.함수명' 형태로 함수의 호출이 가능하다.
– static 함수는 재정의(Override)를 할 수 없다.

```
public interface ITest {
    /** static  함수 정의 */
    public static void method2(){
            System.out.println("ITest static 함수사용 - method2()");
    }
}
public class Main {
    public static void main(String[] args) {
            ITest.method2();
    }
}
```

• [6] private 메소드

– 자바 1.9 버전 이후 추가된 기능이며, 'private' 제한자를 사용한다.

– 'private' 함수의 경우 반드시 로직을 구현해야 한다.

– 외부에서는 『private』 함수를 호출할 수 없으며 인터페이스 내에서 사용하기 위해 정의한다.

▸ 'default' 메소드에서 'private' 함수 또는 'private static' 함수를 호출할 수 있다.

▸ 'static' 함수에서 'private static' 함수를 호출할 수 있다.

```
public interface ITest {
    /** static  함수 정의 */
    default void method1(){
            System.out.println("default method1() 함수실행 ");
            System.out.println("default method2() 함수 호출가능 ");
            method2();
            System.out.println("default method3() 함수 호출가능 ");
            method3();
            System.out.println("default method4() 함수 호출가능 ");
            method4();
    }
    /** private 함수 정의 */
    private void method2() {
            System.out.println("자바 1.9 버전 : private 메소드 실행");
    }
    /** static 함수 정의 */
    public static void method3(){
            System.out.println("static method3() 함수실행 ");
            System.out.println("private static method4() 함수 호출가능 ");
            method4();
    }
    /** private static 함수 정의 */
    private static void method4(){
            System.out.println("자바 1.9 버전 : private static 메소드 실행");
    }
}
```

정리

• 인터페이스 기능 목록 정의

– 인터페이스에서 추상 메소드를 이용하여 정의한다.

• 인터페이스 구현 클래스에서 공통 로직이 같은 함수가 필요할 경우

	– default 메소드 정의 (자바 1.8 버전 이후) • 인터페이스에 정적(static) 함수가 필요하다면? – 인터페이스에서 정적(static) 메소드를 정의 (자바 1.8 버전 이후) • 인터페이스 내부에서만 사용하기 위한 함수가 필요하다면? – 인터페이스에서 private 메소드를 정의 (자바 1.9 버전 이후)

9.2.08 인터페이스 업캐스팅(Up Casting), 다운캐스팅(Down Casting)

※ 프로그램 작성 시 자바 1.9 버전 이후 22.3.01 파트의 설명대로 모듈을 정의하자.

▷ 'module-info.java' 파일에 'requires java.desktop;' 모듈 추가

학습 목표	• 주요 이슈를 이해하고 로직 구현을 할 수 있다. – [1] 인터페이스와 구현 클래스 간 형 변환 – [2] 업캐스팅된 객체의 접근 가능 요소 – [3] 업캐스팅 사용 목적 – [4] 다운캐스팅 사용 목적
처리 방법	※ 설명을 위해 다음과 같이 인터페이스와 인터페이스 구현클래스를 정의하도록 하겠다. – 아래 예문의 클래스 계층 구조는 다음과 같다. ▸ IParent 〉 ParentImpl ▸ IParent 〉 IChild 〉 ChildImpl public interface IParent { } public interface IChild extends IParent { } public class ParentImpl implements IParent { } public class ChildImpl implements IChild { } • [1] 인터페이스와 구현 클래스 간의 형 변환 – 인터페이스도 하나의 타입이며 인터페이스 구현 클래스는 인터페이스 타입이다. – 상위 타입 형 변환(Up Casting) ▸ 상위 타입의 경우 자동으로 형 변환이 되며 형 변환 연산자를 생략할 수 있다. – 하위 타입 형 변환(Down Casting) ▸ 하위 객체로 다운캐스팅을 하는 경우 반드시 해당 타입의 특성을 가지고 있어야 하며 그렇지 않을 경우 에러를 발생시킨다. ▸ 하위 타입의 경우 형 변환 연산자를 반드시 사용해야 한다.

	– 형 변환된 객체는 동일 객체이므로 '==' 연산자로 비교시 'true'가 된다.
	▸ 아래 예문의 child11, child12, child13, child14, child15는 동일 객체이다.
	ChildImpl child11 = new ChildImpl();
	IChild chil12 = (IChild) child11; // 업캐스팅 형 변환 연산자 생략 가능
	ChildImpl child13 = (ChildImpl) child12;
	IParent child14 = (IParent) child13;
	ChildImpl child15 = (ChildImpl) child15;
	• [2] 업캐스팅 된 객체의 접근 가능 요소
	– 형 변환된 타입의 경우 해당 타입이 갖는 기능과 속성에만 접근이 가능하며 동일 객체를 갖기 때문에 형 변환 이전의 기능과 속성도 잠재적으로 가지고 있다.
	– 재정의(Override)된 함수의 경우 형 변환이 발생해도 재정의된 로직으로 처리된다.

사용 목적	• 업캐스팅 사용 목적 1 – 모듈 구성 시 세부 로직을 사용자가 정의하여 처리해야 하는 경우, '인터페이스'를 이용하여 인터페이스 타입으로 파라미터를 주로 정의한다. – 처리 절차 ▸ 인터페이스 정의 후 세부 기능 목록을 추상 메소드로 정의한다. · 변수값이 아닌 로직을 파라미터로 처리하기 위해서는 인터페이스가 필요하다. ▸ 모듈의 파라미터로 인터페이스 타입을 추가한다. · 모듈을 구성하는 시점에 구현 클래스를 알 수 없으며, 1개 이상 존재할 수 있기 때문에 이를 대표하는 인터페이스 타입으로 정의한다. ▸ 모듈 사용자는 인터페이스에 명시된 기능목록을 구현 후 해당 객체를 이용하여 모듈을 사용한다. • 업캐스팅 사용 목적 2 – 함수의 파라미터 타입의 경우 여러 타입을 하나의 타입으로 처리 가능 ▸ 전혀 관련이 없는 클래스도 같은 기능을 묶어 하나의 타입으로 만들 수 있다. • 업캐스팅 사용 목적 3 – 특정 기능 목록을 처리할 때는 표준화된 기능 목록에만 초점을 두기 때문에 업캐스팅을 하여 표준화된 타입을 사용한다. ▸ 반드시 업캐스팅을 해야 할 필요 조건은 아님 • 다운캐스팅 사용 목적 – 상위 타입으로 업캐스팅된 객체의 경우 하위 타입으로 다운캐스팅이 가능하며 하위 타입의 함수 및 속성과 같은 구성 요소에 접근하고자 할 때 형 변환을 한다.

1. 인터페이스와 구현 클래스 간 형 변환

학습 목표	• 인터페이스와 구현 클래스 간 형 변환을 할 수 있다.
학습 절차	**1. ch09.part02.main8.sub1.IParent 인터페이스 정의** **2. ch09.part02.main8.sub1.IChild 인터페이스 정의** **3. ch09.part02.main8.sub1.ParentImpl 클래스 정의** **4. ch09.part02.main8.sub1.ChildImpl 클래스 정의** **5. ch09.part02.main8.sub1.TestMain 클래스 정의** – 메인 클래스 정의 ▸ 객체 생성 및 업캐스팅, 다운캐스팅 ▸ 업캐스팅된 객체 다운캐스팅

사용 예문

1. ch09.part02.main8.sub1.IParent 인터페이스 정의

```
package ch09.part02.main8.sub1;
public interface IParent { }
```

2. ch09.part02.main8.sub1.IChild 인터페이스 정의

```
package ch09.part02.main8.sub1;
public interface IChild extends IParent { }
```

3. ch09.part02.main8.sub1.ParentImpl 클래스 정의

```
package ch09.part02.main8.sub1;
public class ParentImpl implements IParent { }
```

4. ch09.part02.main8.sub1.ChildImpl 클래스 정의

```
package ch09.part02.main8.sub1;
public class ChildImpl implements IChild { }
```

5. ch09.part02.main8.sub1.TestMain 클래스 정의

```
package ch09.part02.main8.sub1;

public class TestMain {
    public static void main(String[] args) {

        /** 객체생성 및 업캐스팅 */
        System.out.println("1. 객체생성 및 업캐스팅");
        ChildImpl child1 = new ChildImpl();
```

```
        IParent child2 = child1;
        IChild child3 = child1;
        System.out.println("₩tchild1==child2 = " + (child1==child2));
        System.out.println("₩tchild1==child3 = " + (child1==child3));
        System.out.println();

        /** 업캐스팅된 객체 다운캐스팅 */
        System.out.println("2. 업캐스팅된 객체 다운캐스팅");
        ChildImpl child4 = (ChildImpl) child2;
        ChildImpl child5 = (ChildImpl) child3;
        System.out.println("₩tchild1==child4 = " + (child1==child4));
        System.out.println("₩tchild1==child5 = " + (child1==child5));

        /** 다운캐스팅 오류 */
        System.out.println("3. 업캐스팅 오류");
        ParentImpl parent1 = new ParentImpl();
        IParent parent2 = parent1;
        System.out.println("₩tparent1==parent2 = " + (parent1==parent2));
        IChild parent3 = (IChild)parent1; // 오류발생
    }
}
```

정리

- 클래스와 인터페이스의 관계
  - Childmpl 클래스는 IChild 인터페이스를 구현한다.
  - IChild 인터페이스는 IParent 인터페이스를 상속받는다.
  - 계층 관계는 다음과 같다.
    - ▸ [상위] IParent 〉 IChild 〉 ChildImpl [하위]
- 업캐스팅(Up-Casting)
  - ChildImpl은 IChild 또는 IParent 타입으로 형 변환이 가능하다.
  - 업캐스팅된 객체는 참조되는 메모리 주소가 변경되지 않는다.
  - ChildImp의 모든 객체는 IChild 또는 IParent 타입이 명확하므로 형 변환 연산자의 생략이 가능하다.
- 다운캐스팅(Down-Casting)
  - IChild 또는 IParent 타입으로 업캐스팅된 ChildImpl 객체는 다시 ChildImpl 타입으로 형 변환 가능
  - 다운캐스팅된 객체는 참조되는 메모리 주소가 변경되지 않는다.
  - 다운캐스팅은 반드시 형 변환 연산자가 필요하다.
    - ▸ IChild / IParent 타입 클래스는 1개 이상 존재할 수 있으므로 형 변환이 불명확하기 때문이다.

2. 업캐스팅된 객체의 접근 가능 요소

<table>
<tr><td>학습 목표</td><td>• 업캐스팅된 객체의 접근 가능 요소를 이해할 수 있다.</td></tr>
<tr><td>학습 절차</td><td>1. ch09.part02.main8.sub2.IParent 인터페이스 정의
– 추상 메소드 정의 : method1()
– method2() default 메소드 정의
– method3() default 메소드 정의
2. ch09.part02.main8.sub2.ChildImpl 구현 클래스 정의
– IParent method1() 함수 재정의
– IParent method2() 함수 재정의
– method4() 함수 정의
3. ch09.part02.main8.sub2.TestMain 구현 클래스 정의
– ChildImpl 객체 생성 및 함수 사용
– 업캐스팅 및 상위 타입 함수 실행
– 업캐스팅 객체 다운캐스팅</td></tr>
<tr><td>사용 예문</td><td>1. ch09.part02.main8.sub2.IParent 인터페이스 정의</td></tr>
</table>

```
package ch09.part02.main8.sub2;

public interface IParent {

    /** 추상메소드 method1() 정의 */
    public void method1();

    /** method2() default 함수 정의 */
    public default void method2() {
        System.out.println("₩t IParent method2() default 함수호출");
    }

    /** method3() default 함수 정의 */
    public default void method3() {
        System.out.println("₩t IParent method3() default 함수호출");
    }
}
```

2. ch09.part02.main8.sub2.ChildImpl 구현클래스 정의

```
package ch09.part02.main8.sub2;

public class ChildImpl implements IParent {
```

```
	/** IParent method1() 함수 재정의 */
	@Override
	public void method1() {
		System.out.println("₩t ChildImpl method1() 함수 재정의");
	}

	/** IParent method2() 함수 재정의 */
	@Override
	public void method2() {
		System.out.println("₩t ChildImpl method2() 함수 재정의");
	}

	/** method4() 함수 정의 */
	public void method4() {
		System.out.println("₩t ChildImpl method4() 함수 정의");
	}
}
```

사용 예문

3. ch09.part02.main8.sub2.TestMain 구현클래스 정의

```
package ch09.part02.main8.sub2;

public class TestMain {
	public static void main(String[] args) {

		/** ChildImpl 객체생성 및 함수사용 */
		System.out.println("ChildImpl 객체생성 및 함수실행 ");
		ChildImpl t1 = new ChildImpl();
		t1.method1();
		t1.method2();
		t1.method3();
		t1.method4();

		/** 업캐스팅 및 상위타입 함수실행 */
		System.out.println("업캐스팅 - IParent 타입 함수실행 ");
		IParent t2 = t1;
		t2.method1();
		t2.method2();
		t2.method3();
		// t2.method4(); //【오류발생】접근불가하여 오류발생

		/** 업캐스팅 객체 다운캐스팅 */
		System.out.println("다운캐스팅 - ChildImpl 타입 함수실행 ");
```

```
            ChildImpl t3 = (ChildImpl) t2;
            t3.method1();
            t3.method2();
            t3.method3();
            t3.method4(); // 사용가능
    }
}
```

결과

```
ChildImpl 객체생성 및 함수실행
        ChildImpl method1() 함수 재정의
        ChildImpl method2() 함수 재정의
        IParent method3() default 함수호출
        ChildImpl method4() 함수 정의
업캐스팅 – IParent 타입 함수실행
        ChildImpl method1() 함수 재정의
        ChildImpl method2() 함수 재정의
        IParent method3() default 함수호출
다운캐스팅 – ChildImpl 타입 함수실행
        ChildImpl method1() 함수 재정의
        ChildImpl method2() 함수 재정의
        IParent method3() default 함수호출
        ChildImpl method4() 함수 정의
```

정리

- IParent 타입으로 업캐스팅된 객체의 접근 관계
  - IParent에서 정의된 함수 타입만 사용이 가능하다.
    - ▸ 추상메소드 및 default 메소드
  - 오버라이드(Override) 기능
    - ▸ 재정의된 함수는 업캐스팅이 되어도 재정의된 로직이 실행된다.
  - ChildImpl에서 정의된 method4() 함수는 업캐스팅의 경우 해당 함수를 사용할 수 없지만 다시 ChildImpl 클래스로 다운캐스팅을 할 경우 사용이 가능하다.

ChildImpl 타입	IParent 업캐스팅	업캐스팅 후 사용 가능 여부
method1() – 재정의	method1()	사용 가능(재정의)
method2() – 재정의	method2()	사용 가능(재정의)
method3()	method3()	사용 가능(default 사용)
method4() – 자체 정의	×	사용 불가능

정리	• IParent 타입에서 ChildImpl 타입으로 다운캐스팅된 객체의 접근 관계 – ChildImpl의 객체가 업캐스팅된 경우에만 ChildImpl 타입으로 다운캐스팅이 가능하다. – 참조되는 메모리의 주소는 같기 때문에 ChildImpl 타입으로 다운캐스팅이 될 경우 정의된 모든 함수를 사용할 수 있게 된다.

IParent 타입	ChildImpl 다운캐스팅	다운캐스팅 후 사용 가능 여부
method1()	method1() – 재정의	▷ 사용 가능(재정의)
method2()	method2() – 재정의	▷ 사용 가능(재정의)
method3()	method3()	▷ 사용 가능(default 사용)
×	method4() – 자체 정의	▷ 사용 가능

3. 업캐스팅 활용 예제 – [1]

학습 목적	• 인터페이스 타입으로 업캐스팅하여 사용하는 목적을 이해할 수 있다. – 정의 시점과 사용 시점이 다르기 때문에 상위 타입으로 우선 정의한다.
처리 방법	• 인터페이스를 이용한 모듈의 정의 절차 – [1] 인터페이스 정의 ▸ 기능 목록 정의 – [2] 파라미터로 해당 인터페이스 타입을 갖는 함수 정의 ▸ 이 시점에서 구현 클래스의 타입을 알 수 없다. • 인터페이스를 이용한 모듈의 사용 절차 – [1] 해당 모듈을 사용하기 위해 인터페이스 구현클래스 정의 ▸ 구현 클래스는 모듈을 사용하는 시점에서 알 수 있다. – [2] 파라미터로 해당 인터페이스 타입을 갖는 함수 사용 ▸ 인터페이스 타입은 구현 클래스의 상위 타입이므로 해당 함수를 사용할 수 있다.
학습 절차	※ JOptionPane 클래스는 가볍게 이해하고 넘어가도록 하자. **1. ch09.part02.main8.sub3.IConfirm 인터페이스 정의** – '예'를 선택 시 처리하기 위한 추상 메소드 정의 – '아니오'를 선택 시 처리하기 위한 추상 메소드 정의 **2. ch09.part02.main8.sub3.ConfirmUtil 클래스 정의** – confirmWindow() 함수 정의

학습 절차

- ▸ 사용자가 기능 정의를 할 수 있도록 IConfirm 인터페이스를 파라미터로 지정
- ▸ 확인창 : 0 ('예' 선택), 1 ('아니오' 선택), 2('취소' 선택)
- ▸ '예' 선택 시 업무 처리 – 사용자가 정의한 yesWork() 함수 실행
- ▸ '아니오' 선택 시 업무 처리 – 사용자가 정의한 noWork() 함수 실행
- ▸ '취소' 선택 시 업무 처리

3. ch09.part02.main8.sub3.TestMain 클래스 정의

– 메인 함수 정의
- ▸ '예/아니오' 팝업창 띄우기
- ▸ '예' 처리를 위한 로직 구현 (생략)
- ▸ '아니오' 처리를 위한 로직 구현 (생략)

사용 예문

1. ch09.part02.main8.sub3.IConfirm 인터페이스 정의
– 바로 다음 정의할 ConfirmUtil 클래스의 모듈 사용 시 파라미터의 기능을 구현하기 위한 인터페이스 설계

```
package ch09.part02.main8.sub3;

/** 모듈 사용 시 기능목록을 사용자가 정의할 수 있도록 인터페이스 설계 */
public interface IConfirm {
    /** '예'를 선택 시 처리하기위한 추상메소드 정의 */
    public String yesWork();

    /** '아니오'를 선택 시 처리하기위한 추상메소드 정의 */
    public String noWork();
}
```

ch09.part02.main8.sub3.ConfirmUtil 클래스 정의

```
package ch09.part02.main8.sub3;

import java.awt.Component;
import javax.swing.JFrame;
import javax.swing.JOptionPane;

public class ConfirmUtil {
    /** 사용자가 기능정의를 할 수 있도록 ICofnirm 인터페이스를 파라미터로 지정 */
    public static void confirmWindow(IConfirm confirm) {

        /** 확인창 : 0('예' 선택), 1('아니오' 선택), 2('취소' 선택) */
        String msg = "자료를 저장하겠습니까?";
```

```java
		int showConfirmDialog = JOptionPane.showConfirmDialog(null, msg);

		/** '예' 선택 시 업무처리 – 사용자가 정의한 yesWork() 함수실행 */
		if (showConfirmDialog == 0) {
			String yesWork = confirm.yesWork();
			JOptionPane.showMessageDialog(null, yesWork);
		}
		/** '아니오' 선택 시 업무처리 – 사용자가 정의한 noWork() 함수실행 */
		else if (showConfirmDialog == 1) {
			String msg = confirm.noWork();
			JOptionPane.showMessageDialog(null, msg);
		}
		/** '취소' 선택 시 업무처리 */
		else {
			JOptionPane.showMessageDialog(null, "취소하였습니다.");
		}
	}
}
```

사용 예문

3. ch09.part02.main8.sub3.TestMain 클래스 정의

```java
package ch09.part02.main8.sub3;

public class TestMain {
	public static void main(String[] args) {

		/** 예/아니오 팝업창 띄우기 */
		ConfirmUtil.confirmWindow(new IConfirm() {
			@Override
			public String yesWork() {
				/** '예' 처리를 위한 로직구현 (생략) */
				return "'예'를 선택하였습니다.";
			}

			@Override
			public String noWork() {
				/** '아니오' 처리를 위한 로직구현 (생략) */
				return "'아니오'를 선택하였습니다.";
			}
		});
	}
}
```

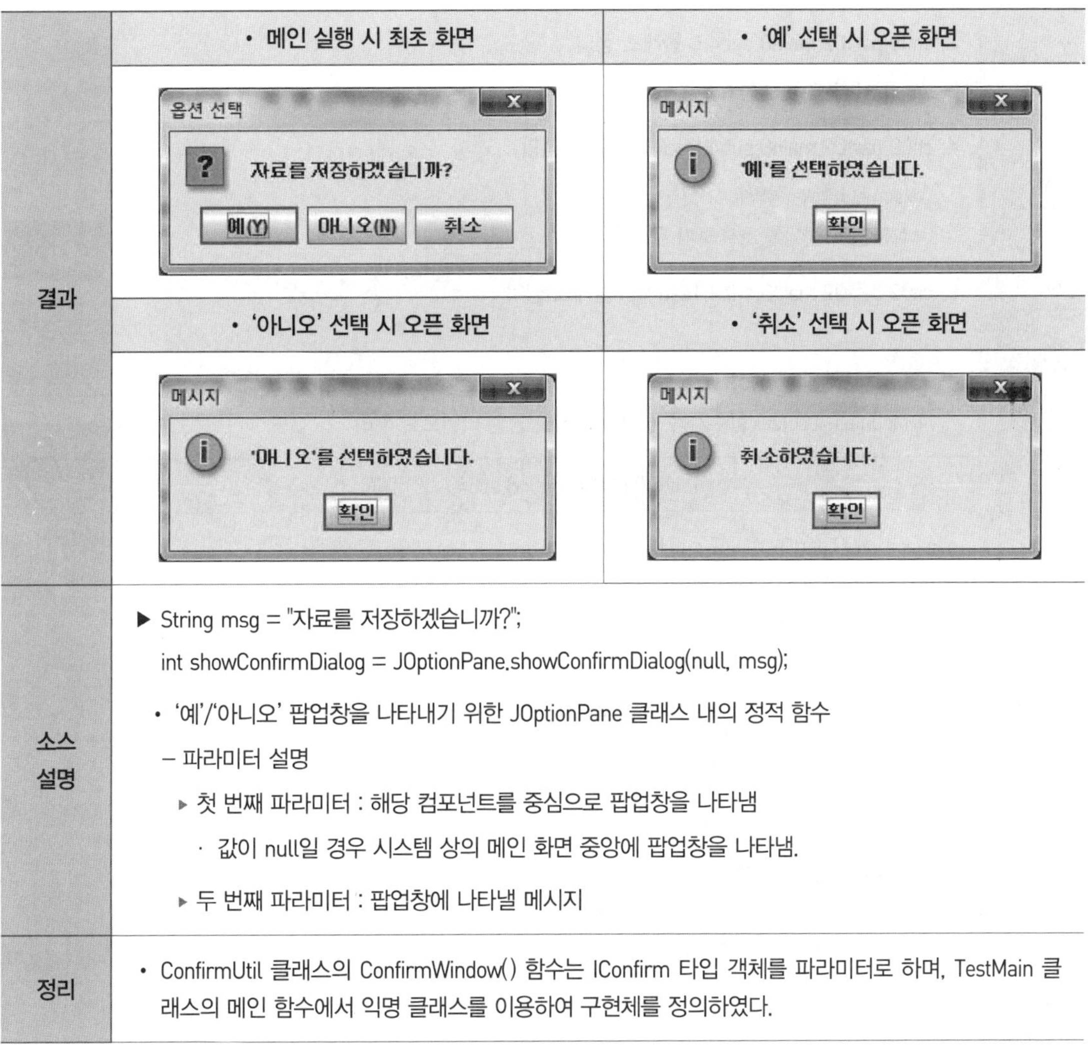

구분	내용	
결과	• 메인 실행 시 최초 화면	• '예' 선택 시 오픈 화면
	옵션 선택 자료를 저장하겠습니까? 예(Y) 아니오(N) 취소	메시지 '예'를 선택하였습니다. 확인
	• '아니오' 선택 시 오픈 화면	• '취소' 선택 시 오픈 화면
	메시지 '아니오'를 선택하였습니다. 확인	메시지 취소하였습니다. 확인
소스 설명	▶ String msg = "자료를 저장하겠습니까?"; int showConfirmDialog = JOptionPane.showConfirmDialog(null, msg); • '예'/'아니오' 팝업창을 나타내기 위한 JOptionPane 클래스 내의 정적 함수 – 파라미터 설명 ▸ 첫 번째 파라미터 : 해당 컴포넌트를 중심으로 팝업창을 나타냄 · 값이 null일 경우 시스템 상의 메인 화면 중앙에 팝업창을 나타냄. ▸ 두 번째 파라미터 : 팝업창에 나타낼 메시지	
정리	• ConfirmUtil 클래스의 ConfirmWindow() 함수는 IConfirm 타입 객체를 파라미터로 하며, TestMain 클래스의 메인 함수에서 익명 클래스를 이용하여 구현체를 정의하였다.	

4. 업캐스팅 활용 예제 – [2]

구분	내용
학습 목표	• 인터페이스 타입으로 업캐스팅하여 사용하는 목적을 이해할 수 있다. – 여러 타입을 하나의 상위 타입으로 처리가 가능하다. – 전혀 관련이 없는 클래스도 같은 기능을 묶어 하나의 타입으로 만들 수 있다.
학습 절차	**1. ch09.part02.main8.sub4.A 인터페이스 정의** – method1() 추상 메소드 정의 **2. ch09.part02.main8.sub4.B 클래스 정의** – method1() 함수 재정의

3. ch09.part02.main8.sub4.C 클래스 정의

- method1() 함수 재정의

4. ch09.part02.main8.sub4.Module 클래스 정의

- execute() 함수 정의
  - A 타입의 객체를 호출하기 위한 함수

5. ch09.part02.main8.sub4.TestMain 클래스 정의

- 메인 함수 정의
  - B, C 타입 객체 생성
  - Module.execute() 함수사용 – 여러 타입을 동일 타입으로 처리

사용 예문

1. ch09.part02.main8.sub4.A 인터페이스 정의

```
package ch09.part02.main8.sub4;
public interface A {
    public void method1();
}
```

2. ch09.part02.main8.sub4.B 클래스 정의

```
package ch09.part02.main8.sub4;

public class B implements A {
    @Override
    public void method1() {
        System.out.println("B 클래스 method1() 실행");
    }
}
```

3. ch09.part02.main8.sub4.C 클래스 정의

```
package ch09.part02.main8.sub4;

public class C implements A {
    @Override
    public void method1() {
        System.out.println("C 클래스 method1() 실행");
    }
}
```

4. ch09.part02.main8.sub4.Module 클래스 정의

```
package ch09.part02.main8.sub4;

public class Module {
```

```
    public static void execute(A a) {
        a.method1();
    }
}
```

	5. ch09.part02.main8.sub4.TestMain 클래스 정의

```
package ch09.part02.main8.sub4;
public class TestMain {
    public static void main(String[] args) {

        /** B, C 타입 객체생성 */
        B b = new B();
        C c = new C();

        /** Module.execute() 함수사용 – 여러 타입을 동일타입으로 처리 */
        Module.execute(b);
        Module.execute(c);
    }
}
```

결과	B 클래스 method1() 실행 C 클래스 method1() 실행
정리	• Module 클래스의 execute() 함수는 A 타입의 파라미터를 갖는다. – 함수의 파라미터로 A 타입을 구현한 클래스의 경우 모두 사용이 가능하다. ▸ 이와 같이 여러 하위 타입은 하나의 상위 타입으로 구현이 가능하다.

5. 업캐스팅 활용 예제 – [3]

학습 목표	• 인터페이스 타입으로 업캐스팅하여 사용하는 목적을 이해할 수 있다. – 인터페이스는 표준화된 기능 목록을 갖는다. – 특정 기능 목록을 처리할 때는 표준화된 기능 목록에만 초점을 두면 된다. ▸ 구현된 클래스에서 정의된 함수보다 표준화된 함수에 관심을 갖는다.

사용 예문

```
package ch09.part02.main8.sub5;

import java.util.List;
import java.util.ArrayList;

public class TestMain {
```

사용 예문

```
    public static void main(String[] args) {

        /** List 타입 객체생성 */
        List<String> list = new ArrayList<String>();
        list.add("data1"); /** 자료저장 */
        list.add("data2"); /** 자료저장 */
        list.add("data3"); /** 자료저장 */
        list.add("data4"); /** 자료저장 */

        /** 리스트에 담긴 자료를 향상된 for문을 통하여 조회 */
        for (String s : list) {
            System.out.println("데이터 ::: " + s);
        }
    }
}
```

결과

```
데이터 ::: data1
데이터 ::: data2
데이터 ::: data3
데이터 ::: data4
```

예문 설명

▶ List<String> list = new ArrayList<String>();

- 배열 이후 자료를 담기 위한 자료 구조 중 하나이며, 12장 자료 구조 파트에서 자세히 다룰 예정이다.
- List는 자료를 순서대로 담기 위한 표준화된 기능 목록을 가진 인터페이스이다.
- List<String>은 자료를 담을 때 String의 요소만 담기 위해 제네릭 타입을 이용하였다.
- 'ArrayList<String> list = new ArrayList<String>();' 형태로 표현이 가능하다.
  - 관습적으로는 인터페이스를 더 사용하는 편인데 이유는 ArrayList에 정의된 함수보다는 List의 기능 목록이 중요하기 때문이다.

▶ list.add("data1");

- 자료 구조에 순차적으로 'data1'의 값을 저장하기 위한 함수

정리

- 구현된 클래스에서 정의된 함수보다 표준화된 함수에 관심을 갖는다.
  - 위의 예문에서, 사실상 ArrayList의 구현 함수보다 List가 가지는 함수에 관심을 갖는다.

6. 다운캐스팅 활용 예제

학습 목표

- 다운캐스팅의 사용 목적을 이해할 수 있다.

학습 절차	**1. ch09.part02.main8.sub6.A 인터페이스 정의** – method1() 추상 메소드 정의 **2. ch09.part02.main8.sub6.B 클래스 정의** – method1() 추상 메소드 재정의 – method2() 추상 메소드 정의 **3. ch09.part02.main8.sub6.Module 클래스 정의** – execute() 모듈화를 위한 함수 정의 ▸ 모듈 처리를 위한 로직 처리 ▸ a객체가 B 타입의 경우 추가적인 예외 처리를 위한 로직 처리 · B 타입으로 다운캐스팅 → method2() 함수 사용 **4. ch09.part02.main8.sub6.TestMain 클래스 정의** – 메인 함수 정의 ▸ B 타입 객체 생성 ▷ 모듈 함수 사용

사용 예문

1. ch09.part02.main8.sub6.A 인터페이스 정의

```
package ch09.part02.main8.sub6;

public interface A {
    /** method1() 추상메소드 정의 */
    public void method1();
}
```

2. ch09.part02.main8.sub6.B 클래스 정의
– A 인터페이스 구현클래스

```
package ch09.part02.main8.sub6;

public class B implements A {

    /** method1() 추상메소드 재정의 */
    @Override
    public void method1() {
        System.out.println("B 클래스 method1() 실행");
    }

    /** method2() 메소드 정의 */
    public void method2() {
        System.out.println("B 클래스 method2() 실행");
```

사용 예문

```
    }
}
```

3. ch09.part02.main8.sub6.Module 클래스 정의

```
package ch09.part02.main8.sub6;

public class Module {

    /** execute() 모듈화를 위한 함수 정의 */
    public static void execute(A a) {

        /** 모듈처리를 위한 로직처리 */
        System.out.println("execute() 모듈 처리");

        /** a객체가 B 타입의 경우 추가적인 예외 처리를 위한 로직 처리 */
        if (a instanceof B) {
            /** B 타입으로 다운캐스팅 → method2() 함수사용 */
            B b = (B) a;
            b.method2();
        }
    }
}
```

4. ch09.part02.main8.sub6.TestMain 클래스 정의

```
package ch09.part02.main8.sub6;

public class TestMain {
    public static void main(String[] args) {
        /** B 타입 객체생성 → 모듈함수 사용 */
        A a = new B();
        Module.execute(a);
    }
}
```

결과

```
execute() 모듈 처리
B 클래스 method2() 실행
```

정리

- 다운캐스팅의 사용 목적
  - 상위 타입으로 형 변환된 객체의 경우 하위 타입의 함수 또는 변수의 구성 요소를 사용하고자 할 때 사용한다.
  - 다운캐스팅하는 경우 해당 타입의 객체인지 여부를 'instanceof' 연산자를 이용하여 확인할 수 있다.

9.2.09 인터페이스 구현과 인터페이스 구현 클래스의 상속

- 타입 정의 시 '인터페이스를 구현하는' 경우와 '인터페이스를 구현한 클래스를 상속받아 사용하는' 경우가 있다. 이 두 가지 경우의 클래스를 이용하여 '상속과 인터페이스의 차이점'을 파악해 보자.

	List 인터페이스 구현	ArrayList 구현 클래스 상속

사용 예문	public class MyList implements List {
	/** List의 모든 추상메소드 구현 */
	}
		public class MyList extends ArrayList {
		/** ArrayList 일부함수 재정의 */
		}

차이점	• 인터페이스의 모든 기능 목록을 재정의하여 사용해야 한다. • 클래스마다 기능 목록의 처리 로직이 다른 경우 인터페이스를 사용한다.	• 기본 기능을 제공받으며 필요하면 재정의하여 사용할 수 있다. • 기본 기능하에 일부 함수만 수정하고자 할 때 일반적으로 클래스를 사용한다.
공통점	• 두 클래스 모두 List 타입이 상위 타입이 된다.	
정리	• 타입 정의 시 기능 목록만 필요하다면 – 인터페이스를 사용하면 된다. • 타입 정의 시 기능 목록과 기본 공통 로직을 제공한다면 – 상속을 사용하면 된다. • 타입 정의 시 기능 목록의 일부만 기본 공통 로직을 제공하고자 한다면 – 인터페이스의 추상 메소드와 default 함수를 사용하면 된다. – 곧이어 배울 '추상클래스'를 사용하면 된다.	

9.2.10 인터페이스 활용 예제 – 모듈 구성하기

1. 자료 정렬 기본 [1]

학습 목표	• 다음 정렬에 관한 기본 로직을 이용하여 다음 로직을 이해할 수 있다. – Integer 타입의 자료를 관리하기 위한 ArrayList 객체 생성 및 자료 관리 – 버블 정렬을 이용한 자료 정렬 로직 – 이번 과정에서는 인터페이스의 활용보다 자료를 정렬하는 로직을 이해하는 데에 초점을 맞추자.
처리 방법	• ArrayList 타입 객체 자료 관리 예습 – 12장에서 학습할 계획이며 우선 간단히 ArrayList에 자료를 추가/수정하기 위한 로직을 살펴본다.

처리 방법	– ArrayList에는 Integer 타입의 자료를 담기 위한 객체 생성 및 자료 CRUD를 처리할 계획이다.
	/** 객체생성 */
	List<Integer> list = new ArrayList<Integer>();
	/** 자료등록 – 오른쪽부터 인덱스가 0, 1, 2, ... 로 증가한다. */
	list.add(1); list.add(3); list.add(0); list.add(2); list.add(4);
	/** 자료수정 – 인덱스 2의 자료 값을 0에서 5로 저장 */
	list.set(2, 5);
	/** 자료조회 */
	String toString = list.toString();
	System.out.println(toString);
	
	• 버블 정렬(Bubble Sort)
	– 버블 정렬이란 두 수를 비교하여 큰 수를 뒤로 보내어 변경이 일어나지 않을 때까지 반복 작업을 하는 정렬을 말하며 비교적 시간이 든다.
	– 처리 방법은 [사용 예문]을 참조하도록 한다.

학습 절차	**ch09.part02.main10.sub1.SortUtil 클래스 정의** – 정수값 정렬을 위한 sort() 함수 정의 ▸ 정렬을 위해서는 최소한 값이 2개 이상 존재해야 한다. · 순차적으로 list에 임의 자료와 그 다음 인덱스의 자료를 조회 · 두 값을 비교하기 위한 로직 구성 〉 result : 1(앞의 값이 크다), 0(두 값이 같다), –1(앞의 값이 작다) · 앞의 값이 클 경우만 자리 이동 · 자리바꿈이 일어나지 않을 경우 루프를 벗어난다.(버블 정렬) – 메인 함수 정의 ▸ list 객체 생성 및 add() 함수를 이용하여 자료 등록 ▸ 전체 list 자료 조회 및 콘솔 화면 출력 – 정렬 전 ▸ 자료 정렬 함수 사용 ▸ 전체 list 자료 조회 및 콘솔 화면 출력 – 정렬 후
사용 예문	package ch09.part02.main10.sub1; import java.util.ArrayList; import java.util.List; public class SortUtil { /** 정수 값 정렬을 위한 함수 정의 */

사용 예문

```
/** 정수 값 정렬을 위한 함수 정의 */
public static void sort(List<Integer> list){
        /** 정렬을 위해서는 최소한 값이 2개 이상 존재해야 한다. */
        if(list==null || list.size()<=1 ) return ;
        boolean isChanged = false;
        while(true){
                isChanged = false;
                for(int i = 0; i < list.size()-1; i++){
                    /** 순차적으로 list에 임의 자료와 그 다음 인덱스의 자료를 조회 */
                    Integer i1 = list.get(i);
                    Integer i2 = list.get(i+1);

                    /** 두 값을 비교하기위한 로직구성 - result  */
                    /** result : 1(앞의 값이 크다), 0(두 값이 같다), -1(앞의 값이 작다) */
                    int result = 0;
                    if( i1 > i2 ) result = 1;
                    else if(i1==i2) result = 0;
                    else if(i1 < i2) result = -1;

                    /** 앞의 값이 클 경우만 자리이동 */
                    if(result == 1){
                            list.set(i, i2);
                            list.set(i+1, i1);
                            isChanged = true;
                    }
                }
                /** 자리바꿈이 일어나지 않을 경우 루프를 벗어난다. */
                if(isChanged==false) break;
        }
}

public static void main(String[] args) {
        /** list 객체생성 및 add() 함수를 이용하여 자료등록 */
        List<Integer> list = new ArrayList<Integer>();
        list.add(0);
        list.add(4);
        list.add(3);
        list.add(1);
        list.add(2);
        list.add(5);
        /** 전체 list 자료조회 및 콘솔화면 출력 - 정렬 전 */
        System.out.println("처리 전 = " + list);

        /** 자료정렬 함수사용 */
        sort(list);
```

	/** 전체 list 자료조회 및 콘솔화면 출력 – 정렬 전 */ System.out.println("처리 후 = " + list) ; } }
결과	처리 전 = [0, 4, 3, 1, 2, 5] 처리 후 = [0, 1, 2, 3, 4, 5]
정리	• 분석 결과 – List 타입의 자료를 인덱스의 증가와 함께 값을 비교하면서 자리 바꿈을 하고, 자리 바꿈이 없을 때까지 무한 루프에서 반복한다. – 다음 과정에서는 Integer 타입이 아닌, 사용자 정의 타입으로 비교하는 로직을 구현하고자 한다.

2. 자료 정렬 기본 [2]

학습 목표	• 다음 정렬에 관한 기본 로직을 이용하여 다음 로직을 이해할 수 있다. – ProductVo 타입의 자료를 관리하기 위한 ArrayList 객체 생성 및 자료 관리 – 버블 정렬을 이용한 자료 정렬 로직 ▸ 정렬 기준은 ProductVo내의 제품명을 기준하여 오름차순으로 정렬하고자 함. • 앞서 다룬 자료 정렬 기본 [1]과 동일한 로직 처리 방식으로 구현하도록 하자. – 이번 과정 또한 인터페이스의 활용보다는 사용자 정의 타입의 객체를 정렬하는 로직에 초점을 두고 학습하도록 한다.
학습 절차	**1. ch09.part02.main10.sub2.ProductVo 클래스 정의** – productNo, productName, price 전역변수 정의 – 생성자 함수 정의 – getter setter 함수 정의 – toString() 함수 정의 **2. ch09.part02.main10.sub2.SortUtil 클래스 정의** – ProductVo 객체값 정렬을 위한 sort() 함수 정의 ▸ 정렬을 위해서는 최소한 값이 2개 이상 존재해야 한다. · 순차적으로 list에 임의 자료와 그 다음 인덱스의 자료를 조회 · 두 값을 비교하기 위한 로직 구성 〉 result : 1(앞의 값이 크다), 0(두 값이 같다), –1(앞의 값이 작다) · 앞의 값이 클 경우만 자리 이동 · 자리바꿈이 일어나지 않을 경우 루프를 벗어난다. (버블 정렬)

– 메인 함수 정의
- list 객체 생성 및 add() 함수를 이용하여 자료 등록
- 전체 list 자료 조회 및 콘솔 화면 출력 – 정렬 전
- 자료 정렬 함수 사용
- 전체 list 자료 조회 및 콘솔 화면 출력 – 정렬 후

사용 예문

1. ch09.part02.main10.sub2.ProductVo 클래스 정의

```
package ch09.part02.main10.sub2;

public class ProductVo {

    /** productNo, productName, price 전역변수 정의 */
    private String productNo;
    private String productName;
    private int price;

    /** 생성자함수 정의 */
    public ProductVo(String productNo, String productName, int price) {
            this.productNo = productNo;
            this.productName = productName;
            this.price = price;
    }

    /** getter setter 함수 정의 */
    public String getProductNo() { return productNo; }

    public void setProductNo(String productNo) { this.productNo = productNo; }
    public String getProductName() { return productName; }
    public void setProductName(String productName) { this.productName = productName; }
    public int getPrice() { return price; }
    public void setPrice(int price) { this.price = price; }

    /** toString() 함수 정의  */
    @Override
    public String toString() {
            return productNo + ":" + productName + ":" + price;
    }
}
```

2. ch09.part02.main10.sub2.SortUtil 클래스 정의

```
package ch09.part02.main10.sub2;

import java.util.ArrayList;
```

사용 예문

```
import java.util.List;

public class SortUtil {

    /** ProductVo 객체 값 정렬을 위한 함수 정의 */
    public static void sort(List<ProductVo> list){

        /** 정렬을 위해서는 최소한 값이 2개 이상 존재해야 한다. */
        if(list==null || list.size()<=1 ) return ;
        boolean isChanged = false;
        while(true){
            isChanged = false;
            for(int i = 0; i < list.size()-1; i++){

                /** 순차적으로 list에 임의 자료와 그 다음 인덱스의 자료를 조회 */
                ProductVo p1 = list.get(i);
                ProductVo p2 = list.get(i+1);

                /** 두 값을 비교하기위한 로직구성 - result  */
                /** result : 1(앞의 값이 크다), 0(두 값이 같다), -1(앞의 값이 작다) */
                int result = 0;
                if(p1==null && p2!=null){ result = 1; }
                else if(p1!=null && p2==null){ result = -1; }
                else if(p1==null && p2==null){ result = 0; }
                else {
                        String productName1 = p1.getProductName();
                        String productName2 = p2.getProductName();
                        result = productName1.compareTo(productName2);
                }

                /** 앞의 값이 클 경우만 자리이동 */
                if(result > 0){
                        list.set(i, p2);
                        list.set(i+1, p1);
                        isChanged = true;
                }
            }
            /** 자리바꿈이 일어나지 않을 경우 루프를 벗어난다. */
            if(isChanged==false) break;
        }
    }

    public static void main(String[] args) {

        /** list 객체생성 및 add() 함수를 이용하여 자료등록 */
```

	List<ProductVo> list = new ArrayList<ProductVo>(); /** list 객체에 자료등록 */ list.add(new ProductVo("a001", "아메리카노", 4000)); list.add(new ProductVo("a002", "까페라떼", 4300)); list.add(new ProductVo("a003", "까페모카", 4500)); /** 전체 list 자료조회 및 콘솔화면 출력 – 정렬 전 */ System.out.println("정렬 전 = "+list); /** 자료정렬 함수사용 */ SortUtil.sort(list); /** 전체 list 자료조회 및 콘솔화면 출력 – 정렬 전 */ System.out.println("정렬 후 = "+list); } }
결과	정렬 전 = [a001:아메리카노:4000, a002:까페라떼:4300, a003:까페모카:4500] 정렬 후 = [a002:까페라떼:4300, a003:까페모카:4500, a001:아메리카노:4000]
소스 설명	▶ 문자열 비교 함수 : compareTo() • 문자열 String 클래스가 제공하는 함수 • 오름차순 기준으로 값이 클 경우 양수, 값이 같을 경우 0, 작을 경우 음수를 반환한다. ex1) "1".compareTo("2") : 음수 값 반환 ex2) "2".compareTo("1") : 양수 값 반환
정리	• 정렬 기준 – ch09.part02.main10.sub1.SortUtil과 ch09.part02.main10.sub2.SortUtil 비교 ▸ 비교하고자 하는 타입이 다르며, 비교하고자 하는 로직 외에는 전체적인 처리 로직이 같다.

3. 모듈 구성하기

학습 목표	• 앞서 다룬 자료 정렬 기본 [1], [2]의 SortUtil 클래스를 통합하는 클래스를 구성하도록 한다. – Integer 타입과 ProductVo 타입을 동적으로 처리하기 위해 제네릭스를 이용 – 비교 로직을 처리하기 위해 인터페이스를 이용하여 별도의 처리 로직을 구성할 수 있도록 한다. • 이번 학습부터 인터페이스를 이용하여 모듈화하는 과정을 나타내고자 한다. – sort(List<Integer> list)와 sort(List<ProductVo> list)를 하나로 통합하기 위해 제네릭스 구성을 이해할 수 있다. – Integer 값의 비교와 ProductVo 값의 비교 방법이 다르기 때문에 사용자에 맞게 구성할 수 있도록 Comparator 인터페이스를 정의하여 사용하도록 한다.

학습 절차	**1. ch09.part02.main10.sub3.SortUtil 클래스 정의** – 정렬을 위한 sort() 함수 정의 ▸ 정렬을 위해서는 최소한 값이 2개 이상 존재해야 한다. · 순차적으로 list에 임의 자료와 그 다음 인덱스의 자료를 조회 · 두 값을 비교하기 위한 로직 구성 〉 result : 1(앞의 값이 크다), 0(두 값이 같다), –1(앞의 값이 작다) · 앞의 값이 클 경우만 자리 이동 · 자리바꿈이 일어나지 않을 경우 루프를 벗어난다. (버블정렬) – 자료 정렬 로직 처리를 위한 인터페이스 정의 ▸ 자료 정렬 로직 처리를 위한 compare() 추상 메소드 정의 **2. ch09.part02.main10.sub3.TestMain 클래스 정의** – 메인 함수 정의 ▸ list 객체 생성 및 add() 함수를 이용하여 자료 등록 ▸ 전체 list 자료 조회 및 콘솔 화면 출력 – 정렬 전 ▸ 자료 정렬 함수 사용 ▸ 전체 list 자료 조회 및 콘솔 화면 출력 – 정렬 후 ※ 2번 과정에서 사용된 ProductVo 클래스는 바로 앞에서 정의한 ch09.part02.main10.sub2.ProductVo 클래스를 사용하도록 한다.

사용 예문

1. ch09.part02.main10.sub3.SortUtil 클래스 정의

```
package ch09.part02.main10.sub3;

import java.util.ArrayList;

public class SortUtil {

    /** 객체 값 정렬을 위한 함수 정의 */
    public static <T> void sort(List<T> list, Comparator<T> comparator){

        /** 정렬을 위해서는 최소한 값이 2개 이상 존재해야 한다. */
        if(list==null || list.size()<=1 ) return ;
        boolean isChanged = false;
        while(true){
            isChanged = false;
            for(int i = 0; i < list.size()-1; i++){

                /** 순차적으로 list에 임의 자료와 그 다음 인덱스의 자료를 조회 */
                T p1 = list.get(i);
                T p2 = list.get(i+1);
```

```
                /** 두 값을 비교하기위한 로직구성 - result  */
                /** result : 1(앞의 값이 크다), 0(두 값이 같다), -1(앞의 값이 작다) */
                int result = comparator.compare(p1, p2);

                /** 앞의 값이 클 경우만 자리이동 */
                if(result > 0){
                        list.set(i, p2);
                        list.set(i+1, p1);
                        isChanged = true;
                }
            }
            /** 자리바꿈이 일어나지 않을 경우 루프를 벗어난다. */
            if(isChanged==false) break;
        }
    }

    /** 자료정렬 로직처리를 위한 인터페이스 정의 */
    public interface Comparator<T> {
        /** 자료정렬 로직처리를 위한 compare() 추상메소드 정의 */
        public int compare(T t1, T t2);
    }
}
```

사용 예문

2. ch09.part02.main10.sub3.TestMain 클래스 정의

```
package ch09.part02.main10.sub3;

import java.util.ArrayList;
import java.util.List;
import ch09.part02.main10.sub2.ProductVo;
import ch09.part02.main10.sub3.SortUtil.Comparator;

public class TestMain {
    public static void main(String[] args) {

        /** 【1】 List 객체생성 및 자료등록 */
        List<Integer> list1 = new ArrayList<Integer>();
        list1.add(0);
        list1.add(4);
        list1.add(3);
        list1.add(1);
        list1.add(2);
        list1.add(5);

        /** 전체 list 자료조회 및 콘솔화면 출력 - 정렬 전 */
        System.out.println("처리 전 = " + list1);
```

사용 예문

```
        /** 자료정렬 함수사용 - Integer 타입 객체의 정렬을 직접 정의*/
        SortUtil.sort(list1, new Comparator<Integer>() {
            @Override
            public int compare(Integer t1, Integer t2) {
                int result = 0;
                if (t1 > t2){result = 1; }
                else if (t1 == t2) { result = 0; }
                else if (t1 < t2) { result = -1; }
                return result;
            }
        });
        /** 전체 list 자료조회 및 콘솔화면 출력 - 정렬 전 */
        System.out.println("처리 후 = " + list1);

        /** list 객체생성 및 add() 함수를 이용하여 자료등록 */
        List<ProductVo> list2 = new ArrayList<ProductVo>();

        /** 【2】 list 객체에 자료등록 */
        list2.add(new ProductVo("a001", "아메리카노", 4000));
        list2.add(new ProductVo("a002", "까페라떼", 4300));
        list2.add(new ProductVo("a003", "까페모카", 4500));

        /** 전체 list 자료조회 및 콘솔화면 출력 - 정렬 전 */
        System.out.println("정렬 전 = " + list2);
        /** 자료정렬 함수사용 - ProductVo 타입 객체의 정렬을 직접 정의 */
        SortUtil.sort(list2, new Comparator<ProductVo>() {
            @Override
            public int compare(ProductVo t1, ProductVo t2) {
                int result = 0;
                if (t1 == null && t2 != null) { result = 1; }
                else if (t1 != null && t2 == null) { result = -1; }
                else if (t1 == null && t2 == null) { result = 0; }
                else {
                        String productName1 = t1.getProductName();
                        String productName2 = t2.getProductName();
                        result = productName1.compareTo(productName2);
                }
                return result;
            }
        });
        /** 전체 list 자료조회 및 콘솔화면 출력 - 정렬 전 */
        System.out.println("정렬 후 = " + list2);
    }
}
```

결과	처리 전 = [0, 4, 3, 1, 2, 5] 처리 후 = [0, 1, 2, 3, 4, 5] 정렬 전 = [a001:아메리카노:4000, a002:까페라떼:4300, a003:까페모카:4500] 정렬 후 = [a002:까페라떼:4300, a003:까페모카:4500, a001:아메리카노:4000]

정리	• SortUtil 클래스의 개선 사항
	– 제네릭스를 이용한 타입의 동적 처리
	▸ public static ⟨T⟩ void sort(List⟨T⟩ list, Comparator⟨T⟩ comparator) { }
	· 사용하는 곳에서 실제 사용할 타입을 입력하도록 제네릭스를 정의함.
	· 제네릭 타입은 'T'가 되며 내부 로직에서 'T' 타입을 사용할 수 있으며 반환할 수도 있다.
	– 인터페이스를 이용한 로직의 분리
	▸ public static ⟨T⟩ void sort(List⟨T⟩ list, **Comparator⟨T⟩ comparator**) { }
	· Comparator 인터페이스는 사용하는 곳에서 구현 클래스 객체를 파라미터로 전달해야 한다.
	· 해당 함수는 값을 비교하기 위해 정의된 추상 메소드를 재정의해야 한다.
	▸ 로직을 사용자가 정의하도록 분리하기 위해 인터페이스를 정의 후 sort() 함수의 파라미터로 사용하였다.
	
	• 익명 클래스를 이용한 인터페이스 구현 클래스 정의 절차
	– [1] 익명 클래스 정의
	▸ Comparator⟨ProductVo⟩ comparator = new Comparator⟨ProductVo⟩() { };
	– [2] 인터페이스 추상 메소드 재정의
	▸ Comparator⟨ProductVo⟩ comparator = new Comparator⟨ProductVo⟩() {
	    @Override
	    public int compare(ProductVo t1, ProductVo t2) {
	        return 0;
	    }
	};
	– [3] 추상 메소드 로직 처리
	▸ Comparator⟨ProductVo⟩ comparator = new Comparator⟨ProductVo⟩() {
	    @Override
	    public int compare(ProductVo t1, ProductVo t2) {
	        int result = 0;
	        if (t1 == null && t2 != null) { result = 1; }
	        else if (t1 != null && t2 == null) { result = -1; }
	        else if (t1 == null && t2 == null) { result = 0; }
	        else {

정리	```
	                    String productName1 = t1.getProductName();
	                    String productName2 = t2.getProductName();
	                    result = productName1.compareTo(productName2);
	                }
	                return result;
	        }
	    };
	``
	• 인터페이스의 사용 목적
	– 인터페이스를 사용함으로써 SortUtil 클래스를 공통 처리할 수 있었다.
	▸ 각각의 비교 로직 처리는 사용자가 직접 구현하도록 분리
	– 변수가 아닌 로직을 파라미터와 같이 전달받아 처리하기 위해 인터페이스를 정의하여 사용하였다.

9.3 추상 클래스

수준	중요 포인트 및 학습 가이드(※)
상	1. 예제 무조건 따라하기 – 추상 클래스는 상속과 인터페이스의 개념을 모두 사용하기 위한 클래스이다. – 추상 클래스는 'abstract' 키워드를 이용하여 클래스 정의와 추상 메소드 정의를 할 수 있다. ※ 예제에서 추상 클래스를 이용하여 화면 구성 이전에 공통 처리를 위한 클래스를 구성하였으며 이에 대한 과정을 이해하길 바란다.
하	2. 추상 클래스의 개요 ※ 추상 클래스의 개념 및 처리 방법, 사용 목적을 이해해야 한다.
중	3. 객체 생성 시 호출 순서 ※ 클래스가 최초에 메모리에 로딩될 때의 과정과 이후의 과정을 이해하면 된다. ※ 예제에서 코드 실행 후 오류 발생의 원인은 반드시 이해해야 한다.
하	4. 형 변환 – 업캐스팅(UpCasting), 다운캐스팅(DownCasting) – 앞서 상속과 인터페이스 파트에서 학습한 내용과 동일하다.
상	5. 추상 클래스 활용 예제 [1] ※ 파일 읽기 로직을 구현 후 추상 클래스를 이용해 공통 분리를 처리하는 과정을 이해하길 바란다.

	※ 파일 읽기 로직을 인터페이스를 이용하여 함수를 구성하여 공통 분리를 하였다. 그 과정을 이해하며 추상 클래스와 비교할 수 있어야 한다.
중	6. 추상 클래스 활용 예제 [2] ※ 절차성 모듈을 구성할 때 활용되는 예제를 매우 간단히 구현하였다. 이 부분을 충분히 이해하길 바란다.

9.3. 01 예제 무조건 따라하기

※ 프로그램 작성 시 자바 1.9 버전 이후 22.3.01 파트의 설명대로 모듈을 정의하자.

▷ 'module-info.java' 파일에 'requires java.desktop;' 모듈 추가

학습 목표	• 추상 클래스를 정의하여 다음과 같은 기능을 처리하기 위한 로직 구성을 이해한다. – 공통 로직을 미리 구성 ▸ 상속의 특징을 이용 – 추상 메소드를 이용한 사용자 정의 세부 구성 기능 목록을 정의 ▸ 인터페이스의 특징을 이용
학습 절차	**1. ch09.part03.main1.AbstractMainView 추상 클래스 정의** – 화면 이름을 설정하기 위한 함수 정의 – 시작 시 컴포넌트 설정 함수 정의 – 시작 시 이벤트 설정 함수 정의 – 화면을 다시 시작할 때 설정 함수 정의 – 생성자 함수 정의 – 화면 최초 open, 이전 false, 이후 true – visible 속성 정의 'final' : 더 이상 재정의할 수 없도록 지정 ▸ 최초 객체 생성 시 컴포넌트의 배치 및 이벤트 처리를 한다. ▸ 화면을 띄울 때마다 세팅을 위한 함수를 실행한다. ▸ 부모 함수의 setVisible() 함수 사용 **2. ch09.part03.main1.ChildView 클래스 정의** – 값을 입력하기 위한 텍스트의 테스트 필드 컴포넌트 객체 생성 – 값의 항목명을 입력하기 위한 라벨 컴포넌트 객체 생성 – 버튼 컴포넌트 객체 생성 – 초기화 블록 : 컴포넌트 기본 설정

학습 절차	– 화면 명을 설정하기 위한 함수 재정의 – 시작 시 컴포넌트 설정 함수 재정의 ▸ 메인 화면 기본 설정 ▸ 버튼, 라벨, 텍스트 필드 객체를 메인 화면에 추가 – 시작 시 이벤트 설정함수 재정의 ▸ 익명 클래스를 이용한 버튼 클릭 이벤트 처리 · 데이터 생성 – 로직 생략 · 화면 이벤트 종료 이후 컴포넌트에 자료 넣기 · 화면 종료 후 컴포넌트 활성화/비활성화 처리 – 화면을 다시 시작할 때 설정 함수 재정의 ▸ 텍스트 필드 1 초기화 및 컴포넌트 활성화 **3. ch09.part03.main1.MainView 클래스 정의** – ChildView 호출을 위한 객체 생성 – 초기화 블록 : 컴포넌트 기본 설정 – 화면 명을 설정하기 위한 함수 재정의 – 시작 시 컴포넌트 설정 함수 재정의 – 시작 시 이벤트 설정 함수 재정의 ▸ 익명 클래스를 이용한 버튼 클릭 이벤트 처리 · ChildView 화면 나타내기 – 화면을 다시 시작할 때 설정 함수 재정의 **4. ch09.part03.main1.TestMain 클래스 정의** – 메인 함수 정의 ▸ MainView 화면 실행
사용 예문	**1. ch09.part03.main1.AbstractMainView 추상클래스 정의**

```
package ch09.part03.main1;

import javax.swing.JFrame;

public abstract class AbstractMainView extends JFrame {

    /** 화면명을 설정하기위한 함수 정의 */
    public abstract String getTitle();

    /** 시작 시 컴포넌트 설정함수 정의 */
    public abstract void setInitLayout();
```

사용 예문

```
    /** 시작 시 이벤트 설정함수 정의 */
    public abstract void setInitEvent();

    /** 화면을 다시 시작할 때 설정함수 정의 */
    public abstract void setOpenView();

    /** 생성자함수 정의 */
    public AbstractMainView() {
        System.out.println("AbstractMainView 생성자함수 실행");
        setLayout(null);
        setSize(400, 400);
    }

    /** 화면 최초 open 이전 false, 이후 true */
    private boolean isFirstOpen = false;

    /** visible 속성 정의 - final : 더 이상 재정의할 수 없도록 지정 */
    @Override
    public final void setVisible(boolean visible) {

        System.out.println("AbstractMainView setVisible() 실행");

        /** 최초 객체생성 시 컴포넌트의 배치 및 이벤트처리를 한다. */
        if (isFirstOpen == false) {
            setTitle(getTitle());
            setInitLayout();
            setInitEvent();
        }

        /** 화면을 띄울 때마다 세팅을 위한 함수를 실행한다. */
        if (visible) { setOpenView(); }

        /** 부모함수의 setVisible() 함수 사용 */
        super.setVisible(visible);
    }
}
```

2. ch09.part03.main1.ChildView 클래스 정의

```
package ch09.part03.main1;

import java.awt.event.ActionEvent;
import java.awt.event.ActionListener;

import javax.swing.JButton;
import javax.swing.JFrame;
```

사용 예문

```
import javax.swing.JLabel;
import javax.swing.JTextField;

public class ChildView extends AbstractMainView {

    /** 값을 입력하기위한 텍스트 테스트필드 컴포넌트 객체생성 */
    private JTextField textField1 = new JTextField("textField1");
    private JTextField textField2 = new JTextField("");

    /** 값의 항목명을 입력하기위한 라벨 컴포넌트 객체생성 */
    private JLabel label1
            = new JLabel("화면오픈 시 활성화 및 초기화, 버튼클릭 시 비활성화");
    private JLabel label2 = new JLabel("이전 화면 값 유지");

    /** 버튼 컴포넌트 객체생성 */
    private JButton btn1 = new JButton("버튼을 클릭 하시오.");

    /** 초기화블록 - 컴포넌트 기본설정 */
    {
            textField1.setBounds(10, 60, 200, 20);
            textField2.setBounds(10, 85, 200, 20);

            label1.setBounds(250, 60, 400, 20);
            label2.setBounds(250, 85, 400, 20);

            btn1.setBounds(10, 115, 200, 20);
    }

    /** 화면명을 설정하기위한 함수 재정의 */
    @Override
    public String getTitle() { return "ChildView 화면"; }

    /** 시작 시 컴포넌트 설정함수 재정의 */
    @Override
    public void setInitLayout() {
            /** 메인화면 기본설정 */
            this.setAlwaysOnTop(true);
            this.setLocation(500, 0);
            this.setSize(600, 300);

            /** 버튼, 라벨, 텍스트필드 객체를 메인화면에 추가 */
            this.add(btn1);
            this.add(label1);
```

사용
예문

```
            this.add(label2);
            this.add(textField1);
            this.add(textField2);
    }

    /** 시작 시 이벤트 설정함수 재정의 */
    @Override
    public void setInitEvent() {
            /** 익명클래스를 이용한 버튼클릭 이벤트처리 */
            btn1.addActionListener(new ActionListener() {
                    @Override
                    public void actionPerformed(ActionEvent arg0) {
                        /** 데이터 생성 – 로직 생략 */
                        String data = "버튼클릭 시 비활성화";
                        /** 화면 이벤트 종료 이후 컴포넌트에 자료 넣기 */
                        textField1.setText(data);
                        /** 화면 종료 후 컴포넌트 활성화/비활성화 처리 */
                        textField1.setEnabled(false);
                    }
            });
    }

    /** 화면을 다시 시작할 때 설정함수 재정의 */
    @Override
    public void setOpenView() {
            /** 텍스트필드1 초기화 및 컴포넌트 활성화 */
            textField1.setText("");
            textField1.setEnabled(true);
    }
}
```

3. ch09.part03.main1.MainView 클래스 정의

```
package ch09.part03.main1;

import java.awt.event.ActionEvent;
import java.awt.event.ActionListener;

import javax.swing.JButton;

public class MainView extends AbstractMainView {

    private JButton btn = new JButton("버튼");
```

사용 예문

```
	/** ChildView 호출을 위한 객체생성 */
	private ChildView childView = new ChildView();

	/** 초기화블록 – 컴포넌트 기본설정 */
	{
		System.out.println("MainView 초기화 구간 실행");
		btn.setBounds(10, 50, 100, 40);
	}

	/** 화면명을 설정하기위한 함수 재정의 */
	@Override
	public String getTitle() { return "메인화면"; }

	/** 시작 시 컴포넌트 설정함수 재정의 */
	@Override
	public void setInitLayout() {
		System.out.println("MainView initLayout() 실행");
		this.add(btn);
	}

	/** 시작 시 이벤트 설정함수 재정의 */
	@Override
	public void setInitEvent() {
		System.out.println("MainView initEvent() 실행");

		/** 익명클래스를 이용한 버튼클릭 이벤트처리 */
		btn.addActionListener(new ActionListener() {
			@Override
			public void actionPerformed(ActionEvent arg0) {
				/** ChildView 화면 나타내기 */
				childView.setVisible(true);
			}
		});
	}

	/** 화면을 다시 시작할 때 설정함수 재정의 */
	@Override
	public void setOpenView() {
		System.out.println("MainView openView() 실행");
	}
}
```

4. ch09.part03.main1.TestMain 클래스 정의

```
package ch09.part03.main1;

public class TestMain {
    public static void main(String[] args) {
        /** MainView 화면실행 */
        MainView mainView = new MainView();
        mainView.setVisible(true);
    }
}
```

소스 설명

1. ch09.part03.main1.AbstractMainView 추상클래스 정의

▶ public abstract class AbstractMainView extends JFrame

- 'abstract' 키워드를 추상 메소드에서 사용하였듯이 추상 클래스를 정의하기 위한 키워드이다.
- 추상 클래스에서는 인터페이스와 같이 추상 메소드를 사용할 수 있다.
- 추상 클래스는 완벽한 클래스가 아닌 미완성 클래스로써 추상 클래스 자체로 객체 생성을 할 수 없으며, 해당 클래스를 상속한 클래스에서 사용이 가능하다.
- 추상 클래스를 사용하는 가장 큰 이유는 다음과 같다.
  - 상속과 같이 공통된 로직을 미리 구현한다.
  - 인터페이스와 같이 표준화된 기능을 구현할 수 있도록 추상 메소드를 정의한다.
- 추상 클래스를 상속하는 클래스는 'MainView', 'ChildView'이다.
  - 추상 클래스를 상속한 클래스가 많아질수록 추상 클래스에서 미리 구현한 공통 로직의 효율성이 커진다.

▶ public abstract String getTitle();
public abstract void setInitLayout();
public abstract void setInitEvent();
public abstract void setOpenView();

- 추상 메소드
  - 추상 메소드는 'abstract' 키워드를 사용하며 추상 클래스를 상속하는 클래스에서 반드시 구현을 해야 한다.
  - 구현해야 할 함수를 추상 메소드로 정의함으로써 상속받는 클래스에서 구현해야 할 기능 목록을 명확히 알 수 있다.
- 추상 메소드 목록 설명
  - getTitle() 함수 정의
    - ▸ 화면명을 설정하기 위한 함수
    - ▸ 해당 함수를 구현하여 반환되는 문자열의 값을 화면 명으로 구현함

소스 설명

- setInitLayout()
  - ▸ 시작 시 컴포넌트 설정
  - ▸ 화면을 구성하기 위해 '텍스트 입력창', '버튼' 등과 같이 컴포넌트를 구성하기 위한 함수
- setInitEvent()
  - ▸ 시작 시 이벤트 설정
  - ▸ '버튼 클릭 기능'과 같이 특정 이벤트를 설정하기 위한 함수
- setOpenView()
  - ▸ 화면을 다시 시작할 때 설정 함수
  - ▸ 화면이 사라졌다가 나타날 때마다 실행시키기 위한 함수
  - ▸ 예를 들어 이전에 작업한 화면을 그대로 또는 초기화 작업을 이곳에서 할 수 있다.

▶ setTitle(getTitle());

- setTitle() 함수는 해당 화면의 좌측 상단에 화면 타이틀을 설정하기 위한 함수이다.
- getTitle()은 추상 메소드이며, 사용자가 구현한 함수의 반환값이다.

▶ @Override
public final void setVisible(boolean visible){ ... }

- setVisible() 함수를 재정의(Override)함
- 재정의된 함수에서 하는 일
  - 최초 컴포넌트가 화면에 나타날 때 하는 일의 정의
  - 화면이 꺼졌다가 다시 나타날 때 하는 일의 정의
- 재정의 함수 내부에서 추상 클래스에서 정의한 추상 메소드를 사용할 수 있다.
- 'final'의 사용 이유는 setVisible()에서 하는 일을 유지시키고자 자식 클래스에서 재정의하지 못하도록 지정하기 위함이다.

▶ super.setVisible(visible);

- 'super'는 상위 객체를 의미하며, 'super.setVisible()' 함수는 상위 객체가 구현한 함수를 의미한다.

2. ch09.part03.main1.ChildView 클래스 정의

▶ this.setAlwaysOnTop(true);

- 해당 화면은 윈도우 화면 가장 맨 앞에 나오도록 지정한다.
  - 해당 화면을 덮는 화면을 클릭해도 위의 화면이 우선 앞으로 나오도록 처리하며 주로 팝업 화면에서 해당 기능을 사용한다.

▶ 해당 화면의 결과 그림 및 동작 설명

- 현재 화면을 열면서 두 번째 컴포넌트의 visible의 속성값이 'false'이기 때문에 화면에 나타나지 않으며 MainView 클래스에서 버튼 클릭 시 화면이 나타난다.

화면

화면오픈 시 활성화 및 초기화, 버튼클릭 시 비활성화

이전 화면 값 유지

버튼을 클릭 하시오.

소스 설명

3. ch09.part03.main1.MainView 클래스 정의

▶ public class MainView extends AbstractMainView

- MainView 클래스는 AbstractMainView 추상 클래스를 상속한다.
- 추상 클래스에서 정의된 추상 메소드를 모두 구현해야 한다.

▶ 해당 화면의 결과 화면 및 동작 설명

- 현재 메인 화면에 버튼 컴포넌트만 하였으며 해당 버튼을 클릭 시 ChildView 화면이 나오도록 구성하였다.
- 추상 클래스를 구현하여 메소드를 재정의하였으며 getTitle()에 반환된 값이 화면의 타이틀로 나타나는 것을 확인할 수 있다.

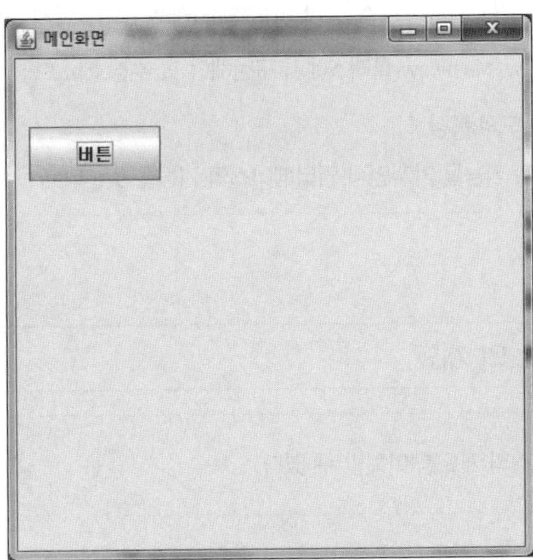

4. ch09.part03.main1.TestMain 클래스 정의

▶ mainView.setVisible(true);

- JFrame의 화면을 나타나게 하기위한 함수

	• AbstractMainView 추상 클래스에서 재정의(Override)가 되어 있다. – 해당 함수에서 하는 일 1. 최초 화면에 나타낼 때 다음의 함수가 실행됨 ▸ 화면의 타이틀 설정 : getTitle() ▸ 화면의 컴포넌트 그리기 : setInitLayout() ▸ 컴포넌트의 이벤트 설정 : setInitEvent() 2. 화면을 닫았다 열 때마다 하는 일 ▸ 컴포넌트 초기화 : setOpenView();
정리	• 추상 클래스를 이용한 화면 구성 – ChildView, MainView 화면의 상위 타입은 다음과 같다. ▸ JFrame 〉 AbstractMainView 〉 ChildView ▸ JFrame 〉 AbstractMainView 〉 MainView – AbstractMainView 추상 클래스는 다음과 같은 공통 함수를 정의하였다. ▸ 생성자 함수, setVisible() 함수 – AbstractMainView 추상 클래스는 다음과 같은 추상 메소드를 정의하였다. ▸ getTitle(), setInitLayout(), setInitEvent(), setOpenView() – 추상 클래스의 사용 목적 ▸ ChildView, MainView 클래스의 공통 기능을 구현할 수 있다. . 향후에 공통 기능의 수정은 AbstractMainView 클래스에서 수정하면 된다. ▸ ChildView, MainView 클래스에서 구현해야 할 추상 메소드를 정의할 수 있다. – 추상 메소드의 특징 ▸ 클래스의 기능을 가지면서 인터페이스의 기능을 갖는다.

9.3. 02 추상 클래스의 개요

학습 목표	• 추상 클래스의 개요를 이해할 수 있다.
개념 설명	• 추상 클래스란 – 인터페이스와 같이 추상 메소드를 가진 클래스이다. – 미완성 클래스로서, 객체는 독립적으로 생성할 수 없으며 반드시 자식 클래스에서 객체 생성이 가능하다. ▸ 추상 메소드를 구현해야 객체 생성이 가능하다.

처리 방법	• 추상 클래스 정의 방법
	– [1] 'abstract' 키워드를 이용하여 클래스 정의
	– [2] 클래스 구성 요소 및 추상 메소드를 정의
	
	`public abstract class AbstractClass {`
	`    public abstract void method1();            /** 추상메소드 */`
	`    public void method2(){                     /** 일반함수 */`
	`        System.out.println("AbstractClass 클래스 method2() 로직");`
	`        method1();                             /** 추상메소드 사용가능 */`
	`    }`
	`    public AbstractClass(){`
	`        System.out.println("AbstractClass 생성자함수 ");`
	`    }`
	`}`
	
	• 추상 메소드 사용 방법
	– 추상 클래스를 상속 후 추상 메소드를 재정의해야 한다.
	
	`public class ChildClass extends AbstractClass {`
	`    public void method1() {                    /** 추상메소드 재정의 */`
	`        System.out.println("ChildClass 클래스 method1() 로직");`
	`    }`
	`}`

사용 목적	• 클래스와 클래스의 공통 기능 목록이 존재할 때 – 로직이 같다면 '상속'을 이용하여 함수를 분리할 수 있다. ▸ 1개 이상의 함수가 공통 기능과 공통 로직을 갖는다면 상속이 필요하다. – 로직이 다르다면 표준화를 위해 '인터페이스'를 이용하여 정의할 수 있다. ▸ 1개 이상의 함수가 공통 기능만을 갖는다면 인터페이스가 필요하다. – 위의 기능이 복합적으로 필요하다면 어떻게 처리해야 할까? ▸ 상속의 기능과 인터페이스의 기능을 갖는 '추상 클래스'를 정의하여 처리할 수 있다. • 추상 클래스의 추상 메소드 정의 및 사용 – 사용자 정의 기능 구현을 위한 추상 메소드 정의 ▸ 이후 자식 클래스에서 로직을 구현하며 사용자마다 로직이 다르다. – 기능 구현을 위한 함수 정의 ▸ 자식 클래스의 공통 로직을 추상 클래스에서 미리 작성하여 코드의 효율성을 높일 수 있다. ▸ 추상 클래스의 함수에서는 자식 클래스에서 구현해야 할 추상 메소드 사용이 가능하다.

	• 추상 클래스를 사용하는 목적은 추상 메소드를 사용하기 위함이다. – 추상 메소드의 사용 목적을 알면 왜 추상 클래스를 사용해야 하는지를 이해할 수 있다. – 추상 메소드는 자식 클래스에서 구현되어야 사용이 가능하다. – 추상 클래스의 일반 함수에서 추상 메소드를 사용할 수 있다. • 절차 상의 로직 처리를 추상 클래스에서 처리하고 자식 클래스에서는 필요한 기능만 구현하면 된다. – 복잡한 절차를 추상 클래스에서 구현함으로써 절차를 고려할 필요가 없다. – 추상 메소드를 재정의함으로써 절차에 필요한 기능을 구현하기만 하면 된다.
특징	• 객체 생성 – 추상 클래스는 객체 생성이 불가능하며 해당 클래스를 상속한 자식 클래스에서 객체 생성이 가능하다. • 구성 요소 – 클래스 구성 요소 외 추상 메소드를 정의할 수 있다. • 일반 함수 – 주로 클래스와 같이 함수를 구현하여 사용하며 자식 클래스에서 재정의하여 사용할 수도 있다. – 자식 클래스에서 재정의 가능하다. ▸ 재정의를 하지 않도록 설정하려면 'final' 키워드를 이용하여 처리할 수 있다. • 추상 메소드 – 인터페이스와 같이 클래스에서 추상 메소드를 가질 수 있다. – 반드시 구현 클래스에서 추상 메소드를 재정의해야 한다. – 일반 함수에서 추상 메소드의 호출이 가능하다.
학습 절차	**1. ch09.part03.main2.AbstractClass 추상 클래스 정의** – 추상 메소드 정의 – 일반 함수 정의 ▸ 추상 메소드 method1() 사용 가능 – 생성자 함수 정의 **2. ch09.part03.main2.ChildClass 클래스 정의** – 추상 메소드 재정의 **3. ch09.part03.main2.TestMain 클래스 정의** – 메인 함수 정의 ▸ ChildClass 객체 생성 및 함수 사용
사용 예문	**1. ch09.part03.main2.AbstractClass 추상 클래스 정의** package ch09.part03.main2;

```
public abstract class AbstractClass {

    /** 추상메소드 정의 */
    public abstract void method1();

    /** 일반함수 정의 */
    public void method2() {
        System.out.println("AbstractClass 클래스 method2() 로직");
        /** 추상메소드 method1() 사용가능 */
        method1();
    }

    /** 생성자함수 정의 */
    public AbstractClass() {
        System.out.println("AbstractClass 생성자함수 ");
    }
}
```

2. ch09.part03.main2.ChildClass 클래스 정의

사용 예문

```
package ch09.part03.main2;

public class ChildClass extends AbstractClass {
    /** 추상메소드 재정의 */
    public void method1() {
        System.out.println("ChildClass 클래스 method1() 로직");
    }
}
```

3. ch09.part03.main2.TestMain 클래스 정의

```
package ch09.part03.main2;

public class TestMain {
    public static void main(String[] args) {
        /** ChildClass 객체생성 및 함수사용 */
        System.out.println("ClassChild 클래스 객체생성");
        ChildClass c = new ChildClass();
        System.out.println("객체 함수사용");
        c.method2();
    }
}
```

결과	ClassChild 클래스 객체생성 AbstractClass 생성자함수 객체 함수사용 AbstractClass 클래스 method2() 로직 ChildClass 클래스 method1() 로직

9.3.03 객체 생성 시 호출 순서

학습 목적	• 추상 클래스를 상속한 자식 클래스의 객체 생성 과정에서 호출되는 순서를 파악하도록 한다.
처리 방법	• 객체 생성 호출 순서 – 클래스 최초 메모리 로딩 시 – [절차 1] 추상 클래스 정적(static) 전역변수 ▷ 정적(static) 초기화 블록 호출 – [절차 2] 자식 클래스 정적(static) 전역변수 ▷ 정적(static) 초기화 블록 호출 – [절차 3] 추상 클래스 전역변수 ▷ 초기화 블록 ▷ 생성자 함수 호출 – [절차 4] 자식 클래스 전역변수 ▷ 초기화 블록 ▷ 생성자 함수 호출 • 객체 생성 호출 순서 – 클래스 메모리 로딩 이후 – [절차 1] 추상 클래스 전역변수 ▷ 초기화 블록 ▷ 생성자 함수 호출 – [절차 2] 자식 클래스 전역변수 ▷ 초기화 블록 ▷ 생성자 함수 호출
학습 절차	**1. ch09.part03.main3.AbstractClass 추상 클래스 정의** – 정적(static) 전역변수 정의 – 정적(static) 초기화 블록 정의 – 전역변수 정의 – 초기화 블록 정의 – 생성자 함수 정의 – method1() 추상 메소드 정의 **2. ch09.part03.main3.ChildClass 클래스 정의** – 정적(static) 전역변수 정의 – 정적(static) 초기화 블록 정의 – 전역변수 정의 – 초기화 블록 정의 – 생성자 함수 정의 – method1() 추상 메소드 재정의

3. ch09.part03.main3.TestMain 클래스 정의

– 메인 함수 정의

▸ ChildClass 객체 생성 1

▸ ChildClass 객체 생성 2

▸ ChildClass 객체 생성 후 method1() 함수 호출

사용 예문

1. ch09.part03.main3.AbstractClass 추상 클래스 정의

```
package ch09.part03.main3;

public abstract class AbstractClass {

    /** 정적(static) 전역변수 정의 */
    private static String var1 = "static 전역변수";

    /** 정적(static) 초기화블록 정의 */
    static {
        System.out.println("₩t 추상클래스 - var1 [" + var1 + "]");
    }

    /** 전역변수 정의 */
    private String var2 = "전역변수";

    /** 초기화블록 정의 */
    {
        System.out.println("₩t 추상클래스 - var2 [" + var2 + "]");
    }

    /** 생성자함수 정의 */
    public AbstractClass() {
        System.out.println("₩t 추상클래스 - 생성자함수");
        method1();
    }

    /** method1() 추상메소드 정의 */
    public abstract void method1();
}
```

2. ch09.part03.main3.ChildClass 클래스 정의

```
package ch09.part03.main3;

public class ChildClass extends AbstractClass {
```

사용 예문

```
    /** 정적(static) 전역변수 정의 */
    private static String var3 = "static 전역변수";

    /** 정적(static) 초기화블록 정의 */
    static {
        System.out.println("\t 구현클래스 - var3 [" + var3 + "]");
    }

    /** 전역변수 정의 */
    private String var4 = "전역변수";

    /** 초기화블록 정의 */
    {
        System.out.println("\t 구현클래스 - var4 [" + var4 + "]");
    }

    /** 생성자함수 정의 */
    public ChildClass() {
        System.out.println("\t 구현클래스 - 생성자함수");
    }

    /** method1() 추상메소드 재정의 */
    public void method1() {
        System.out.println("\t 구현클래스 - method1() - var4 [" + var4 + "]");
    }
}
```

3. ch09.part03.main3.TestMain 클래스 정의

```
package ch09.part03.main3;

public class TestMain {
    public static void main(String[] args) {

        /** ChildClass 객체생성 1 */
        System.out.println("1. ChildClass 객체생성");
        ChildClass childClass1 = new ChildClass();

        /** ChildClass 객체생성 2 */
        System.out.println("2. ChildClass 객체생성");
        ChildClass childClass2 = new ChildClass();

        /** ChildClass 객체생성 후 method1() 함수호출 */
        System.out.println("3. ChildClass 객체생성 후 method1() 함수호출");
```

	childClass2.method1();
	    }
	}

결과	1. ChildClass 객체생성 추상클래스 – var1 [static 전역변수] 구현클래스 – var3 [static 전역변수] 추상클래스 – var2 [전역변수] 추상클래스 – 생성자함수 구현클래스 – method1() – var4 [null] 구현클래스 – var4 [전역변수] 구현클래스 – 생성자함수 2. ChildClass 객체생성 추상클래스 – var2 [전역변수] 추상클래스 – 생성자함수 구현클래스 – method1() – var4 [null] 구현클래스 – var4 [전역변수] 구현클래스 – 생성자함수 3. ChildClass 객체생성 후 method1() 함수호출 구현클래스 – method1() – var4 [전역변수]

소스 설명	▶ public AbstractClass() {
	System.out.println("₩t 추상클래스 – 생성자함수");
	method1();
	}
	• 이 부분은 추상 클래스의 생성자 함수이다.
	• 생성자 함수 내부에서 호출되는 method1()은 추상 메소드이며 자식 클래스에서 재정의된 method1() 함수가 호출된다.
	– method1() 함수에서는 자식 클래스의 전역변수를 콘솔 화면에 출력한다.
	• 콘솔 화면에서 전역변수가 'null'인 이유
	– 콘솔 화면 출력 내용
	▸ 구현 클래스 – method1() – var4 [null]
	– 자식 클래스의 전역변수는 부모 클래스의 생성자 함수가 호출된 이후에 호출되기 때문에 해당 함수를 호출하는 시점에서는 전역변수의 값을 없게 된다.

정리	• 객체의 호출 순서 – 최초 클래스가 메모리 로딩이 되지 않은 시점에서는 메모리가 로딩되면서 정적 영역의 전역변수와 초기화 블록이 1회 실행된다.

– 이후부터는 부모 클래스의 초기화 영역 이후 자식 클래스의 초기화 영역이 호출됨을 기억해야 한다.

▸ 초기화 영역 : 전역변수 ▷ 생성자 함수

■ 다음의 코드 실행 후 오류 발생의 이유를 파악해 보자.

사용 예문

1. ch09.part03.main3.AbstractClass 추상클래스 정의

```
package ch09.part03.main3.sub1;

public abstract class AbstractClass {
    public abstract void method1();

    public AbstractClass() {
        method1();
    }
}
```

2. ch09.part03.main3.ChildClass 클래스 정의

```
package ch09.part03.main3.sub1;

public class ChildClass extends AbstractClass {
    private String name = "자식클래스변수";

    @Override
    public void method1() {
        int length = name.length(); /** length() : 글자의 길이를 나타내는 함수 */
        System.out.println("글자의 길이 = " + length);
    }
}
```

3. ch09.part03.main3.TestMain 클래스 정의

```
package ch09.part03.main3.sub1;

public class TestMain {
    public static void main(String[] args) {
        /** 객체생성 */
        System.out.println("ChildClass 객체생성");
        ChildClass child = new ChildClass();
    }
}
```

결과	ChildClass 객체생성 Exception in thread "main" java.lang.NullPointerException at ch09.part03.main3.sub1.ChildClass.method1(ChildClass.java:8) at ch09.part03.main3.sub1.AbstractClass.<init>(AbstractClass.java:7) at ch09.part03.main3.sub1.ChildClass.<init>(ChildClass.java:3) at ch09.part03.main3.sub1.TestMain.main(TestMain.java:7)
소스 설명	▶ int length = name.length(); • name 변수는 String 타입이며 String 타입은 length() 함수를 갖는다. – length() 함수 : 문자열의 길이를 나타내는 함수 〈사용 예〉 String name = "test"; int len = name.length(); // len의 값은 'test' 문자열의 길이 '4'가 된다.
설명	• 추상 메소드 method1()의 사용 시점 – 객체 생성 호출 순서는 다음과 같다. ▸ [절차 1] 추상 클래스 전역변수 ▷ 초기화 블록 ▷ 생성자 함수 호출 ▸ [절차 2] 자식 클래스 전역변수 ▷ 초기화 블록 ▷ 생성자 함수 호출 – method1() 함수의 사용 시점 ▸ [절차 1]의 생성자 함수에서 사용되며 재정의된 자식 클래스의 method1() 함수가 호출된다. – method1()에서 사용된 전역변수 저장 시점 ▸ [절차 2]의 시점에서 메모리에 저장한다. – 오류 발생 이유 ▸ method1()의 호출 시점은 [절차 1]의 시점이며, 이때에는 전역변수 name의 저장 시점보다 앞서기 때문에 'name'의 값이 'null'이 된다. ▷ 'NullPointerException' 에러 발생!

9.3.04 형 변환 – 업캐스팅(UpCasting), 다운캐스팅(DownCasting)

개요	• 상속, 인터페이스와 같이 추상클래스를 상속한 자식클래스는 추상클래스로 업캐스팅이 가능하며 또한 자식클래스로 다운캐스팅이 가능하다.
학습 절차	**1. ch09.part03.main4.AbstractClass 추상 클래스 정의** – 추상 메소드 정의

학습 절차	**2. ch09.part03.main4.ChildClass 클래스 정의** – 추상 메소드 재정의 **3. ch09.part03.main4.TestMain 클래스 정의** – 메인 함수 정의 ▸ ChildClass 객체 생성 ▸ 업캐스팅 – 형 변환 연산자 생략 가능 ▸ 다운캐스팅 – 형 변환 연산자 생략 불가능

사용 예문

1. ch09.part03.main4.AbstractClass 추상 클래스 정의

```
package ch09.part03.main4;

public abstract class AbstractClass {
    /** 추상메소드 정의 */
    public abstract void method1();
}
```

2. ch09.part03.main4.ChildClass 클래스 정의

```
package ch09.part03.main4;

public class ChildClass extends AbstractClass {
    /** 추상메소드 재정의 */
    @Override
    public void method1() {
        System.out.println("ChildClass1 method1() 호출");
    }
}
```

3. ch09.part03.main4.TestMain 클래스 정의

```
package ch09.part03.main4;

public class TestMain {
    public static void main(String[] args) {

        /** ChildClass 객체생성 */
        ChildClass c = new ChildClass();

        /** 업캐스팅 – 형변환 연산자 생략가능 */
        AbstractClass c1 = c;

        /** 다운캐스팅 – 형변환 연산자 생략불가능 */
```

```
            if (c1 instanceof ChildClass) {
                ChildClass c2 = (ChildClass) c1;
            }
        }
    }
```

소스 설명

▶ AbstractClass c1 = c;

- c객체는 ChildClass 객체이며, 상위 클래스로의 형 변환이 가능하다.
- 형 변환은 아래와 같으며 업캐스팅의 경우 생략이 가능하다.

  AbstractClass c1 = (AbstractClass) c; // (Abstract) 생략 가능

▶ if(c1 instanceof ChildClass) { ... }

- 'instanceof' 연산자는 객체의 타입을 비교하는 연산자이다.
- c1이 ChildClass 타입의 경우 true, 아닐 경우 false의 값을 갖는다.

정리

- 형 변환
  - 상속, 인터페이스와 같이 추상클래스도 업캐스팅과 다운캐스팅이 가능하다.
  - 업캐스팅은 형변환 연산자의 생략이 가능하다.
  - 다운캐스팅은 형변환 연산자가 반드시 필요하다.
- 업캐스팅 사용 예
  - 주로 모듈에서는 자식타입 대신 대표할 수 있는 부모 타입을 사용한다.
    - ▸ 모듈 정의 시점에 추상 클래스를 상속한 자식 클래스가 정의되지 않을 수 있다.
    - ▸ 모듈은 범용적으로 사용되기 때문에 특정 클래스 타입이 아닌 이를 대표할 수 있는 타입으로 설정하여 처리한다.
- 다운캐스팅 사례
  - 주로 업캐스팅된 객체에서 다음과 같은 경우 다운캐스팅을 한다.
    - ▸ 특정 자식 타입에서 정의된 구성 요소(함수, 변수 등)를 사용해야 하는 경우
    - ▸ 자식 타입에서 정의된 함수 또는 변수를 사용하고자 할 때

9.3.05 추상 클래스 활용 예제 [1]

1. 파일 읽기 로직 구현 따라하기

학습 목적

※ 예제 클래스의 로직은 15장 파일IO 파트에서 배울 내용이므로, 로직의 세부 내용에는 부담을 갖지 않도록 한다.

학습 목적	• [사용 예문]을 실행 후 실행 결과를 확인하시오. – 직접 작성한 클래스의 내용이 콘솔 화면에 나타나면 성공한 것이다. – 결과가 제대로 나타나지 않을 경우에는 경로가 잘못된 것이다. ▸ [src/ch09/part03/main6/ReadProcess.java]에서 [ch09/part03/main6]까지는 패키지 경로이며, 'ReadProcess.java'는 클래스명이다 이부분을 다시 확인 후에 결과를 다시 확인하길 바란다.

사용 예문

```
package ch09.part03.main5.sub1;

import java.io.BufferedReader;
import java.io.FileReader;

public class ReadProcess {
    public static void main(String[ ] args) throws Exception {

            /** 현재의 파일을 읽기 위한 경로 설정 */
            String filePath = "src/ch09/part03/main5/sub1/ReadProcess.java";
            /** 파일을 읽을 클래스 객체생성 */
            BufferedReader br = new BufferedReader(new FileReader(filePath));
            /** 파일 읽기 작업 – 무한루프 */
            while (true) {
                /** 한 줄씩 읽어오기 */
                String readLine = br.readLine( );
                /** 파일을 다 읽을 경우 null을 반환 → 루프 벗어나기 */
                if (readLine == null) {   break; }
                /** 분리하고자 하는 로직 시작 구간 */
                if (readLine.trim( ).equals("") == false) {
                    System.out.println(readLine);
                }
                /** 분리하고자 하는 로직 종료 구간 */
            }
            /** 파일 읽기 종료 */
            br.close( );
    }
}
```

결과

※ 작성한 ReadProcess 클래스의 소스내용이 콘솔화면에 나타나면 성공한 것이다.

소스 설명

▶ public static void main(String[ ] args) throws Exception {

• 『throws Exception』은 예외처리를 위한 코드이며 이는 『10. 예외』에서 자세하게 다룰 것이다.

▶ String filePath = "src/ch09/part03/main5/sub1/ReadProcess.java";

• 현재 작업하고 있는 파일의 위치를 설정
• 각자 개인의 프로젝트 내 [src] 폴더 이후 폴더 구분자(₩)부터의 경로를 지정하면 된다.

	▶ BufferedReader br = new BufferedReader(new FileReader(filePath)); • FileReader 클래스 : 파일을 읽기 위한 클래스 • BufferedReader 클래스 : 파일에 버퍼 기능을 이용하기 위한 클래스 – BufferedReader 클래스를 이용하면 개행 단위로 파일을 읽어올 수 있음 ex) br.readLine(); ▶ String readLine = br.readLine(); • BufferedReader 클래스가 제공하는 함수 • 파일에서 라인 단위로 읽은 자료를 반환 • 다 읽은 후 readLine()의 값은 null이 되기 때문에 반드시 null을 고려하여 로직 처리를 해야 한다. ▶ br.close(); • 파일 읽기를 종료하는 함수
정리	• 파일 읽기 절차 – 경로 설정 ▷ 읽기 객체 생성 ▷ 읽기 작업 ▷ 읽기 작업 종료

2. 추상 클래스의 활용

학습 목적	• 바로 앞에서 학습한 '파일 읽기'의 예문을 다음 'ReadFileImp' 클래스와 같이 실행할 때 처리 결과와 같도록 추상 클래스를 정의하시오. – getFilePath() 함수는 읽고자 하는 파일의 경로를 재정의하는 함수이므로, AbstractReadFile에 추상 메소드로 존재 – process() 함수는 파일에 접근하여 한 줄씩 읽은 값을 처리하기 위한 함수이므로 추상 메소드로 존재 – read() 함수는 실제 파일 읽기 작업을 위한 메인 함수이므로 AbstractReadFile에 일반 함수로 존재해야 한다.

사용 예문 [1]

```
package ch09.part03.main5.sub2;

import java.util.ArrayList;
import java.util.List;

public class ReadFileImpl extends AbstractReadFile {

    /** 파일경로를 설정하기위한 getFilePath() 함수 재정의 */
    @Override
    public String getFilePath() {
        return "src/ch09/part03/main5/sub1/ReadProcess.java";
    }
```

```
    /** 파일을 한줄씩 읽어 로직 처리하기 위한 process() 함수 재정의 */
    @Override
    public void process(String readLine) {
        if (readLine.trim().equals("") == false) {
            System.out.println(readLine);
        }
    }

    /** 메인함수 정의 */
    public static void main(String[] args) throws Exception {
        /** ReadFileImpl 객체생성 및 read() 함수호출 */
        ReadFileImpl r = new ReadFileImpl();
        r.read();
    }
}
```

[결과] AbstractReadFile 추상 클래스 정의

- **외부의 파일 경로를 가져오기 위해 getFilePath() 추상 메소드 정의**
- **읽은 데이터의 로직 처리를 위한 process() 추상 메소드 정의**
- **자료를 읽기 처리를 위한 read() 함수의 정의**
  - ▸ **내부에서 getFilePath(), process() 추상 메소드를 사용함**

사용 예문 [2]

```
package ch09.part03.main5.sub2;

import java.io.BufferedReader;
import java.io.FileNotFoundException;
import java.io.FileReader;
import java.io.IOException;

public abstract class AbstractReadFile {

    /** 파일의 경로를 가져오기 위한 추상메소드 정의 */
    public abstract String getFilePath();

    /** 읽은 내용을 가지고 처리하기 위한 추상메소드 정의 */
    public abstract void process(String readLine);

    /** 파일읽기를 처리하기 위한 함수 */
    public void read() throws Exception {

        /** 읽기 객체생성 - getFilePath() 추상메소드 사용 */
        String filePath = getFilePath();

        /** 파일을 읽을 클래스 객체생성 */
        BufferedReader br = new BufferedReader(new FileReader(filePath));
```

```
            /** 읽기 작업 */
            while (true) {
                /** 한줄씩 읽어오기 */
                String readLine = br.readLine();
                /** 파일을 다 읽을 경우 null을 반환 → 루프 벗어나기 */
                if (readLine == null) {
                    break;
                }
                /** 추상메소드의 사용 */
                process(readLine);
            }
            /** 읽기 작업 종료 */
            br.close();
    }
}
```

정리

- 추상 클래스의 사용
  - 추상 클래스를 사용함으로써 향후에는 파일을 읽는 로직에 대한 처리는 신경을 쓰지 않아도 된다.
- 추상 클래스의 사용 목적
  - 주요 업무를 미리 구성 후 반드시 필요한 업무만 처리하도록 가이드할 수 있다.
    - ▸ getFilePath()와 prcess() 함수의 로직을 구현 후 read() 함수를 실행하면 처리된다.
  - 추상 클래스를 구현한 클래스에서는 추상 메소드만 재정의하면 로직 구성이 끝나기 때문에 관심사에 집중할 수 있다.
  - 현재 소스 코드가 오히려 더 늘어났지만, 해당 추상 클래스를 상속한 클래스가 늘면 늘수록 소스 코드가 오히려 경제적이며 효율적일 수 있다.
- 클래스 모듈화 공통점
  - 기능을 사용하는 곳에서 재정의할 수 있도록 추상메소드를 이용하였다.
    - ▸ 값이 아닌 기능을 파라미터처럼 사용하고자 할 때는 추상 클래스 또는 인터페이스의 추상 메소드를 이용하면 된다.

3. 유틸 클래스를 이용한 모듈의 개선

학습 목표

- 파일 읽기는 업무 로직과 관련이 없기 때문에 이는 단순 기능을 제공하는 유틸성 클래스로 분리하고자 한다.
- 또한 자료를 읽으면서 내부 처리를 위해 인터페이스를 정의하여 사용하고자 한다.

사용 예문

```
package ch09.part03.main5.sub3;

import java.io.BufferedReader;
```

사용 예문

```
import java.io.FileReader;

public class ReadUtils {

    /** read() 함수 정의 – 경로와 읽기작업을 위한 인터페이스 파라미터 이용 */
    public static void read(String path, IReadProcess readProcess) throws Exception {

        /** 파일을 읽어오기 위한 객체생성 */
        BufferedReader br = new BufferedReader(new FileReader(path));

        /** 읽기 작업 */
        while (true) {

            /** 한 줄씩 읽어오기 */
            String readLine = br.readLine();
            /** 파일을 다 읽을 경우 null을 반환 → 루프 벗어나기 */
            if (readLine == null) {  break; }

            /** 개별 기능 처리 */
            readProcess.execute(readLine);
        }
        /** 파일 읽기 종료 */
        br.close();
    }

    /** 기능목록 정의를 위한 인터페이스 정의 */
    public interface IReadProcess {
        /** 읽은 데이터를 처리하기위한 추상메소드 정의 */
        public void execute(String readLine);
    }

    public static void main(String[] args) throws Exception {
        /** 경로설정 */
        String filePath = "src/ch09/part03/main5/sub1/ReadProcess.java";

        /** read() 함수로 파일읽기 – 경로와 읽기작업을 위한 익명클래스 객체 이용 */
        ReadUtils.read(filePath, new IReadProcess() {
            @Override
            public void execute(String readLine) {
                /** 상세로직구현 */
                if (readLine.trim().equals("") == false) {
                        System.out.println(readLine);
                }
```

```
                }
            });
        }
    }
```

정리

- 클래스 모듈화
  - 파일을 읽어서 처리하기 위한 방안으로 2가지 방법으로 구현해 보았다.
    - ▸ [1] 추상 클래스를 이용한 모듈화
      . 클래스로 구성이 되어 하나의 타입으로 사용된다.
      . 해당 타입으로 객체 생성 후 파라미터로 전달이 가능하다.
      . 업무 절차를 갖는 프레임 구성에 있어서 매우 유리하다.
      . 업무 절차를 구성 후 해당 가이드대로 로직만 구성하면 된다.
    - ▸ [2] 유틸성 클래스의 메소드를 이용한 모듈화
      . 주로 특정 업무의 기능 처리를 위해 로직 내부에서 사용한다.
  - 모듈화 과정은 순수하게 필자의 주관적인 판단으로 설명하였으며, 이해의 관점이 다를 수 있다.
  - 학습 목적 상 추상 클래스의 설명을 위해 사용한 예문은 단순히 파일을 읽어서 처리하는 기능이기 때문에 유틸성 클래스의 메소드로 표현하는 것이 더 유리할 수 있다.

9.3.06 추상 클래스 활용 예제 [2]

학습 목표

- 절차성 모듈을 개발할 때 추상클래스를 이용하여 업무처리를 위한 로직을 구현하고자 한다.

학습 절차

1. ch09.part03.main6.AbstractMainProcess 클래스 정의

- 사용자의 환경에 맞게 설정을 하기 위한 추상 메소드 정의
- 업무 처리 등록을 위한 추상 메소드 정의
- 메인 업무 처리를 위한 메인 함수 정의
  - ▸ 절차 1 : 환경 설정
  - ▸ 절차 2 : 사용자 등록 절차 처리
  - ▸ 절차 3 : 절차 처리
- 절차 처리를 위한 인터페이스 정의
  - ▸ 절차 업무 처리를 위한 execute() 함수 정의

2. ch09.part03.main6.Process1 클래스 정의

3. ch09.part03.main6.Process2 클래스 정의

4. ch09.part03.main6.Process3 클래스 정의

5. ch09.part03.main6.MainProcess 클래스 정의

- setConfig() 추상 메소드 재정의
- addProcesses() 추상 메소드 재정의
- 메인 함수 정의
  - ▸ 객체 생성 및 main() 함수 호출

사용 예문

1. AbstractMainProcess 클래스 정의

- 사용자 개별 처리를 위한 추상 메소드 정의

- 업무 처리를 위한 main() 함수 정의

▸ 함수를 더 이상 재정의할 수 없도록 'final' 키워드를 사용

```
package ch09.part03.main6;

public abstract class AbstractMainProcess {

    /** 사용자의 환경에 맞게 설정을 하기위한 추상메소드 정의 */
    public abstract void setConfig();

    /** 주요업무처리를 위한 추상메소드 정의 */
    public abstract IProcess[] addProcesses();

    /** 업무처리를 위한 절차를 갖는 메인함수 */
    public final void main() {
        /** 절차1 : 환경 설정 */
        setConfig();

        /** 절차2 : 사용자 등록절차처리 */
        IProcess[] processes = addProcesses();
        if (processes != null) {
            for (IProcess p : processes) {
                /** 절차3 : 절차처리 */
                p.execute();
            }
        }
    }

    /** 절차처리를 위한 인터페이스 정의 */
    public interface IProcess {
        /** 절차 업무처리를 위한 execute() 함수정의 */
        public void execute();
    }
}
```

	2. ch09.part03.main6.Process1 클래스 정의 – IProcess 인터페이스 구현클래스

```
package ch09.part03.main6;

import ch09.part03.main6.AbstractMainProcess.IProcess;

public class Process1 implements IProcess {
    @Override
    public void execute() {
        System.out.println("Process1 절차 실행");
    }
}
```

3. ch09.part03.main6.Process2 클래스 정의
– IProcess 인터페이스 구현클래스

사용 예문

```
package ch09.part03.main6;

import ch09.part03.main6.AbstractMainProcess.IProcess;

public class Process2 implements IProcess {
    @Override
    public void execute() {
        System.out.println("Process2 절차 실행");
    }
}
```

4. ch09.part03.main6.Process3 클래스 정의
– IProcess 인터페이스 구현클래스

```
package ch09.part03.main6;

import ch09.part03.main6.AbstractMainProcess.IProcess;

public class Process3 implements IProcess {
    @Override
    public void execute() {
        System.out.println("Process3 절차 실행");
    }
}
```

5. MainProcess 클래스 정의
– AbstractMainProcess 추상클래스 상속

```
package ch09.part03.main6;

public class MainProcessImpl extends AbstractMainProcess {

    /** setConfig() 추상메소드 재정의 */
    @Override
    public void setConfig() {
        System.out.println("MainProcessImpl 환경설정");
    }

    /** addProcesses() 추상메소드 재정의 */
    @Override
    public IProcess[] addProcesses() {
        IProcess process1 = new Process1();
        IProcess process2 = new Process2();
        IProcess process3 = new Process3();
        return new IProcess[]{process1, process2, process3};
    }

    /** 메인함수 정의 */
    public static void main(String[] args) {

        /** 객체 생성 및 추상 클래스의 main() 함수 호출 */
        MainProcessImpl mainProcessImpl = new MainProcessImpl();
        mainProcessImpl.main();
    }
}
```

결과

```
MainProcessImpl 환경설정
Process1 절차 실행
Process2 절차 실행
Process3 절차 실행
```

정리

- 업무 처리 절차
  - setConfig(), addPrcesses() 추상 메소드를 정의
    - ▶ 사용하는 곳에서 로직을 처리하기 위함
  - main() 함수에서 메인 로직 처리를 한다.
    - ▶ 이 부분은 하위 클래스 구성에 있어 굳이 알 필요가 없는 핵심 로직 부분이다.
  - 추상 클래스는 하위 클래스에서 처리해야 할 로직을 미리 구성함으로써 하위 클래스는 관심사에만 집중하여 처리할 수 있도록 할 수 있다.
    - ▶ 여기서 하위 클래스는 MainProcessImpl 클래스가 된다.

- MainProcessImpl 클래스의 사용 절차
  - [1] 외부에서 환경 설정을 위해 setConfig() 함수의 로직을 구현한다.
  - [2] 외부에서 처리 로직을 등록하고자 Process1, Process2, Process3 클래스를 정의 후 addProcesses() 함수에서 객체 등록을 위한 로직을 구현한다.
  - [3] main() 함수 호출하여 메인 로직을 실행한다.
- 이번 학습에서의 추상 클래스 사용 목적
  - 절차 상의 로직 처리를 추상 클래스에서 처리하고, 자식 클래스에서는 필요한 기능만 구현하면 된다.
    - ▸ 복잡한 절차를 추상 클래스에서 구현함으로써 절차를 고려할 필요가 없다.
    - ▸ 추상 메소드를 재정의함으로써 절차에 필요한 기능을 구현하면 된다.
  - 동일한 업무를 개발 환경이 다른 환경에서 처리하기 위한 프레임워크에 많이 사용된다.
    - ▸ 추상 클래스를 이용하여 개발 환경 설정
    - ▸ 업무 처리를 위한 메인 로직 작성
    - ▸ 동일한 업무 처리를 위한 클래스 구현

9.4 | 익명 클래스

수준	중요 포인트 및 학습 가이드(※)
하	1. 익명 클래스 객체 생성 ※ 익명 클래스의 객체 생성은 상속, 인터페이스, 추상 클래스를 학습하면서 설명하였기 때문에 쉽게 이해할 수 있을 것이다. 그리고 이후에 19장 람다 파트와도 연결되므로 확실히 정리하여 이해하도록 하자.
중	2. 익명 클래스에서 제네릭스의 활용 ※ 익명 클래스도 제네릭 타입을 사용할 수 있으며 사용하기 위한 방법을 반드시 숙지해야 한다.

9.4.01 익명 클래스 객체 생성

학습 목표	• 지금까지 익명 클래스에 대해 상속, 인터페이스, 추상 클래스를 통하여 사용된 익명 클래스를 전체적으로 정리하고자 한다.

개념	• 익명 클래스란? – 말 그대로 클래스명이 존재하지 않으며 클래스 정의와 함께 객체를 생성한다. – 클래스명이 존재하지 않기 때문에 '익명 클래스'라 하며 클래스 정의와 함께 객체를 생성한다.
정의 방법	타입 변수명 = new 타입() { /** 클래스 내부 */ } • 클래스 정의 구간은 '{ /** 클래스 내부 */ }'이며 '타입'으로는 일반 클래스, 인터페이스, 추상 클래스가 올 수 있다. • 일반 클래스와 추상 클래스를 이용한 익명 클래스는 상속의 개념과 동일하다. – 내부에서 '타입'에 정의된 함수를 재정의(Override)할 수 있다. • 추상 메소드의 구현은 인터페이스와 추상 클래스를 익명 클래스로 정의할 경우 반드시 재정의(Override) 해야 한다.
사용 목적	• 객체 구현의 편의성 – 일반적으로 클래스를 정의 후 사용해야 하는 데 1회성으로 사용하는 타입의 경우 클래스 정의를 하지 않고 간단히 익명 클래스로 타입을 정의 후 객체 생성을 할 수 있다.

처리 방법 [1]	• 익명 클래스의 객체 생성 및 재정의를 위해 일반 클래스를 다음과 같이 정의하였다.
	
	public class A {
	        public void method1() { System.out.println("method1() 함수 정의 "); }
	}
	
	• A 클래스의 일반적인 객체 생성
	– 익명 클래스를 이용하지 않은 기본 생성자 함수를 이용한 A 타입의 객체 생성 방법이다.
	
	A a = new A();
	
	• 익명 클래스를 이용한 객체 생성 – 기본
	– 객체 생성자 함수 옆에 '{ }'를 붙이면 익명 클래스가 되며, 해당 구간이 클래스 내부 구간이 된다.
	
	A a = new A() {
	        /** 클래스 내부구간 */
	};
	
	• 익명 클래스를 이용한 객체 생성 – 함수 재정의
	– 일반 클래스를 '익명 클래스'로 만드는 가장 큰 목적은 함수 재정의와 같은 내부 변경이 필요해서이며, 상속의 개념과 동일하다.
	– 추상 클래스 역시 일반 클래스와 같이 추상 메소드가 아닌 일반 함수는 필요할 경우 재정의해서 사용할 수 있다.
	
	A a = new A() {
	        @Override

<table>
<tr><td></td><td>

```
        public void method1(){ System.out.println("method1() 함수 재정의 "); }
};
```

</td></tr>
<tr><td>처리
방법
[2]</td><td>

• 익명 클래스의 객체 생성 및 재정의를 위해 인터페이스를 다음과 같이 정의하였다.

```
public interface B {
        public void method1();
}
```

• B 타입 객체 생성
– B 타입 객체 생성은 B 인터페이스를 구현한 클래스에서 생성 가능하며, 이를 익명 클래스를 이용하여 생성할 수 있다.
– 반드시 인터페이스의 추상 메소드는 반드시 재정의되어야 한다.
– 추상 클래스의 '추상 메소드' 역시 반드시 인터페이스와 같이 재정의해야 한다.

```
B b = new B() {
        @Override
        public void method1(){ System.out.println("method1() 함수 재정의 "); }
}
```

</td></tr>
</table>

9.4.02 익명 클래스에서 제네릭스의 활용

<table>
<tr><td>학습
목표</td><td>• 클래스 또는 인터페이스에 정의된 제네릭스를 익명 클래스 정의 시 활용하기 위한 방법을 이해하도록 한다.</td></tr>
<tr><td rowspan="2">정의
방법</td><td>타입<제네릭타입> 변수명 = new 타입<제네릭타입>() { /** 클래스 내부 */ }

• 일반적으로 타입에 제네릭스가 정의되어 있는 경우, 위와 같이 제네릭스를 이용하여 익명 클래스를 이용하여 정의할 수 있다.</td></tr>
<tr><td>타입<제네릭타입> 변수명 = new 타입<>() { /** 클래스 내부 */ }

• 자바 1.9 버전부터는 두 번째의 제네릭 타입명을 생략할 수 있으며 컴파일 시 자동으로 제네릭 타입명을 추론한다.</td></tr>
<tr><td>처리
방법</td><td>

• 제네릭스를 고려한 익명 클래스의 객체 생성 및 재정의를 위해 인터페이스를 다음과 같이 정의했다.

```
public interface A<T> {
        public T[ ] method1(T... t);
}
```

</td></tr>
</table>

- 제네릭스를 고려한 A 타입 객체 생성
  - 다음 함수는 n개의 자료를 받아 와 이를 배열로 반환하는 함수를 구현한 것이다.
  - 익명 클래스에서도 타입명에 제네릭 타입을 다음과 같이 명시할 수 있다.

```
A<Integer> a = new A<Integer>() {
        @Override
        public Integer[] method1(Integer... data) {
                System.out.println("method1() 함수 재정의 ");
                return data;
        }
}
Integer value = a.method1(1,2,3,4,5);
```

- 제네릭스를 고려한 A 타입 객체 생성
  - 두 번째 제네릭 타입명을 생략할 수 있으며 '< >'만 명시하면 된다.

```
A<Integer> a = new A<>(){
        @Override
        public Integer[] method1(Integer... data){
                System.out.println("method1() 함수 재정의 ");
                return data;
        }
}
Integer value = a.method1(1,2,3,4,5);
```

10장. 예외 처리

어서 오세요

본 장에서는 프로그래밍 과정에서 발생 가능한 각종 오류들에 대한 처리 방법들을 살펴봅니다. '예외(Exception)'와 '오류(Error)', '런타임예외(RuntimeException)' 등 종류별 예외 타입에 대한 프로그래밍 처리 방법과 사용 목적을 알아보고, 그 외에 해당하는 사용자 정의 예외 타입의 정의 및 사용법까지 살펴보겠습니다.

10.1 예외 처리

수준	중요 포인트 및 학습 가이드(※)
하	1. 예제 무조건 따라하기 ※ 'throws'를 이용한 예외 처리와 'try-catch-finally' 블록을 이용한 예외 처리를 이해해야 한다.
하	2. 예외 처리의 개념 및 사용 목적 – 예외 타입은 Throwable 클래스를 상속한 클래스이며, 대표적으로 Exception, Error, RuntimeException 클래스가 있다. ▸ Exception은 Error, RuntimeException 타입 또는 하위 타입을 제외한 모든 클래스이며, 반드시 예외 처리를 해야 한다. ▸ Error 타입은 예외 처리를 할 수 있으나, 해당 에러의 경우 시스템의 치명적인 에러로 인해 시스템을 유지시키기가 힘들다. ▸ RuntimeException 타입은 개발자의 실수로 인해 발생하는 오류로 주로 소스 수정을 통하여 오류를 개선하기 때문에 대개 예외 처리를 하지 않는다. ※ 예외 처리의 개념 및 사용 목적, 종류별로 가볍게 이해하도록 한다.
하	3. 'try-catch-finally'를 이용한 예외 처리 – 예외 처리는 'try-catch-finally' 블록을 이용하여 직접 처리할 수 있다. ▸ try 블록은 업무 로직을 처리하는 구간이다. ▸ catch 블록은 해당 예외 발생 시 처리하는 구간이다. ▸ finally 블록은 try 블록과 catch 블록 이후 실행되는 구간이며, 에러에 관계없이 무조건 실행된다. ※ 'try-catch-finally' 블록의 정의 방법을 이해하고 구현할 수 있어야 한다.
하	4. 'throws'를 이용한 예외 선언 – 예외 위임 – 예외 선언은 함수에 'throws' 키워드를 이용하여 선언하며, 예외 처리를 위임한다. ▸ 해당 함수를 사용하는 곳에서 예외 처리를 하거나, 다시 위임할 수 있다. ▸ 위임의 목적은 사용자가 직접 예외 처리를 하고자 할 때 사용된다. ※ 'throws' 키워드를 이용한 예외 선언에 대한 전체적인 이해를 해야 한다.
하	5. 이클립스에서 예외 처리 조작하기 ※ 이클립스의 소스 자동 코딩법을 가볍게 숙지하도록 하자.
하	6. 'throw'를 이용한 고의 예외 발생 – '사용자 고의 에러'는 'throw' 키워드를 이용하여 발생시킬 수 있다. ※ 고의 에러 발생을 시키는 사용 목적과 방법을 반드시 이해하도록 한다.

하	7. 사용자 정의 예외 타입 정의 및 사용 방법 – 사용자 예외 타입은 'Throwable' 클래스 또는 그 하위 타입을 상속받아 정의할 수 있다. ※ 사용자 정의 예외타입을 정의방법과 사용방법을 반드시 이해해야 한다.
하	8. 예외 처리 주요 함수 ※ 'e.printStackTrace()' 함수를 직접 구현하는 수준으로 함수를 학습하면 되며 굳이 외울 필요가 없다.

10.1.01 예제 무조건 따라하기

학습 목표	• 파일 읽기 로직 처리에서 예외 처리를 위한 방법을 간단히 이해하고 넘어가도록 한다. – 'throws'를 이용한 예외 처리 – 'try–catch–finally' 블록을 이용한 예외 처리 ※ 2개의 예문은 읽기 작업을 위한 처리 과정을 나타냈으며, 읽기 작업을 위한 클래스는 15장 '파일 IO' 파트에서 상세하게 학습할 계획이므로 클래스는 예습을 하는 수준으로 가볍게 이해하고 넘어가도록 하자.
학습 절차	**1. ch10.part01.main1.FileRead1 클래스 정의** – 읽기 함수 정의 : throws를 이용한 IOException 예외 처리 ▸ 읽기 절차 1 : 읽기 객체 생성 ▸ 읽기 절차 2 : 파일 읽기 ▸ 읽기 절차 3 : 파일 읽기 종료 – fr.read()에서 예외 선언된 부분의 처리를 위해 main() 함수에 예외 선언 ▸ 파일 경로 설정 후 파일 읽기 **2. ch10.part01.main1.FileRead2 클래스 정의** – 읽기 객체 선언 – 예외 처리를 위한 try–catch–finally 구문 ▸ 읽기 절차 1 : 읽기 객체 생성 ▸ 읽기 절차 2 : 파일 읽기 ▸ 해당 파일의 경로에 파일이 없는 경우에 에러 처리 구간 ▸ 스트림을 이용하여 읽기/쓰기 작업 시 발생하는 에러 처리 구간 ▸ 읽기 절차 3 : 파일 읽기 종료 – 메인 함수 정의 ▸ 경로 설정 후 파일 읽기

	1. ch10.part01.main1.FileRead1 클래스 정의 – 'throws' 예외 선언을 이용한 예외 처리 방법
사용 예문	(code below)

```
package ch10.part01.main1;

import java.io.BufferedReader;
import java.io.FileNotFoundException;
import java.io.FileReader;
import java.io.IOException;

public class FileRead1 {
    /** 읽기함수 정의 – 『throws를 이용한 IOException 예외처리』 */
    public static void read(String path) throws FileNotFoundException, IOException {

        /** 읽기절차1 : 읽기객체생성 */
        BufferedReader br = new BufferedReader(new FileReader(path));

        /** 읽기절차2 : 파일읽기 */
        while (true) {
            String readLine = br.readLine();
            if (readLine == null)
                break;
            System.out.println(readLine);
        }

        /** 읽기절차3 : 파일읽기종료 */
        br.close();
    }

    /** fr.read()에서 예외선언된 부분의 예외처리를 위해 main() 함수에 예외선언 */
    public static void main(String[] args) throws FileNotFoundException, IOException {

        /** 파일경로설정 후 파일읽기 */
        String path = "src/ch10/part01/main1/FileRead1.java";
        FileRead1 fr = new FileRead1();
        fr.read(path);
    }
}
```

	2. ch10.part01.main1.FileRead2 클래스 정의 – 'try-catch-finally' 블록을 이용한 예외 처리 방법

```
package ch10.part01.main1;
```

사용 예문

```
import java.io.BufferedReader;
import java.io.FileNotFoundException;
import java.io.FileReader;
import java.io.IOException;

public class FileRead2 {
    public static void read(String path) {

        /** 읽기객체선언 */
        BufferedReader br = null;

        /** 예외처리를 위한 try 구간 정의 */
        try {
            /** 읽기절차1 : 읽기객체생성 */
            br = new BufferedReader(new FileReader(path));

            /** 읽기절차2 : 파일읽기 */
            while (true) {
                String readLine = br.readLine();
                if (readLine == null)
                        break;
                System.out.println(readLine);
            }
        }
        /** 예외처리를 위한 catch 구간 정의 */
        catch (FileNotFoundException e) {
            /** 해당 파일의 경로에 파일이 없는 경우에 에러 처리 구간 */
            e.printStackTrace();
        } catch (IOException e) {
            /** 스트림을 이용하여 읽기/쓰기 작업 시 발생하는 에러 처리 구간 */
            e.printStackTrace();
        }

        /** 예외처리를 위한 finally 구간 정의 */
        finally {
            /** 읽기절차3 : 파일읽기종료 */
            try {
                if (br != null)     br.close();
            } catch (IOException e) {
                e.printStackTrace();
            }
        }
    }
```

```
	public static void main(String[] args) {
		/** 경로설정 후 파일읽기 */
		String path = "src/ch10/part01/main1/FileRead2.java";
		FileRead2 fr = new FileRead2();
		fr.read(path);
	}
}
```

결과

※ 두 개의 클래스 모두 해당 클래스의 소스가 콘솔 화면에 출력될 경우 모두 성공한 것이다.

소스 설명

1. ch10.part01.main1.FileRead1 클래스 정의

▶ public static void read(String path) throws FileNotFoundException, IOException{

- 해당 함수는 'throws' 키워드를 이용하여 '예외 선언'한 함수이다.
- FileNotFoundException 예외 선언
  - 파일의 읽기 또는 쓰기 작업 시 해당 경로에 파일이 없는 경우 발생하는 예외 선언
  - 예외 선언 코드 : throws FileNotFoundException
- IOException 예외 선언
  - 내부에서 파일 읽기 또는 쓰기 과정에서 에러 발생에 대한 예외 선언
  - 예외 선언 코드 : throws IOException
- 예외 선언
  - 중복 선언을 위해 콤마(',')를 이용하여 처리함
  - FileNotFoundException 클래스의 상위 클래스가 IOException 클래스이므로, IOException 예외 선언만 하더라도 코드에 지장이 없다.
- 이 함수를 사용하는 곳에서 반드시 IOException에 대한 예외 처리를 해야 함
  - 메인 함수에서 해당 함수를 사용하며, 이곳에서 예외 처리를 위해 '예외 선언'으로 처리

▶ BufferedReader br = new BufferedReader(new FileReader(path));

- 파일의 경로를 이용하여 파일 읽기 객체를 생성
- 클래스 설명

1. FileReader : 파일의 '읽기/쓰기' 처리를 위한 클래스
   - 읽기 작업 시 'byte' 또는 'byte[]' 단위로 파일을 읽어 옴
2. BufferedReader : 효율적인 읽기 작업을 위한 클래스
   - 객체 생성 시 FileReader 객체를 생성자 파라미터로 사용하였다.
   - 해당 객체를 이용하면 라인 단위로도 자료를 읽어 올 수 있다.
     - ▸ String readLine = br.readLine();

- 해당 객체 생성 시 해당 경로에 파일이 없을 경우 FileNotFoundException 예외가 발생한다.

▶ String readLine = br.readLine();

- 물리 경로에 있는 파일에 접근하여 라인 단위로 파일 내용을 읽어 온다.
- 파일을 모두 읽을 경우 readLine의 값이 'null'을 반환하기 때문에 무한 루프로 읽은 후 해당 값이 'null'인 경우 루프를 벗어나도록 처리하였다.
- 읽기 작업 시 오류가 발생할 경우 IOException 예외가 발생한다.

▶ br.close();

- 읽기 작업이 끝난 후 종료를 위한 함수이다.
- close() 함수 호출 시 오류가 발생할 경우 IOException 예외가 발생한다.

2. ch10.part01.main1.FileRead2 클래스 정의

소스 설명

▶ try {

```
try {
        /** 로직 처리 구간 */
} catch ( FileNotFoundException e) {
        /** FileNotFoundException 예외 발생 시 처리 구간 */
} catch ( IOException e) {
        /** IOException 예외 발생 시 처리 구간 */
} finally {
        /** try-catch 구간 실행 후 반드시 실행이 되는 로직 구간 */
}
```

- 'try' 블록 내의 구간은 로직 처리 구간이며, 예외 발생 시 'catch' 블록으로 이동한다.
- 'catch' 블록은 예외 발생 시 해당 예외 타입의 내부 로직이 실행되며, 예외 타입은 위에서 아래로 순서대로 검사 후 예외 조건에 해당하는 예외 처리 구간을 실행하게 된다.
- 'finally' 구간은 try–catch 구간 실행 후 반드시 실행되는 구간이다.
  - 'try–catch' 내부에서 'return'이 실행되어도 'finally' 구간은 실행한다.

▶ e.printStackTrace();

- 'e'는 예외 타입 객체이다.
- printStackTrace() 함수는 소스 코드가 실행되면서 에러가 발생되는 시점의 소스 코드 및 에러 발생 사유를 나타낸다.
  - e.printStackTrace() 명령을 통하여 존재하지 않는 파일의 경로를 설정할 경우 다음과 같이 예외 발생 사유를 확인할 수 있다.

```
java.io.FileNotFoundException: src₩ch10₩part01₩main1₩FileRead21.java (지정된 파일을 찾을 수 없습니다)
    at java.io.FileInputStream.open0(Native Method)
    at java.io.FileInputStream.open(Unknown Source)
```

```
at java.io.FileInputStream.<init>(Unknown Source)
at java.io.FileInputStream.<init>(Unknown Source)
at java.io.FileReader.<init>(Unknown Source)
at ch10.part01.main1.FileRead2.read(FileRead2.java:13)
at ch10.part01.main1.FileRead2.main(FileRead2.java:40)
```

정리	• 이번 장에서는 단순히 예외 처리의 방법을 두 가지로 표현하는 예제를 나타내었다. – [1] 'throws'를 이용한 예외 처리 ▸ 이 함수를 사용하는 곳에서 예외 처리를 해야 한다. · 예외 처리를 사용하는 곳에 위임을 하겠다는 뜻이다. – [2] 'try–catch–finally'를 이용한 예외 처리 ▸ 직접 예외 처리에 대한 로직을 구현해야 한다. · 사용하는 곳에 예외를 넘기지 않고 직접 예외 처리를 하겠다는 뜻이다. – 자세한 내용은 이후 학습부터 하나씩 나타낼 예정이다.

10.1.02 예외 처리의 개념 및 사용 목적

개념 설명	• 에러란 – 프로그램에서 문법적 또는 논리적인 오류로 인해 처리 로직을 더 이상 실행할 수 없도록 하는 원인을 말한다. • 예외 처리란 – 에러 발생 시 시스템의 실행은 그대로 유지시키면서 오류를 처리할 수 있도록 구성된 별도의 로직을 말한다.
사용 목적	• 시스템 정상 유지 가능 – 예외 처리를 통하여 시스템의 에러로 인한 정지를 막을 수 있다. • 오류 원인 파악 – 에러 정보를 이용하여 오류가 발생하는 원인을 파악할 수 있다. – 알 수 있는 정보 ▸ 발생 에러 메시지 ▸ 에러 타입, 함수명, 소스 코드의 라인 번호 • 오류 이력 관리 – 에러에 대한 정보를 데이터베이스에 저장하여 향후 원인 분석을 할 수 있도록 한다.

<table>
<tr><td>종류</td><td>• Error 타입 또는 하위 타입
– 예외 처리는 할 수 있으나, 시스템 상의 치명적인 오류로 인해 유지가 불가능한 에러이다.
– 에러 발생 시 일반적으로 시스템을 재기동해야 한다.
〈오류 예〉
▶ OutOfMemeoryError : 힙 메모리 초과 오류
▶ StackOverflowError : 스택 메모리 초과 오류
▶ ClassCircularityError : 클래스 간 참조 무한 반복 오류

• RuntimeException 타입 또는 하위 타입
– 오류 발생 시 주로 예외 처리보다는 소스 코드를 수정하여 처리한다.
– 주로 해당 예외에 관한 분기 처리를 예외 처리 구간이 아닌 로직 상에서 처리한다.
〈오류 예〉
▶ ArithMeticException : '0'으로 나누기
▶ NullPointerException : null 객체의 구성 요소 접근
▶ ArrayIndexOutOfBoundException : 배열 인덱스 범위 초과
▶ NumberFormatException : 문자열의 숫자 변환 오류

• RuntimeException, Error 타입을 제외한 Exception 타입 또는 하위 타입
– 반드시 예외 처리를 해야 하며 주로 예외 구간에서 처리한다.
〈오류 예〉
▶ FileNotFoundException : 존재하지 않는 파일 접근
▶ IOExceptioon : 파일 입출력 시 발생 에러
▶ ClassNotFoundException : 존재하지 않는 클래스 접근</td></tr>
</table>

10.1.03 'try–catch–finally'를 이용한 예외 처리

<table>
<tr><td>학습 목표</td><td>• 'try–catch–finally'를 이용한 예외 처리의 전체적인 이해를 하도록 한다.</td></tr>
<tr><td>사용 목적</td><td>• 에러 발생 시 예외 처리를 위한 방법
▶ 예외 처리를 해당 구간에서 직접 처리하기</td></tr>
<tr><td>처리 방법</td><td>• 예외 기본 처리 정의
try {
        /** 업무로직 처리 구간 */</td></tr>
</table>

	} catch (예외타입1 e) {
	/** 에러발생 시 로직처리 구간 */
	} finally {
	/** 에러유무에 관계없이 마무리 작업 위한 로직처리 구간 */
	}
	
	• 예외 복수 처리 정의 [1] – 'catch' 구간을 반복 예외 타입 복수 처리
	try {
	/** 업무로직 처리 구간 */
	} catch (예외타입1 e) {
	/** 에러발생 시 로직처리 구간 */
	} catch (예외타입2 e) {
	/** 에러발생 시 로직처리 구간 */
	} finally {
	/** 에러유무에 관계없이 마무리 작업 위한 로직처리 구간 */
	}
	
	• 예외 복수 처리 정의 [2] – '|' 연산자를 이용한 예외 타입 복수 처리
	try {
	/** 업무로직 처리 구간 */
	} catch (예외타입1 | 예외타입2 e) {
	/** 에러발생 시 로직처리 구간 */
	} finally {
	/** 에러유무에 관계없이 마무리 작업 위한 로직처리 구간 */
	}

구성 내용	• 'try' 블록 – 업무 로직 처리 구간 • 'catch' 블록 – 에러 발생 시 로직 처리 구간 – 예외 타입은 1개 이상 정의가 가능하다. ▸ 'catch' 구간을 반복해서 정의할 수 있다. ▸ 예외 타입을 '|' 연산자를 이용하여 중복해서 선언할 수 있다. • 'finally' 블록 – 에러 유무에 관계없이 마무리 작업 위한 로직 처리 구간 – 생략이 가능하다.
처리 순서	• 정상 처리 시 – 'try' 구간 실행 ▷ 'finally' 구간 실행

	• 에러 발생 시 – 'try' 구간 실행 ▷ 'catch' 구간 실행 ▷ 'finally' 구간 실행
학습 절차	**1. ch10.part01.main3.ProductVo 클래스 정의** – productNo, productName, price 전역변수 정의 – getter setter 함수 정의 – toString() 함수 재정의(Override) **2. ch10.part01.main3.TestMain 클래스 정의** – read() 함수 정의 ▸ try 블록 – 업무 로직 처리 구간 · 리플렉션을 이용한 Class 타입 객체 생성 · 리플렉션을 이용한 객체 생성 ▸ catch 블록 – 에러 발생 시 로직 처리 구간 ▸ finally 블록 – 에러 유무에 관계없이 마무리 작업 위한 로직 처리 구간 – 메인 함수 정의 ▸ 객체 생성 및 read() 함수 호출

사용 예문

1. ch10.part01.main3.ProductVo 클래스 정의

```
package ch10.part01.main3;

public class ProductVo {

    /** productNo, productName, price 전역변수 정의 */
    private String productNo;
    private String productName;
    private int price;

    /** getter setter 함수 정의 */
    public String getProductNo(){return productNo;}
    public void setProductNo(String productNo){this.productNo = productNo;}
    public String getProductName(){return productName;}
    public void setProductName(String productName){
        this.productName = productName;
    }
    public int getPrice(){return price;}
    public void setPrice(int price){this.price = price;}

    /** toString() 함수 재정의(Override) */
```

```
    @Override
    public String toString() {
        return "ProductVo [productNo=" + productNo + ", productName="
                + productName + ", price=" + price + "]";
    }
}
```

	2. ch10.part01.main3.TestMain 클래스 정의
사용 예문	(code below)

```
package ch10.part01.main3;

public class TestMain {
    public void read() {
        try {
            /** try 블록 – 업무로직 처리 구간 */

            /** 리플렉션을 이용한 Class 타입 객체생성 */
            Class forName = Class.forName("ch10.part01.main3.ProductVo");

            /** 리플렉션을 이용한 객체생성 */
            ProductVo vo = (ProductVo) forName.newInstance();
            vo.setProductNo("a001");
            vo.setProductName("아메리카노");
            vo.setPrice(4000);
            System.out.println("객체생성 : " + vo);

        } catch (ClassNotFoundException e) {
            /** catch 블록 – 에러발생 시 로직처리 구간 */
            e.printStackTrace();
        } catch (InstantiationException e) {
            /** catch 블록 – 에러발생 시 로직처리 구간 */
            e.printStackTrace();
        } catch (IllegalAccessException e) {
            /** catch 블록 – 에러발생 시 로직처리 구간 */
            e.printStackTrace();
        } finally {
            /** finally 처리 구간 */
            System.out.println("마무리 구간 [로직생략가능]");
        }
    }

    /** 메인함수 실행 */
    public static void main(String[] args) {
```

```
            /** 객체생성 및 read() 함수호출 */
            TestMain testMain = new TestMain();
            testMain.read();
    }
}
```

결과	객체생성 : ProductVo [productNo=a001, productName=아메리카노, price=4000] 마무리 구간 [로직생략가능]
소스 설명	▶ Class forName = Class.forName("ch10.part01.main3.ProductVo"); • [복습] 리플렉션을 이용한 Class 타입 객체 생성 – 문자열로 된 클래스의 정보를 이용하여 Class 타입 객체 생성 – Class 타입을 이용하여 객체 생성, 속성 접근 및 설정, 함수 호출 등의 일을 할 수 있다. • 메모리에 해당 문자열로 된 클래스 정보가 없을 경우 ClassNotFoundException 에러가 발생한다. ▶ ProductVo vo = (ProductVo) forName.newInstance(); • [복습] Class 타입 객체를 이용하여 해당 객체 생성 – 호출 시 기본 생성자 함수를 이용하여 객체 생성한다. – 위의 코드는 아래의 코드와 같다. ProductVo vo = new ProductVo(); • ProductVo 클래스에서 기본 생성자 함수가 없을 경우 InstantiationException 에러가 발생한다. • ProductVo 클래스에서 생성자 함수가 'private'과 같이 접근 제한이 된 경우, IllegalAccessException 에러가 발생한다. ▶ e.printStackTrace(); • 에러 발생 시 해당 에러에 대한 정보를 콘솔 화면에 나타내는 함수 – 에러 타입 정보 – 오류가 발생한 소스 코드의 라인 번호
설명	• 로직 처리 순서 – 에러 없을 경우 : 'try' 구간 ▷ 'finally' 구간 실행 – 에러 있을 경우 : 'try' 구간 ▷ 'catch' 구간 실행 ▷ 'finally' 구간 실행 ▸ 에러 발생 시 'try' 구간 실행 도중 에러 발생 지점에서 곧바로 'catch' 구간으로 이동한다. • 에러 발생 시 예외 타입 선택 – 해당 에러 타입을 갖는 'catch' 구간으로 이동 – '위 ▷ 아래', '왼쪽 ▷ 오른쪽' 정의된 순서대로 예외 타입을 비교

	• finally 블록 로직 실행 – 생략이 가능하며 마지막으로 무조건 실행된다. – 주로 종료 작업과 같은 마무리 작업 로직 구성을 한다.

■ 예외 처리 시 주의 사항 – 예외 타입은 상위 예외 타입이 우선할 수 없다.

번호	구분	소스코드 또는 설명

에러 발생 [1]	오류 코드	try {
		    ....
		} catch(IOException e){
		    ....
		} catch(ClassNotFoundException e){ /** 오류발생 */
		    ....
		}

	사유	• ClassNotFoundException의 부모 클래스는 IOException이다. – 예외 타입은 상위 예외 타입이 우선할 수 없다. – 하위 예외 타입을 우선 정의하면 된다.

	수정 코드	try {
		    ....
		} catch(ClassNotFoundException e){
		    ....
		} catch(IOException e){
		    ....
		}

에러 발생 [2]	오류 코드	try {
		    ....
		} catch(ClassNotFoundException | IOException e){ /** 오류발생 */
		    ....
		}

	사유	• ClassNotFoundException의 부모 클래스는 IOException이다. – 예외 타입은 상위/하위 예외 타입을 동시에 정의할 수 없다. – 하위 타입을 삭제한다.
	수정 코드	try { ....

		} catch(IOException e){
		....
		}

10.1.04 'throws'를 이용한 예외 선언 – 예외 위임

학습 목표	• 'throws' 키워드를 이용한 예외 선언에 대한 전체적인 이해를 하도록 한다.

처리 방법	• 예외 기본 처리 정의
	– 'throws' 키워드를 함수명() 뒤에 명시하여 예외 타입을 정의
	제한자 반환 타입 함수명(파라미터) throws 예외 타입 {
	/** 함수 처리 로직 구간 */
	}
	• 예외 복수 처리 정의
	– 두 개 이상의 예외 타입을 정의할 수 있으며, 콤마(',')로 연결한다.
	제한자 반환 타입 함수명(파라미터) throws 예외 타입 1, 예외 타입 2 {
	/** 함수 처리 로직 구간 */
	}

특징	• 예외 처리를 해당 함수에서 구현하지 않으며 해당 함수를 사용하는 곳에서 예외 처리를 해야 한다. • 에러 발생 시 해당 함수에서 로직 처리를 하지 않고 곧바로 에러 처리 구간으로 이동한다. – 에러 발생 시 로직을 끝까지 처리하지 않는다. • 함수 및 생성자 함수에 사용이 가능하다.
사용 목적	• 'try–catch–finally' 블록의 경우 함수 내에서 로직 처리 시 에러가 발생하면 내부에서 로직 처리가 된다. – 사용자가 알 필요가 없는 오류는 내부에서 직접 처리할 필요가 있다. • 'throws'를 이용한 예외 선언의 경우 내부에서 에러를 **직접 처리하지 않고** 위임하여 이 함수를 사용하는 코드에서 로직 처리하도록 한다. – 사용자가 에러 발생에 따라 예외 처리가 필요할 때 내부에서 에러 처리를 하지 않고 위임하여 사용하는 쪽에서 처리할 수 있도록 정의해야 한다.
학습 절차	**1. ch10.part01.main3.ProductVo 클래스 정의** ※ 바로 앞에서 학습한 ch10.part01.main3.ProductVo 클래스를 사용하도록 한다.

2. ch10.part01.main4.TestMain 클래스 정의

- read() 함수 정의
  - ▸ 리플렉션을 이용한 Class 타입 객체 생성
  - ▸ 리플렉션을 이용한 객체 생성
- 메인 함수 정의
  - ▸ read() 함수 사용 〉 사용하는 곳에서 예외 처리를 한다.

2. ch10.part01.main4.TestMain 클래스 정의

사용 예문

```
package ch10.part01.main4;

import ch10.part01.main3.ProductVo;

public class TestMain {

    /** read() 함수 정의 */
    public void read() throws ClassNotFoundException, InstantiationException, IllegalAccessException {
        /** 리플렉션을 이용한 Class 타입 객체생성 */
        Class forName = Class.forName("ch10.part01.main1.ProductVo");
        /** 리플렉션을 이용한 객체생성 */
        ProductVo vo = (ProductVo) forName.newInstance();
        vo.setProductNo("a001");
        vo.setProductName("아메리카노");
        vo.setPrice(4000);
        System.out.println("객체생성 : " + vo);
    }

    /** 메인함수 정의 */
    public static void main(String[] args) {
        /** read() 함수사용 ☞ 사용하는 곳에서 예외처리를 한다. */
        try {
            TestMain testMain = new TestMain();
            testMain.read();
        } catch (ClassNotFoundException e) {
            e.printStackTrace();
        } catch (InstantiationException e) {
            e.printStackTrace();
        } catch (IllegalAccessException e) {
            e.printStackTrace();
        } finally {
```

	System.out.println("마무리 구간 [로직생략가능]"); } } }
결과	객체생성 : ProductVo [productNo=a001, productName=아메리카노, price=4000] 마무리 구간 [로직 생략가능]
소스 설명	▶ public void read() throws ClassNotFoundException, InstantiationException, IllegalAccessException { • 예외 위임 처리 – 'throws' 키워드를 이용 – read() 함수를 이용하는 곳에서 예외 처리하도록 위임 – ClassNotFoundException, InstantiationException, IllegalAccessException 에러 발생 시 read() 함수를 사용하는 곳에서 예외 처리를 해야 한다. – 현재 read() 함수를 사용하는 곳은 동일 클래스의 메인 함수이다.
정리	• 분석 결과 – read() 함수에서 예외를 선언하였기 때문에 메인 함수에서 read() 함수를 사용할 때 'try-catch-finally' 블록을 이용하여 예외 처리한 것을 확인할 수 있다. – 메인 함수에서도 예외를 'throws'를 이용하여 위임할 수 있다.

10.1.05 이클립스에서 예외 처리 조작하기

사용 목적	• 사용하는 함수가 예외 처리가 필요한 경우 이클립스에서는 다음과 같이 빨간색 밑줄로 표시된다. 이때 마우스로 해당 라인에 접근 시 에러 처리에 대한 가이드가 나타나며 이에 대한 조작을 반드시 알아둘 필요가 있다. Class<?> forName = Class.forName("ch10.part01.main1.ProductVo"); ProductVo vo = (ProductVo) forName.newInstance();
처리 방법	• Add throws declaration – 'throws' 키워드를 이용하여 해당 로직의 함수에 예외 타입을 선언 • Surround with try/catch – 'try-catch-finally' 블록을 만들어 해당 로직에 예외 처리 – 예외 타입이 여러 개의 경우 해당 수만큼 catch 블록을 만들어 이어쓰기 함

	• Surround with try/multi-catch – 'try-catch-finally' 블록을 만들어 해당 로직에 예외 처리 – 예외 타입이 여러 개의 경우 하나의 catch 블록을 만들어 이어쓰기 함 • Add catch clause to surrounding try – 'try-catch-finally'가 이미 있는 경우 예외 타입을 담은 새로운 catch 블록을 만들어 이어서 나타내기 • Add exceptions to existing catch clause – 'try-catch-finally'가 이미 있는 경우 예외 타입을 기존의 catch() 블록에 연속하여 나타내기

10.1.06 'throw'를 이용한 고의 예외 발생

학습 목표	• 고의 에러 발생을 시키기 위한 사용 목적과 방법을 이해하도록 한다.
처리 방법	• 고의 예외 발생 처리 방법 – 처리를 하기 위해서는 'throw' 키워드를 이용하여 처리할 수 있다. – 해당 처리를 할 경우 반드시 함수에 해당 '예외 타입 객체'를 선언해야 한다. – 로직 내부에서 사용할 수 있으며 업무 상의 처리 과정에서도 허용되지 않는 결과가 있을 경우 고의로 에러를 발생시킬 수 있다. – 처리 절차 ▸ [절차 1] 고의 예외 발생 로직 작성한다. ▸ [절차 2] 함수에 해당 예외를 위임한다. throw 예외 타입 객체;
사용 목적	• 지금까지의 예문에서 특정 함수를 사용 시 해당 함수가 'throws' 처리된 함수의 경우, 직접 처리 또는 위임을 이용하여 반드시 예외 처리를 해야 한다. – 만약 특정 로직에서 에러를 발생시키고 싶다면 어떻게 해야 할까? ▸ 'throw' 키워드를 이용하여 고의적으로 예외를 발생시킬 수 있다.
학습 절차	**ch10.part01.main6.TestMain 클래스 정의** – read() 함수 정의 : [절차 2] 예외를 위임 ▸ 파일 관리를 위한 File 객체 생성 및 존재 여부 확인 ▸ [절차 1] 예외 발생시키기 · FileNotFoundException 객체 생성 및 고의 에러 발생 – 메인 함수 정의 ▸ read() 함수를 사용 시 예외처리 – 존재하지 않는 파일을 설정

사용 예문

```
package ch10.part01.main6;

import java.io.File;
import java.io.FileNotFoundException;

public class TestMain {

    /** read() 함수 정의 – 【절차2】 예외를 위임 */
    public void read(String path) throws FileNotFoundException {

        /** 파일관리를 위한 File 객체생성 및 존재여부 확인 */
        File file = new File(path);
        boolean exists = file.exists();
        if (exists == false) {
            System.out.println("파일 존재 안함");
            /** 【절차1】 예외 발생시키기 */
            throw new FileNotFoundException("해당 파일이 존재하지 않습니다.");
        } else {
            System.out.println("파일 존재함");
        }
    }

    /** 메인함수 정의 */
    public static void main(String[] args) {
        try {
            /** read() 함수를 사용 시 예외처리 – 존재하지 않는 파일을 설정 */
            new TestMain().read("d://test11.txt");
        } catch (FileNotFoundException e) {
            e.printStackTrace();
        }
    }
}
```

결과

```
파일 존재 안함
java.io.FileNotFoundException: 해당 파일이 존재하지 않습니다.
        at ch10.part01.main6.TestMain.read(TestMain.java:14)
        at ch10.part01.main6.TestMain.main(TestMain.java:23)
```

소스 설명

▶ File file = new File(path);
boolean exists = file.exists();

- 파일 시스템의 경로를 파라미터로 하여 해당 파일의 정보를 관리하기 위한 객체이다.
- exists() 함수는 해당 파일이 존재할 경우 true, 존재하지 않을 경우 false를 반환한다.

정리	• 분석 결과 – 파일이 존재하지 않을 경우 예외를 고의로 발생시키는 과정을 확인할 수 있다.

10.1.07 사용자 정의 예외 타입 정의 및 사용 방법

학습 목표	• 사용자 정의 예외 타입을 정의할 수 있도록 한다.

처리 방법	• 사용자 정의 예외 클래스 정의 방법
	– 정의 절차
	▸ [절차 1] 사용자 예외 클래스 정의
	▸ [절차 2] 예외 타입 상속 ex) 예외 타입 : Throwable, Exception, RuntimeException, ...
	public class 사용자 정의 클래스 extends Throwable {
	/** 내부 로직 정의 */
	}
	• 사용자 정의 예외 클래스 사용 방법
	– 사용 절차 : 에러를 고의로 발생시켜야 한다.
	▸ [절차 1] 'throw'를 이용한 예외 발생
	▸ [절차 2] 해당 함수 'throws'를 이용한 예외 선언
	public void method() throws 예외 타입 {
	...
	throw 예외 타입 객체;
	...
	}

사용 목적	• 지금까지의 예외 처리는 문법적 부분에서 오류 발생 시 나타나는 에러에 대한 처리를 주로 다루었음 • 만약에 사용자가 본인만의 오류를 발생시키고자 한다면 어떻게 해야 할까? 〈사용 예〉 ▸ 업무상 값이 음수인 경우 오류 발생 ▸ 특정 확장자의 파일이 아닌 경우 오류발생 ▷ 오류에 맞는 '사용자 정의 예외 타입'을 정의해야 함
학습 절차	**1. ch10.part01.main7.MyException 클래스 정의** – 생성자 함수 정의 ▸ 부모의 생성자 함수를 사용

2. ch10.part01.main7.TestMain 클래스 정의

- exec() 함수 정의 : MyException 예외 타입을 이용한 예외 처리 위임하기
  - ▸ typeCode 범위 초과 시 고의 예외 발생 처리
  - ▸ 메인 로직 처리하기
- 메인 함수 정의
  - ▸ [case 1] 정상 – typeCode 에러 없음
  - ▸ [case 2] 예외 발생 – typeCode 범위 초과
  - ▸ exec() 함수 사용 : 'try–catch–finally' 블록으로 예외 직접 처리

사용 예문

1. ch10.part01.main7.MyException 클래스 정의
– 사용자 예외 처리를 위한 클래스

```
package ch10.part01.main7;

public class MyException extends Throwable {

    /** 생성자함수 정의 */
    public MyException(String msg) {
            /** 부모의 생성자함수를 사용 */
            super(msg);
    }
}
```

2. ch10.part01.main7.TestMain 클래스 정의

```
package ch10.part01.main7;

public class TestMain {

    /** exec() 함수 정의 – MyException 예외타입을 이용한 예외처리 위임하기 */
    public static void exec(int typeCode) throws MyException {

            if (typeCode < 0) {
                    /** typeCode 범위초과 시 고의 예외발생처리 */
                    throw new MyException("타입코드는 0이상의 값이 입력되어야 합니다.");
            }

            /** 메인로직 처리하기 */
            System.out.println("메인로직 처리");
    }

    /** 메인함수 정의 */
    public static void main(String[] args) {
```

```
        /** 【case1】 정상 - typeCode 에러없음 */
        int typeCode = 1;

        /** 【case2】 예외발생 - typeCode 범위초과 */
        // typeCode = -1;

        /** exec() 함수사용 -『try-catch-finally』 블록으로 예외 직접처리 */
        try {
            TestMain.exec(typeCode);
        } catch (MyException e) {
            e.printStackTrace();
        }
    }
}
```

소스 설명

▶ public class MyException extends Throwable {

- Throwable 클래스는 예외 처리 클래스의 최상위 클래스이다.
- Throwable 클래스 외 모든 예외 타입의 클래스를 상속받을 수 있다.

ex1) public class MyException extends Exception {

ex2) public class MyException extends FileNotFoundException {

▶ public static void exec(int typeCode) throws MyException {

- MyException 예외 타입을 해당 함수를 사용하는 곳으로 예외를 위임함
- 'throws'를 이용하여 예외 처리를 위임함

▶ throw new MyException("타입코드는 0이상의 값이 입력되어야 합니다.");

- 'throw' 키워드를 이용하여 강제로 예외 발생

▶ try {

```
try {
        Test.exec(typeCode);
} catch (MyException e) {
        e.printStackTrace();
}
```

- exec() 함수는 정적(static) 함수이므로 '클래스명.함수명()' 형태로 호출된다.
- 메인 함수 내에서 'try-catch-finally' 블록을 이용하여 직접 로직 처리를 하였다.
- exec()의 파라미터를 조작하면서 에러를 발생시킬 수 있다.

결과

- **[case 1] 정상 - 에러 없음**

int typeCode = 1;

메인로직 처리

	• [case 2] 예외 발생 - typeCode – 주석을 해제하고 실행하여 typeCode의 값이 –1을 대입할 때 오류 발생 typeCode = 1;
	ch10.part01.main7.MyException: 타입 코드는 '0'이상의 값이 입력되어야 합니다. at ch10.part01.main7.TestMain.exec(TestMain.java:9) at ch10.part01.main7.TestMain.main(TestMain.java:27)

10.1.08 예외 처리 주요 함수

▣ java.lang.Throwable 클래스 API

콘솔 출력	**public void printStackTrace()** • 에러 정보를 콘솔 화면에 나타내는 함수
에러 정보	**public StackTraceElement[] getStackTrace()** • 에러 정보를 StackTraceElement 의 배열 타입으로 반환하는 함수
	public String getMessage() • 예외 타입에 정의된 에러 정보를 문자열로 반환하는 함수

▣ java.lang.StackTraceElement 클래스 API

타입 조회	**public String getClassName()** • 호출되는 소스 코드의 클래스명 반환
함수 조회	**public String getMethodName()** • 호출되는 소스 코드의 함수명을 반환
파일 조회	**public String getFileName()** • 호출되는 소스 코드의 파일명을 반환
라인 번호	**public int getLineNumber()** • 호출되는 소스 코드의 라인 번호를 반환

■ 'e.printStackTrace()' 결과 정보를 구현하기

학습 목표	• Throwable 클래스와 StackTraceElement 클래스의 주요 함수를 이해할 수 있다. – 'e.printStackTrace()' 결과 정보를 구현하기
사용 목적	• 'e.printStackTrace()' – 일반적으로 에러가 발생하면 예외 처리를 위해 이클립스 편집기에서는 자동으로 'e.printStackTrace()' 코드가 삽입된다. – 하지만 실제 운영되는 프로그램 상에서는 보안과 관련하여 사용하지 않도록 권고한다. ▸ 웹 프로그램의 경우 브라우저 화면에 에러가 노출될 경우 에러뿐만 아니라 소스 및 데이터베이스에 대한 불필요한 정보가 노출될 수 있기 때문에 외부 노출을 지양한다. • 에러 정보의 처리 – 데이터베이스 또는 파일에 저장 – 에러 정보를 저장하는 이유는 소스 코드의 어느 부분에서 오류가 일어나는지에 대한 정보를 이용하여 시스템을 수월하게 개선할 수 있기 때문이다. – 따라서 에러 정보를 담기 위해 'e.printStackTrace()' 함수 외에 다른 함수에 대해 알아야 한다.

사용 예문

```
package ch10.part01.main8;

public class TestMain {

    /** static method1() 함수 정의 – 고의 예외발생 */
    public static void method1() throws Exception {
        throw new Exception("method1 예외발생 테스트");
    }

    /** static method2() 함수 정의 */
    public static void method2() {
        try {

            /** method1() 함수호출에 의해 고의 예외발생되며 catch 문으로 이동 */
            method1();

        } catch (Exception e) {

            /** Exception 예외발생 시 처리로직 구간
              – 예외처리 주요함수로 『e.printStackTrace()』 구현하기
              – 콘솔에 저장되는 내용을 String으로 저장하기
            */
            String errMessage = "";
```

사용 예문

```
                /** 클래스명, 에러메시지 조회 */
                String name = e.getClass().getName();
                String message = e.getMessage();
                errMessage += name + " : " + message + "₩r₩n";

                StackTraceElement[] stackTrace = e.getStackTrace();
                for (StackTraceElement s : stackTrace) {

                    /** 클래스, 함수, 파일, 라인정보를 조회 */
                    String className = s.getClassName();
                    String methodName = s.getMethodName();
                    String fileName = s.getFileName();
                    int lineNumber = s.getLineNumber();

                    errMessage += "₩t at " + className + "." + methodName;
                    errMessage += "(" + fileName + ":" + lineNumber + ")₩r₩n";

                }

                /** 해당 에러 정보를 DB 또는 파일에 저장하면 된다. */
                System.err.println(errMessage);
            }
        }

        /** 메인 함수 정의 */
        public static void main(String[] args) {
            /** method2() 함수호출 */
            method2();
        }
}
```

결과

```
java.lang.Exception : method1 예외발생 테스트
        at ch10.part01.main8.TestMain.method1(TestMain.java:5)
        at ch10.part01.main8.TestMain.method2(TestMain.java:10)
        at ch10.part01.main8.TestMain.main(TestMain.java:39)
```

소스 설명

▶ System.err.println(errMessage);

- 에러가 발생할 경우 정보를 콘솔 화면에 출력하기 위해 사용된다.
- 이클립스의 경우 빨간색으로 정보가 출력된다.
- System.out.println() 함수와 유사하다.

10.2 | 예외 처리 시 주의 사항

수준	중요 포인트 및 학습 가이드(※)
중	1. 예외 처리 주의 사항 [1] – 에러 발생에 영향을 받는 로직은 동일한 try–catch 블록에 담아야 한다. – 에러가 발생하더라도 무조건 실행이 되어야 할 로직은 서로 다른 try–catch 블록에 담아야 한다. ※ 'try–catch–finally' 블록 내부에 같이 로직을 구현할지 아니면 각각의 'try–catch–finally' 블록으로 처리해야 할지에 대해 확실히 구분할 수 있어야 한다.
중	2. 예외 처리 주의 사항 [2] – 예외 처리(try–catch–finally)는 직접 내부에서 처리하며 해당 함수를 사용하는 사용자가 예외 처리를 제어할 수 없다. – 예외 선언(throws)은 예외를 사용자에게 위임시켜, 예외 처리에 대한 제어가 필요할 때 사용하게 한다. ※ 예외 처리와 예외 선언의 차이를 확실히 이해해야 한다.
하	3. 예외 처리 주의 사항 [3] – 'try' 블록 내부에 'return 문'을 사용할 경우 'finally' 블록까지 실행 후 해당 함수가 종료된다.

10.2.01 예외 처리 주의 사항 [1]

학습 목표	• 다음의 4가지 처리 방법에 대한 확실한 이해를 하도록 하며 개발 시 코드를 구분하여 예외 처리를 할 수 있도록 한다.
처리 방법	• [로직 처리 1]의 에러에 관계없이 [로직 처리 2]가 실행된다. – 서로 연관성이 없는 경우 서로 다른 try 블록에서 처리해야 한다.

```
try {
        /** 【로직처리1】 → 에러발생 시 【예외처리1】로 넘어간다. */
} catch (예외타입1 e) {
        /** 【예외처리1】 */
}
try {
        /** 【로직처리2】 → 에러발생 시 【예외처리2】로 넘어간다. */
} catch (예외타입2 e) {
        /** 【예외처리2】 */
}
```

처리 방법

- [로직 처리 1]이 에러 발생 시 [로직 처리 2]는 실행되지 않는다.
- 서로 연관성이 높은 경우 동일한 try 블록에서 처리해야 한다.

```
try {
        /** 【로직처리1】 → 에러발생 시 【예외처리1】로 넘어간다. */
        /** 【로직처리2】 → 에러발생 시 【예외처리2】로 넘어간다. */
} catch (예외타입1 e){
        /** 【예외처리1】 */
} catch (예외타입2 e){
        /** 【예외처리2】 */
}
```

- [로직 처리 1]이 에러 발생 시 반복되는 [로직 처리 2]는 실행되지 않는다. 반복되는 【로직처리2】에서 에러가 발생되어도 반복문은 실행이 된다.

```
try {
        /** 【로직처리1】 → 에러발생 시 【예외처리1】로 넘어간다. */
        while( ... ) {
                try {
                        /** 【로직처리2】 → 에러발생 시 【예외처리2】로 넘어간다. */
                } catch(예외타입2 e){
                        /** 【예외처리2】 */
                }
        }
} catch (예외타입1 e){
        /** 【예외처리1】 */
}
```

- [로직 처리 1]에서 에러 발생 시 반복되는 [로직 처리 2]는 실행되지 않는다. 반복되는 [로직 처리 2]에서 에러 발생 시 루프 밖의 catch 블록이 실행되어 루프를 벗어난다.

```
try {
        /** 【로직처리1】 → 에러발생 시 【예외처리1】로 넘어간다. */
        try {
                while( ... ) {
                        /** 【로직처리2】 → 에러발생 시 【예외처리2】로 넘어간다. */
                }
        } catch(예외타입2 e){
                /** 【예외처리2】 */
```

```
        }
    } catch (예외타입1 e){
        /** 【예외처리1】 */
    }
```

■ 다음의 조건을 이용하여 사용 예문 코드의 예외 처리를 try-catch 블록으로 정의하시오.

학습 목표	• 다음 사용 예문의 로직에서 발생하는 예외 처리를 하시오. – 폴더 경로(d://)에 'test.txt' 파일을 만든 후 임의로 작성된 내용을 읽기 위한 로직을 구현하였다.

처리 방법	※ 파일 읽기는 15장 파일 IO 파트에서 다룰 내용이므로 예외 처리에 초점을 두고 학습하길 바란다.
	– d://test.txt 파일을 생성한 후 임의의 내용을 작성하길 바라며 해당 내용을 읽기 위한 작업을 할 것이다.
	
	• 파일 읽기 처리 절차
	– [절차 1] 파일을 읽기 위한 객체 생성 – 파일에 스트림 연결
	– [절차 2] 파일 읽기 작업
	– [절차 3] 파일 스트림 닫기
	
	/** 절차1 */
	BufferedReader br = new BufferedReader(new FileReader("d://test.txt"));
	/** 절차2 */
	while (true) {
	    String readLine = br.readLine(); /** 파일에서 읽어오기 */
	    if (readLine == null)
	        break; /** null이 나오면 다 읽은 것임 */
	    System.out.println(readLine); /** 읽은 내용을 콘솔에 나타내기 */
	}
	/** 절차3 */
	br.close();
	
	• 예외 처리 방법
	– BufferedReader br = new BufferedReader(new FileReader("d://test.txt"));
	▸ FileNotFoundException 처리가 필요하다.
	– br.readLine();
	▸ IOException 처리가 필요하다.
	– br.close();
	▸ IOException 처리가 필요하다.

사용 예문	(code below)

사용 예문

```
package ch10.part02.main1;

import java.io.BufferedReader;
import java.io.FileReader;

public class TestMain {
    public static void main(String[] args) {
        /** 【절차1】 파일을 읽기 위한 객체생성 - 파일에 스트림 연결 */
        BufferedReader br = new BufferedReader(new FileReader("d://test.txt"));
        /** 【절차2】 파일 읽기작업 */
        while (true) {
            String readLine = br.readLine(); /** 파일에서 읽어오기 */
            if (readLine == null)
                break; /** null이 나오면 다 읽은 것임 */
            System.out.println(readLine); /** 읽은 내용을 콘솔에 나타내기 */
        }
        /** 【절차3】 파일 스트림 닫기 */
        br.close();
    }
}
```

처리 연관성 분석

- [절차 2]는 [절차 1]에 상관없이 실행해야 하는가?
  - 읽기 객체 생성에서 오류가 난다면 읽는 로직조차 의미가 없음
    - ▶ [절차 1]이 오류 발생 시 [절차 2]는 실행하지 않는다.
  - 이 경우 다음과 같이 동일한 try-catch 블록에 위치해야 한다.

```
try {
    【절차1】
    【절차2】
} catch (FileNotFoundException e) {
    【절차1】의 예외처리
} catch (IOException e) {
    【절차2】의 예외처리
}
```

- [절차 3]은 [절차 1], [절차 2]에 상관없이 실행이 되어야 하는가?
  - File의 내용을 읽은 후에는 무조건 스트림을 닫아야 한다.
    - ▶ [절차 1], [절차 2]에서 오류가 발생해도 [절차 3]은 실행되어야 한다.
  - 이 경우 다음과 같이 별도의 try-catch 블록으로 처리되어야 한다.

```
try {
```

```
        【절차1】
        【절차2】
    } catch (FileNotFoundException e) {
        【절차1】의 예외처리
    } catch (IOException e) {
        【절차2】의 예외처리
    }
    try {
        【절차3】
    } catch (IOException e) {
        【절차3】의 예외처리
    }
```

※ 위의 조건을 이용하여 사용 예문의 코드를 수정해 보자.

처리 결과

```
package ch10.part02.main1;

import java.io.BufferedReader;
import java.io.FileNotFoundException;
import java.io.FileReader;
import java.io.IOException;

public class TestMain {
    public static void main(String[] args) {
        BufferedReader br = null;
        try {
            /** 【절차1】 파일을 읽기 위한 객체생성 - 파일에 스트림 연결 */
            br = new BufferedReader(new FileReader("d://test.txt"));
            /** 【절차2】 파일 읽기작업 */
            while (true) {
                String readLine = br.readLine(); /** 파일에서 읽어오기 */
                if (readLine == null)
                        break; /** null이 나오면 다 읽은 것임 */
                System.out.println(readLine); /** 읽은 내용을 콘솔에 나타내기 */
            }
        } catch (FileNotFoundException e) {
            e.printStackTrace();
        } catch (IOException e) {
            e.printStackTrace();
        }

        try {
```

```
                /** 【절차3】 파일 스트림 닫기 */
                if (br != null)
                    br.close();
            } catch (IOException e) {
                e.printStackTrace();
            }
        }
    }
```

설명

▶ BufferedReader br = null;

- [절차 1]과 [절차 3]의 try-catch 블록이 분리되면서 동일한 객체 'br'을 사용해야 하기 때문에 상위 블록으로 분리하였다.
- 다음 코드는 에러가 발생한다.

```
BufferedReader br;  ◁  선언만 되었으며 초기화는 되지 않음
try {
    br = new BufferedReader(new FileReader("d://test.txt"));
    ....
} ...
try {
    br.close();  ▷  에러 발생 : 로컬 변수는 반드시 초기화되어야 함
} ...
```

- 따라서 반드시 다음과 같이 null로 초기화가 되어야 한다.
  - BufferedReader br = null;

정리

- 에러 발생에 영향을 받는 로직은 동일한 try-catch 블록에 담아야 한다.
  - 앞의 로직에서 에러가 발생 시 실행을 하지 않으려면 앞의 로직이 갖는 try-catch 블록 내부에 있어야 한다.
- 에러가 발생하더라도 무조건 실행되어야 할 로직은 서로 다른 try-catch 블록에 담아야 한다.

10.2.02 예외 처리 주의 사항 [2]

학습 목표

- 프로그램 작업을 하면서 실제 '예외 처리(try-catch-finally)'와 '예외 선언(throws)'을 구분할 수 있다.
  - 실제 개발에서도 예외 처리와 예외 선언을 혼돈하여 사용하는 경우가 많기 때문에 반드시 그 차이점에 대해 이해를 하고 구분하여 사용할 수 있어야 한다.

■ 예외 처리(try-catch-finally)와 예외 선언(throws)의 차이점

구분 항목	예외 처리(try-catch-finally)	예외 선언(throws)
사용 위치	• 함수 내부 로직 • 초기화 블록 내부 로직 • 정적 초기화 블록 내부 로직	• 함수, 생성자 함수 선언부에 선언
처리 여부	• 예외 직접 처리	• 예외 처리를 하지 않고 위임함. - 사용자가 해당 함수를 사용하는 로직에서 예외 처리
사용 목적	• 에러 발생 시 사용자 제어가 불가능 - 사용자가 에러에 대해 제어할 필요가 없을 때 사용	• 에러 발생 시 사용자 제어가 가능 - 사용자가 예외에 대해 제어가 필요할 때 사용

10.2.03 예외 처리 주의 사항 [3]

학습 목표	• 'try-catch-finally'에서 'finally'의 사용 목적을 이해하도록 한다. - 또한 반드시 'finally'를 이용해야 하는 경우를 보도록 하자.

1. 일반 로직에서 예외 처리 비교하기 (차이점 없음)

	finally를 사용하지 않은 로직	finally를 사용한 로직

로직
구성
	try {
	    [업무 로직]
	} catch(예외 타입 e){
	    [예외 처리 로직]
	}
	[필수 처리 로직]
		try {
		    [업무 로직]
		} catch(예외타입 e){
		    [예외 처리 로직]
		} finally {
		    [필수 처리 로직]
		}

정상 상태	[업무 로직] ▷ [필수 처리 로직]	[업무 로직] ▷ [필수 처리 로직]

에러 상태	[업무 로직] ▷ [예외 처리 로직] ▷ [필수 처리 로직]	[업무 로직] ▷ [예외 처리 로직] ▷ [필수 처리 로직]
정리	• 일반 로직에서는 'finally' 블록을 유무에 관계없이 로직 처리 절차가 같으므로 차이가 없음	

2. 'return 문'이 있는 곳에서 예외 처리 비교하기 (차이점 존재)

	finally를 사용하지 않은 로직	finally를 사용한 로직

로직 구성	try {
	[업무 로직]
	return 로직 ;
	} catch(예외 타입 e){
	[예외 처리 로직]
	}
	[필수 처리 로직]
		try {
		[업무 로직]
		return 로직 ;
		} catch(예외 타입 e){
		[예외 처리 로직]
		} finally {
		[필수 처리 로직]
		}

정상 상태	[업무 로직]	[업무 로직] ▷ [필수 처리 로직]
에러 상태	[업무 로직] ▷ [예외 처리 로직]	[업무 로직] ▷ [예외 처리 로직] ▷ [필수 처리 로직]

사용 예제

```
package ch10.part02.main3.sub2;

public class TestMain {

    /** static method1() 함수 정의 - finally 미사용 */
    public static void method1() {
        boolean isSuccess = true;
        /** try 블록 */
        try {
            System.out.println("₩t method1 : 로직처리");
            if (isSuccess) {
                /** try 블록 내 return 처리 */
```

사용 예제

```
                System.out.println("₩t method1 : return 실행");
                return ; /** return 명령이 실행 후 함수 종료 */
            }
        }
        /** catch 블록 */
        catch (Exception e) {
            e.printStackTrace();
        }
        System.out.println("₩t method1 : finally 필수처리로직"); /** 실행 안 됨 */
    }

    /** static method2() 함수 정의 – finally 사용 */
    public static void method2() {
        boolean isSuccess = true;
        /** try 블록 */
        try {
            System.out.println("₩t method2 : 로직처리");
            if (isSuccess) {
                /** try 블록 내 return 처리 */
                System.out.println("₩t method2 : return 실행");
                return; /** return 명령이 실행되어도 finally 구문이 실행됨 */
            }
        }
        /** catch 블록 */
        catch (Exception e) {
            e.printStackTrace();
        }
        /** finally 블록 */
        finally {
            /** 필수로직처리 */
            System.out.println("₩t method2 : finally 필수처리로직"); /** 실행됨 */
        }
    }

    /** 메인함수 정의 */
    public static void main(String[] args) {
        /** method1() 함수 및 method2() 함수 사용 */
        System.out.println("method1() 함수실행");
        method1();
        System.out.println("method2() 함수실행");
        method2();
    }
}
```

결과	method1() 함수실행 method1 : 로직처리 method1 : return 실행 method2() 함수실행 method2 : 로직처리 method2 : return 실행 method2 : finally 필수처리로직
정리	• 'try-catch-finally' 블록 내에서 'return'되는 경우에는 'finally' 블록이 선언된 경우 해당 블록까지 실행 후 종료하게 되지만 없을 경우에는 곧바로 종료하기 때문에 확실한 차이가 발생한다.

10.3 try-with-resources 예외 처리

수준	중요 포인트 및 학습 가이드(※)
하	1. try-with-resource 예외 처리 - AutoCloseable 인터페이스가 구현된 close() 함수가 있는 객체의 경우, 기존의 'try-catch-finally' 블록을 이용한 코드를 단순화할 수 있도록 구현한 구문이다. ※ 향후 파일 읽기, 데이터베이스, 네트워크 등에서 활용할 수 있기 때문에 확실히 이해하고 넘어가도록 하자.
하	2. try-with-resource 예외 처리 개선 ※ try() 내부의 복잡성을 단순화하기 위해 내부의 객체 생성 명령을 외부에서 처리할 수 있도록 **자바 1.9 버전**에서 개선시켰다.

10.3.01 try-with-resource 예외 처리

학습 목표	• **자바 버전 1.7에서 소개된** try-with-resource**의 사용 목적을 이해하고 로직을 구성할 수 있다.**
사용 목적	• 기존의 try-catch-finally를 이용하여 처리하는 과정에서 복잡한 로직을 단순화하기 위함. - try-with-resource를 이용할 경우 close()를 할 필요 없이 자동으로 종료된다. • close() 함수가 있으며 AutoCloseable 인터페이스를 구현한 클래스에서 사용할 수 있다.

1. [비교 1] 10.2.01 파트에서 다룬 try-catch 블록을 이용한 파일 읽기 과정

사용 예문	<pre>BufferedReader br = null;
	try {
	        /** 【절차1】 파일을 읽기 위한 객체생성 - 파일에 스트림 연결 */
	        br = new BufferedReader(new FileReader("d://test.txt"));
	        /** 【절차2】 파일 읽기작업 */
	        while (true) {
	                String readLine = br.readLine(); /** 파일에서 읽어오기 */
	                if (readLine == null)
	                        break; /** null이 나오면 다 읽은 것임 */
	                System.out.println(readLine); /** 읽은 내용을 콘솔에 나타내기 */
	        }
	} catch (FileNotFoundException e) {
	        e.printStackTrace();
	} catch (IOException e) {
	        e.printStackTrace();
	}
	
	try {
	        /** 【절차3】 파일 스트림 닫기 */
	        if (br != null)
	                br.close();
	} catch (IOException e) {
	        e.printStackTrace();
	}</pre>

2. [비교 2] try-with-resource 블록을 이용한 파일 읽기 과정

처리 방법	• try-with-resource 정의 방법 [1]
	- try() 괄호 내부에 객체 생성 명령을 반드시 해야 한다.
	- close() 함수를 사용할 필요가 없다.
	<pre>try(객체 생성) {
	        /** 로직 처리 */
	} catch(예외 타입 e) {
	        /** 예외 처리 */</pre>

	}
	
	• try-with-resource 정의 방법 [2]
	– close() 함수를 처리할 객체가 2개 이상인 경우 콜론(;)을 이용하여 다음과 같이 2개 이상을 구현할 수 있다.
	try(객체 생성; 객체 생성){
	/** 로직 처리 */
	} catch(예외 타입 e) {
	/** 예외 처리 */
	}

주의 사항	• 반드시 AutoCloseable 인터페이스를 구현한 클래스에서 사용이 가능하다. – 처리 과정 상 close() 함수가 있는 경우 고려하면 된다. • 해당 객체는 final 객체이며 내부에서 변수값 변경이 불가능하다.

사용 예문	/** 【절차1】 파일을 읽기 위한 객체생성 – 파일에 스트림 연결 */
	try(BufferedReader br = new BufferedReader(new FileReader("d://test.txt"))) {
	/** 【절차2】 파일 읽기작업 */
	while (true) {
	String readLine = br.readLine(); /** 파일에서 읽어오기 */
	if (readLine == null)
	break; /** null이 나오면 다 읽은 것임 */
	System.out.println(readLine); /** 읽은 내용을 콘솔에 나타내기 */
	}
	} catch (FileNotFoundException e) {
	e.printStackTrace();
	} catch (IOException e) {
	e.printStackTrace();
	}

소스 설명	▶ try(BufferedReader br = new BufferedReader(new FileReader("d://test.txt"))) {
	• try() 내부에 객체 생성을 하여 자동으로 close() 함수가 호출된다.
	• 위의 코드는 다음과 같이 2개의 객체 생성으로 처리할 수 있다.
	– 2개 이상 try() 내부에 나타내기 위해서는 콜론(;)을 이용하여 처리할 수 있다.
	〈사용 예〉
	try(FileReader fr = new FileReader("d://test.txt");
	BufferedReader br = new BufferedReader(fr)) {

정리	• 분석 결과 – 기존의 try–catch–finally 블록에 비해 코드가 단순화된 것을 확인할 수 있다. – 반드시 AutoCloseable 인터페이스가 구현된 클래스에서 사용이 가능하다. ▸ close() 함수가 있는 경우 가능성이 크다.

10.3.02 try–with–resource 예외 처리 개선

학습 목표	• 자바 1.9 버전에서 개선된 try–with–resource의 사용 목적을 이해하고 로직을 구성할 수 있다.
사용 목적	• 기존의 try–with–resource 처리 과정에서 내부 객체 생성 명령을 외부에서 처리할 수 있도록 개선함

1. [비교 1] 10.3.01 파트에서 다룬 기존의 try–with–resources 표현 방법

사용 예문

```
/** 【절차1】 파일을 읽기 위한 객체생성 - 파일에 스트림 연결 */
try(BufferedReader br = new BufferedReader(new FileReader("d://test.txt"))) {
    /** 【절차2】 파일 읽기작업 */
    while (true) {
            String readLine = br.readLine(); /** 파일에서 읽어오기 */
            if (readLine == null)
                    break; /** null이 나오면 다 읽은 것임 */
            System.out.println(readLine); /** 읽은 내용을 콘솔에 나타내기 */
    }
} catch (FileNotFoundException e) {
    e.printStackTrace();
} catch (IOException e) {
    e.printStackTrace();
}
```

2. [비교 2] try–with–resource 블록 개선

사용 예문 [1]

• 단일 객체를 try() 내부에 입력

```
/** 【절차1】 파일을 읽기 위한 객체생성 - 파일에 스트림 연결 */
try {
    BufferedReader br = new BufferedReader(new FileReader("d://test.txt"))
```

```
    try(br) {
        /** 【절차2】 파일 읽기작업 */
        while (true) {
            String readLine = br.readLine(); /** 파일에서 읽어오기 */
            if (readLine == null)
                break; /** null이 나오면 다 읽은 것임 */
            System.out.println(readLine); /** 읽은 내용을 콘솔에 나타내기 */
        }
    } catch (IOException e) {
        e.printStackTrace();
    }
} catch (FileNotFoundException e) {
    e.printStackTrace();
}
```

사용 예문 [2]	• 2개 이상의 객체를 try() 내부에 콜론을 이용하여 입력

```
/** 【절차1】 파일을 읽기 위한 객체생성 - 파일에 스트림 연결 */
try {
    FileReader fr = new FileReader("d://test.txt");
    BufferedReader br = new BufferedReader(fr);
    try(fr; br) {
        /** 【절차2】 파일 읽기작업 */
        while (true) {
            String readLine = br.readLine(); /** 파일에서 읽어오기 */
            if (readLine == null)
                break; /** null이 나오면 다 읽은 것임 */
            System.out.println(readLine); /** 읽은 내용을 콘솔에 나타내기 */
        }
    } catch (IOException e) {
        e.printStackTrace();
    }
} catch (FileNotFoundException e) {
    e.printStackTrace();
}
```

결과

• 분석 결과

– try() 내부의 객체 생성문을 직접 입력하지 않고 외부에서 미리 생성한 후 해당 객체만 입력하도록 개선되었다.

– 보다 복잡해진 것 같지만, 괄호 내부에서 소스 코드가 길어지는 것보다는 외부에서 객체 생성을 하는 것이 가독성면에서 더 좋다. 특히 '사용 예문 [2]'의 경우 더 단순화된 것을 확인할 수 있을 것이다.

11장. 효율성 및 모듈화 기법

어서 오세요

본 장에서는 자바 프로그래밍 과정에서 응용 가능한 기법들을 살펴보겠습니다. 보다 효율적인 코드 구성을 돕고 객체 지향 언어인 자바의 특징을 극대화할 수 있는 모듈화 기법들을 실습하면서, 우리는 좀 더 나은 프로그래밍을 고민하는 개발자의 자세 또한 익히게 될 것입니다.

• • •

Modularization

로직 분리

내부 자료 연결

static global variable

11.1 중복된 변수의 자료 접근 및 우선 순위

수준	중요 포인트 및 학습 가이드(※)
하	1. 전역변수와 지역변수의 중복 시 자료 접근 ※ 변수의 구분 및 접근 방법을 반드시 이해해야 한다.
하	2. 전역변수와 내부 클래스에서의 변수 중복 시 자료 접근 ※ 변수의 구분 및 접근 방법을 반드시 이해해야 한다.
하	3. 전역변수와 익명 클래스 내에서의 변수 중복 시 자료 접근 ※ 변수의 구분 및 접근 방법을 반드시 이해해야 한다.
하	4. 지역변수의 익명 클래스 내부 자료 접근 ※ 변수의 구분 및 접근 방법을 반드시 이해해야 한다.
하	5. 정적(static) 전역변수의 자료 접근 ※ 변수의 구분 및 접근 방법을 반드시 이해해야 한다.
중	6. 자료 접근 활용 예제 [1] ※ 버튼 클릭 이벤트 구현을 위한 자료 접근 방법을 반드시 이해해야 한다.
중	7. 자료 접근 활용 예제 [2] ※ 버튼 클릭 이벤트 구현을 위한 자료 접근 방법을 반드시 이해해야 한다.

11.1.01 전역변수와 지역변수의 중복 시 자료 접근

학습 목표	• 변수명이 같을 경우 변수의 접근 우선 순위를 이해할 수 있다. • 함수 내에서 전역변수와 지역변수를 구별하여 호출할 수 있다.
문제	• 다음 전역변수와 지역변수의 변수명이 중복 시 해당 변수에 접근하기 위한 소스 코드를 작성하시오.

사용 예문

```
package ch11.part01.main1;
public class TestMain {

    /** 전역변수 정의 */
    private String name = "전역변수 name"; //【변수1】

    /** method1() 함수 정의 */
```

사용 예문	```
	    public void method1(){
	
	        /** 지역변수 name 정의 */
	        String name = "지역변수 name"; // 【변수2】
	
	        /** 【문제1】 : 【변수1】의 값을 콘솔화면에 나타내시오. */
	        /** 【문제2】 : 【변수2】의 값을 콘솔화면에 나타내시오. */
	
	    }
	
	    /** 메인함수 정의 */
	    public static void main(String[] args) {
	        /** 객체생성 및 함수사용 */
	        TestMain testMain = new TestMain();
	        testMain.method1();
	    }
	}
	``

결과 코드	```
	package ch11.part01.main1.result;
	
	public class TestMain {
	
	    /** 전역변수 정의 */
	    private String name = "전역변수 name"; // 【변수1】
	
	    /** method1() 함수 정의 */
	    public void method1(){
	
	        /** 지역변수 정의 전 – name 변수 콘솔화면 출력 */
	        System.out.println("【방법1】=" + name);
	
	        /** 지역변수 name 정의 */
	        String name = "지역변수 name"; // 【변수2】
	
	        /** 【문제1】 : 【변수1】의 값을 콘솔화면에 나타내시오. */
	        System.out.println("【방법2】=" + ch11.part01.main1.TestMain.this.name);
	        System.out.println("【방법3】=" + TestMain.this.name);
	        System.out.println("【방법4】=" + this.name);
	
	        /** 【문제2】 : 【변수2】의 값을 콘솔화면에 나타내시오. */
	        System.out.println("【방법5】=" + name);
	    }
	``

<table>
<tr><td>결과
코드</td><td>

```
    /** 메인함수 정의 */
    public static void main(String[] args) {
        /** 객체생성 및 함수사용 */
        TestMain testMain = new TestMain();
        testMain.method1();
    }
}
```

</td></tr>
<tr><td>결과</td><td>

【방법1】=전역변수 name	▷ 지역변수 정의 전에는 전역변수가 호출된다.
【방법2】=전역변수 name	▷ 전역변수 정식 호출
【방법3】=전역변수 name	▷ 패키지명이 같을 경우 패키지명 생략 가능
【방법4】=전역변수 name	▷ 클래스명이 같을 경우 클래스명 생략 가능
【방법6】=지역변수 name	▷ 변수명이 같을 경우 로컬 변수가 우선

</td></tr>
<tr><td>정리</td><td>

• 변수명이 같을 경우 호출 우선 순위
– 함수 내에서 변수명이 중복될 경우 지역변수가 전역변수보다 우선한다.
▸ 해당 블록에 가까운 변수부터 우선하기 때문에 지역변수가 우선한다.
– [방법 1]에서와 같이 지역변수 선언 이전에 호출된 변수명은 전역변수가 된다.
▸ 현재까지 변수는 전역변수만 존재하기 때문에 중복으로 볼 수 없다.
– 지역변수는 지역변수가 정의된 이후부터 지역변수로서 유효하다.

• 전역변수의 호출
– 변수명이 중복되는 경우에는 블록에서 가까운 변수가 우선 호출되기 때문에 변수를 구분하여 사용해야 한다.
– 전역변수는 '패키지명.클래스명.this.변수명' 형태로 호출된다.
– 호출 위치와 패키지명이 같을 경우 생략 가능하다.
– 호출 위치와 클래스명이 같을 경우 생략 가능하다.
▸ 'this.변수명'은 해당 블록을 소유하는 클래스의 전역변수이다.

• method1()에서 변수 name의 호출
– 호출 위치 : ch11.part01.main1.TestMain.this.method1()
– 전역변수 : ch11.part01.main1.TestMain.this.name [정식 명칭]
▸ TestMain.this.name [동일 패키지명 ▷ 패키지명 생략 가능]
▸ this.name [클래스명과 동일 ▷ 클래스명 생략 가능]
▸ name [지역변수와 중복 ▷ 전역변수로 사용 불가능]
– 호출 위치가 동일 클래스의 함수 내부일 때 전역변수와 지역변수의 최소 구분은 다음과 같다.
▸ 전역변수 : this.name
▸ 지역변수 : name

</td></tr>
</table>

11.1.02 전역변수와 내부 클래스에서의 변수 중복 시 자료 접근

학습 목표

- 변수명이 같을 경우 변수의 접근 우선 순위를 이해할 수 있다.
- 내부 클래스 내에서 외부 클래스 전역변수, 내부 클래스 전역변수, 지역변수를 구분할 수 있다.

문제

- 다음 사용 예문의 문제를 처리하기 위한 소스 코드를 작성하시오.

사용 예문

```
package ch11.part01.main2;

public class TestMain {

    /** 전역변수 정의 */
    private String name = "TestMain 전역변수 name";  //【변수1】

    /** 내부클래스 정의 */
    public class InnerClass {

        /** 내부클래스 전역변수 정의 */
        private String name = "InnerClass 전역변수 name"; //【변수2】

        /** method() 함수 정의 */
        private void method(){

            /** 지역변수 정의 */
            String name = "method() 지역변수 name" //【변수3】

            /**【문제1】:【변수1】의 값을 콘솔화면에 나타내시오. */
            /**【문제2】:【변수2】의 값을 콘솔화면에 나타내시오. */
            /**【문제3】:【변수3】의 값을 콘솔화면에 나타내시오. */
        }
    }

    /** 메인함수 정의 */
    public static void main(String[] args) {
        /** 객체생성 및 함수호출 */
        TestMain testMain = new TestMain;
        testMain.new InnerClass().method();
    }
}
```

결과 코드

```
package ch11.part01.main2;

public class TestMain {
```

결과 코드	(see code below)

```
    /** 전역변수 정의 */
    private String name = "TestMain 전역변수 name";  //【변수1】

    /** 내부클래스 정의 */
    public class InnerClass {

        /** 내부클래스 전역변수 정의 */
        private String name = "InnerClass 전역변수 name"; //【변수2】

        /** method() 함수 정의 */
        private void method(){

            /** 지역변수 정의 */
            String name = "method() 지역변수 name"; //【변수3】

            /** TestMain 클래스의 전역변수 【변수1】에 접근 */
            System.out.println("【방법1】= " + TestMain.this.name);

            /** Inner 클래스의 전역변수 【변수2】에 접근 */
            System.out.println("【방법2】= " + this.name);

            /** method() 함수 내에서 지역변수 【변수3】에 접근 */
            System.out.println("【방법3】= " + name);
        }
    }

    /** 메인함수 정의 */
    public static void main(String[] args) {
        /** 객체생성 및 함수호출 */
        TestMain testMain = new TestMain();
        testMain.new InnerClass().method();
    }
}
```

결과	【방법1】= TestMain 전역변수 name 【방법2】= InnerClass 전역변수 name 【방법3】= method() 지역변수 name
정리	• 변수명이 같을 때의 변수 호출 우선 순위 – 내부 클래스의 함수 내에서 변수명이 중복될 경우 우선 순위는 해당 블록에 가까운 변수부터 호출한다.

정리	▸ [InnerClass] 지역변수 ▷ [InnerClass] 전역변수 ▷ [AccessTest02] 전역변수 • method1() 함수 내에서 TestMain 클래스 name 전역변수 호출 – 호출 위치 : ch11.part01.main2.TestMain.InnerClass.this.method() – 전역변수 : ch11.part01.main2.TestMain.this.name [정식 명칭] ▸ TestMain.this.name [동일 패키지명 ▷ 패키지명 생략 가능] ▸ this.name [클래스명과 상이함 ▷ 클래스명 생략 불가능] ▸ name [내부 클래스 전역변수 및 지역변수와 중복 ▷ 전역변수로 사용 불가능] • method1() 함수 내에서 InnerClass 클래스 name 전역변수 호출 – 호출 위치 : ch11.part01.main2.TestMain.InnerClass.this.method() – 전역변수 : ch11.part01.main2.TestMain.InnerClass.this.name ▸ TestMain.InnerClass..this.name [동일 패키지명 ▷ 패키지명 생략 가능] ▸ InnerClass..this.name [외부 클래스명과 동일 ▷ 외부 클래스명 생략 가능] ▸ this.name [클래스명과 동일 ▷ 클래스명 생략 가능] ▸ name [지역변수와 중복 ▷ 전역변수로 사용 불가능] • 호출 위치가 내부 클래스의 함수 내부일 때 TestMain 전역변수, InnerClass 전역변수, InnerClass 지역변수 최소 구분은 다음과 같다. – TestMain 전역변수 : TestMain.this.name – InnerClass 전역변수 : this.name – InnerClass 지역변수 : name

11.1.03 전역변수와 익명 클래스 내에서의 변수 중복 시 자료 접근

학습 목표	• 변수명이 같을 경우 변수의 접근 우선 순위를 이해할 수 있다. • 내부 클래스 내에서 외부 클래스 전역변수, 익명 클래스 전역변수, 지역변수를 구분할 수 있다.
문제	• 다음 사용 예문의 문제를 처리하기 위한 소스 코드를 작성하시오.
사용 예문	(see code below)

```
package ch11.part01.main3;

public class TestMain {

    /** TestMain 전역변수 name 정의 */
    private String name = "TestMain  전역변수 name"; // 【변수1】
```

사용 예문	(code below)

```
    /** method() 함수 정의 */
    private void method() {

        /** 지역변수 name 정의 */
        String name = "method() 함수 지역변수 name"; // 【변수2】

        /** 익명클래스 */
        ITest iTest = new ITest() {
            /** 익명클래스 전역변수 name 정의 */
            private String name = "익명클래스 전역변수 name"; // 【변수3】

            /** method2() 함수 재정의 */
            @Override
            public void method2() {

                /** 지역변수 name 정의 */
                String name = "method2() 함수 지역변수 name"; // 【변수4】

                /** 【문제1】 : 【변수1】의 값을 콘솔화면에 나타내시오. */
                /** 【문제2】 : 【변수2】의 값을 콘솔화면에 나타내시오. */
                /** 【문제3】 : 【변수3】의 값을 콘솔화면에 나타내시오. */
                /** 【문제4】 : 【변수4】의 값을 콘솔화면에 나타내시오. */

            }
        };
        iTest.method2();
    }

    /** 인터페이스 정의 */
    public interface ITest {
        public void method2();
    }

    /** 메인함수 정의 */
    public static void main(String[] args) {
        TestMain testMain = new TestMain();
        testMain.method();
    }
}
```

결과 코드

```
package ch11.part01.main3;

public class TestMain {
```

결과 코드

```
/** TestMain 전역변수 name 정의 */
private String name = "TestMain  전역변수 name"; // 【변수1】

/** method() 함수 정의 */
private void method() {

        /** 지역변수 name 정의 */
        String name = "method() 함수 지역변수 name"; // 【변수2】

        /** 익명클래스 */
        ITest iTest = new ITest() {
                /** 익명클래스 전역변수 name 정의 */
                private String name = "익명클래스 전역변수 name"; // 【변수3】

                /** method2() 함수 재정의 */
                @Override
                public void method2() {

                    /** 지역변수 name 정의 */
                    String name = "method2() 함수 지역변수 name"; // 【변수4】

                    /** TestMain 클래스의 전역변수 【변수1】에 접근 */
                    System.out.println("【방법1】= " + TestMain.this.name);

                    /** method() 지역변수 【변수2】에 접근 */
                    // → 익명클래스 내의 지역변수와 중복되어 접근 불가

                    /** 익명클래스 전역변수 【변수3】에 접근 */
                    System.out.println("【방법3】= " + this.name);

                    /** method2() 함수 내에서 지역변수 【변수4】에 접근 */
                    System.out.println("【방법4】= " + name);

                }
        };
        iTest.method2();
}

/** 인터페이스 정의 */
public interface ITest {
        public void method2();
}
```

```
    /** 메인함수 정의 */
    public static void main(String[] args) {
        TestMain testMain = new TestMain();
        testMain.method();
    }
}
```

결과 화면	【방법1】= TestMain 전역변수 name 【방법3】= 익명클래스 전역변수 name 【방법4】= method2() 함수 지역변수 name
정리	• 변수명이 같을 때의 변수 호출 우선 순위 – 내부 클래스의 함수 내에서 변수명이 중복될 경우 우선 순위는 해당 블록에 가까운 변수부터 호출한다. ▸ [익명 클래스] 지역변수 ▷ [익명 클래스] 전역변수 ▷ [AccessTest03] 전역변수 • 익명 클래스 method2() 함수 내에서 TestMain 전역변수 name 접근 – 호출 위치 : ch11.part01.main3.TestMain.익명클래스.this.method2() – 전역변수 : ch11.part01.main3.TestMain.this.name ▸ TestMain.this.name [동일 패키지명 ▷ 패키지명 생략 가능] ▸ this.name [클래스명과 상이함 ▷ 클래스명 생략 불가능] ▸ name [익명 클래스 전역변수 및 지역변수와 중복 ▷ 전역변수로 사용 불가능] • 익명 클래스 method2() 함수 내에서 TestMain 클래스의 method() 함수 내 지역변수 name의 접근 – 호출 위치 : ch11.part01.main3.TestMain.익명클래스.this.method2() – 지역변수 : name ▸ name [익명 클래스 전역변수 및 지역변수와 중복 ▷ 지역변수로 사용 불가능] • 익명 클래스 method2() 함수 내에서 익명 클래스 전역변수 name의 접근 – 호출 위치 : ch11.part01.main3.TestMain.익명클래스.this.method2() – 전역변수 : ch11.part01.main3.TestMain.익명클래스.this.name ▸ 익명 클래스는 말 그대로 '익명'이므로 클래스명이 존재하지 않아 패키지명부터 변수명을 나타낼 수 없다. ▸ this.name [클래스와 동일 ▷ 생략 가능] ▸ name [지역변수명과 중복 ▷ 전역변수로 사용 불가능] • 호출 위치가 익명 클래스의 함수 내부일 때 TestMain 전역변수, TestMain 지역변수, 익명 클래스 전역변수, 익명 클래스 지역변수 최소 구분은 다음과 같다. – TestMain 전역변수 : TestMain.this.name – TestMain 지역변수 : 접근 불가능

	– 익명 클래스 전역변수 : this.name – 익명 클래스 지역변수 : name

11.1.04 지역변수의 익명 클래스 내부 자료 접근

학습 목표	• 함수 내 익명 클래스가 존재할 때 함수 내부의 지역변수를 익명 클래스에 접근 방법과 주의 사항을 이해할 수 있다.
문제	• 다음 사용 예문의 문제를 처리하기 위한 소스 코드를 작성하시오.

사용 예문

```
package ch11.part01.main4;

public class TestMain {
    private void method() {
        String name = "method() 함수 지역변수 name"; // 【변수1】

        /** 익명클래스 */
        ITest iTest = new ITest() {
            @Override
            public void method2() {

                /** 【문제1】 : 【변수1】의 값을 콘솔화면에 나타내시오. */

            }
        };
        iTest.method2();
    }

    public interface ITest {
        public void method2();
    }

    public static void main(String[] args) {
        TestMain testMain = new TestMain();
        testMain.method();
    }
}
```

결과 코드

```
package ch11.part01.main4;

public class TestMain {
```

```
	private void method() {
		/** 지역변수는 『final』 키워드를 이용하여 익명클래스의 내부에 접근할 수 있다. */
		final String name = "method() 함수 지역변수 name"; // 【변수1】

		/** 익명클래스 */
		ITest iTest = new ITest() {
			@Override
			public void method2() {

				/** 【문제1】 :【변수1】의 값을 콘솔화면에 나타내시오. */
				System.out.println("【방법1】= " + name);
			}
		};
		iTest.method2();
	}

	public interface ITest {
		public void method2();
	}

	public static void main(String[] args) {
		TestMain testMain = new TestMain();
		testMain.method();
	}
}
```

결과 화면	【방법1】 = method() 함수 지역변수 name
정리	• 지역변수를 접근시키기 위해서는 'final' 키워드를 사용해야 한다. – 변수의 메모리 주소값을 변경할 수 없다. – 자바 1.8 버전 이후부터는 'final' 키워드를 생략할 수 있지만, 값의 변경은 불가능하다.

11.1.05 정적(static) 전역변수의 자료 접근

학습 목표	• 변수명이 같을 경우 변수의 접근 우선 순위를 이해할 수 있다. • 내부 클래스 내에서 외부 클래스 전역변수, 익명 클래스 전역변수, 지역변수를 구분할 수 있다.
문제	• 다음 사용 예문의 문제를 처리하기 위한 소스 코드를 작성하시오.

```
package ch11.part01.main5;
```

```
public class TestMain {
    private static String name = "TestMain 정적 전역변수 name";
    private static String name2 = "TestMain 정적 전역변수 name2";

    public void method() {
        InnerClass c = new InnerClass();
        c.method2();
    }

    public static class InnerClass {
        private static String name = "InnerClass 정적 전역변수 name";
        private String name2 = "InnerClass 전역변수 name2";

        public void method2() {
            String name = "InnerClass 지역변수 name";

            /** 다음의 변수를 구분하여 콘솔화면에 출력하시오. */
            /** 【문제1】 TestMain 클래스 전역변수 name */
            /** 【문제2】 InnerClass 클래스 전역변수 name */
            /** 【문제3】 InnerClass 클래스 지역변수 name */
            /** 【문제4】 TestMain 클래스 전역변수 name2 */
            /** 【문제5】 InnerClass 클래스 전역변수 name2 */
        }
    }

    public static void main(String[] args) {
        new TestMain().method();
    }
}
```

결과 화면

```
TestMain 정적 전역변수 name
TestMain 정적 전역변수 name2
InnerClass 정적 전역변수 name
InnerClass 전역변수 name2
InnerClass 지역변수 name
```

결과 코드

```
package ch11.part01.main5;

public class TestMain {
    private static String name = "TestMain 정적 전역변수 name";
    private static String name2 = "TestMain 정적 전역변수 name2";

    public void method() {
```

```
		InnerClass c = new InnerClass();
		c.method2();
	}

	public static class InnerClass {
		private static String name = "InnerClass 정적 전역변수 name";
		private String name2 = "InnerClass 전역변수 name2";

		public void method2() {
			String name = "InnerClass 지역변수 name";

			/** 다음의 변수를 구분하여 콘솔화면에 출력하시오. */
			/** 【문제1】 TestMain 클래스 전역변수 name */
			System.out.println(TestMain.name);
			/** 【문제2】 InnerClass 클래스 전역변수 name */
			System.out.println(TestMain.name2);
			/** 【문제3】 InnerClass 클래스 지역변수 name */
			System.out.println(InnerClass.name);
			/** 【문제4】 TestMain 클래스 전역변수 name2 */
			System.out.println(this.name2);
			/** 【문제5】 InnerClass 클래스 전역변수 name2 */
			System.out.println(name);
		}
	}

	public static void main(String[] args) {
		new TestMain().method();
	}
}
```

정리

- 전역변수의 변수명 호출
  - 변수명 : '패키지명.클래스명.전역변수명'
  - 호출 위치와 패키지명이 같을 경우 '패키지명'을 생략할 수 있다.
  - 클래스명이 같을 경우 클래스명 생략이 가능하다.

- InnerClass method2() 함수 내에서 TestMain 전역변수 name의 접근
  - 호출 위치 : ch11.part01.main5.TestMain.InnerClass.this.method2()
  - 전역변수 : ch11.part01.main5.TestMain.name
    - ▸ TestMain.name (패키지명 동일 ▷ 생략 가능)
    - ▸ name (중복되는 변수가 존재 ▷ 전역변수 접근 불가)

- InnerClass method2() 함수 내에서 InnerClass 전역변수 name의 접근
  - 호출 위치 : ch11.part01.main5.TestMain.InnerClass.this.method2()

	– 전역변수 : ch11.part01.main5.TestMain.InnerClass.name ▸ TestMain.InnerClass.name (패키지명 동일 ▷ 생략 가능) ▸ InnerClass.name (상위 클래스명 동일 ▷ 생략 가능) ▸ name (중복되는 변수가 존재 ▷ 전역변수 접근 불가)

11.1.06 자료 접근 활용 예제 [1]

※ 프로그램 작성 시 자바 1.9 버전 이후 22.3.01 파트의 설명대로 모듈을 정의하자.

▷ 'module-info.java' 파일에 'requires java.desktop;' 모듈 추가

문제

• [사용 예문] 파트의 코드 실행 시 다음과 같은 화면이 나타내게 된다. 버튼 클릭 시 다음 이미지와 동일한 결과가 나오도록 [문제] 부분의 로직을 작성하시오.

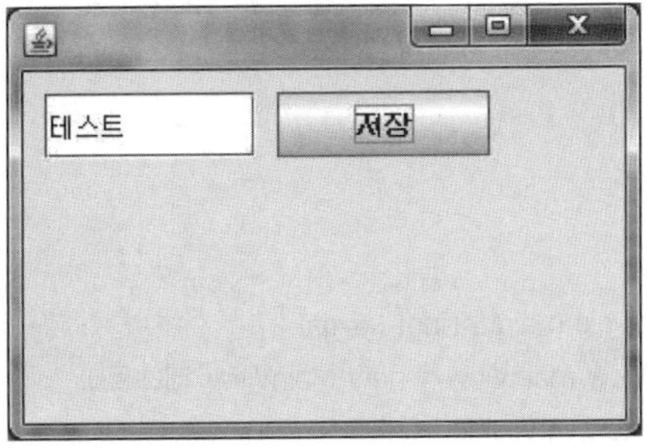

사용 예문

```
package ch11.part01.main6;

import java.awt.event.ActionEvent;
import java.awt.event.ActionListener;

import javax.swing.JButton;
import javax.swing.JFrame;
import javax.swing.JTextField;

public class MainView extends JFrame {

    public MainView(String name) {

        /** 배치를 수동(위치와 크기)으로 입력 */
        this.setLayout(null);

        /** 화면 크기 설정 */
        this.setSize(300, 200);
```

```java
        /** 텍스트 컴포넌트 생성 */
        JTextField textField = new JTextField();
        textField.setBounds(10, 10, 100, 30);
        this.add(textField);

        /** 버튼 생성 */
        JButton btn = new JButton("저장");
        btn.setBounds(120, 10, 100, 30);
        this.add(btn);

        /** 버튼 이벤트 생성 */
        btn.addActionListener(new ActionListener() {
            @Override
            public void actionPerformed(ActionEvent e) {
                /** 버튼클릭 시 내부 로직이 실행됨 */

                // 【문제】 버튼클릭 시 파라미터 name의 변수 값을 textField에 나타내시오.
                // ex) 표기방법 : textField.setText("보일 값을 입력");

            }
        });
    }

    public static void main(String[] args) {
        MainView mainView = new MainView("테스트");
        mainView.setVisible(true);
    }
}
```

결과 코드

```java
package ch11.part01.main6.result;

import java.awt.event.ActionEvent;
import java.awt.event.ActionListener;

import javax.swing.JButton;
import javax.swing.JFrame;
import javax.swing.JTextField;

public class MainView extends JFrame {

    public MainView(final String name) { // ←「final」 표기

        /** 배치를 수동(위치와 크기)으로 입력 */
        this.setLayout(null);
```

```
        /** 화면 크기 설정 */
        this.setSize(300, 200);

        /** 텍스트 컴포넌트 생성 */
        final JTextField textField = new JTextField(); // ←『final』 표기
        textField.setBounds(10, 10, 100, 30);
        this.add(textField);

        /** 버튼 생성 */
        JButton btn = new JButton("저장");
        btn.setBounds(120, 10, 100, 30);
        this.add(btn);

        /** 버튼 이벤트 생성 */
        btn.addActionListener(new ActionListener() {
            @Override
            public void actionPerformed(ActionEvent e) {
                /** 버튼클릭 시 내부 로직이 실행됨 */

                /** 결과 코드 */
                textField.setText(name);

            }
        });
    }

    public static void main(String[] args) {
        MainView mainView = new MainView("테스트");
        mainView.setVisible(true);
    }
}
```

결과

- 버튼 클릭 시 '테스트' 문자열이 화면의 텍스트 입력창에 나타나면 성공한 것이다.

정리

- 지역변수의 익명 클래스 내부 자료 접근
  - 현재 버튼 클래스의 이벤트 구현 객체는 익명 클래스로 정의되어 있으며 외부의 name 변수와 textField 객체를 익명 클래스 내 함수로 접근시키기 위한 작업이 필요하다.
  - 지역변수가 익명 클래스의 내부에 접근을 시키기 위해서는 'final' 키워드를 이용하여 접근이 가능하기 때문에 다음과 같이 변경하였다.
    - ▸ String name ▷ final String name
    - ▸ JTextField textField ▷ final JTextField textField
  - 자바 1.8 버전 이후로는 'final' 키워드 생략이 가능하지만 'final'의 제약 조건은 그대로 유지된다.

	▸ 'final'은 값의 변경을 할 수 없도록 지정하는 키워드이다. ▸ 참조형 객체의 경우 내부 속성의 값은 변경 가능하다.

11.1.07 자료 접근 활용 예제 [2]

※ 프로그램 작성 시 자바 1.9 버전 이후 22.3.01 파트의 설명대로 모듈을 정의하자.

▷ 'module-info.java' 파일에 'requires java.desktop;' 모듈 추가

문제

- 마찬가지로 아래 사용 예문의 코드를 실행 시 아래와 같이 화면이 나타나게 된다. 버튼 클릭 시 아래 화면과 동일한 결과가 나오도록 코드를 수정하시오.
- [문제] 부분의 로직을 작성 후 앞서 11.1.06 활용 예제 [1] 파트와의 차이점을 비교하시오.

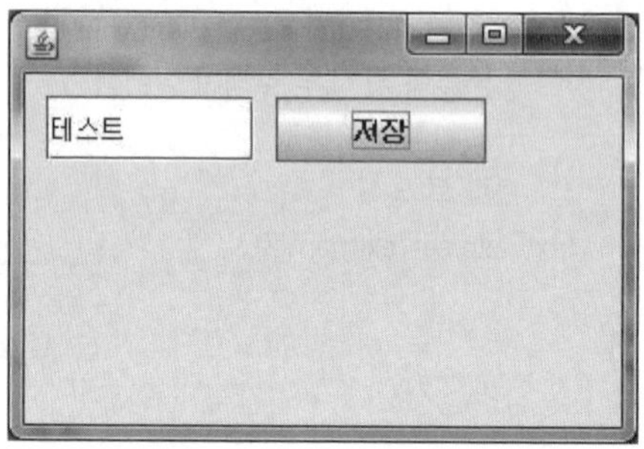

사용 예문

```
package ch11.part01.main7;

import java.awt.event.ActionEvent;
import java.awt.event.ActionListener;

import javax.swing.JButton;
import javax.swing.JFrame;
import javax.swing.JTextField;

public class MainView extends JFrame {

    /** 전역변수 name */
    private String name ;

    public MainView(String name){

        /** 객체 생성 시 name 값을 받아와 전역변수 name에 담는다. */
        this.name = name;
```

```java
        /** 배치를 수동(위치와 크기)으로 입력 */
        this.setLayout(null);

        /** 화면 크기 설정 */
        this.setSize(300, 200);

        /** 텍스트 컴포넌트 생성 */
        JTextField textField = new JTextField();
        textField.setBounds(10, 10, 100, 30);
        this.add(textField);

        /** 버튼 생성 */
        JButton btn = new JButton("저장");
        btn.setBounds(120, 10, 100, 30);
        this.add(btn);

        /** 버튼 이벤트 생성 */
        btn.addActionListener(new ActionListener() {
            @Override
            public void actionPerformed(ActionEvent e) {
                /** 버튼클릭 시 내부 로직이 실행됨 */

                【문제】 버튼클릭 시 전역변수 name의 변수 값을 textField에 나타내시오.
                 ex) 표기방법 : textField.setText("보일 값을 입력");

            }
        });
    }

    public static void main(String[] args) {
        MainView mainView = new MainView("테스트");
        mainView.setVisible(true);
    }
}
```

결과 코드

```java
package ch11.part01.main7.result;

import java.awt.event.ActionEvent;
import java.awt.event.ActionListener;

import javax.swing.JButton;
import javax.swing.JFrame;
import javax.swing.JTextField;

public class MainView extends JFrame {
```

```
    /** 전역변수 name */
    private String name;
    public MainView(String name) {

        /** 객체 생성 시 name 값을 받아와 전역변수 name에 담는다. */
        this.name = name;
        name = null; /** 주의 : 학습목적 상 고의적으로 name의 값을 변경시킴 */

        /** 배치를 수동(위치와 크기)으로 입력 */
        this.setLayout(null);

        /** 화면 크기 설정 */
        this.setSize(300, 200);

        /** 텍스트 컴포넌트 생성 */
        JTextField textField = new JTextField();
        textField.setBounds(10, 10, 100, 30);
        this.add(textField);

        /** 버튼 생성 */
        JButton btn = new JButton("저장");
        btn.setBounds(120, 10, 100, 30);
        this.add(btn);

        /** 버튼 이벤트 생성 */
        btn.addActionListener(new ActionListener() {
            @Override
            public void actionPerformed(ActionEvent e) {
                /** 버튼클릭 시 내부 로직이 실행됨 */

                /** 결과 코드 */
                textField.setText(MainView.this.name);

            }
        });
    }

    public static void main(String[] args) {
        MainView accessTest07 = new MainView("테스트");
        accessTest07.setVisible(true);
    }
}
```

정리

- 전역변수의 익명 클래스 내의 접근
  - 전역변수 name은 익명 클래스 내부에 접근이 가능하지만 익명 클래스가 정의된 함수 내에서 지역변수 name과 중복되기 때문에 지역변수와 구분하여 접근을 시켜야 한다.

	- textField.setText(MainView.this.name); ▸ 호출 위치 : package ch11.part01.main7.MainView.익명클래스.actionPerformed() ▸ 전역변수 : package ch11.part07.main7.MainView.this.name [정식명] ▸ 전역변수를 호출하기 위한 최소 변수명은 'MainView.this.name'이 된다. • 익명 클래스와의 자료 접근 방법 (11.1.06 활용 예제 [1] 파트와 비교) - [1] 'final'을 이용한 지역변수의 접근 ▸ 값의 변경이 불가능하며 참조형 변수의 경우 속성의 변경은 가능하다. - [2] 전역변수의 접근

11.2 | 변수 연결을 통한 자료 연결

수준	중요 포인트 및 학습 가이드(※)
하	1. 로직 내부에서 블록과 블록 사이의 자료 연결 ※ 자료 연결을 위한 처리 방법을 반드시 이해해야 한다.
하	2. 로직 내부에서 지역변수와 익명 클래스 함수 내부의 자료 연결 ※ 자료 연결을 위한 처리 방법을 반드시 이해해야 한다.
하	3. 클래스 내 자료 연결 ※ 자료 연결을 위한 처리 방법을 반드시 이해해야 한다.
하	4. 객체와 객체 사이의 자료 전달 ※ 자료 연결을 위한 처리 방법을 반드시 이해해야 한다.
하	5. 정적 전역변수를 이용한 자료 연결 [1] ※ 자료 연결을 위한 처리 방법을 반드시 이해해야 한다.
하	6. 정적 전역변수를 이용한 자료 연결 [2] ※ 자료 연결을 위한 처리 방법을 반드시 이해해야 한다.
중	7. 자료 연결 활용 예제 [1] – 함수 파라미터 ※ 자료 연결을 위한 처리 방법을 이용하여 버튼 클릭 이벤트 처리를 구현할 수 있어야 한다.

중	8. 자료 연결 활용 예제 [2] – 정적 전역변수 ※ 자료 연결을 위한 처리 방법을 이용하여 버튼 클릭 이벤트 처리를 구현할 수 있어야 한다.

11.2. 01 로직 내부에서 블록과 블록 사이의 자료 연결

문제

- 다음의 [사용 예문] 파트에서 다음 조건을 유지하면서 오류를 수정하시오.
  - name의 값은 반드시 '블록 1' 구간에서 정의한다.
  - '블록 2' 구간에서 반드시 name의 값을 콘솔 화면에 출력하도록 한다.

사용 예문

```
package ch11.part02.main1;

public class TestMain {
    public static void main(String[] args) {
        /** 블록1 */
        {
            String name = "블록1 name";
        }
        /** 블록2 */
        {
            /** 에러발생 */
            System.out.println(name); // 위에서 생성된 name 변수를 출력
        }
    }
}
```

결과 코드

```
package ch11.part02.main1.result;

public class TestMain {
    public static void main(String[] args) {

        /** 블록1과 블록2에 자료연결을 위해 블록1의 상위블록에 정의 */
        String name = null;

        /** 블록1 */
        {
            name = "블록1 name";
        }

        /** 블록2 */
        {
```

```
                System.out.println(name); // 위에서 생성된 name 변수를 출력
            }
        }
}
```

정리

- 블록과 블록 사이의 '변수 연결'을 위해서는 상위 블록에서 변수를 정의해야 한다.

※ [주의] 상위 블록에서는 반드시 해당 변수를 초기화하여 정의해야 한다.

- [주의] 자료 연결 시 초기화를 하지 않을 경우 오류가 발생한다.

– 올바른 예 :

  String name = null;

– 오류 발생 예 :

  ▸ 오류 발생 : 선언 외에 반드시 값을 초기화해야 한다.

  String name ;

11.2.02 로직 내부에서 지역변수와 익명 클래스 함수 내부의 자료 연결

문제

- 다음의 사용 예문에서 조건을 유지하면서 오류를 수정하시오.

– **자바 1.8 버전** 이상에서는 현재의 오류를 발생시키지 않는다.

– **자바 1.7 버전** 이하에서는 오류를 발생시킨다.

사용 예문

```
package ch11.part02.main2;

public class TestMain {
    public static void main(String[] args) {

        /** name 전역변수 정의 */
        String name = "지역변수 name";

        /** ITest 익명클래스 객체생성 */
        ITest test = new ITest() {
            public void method() {

                /** 지역변수에서 익명클래스 내부함수로의 자료전달 */
                System.out.println(name);

            }
        };
```

	``
	        test.method();
	    }
	
	    public interface ITest {
	        public void method();
	    }
	}
	``

결과 코드

```
package ch11.part02.main2.result;

public class TestMain {
    public static void main(String[] args) {

        /** 『final』 키워드를 이용하여 지역변수와 익명클래스 내부를 연결 */
        final String name = "지역변수 name";

        /** ITest 익명클래스 객체생성 */
        ITest test = new ITest() {
            public void method() {

                /** 지역변수와 익명클래스 내부 함수의 자료연결 */
                System.out.println(name);

            }
        };
        test.method();
    }

    public interface ITest {
        public void method();
    }
}
```

정리

- 지역변수와 익명 클래스 내부 함수에서의 자료 연결은 'final' 키워드를 이용한다.
  - 자바 버전 1.8 이상에서는 'final' 키워드를 생략할 수 있다.
  - 하지만 지역변수의 값의 변경은 불가능하다.

11.2.03 클래스 내 자료 연결

문제

- 다음 사용 예문에서 조건을 유지하면서 클래스 TestMain에 나타나는 오류를 수정하시오.

	– setName()으로 들어오는 파라미터 name의 값을 print() 함수 실행 시 콘솔 화면에 변수 name의 값이 출력된다.

사용 예문	```
	package ch11.part02.main3;
	
	public class TestMain {
	
	    public void setName(String name) {
	
	    }
	
	    public void print() {
	        /** setName()으로 들어오는 name 값을 출력하시오. */
	        System.out.println(name);
	    }
	
	    public static void main(String[] args) {
	        TestMain testMain = new TestMain();
	        testMain.setName("아메리카노");
	        testMain.print(); /** '아메리카노'가 출력된다. */
	    }
	}
	``

결과 코드	```
	package ch11.part02.main3.result;
	
	public class TestMain {
	
	    /** 전역변수 name을 정의하여 함수와 함수 사이의 자료를 연결한다. */
	    private String name;
	
	    public void setName(String name) {
	        /** 외부에서 들어오는 파라미터를 전역변수로 전달한다. */
	        this.name = name;
	    }
	
	    public void print() {
	        /** setName()으로 들어오는 name 값을 출력하시오. */
	        System.out.println(name);
	    }
	
	    public static void main(String[] args) {
	        TestMain testMain = new TestMain();
	        testMain.setName("아메리카노");
	        testMain.print(); /** '아메리카노'가 출력된다. */
	``

```
    }
}
```

정리

- 클래스 내부에서 자료 연결은 '전역변수'가 담당한다.
  - 함수와 함수 사이의 자료 연결
  - 함수와 초기화 블록 사이의 자료 연결
  - 생성자 함수와 함수 사이의 자료 연결
  - 함수와 내부 클래스 내부의 자료 연결
  - 함수와 익명 클래스 내부의 자료 연결

- 자료 접근 및 자료 연결
  - setName() 함수 내부 : 지역변수 name ▷ 전역변수 name에 자료 전달
    - ▸ this.name = name;
  - print() 함수 : 전역변수 name 자료 접근

- setName() 함수에서 전역변수 name 접근
  - 호출 위치 : ch11.part02.main3.TestMain.this.setName()
  - 전역변수 : ch11.part02.main3.TestMain.this.name
    - ▸ TestMain.this.name(호출 위치와 패키지명 일치하여 패키지명 생략 가능)
    - ▸ this.name(호출부와 클래스명 일치하여 클래스명 생략 가능)
    - ▸ name(중복되는 변수 존재 ▷ 전역변수 접근 불가능)

- print() 함수에서의 전역변수 name 접근
  - 호출 위치 : ch11.part02.main3.TestMain.this.print()
  - 전역변수 : ch11.part02.main3.TestMain.this.name
    - ▸ TestMain.this.name(호출 위치와 패키지명이 일치하여 패키지명 생략 가능)
    - ▸ this.name(호출부와 클래스명 일치하여 클래스명 생략 가능)
    - ▸ name(중복되는 변수 미존재 ▷ 전역변수 접근 가능)

11.2.04 객체와 객체 사이의 자료 연결

문제

- 다음 사용 예문에서 조건을 만족하도록 클래스를 수정하시오.
  - [문제 1] 객체 'b'에 전역변수 name에 'a.name.value'라는 값 저장
    - ▸ setter 함수를 정의하여 코드를 작성시오.
  - [문제 2] 객체 'a'에 객체 'b'를 '자료 전달'

	▶ 함수의 파라미터를 이용하여 setter 함수 정의 후 자료연결을 하시오. – [문제 3] 전달받은 B 타입 객체의 name 속성값 '자료 접근' 후 콘솔 화면 출력 ▶ 외부에서 접근 가능하도록 getter함수를 정의하여 코드를 작성하시오.

사용 예문

```
package ch11.part02.main4;

public class A {

    /** 전역변수 name 정의 */
    private String name;

}
```

```
package ch11.part02.main4;

public class B {

    public void print() {
        /** 【문제3】 전달받은 A타입 객체의 name 속성 값 『자료접근』후 콘솔화면출력 */
    }
}
```

```
package ch11.part02.main4;

public class TestMain {
    public static void main(String[] args) {

        A a = new A();      /** A 타입 객체생성 */
        B b = new B();      /** B 타입 객체생성 */

        /** 【문제1】 객체 a의 전역변수 name에 'a.name.value' 값으로 저장 */

        /** 【문제2】 파라미터 객체 a를 객체 b에 『자료전달』 */

        b.print(); /** print() 함수호출 */
    }
}
```

결과 코드

```
package ch11.part02.main4.result;

public class A {

    /** name 전역변수 정의 */
```

```
    private String name;

    /** 전역변수 name에 값을 입력하기 위한 setter 함수 정의 */
    public void setName(String name) { this.name = name; }

    /** 전역변수 name에 『자료접근』을 위한 getter 함수 정의 */
    public String getName() { return name; }

}
```

```
package ch11.part02.main4.result;

public class B {

    /** 외부 B 타입 객체 자료전달을 위한 setter 함수 및 전역변수 b 생성 */
    private A a;
    public void setA(A a) { this.a = a; }

    public void print() {
        /** 【문제3】 전달받은 A타입 객체의 name 속성 값 『자료접근』후 콘솔화면출력 */
        System.out.println(a.getName());
    }
}
```

```
package ch11.part02.main4.result;

public class TestMain {
    public static void main(String[] args) {
        A a = new A();
        B b = new B();

        /** 【문제1】 객체 b에 전역변수 name에 'a.name.value'라는 값 저장 */
        a.setName("a.name.value");

        /** 【문제2】 객체 a에 객체 b를 『자료전달』 */
        b.setA(a);

        b.print();
    }
}
```

결과

a.name.value

정리

- 객체와 객체 사이의 자료 연결

– 객체와 객체 사이의 자료 연결은 '함수의 파라미터'로 할 수 있다.

– 클래스 내부에서의 자료 연결은 '전역변수'로 할 수 있다.

- 메인 함수에서의 자료 전달 및 자료 접근 과정
  - 'a.setName("a.name.value");'
    - ▸ 값 'value' ▷ 객체 a의 setName() 함수 파라미터 name에 전달
    - ▸ 파라미터 name의 값 ▷ 전역변수 name에 자료 전달
      - · 내부 로직 : 'this.name = name;'
  - 'b.setA(a);'
    - ▸ 값 a ▷ 객체 b의 setA() 함수 파라미터 a에 전달
    - ▸ 파라미터 a의 값 ▷ 전역변수 a에 자료 전달
      - · 내부 로직 : 'this.a = a;'
  - 'b.print();'
    - ▸ 객체 b의 print() 함수에서 전역변수 a에 접근
    - ▸ 객체 a의 getName() 함수에서 전역변수 name에 접근
      - · 내부 로직 : System.out.println(a.getName());

11.2. 05 정적 전역변수를 이용한 자료 연결 [1]

문제

- 다음 사용 예문 코드를 실행하기 전에 결과값을 구하고 그 이유를 이해하도록 한다.

사용 예문

```
package ch11.part02.main5;

public class A {
    /** 객체 간 자료공유를 위한 static 변수 정의 */
    public static int count = 0;
}
```

```
package ch11.part02.main5;

public class TestMain {

    public static void main(String[] args) {

        /** A 타입 count 정적 전역변수 1증가 */
        A.count++;
```

	`/** A 타입 a01 객체생성 및 count 정적 전역변수 1증가 */`
	`A a01 = new A();`
	`a01.count++;`
	
	`/** A 타입 a02 객체생성 및 count 정적 전역변수 1증가 */`
	`A a02 = new A();`
	`a02.count++;`
	
	`/** A 타입 a03 객체생성 및 count 정적 전역변수 1증가 */`
	`A a03 = new A();`
	`a03.count++;`
	
	`/** 【문제】 다음의 결과값을 코드작성 전에 풀어보시오. */`
	`System.out.println(a01.count);`
	`}`
	`}`

결과	4
정리	• 정적(static) 전역변수의 메모리 영역은 '클래스 메모리 영역'에 저장된다. – 클래스가 메모리에 로딩 시 클래스의 정보가 저장된다. – 프로그램이 종료될 때까지 메모리의 값을 유지한다. • 객체의 메모리는 '힙(Heap) 메모리 영역'에 저장된다. – 객체 생성 후 '힙 메모리'에 자료가 저장되며 객체가 소멸되면 메모리도 소멸된다. – 모든 객체는 해당 클래스의 정보를 공유할 수 있다. ▸ 타입이 같을 경우 '클래스 메모리 영역'의 데이터를 공유하게 된다. – 정적 전역변수는 '객체명.변수명'으로 호출이 가능하며, 모두 동일한 클래스의 정적 전역변수를 참조하게 된다. ▸ a01.count++ ▷ A.count++ : A 클래스의 정적 전역변수 count 값 증가 ▸ a02.count++ ▷ A.count++ : A 클래스의 정적 전역변수 count 값 증가 ▸ a03.count++ ▷ A.count++ : A 클래스의 정적 전역변수 count 값 증가 • A 타입 전역변수 count – 호출 위치 : ch11.part02.main5.Main.main() – 전역변수 : ch11.part02.main5.A.count; ▸ A.count (패키지명 동일 ▷ 생략 가능) ▸ count (클래스명 동일하지 않음 ▷ 정적 전역변수 접근 불가)

11.2. 06 정적 전역변수를 이용한 자료 연결 [2]

학습 목표

- 다음 사용 예문에서 자료 연결을 위해 정적 전역변수를 이용하는 과정을 이해하도록 한다.

처리 방법

- 자료 전달을 위한 클래스 정의 방법
  - 데이터 저장을 목적으로 하는 클래스를 만들어 해당 클래스에 자료를 저장해 처리하는 방법
  - 변수는 외부에서 객체 생성 없이 자료에 접근할 수 있도록 'public static' 제한자로 정의하면 된다.
  - 향후 12장에서 배울 자료 구조를 이용하여 보다 효율적으로 자료를 저장할 수 있다.

```
public class DataContainer {
        /** public static 전역변수 정의 */
        public static A a;
}
```

- 자료 조회를 위한 정적 전역변수 사용 방법
  - 저장된 자료는 언제든지 '클래스명.변수명' 형태로 접근 가능하기 때문에 호출이 매우 간단하다.

```
A a = DataContainer.a;
```

학습 절차

1. ch11.part02.main6.A 클래스 정의

- name 전역변수 정의 및 getter setter 정의

2. ch11.part02.main6.B 클래스 정의

- print() 함수 정의
  - ▸ DataContainer로부터 객체 a에 '자료 접근'을 한다.
  - ▸ 객체 a의 name 속성값을 콘솔 화면에 출력한다.

3. ch11.part02.main6.DataContainer 클래스 정의

- public static 전역변수 정의

4. ch11.part02.main6.TestMain 클래스 정의

- 메인 함수 정의
  - ▸ 객체 생성
  - ▸ DataContainer로부터 객체 a에 '자료 접근'을 한다.
  - ▸ 객체 a에 전역변수 name에 'a.name.value'라는 값을 넣는다.
  - ▸ 객체 b의 print() 함수 사용

사용 예문

1. ch11.part02.main6.A 클래스 정의

```
package ch11.part02.main6;

public class A {
```

```
	/** name 전역변수 정의 및 getter setter 정의 */
	private String name;
	public void setName(String name) {   this.name = name; }
	public String getName() { return name; }
}
```

2. ch11.part02.main6.B 클래스 정의
– B 클래스의 print() 함수에서 다른 곳에서 생성한 A 타입 a 객체를 가져와 출력을 하기 위해 정의된 클래스이다.

사용 예문

```
package ch11.part02.main6;

public class B {
	/** print() 함수 정의 */
	public void print() {

		/** DataContainer로부터 객체 a에 『자료접근』을 한다. */
		A a = DataContainer.a;
		String name = "";
		if (a != null) { name = a.getName(); }
		System.out.println(name);
	}
}
```

3. ch11.part02.main6.DataContainer 클래스 정의
– 데이터 저장을 위한 전용 컨테이너 클래스

```
package ch11.part02.main6;

public class DataContainer {
	/** public static 전역변수 정의 */
	public static A a;
	public static B b;
}
```

4. ch11.part02.main6.TestMain 클래스 정의

```
package ch11.part02.main6;

public class TestMain {
	public static void main(String[] args) {

		/** 객체생성 */
		A a = new A();
		B b = new B();

		/** 객체생성된 자료를 데이터 컨테이너에 객체를 저장한다. */
		DataContainer.a = a;
```

```
            DataContainer.b = b;

            /** 객체 a에 전역변수 name에 'a.name.value'라는 값을 넣는다. */
            a.setName("a.name.value");

            /** 객체 b의 print() 함수사용 */
            b.print();

        }
}
```

정리

- 메인 함수에서의 자료 전달 및 자료 접근 과정
  - A a = new A();
    - ▸ A 타입 객체 생성
  - 'DataContainer.a = a;'
    - ▸ 객체 a 값
    - 〉 DataContainer 클래스 전역변수 a에 전달
  - 'a.setName("a.name.value");'
    - ▸ 값 'a.name.value'
    - 〉 객체 a의 setName() 함수 파라미터 name에 전달
    - 〉 전역변수 name에 자료 전달
  - 'b.print();'
    - ▸ 객체 b의 print() 함수에서 DataContainer 클래스의 속성 a에 접근
    - 〉 a.getName() 함수를 이용하여 전역변수 name에 접근
    - 〉 name 값 콘솔 화면에 출력
- 객체와 객체 사이의 자료 전달은 '클래스의 정적 전역변수'로도 할 수 있다.

11.2.07 자료 연결 활용 예제 [1] – 함수 파라미터

※ 프로그램 작성 시 자바 1.9 버전 이후 22.3.01 파트의 설명대로 모듈을 정의하자.

▷ 'module–info.java' 파일에 'requires java.desktop;' 모듈 추가

학습 목표

- 메인 클래스의 메인 함수를 실행하여 다음 화면과 같이 나타내도록 한다.
  - 화면 설정 및 버튼 클릭에 관한 소스 코드는 이해보다 참고만 하는 수준으로 보길 바라며, 값의 전달을 어떻게 하는지에 대해 초점을 두도록 하자.

학습 목표

▸ 결과는 다음의 화면과 같이 나타나게 된다.

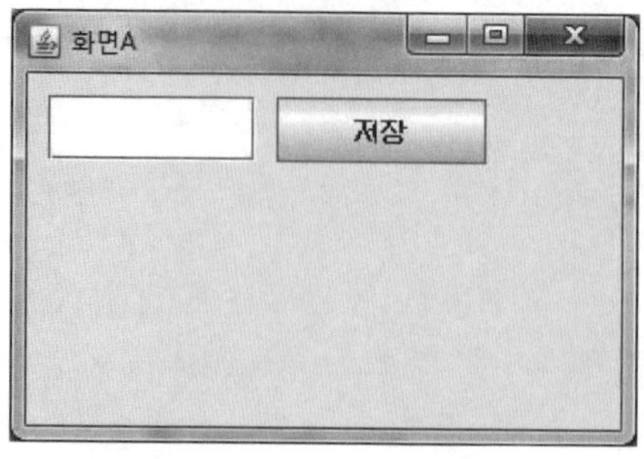

- [화면 A]의 텍스트 영역에 글자를 입력 후 버튼을 클릭하면 [화면 B]의 텍스트 영역에 [화면 A]의 입력된 글자가 나타나도록 하며, 그 처리 과정을 이해한다.

처리 방법

※ JFrame 관련된 코드는 이해하는 수준으로 학습하길 바란다.

- 화면 A를 구성하기 위한 클래스 정의 절차
  - [절차 1] 화면 생성을 위해 JFrame 상속
  - [절차 2] 메인 화면 설정
  - [절차 3] 텍스트 필드 객체 생성 및 설정
  - [절차 4] 버튼 객체 생성 및 설정
  - [절차 5] 버튼 클릭 이벤트 생성(익명 클래스 이용)
  - [절차 6] 버튼 클릭 시 처리 로직 구간 작성

- 화면 B를 구성하기 위한 클래스 정의 절차
  - [절차 1] 화면 생성을 위해 JFrame 상속
  - [절차 2] 화면 설정
  - [절차 3] 텍스트 필드 생성 및 설정

- 자료 연결 처리 절차
  - [절차 1] 화면 B의 객체를 화면 A로 자료 전달
    - ▸ 화면 A frame1 객체 생성
    - ▸ 화면 B frame2 객체 생성
    - ▸ frame02의 객체 ▷ frame01 객체로 자료 전달
  - [절차 2] 화면 B의 텍스트 필드 값을 변경하기 위한 setTextField() 함수 정의
    - ▸ 외부에서 텍스트 값을 파라미터로 가져와 화면 B 텍스트 필드 값을 설정
  - [절차 3] 화면 A에서 버튼 클릭 이벤트 함수 구현
    - ▸ 화면 A의 텍스트 필드 값을 조회
    - ▸ 화면 B 객체를 이용하여 setTextField() 함수 사용

학습 절차

1. ch11.part02.main7.Frame01 클래스 정의

– 화면 B의 객체를 화면 A로 자료 전달을 위해 frame02 속성 및 함수 정의

– 생성자 함수 정의

▸ 메인 화면 설정

▸ 텍스트 필드 객체 생성 및 설정

▸ 버튼 객체 생성 및 설정

▸ 버튼 클릭 이벤트 생성(익명 클래스이용)

· 버튼 클릭 시 처리 로직 구간 작성

· 버튼 클릭 시 해당 내부 로직 실행

· 화면 A frame01 객체의 지역 변수 textField 자료 접근

· 화면 B frame02 객체의 setTextField() 함수 사용

2. ch11.part02.main7.Frame02 클래스 정의

– 전역변수 textField 정의 후 지역변수 textField와 연결

– 생성자 함수 정의

▸ 메인 화면 설정

▸ 텍스트 필드 생성 및 설정

▸ 전역변수 textField 정의 후 지역변수 textField와 연결

– 파라미터의 값을 전역변수 textField에 입력을 위한 setTextField() 함수 정의

3. ch11.part02.main7.TestMain 클래스 정의

– 메인 함수 정의

▸ 화면 A frame01 객체 생성 및 화면 출력

▸ 화면 B frame02 객체 생성 및 화면 출력

▸ 화면 B frame02 객체 ▷ 화면A frame01 객체로 자료 전달

사용 예문

1. ch11.part02.main7.Frame01 클래스 정의
– 화면 생성을 위해 JFrame 상속

```
package ch11.part02.main7;

import java.awt.event.ActionEvent;
import java.awt.event.ActionListener;

import javax.swing.JButton;
import javax.swing.JFrame;
import javax.swing.JTextField;

/** 【절차1】 화면생성을 위해 JFrame 상속 */
public class Frame01 extends JFrame {
```

사용 예문

```
/** 화면B의 객체를 화면A로 자료전달을 위해 frame2 속성 및 함수 정의 */
private Frame02 frame02;
public void setFrame02(Frame02 frame02) {
        this.frame02 = frame02;
}

public Frame01() {

        /** 【절차2】 메인화면설정 */
        this.setTitle("화면A"); // 화면명을 수정
        this.setLayout(null); // 배치를 수동(위치와 크기)으로 입력
        this.setSize(300, 200); // 화면 크기 설정

        /** 【절차3】 텍스트필드 객체생성 및 설정 */
        /** 익명클래스 내 함수로 자료전달을 위해 『final』 키워드 사용』 */
        final JTextField textField = new JTextField(); // 객체생성
        textField.setBounds(10, 10, 100, 30); // 생성위치, 크기 설정
        this.add(textField); // 화면추가

        /** 【절차4】 버튼 객체생성 및 설정 */
        JButton btn = new JButton("저장"); // 객체생성
        btn.setBounds(120, 10, 100, 30); // 생성위치, 크기 설정
        this.add(btn); // 화면추가

        /** 【절차5】 버튼클릭 이벤트 생성(익명클래스이용) */
        btn.addActionListener(new ActionListener() {
                @Override
                public void actionPerformed(ActionEvent e) {

                    /** 【절차6】 버튼클릭 시 처리로직 구간작성 */

                    /** 버튼클릭 시 해당 내부로직 실행 */
                    System.out.println("버튼클릭 이벤트 시작");

                    /** 화면A frame01 객체의 지역변수 textField 자료접근 */
                    String text = textField.getText();

                    /** 화면B frame02 객체의 setTextField() 함수사용 */
                    frame02.setTextField(text);
                }
        });
    }
}
```

2. ch11.part02.main7.Frame02 클래스 정의

사용 예문

```
package ch11.part02.main7;

import java.awt.event.ActionEvent;
import java.awt.event.ActionListener;

import javax.swing.JButton;
import javax.swing.JFrame;
import javax.swing.JTextField;

/** 화면 생성을 위해 JFrame 상속 */
public class Frame02 extends JFrame {

    /** 전역변수 textField 정의 후 지역변수 textField와 연결 */
    private JTextField textField ;

    public Frame02(){

   /** 화면 설정 */
        this.setTitle("화면B"); // 화면명을 수정
        this.setLayout(null); // 배치를 수동(위치와 크기)으로 입력
        this.setSize(300, 200); // 화면 생성위치, 크기 설정
        this.setLocation(450, 0); // 화면 생성위치

        /** 텍스트필드 생성 및 설정 */
        JTextField textField = new JTextField(); // 객체생성

        /** 전역변수 textField 정의 후 지역변수 textField와 연결 */
        this.textField = textField;

        textField.setBounds(10, 10, 100, 30); //
        this.add(textField);
    }

    /** 파라미터의 값을 전역변수 textField에 입력 */
    public void setTextField(String text){
        textField.setText(text);
    }
}
```

【학습절차3】 ch11.part02.main7.TestMain 클래스 정의

```
package ch11.part02.main7;
```

```
public class TestMain {
    public static void main(String[] args) {

        /** 화면A frame01 객체생성 및 화면출력 */
        Frame01 frame01 = new Frame01();
        frame01.setVisible(true);

        /** 화면B frame02 객체생성 및 화면출력 */
        Frame02 frame02 = new Frame02();
        frame02.setVisible(true);

        /** 화면B frame02 객체 → 화면A frame01 객체로 자료전달 */
        frame01.setFrame02(frame02);
    }
}
```

정리

- 자료 연결의 방법은 '함수의 파라미터'를 이용하여 객체의 정보를 연결하였다.
  - frame01.setFrame02(frame02);

11.2.08 자료 연결 활용 예제 [2] – 정적 전역변수

※ 프로그램 작성 시 자바 1.9 버전 이후 22.3.01 파트의 설명대로 모듈을 정의하자.

▷ 'module-info.java' 파일에 'requires java.desktop;' 모듈 추가

구분	내용
학습 목표	• 11.2.07 활용 예제를 정적 전역변수를 이용하여 자료 연결을 하도록 하겠다. • [화면 A]의 텍스트 영역에 글자를 입력 후 버튼을 클릭하면 [화면 B]의 텍스트 영역에 그 입력된 글자가 나타내도록 하는 처리 과정을 이해한다.
처리 방법	• 자료 연결 처리 절차 – [절차 1] 화면 객체를 데이터 저장소에 저장 ▸ 화면A frame01 객체 생성 ▸ 화면B frame02 객체 생성 ▸ DataContainer에 등록 – [절차 2] 화면 B의 텍스트 필드 값을 변경하기 위한 setTextField() 함수 정의 ▸ 외부에서 텍스트 값을 파라미터로 가져와 화면 B 텍스트 필드 값을 설정 – [절차 3] 화면 A에서 버튼 클릭 이벤트 함수 구현

▸ 화면 A의 텍스트 필드 값을 조회
▸ DataContainer로부터 화면 B frame02 객체 조회
▸ 화면 B 객체를 이용하여 setTextField() 함수 사용

학습 절차

1. ch11.part02.main8.DataContainer 클래스 정의

– 'public static' 제한자를 가진 frame01, frame02 전역변수 정의

2. ch11.part02.main8.Frame01 클래스 정의

– 화면 B의 객체를 화면 A로 전달하기 위해 frame2 속성 및 함수 정의
– 생성자 함수 정의
▸ 메인 화면 설정
▸ 텍스트 필드 객체 생성 및 설정
▸ 버튼 객체 생성 및 설정
▸ 버튼 클릭 이벤트 생성(익명 클래스 이용)
· 버튼 클릭 시 처리 로직 구간 작성
· 버튼 클릭 시 해당 내부 로직 실행
· 화면 A frame1 객체의 지역변수 textField 자료 접근
· DataContainer로부터 frame02의 객체를 조회
· 화면 B frame2 객체의 setTextField() 함수 사용

3. ch11.part02.main8.Frame02 클래스 정의

– 전역변수 textField 정의 후 지역변수 textField와 연결
– 생성자 함수 정의
▸ 메인 화면 설정
▸ 텍스트 필드 생성 및 설정
▸ 전역변수 textField 정의 후 지역변수 textField와 연결
– 파라미터의 값을 전역변수 textField에 입력을 위한 setTextField() 함수 정의

4. ch11.part02.main8.TestMain 클래스 정의

– 메인 함수 정의
▸ 화면 A frame01 객체 생성 및 화면 출력
▸ 화면 B frame02 객체 생성 및 화면 출력
▸ DataContainer에 객체 등록

사용 예문

1. ch11.part02.main8.DataContainer 클래스 정의

```
package ch11.part02.main8;

public class DataContainer {
```

```
        public static Frame01 frame01;
        public static Frame02 frame02;
}
```

2. ch11.part02.main8.Frame01 클래스 정의
– 화면 생성을 위해 JFrame 상속

```
package ch11.part02.main8;

import java.awt.event.ActionEvent;
import java.awt.event.ActionListener;

import javax.swing.JButton;
import javax.swing.JFrame;
import javax.swing.JTextField;

/** 【절차1】 화면생성을 위해 JFrame 상속 */
public class Frame01 extends JFrame {

    public Frame01() {

        /** 【절차2】 메인화면설정 */
        this.setTitle("화면A"); // 화면명을 수정
        this.setLayout(null); // 배치를 수동(위치와 크기)으로 입력
        this.setSize(300, 200); // 화면 크기 설정

        /** 【절차3】 텍스트필드 객체생성 및 설정 */
        /** 익명클래스 내 함수로 자료전달을 위해 『final』 키워드 사용』 */
        final JTextField textField = new JTextField(); // 객체생성
        textField.setBounds(10, 10, 100, 30); // 생성위치, 크기 설정
        this.add(textField); // 화면추가

        /** 【절차4】 버튼 객체생성 및 설정 */
        JButton btn = new JButton("저장"); // 객체생성
        btn.setBounds(120, 10, 100, 30); // 생성위치, 크기 설정
        this.add(btn); // 화면추가

        /** 【절차5】 버튼클릭 이벤트 생성(익명클래스이용) */
        btn.addActionListener(new ActionListener() {
            @Override
            public void actionPerformed(ActionEvent e) {

                /** 【절차6】 버튼클릭 시 처리로직 구간작성 */

                /** 버튼클릭 시 해당 내부로직 실행 */
```

```
                    System.out.println("버튼클릭 이벤트 시작");

                    /** 화면A frame01 객체의 지역변수 textField 자료접근 */
                    String text = textField.getText();

                    /** DataContainer에서 화면B frame2 객체조회 */
                    Frame02 frame02 = DataContainer.frame02;

                    /** 화면B frame02 객체의 setTextField() 함수사용 */
                    frame02.setTextField(text);
                }
            });
    }
}
```

3. ch11.part02.main8.Frame2 클래스 정의

```
package ch11.part02.main8;

import java.awt.event.ActionEvent;
import java.awt.event.ActionListener;

import javax.swing.JButton;
import javax.swing.JFrame;
import javax.swing.JTextField;

/** 화면 생성을 위해 JFrame 상속 */
public class Frame02 extends JFrame {

    /** 【절차2-3】 전역변수 textField 정의 후 지역변수 textField와 연결 */
    private JTextField textField ;

    public Frame02(){

   /** 화면 설정 */
        this.setTitle("화면B"); // 화면명을 수정
        this.setLayout(null); // 배치를 수동(위치와 크기)으로 입력
        this.setSize(300, 200); // 화면 생성위치, 크기 설정
        this.setLocation(450, 0); // 화면 생성위치

        /** 텍스트 생성 및 설정 */
        JTextField textField = new JTextField(); // 객체생성

        /** 【절차2-4】 전역변수 textField 정의 후 지역변수 textField와 연결 */
        this.textField = textField;
```

```
        textField.setBounds(10, 10, 100, 30); //
        this.add(textField);
    }

    /** 【절차2-5】 파라미터의 값을 전역변수 textField에 입력 */
    public void setTextField(String text){
        textField.setText(text);
    }
}
```

4. ch11.part02.main8.TestMain 클래스 정의

```
package ch11.part02.main8;

public class TestMain {
        public static void main(String[] args) {

                /** 화면A frame01 객체생성 및 화면출력 */
                Frame01 frame01 = new Frame01();
                frame01.setVisible(true);

                /** 화면B frame02 객체생성 및 화면출력 */
                Frame02 frame02 = new Frame02();
                frame02.setVisible(true);

                /** DataContainer에 객체등록 */
                DataContainer.frame01 = frame01;
                DataContainer.frame02 = frame02;

        }
}
```

정리	• 자료 연결의 방법은 '정적 전역변수'를 이용하여 객체의 정보를 연결하였다.

11.3 공통 로직의 처리

수준	중요 포인트 및 학습 가이드(※)
하	1. 동일 클래스 내 함수에서 로직 분리 – 동일 클래스에 private 함수를 정의 후 분리한다. ※ 공통 로직 분리의 처리 방법 및 절차를 반드시 이해해야 한다.
중	2. 동일 클래스에서 함수 사이의 공통 로직 분리 – 함수 사이의 공통 로직 구간을 설정할 수 있도록 소스 코드 정비 후 함수 분리를 하면 된다. – 개별 처리 로직은 분기 조건을 함수의 파라미터로 정의 후 로직 구간에서 분기 처리를 하면 된다. – 개별 처리 로직이 복잡할 경우 인터페이스를 이용해 로직 처리를 개별 함수에서 직접 처리할 수 있다. ※ 공통 로직 분리의 처리 방법 및 절차를 반드시 이해해야 한다.
하	3. 서로 다른 클래스에서 함수 사이의 공통 로직 분리 – 함수를 정의할 클래스를 결정 후 public 함수로 분리한다. ※ 공통 로직 분리의 처리 방법 및 절차를 반드시 이해해야 한다.

11.3.01 동일 클래스 내 함수에서 로직 분리

학습 목표	• 로직에서 분리가 필요한 구간을 함수 분리할 수 있다. • 오류 발생 시 자료 연결을 하여 오류를 처리할 수 있다. • 자료 연결은 함수 파라미터를 이용하여 자료 전달을 할 수 있다.
사용 목적	• 로직의 재사용을 위해 함수 분리 • 관심사를 분리하여 로직 모듈화 • 관리의 효율성 증가
처리 방법	• 동일 클래스에는 외부에서 사용할 필요가 없을 경우 기본적으로 'private' 함수를 정의하여 분리한다. • 처리 절차 – [절차 1] 로직 구간에서 분리할 함수의 구간 영역을 결정 – [절차 2] 동일 클래스 하위에 분리할 신규 함수의 정의 – [절차 3] 로직 구간의 분리할 로직을 새로 정의한 신규 함수로 이동 – [절차 4] 로직 구간에서 분리한 로직 대신에 함수 사용 – [절차 5] 생성된 함수의 오류 발생 시 자료 연결

▸ 오류 발생 시 자료 연결을 통한 오류 처리

· 함수의 파라미터를 이용

· 신규 함수의 반환 타입을 이용

· 함수의 예외 처리

문제

- 사용 예문을 실행하여 처리 절차를 이해하고 분리할 영역을 분리하시오.

– 함수 분리의 목적

▸ 경로를 주면 해당 경로에 대한 파일의 내용을 List〈String〉 타입에 담아서 제공하고자 하는 목적

– 분리 전 read() 함수 로직 절차의 이해

public void read()	
1) 파일의 경로(path)를 지정 2) 읽을 내용을 저장할 객체 생성 (List〈String〉 list) 3) 읽기 객체 생성(BufferedReader br) 4) 읽은 자료를 list에 저장 5) 읽기 객체 스트림 종료 6) list 내용 확인	

– 분리 후 read() 함수 로직 절차의 이해

▸ readFile() 함수에서 오류 발생 시 함수의 파라미터로 자료 연결을 한다.

▸ read() 함수에서 오류 발생 시 readFile() 함수의 return 타입을 이용하여 자료 연결을 한다.

public void read()	private List〈String〉 readFile(String path)
1) 파일의 경로(path)를 지정	
	2) 읽을 내용을 저장할 객체 생성 (List〈String〉 list) 3) 읽기 객체 생성(BufferedReader br) 4) 읽은 자료를 list에 저장 5) 읽기 객체 스트림 종료
6) list 내용 확인	

- 다음의 사용 예문를 이용하여 함수 분리 이후 프로그램 실행 결과를 비교하시오.

– 소스의 함수 분리 전과 함수 분리 후의 결과가 같게 나타나면 된다.

사용 예문

```
package ch11.part03.main1;
```

사용 예문	(code below)

```
import java.io.BufferedReader;
import java.io.FileReader;
import java.util.ArrayList;
import java.util.List;

public class TestMain {
    public void read() throws Exception {

        /** 1) 파일의 경로(path)를 지정 */
        String path = "src/ch11/part03/main1/TestMain.java";

        /** 【절차1】 분리구간 시작 ***************************************************/
        /** 2) 읽을 내용을 저장할 객체생성 */
        List<String> list = new ArrayList<String>();
        /** 3) 읽기 객체생성(BufferedReader br) */
        BufferedReader br = br = new BufferedReader(new FileReader(path));
        /** 4) 읽은 자료를 list에 저장 */
        while(true){
            String readLine = br.readLine();
            if(readLine==null){ break; }
            list.add(readLine);
        }
        /** 5) 읽기 객체 스트림 종료 */
        if(br!=null) br.close();
        /** 【절차1】 분리구간 종료 ***************************************************/

        /** 6) list 내용 확인 */
        int line = 1;
        for(String s : list){
            System.out.println((line++) + "₩t" + s);
        }
    }

    public static void main(String[] args) throws Exception {
        new TestMain().read();
    }
}
```

결과

- TestMain 클래스 소스 코드가 화면에 출력되면 성공한 것이다.

※ 파일 읽기는 15장에서 학습할 예정이기 때문에 소스의 흐름만 이해하면 된다.

■ 함수의 분리 과정

• 보다 효율적인 설명을 위해 [사용 예문] 하단의 메인 함수는 생략하고 설명할 예정이다.

분리 절차 [1]

• 로직 구간에서 분리할 함수의 구간 영역을 결정

– 이 부분은 앞의 사용 예문에서 구분을 하였다.

분리 절차 [2]

• 분리할 함수 정의

– 기본적으로 'private void' 함수로 정의한다.

▸ 분리되는 함수가 외부 클래스의 경우 'public'으로 변경한다.

– 향후 생성 함수에서 기존 함수로의 자료 연결이 필요한 경우 반환 타입을 수정한다. (이후 [분리 절차5] 고려)

```
public class TestMain {
    public void read() throws Exception {
        /** 앞선 [사용 예문]의 1) ~ 6) 로직 생략 */
    }

    /** 【절차2】 분리할 함수 정의 */
    private void readFile() {

    }
}
```

분리 절차 [3]

• 분리할 로직을 새로 정의한 함수로 이동

```
public class TestMain {
    public void read() throws Exception {

        /** 1) 파일의 경로(path)를 지정 */
        String path = "src/ch11/part03/main1/TestMain01.java";

        /** 【절차1】 분리구간 시작 ***************************************************/
        /** 【절차3】 해당구간의 로직을 【절차2】에서 선언된 하단의 readFile() 함수로 이동 */
        /** 【절차1】 분리구간 종료 ***************************************************/

        /** 6) list 내용 확인 */
        int line = 1;
        for(String s : list){
            System.out.println((line++) + "₩t" + s);
        }
    }

    /** 【절차2】 분리할 함수 정의 */
```

```
    private void readFile(){

        /** 【절차3】 해당구간의 로직을 여기로 이동 */
        /** 2) 읽을 내용을 저장할 객체생성 */
        List<String> list = new ArrayList<String>();
        /** 3) 읽기 객체생성(BufferedReader br) - 오류발생 */
        BufferedReader br = br = new BufferedReader(new FileReader(path));
        /** 4) 읽은 자료를 list에 저장 */
        while(true){
            String readLine = br.readLine(); /** 오류발생 */
            if(readLine==null){ break; }
            list.add(readLine);
        }
        /** 5) 읽기 객체 스트림 종료 */
        if(br!=null) br.close(); /** 오류발생 */
    }
}
```

분리 절차 [4]

• 로직 구간에서 분리한 로직 대신에 함수 사용

```
public class TestMain {
    public void read() throws Exception {

        /** 1) 파일의 경로(path)를 지정 */
        String path = "src/ch11/part03/main1/TestMain01.java";

        /** 【절차1】 분리구간 시작 ****************************************************/
        /** 【절차3】 해당구간의 로직을 【절차2】에서 선언된 하단의 readFile() 함수로 이동 */
        /** 【절차4】 로직구간에서 분리한 로직 대신에 함수 사용 */
        readFile();

        /** 【절차1】 분리 구간 종료 ****************************************************/

        /** 6) list 내용 확인 */
        int line = 1;
        for(String s : list){
            System.out.println((line++) + "\t" + s);
        }
    }

    /** 【절차2】 분리할 함수 정의 */
    private void readFile(){

        /** 【절차3】 해당구간의 로직을 여기로 이동 */
```

```
		/** 2) 읽을 내용을 저장할 객체생성 */
		List<String> list = new ArrayList<String>();
		/** 3) 읽기 객체생성(BufferedReader br) – 오류발생 */
		BufferedReader br = br = new BufferedReader(new FileReader(path));
		/** 4) 읽은 자료를 list에 저장 */
		while(true){
			String readLine = br.readLine(); /** 오류발생 */
			if(readLine==null){ break; }
			list.add(readLine);
		}
		/** 5) 읽기 객체 스트림 종료 */
		if(br!=null) br.close(); /** 오류발생 */
	}
}
```

- 생성된 함수의 오류 발생 시 자료 연결
  - 함수의 파라미터를 이용
  - 신규 함수의 반환 타입을 이용
  - 함수의 예외 처리
    - ▸ 여기서는 소스 설명의 편의상 예외를 위임하였다.

분리 절차 [5]

```
public class TestMain {
	public void read() throws Exception {

		/** 1) 파일의 경로(path)를 지정 */
		String path = "src/ch11/part03/main1/TestMain01.java";

		/** 【절차1】 분리구간 시작 ****************************************************/
		/** 【절차3】 해당구간의 로직을 【절차2】에서 선언된 하단의 readFile() 함수로 이동 */
		/** 【절차4】 로직구간에서 분리한 로직대신에 함수사용 */
		/** 【절차5】 readFile()의 반환타입을 이용하여 자료연결 */
		List<String> list = readFile(path);
		/** 【절차1】 분리구간 종료 ****************************************************/

		/** 6) list 내용 확인 */
		int line = 1;
		for(String s : list){
			System.out.println((line++) + "₩t" + s);
		}
	}

	/** 【절차2】 분리할 함수 정의 */
	/** 【절차5】 함수의 파라미터를 이용한 자료연결 */
	private List<String> readFile(String path) throws Exception {
```

```
        /** 【절차3】 해당구간의 로직을 여기로 이동 */
        /** 2) 읽을 내용을 저장할 객체생성 */
        List<String> list = new ArrayList<String>();
        /** 3) 읽기 객체생성(BufferedReader br)  */
        BufferedReader br = br = new BufferedReader(new FileReader(path));
        /** 4) 읽은 자료를 list에 저장 */
        while(true){
            String readLine = br.readLine();
            if(readLine==null){ break; }
            list.add(readLine);
        }
        /** 5) 읽기 객체 스트림 종료 */
        if(br!=null) br.close();
        /** 분리구간 종료 ***************************************************/
        /** 【절차5】 함수의 파라미터를 이용한 자료연결 */
        return list;
    }
```

■ 함수 분리하여 소스 코드로 나타내기

결과 코드

```
package ch11.part03.main1.result;

import java.io.BufferedReader;
import java.io.FileNotFoundException;
import java.io.FileReader;
import java.io.IOException;
import java.util.ArrayList;
import java.util.List;

public class TestMain {

    public void read() throws Exception {

        /** 1) 파일의 경로(path)를 지정 */
        String path = "src/ch11/part03/main1/TestMain.java";

        /** 【절차1】 분리구간 시작 ***************************************************/
        /** 【절차2】 해당구간의 로직을 【절차2】에서 선언된 하단의 readFile() 함수로 이동 */
        /** 【절차4】 로직구간에서 분리한 로직대신에 함수사용 */
        /** 【절차5】 readFile()의 반환타입을 이용하여 자료연결 */
        List<String> list = readFile(path);
        /** 【절차1】 분리구간 종료 ***************************************************/
```

```
		/** 6) list 내용 확인 */
		int line = 1;
		for(String s : list){
			System.out.println((line++) + "\t" + s);
		}
	}

	/** 【절차2】 분리할 함수 정의 */
	/** 【절차5】 함수의 파라미터를 이용한 자료연결 */
	private List<String> readFile(String path) throws Exception {

		/** 【절차3】 해당구간의 로직을 여기로 이동 */
		/** 2) 읽을 내용을 저장할 객체생성 */
		List<String> list = new ArrayList<String>();
		/** 3) 읽기 객체생성(BufferedReader br)  */
		BufferedReader br = br = new BufferedReader(new FileReader(path));
		/** 4) 읽은 자료를 list에 저장 */
		while(true){
			String readLine = br.readLine();
			if(readLine==null){ break; }
			list.add(readLine);
		}
		/** 5) 읽기 객체 스트림 종료 */
		if(br!=null) br.close();
		/** 분리구간 종료 ************************************************/
		/** 【절차5】 함수의 파라미터를 이용한 자료연결 */
		return list;
	}

	public static void main(String[] args) throws Exception {
		new TestMain().read();
	}
}
```

주의사항

- 위의 소스는 앞으로 배울 'FileIO'와 'Collection'에서 다룰 부분이므로 로직의 충분한 이해는 해당 파트에서 자세히 다룰 것이다.
- 해당 소스 코드는 설명의 편의상 Exception을 고려하지 않고 'throws'를 이용한 예외 선언만 처리하여 위임하였다.
  - 실제 소스에서는 예외 처리 또는 예외 선언을 고려하여야 한다.
- 함수의 로직 분리 과정은 프로그램 개발 과정에서 충분히 일어날 수 있는 부분으로, 확실하게 이해하길 바란다.

정리

- 함수 분리 과정에서 오류 발생 시 원인
  - 변수 연결 오류

정리

▸ 기존 함수 ▷ 생성 함수 자료 연결 : '함수의 파라미터' 사용
· 로직 이동 시 지역변수와 전역변수 간 중복이 일어나는 경우
· 옮겨진 데이터는 지역변수에 접근되어 오류 발생 안 됨.

▸ 생성 함수 ▷ 기존 함수 자료 연결 : '반환(return) 타입' 사용
· 반환(return) 타입의 결과는 반드시 하나의 타입이다.
· 2개 이상의 경우에는 배열 또는 향후에 배울 'Collection'등을 고려하여 처리할 수 있다.

– 예외 처리 오류
▸ 예외가 선언된 함수를 사용하는 경우에 예외 처리가 필요하다.
· 예외 선언 타입이 RuntimeException 하위 타입의 경우 반드시 예외 처리가 필요함.
▸ 처리 방법 : 예외 처리 또는 예외 선언
· 예외 직접 처리 : 'try–catch–finally' 블록을 이용하여 처리
· 예외 선언 : 'throws'를 이용하여 예외를 위임

• 함수 분리 절차
– [절차 1] 분리할 함수의 구간 영역을 결정
▸ 모듈화를 위해 독립된 로직으로 분리시키고자 할 영역을 설정
▸ 옮기고자 하는 로직에 포함되지 않는 코드는 사전에 코드 수정을 통하여 분리 영역에서 제외시킨다.

– [절차 2] 분리할 함수의 정의
▸ 기본적으로 'private void' 함수로 정의한다.
▸ 함수가 다른 클래스로 분리될 경우 접근을 위해 'public' 제한자를 사용한다.
▸ 해당 타입의 속성과 관련이 없는 함수는 'static' 제한자를 사용할 수 있다.
▸ 자료 연결을 위해 반환 타입이 필요한 경우에 반환 타입을 수정한다.

– [절차 3] 분리할 로직을 새로 정의한 함수로 이동
▸ 지역변수가 정의된 로직이 옮겨갈 로직에 포함되지 않을 경우 오류 발생
▸ 예외 처리 구간이 옮겨갈 경우 오류 발생

– [절차 4] 분리한 곳의 함수 사용
▸ 소스 코드에 파라미터 값을 입력하여 함수를 호출한다.
▸ 옮겨간 곳에 지역변수가 정의된 변수를 기존 함수에서 사용하는 경우 오류가 발생한다.

– [절차 5] 생성된 함수의 오류 발생 시 자료 연결
▸ 지역변수가 정의된 로직이 옮겨갈 로직에 포함되지 않을 경우 오류 발생
· 함수의 파라미터 또는 반환 타입를 이용하여 자료 연결
▸ 예외 처리 구간이 옮겨갈 경우 오류 발생
· 함수의 예외 처리

11.3. 02 동일 클래스에서 함수 사이의 공통 로직 분리

<table>
<tr><td>학습 목표</td><td>• 클래스 내의 함수 간에 공통 로직이 발생하는 경우 공통 로직을 분리할 수 있다.
• 분리 과정에서 나타나는 오류를 수정할 수 있다.</td></tr>
<tr><td>분리 방법</td><td>• 동일 클래스에 기본적으로 'private' 함수를 정의하여 분리한다.</td></tr>
<tr><td>처리 절차</td><td>• [절차 1] 두 함수의 공통 로직 영역을 설정한다.
– 공통 로직을 형성하기 위해 함수에서 소스 코드를 정비한다.
• [절차 2] 함수 분리 과정을 이용하여 함수를 분리한다.</td></tr>
<tr><td>학습 절차</td><td>ch11.part03.main2.TestMain 클래스 정의
– method1() 정의 : 경로 부여 ▷ 파일 읽기 ▷ 읽은 내용 List<String> 저장 및 반환
▸ 읽은 자료를 List에 담기 위한 객체 생성
▸ 읽기 객체 생성
▸ 읽기 작업 시작
· 한 줄씩 읽기 ▷ list에 읽은 자료 담기
▸ 읽기 작업 종료
– method2() 정의 : 경로 부여 ▷ 파일 읽기 ▷ 읽은 내용 StringBuffer 저장 및 반환
▸ 읽은 자료를 List에 담기 위한 객체 생성
▸ 읽기 객체 생성
▸ 읽기 작업 시작
· 한 줄씩 읽기 ▷ StringBuffer 문자열에 추가
▸ 읽기 작업 종료
– 메인 함수 정의
▸ 경로 설정
▸ method1() 함수를 이용하여 파일 읽기
▸ method2() 함수를 이용하여 파일 읽기</td></tr>
<tr><td>사용 예문</td><td>package ch11.part03.main2;

import java.io.BufferedReader;
import java.io.FileReader;
import java.util.ArrayList;
import java.util.List;

public class TestMain {</td></tr>
</table>

사용
예문

```
/** 경로부여 → 파일읽기 → 읽은 내용 List<String> 저장 및 반환 */
public List<String> method1(String path) throws Exception {

	/** 읽은 자료를 List에 담기위한 객체생성 */
	List<String> list = new ArrayList<String>();
	/** 읽기객체생성 */
	BufferedReader br = new BufferedReader(new FileReader(path));
	/** 읽기작업 시작 */
	while (true) {
		/** 한 줄씩 읽기 → list에 읽은자료 담기 */
		String readLine = br.readLine();
		if (readLine == null) break;
		list.add(readLine);
	}
	/** 읽기작업 종료 */
	br.close();

	return list;
}

/** 경로부여 → 파일읽기 → 읽은 내용 StringBuffer 저장 및 반환 */
public StringBuffer method2(String path) throws Exception {

	/** 읽은 자료를 StringBuffer에 담기위한 객체생성 */
	StringBuffer sb = new StringBuffer();
	/** 읽기객체생성 */
	BufferedReader br = new BufferedReader(new FileReader(path));
	/** 읽기작업 시작 */
	while (true) {
		/** 한 줄씩 읽기 → StringBuffer 문자열에 추가 */
		String readLine = br.readLine();
		if (readLine == null)	break;
		if (sb.length() == 0) {
		    sb.append(readLine);
		} else {
		    sb.append("₩r₩n" + readLine);
		}
	}
	/** 읽기작업 종료 */
	br.close();

	return sb;
}
```

```
        /** 메인함수 정의 */
        public static void main(String[] args) throws Exception {

                /** 경로설정 */
                String path = "src/ch11/part03/main2/TestMain.java";
                TestMain testMain = new TestMain();

                /** method1() 함수를 이용하여 파일읽기 */
                List<String> method1 = testMain.method1(path);
                for (String s : method1) {
                        System.out.println(s);
                }
                System.out.println();

                /** method2() 함수를 이용하여 파일읽기 */
                StringBuffer method2 = testMain.method2(path);
                System.out.println(method2);

        }
}
```

예제 설명

▶ List〈String〉 list = new ArrayList〈String〉();

- 자료를 순차적으로 저장하기 위한 객체
- 배열과 기능이 같으며, 동적으로 자료를 길이를 할당하여 저장함.

▶ StringBuffer sb = new StringBuffer();

- 문자열 이어서 추가하기
  - sb.append("추가할 문자열");

▶
```
if (sb.length() == 0) {
        sb.append(readLine);
} else {
        sb.append("\r\n" + readLine);
}
```

- 'sb.length()'
  - sb에 저장된 문자열의 길이를 나타낸다.
- 'sb.append("\r\n" + readLine)'
  - append() 함수는 기존의 문자열에 이어서 파라미터의 문자열을 이어 쓰기 위한 함수이다.
  - '\r\n'은 개행을 의미한다.

결과

- method1(), methdo2() 함수의 결과는 해당 소스 코드가 콘솔 화면에 나타날 경우 성공한 것이다.

■ 분리 작업 실행

<table>
<tr><td rowspan="2">분리 절차 [1]</td><td>• 각 함수별 분리 영역을 설정함
– 로직 분리를 위해 공통 구간을 설정한다.
– 내부의 코드가 일부 다를 수 있으며, 이 경우 개별 처리를 해야 한다.</td></tr>
<tr><td>

```
/** 【함수1】 경로부여 → 파일읽기 → 읽은 내용 List<String> 저장 및 반환 */
public List<String> method1(String path) throws Exception{
    List<String> list = new ArrayList<String>();
    /** 공통로직 구간 시작 */
    BufferedReader br = new BufferedReader(new FileReader(path));
    while(true){
        String readLine = br.readLine();
        if(readLine==null) break;
        list.add(readLine);
    }
    br.close();
    /** 공통로직 구간 종료 */
    return list;
}

/** 【함수2】 경로부여 → 파일읽기 → 읽은 내용 StringBuffer 저장 및 반환 */
public StringBuffer method2(String path) throws Exception{
    StringBuffer sb = new StringBuffer();
    /** 공통로직 구간 시작 */
    BufferedReader br = new BufferedReader(new FileReader(path));
    while(true){
        String readLine = br.readLine();
        if(readLine==null) break;
        if(sb.length()==0){ sb.append(readLine); }
        else { sb.append("\r\n"+readLine); }
    }
    br.close();
    /** 공통로직 구간 종료 */
    return sb;
}
```

</td></tr>
<tr><td rowspan="2">분리 절차 [2]</td><td>• 함수의 분리 절차를 그대로 따른다.
– 함수의 분리 절차와 같이 함수를 분리한다.
– 공통 영역 중 개별 구간은 각각 개별처리를 한다.</td></tr>
<tr><td>

```
/** 【함수1】 경로부여 → 파일읽기 → 읽은 내용 List<String> 저장 및 반환 */
public List<String> method1(String path) throws Exception{
    List<String> list = new ArrayList<String>();
```

</td></tr>
</table>

```
		readFile(path, list);
		return list;
	}

	/**【함수2】경로부여 → 파일읽기 → 읽은 내용 StringBuffer 저장 및 반환 */
	public StringBuffer method2(String path) throws Exception{
		StringBuffer sb = new StringBuffer();
		readFile(path, sb);
		return sb;
	}

	/**【공통함수】*/
	private void readFile(String path, Object object) {
		BufferedReader br = new BufferedReader(new FileReader(path));
		while(true){
			String readLine = br.readLine();
			if(readLine==null) break;

			/** 공통구간 중에 소스가 다른 부분만 개별처리를 하였다. */
			if(object instanceof List<String>){
				List<String> list = (List<String>) object;
				list.add(readLine);
			} else if(object instanceof StringBuffer) {
				StringBuffer sb = (StringBuffer) object;
				if(sb.length()==0){ sb.append(readLine); }
				else { sb.append("\r\n"+readLine); }
			}
		}
		br.close();
	}
```

정리

- [함수 1]과 [함수 2]에서 공통된 영역을 설정 후 [공통 함수]를 만들어서 분리하였다.
  - 분리 과정에서 공통 영역 중에 개별 처리가 필요한 구간이 있어서 내부에 분기를 이용하여 개별 처리를 이용하였다.
  - 자료를 저장하기 위해 'list'와 'sb' 객체는 두 번째의 공통된 파라미터로 설정하였으며, 서로 다른 타입을 받기 위해 상위 클래스인 Object 타입을 이용하여 파라미터를 설정하였다.

■ 만약에 개별 파라미터의 로직이 여러 줄로 복잡할 경우라면 어떻게 처리해야 할까?

- 개별로 함수의 로직을 처리할 수 있도록 '인터페이스'를 이용하여 처리할 수 있다.

※ 자료 전달

- 파라미터의 자료 전달 〉 '함수의 파라미터'를 이용할 수 있다.
- 로직의 자료 전달 〉 '인터페이스의 추상 메소드'를 이용할 수 있다.

결과 코드

```
/** 【함수1】 경로부여 → 파일읽기 → 읽은 내용 List<String> 저장 및 반환 */
public List<String> method1(String path) throws Exception{
        final List<String> list = new ArrayList<String>();
        /** 개별부분 처리를 인터페이스를 이용하여 설정 */
        readFile(path, new ITask(){
                @Override
                public void read(String readLine) {
                    list.add(readLine);
                }
        });
        return list;
}

/** 【함수2】 경로부여 → 파일읽기 → 읽은 내용 StringBuffer 저장 및 반환 */
public StringBuffer method2(String path) throws Exception{
        final StringBuffer sb = new StringBuffer();
        /** 개별부분 처리를 인터페이스를 이용하여 설정 */
        readFile(path, new ITask(){
                @Override
                public void read(String readLine) {
                    if(sb.length()==0){ sb.append(readLine); }
                    else { sb.append("₩r₩n"+readLine); }
                }
        });
        return sb;
}

/** 【공통함수】 */
private void readFile(String path, ITask iTask) {
        BufferedReader br = new BufferedReader(new FileReader(path));
        while(true){
                String readLine = br.readLine();
                iTask.read(readLine)
        }
        br.close();
}
```

```
/** 개별로직의 처리를 위해서 인터페이스를 정의한다. */
public interface ITask {
        public void read(String readLine); /** 로직 처리를 위한 추상메소드 */
}
```

정리

- 클래스 내에 2개 이상의 함수에서 중복 로직의 분리
  - [절차 1] 함수의 공통 구간을 설정한다.
    - ▸ 공통 구간 중 일부 다른 로직은 개별 처리해야 한다.
    - ▸ 개별 처리는 공통 로직에서 분기 처리를 하거나 인터페이스의 추상 메소드를 이용하여 개별 처리를 할 수 있다.
  - [절차 2] 함수를 분리한다. 〉 앞서 배운 '함수의 분리' 절차를 따른다.
    - ▸ 동일 클래스의 공통 함수는 'private' 제한자를 우선 고려하며, 외부에서 사용해야 할 경우 '접근 제한자'를 수정한다.
  - [절차 3] 공통 로직에서 서로 다른 일부 로직을 개별 처리한다.
    - ▸ 분기 또는 추상 메소드를 이용한다.

- 정적(static) 함수로의 변환 고려
  - 클래스의 전역변수와 상관없이 순수 함수로만 사용되는 경우는 'static'함수로 변환이 가능하다.
  - 정적 함수는 객체 생성 없이 사용이 가능하다.
  - 위의 예제는 모두 정적 함수로 변환이 가능하다.

```
public static List<String> method1(String path) { ... }
public static StringBuffer method2(String path) { ... }
private static void readFile(String path, ITask iTask) { ... }
```

- 자료의 전달
  - [1] 참조형의 객체 ▷ [2] 함수의 파라미터 ▷ [3] 내부 지역변수
  - 기본형 객체는 메모리 주소가 아닌 값을 전달한다.
    - ▸ [3] 지역변수를 수정해도 [1] 참조형의 객체의 값이 변경되지 않음
  - String 객체는 메모리 주소를 넘겨도 다른 참조형과 주소 처리 방식이 다르다.
    - ▸ [3] 지역변수를 수정해도 [1] 참조형의 객체의 값이 변경되지 않음
  - 그 외 참조형의 객체는 메모리 주소값을 자료로 전달한다.
    - ▸ [3] 지역변수를 수정하면 [1] 참조형의 객체의 값이 동일하게 변경된다.
    - ▸ 변수가 2개가 아닌 메모리 주소가 동일한 변수이다.

11.3.03 서로 다른 클래스에서 함수 사이의 공통 로직 분리

학습 목표	• 클래스 내의 함수 간에 공통 로직이 발생하는 경우 해당 공통 로직을 분리할 수 있다. • 분리 과정에서 나타나는 오류를 수정할 수 있다.
처리 방법	• 처리 방법 – 분리되는 함수가 정의될 '클래스를 결정'한다. ▸ 기존의 클래스를 선택하여 분리할 함수를 정의할지 새로운 클래스를 만들지를 결정해야 한다. – 해당 클래스에 'public' 함수를 정의하여 분리한다. – 해당 함수가 속성과 관련이 없을 경우 'static' 제한자 사용을 고려한다. • 분리 절차 – [절차 1] 각각의 함수 로직에서 공통 로직의 영역을 설정한다. ▸ 공통 로직을 형성하기 위해 각각의 함수에서 코드를 수정한다. ▸ 각각의 함수에서 정비된 공통 로직에서 코드가 다를 경우 분기하여 개별 처리를 해야 한다. – [절차 2] 함수 분리 과정을 이용하여 함수를 분리한다.
문제	• 다음 사용 예문에서 공통 로직을 분리하고자 할 때 분리되는 클래스 및 함수의 코드를 작성하시오. – A, B 클래스의 해당 소스 코드를 공통 로직으로 처리하고자 한다. ▸ name.equals("a") || name.equals("b") || name.equals("c") ▸ no.equals("1") || no.equals("2") – OR 조건식을 분기로 처리하고자 함. ▸ 비교하고자 하는 조건의 수를 동적으로 처리하고자 함. ▸ 반환 타입은 boolean 타입으로 처리하고자 함.

사용 예문

```
package ch11.part03.main3;

public class A {
    public void method1(String name){
        if( name.equals("a") || name.equals("b") || name.equals("c") ) {
            System.out.println("A 클래스 method1() 함수 로직처리1");
        }else{
            System.out.println("A 클래스 method1() 함수 로직처리2");
        }
    }
}
```

```
package ch11.part03.main3;

public class B {
```

```
        public void method1(String no){
                if(no.equals("1") || no.equals("2")) {
                        System.out.println("B 클래스 method1() 함수 로직처리1");
                }else{
                        System.out.println("B 클래스 method1() 함수 로직처리2");
                }
        }
}
```

■ 공통 함수 정의하여 분리하기

결과 코드

```
package ch11.part03.main3.result;

public class A {
        public void method1(String name){
                if(StringUtil.equalsOr(name, "a", "b", "c")) {
                        System.out.println("A 클래스 method1() 함수 로직처리1");
                }else{
                        System.out.println("A 클래스 method1() 함수 로직처리2");
                }
        }
}
```

```
package ch11.part03.main3.result;

public class B {
        public void method1(String no){
                if(StringUtil.equalsOr(no, "1", "2")) {
                        System.out.println("B 클래스 method1() 함수 로직처리1");
                }else{
                        System.out.println("B 클래스 method1() 함수 로직처리2");
                }
        }
}
```

```
package ch11.part03.main3.result;

public class StringUtil {
        /** equalsOr() 공통처리함수 정의 */
        public static boolean equalsOr(String target, String ... compare){
```

```
        for(String s : compare){
            if( target.equals(s)){ return true; }
        }
        return false;
    }
}
```

코드 설명	▶ public static boolean equalsOr(String target, String ... compare){ • '...' 연산자 – String 타입 파라미터를 '0'개 이상 동적으로 사용 가능하게 함 ▸ 내부에서 compare는 String[] 타입이 된다.
문제점	• 위 코드에서는 다음과 같은 문제점이 발생할 수 있다. 1. 'for(String s : compare)' – 들어오는 'compare'의 값이 없을 경우 NullPointerException 에러 발생 2. 'target.equals(s)' – target이 'null'일 경우 NullPointerException 에러 발생

코드 개선

```
package ch11.part03.main3.result;

public class StringUtil {
    /** equalsOr() 공통처리함수 정의 */
    public static boolean equalsOr(String target, String ... compare){
        if(target == null || compare == null) return false;
        for(String s : compare){
            if( target.equals(s)) { return true; }
        }
        return false;
    }
}
```

정리

• 클래스 사이의 함수에서 공통 로직의 분리
– 'public' 함수를 만들어서 공통 로직을 분리한다.

• Util 클래스
– 주로 특정 기능의 처리를 편리하게 하기 위한 전용 함수를 담아 놓은 클래스이다.
– 전역변수를 사용하지 않을 경우 정적(static) 함수로 사용할 수 있다.
▸ 정적(static) 함수는 객체 생성을 할 필요가 없이 '클래스명.함수명()'으로 호출한다.
– 여기서는 문자열을 전용으로 다룰 수 있는 유틸성 클래스를 만들고 함수를 정의하였다.

	• 함수의 동적 파라미터 – '...' – '0'개 이상의 파라미터를 처리하기 위한 동적 파라미터 연산자이며 내부에서는 배열로 처리한다. – '0'개일 경우 파라미터는 'null'이 되기 때문에 반드시 NullPointerException을 고려해야 한다.

11.4 공통 함수의 처리

수준	중요 포인트 및 학습 가이드(※)
하	1. 공통 로직 및 공통 함수의 분리 개요 ※ 가볍게 이해하고 넘어가도록 하자.
중	2. 화면 구성 [복습] ※ 화면 구성 및 버튼 이벤트 구현 소스의 코드를 이해할 수 있도록 하자.
중	3. 소스 리팩토링을 통한 표준화 ※ 공통 함수를 분리하기 전에 공통 함수의 정비 및 표준화를 진행하였다. 그 과정과 필요성을 이해할 수 있도록 하자.
중	4. 상속을 이용한 함수 분리 ※ 공통 함수를 상위 클래스에 정의하여 처리하였으며 필요한 경우 자식 함수에서 재정의(Override)하여 사용하는 과정을 반드시 이해해야 한다.
중	5. 추상 클래스의 추상 메소드를 이용한 화면 구성 ※ 자식에서 구현하는 함수를 반드시 재정의시키기 위해 상위 클래스에 추상 메소드를 구현하는 목적 및 처리 과정을 반드시 이해해야 한다.

11.4.01 공통 로직 및 공통 함수의 분리 개요

개요	• 공통 로직 및 공통 함수에 대한 통합의 필요성 – 처리 방법이 동일한 공통 로직을 통합하여 '모듈화'가 가능하다. • 모듈화의 사용 목적 – 관심사를 분리하여 관리가 편리하다.

	▸ 해당 관심사만 고려할 수 있기 때문에 유지/관리가 매우 편리하다. ▸ 해당 모듈만 수정하면 이 모듈을 사용하는 모든 곳에 적용이 가능하다. – 모듈의 사용함으로써 코드 사용량을 줄일 수 있다. – 모듈을 사용하는 메인 함수는 메인 처리 서비스 로직에만 집중할 수 있다.
처리 방법	• 11.3과 에서 학습한 내용 – [1] 동일 클래스에서 두 함수 사이의 공통 로직 처리 ▸ 'private' 함수로 분리 – [2] 서로 다른 클래스에서 두 함수 사이의 공통 로직 처리 ▸ 'public' 함수로 분리 ▸ 특정 기능 처리의 경우 유틸 클래스로 활용할 수 있다. ▸ 속성과 관련이 없는 함수의 경우 정적(static) 함수를 고려할 수 있다. • 11.4과 에서 학습할 내용 – 공통 함수의 분리 – [3] 상속을 이용한 공통 함수의 분리 ▸ 두 클래스 간에 동일 함수 동일 로직 처리의 경우 상위 클래스의 함수로 분리할 수 있다. ▸ 두 함수가 로직의 일부가 다를 경우 오버라이드 기능을 이용하여 처리할 수 있다. – [4] 추상 클래스를 이용한 공통 함수의 분리 ▸ 추상 클래스는 상속과 인터페이스의 두 특징을 모두 가질 때 사용할 수 있다.
학습 절차	• 학습의 효율성을 위해 각 장별로 효율성을 고려하여 소스를 개선해 나가도록 한다. – JFrame을 이용할 것이며 학습을 하지 않더라도 충분히 이해할 수 있도록 구성하였기 때문에 로직의 흐름에 대해서만 관심을 갖도록 하자. – 구성 내용 처리 과정 ▸ [기본] 11.4.02 화면 구성 [복습] ▸ [개선 1] 11.4.03 소스 리팩토링을 통한 표준화 ▸ [개선 2] 11.4.04 상속을 이용한 함수 분리 ▸ [개선 3] 11.4.05 추상 클래스의 추상 메소드를 이용한 화면 구성

11.4.02 화면 구성 [복습]

※ 프로그램 작성 시 자바 1.9 버전 이후 22.3.01 파트의 설명대로 모듈을 정의하자.

▷ 'module-info.java' 파일에 'requires java.desktop;' 모듈 추가

학습 목표	• 다음의 학습 절차에 맞추어 화면이 실행되도록 코드를 실행하도록 한다. – 메인 함수의 실행 시 다음의 화면 2개가 나오면 된다. – 버튼 클릭 시 현재 시간이 입력되도록 한다. ▸ 현재 시간 표현 : Calendar cal = Calendar.getInstance(); String time = cal.getTime().toString(); 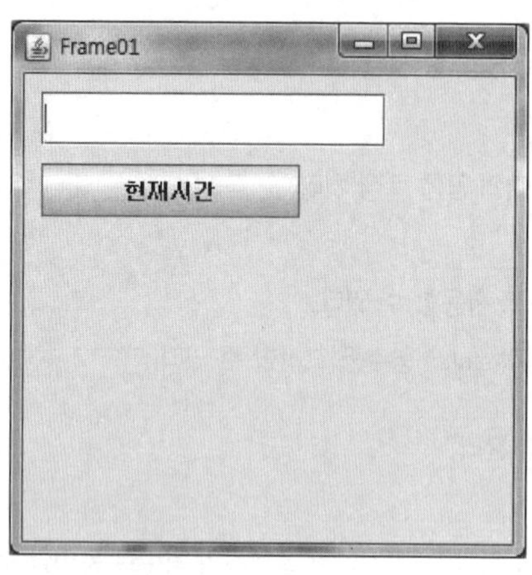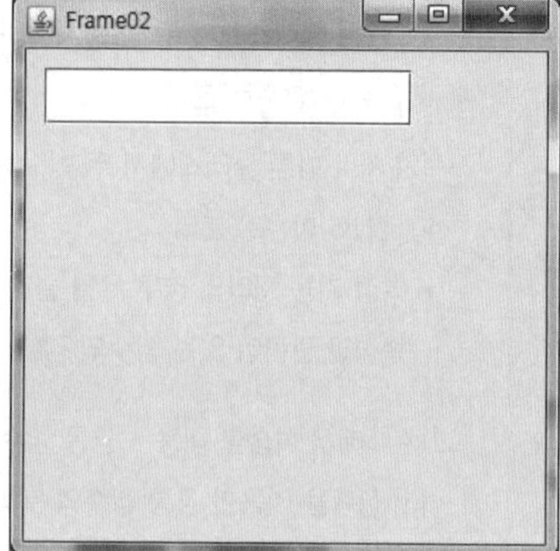
학습 절차	**1. ch11.part04.main2.Frame01 클래스 정의** – 생성자 함수 정의 ▸ 화면 기본 구성 ▸ 컴포넌트(텍스트) 생성 ▸ 컴포넌트(버튼) 생성 **2. ch11.part04.main2.Frame02 클래스 정의** – 생성자 함수 정의 ▸ 화면 기본 구성 ▸ 컴포넌트(텍스트) 생성 **3. ch11.part04.main2.TestMain 클래스 정의** – 메인 함수 정의 ▸ Frame01 객체 생성 및 화면 호출 ▸ Frame02 객체 생성 및 화면 호출
사용 예문	1. ch11.part04.main2.Frame01 클래스 정의 package ch11.part04.main2; import javax.swing.JButton; import javax.swing.JFrame; import javax.swing.JTextField;

```
public class Frame01 extends JFrame {
    public Frame01(){
        /** 화면 기본구성 */
        setTitle("Frame01");
        setLayout(null);
        setBounds(0,0, 300,300);

        /** 컴포넌트(텍스트) 생성 */
        JTextField text = new JTextField();
        text.setBounds(10,10, 200, 30);
        this.add(text);

        /** 컴포넌트(버튼) 생성 */
        JButton btn = new JButton("현재시간");
        btn.setBounds(10,50, 150, 30);
        this.add(btn);
    }
}
```

2. ch11.part04.main2.Frame02 클래스 정의

사용 예문

```
package ch11.part04.main2;

import javax.swing.JFrame;
import javax.swing.JTextField;

public class Frame02 extends JFrame {
    public Frame02() {

        /** 화면 기본구성 */
        setTitle("Frame02");
        setLayout(null);
        setBounds(400, 0, 300, 300);

        /** 컴포넌트(텍스트) 생성 */
        JTextField text = new JTextField();
        text.setBounds(10, 10, 200, 30);
        this.add(text);
    }
}
```

3. ch11.part04.main2.TestMain 클래스 정의

```
package ch11.part04.main2;
```

	public class TestMain {
	
	    public static void main(String[ ] args) {
	
	        /** Frame01 객체생성 및 화면호출 */
	        Frame01 frame1 = new Frame01();
	        frame1.setVisible(true);
	
	        /** Frame02 객체생성 및 화면호출 */
	        Frame02 frame2 = new Frame02();
	        frame2.setVisible(true);
	
	    }
	}

결과	• 실행 시 위의 두 화면이 나오면 성공한 것이다.

■ 버튼 클릭 이벤트 실행하기(자료 연결 복습)

학습 목표	• 위의 사용 예문에서 버튼 클릭 이벤트를 구현하도록 소스 코드를 수정하시오. – 버튼 클릭 후 Frame1의 텍스트 필드와 Frame02의 텍스트 필드에 현재 시간을 나타내도록 한다. – Frame2 내부에서는 외부에서 텍스트 입력 시 텍스트 필드에 값을 입력하는 setTextValue() 함수를 정의하도록 한다. – Frame2의 객체를 Frame1에 전달하여 현재 시간을 setTextValue() 함수를 이용하여 Frame2 화면에 나타나도록 한다.
학습 절차	**1. ch11.part04.main2.result.Frame01 클래스 정의** – setFrame02() 함수 정의 – 생성자 함수 정의 ▸ 화면 기본 구성 ▸ 컴포넌트(텍스트) 생성 ▸ 컴포넌트(버튼) 생성 ▸ 버튼 클릭 이벤트 구현 **2. ch11.part04.main2.result.Frame02 클래스 정의** – 생성자 함수 정의 ▸ 화면 기본 구성 ▸ 컴포넌트(텍스트) 생성 – 텍스트 필드에 값을 입력하기 위한 setTextValue() 함수 정의

3. ch11.part04.main2.result.TestMain 클래스 정의

- 메인 함수 정의
  - ▸ Frame01 객체 생성 및 화면 호출
  - ▸ Frame02 객체 생성 및 화면 호출
  - ▸ Frame02 객체를 Frame01로 객체 전달

결과 코드

1. ch11.part04.main2.result.Frame01 클래스 정의

```
package ch11.part04.main2.result;

import java.awt.event.ActionEvent;
import java.awt.event.ActionListener;
import java.util.Calendar;

import javax.swing.JButton;
import javax.swing.JFrame;
import javax.swing.JTextField;

public class Frame01 extends JFrame {

    /** Frame2 객체를 Frame01에 연결시키기 위함 */
    private Frame02 frame02;
    public void setFrame02(Frame02 frame02) {
          this.frame02 = frame02;
    }

    public Frame01() {

          /** 화면 기본 구성 */
          setTitle("Frame01");
          setLayout(null);
          setBounds(0,0, 300,300);

          /** 컴포넌트(텍스트) 생성 */
          final JTextField text = new JTextField();
          text.setBounds(10,10, 200, 30);
          this.add(text);

          /** 컴포넌트(버튼) 생성 */
          JButton btn = new JButton("현재시간");
          btn.setBounds(10,50, 150, 30);
          this.add(btn);

          /** 버튼클릭 이벤트 처리 */
          btn.addActionListener(new ActionListener() {
```

결과 코드

```
                @Override
                public void actionPerformed(ActionEvent e) {
                    Calendar calendar = Calendar.getInstance();
                    String msg = calendar.getTime().toString();
                    text.setText(msg);
                    frame02.setTextValue(msg);
                }
            });
    }
}
```

2. ch11.part04.main2.result.Frame02 클래스 정의

```
package ch11.part04.main2.result;

import java.awt.event.ActionEvent;
import java.awt.event.ActionListener;

import javax.swing.JButton;
import javax.swing.JFrame;
import javax.swing.JTextField;

public class Frame02 extends JFrame {

    private JTextField text = new JTextField();

    public Frame02() {

        /** 화면 기본 구성 */
        setTitle("Frame02");
        setLayout(null);
        setBounds(400, 0, 300, 300);

        /** 컴포넌트(텍스트) 생성 */
        text.setBounds(10, 10, 200, 30);
        this.add(text);
    }

    /** 텍스트필드에 값을 입력하기 위한 setTextValue() 함수 정의 */
    public void setTextValue(String msg){
        text.setText(msg);
    }
}
```

3. ch11.part04.main2.result.TestMain 클래스 정의

```
package ch11.part04.main2.result;
```

```
public class TestMain {
    public static void main(String[] args) {

        /** Frame01 객체생성 및 화면호출 */
        Frame01 frame01 = new Frame01();
        frame01.setVisible(true);

        /** Frame02 객체생성 및 화면호출 */
        Frame02 frame02 = new Frame02();
        frame02.setVisible(true);

        /** Frame02 객체를 Frame01로 객체전달 */
        frame01.setFrame02(frame02);
    }
}
```

정리	• 객체와 객체 사이에 함수 파라미터를 이용하여 연결하는 것은 이미 학습한 바 있으므로 어려움이 없을 것이다.

11.4.03 소스 리팩토링을 통한 표준화

※ 프로그램 작성 시 자바 1.9 버전 이후 22.3.01 파트의 설명대로 모듈을 정의하자.

▷ 'module-info.java' 파일에 'requires java.desktop;' 모듈 추가

학습 목표	• Frame01, Frame02 클래스 표준화를 다음과 같이 함수를 분리하여 진행하도록 한다. [1] initFrame() : 화면 기본 설정을 위한 함수 [2] initComponent() : 컴포넌트 생성 및 설정 함수 [3] initEvent() : 컴포넌트 이벤트 처리 함수 [4] 컴포넌트의 이벤트를 처리하기 위해서는 컴포넌트가 필요하기 때문에 표준화를 위해 모든 컴포넌트의 생성은 전역변수로 처리하기로 한다. ※ 위의 표준화를 위한 사항은 모든 화면에 공통으로 일어나는 사항이므로 해당기능이 모두 필요하며 아래의 [표준 화면]과 같이 화면의 소스 코드를 표준화하고자 한다.

표준 예문

```
public class Frame extends JFrame {

  /** 컴포넌트 객체생성 구간 */

    /** 생성자 함수 */
```

```
    public Screen(){ init(); }

    /** 초기화 함수 */
    private void init(){
            initFrame(); /** Frame 초기화 */
            initComponent(); /** 컴포넌트 설정 */
            initEvent(); /** 컴포넌트 이벤트 설정 */
    }

    /** 화면기본설정 */
    private void initFrame(){ /** 화면설정 처리 */ }
    /** 컴포넌트 설정 */
    private void initComponent(){ /** 컴포넌트 설정 */ }
    /** 컴포넌트 이벤트 처리 */
    private void initEvent() { /** 이벤트 처리 */ }
}
```

학습 절차

1. ch11.part04.main3.Frame01 클래스 정의
   - 전역변수 정의 : 컴포넌트 객체 생성 구간
   - 자료 연결을 위해 전역변수 및 함수 생성
     - ▸ frame02 전역변수 정의
     - ▸ setFrame02() 함수 정의
   - 생성자 함수 정의
   - init() 초기화 함수 정의
   - initFrame() 화면 설정 함수 정의
   - initComponent() 컴포넌트 설정 함수 정의
   - initEvent() 컴포넌트 이벤트 함수 정의
     - ▸ 버튼 클릭 시 이벤트 함수 정의
       - · 버튼 클릭 이벤트 로직 구성

2. ch11.part04.main3.Frame02 클래스 정의
   - 전역변수 정의 : 컴포넌트 객체 생성 구간
   - 생성자 함수 정의
   - init() 초기화 함수 정의
   - initFrame() 화면 설정 함수 정의
   - initComponent() 컴포넌트 설정 함수 정의

3. ch11.part04.main3.TestMain 클래스 정의
   - 메인 함수 정의

▸ Frame01 객체 생성 및 화면 호출
▸ Frame02 객체 생성 및 화면 호출
▸ Frame02 객체를 Frame01로 객체 전달

결과 코드

1. ch11.part04.main3.Frame01 클래스 정의

```
package ch11.part04.main3;

import java.awt.event.ActionEvent;
import java.awt.event.ActionListener;
import java.util.Calendar;

import javax.swing.JButton;
import javax.swing.JFrame;
import javax.swing.JTextField;

public class Frame01 extends JFrame {

    /** 컴포넌트 객체생성 구간 */
    private JTextField text = new JTextField(); // 익명클래스 접근
    private JButton btn = new JButton("현재시간");

    /** 자료연결을 위해 전역변수 및 함수 생성 */
    private Frame02 frame02;
    public void setFrame02(Frame02 frame02) {
        this.frame02 = frame02;
    }

    /** 생성자 함수 */
    public Frame01() {
        init();
    }

    /** 초기화 함수 */
    private void init() {
        initFrame(); /** Frame 초기화 */
        initComponent(); /** 컴포넌트 설정 */
        initEvent(); /** 컴포넌트 이벤트 설정 */
    }

    /** 화면설정 */
    private void initFrame() {
        /** 화면 기본구성 */
        setTitle("Frame01");
        setLayout(null);
```

결과 코드

```
        setBounds(0, 0, 300, 300);
    }

    /** 컴포넌트 설정 */
    private void initComponent() {
        /** 컴포넌트(텍스트) 생성 */
        text.setBounds(10, 10, 200, 30);
        this.add(text);
        /** 컴포넌트(버튼) 생성 */
        btn.setBounds(10, 50, 150, 30);
        this.add(btn);
    }

    /** 컴포넌트 이벤트 처리 */
    private void initEvent() {
        /** 버튼클릭 이벤트 함수 정의 */
        btn.addActionListener(new ActionListener() {
            @Override
            public void actionPerformed(ActionEvent e) {

                /** 버튼클릭 시 이벤트 로직구성 */
                Calendar calendar = Calendar.getInstance();
                String msg = calendar.getTime().toString();
                text.setText(msg);
                frame02.setTextValue(msg);
            }
        });
    }
}
```

2. ch11.part04.main3.Frame02 클래스 정의

```
package ch11.part04.main3;

import java.awt.Color;
import java.awt.event.ActionEvent;
import java.awt.event.ActionListener;

import javax.swing.JButton;
import javax.swing.JFrame;
import javax.swing.JPanel;
import javax.swing.JTextField;

public class Frame02 extends JFrame {
```

결과 코드

```
    /** 컴포넌트 객체생성 구간 */
    private JTextField text = new JTextField();
    public void setTextValue(String textValue){ text.setText(textValue);}

    /** 생성자 함수 */
    public Frame02(){ init(); }

    /** 초기화 함수 */
    private void init(){
        initFrame(); /** Frame 초기화 */
        initComponent(); /** 컴포넌트 설정 */
        initEvent(); /** 컴포넌트 이벤트 설정 */
    }

    /** 화면설정 */
    private void initFrame(){
        /** 화면 기본구성 */
        setTitle("Frame02");
        setLayout(null);
        setBounds(400,0, 300,300);
    }

    /** 컴포넌트 설정 */
    private void initComponent(){
        /** 컴포넌트(텍스트) 생성 */
        text.setBounds(10,10, 200, 30);
        this.add(text);
    }

    /** 컴포넌트 이벤트 처리 */
    private void initEvent(){
    }
}
```

3. ch11.part04.main3.TestMain 클래스 정의

```
package ch11.part04.main3;

public class TestMain {
    public static void main(String[] args) {

        /** Frame01 객체생성 및 화면호출 */
        Frame01 frame01 = new Frame01();
```

```
            frame01.setVisible(true);

            /** Frame02 객체생성 및 화면호출 */
            Frame02 frame02 = new Frame02();
            frame02.setVisible(true);

            /** Frame02 객체를 Frame01로 객체전달 */
            frame01.setFrame02(frame02);
    }
}
```

결과	• 11.4.02 파트에서 학습한 결과와 동일하게 나타나면 성공한 것이다.
정리	• 공통 함수의 처리 목적 – 바로 다음 학습에서는 공통 함수를 상속을 이용하여 분리할 계획이다. ▸ 프로젝트에서 화면이 매우 많이 사용하게 되는데 이런 경우를 고려하여 모든 함수에 적용될 수 있도록 처리하고자 한다.

11.4.04 상속을 이용한 함수 분리

※ 프로그램 작성 시 자바 1.9 버전 이후 22.3.01 파트의 설명대로 모듈을 정의하자.

▷ 'module-info.java' 파일에 'requires java.desktop;' 모듈 추가

학습 목표	• 11.4.03 파트에서 학습한 예문을 이용하여 Frame01과 Frame02 클래스의 공통 함수를 상속을 이용하여 분리하고자 한다. – 동일 함수이며 동일 로직을 가진 함수 ▸ 생성자 함수 ▸ init() 함수 – 동일 함수이며 동일하지 않은 로직을 가진 함수 ▸ initFrame() ▸ initComponent() ▸ initEvent() • 분리 계획 – 동일 함수이며 동일 로직을 가진 함수의 경우 ▸ 그대로 상위 클래스의 함수로 정의 – 동일 함수이며 동일하지 않은 로직을 가진 함수

▸ 상위 클래스에서 함수를 정의할 계획이며 각각의 클래스에서 재정의(Override)

처리 방법

- 제약 조건 처리
  - init() 함수
    - ▸ 공통 로직을 가지고 있으며 더 이상 수정을 하지 못하도록 'final'로 처리
    - ▸ 'private' ▷ 'protected'로 변경
      - · 부모 함수의 경우 자식 클래스에 전달을 위해서는 private을 사용할 수 없다.
  - initFrame(), initComponent(), initEvent()
    - ▸ 상위 클래스에서 정의 시 'private'은 상속이 되지 않으므로 'protected' 제한자를 사용하도록 한다.
      - · 'protected'를 부모 함수에서 사용할 경우 자식 함수에서의 제한자는 반드시 'protected'를 범위보다 같거나 커야 하므로 'protected' 또는 'public'을 사용해야 한다.

학습 절차

1. ch11.part04.main4.MainFrame 클래스 정의

- 생성자 함수 정의
- init() 함수 정의 : 외부에서도 사용할 수 있도록 'public'으로 설정함
- initFrame() 함수 정의 : 화면 설정
- initComponent() 함수 정의 : 컴포넌트 설정
- initEvent() 함수 정의 : 컴포넌트 이벤트 처리

2. ch11.part04.main4.Frame01 클래스 정의

- 부모 클래스 MainFrame 클래스 상속
- 전역변수 정의 : 컴포넌트 객체 생성 구간
- initFrame() 함수 재정의 : 화면 설정
- initComponent() 함수 재정의 : 컴포넌트 설정
- initEvent() 함수 재정의 : 컴포넌트 이벤트 설정
  - ▸ 버튼 클릭 이벤트 정의

3. ch11.part04.main4.Frame02 클래스 정의

- 부모 클래스 MainFrame 클래스 상속
- 전역변수 정의 : 컴포넌트 객체 생성 구간
- initFrame() 함수 재정의 : 화면 설정
- initComponent() 함수 재정의 : 컴포넌트 설정
- initEvent() 함수 재정의 : 컴포넌트 이벤트 설정

4. ch11.part04.main4.TestMain 클래스 정의

- 메인 함수 정의
  - ▸ Frame01 객체 생성 및 화면 호출

▸ Frame02 객체 생성 및 화면 호출

▸ Frame02 객체를 Frame01로 객체 전달

사용 예문

1. ch11.part04.main4.MainFrame 클래스 정의

```
package ch11.part04.main4;

import javax.swing.JFrame;

public class MainFrame extends JFrame {

    /** 생성자함수 정의 */
    public MainFrame(){ init(); }

    /** 외부에서도 사용할 수 있도록 『public』으로 설정함 */
    public final void init(){
        initFrame(); /** Frame 초기화 */
        initComponent(); /** 컴포넌트 설정 */
        initEvent(); /** 컴포넌트 이벤트 설정 */
    }

    /** 화면설정 */
    protected void initFrame(){ }

    /** 컴포넌트 설정 */
    protected void initComponent(){ }

    /** 컴포넌트 이벤트 처리 */
    protected void initEvent(){ }
}
```

2. ch11.part04.main4.Frame01 클래스 정의

```
package ch11.part04.main4;

import java.awt.Color;
import java.awt.event.ActionEvent;
import java.awt.event.ActionListener;
import java.util.Calendar;

import javax.swing.JButton;
import javax.swing.JFrame;
import javax.swing.JPanel;
import javax.swing.JTextField;
```

사용 예문

```
/** 부모클래스 MainFrame 클래스로 상속 */
public class Frame01 extends MainFrame {

    /** 컴포넌트 객체생성 구간 */
    private JTextField text = new JTextField(); // 익명클래스 접근
    private JButton btn = new JButton("현재시간");

    /** 자료연결을 위해 전역변수 및 함수 생성 */
    private Frame02 frame02;
    public void setFrame02(Frame02 frame02){ this.frame02 = frame02; }

    /** 화면설정 */
    protected void initFrame(){
        /** 화면 기본 구성 */
        setTitle("Frame01");
        setLayout(null);
        setBounds(0,0, 300,300);
    }

    /** 컴포넌트 설정 */
    protected void initComponent(){
        /** 컴포넌트(텍스트) 생성 */
        text.setBounds(10,10, 200, 30);
        this.add(text);
        /** 컴포넌트(버튼) 생성 */
        btn.setBounds(10,50, 150, 30);
        this.add(btn);
    }

    /** 컴포넌트 이벤트 처리 */
    protected void initEvent(){
        /** 버튼클릭 이벤트 정의 */
        btn.addActionListener(new ActionListener() {
            @Override
            public void actionPerformed(ActionEvent e) {

                /** 버튼클릭 시 이벤트 로직 구성 */
                Calendar calendar = Calendar.getInstance();
                String msg = calendar.getTime().toString();
                text.setText(msg);
                frame02.setTextValue(msg);
            }
        });
```

```
    }
}
```

3. ch11.part04.main4.Frame02 클래스 정의

사용 예문

```
package ch11.part04.main4;

import java.awt.Color;
import java.awt.event.ActionEvent;
import java.awt.event.ActionListener;

import javax.swing.JButton;
import javax.swing.JFrame;
import javax.swing.JPanel;
import javax.swing.JTextField;

/** 부모클래스 MainFrame 클래스로 상속 */
public class Frame02 extends MainFrame  {

    /** 컴포넌트 객체생성 구간 */
    private JTextField text = new JTextField();

    public void setTextValue(String textValue){ text.setText(textValue);}

    /** 화면설정 */
    protected void initFrame(){
        /** 화면 기본 구성 */
        setTitle("Frame02");
        setLayout(null);
        setBounds(400,0, 300,300);
    }

    /** 컴포넌트 설정 */
    protected void initComponent(){
        /** 컴포넌트(텍스트) 생성 */
        text.setBounds(10,10, 200, 30);
        this.add(text);
    }

    /** 컴포넌트 이벤트 처리 */
    protected void initEvent(){ }
}
```

4. ch11.part04.main4.TestMain 클래스 정의

```
package ch11.part04.main4;

import ch11.part04.main3.Frame01;
import ch11.part04.main3.Frame02;

public class TestMain {
    public static void main(String[] args) {

        /** Frame01 객체생성 및 화면호출 */
        Frame01 frame01 = new Frame01();
        frame01.setVisible(true);

        /** Frame02 객체생성 및 화면호출 */
        Frame02 frame02 = new Frame02();
        frame02.setVisible(true);

        /** Frame02 객체를 Frame01로 객체전달 */
        frame01.setFrame02(frame02);
    }
}
```

정리

- 상속으로 변환 시 제한자 주의 사항
  - 'private'이 부모 함수의 경우 자식으로 상속이 되지 않는다.
  - 부모 함수를 재정의하기 위해서는 부모 함수의 제한자와 범위가 같거나 더 접근성이 커야 한다.
    - ▸ 접근성의 크기는 다음과 같으며 'public'의 경우가 가장 크다.
      - · public 〉 protected 〉 (default) 〉 private
    - ▸ 부모 함수가 'protected'의 경우 자식 함수는 'protected', 'public'으로 재정의(Override)할 수 있다.
    - ▸ 부모 함수가 'public'의 경우 자식 함수는 'public'으로 재정의(Override)를 할 수 있다.

- 함수를 분리하여 더 복잡해지지 않았는가?
  - 실제로 공통 함수에 처리해야 할 로직이 더 많으며 복잡할 수 있다.
  - 향후에 모든 자식 클래스에 공통으로 변경이 필요한 경우에는 부모 클래스에서 처리할 수 있다.
  - 실제로 복잡할수록 각각의 함수가 하는 일을 이해할 때 일처리를 하기가 더 편리하다.

- 부모 함수에서 initFrame(), initComponent(), initEvent() 함수가 하는 역할
  - 해당 함수를 명시만 하고 사실상 로직에 관한 부분은 재정의 하여 사용하도록 정의된 것을 알 수 있을 것이다.
  - 이럴 경우에는 상속의 기능보다는 인터페이스 또는 추상 클래스에서 사용하는 추상 메소드로 정의 후 반드시 재정의 하도록 구성되는 것이 더 효과적이므로 다음 11.4.05 파트에서 다루도록 하겠다.

11.4.05 추상 클래스의 추상 메소드를 이용한 화면 구성

※ 프로그램 작성 시 자바 1.9 버전 이후 22.3.01 파트의 설명대로 모듈을 정의하자.

▷ 'module-info.java' 파일에 'requires java.desktop;' 모듈 추가

<table>
<tr><td>학습 목적</td><td>

• 11.4.04 파트에서 다룬 예제의 개선 사항
– 부모 함수에서 다음 함수는 사실상 하는 일이 없으며, 자식 함수에서 재정의해서 사용하도록 구현을 해 놓은 함수이기 때문에 반드시 자식 함수에서 재정의하도록 설정할 필요가 있다.
▸ initFrame(), initComponent(), initEvent()
▸ 부모에서의 로직 구현 없이 자식에서 로직을 구현할 수 없을까?
· '추상 클래스'의 '추상 메소드'를 이용하면 된다.
• 추상 클래스의 사용 목적
– 필요한 로직은 부모 클래스에서 처리
– 자식 클래스에서는 필요한 함수를 반드시 구현하도록 강제한다.

</td></tr>
<tr><td>처리 방법</td><td>

• MainFrame 클래스의 수정
– MainFrame 클래스를 추상 클래스로 변환
▸ public abstract class MainFrame
– initFrame(), initComponent(), initEvent() 함수를 추상 메소드로 변환
▸ protected abstract void initFrame();
▸ protected abstract void initComponent();
▸ protected abstract void initEvent();
• Frame01, Frame02 클래스의 수정
– initFrame(), initComponent(), initEvent() 함수가 재정의(Override)되어 있어 수정을 할 필요가 없다.

</td></tr>
<tr><td>학습 절차</td><td>

1. ch11.part04.main5.MainFrame 클래스 정의
– MainFrame 클래스를 추상 클래스로 전환
2. ch11.part04.main5.Frame01 클래스 정의
– ch11.part04.main4.Frame01 클래스의 소스 코드와 동일하다.
3. ch11.part04.main5.Frame02 클래스 정의
– ch11.part04.main4.Frame02 클래스의 소스 코드와 동일하다.
4. ch11.part04.main5.TestMain 클래스 정의
– ch11.part04.main4.TestMain 클래스의 소스 코드와 동일하다.

</td></tr>
</table>

	※ 클래스 Frame01, Frame02, TestMain의 소스 코드는 바로 이전에 학습한 클래스의 소스 코드와 동일하기 때문에 생략하도록 한다.
사용 예문	**1. ch11.part04.main5.MainFrame 클래스 정의**

```
package ch11.part04.main5;
import javax.swing.JFrame;

public abstract class MainFrame extends JFrame {

    /** 생성자함수 정의 */
    public MainFrame(){ init(); }

    /** 외부에서도 사용할 수 있도록 『public』으로 설정함 */
    public final void init(){
        initFrame(); /** Frame 초기화 */
        initComponent(); /** 컴포넌트 설정 */
        initEvent(); /** 컴포넌트 이벤트 설정 */
    }

    /** 화면설정 */
    protected abstract void initFrame();

    /** 컴포넌트 설정 */
    protected abstract void initComponent();

    /** 컴포넌트 이벤트 처리 */
    protected abstract void initEvent();
}
```

12장. 자료 구조

어서 오세요

본 장에서는 자바를 포함한 모든 프로그래밍 과정에서, 보다 효율적인 데이터 관리를 위해 로직화된 구조를 의미하는 자료 구조에 대하여 살펴보게 됩니다. 우리는 본 장을 학습함으로써 종류별 자료 구조의 특징과 차이점을 이해하고, 각 자료 구조를 구현하는 방법을 익히게 될 것입니다.

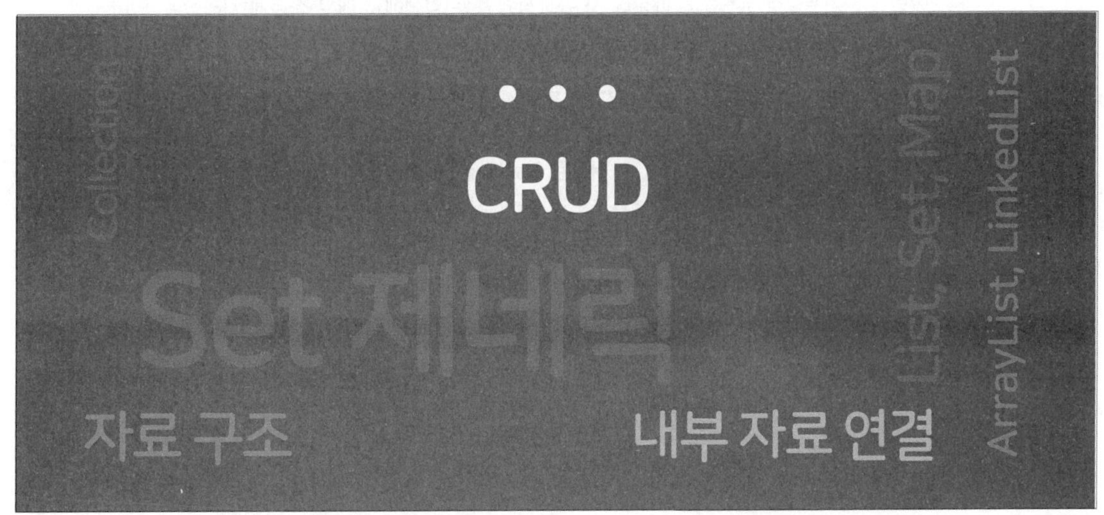

12.1 자료 구조의 개념

수준	중요 포인트 및 학습 가이드(※)
하	1. 자료 구조의 개념 및 특징 – 자료 구조란 자료에 대하여 효율적으로 읽기, 쓰기 작업을 할 수 있도록 하나의 그룹으로 만들어 관리가 편하도록 로직화되어 있는 구조 ※ 가볍게 이해하고 넘어가도록 한다.
하	2. 자료 구조의 종류 및 차이점 ※ 배열, List, Set, Map의 특징과 차이점을 반드시 이해해야 한다.

12.1.01 자료 구조의 개념 및 특징

개념	• 자료 구조란 – 자료를 효율적으로 읽고 쓸 수 있도록 하나의 그룹으로 만들어 관리가 편하도록 로직화되어 있는 구조를 말한다. ▸ '자료 관리'를 위한 구조 • CRUD란 – 자료 구조는 해당 자료들의 값에 대한 읽기, 쓰기 작업을 하게 되는데 이러한 작업을 위해 '등록(Create), 수정(Update), 삭제(Delete), 조회(Read)' 등의 기능을 묶어서 CRUD라 한다. • 인덱스란 – '특정 자료를 분류하기 위한 고유한 값'으로 인덱스를 기준으로 자료를 분류한다. – 인덱스를 기준으로 분류하기 때문에 자료의 정렬 또는 검색에서 매우 빠르게 처리할 수 있다. ▸ 이미 분류가 되어 있어 검색 범위를 줄일 수 있다. – 인덱스 중에 '고유 인덱스'가 있으며 '고유 인덱스'의 경우 자료가 중복되지 않는다.		
특징	읽기	조회(Read)	• 저장된 자료에 접근하여 해당 자료를 반환하는 기능
	쓰기	등록(Create)	• 자료 구조에 최초 입력 • 자료의 수가 증가 • 인덱스가 있을 경우 중간 삽입도 가능 • '추가' 또는 '삽입'이라는 용어로도 표현
		수정(Update)	• 자료 구조에 입력된 자료의 값이 변경 • 자료의 수는 유지

		삭제(Delete)	• 자료 구조에 입력된 자료를 삭제 • 자료의 수가 감소
학습 절차	• 자료 구조 학습 절차 과정은 다음과 같다. – '객체 생성' ▷ '기본 기능' ▷ '기타 기능' – 자료 구조 기본 기능 ▸ 등록, 수정, 삭제, 조회 기능에 대해 중점적으로 학습할 것이다. – 자료 구조 기타 기능 ▸ 일괄 처리 및 기본 기능 이외의 기능을 학습할 것이다.		

12.1.02 자료 구조의 종류 및 차이점

• 이 부분은 자료 구조의 종류를 이해하는데 매우 중요하기 때문에 반드시 이해하길 바란다.

개념	• 자료 구조 기본 – 자바에서 가장 기본이 되는 자료 구조는 '배열'이다. – 자바에서 사용 빈도가 매우 높은 자료 구조는 다음과 같다. ▸ List, Set, Map ▸ 위 자료 구조는 모두 '인터페이스'이며 구현 클래스는 곧 언급하도록 하겠다. ※ 각각의 자료 구조가 생겨난 배경에 대해 이해를 해야 자료 구조를 구분해서 사용할 수 있기 때문에 반드시 그 차이점에 대해 이해해야 한다.
차이점	• [1] 배열 Vs List, Set, Map – 배열 ▸ 자료의 길이가 고정이며 자료를 순차적으로 담는다. · 자료의 길이가 늘어나거나 줄어들지 않는다. ▸ 자료의 길이가 늘거나 줄어드는 자료 구조의 관리는 불편하다. – List, Set, Map ▸ 자료의 길이가 동적으로 늘거나 줄어들 수 있다. ▸ 특히 List는 배열처럼 자료를 인덱스를 기반으로 담으며 동적인 자료 관리가 가능하다. • [2] List Vs Set – List ▸ 배열과 같이 인덱스를 이용하여 순차적으로 자료를 담으며 자료의 길이를 동적 제어한다.

차이점	

▸ List는 인덱스를 기반으로 하며, 인덱스의 값이 '0'부터 시작하여 순차적으로 담는다.

▸ List는 자료 중복에 관계없이 순차적으로 자료를 저장한다.

– Set

▸ 효율적인 중복 검사를 통하여 자료를 관리하며 인덱스가 존재하지 않는다.

· 중복된 자료는 한 번만 저장된다.

▸ Set은 순차적으로 자료를 담지 않고 자료를 특정 기준으로 분류해 놓기 때문에 중복 검사가 빠르다.

· 예를 들자면 이름을 'ㄱ', 'ㄴ', 'ㄷ', ...'ㅎ' 순으로 분류할 때 '홍길동'인 이름을 가진 자료를 입력하고자 한다면 'ㅎ'에서만 중복 검색하는 원리와 같이 때문에 중복 검사가 빠르다.

▸ 자료 분류를 목적으로 하기 때문에 순차적으로 자료를 담지 않아 인덱스가 존재하지 않는다.

– List의 자료를 중복되지 않도록 담으려면 어떻게 해야하는 가?

▸ 첫 번째 인덱스에 담긴 자료부터 순차적으로 중복검사를 해야 한다.

▸ 자료가 많을 경우 전체 데이터를 대상으로 중복 검사를 해야 하므로 속도면에서 효율적이지 못하다.

• [3] List Vs Map

– List

▸ List는 인덱스의 값이 '0, 1, 2, ...'와 같이 순차적으로 자동으로 부여된다.

▸ 특정자료를 검색 시 전체 자료에서 처음부터 하나씩 순차적으로 자료에 접근하여 해당 자료를 찾아야 한다.

▸ 매번 자료를 찾을 때마다 검색을 해야 하기 때문에 불편하다.

– Map

▸ 특정 자료에 곧바로 접근할 수 있도록 '인덱스'를 수동으로 관리한다.

▸ Map은 인덱스를 수동으로 설정하여 인덱스의 값을 알 수 있도록 수동으로 설정하기 때문에 특정 값을 매우 빨리 찾을 수 있다.

· 이러한 인덱스를 'key'라 하며 이는 중복될 수 없다.

• List와 Map의 자료 관리 비교

– 제품의 정보를 다음과 같이 저장한다고 하자.

List 저장 방식		
순번	품목명	단가
0	아메리카노	4000
1	까페라떼	4300
2	까페모카	4500

Map 저장 방식		
품번	품목명	단가
a001	아메리카노	4000
a002	까페라떼	4300
a003	까페모카	4500

– List의 저장 방식

▸ 저장 1 : 인덱스 자동 생성 [0]에 값 ['아메리카노', 4000] 저장

▸ 저장 2 : 인덱스 자동 생성 [1]에 값 ['까페라떼', 4300] 저장

▸ 저장 3 : 인덱스 자동 생성 [2]에 값 ['까페모카', 4500] 저장

〉'까페라떼'의 정보를 갖기 위해서는 인덱스 '0, 1, 2'에 순차적으로 접근하면서 해당 품목의 정보를 찾아야 한다.

– Map의 저장 방식

▸ 저장 1 : 인덱스 [a001]에 값 ['아메리카노', 4000] 저장

▸ 저장 2 : 인덱스 [a002]에 값 ['까페라떼', 4300] 저장

▸ 저장 3 : 인덱스 [a003]에 값 ['까페모카', 4500] 저장

〉입력 당시 인덱스를 이미 알고 있으며 해당 인덱스로 접근할 수 있다. 따라서 'a002'의 값으로 곧 바로 '까페라떼'에 접근할 수 있다.

	구분	구현 클래스	특징
종류	List	• ArrayList • LinkedList • Vector • Stack	• 인덱스 기반으로 자료를 순차적으로 저장 • 인덱스는 '0' 이상의 정수로 자동 부여 • 자료 중복 허용
	Set	• HashSet • TreeSet	• 중복을 허용하지 않고 자료 저장 • 분류 기준으로 자료를 분류하여 중복 검사가 효율적임 – HashSet: hashcode를 기준으로 분류 – TreeSet: tree구조를 기준으로 분류
	Map	• HashMap • TreeMap • Hashtable • Properties	• 인덱스를 수동으로 설정하여 자료 저장 – 수동 인덱스를 'key'라 함 • '수동 인덱스(key)'와 '값(value)'을 기준으로 저장 • 특정 자료에 대한 key 값을 알고 있으므로 해당 자료에 매우 빠르게 접근 가능

※ Collection (콜렉션)

• Collection은 List와 Set의 상위 인터페이스로서, 해당 자료 구조에 대한 핵심 함수를 표준화한다.

• 핵심 함수는 List와 Set에서 다룰 것이기 때문에 크게 신경 쓰지 않아도 된다.

– List와 Set에서 공통으로 다루는 함수가 Collection 제공 함수라 생각하면 된다.

12.2 | List

수준	중요 포인트 및 학습 가이드(※)
하	1. 구현 클래스 종류 및 차이점 – List 구현 클래스로는 ArrayList, LinkedList, Vector, Stack이 대표적이다. – 배열과 같이 인덱스 기반으로 자료를 순차적으로 저장한다. ※ ArrayList와 LinkedList의 차이점을 이해하도록 한다.
하	2. List 객체 생성, 기본 함수 및 기타 함수 – List는 제네릭 타입을 정의할 수 있으며 참조형 타입만 가능하며 기본형의 타입은 Wrapper 클래스로 대체할 수 있다. ※ List 구현 클래스의 객체 생성 및 기본 CRUD 함수, 기타 함수의 활용을 반드시 이해해야 한다.
중	3. 자료 복사 – 객체 복사는 'Shallow Copy'와 'Deep Copy'가 존재하며 Deep Copy의 경우 참조하는 객체의 메모리 주소가 다르다.
중	4. 자료 정렬 – Comparable, Comparator – Comparable 인터페이스를 구현하여 기본 정렬 정의할 수 있다. – Comparator 인터페이스를 구현하여 기본 정렬 외 사용자 정렬을 정의할 수 있다. – 자료 구조의 정렬은 Collections.sort() 함수를 이용하여 정렬할 수 있다.
하	5. 주의 사항 [1] – 오토 박싱(Auto Boxing) ※ 오토 박싱(Auto Boxing)과 오토 언박싱(Auto Unboxing)의 개념 및 차이를 이해하도록 한다.
하	6. 주의 사항 [2] – 자료 삭제 – 자료 삭제는 인덱스 또는 자료 객체를 이용하여 삭제할 수 있다. – int 타입의 경우 인덱스를 통한 자료 삭제이며 int 타입이 아닌 경우 자료 객체를 이용한 삭제이다. – 자료 객체는 첫 번째 자료만 삭제된다.
중	7. 주의 사항 [3] – 자료 삭제 시 주의 사항 – 자료 삭제 시 해당 인덱스 이후의 자료는 인덱스의 변동이 발생하기 때문에 2개 이상의 자료 삭제 시 이를 반드시 고려해야 한다. – 2개 이상의 자료 삭제는 인덱스의 영향을 받지 않도록 뒤에서부터 삭제하길 권장한다. – 2개 이상의 자료 삭제는 Iterator를 이용하여 자료 삭제를 할 수 있다.

12.2.01 구현 클래스 종류 및 차이점

- List 구현 클래스로는 'ArrayList, LinkedList, Vector, Stack'이 대표적이며, 우선 'ArrayList'와 'LinkedList'의 차이점에 대해 설명하도록 한다.

- List 인터페이스

인터페이스	설명
List	• 배열과 같이 인덱스 기반으로 자료를 순차적으로 저장한다. • 인덱스는 '0' 이상의 정수로 자동 부여된다. • 자료 중복 허용

- List 인터페이스 구현 클래스 – ArrayList, LinkedList

구현 클래스	설명
ArrayList	• List 타입으로 가장 많이 사용되는 클래스이다. • 자료 저장 방식 – 배열을 이용하여 자료를 순서대로 저장한다. – 자료는 각각 인덱스 정보를 가지고 있다. – 특정 길이를 넘어설 경우, 다시 그 만큼의 길이를 가진 배열을 생성한다. – 인덱스가 고정되어 자료 이동이 일어나므로 순차적으로 자료를 담는 구조에 매우 효율적 [0] [1] [2] [3] 자료 1 / 자료 2 / 자료 3 / 자료 4 • 중간 자료 삽입 및 삭제 – 인덱스는 변경이 되지 않고 인덱스에 해당하는 값이 자리 이동을 하게 된다. – 자리 이동 ▷ 시간이 걸리는 주된 요소이다. ▸ 가령 '자료 2' 삭제 시 다음과 같은 과정으로 삭제된다. [0] [1] [2] [3] 자료 1 / 삭제 / ◀ 자료 3 / ◀ 자료 4 [0] [1] [2] [3] 자료 1 / 자료 3 / 자료 4

	▸ 인덱스에 해당하는 저장 공간의 변경은 없다. ▸ 자료3, 자료4의 저장공간은 이동이 일어난다. – 중간 삽입, 삭제가 빈번할 경우 속도 저하가 일어날 수 있다.
LinkedList	• 자료 저장 방식 – 선행 자료와 후행 자료의 주소 정보를 이용하여 저장한다. – 자료 정보와 함께 자신의 앞의 자료 주소 정보와 뒤의 자료 주소 정보를 저장한다.

자료	자료 1	자료 2	자료 3	자료 4
해당 자료 주소	#1	#2	#3	#4
선행 자료 주소	×	#1	#2	#3
후행 자료 주소	#2	#3	#4	×

▸ 첫 번째 자료의 경우 선행 자료의 주소 정보가 없다.

▸ 마지막 자료의 경우 후행 자료의 주소 정보가 없다.

– 앞과 뒤의 주소 정보를 바탕으로 인덱스가 생성된다.

• 중간 자료 삽입 및 자료 삭제

– '자료 2' 자료를 삭제 시 다음과 같이 삭제된다.

자료	자료 1	[삭제]	자료 3	자료 4
해당 자료 주소	#1	#2	#3	#4
선행 자료 주소	×		#2 〉#1	#3
후행 자료 주소	#2 〉#3		#4	×

자료	자료 1	자료 3	자료 4
해당 자료 주소	#1	#3	#4
선행 자료 주소	×	#1	#3
후행 자료 주소	#3	#4	×

▸ 자료 삭제가 일어나도 자료의 주소 이동은 발생하지 않는다.

▸ 자료 삭제 시 '자료 1'의 '후행 자료 주소'와 '자료3'의 '선행 자료 주소' 정보만 변경함으로써 삭제 작업이 완료된다.

– 자료의 중간 삽입 삭제가 빈번한 자료 구조에 적합하다.

– 자료를 순차적으로 저장하는 자료 구조에서는 선행 자료 주소와 후행 자료 주소의 정보를 바탕으로 인덱스 구성을 하기 때문에 ArrayList 보다는 속도가 늦다.

12.2.02 List 객체 생성, 기본 함수 및 기타 함수

▣ java.util.ArrayList 인터페이스 API

• 주요 기능은 List 인터페이스에서 설명하도록 한다.

<table>
<tr><td rowspan="2">객체 생성</td><td>new ArrayList<E>()
new ArrayList()

• 기본 생성자 함수를 이용한 객체 생성
– '제네릭스'를 이용할 수 있다.
▸ 자료 타입이 고정되며 가장 많이 사용하는 객체 생성 방식이다.
– 제네릭스가 없는 경우 기본적으로 Object 타입으로 설정된다.

〈사용 예 1〉
List list = new ArrayList()
〈사용 예 2〉
List〈String〉 list = new ArrayList〈String〉()</td></tr>
<tr><td>new ArrayList<E>(Collection<? extends E> collection)
new ArrayList(Collection collection)

• 파라미터 설명
– collection : Collection 인터페이스 타입 객체
▸ Collection의 하위 인터페이스에는 'List'와 'Set'가 있다. 즉 List와 Set을 구현한 객체를 파라미터로 일괄 등록할 수 있다.

• List 또는 Set의 상위 타입인 Collection 객체를 파라미터로 해당 자료 목록을 일괄 등록한다.
– 제네릭스가 없는 경우 기본적으로 Object 타입으로 설정된다.</td></tr>
</table>

▣ java.util.List 인터페이스 API

<table>
<tr><td>자료 등록</td><td>public boolean add(E 자료 객체)

• 자료 등록(삽입)을 하며 성공할 경우 'true'를 반환한다.
– 가장 마지막 인덱스에 자료가 추가된다.

〈사용 예〉
List〈String〉 list = new ArrayList〈String〉();</td></tr>
</table>

	list.add("a"); ▷ [결과] 자료 구조 : [a]

	public boolean add(int 인덱스, E 자료 객체)
	• 해당 인덱스에 자료 등록(중간삽입)을 하며 자료 등록이 성공할 경우 'true'를 반환한다.
	• 삽입된 이후의 자료는 다음 인덱스 위치로 자료 이동이 발생한다.
	〈사용 예〉
	List〈String〉 list = new ArrayList〈String〉();
	list.add("a");
	list.add(0, "b");
	▷ [결과] 자료 구조 : [b, a]

자료 수정	**public E set(int 인덱스, E 자료 객체)**
	• 해당 인덱스의 자료를 수정하며, 수정되기 전의 자료를 반환한다.
	– 해당 인덱스의 자료가 수정된다.
	〈사용 예〉
	List〈String〉 list = new ArrayList〈String〉();
	list.add("a"); list.add("b");
	list.set(0, "c");
	▷ [결과] 자료 구조 : [c, a]

자료 삭제	**public E remove(int 인덱스)**
	• 해당 인덱스의 자료를 삭제하며, 삭제되는 자료를 반환한다.
	〈사용 예〉
	List〈String〉 list = new ArrayList〈String〉();
	list.add("a"); list.add("b");
	list.remove(1);
	▷ [결과] 자료 구조 : [a]

	public boolean remove(E 자료 객체) • 해당 자료를 삭제 후 자료 삭제가 될 경우 true를 반환한다. – 해당 첫 번째 자료 객체를 삭제한다. 〈사용 예〉 List〈String〉 list = new ArrayList〈String〉();

	list.add("a"); list.add("b"); list.add("a");
	list.remove("a");
	▷ [결과] 자료 구조 : [b, a]

	public void clear()
	• 자료 구조에 담겨 있는 모든 자료를 삭제한다.
	〈사용 예〉
	List〈String〉 list = new ArrayList〈String〉();
	list.add("a"); list.add("b");
	list.clear();
	▷ [결과] 자료 구조 : []

자료 조회	**public E get(int 인덱스)** • 해당 인덱스의 자료를 반환한다. – 제네릭스를 이용하는 경우 해당 타입을 반환한다. – 제네릭스를 사용하지 않는 경우 Object 타입을 반환한다. 〈사용 예 1〉 List〈String〉 list = new ArrayList〈String〉(); list.add("a"); list.add("b"); String data = list.get(0); ▷ [결과] String 타입 'a' 반환 〈사용 예 2〉 List list = new ArrayList(); list.add("a"); list.add("b"); Object data = list.get(0); ▷ [결과] Object 타입 'a' 반환 (String 형 변환 가능)

자료 개수	**public int size()**
	• 자료 구조에 저장된 총 자료 수를 반환한다.
	〈사용 예〉
	List〈String〉 list = new ArrayList〈String〉();
	list.add("a"); list.add("b");
	int size = list.size();
	▷ [결과] 2를 반환

포함
여부
	public boolean contains(E 자료 객체)
	• 해당 자료 객체가 자료 구조에 포함되었는지 여부를 반환한다.
	〈사용 예〉
	List〈String〉 list = new ArrayList〈String〉();
	list.add("a"); list.add("b");
	boolean contains = list.contains("a");
	▷ [결과] true를 반환

자료 추출	**public List〈E〉 subList(int startIndex, int endIndex)** • 파라미터 설명 – startIndex : 시작 인덱스 – endIndex : 종료 인덱스 • 시작 인덱스 이상 종료 인덱스 미만의 자료를 추출하여 해당 List 타입으로 반환한다. 〈사용 예〉 List〈String〉 list = new ArrayList〈String〉(); list.add("a"); list.add("b"); list.add("c"); List〈String〉 subList = list.subList(0,1); ▷ [결과] 자료가 [a]인 List〈String〉 타입 객체 반환

일괄
등록
	public boolean addAll(Collection〈? extends E〉 c)
	• 파라미터 설명
	– c : Collection 타입 객체로서 List, Set 타입의 상위 인터페이스 타입 객체이다.
	▸ List, Set 타입의 객체를 뜻함.
	• 자료 구조에 Collection 타입 재료 객체를 일괄 등록한다.
	〈사용 예〉
	List〈String〉 list = new ArrayList〈String〉();
	list.add("a"); list.add("b"); list.add("c");
	List〈String〉 list2 = new ArrayList〈String〉();
	list2.add("a"); list2.add("b");
	list.addAll(list2);
	▷ [결과] [a, b, c, a, b] 자료가 된다.

일괄 포함	**public boolean addAll(Collection〈? extends E〉 c)** • 파라미터 설명 – c : Collection 타입이며 List, Set 타입의 부모 인터페이스이다.

	▸ List, Set 타입의 객체를 뜻함.
	• 해당 객체가 자료 구조에 모두 포함될 경우 'true'를 반환하며 이 외에는 'false'를 반환한다.
	〈사용 예〉
	List〈String〉 list = new ArrayList〈String〉();
	list.add("a"); list.add("b"); list.add("c");
	List〈String〉 list2 = new ArrayList〈String〉();
	list2.add("a"); list2.add("b");
	boolean contains = list.containsAll(list2);
	▷ [결과] true 반환

	public boolean addAll(int index, Collection〈? extends E〉 c) • 파라미터 설명 – index : 중간 삽입을 하고자 하는 인덱스 – c : Collection 타입이며 List, Set 타입의 부모 인터페이스이다. ▸ List, Set 타입의 객체를 뜻함. • 위에서 설명한 addAll() 함수와 같으며 특정 인덱스에 중간 삽입을 하기 위한 함수이다.

일괄 삭제	**public boolean removeAll(Collection〈?〉 c)**
	• 파라미터 설명
	– c : Collection 타입이며 List, Set 타입의 부모 인터페이스이다.
	▸ List, Set 타입의 객체 파라미터 사용 가능
	• Collection 타입 c 객체와 동일한 자료만 남기고 나머지 자료는 모두 삭제한다.
	〈사용 예〉
	List〈String〉 list = new ArrayList〈String〉();
	list.add("a"); list.add("b"); list.add("c");
	List〈String〉 list2 = new ArrayList〈String〉();
	list2.add("a"); list2.add("d");
	list.removeAll(list2);
	▷ [결과] [b, c]의 자료가 list에 남는다.
	
	public boolean retainAll(Collection〈?〉 c)
	• 파라미터 설명
	– c : Collection 타입이며 List, Set 타입의 부모 인터페이스이다.
	▸ List, Set 타입의 객체를 뜻함.

<table>
<tr><td></td><td>

• Collection 타입 c 객체와 동일한 자료만 남긴다.

〈사용 예〉
List〈String〉 list = new ArrayList〈String〉();
list.add("a"); list.add("b"); list.add("c");
List〈String〉 list2 = new ArrayList〈String〉();
list2.add("a"); list2.add("d");
list.retainAll(list2);
▷ [결과] [a]의 자료가 list에 남는다.

</td></tr>
<tr><td>자료
접근</td><td>

public Iterator〈E〉 iterator()

• 해당 List 자료 구조를 순차적으로 접근하기 위한 Iterator 타입의 객체를 반환한다.
– List와 Set의 상위 타입인 Collection에서 제공하는 함수이며 List의 경우 인덱스를 이용하여 순차적으로 접근할 수 있기 때문에 사용 빈도가 높지 않다.

〈사용 예〉
List〈String〉 list = new ArrayList〈String〉();
list.add("a"); list.add("b"); list.add("c");
Iterator〈String〉 iterator = list.iterator();
while(iterator.hasNext()){
    String data = iterator.next(); /** →【결과】순차적으로 a, b, c로 접근 */
}

</td></tr>
<tr><td>자료
복사</td><td>

public static List〈E〉 copyOf(Collection〈? extends E〉 collection)

• 해당 collection 자료 구조를 복사하기 위한 함수이며 반환된 List〈E〉의 값은 변경이 불가능하다.
– Collections.unmodifiableCollection() 함수와 유사하지만 바로 설명할 〈사용 예〉를 보면 차이점을 알 수 있다.

• 자바 1.10 버전에서 추가된 함수이다.

〈사용 예〉
List〈Integer〉 list = new ArrayList〈Integer〉();
list.add(1); list.add(2); list.add(3);
List〈Integer〉 list2 = list.copyOf(list);
list2.add(4); // 오류발생 – copyOf()에 의해 생성된 자료구조는 변경이 불가능
Collection〈Integer〉 list3 = Collections.unmodifiableCollection(list);
list3.add(4); // 오류발생 – 마찬가지로 변경이 불가능하다.
list.add(4); // 원래의 자료구조는 변경이 가능하다.
System.out.println(list); // →【결과】[1, 2, 3, 4]
System.out.println(list2); // →【결과】[1, 2, 3]
System.out.println(list3); // →【결과】[1, 2, 3, 4]

</td></tr>
</table>

1. 객체 생성 사용 예제

사용 예문	(코드 아래 참조)

```
package ch12.part02.main2.sub1;

import java.util.ArrayList;
import java.util.LinkedList;
import java.util.List;

public class TestMain {
    public static void main(String[] args) {

        /** 1. ArrayList 객체생성 */
        List list1 = new ArrayList();

        /** 2. LinkedList 객체생성 */
        List list2 = new LinkedList();

        /** 3. 제네릭스를 이용한 ArrayList 객체생성 */
        List<String> list3 = new ArrayList<String>();

        /** 4. 제네릭스를 이용한 LinkedList 객체생성 */
        List<String> list4 = new LinkedList<String>();

    }
}
```

예문 설명

▶ List list1 = new ArrayList();

- 'ArrayList list1 = new ArrayList();' 코드로 객체 생성해도 무관하다.
  - List는 ArrayList의 상위 타입이므로 형 변환이 자동으로 된다.

▶ List list2 = new LinkedList();

- 'LinkedList list2 = new LinkedList();' 코드로 객체 생성해도 무관하다.
  - List는 LinkedList의 상위 타입이므로 형 변환이 자동으로 된다.

▶ List<String> list3 = new ArrayList<String>();

- 가장 일반적인 제네릭스를 이용한 List 객체 생성 방식이다.
- 제네릭스를 이용하여 저장할 자료의 타입을 제한함으로써 해당 타입으로 반환 타입을 갖는 동적 함수 생성이 가능하다.

주의 사항

- 제네릭스는 '기본형'의 타입은 불가능하며 'Wrapper 클래스'를 사용해야 한다.
  - [오류 발생] List<int> list = new ArrayList<int>();
  - [오류 수정] List<Integer> list = new ArrayList<Integer>();

- Wrapper 클래스

– 기본형 타입의 Wrapper 클래스는 다음과 같이 존재한다.

  ▸ byte ▷ Byte, short ▷ Short, int ▷ Integer, long ▷ Long

  ▸ float ▷ Float, double ▷ Double

  ▸ boolean ▷ Boolean

  ▸ char ▷ Character

※ 앞으로는 가급적 제네릭스를 이용하여 설명하도록 하겠다.

2. 기본 기능(CRUD) 사용 예제 [1]

사용 예문

```
package ch12.part02.main2.sub2;

import java.util.ArrayList;
import java.util.List;

public class TestMain {
    public static void main(String[] args) {

        /** 객체생성 */
        List<String> list = new ArrayList<String>();
        System.out.println("【객체생성1】" + list);

        /** 자료등록 [a, b, c] */
        list.add("a");
        list.add("b");
        list.add("c");
        System.out.println("【자료등록2】" + list);

        /** 중간 자료등록 [d, a, b, c] */
        list.add(0, "d");
        System.out.println("【중간 자료등록3】" + list);

        /** 자료조회【1】 */
        System.out.println("【자료조회4】");
        for (int i = 0; i < list.size(); i++) {
            String data = list.get(i);
            System.out.println("₩t인덱스[" + i + "] = " + data);
        }

        /** 자료조회【2】: 향상된 for문 */
        System.out.println("【자료조회5】");
```

	for (String data : list) {
	        System.out.println("₩t자료 = " + data);
	    }
	  }
	}

결과	【객체생성1】 [ ]
	【자료등록2】 [a, b, c]
	【중간 자료등록3】 [d, a, b, c]
	【자료조회4】
	    인덱스[0] = d
	    인덱스[1] = a
	    인덱스[2] = b
	    인덱스[3] = c
	【자료조회5】
	    자료 = d
	    자료 = a
	    자료 = b
	    자료 = c

예문 설명	▶ System.out.println("【객체생성1】 "+list);
	• list를 콘솔 화면에 출력하게 되면 다음과 같이 출력된다.
	– [자료1, 자료2, 자료3, · · ·]
	– 객체 생성 직후에는 자료가 없기 때문에 '[ ]'과 같이 나타난다.
	
	▶ for(int i = 0; I < list.size(); i++) {
	        String data = list.get(i);
	        /** 처리구간 */
	}
	• 제네릭스를 이용하였기 때문에 get() 함수의 반환 타입은 'String' 타입이 된다.
	• 자료 구조의 개별 구조에 접근하기 위해 위의 반복문을 사용한다.
	
	▶ for(String data : list) {
	        /** 처리구간 */
	}
	• 자료 구조의 개별 구조에 접근하기 위해 위의 반복문을 매우 많이 사용한다.

정리	• 자료 등록 작업 – add(E 자료 객체)

▸ 자료 구조에 자료 저장을 하며 순차적으로 맨 뒤에 저장된다.

– add(int 인덱스, E 자료 객체)

▸ 자료를 자료 구조의 중간 인덱스 위치에서 삽입한다.

▸ 삽입 위치 이후의 자료는 모두 자료 이동을 한다.

• 자료 조회 작업

– get(int 인덱스)

▸ 해당 인덱스의 자료에 접근하여 해당 자료를 반환한다.

– size()

▸ 자료 구조에 담긴 자료의 수를 반환한다.

– 전체 자료 조회(get() 함수와 size() 함수를 이용하여 접근할 수 있다.)

```
List<String> list = ... ;
for(int i = 0; i<list.size(); i++){
        String data = list.get(i);
}
```

3. 기본 기능(CRUD) 사용 예제 [2]

사용 예문

```
package ch12.part02.main2.sub3;

import java.util.ArrayList;
import java.util.List;

public class TestMain {
    public static void main(String[] args) {

        /** 1. 객체생성 */
        System.out.println("【객체생성 add()】");
        List<String> list1 = new ArrayList<String>();
        System.out.println("₩t【객체생성】 " + list1);

        /** 2. 자료등록 */
        System.out.println("【자료등록 add()】");
        list1.add("a");
        list1.add("b");
        list1.add("c");
        list1.add("d");
        System.out.println("₩t【자료등록】결과 : " + list1);
```

```
        /** 3. 자료수정 */
        System.out.println("【자료수정 set()】");
        list1.set(0, "A");
        list1.set(1, "B");
        System.out.println("\t【자료수정】결과 : " + list1);

        /** 4. 자료삭제 */
        System.out.println("【자료삭제 remove()】");
        list1.remove(0); // 인덱스 0에 있는 자료 삭제
        System.out.println("\t【자료삭제】인덱스[0] 삭제결과 : " + list1);

        list1.remove("c"); // 첫 번째 자료 'b'를 삭제
        System.out.println("\t【자료삭제】'c' 삭제결과 " + list1);

        /** 5. 자료포함여부 */
        System.out.println("【자료포함여부 contains()】");
        boolean contains = list1.contains("B");
        System.out.println("\t【자료포함여부】'B' 포함여부 결과 : " + contains);
    }
}
```

결과

```
【객체생성 add()】
    【객체생성】[]
【자료등록 add()】
    【자료등록】결과 : [a, b, c, d]
【자료수정 set()】
    【자료수정】결과 : [A, B, c, d]
【자료삭제 remove()】
    【자료삭제】인덱스[0] 삭제결과 : [B, c, d]
    【자료삭제】'c' 삭제결과 [B, d]
【자료포함여부 contains()】
    【자료포함여부】'B' 포함여부 결과 : true
```

정리

- 자료 수정 작업
  - set(int 인덱스, E 자료객체)
    - ▸ 해당 인덱스에 있는 자료를 수정한다.
    - ▸ 결과값은 수정되기 전의 자료를 반환한다.
- 자료 삭제 작업 [1] – 인덱스를 이용한 자료 삭제
  - remove(int 인덱스)
    - ▸ 해당 인덱스의 자료를 삭제한다.

- 자료 삭제 작업 [2] – 자료를 이용한 자료 삭제
  - remove(E 자료 객체)
    - ▸ 해당 객체와 동일한 첫 번째 자료를 삭제
- 자료 포함 여부
  - contains(E 자료 객체)
    - ▸ 해당 자료 객체가 포함된 경우 'true'를 반환한다.

4. 기타 기능 사용 예제 – 자료 추출 및 일괄 처리

사용 예문

```
package ch12.part02.main2.sub4;

import java.util.ArrayList;
import java.util.List;

public class TestMain {
    public static void main(String[] args) {

        /** List 객체생성 및 자료등록 */
        List<String> list1 = new ArrayList<String>();
        list1.add("a");  list1.add("b"); list1.add("c"); list1.add("d");
        System.out.println("【list1】 "+list1);
        System.out.println();

        /** 1. 자료추출 */
        List<String> subList1 = list1.subList(0,3);
        System.out.println("1. 자료추출 --");
        System.out.println("\t list1.subList(0,3) = "+subList1);
        System.out.println("【list1】 "+list1);
        System.out.println();

        /** 2. 일괄자료등록 */
        List<String> list2 = new ArrayList<String>();
        list2.add("a");  list2.add("b"); list2.add("e"); list2.add("j"); list2.add("k");
        list1.addAll(list2);
        System.out.println("2. 일괄자료등록 --");
        System.out.println("\t【list2】 "+list2);
        System.out.println("【list1】list1.addAll(list2) = "+list1);
        System.out.println();

        /** 3. 일괄자료포함여부 */
        List<String> list3 = new ArrayList<String>();
```

```
        list3.add("a");  list3.add("b"); list3.add("c");
        System.out.println("3. 일괄자료포함여부 -- ");
        System.out.println("₩t【list3】 "+list3);
        boolean containsAll1 = list1.containsAll(list3);
        System.out.println("₩t list1.containsAll(list3) = "+containsAll1);
        System.out.println("【list1】 "+list1);
        System.out.println();

        /** 4. 일괄자료삭제 */
        List<String> list4 = new ArrayList<String>();
        list4.add("a");  list4.add("b"); list4.add("c");
        list1.removeAll(list4);
        System.out.println("4. 일괄자료삭제 --");
        System.out.println("₩t【list4】 "+list4);
        System.out.println("【list1】list1.removeAll(list4) =  "+list1);
        System.out.println();

        /** 5. 공통자료만 남기기 */
        List<String> list5 = new ArrayList<String>();
        list5.add("d");  list5.add("e"); list5.add("c");
        list1.retainAll(list5);
        System.out.println("5. 공통자료 남기기 --");
        System.out.println("₩t【list5】 "+list5);
        System.out.println("【list1】list1.retainAll(list5) =  "+list1);
    }
}
```

결과

```
【list1】 [a, b, c, d]


1. 자료추출 --
        list1.subList(0,3) = [a, b, c]
【list1】 [a, b, c, d]


2. 일괄자료등록 --
        【list2】 [a, b, e, j, k]
【list1】list1.addAll(list2) = [a, b, c, d, a, b, e, j, k]


3. 일괄자료포함여부 --
        【list3】 [a, b, c]
        list1.containsAll(list3) = true
【list1】 [a, b, c, d, a, b, e, j, k]
```

```
4. 일괄자료삭제 --
          【list4】[a, b, c]
【list1】list1.removeAll(list4) =  [d, e, j, k]

5. 공통자료 남기기 --
          【list5】[d, e, c]
【list1】list1.retainAll(list5) =  [d, e]
```

정리

- 자료 추출 작업
  - subList(int startIndex, int endIndex)
    - ▸ 'startIndex 〈= 인덱스 〈 endIndex' 구간의 자료를 추출
- 일괄 자료 등록 작업
  - addAll(Collection〈? extends E〉 c)
    - ▸ 해당 자료를 마지막 자료 뒤에 일괄 등록
  - addAll(int index, Collection〈? extends E〉 c)
    - ▸ 해당 자료를 특정 인덱스(index)에 일괄 등록
- 일괄 자료 포함 여부
  - containsAll(Collection〈?〉 c)
    - ▸ Collection 객체 c의 자료가 모두 포함이 되는 경우 'true'를 반환
- 일괄 자료 삭제 작업
  - removeAll(Collection〈?〉 c)
    - ▸ Collection 객체 c의 자료와 같은 자료는 모두 삭제 처리
    - ▸ 동일 자료는 모두 삭제된다.
- 공통 자료 남기기
  - retainAll(Collection〈?〉 c)
    - ▸ Collection 객체 c의 자료와 같은 자료만 남기고 모두 삭제 처리

12.2.03 자료 복사 – clone()

개요

- List 자료 복사
  - List 객체에 담긴 자료를 그대로 다른 List 객체에 복사하는 것을 말한다.
  - 자료 복사는 'Object 클래스의 clone() 함수'를 이용하여 생성할 수 있다.
- Shallow Copy Vs Deep Copy

– [1] Shallow Copy

▸ 두 변수가 '참조하는 메모리 주소 동일'

▸ List 객체의 메모리 주소만을 복사하는 경우를 말하며 다음과 같다.

List list1 = new ArrayList();

List list2 = list1;

· list1과 list2가 참조하는 메모리 주소가 동일하다.

▸ 같은 메모리 주소를 참조하기 때문에 결과 값이 항상 같다.

– [2] Deep Copy

▸ 두 변수가 '참조하는 메모리 주소 상이'

▸ 구현 클래스의 'clone()'의 함수를 이용하여 객체 복사를 할 수 있다.

▸ List 객체를 새로 생성 후 복사하고자 하는 객체의 자료를 복사한다.

ArrayList list1 = new ArrayList();

ArrayList list2 = (ArrayList) list1.clone();

· list1과 list2가 참조하는 메모리 주소가 다르다.

1. 자료 복사 예제 [1]

사용 예문

```
package ch12.part02.main3.sub1;

import java.util.ArrayList;
import java.util.List;

public class TestMain {
    public static void main(String[] args) {

        /** 객체생성 */
        ArrayList<String> list1 = new ArrayList<String>();
        list1.add("a");
        list1.add("b");
        list1.add("c");
        list1.add("d");
        System.out.println("【list1】 "+list1);
        System.out.println();

        /** 객체복사【Shallow Copy】 list2 */
        List<String> list2 = list1;
        System.out.println("【list2】자료복사(Shallow Copy) ");
        System.out.println("₩t【list2】 "+list2);
        System.out.println("₩t list1 == list2 : " + (list1==list2));
```

```
        System.out.println();

        /** 객체복사【Deep Copy】 list3 */
        ArrayList list3 = (ArrayList) list1.clone();
        System.out.println("【list3】 자료복사(Deep Copy)");
        System.out.println("₩t【list3】 "+list3);
        System.out.println("₩t list1 == list3 : " + (list1==list3));
        System.out.println();

        /** 자료추가 시 Shallow Copy와 Deep Copy */
        list1.add("e");
        System.out.println("【list1 'e' 자료추가】 ");
        System.out.println("₩t【list1】 "+list1);
        System.out.println("₩t【list2】"+list2);
        System.out.println("₩t【list3】"+list3);
    }
}
```

결과

```
【list1】 [a, b, c, d]


【list2】자료복사(Shallow Copy)
        【list2】 [a, b, c, d]
         list1 == list2 : true


【list3】 자료복사(Deep Copy)
        【list3】 [a, b, c, d]
         list1 == list3 : false


【list1 'e' 자료추가】
        【list1】 [a, b, c, d, e]
        【list2】[a, b, c, d, e]
        【list3】[a, b, c, d]
```

설명

- list2와 list3 객체의 차이
  - list1과 list2의 메모리 주소는 같다.
    - ▸ 메모리 주소가 같기 때문에 자료 구조에 변경이 발생하면 동시에 변경되는 것을 확인할 수 있다.
  - list1과 list3의 메모리 주소는 다르다.
    - ▸ list1에 자료를 추가해도 list3에는 반영이 되지 않는다.
    - ▸ 복사되는 시점 이후부터는 별개의 독립된 객체로 생각하면 된다.

2. 자료 복사 예제 [2]

사용 예문

```
package ch12.part02.main3.sub2;

import java.util.ArrayList;
import java.util.List;

public class TestMain {
    public static void main(String[] args) {
        /** 자료구조 객체생성 */
        ArrayList<MemberVo> list1 = new ArrayList<MemberVo>();

        /** MemberVo 객체생성 */
        MemberVo member1 = new MemberVo("a001", "홍길동");
        MemberVo member2 = new MemberVo("a002", "이순신");

        /** 자료추가 */
        list1.add(member1);
        list1.add(member2);
        System.out.println("【최초 자료등록】");
        System.out.println("₩t【list1】" + list1);

        /** 자료복사 - Deep Copy */
        ArrayList<MemberVo> list2 = (ArrayList<MemberVo>) list1.clone();
        System.out.println("【자료복사 DeepCopy】");
        System.out.println("₩t【list2】" + list2);

        /** 자료 member1 속성변경 */
        member1.memberId = "p001";
        System.out.println("【member1 속성변경】");
        System.out.println("₩t【list1】" + list1);
        System.out.println("₩t【list2】" + list2);

        /** 자료의 추가 */
        MemberVo member3 = new MemberVo("a003", "강감찬");
        list1.add(member3);
        System.out.println("【member3 객체 자료등록】");
        System.out.println("₩t【list1】" + list1);
        System.out.println("₩t【list2】" + list2);
    }

    /** MemberVo 내부클래스 정의 */
    public static class MemberVo {
        /** 생성자함수 정의 */
        public MemberVo(String memberId, String memberName) {
```

```
                this.memberId = memberId;
                this.memberName = memberName;
            }
            /** memberId, memberName 전역변수 정의 */
            private String memberId;
            private String memberName;
            public String toString() {
                return "[" + memberId + ", " + memberName + "]";
            }
        }
    }
```

결과

【최초 자료등록】
    【list1】[[a001, 홍길동], [a002, 이순신]]
【자료복사 DeepCopy】
    【list2】[[a001, 홍길동], [a002, 이순신]]
【member1 속성변경】
    【list1】[[p001, 홍길동], [a002, 이순신]]
    【list2】[[p001, 홍길동], [a002, 이순신]]
【member3 객체 자료등록】
    【list1】[[p001, 홍길동], [a002, 이순신], [a003, 강감찬]]
    【list2】[[p001, 홍길동], [a002, 이순신]]

소스 설명

▶ **public static class MemberVo {**

- 'static'을 설정한 이유
  - 현재 MemberVo 클래스를 사용하는 곳은 메인 함수이며 메인 함수는 정적(static) 함수이다.
  - 정적 함수에서는 static 전역변수 또는 static 함수 외에는 접근이 되지 않기 때문에 static 클래스를 정의하여 사용하면 된다.
  - 객체 생성
    - ▸ 호출 위치 : ch12.part02.main3.sub2.TestMain.main()
    - ▸ 생성 코드 : ch12.part02.main3.sub2.TestMain.MemberVo()
      - · 동일 클래스이기 때문에 'ch12.part02.main3.sub2.TestMain'은 생략이 가능하다.
  - 클래스가 static이 아닐 경우의 처리 방법
    - ▸ MemberVo 클래스는 TestMain 객체 생성 이후 해당 객체로 생성이 가능하다.
      - · TestMain testMain = new TestMain();
        MemberVo member = testMain.new MemberVo();
    - ▸ 일반적으로 static이 없는 경우는 정적(static) 함수보다는 일반 함수에서 사용하기 위해 정의된다.

정리	
	• 예문에서 자료 복사 시 메모리 주소 비교

구분	list1 자료 구조	객체 비교	list2 자료 구조
자료 구조 객체	list1 ▷ #주소 1	◁ 다른 객체 ▷	list2 ▷ #주소 4
자료 객체	member1 ▷ #주소 2 member2 ▷ #주소 3 member3 ▷ #주소 5	◁ 동일 객체 ▷ ◁ 동일 객체 ▷	member1 ▷ #주소 2 member2 ▷ #주소 3

– 자료 구조 객체

▸ list2의 경우 객체를 새로 생성하기 때문에 list1과 list2는 주소 정보가 다르다.

– 자료 객체

▸ 복사하는 시점에서 list1에는 member1과 member2의 자료가 있으며 해당 자료의 메모리 주소 정보를 list2에 저장하게 된다.

– list1의 member1 객체 속성을 변경할 경우 list2의 member1 객체 속성이 같은 주소를 참조하기 때문에 동일하게 나타난다.

▸ 사실상 동일 객체를 변경하는 것이다.

– member3의 추가는 list1에 추가되는 자료이기 때문에 list1과 list2의 메모리 주소가 달라 list1에만 추가된다.

• 자료 복사

– 자료 복사는 'Shallow Copy'와 'Deep Copy'가 있다.

▸ Shallow Copy는 메모리 주소가 같다.

▸ Deep Copy는 메모리 주소가 다르며 내부 속성은 각각 주소 정보가 동일하게 복사된다.

– 두 자료 구조에 메모리 주소가 같은 자료가 포함될 때

▸ 자료 내부 속성 변경 시 동시에 반영된다.

. 양쪽으로 동시에 반영되는 것이 아닌 양쪽에서 동시에 참조하기 때문이다.

• 다음은 동일한 결과를 갖는 Deep Copy를 위한 소스 코드이다.

자료 복사 [1]

```
ArrayList list1 = new ArraayList();
list1.add("a"); list1.add("b"); list1.add("c"); list1.add("d");
/** 자료복사 */
ArrayList list2 = (ArrayList) list1.clone();
System.out.println(list2);
```

자료 복사 [2]

```
ArrayList list1 = new ArraayList();
list1.add("a"); list1.add("b"); list1.add("c"); list1.add("d");
/** 자료복사 */
```

	ArrayList list2 = new ArraayList();
	for(Object o : list1) {
	list2.add(o);
	}
	System.out.println(list2);

자료 복사 [3]	List list1 = new ArrayList(); list1.add("a"); list1.add("b"); list1.add("c"); list1.add("d"); /** 자료복사 */ ArrayList list2 = new ArrayList(list1); System.out.println(list2);

자료
복사
[4]
	List list1 = new ArrayList();
	list1.add("a"); list1.add("b"); list1.add("c"); list1.add("d");
	/** 자료복사 */
	List list2 = new ArrayList();
	list2.addAll(list1);
	System.out.println(list2);

12.2.04 자료 정렬 – Comparable, Comparator

▣ java.util.Collections 클래스 API – 자료 정렬 함수

기본 정렬	**public void Collections.sort(List<T> list)** • 자료 구조 내에 있는 자료가 Comparable 인터페이스를 구현한 타입만 사용할 수 있다.
사용자 정렬	**public void Collections.sort(List<T> list, Comparator<? super T> c)** • 특정 정렬 기준을 정의하고자 Comparator 타입 객체를 정의하여 해당 정렬 기준으로 list의 자료를 정렬한다. • 9.2과의 모듈 구성에서 Comparator 인터페이스를 학습했으며, 실제 위에서 사용된 Comparator 인터페이스는 같은 역할을 한다.

1. 자료 정렬 기본

개요	• 자료 정렬이란 – 기존의 나열된 자료를 1개 이상의 특정 항목을 기준으로 오름차순 또는 내림차순으로 다시 나열하는 것을 '자료 정렬'이라 하다.

개요

– [1] 오름차순 정렬
  ▸ 정렬 기준이 되는 값이 점점 증가하도록 자료를 나열하는 것을 말한다.
  ▸ 일반적으로 자료 목록을 나열 시 사용한다.

– [2] 내림차순 정렬
  ▸ 정렬 기준이 되는 값이 점점 감소하도록 자료를 나열하는 것을 말한다.
  ▸ 최근의 자료를 우선적으로 보일 경우 많이 사용한다.
  ▸ 큰 값이 중요한 이슈가 될 때 주로 내림차순 정렬을 한다.

• 자바 자료 정렬

– 숫자나 대/소문자 등과 같이, 자료는 '우열을 가릴 수 있는 기준'이 있어야 정렬이 가능하다.
  ▸ 숫자 : 1 〈 2 〈 3
  ▸ 문자
    · 영문 대문자 〈 영문 소문자 〈 한글
    · 영문 대문자, 영문 소문자는 알파벳 순
    · 한글은 '가나다' 순

– 기본적으로 정렬 기준은 어떻게 설정할 수 있을까?
  ▸ 기본 정렬 기준 설정은 해당 객체 타입의 'Comparable' 인터페이스 구현으로 처리한다.
    · 해당 숫자, 문자 관련 클래스는 모두 Comparable 인터페이스가 구현되어 있다.

– 기본 정렬과 다르게 정렬하고 싶은 경우는 어떻게 처리를 해야 하는가?
  ▸ 숫자의 역순, 문자의 역순
    · 사용자 정렬 기준은 해당 객체 타입의 'Comparator' 인터페이스 구현으로 처리한다.

• 'Comparable' 인터페이스

– 기본 정렬 기준 설정을 위한 인터페이스이다.

– 주로 정렬 처리는 'Collections.sort()' 함수와 같이 사용한다.

– compareTo() 함수를 구현해야 하며 이 함수에서 정렬 기준을 정의한다.

```
public class A implements Comparable<A> {
    public int compareTo(A o) {
      /** 자기자신객체 『this』와 비교객체 『o』의 두 객체 간 비교를 하여 우열을 갖는다.
          – 반환 값이 양수이면 자기자신객체 『this』가 큰 값
          – 반환 값이 음수이면 자기자신객체 『this』가 작은 값
          – 반환 값이 같으면 자기자신객체 『this』와 『o』는 같은 값
    */
      return 0;
    }
}
```

	• 'Comparator' 인터페이스 – 기본 정렬 이외에 사용자의 특정 기준 정렬이 필요할 경우 사용한다. – 모든 클래스에 'Comparable' 인터페이스로 정렬 기준을 제시할 필요 없이 필요할 때만 'Comparator'로 정렬 기준을 직접 정의하여 처리할 수 있다. – compare() 함수를 구현해야 하며, 이 함수에서 정렬 기준을 정의한다. – 정렬 처리는 'Collections.sort()' 함수와 같이 사용한다.
학습 목표	• 이번 과에서는 3개의 예문을 이용하여 설명하고자 한다. – [1] 기본 정렬 ▸ Comparable 구현 클래스의 자료 정렬 – [2] 사용자 클래스 기본 정렬 ▸ Comparable 인터페이스 구현 후 추상 메소드에 의한 정렬 기준 정의 – [3] 기본 정렬 기준이 아닌 사용자 정렬 기준 정의 ▸ Comparator 인터페이스를 이용하여 정렬 기준 정의

2. 기본 정렬

학습 목표	• [1] '기본 정렬'의 로직 처리를 이해하도록 한다. – Comparable 구현 클래스의 자료 정렬

사용 예문

```
package ch12.part02.main4.sub2;

import java.util.ArrayList;
import java.util.Collections;
import java.util.List;

public class TestMain {
    public static void main(String[] args) {

        /** 숫자 자료구조 생성 */
        System.out.println("【list1】정렬");
        List<Integer> list1 = new ArrayList<Integer>();
        list1.add(5);
        list1.add(3);
        list1.add(4);
        list1.add(1);
        list1.add(2);

        /** 자료정렬 */
```

	<pre> System.out.println("\t정렬 전\t"+list1);
	        Collections.sort(list1);
	        System.out.println("\t정렬 후\t"+list1);
	
	        /** 문자열 자료구조 생성 */
	        System.out.println("【list2】정렬");
	        List<String> list2 = new ArrayList<String>();
	        list2.add("나");
	        list2.add("가");
	        list2.add("a");
	        list2.add("k");
	        list2.add("D");
	        list2.add("P");
	        list2.add("1");
	        list2.add("3");
	
	        /** 자료정렬 */
	        System.out.println("\t정렬 전\t"+list2);
	        Collections.sort(list2);
	        System.out.println("\t정렬 후\t"+list2);
	    }
	}</pre>

결과	【list1】정렬
	        정렬 전 [5, 3, 4, 1, 2]
	        정렬 후 [1, 2, 3, 4, 5]
	【list2】정렬
	        정렬 전 [나, 가, a, k, D, P, 1, 3]
	        정렬 후 [1, 3, D, P, a, k, 가, 나]

설명	▶ Collections.sort(list1); Collections.sort(list2); • list1과 list2의 자료를 기본 정렬하는 명령이다. – 일반적으로 기본 정렬은 오름차순으로 정의되어 있다. • 현재 list1의 자료 구조 내에는 Integer 타입의 자료가 저장되어 있다. ▸ Integer는 Comparable 인터페이스를 구현한 클래스이다. • 현재 list2의 자료 구조 내에는 String 타입의 자료가 저장되어 있다. ▸ String는 Comparable 인터페이스를 구현한 클래스이다. • 정렬 이후 결과를 보면 정렬 기준을 충분히 이해할 수 있을 것이다.

3. 사용자 클래스 기본 정렬

학습 목표	• [2] '사용자 클래스 기본 정렬'을 이해하도록 한다. – Comparable 인터페이스 구현 후 추상 메소드에 의한 정렬 기준 정의

사용 예문

```
package ch12.part02.main4.sub3;

import java.util.ArrayList;
import java.util.Collections;
import java.util.List;

public class TestMain {
    public static void main(String[ ] args) {

        /** List에 MemberVo 타입을 정렬 */
        System.out.println("【list1】정렬");
        List<MemberVo> list = new ArrayList<MemberVo>( );
        list.add(new MemberVo("p001","아메리카노",4000));
        list.add(new MemberVo("p002","까페모카",4500));
        list.add(new MemberVo("p003","까페라떼",4300));

        /** 자료 오름차순 기본정렬 */
        System.out.println("₩t정렬 전₩t"+list);
        Collections.sort(list);
        System.out.println("₩t정렬 후₩t"+list);
    }

    /** 기본정렬을 정의하기 위해 Comparable 인터페이스 구현 */
    public static class MemberVo implements Comparable<MemberVo> {

        private String productId;
        private String productName;
        private int price;

        public MemberVo(String productId, String productName, int price){
            this.productId = productId;
            this.productName = productName;
            this.price = price;
        }

        @Override
        public String toString( ) {
            return "MemberVo [" + productId + ", " + productName + ", " + price + "]";
        }

        /** Comparable 인터페이스에 정의된 추상메소드 구현 */
```

```
        @Override
        public int compareTo(MemberVo o) {

            /** 기본정렬에 대한 정렬기준 정의 */
            if(this.price > o.price){ return 1; }
            else if(this.price == o.price){ return 0; }
            else{ return -1; }
        }
    }
}
```

구분	내용
결과	【list】정렬 정렬 전 [MemberVo [p001, 아메리카노, 4000], MemberVo [p002, 까페모카, 4500], MemberVo [p003, 까페라떼, 4300]] 정렬 후 [MemberVo [p001, 아메리카노, 4000], MemberVo [p003, 까페라떼, 4300], MemberVo [p002, 까페모카, 4500]]

설명

- MemberVo 자료구조 '기본 정렬' 기준
  - String, Integer는 기본적으로 Comparable 인터페이스를 구현한 클래스이므로 정렬 기준이 존재한다.
  - **MemberVo는 정렬 기준이 존재하지 않는다.**
    - ▸ 오름차순으로 기본 정렬을 위해서는 **Comparable 인터페이스 구현이 필요하다.**

- '기본 정렬' 기준 정의 처리 절차
  1. [절차 1] Comparable 인터페이스 구현
  2. [절차 2] Comparable 인터페이스내의 추상 메소드 구현
  3. [절차 3] 정렬 기준 정의
     - 비교 대상은 자기 자신 객체 'this'와 객체 'o'
     - 사용자 비교 기준은 '단가'의 오름차순 정렬 기준을 따른다.
       - ▸ this.price와 o.price를 이용하여 비교하면 된다.

         this.price > o.price: '크다' 정의 ▷ return 양수;
         this.price == o.price: '같다' 정의 ▷ return 0;
         this.price < o.price: '작다' 정의 ▷ return 음수;
  4. [절차 4] 'Collections.sort(List 객체)' 함수로 자료 정렬

- 처리 절차에 의한 코드는 다음과 같다.

```
/** 【절차1】 Comparable 인터페이스 구현 */
public class MemberVo implements Comparable<MemberVo> {
    /** 【절차2】 Comparable 인터페이스내의 추상메소드 구현 */
    @Override
```

```
        public int compareTo(MemberVo o){
            /** 【절차3】 정렬기준 정의 */
            if(this.price > o.price){ return 1; }
            else if(this.price == o.price){ return 0;   }
            else{ return -1; }
        }
}
```

4. 기본 정렬 기준이 아닌 사용자 정렬 기준 정의

학습 목표	• [3] '기본 정렬 기준이 아닌 사용자 정렬 기준 정의'에 의한 정렬을 하도록 한다. – Comparator 인터페이스를 이용하여 정렬 기준 정의

사용 예문

```
package ch12.part02.main4.sub4;

import java.util.ArrayList;
import java.util.Collections;
import java.util.Comparator;
import java.util.List;

public class TestMain {
    public static void main(String[] args) {

        System.out.println("【list】 사용자 기준 정렬 - 이름 내림차순정렬");
        List<MemberVo> list = new ArrayList<MemberVo>();
        list.add(new MemberVo("p001","아메리카노",4000));
        list.add(new MemberVo("p002","까페모카",4500));
        list.add(new MemberVo("p003","까페라떼",4300));
        System.out.println("₩t정렬 전₩t"+list);

        /** 이름으로 내림차순정렬 */
        Collections.sort(list, new Comparator<MemberVo>(){
            @Override
            public int compare(MemberVo o1, MemberVo o2) {
                /** 사용자 정렬기준 정의 */
                String name1 = o1.productName;
                String name2 = o2.productName;
                if(name1==null && name2==null){ return 0; }
                else if(name1==null && name2!=null){ return -1; }
```

```
				else if(name1!=null && name2==null){ return 1; }
				else if(name1!=null && name2!=null){
					return name1.compareTo(name2);
				}
				return 0;
			}
		});
		System.out.println("₩t정렬 후₩t"+list);
	}

	/** MemberVo 내부클래스 정의 */
	public static class MemberVo {

		private String productId;
		private String productName;
		private int price;

		public MemberVo(String productId, String productName, int price){
			this.productId = productId;
			this.productName = productName;
			this.price = price;
		}

		@Override
		public String toString() {
			return "MemberVo [" + productId + "," + productName
									+ ", " + price + "]";
		}
	}
}
```

결과

【list】 사용자 기준 정렬 – 이름 내림차순정렬

정렬 전 [MemberVo [p001,아메리카노, 4000], MemberVo [p002,까페모카, 4500], MemberVo [p003,까페라떼, 4300]]

정렬 후 [MemberVo [p003,까페라떼, 4300], MemberVo [p002,까페모카, 4500], MemberVo [p001,아메리카노, 4000]]

정리

- 사용자 정의 정렬 기준
  - 정렬 대상
    - ▸ public int compare(MemberVo o1, MemberVo o2) { }
      - 대상(target)은 'o1'이며 'o2(compare)'와 비교하여 대소 비교를 한다.
  - 정렬 기준

▸ 모두 null인 경우 같다.

▸ o1이 null이 아니고 o2가 null일 경우 o1이 크다.

▸ o1이 null이고 o2가 null이 아닐 경우 o2가 크다.

▸ o1과 o2가 null이 아닐 경우 회원의 이름을 기준으로 오름차순 정렬한다.

- Collections.sort(List 객체, Comparator 객체)

– List 객체를 Comparator 객체에 정의된 정렬 기준으로 정렬을 하겠다는 뜻이다.

– 기본으로 제공되는 정렬 기준 외 별도의 방법으로 정렬을 하고자 할 경우 사용된다.

- '사용자 기준 정렬' 정의 처리 절차

1. [절차 1] 'Collections.sort(List 객체, Comparator 객체)' 함수로 자료 정렬
2. [절차 2] Comparator 인터페이스 구현 클래스 객체 생성
   – 여기서는 익명 클래스를 이용하여 객체 구현하였다.
3. [절차 3] Comparator 인터페이스 내의 추상 메소드 구현
4. [절차 4] 추상 메소드에 정렬 기준 정의
   – 비교 대상은 자기 자신 객체 'this'와 객체 'o'
   – 사용자 비교 기준은 '품목명'의 내림차순 정렬 기준을 따른다.
     ▸ this.productName과 o.productName을 이용하여 비교하면 된다.

정리

- 처리 절차에 의한 코드는 다음과 같다.

```
/** 【절차1】『Collections.sort( List 객체, Comparator 객체 )』 함수로 자료정렬 */
/** 【절차2】 Comparator 인터페이스 구현 객체 생성 */
Collections.sort(list, new Comparator<MemberVo>(){
    /** 【절차3】 Comparator 인터페이스내의 추상메소드 구현 */
    @Override
    public int compare(MemberVo o1, MemberVo o2) {
        /** 【절차4】 추상메소드에 정렬기준 정의 */
        String name1 = o1.productName;
        String name2 = o2.productName;
        if(name1==null && name2==null){ return 0; }
        else if(name1==null && name2!=null){ return -1; }
        else if(name1!=null && name2==null){ return 1; }
        else if(name1!=null && name2!=null){
            return name1.compareTo(name2);
        }
        return 0;
    }
});
```

	• 자료의 정렬 방법에는 2가지가 있다. 1. Comparable에 의한 기본 정렬 – 기본적으로 값의 오름차순 기준으로 기본 정렬을 정의한다. ex) 1) 값이 큰 순서로 기본 정렬 기준 정의 2) '가나다' 순으로 기본 정렬 기준 정의 – 정렬하고자 하는 객체 타입에 Comparable 인터페이스가 구현되어야 한다. – 'Collections.sort(List 객체)' 함수를 이용하여 정렬한다. 2. Comparator에 의한 사용자 기준 정렬 – 기본 정렬 외 특정 기준에 의한 정렬을 하고자 할 때 주로 사용된다. – 'Collections.sort(List 객체, Comparator 객체)' 함수를 이용하여 정렬한다.

12.2.05 주의 사항 [1] – 오토 박싱(Auto Boxing)

• 기본형의 자료는 Wrapper 클래스 타입의 참조형으로 자동 변환한다.

개요	• 오토 박싱(Auto Boxing) – 모든 int 타입의 객체를 입력 시 자료는 Integer 타입으로 입력된다. ▸ List는 기본형 자료의 경우 해당 'Wrapper 클래스'로 자동 변환 후 저장한다. – 이와 같이 자료를 Integer 타입으로 자동으로 변환하는 것을 '**오토 박싱(Auto Boxing)**'이라 한다. • 오토 언박싱(Auto Unboxing) – List에 저장된 Integer의 타입 자료는 결과값을 'int'로 조회할 수 있으며 이와 같이 Integer를 int로 변환하여 자동 처리하는 과정을 '**오토 언박싱(Auto Unboxing)**'이라 한다. • Wrapper 클래스 – 기본형 타입의 Wrapper 클래스는 다음과 같이 존재한다. ▸ byte ▷ Byte, short ▷ Short, int ▷ Integer, long ▷ Long ▸ float ▷ Float, double ▷ Double ▸ boolean ▷ Boolean ▸ char ▷ Character
사용 예문	package ch12.part02.main5; import java.util.ArrayList; import java.util.List;

	``
	public class TestMain {
	    public static void main(String[] args) {
	
	        /** List 객체생성 */
	        List<Integer> list = new ArrayList<Integer>();
	
	        /** 오토박싱 : int → Integer 자동변환 */
	        int data1 = 1;
	        list.add(data1);
	        Object data2 = list.get(0);
	        System.out.println("오토박싱 : " + data2 + ", 타입 : " + data2.getClass());
	
	        /** 언오토박싱 : Integer → int 자동변환 */
	        int data3 = list.get(0);
	        System.out.println("언오토박싱 : " + data3);
	    }
	}
	``

결과	오토박싱 : 1, 타입 : class java.lang.Integer 언오토박싱 : 1
정리	• List는 'int' 타입을 'Integer' 타입으로 자동 변환 후 저장한다. – [2]의 결과를 보면 Integer 타입을 확인할 수 있다. – List에서는 기본형을 Wrapper 클래스의 참조형으로 자동 변환 후 입력한다. ▸ 이를 '오토 박싱(Auto Boxing)'이라 한다.

12.2.06 주의 사항 [2] – 자료 삭제

개요	• 자료의 삭제 – 자료의 삭제는 '인덱스'의 값으로 삭제가 가능하다. – 자료의 삭제는 '자료 객체'로 첫 번째 자료 삭제가 가능하다.

사용 예문	package ch12.part02.main6;
	
	import java.util.ArrayList;
	import java.util.List;
	
	public class TestMain {
	    public static void main(String[] args) {

```
        List list = new ArrayList();
        list.add(4);
        list.add(3);
        list.add(1);
        list.add(2);
        list.add(2);
        list.add(1);

        System.out.println("【1】 : " + list);
        /** 인덱스 [1]의 자료를 삭제 */
        list.remove(1);
        System.out.println("【2】 : " + list);
        /** 자료값 Integer 타입객체 삭제 */
        list.remove(new Integer(2));
        System.out.println("【3】 : " + list);
    }
}
```

결과

【1】 : [4, 3, 1, 2, 2, 1]
【2】 : [4, 1, 2, 2, 1]
【3】 : [4, 1, 2, 1]

소스 설명

▶ list.remove(1);

- '1'은 'int' 타입이며 인덱스 값으로 인식하여 해당 인덱스의 자료를 삭제한다.

▶ list.remove(new Integer(2));

- 'new Integer(2)'는 'Integer' 타입이며 자료의 값이 '2'인 첫 번째 자료를 삭제한다.
  ▸ 인덱스가 아닌 자료 객체의 값이다.

정리

- 자료 삭제 작업
  - remove(int index)
    ▸ 해당 인덱스의 자료를 삭제함.
  - remove(E data)
    ▸ 해당 data 파라미터와 동일한 자료를 삭제함.
- 주의 사항
  - remove(E data)
    ▸ 자료가 Integer의 경우 삭제 시 반드시 『int』 타입이 아닌 『Integer』 타입으로 처리해야 한다.
      · remove(1) : 인덱스 1의 값을 삭제
      · remove(new Integer(1)) : Integer 1의 값을 삭제

12.2. 07 주의 사항 [3] – 자료 삭제 시 주의 사항

문제

- 다음 명단을 List 객체로 구현 후 루프를 이용하여 체크(√)된 데이터를 삭제하고자 할 때 [사용 예문]에서 에러가 발생한다.
  - 에러가 발생하는 이유를 파악 후 코드를 수정하시오.

번호	체크 여부	자료값
1	√	10
2		20
3	√	30
4		40
5	√	50

번호	체크 여부	자료값
6		60
7		70
8	√	80
9		90
10	√	100

사용 예문

```
package ch12.part02.main7;

import java.util.ArrayList;
import java.util.List;

public class ListRemove {
    public static void main(String[] args) {

        /** 자료구조 객체생성 */
        List<Integer> list = new ArrayList<Integer>();

        /** 자료의 추가 */
        for(int i = 1; i<=10; i++){
            list.add(i*10);
        }

        /** 체크된 인덱스 파악 */
        int[] removeIndexArr = {0, 2, 4, 7, 9};

        /** 해당 인덱스 자료의 삭제 */
        for(int i = 0; i<removeIndexArr.length ; i++){
            int index = removeIndexArr[i];
            list.remove(index);
        }

        /** 결과자료 조회 */
```

	System.out.println(list); } }

결과	Exception in thread "main" java.lang.IndexOutOfBoundsException: Index: 7, Size: 7
	        at java.util.ArrayList.rangeCheck(Unknown Source)
	        at java.util.ArrayList.remove(Unknown Source)
	        at ch12.part02.main7.TestMain.main(TestMain.java:23)

결과 코드	(see code below)

```
package ch12.part02.main7.result;

import java.util.ArrayList;
import java.util.List;

public class TestMain {
    public static void main(String[] args) {

        /** 자료구조 객체생성 */
        List<Integer> list = new ArrayList<Integer>();

        /** 자료의 추가 */
        for(int i = 1; i<=10; i++){
            list.add(i*10);
        }

        /** 체크된 인덱스 파악 */
        int[] removeIndexArr = {0, 2, 4, 7, 9};

        /** 배열자료의 기본정렬 */
        Arrays.sort( removeIndexArr );

        /** 인덱스를 이용한 일괄자료삭제는 뒤에서부터 삭제처리한다. */
        for( int i = removeIndexArr.length - 1 ; i>=0 ; i-- ) {
            int index = removeIndexArr[i];
            list.remove(index);
        }

        /** 결과자료 조회 */
        System.out.println(list);

    }
}
```

결과	[20, 40, 60, 70, 90]

• 오류 발생의 원인

삭제 전	0	1	2	3	4	5	6	7	8	9
	10	20	30	40	50	60	70	80	90	100

[0] 삭제	0	1	2	3	4	5	6	7	8	
	20	30	40	50	60	70	80	90	100	

[2] 삭제	0	1	2	3	4	5	6	7		
	20	30	50	60	70	80	90	100		

[4] 삭제	0	1	2	3	4	5	6			
	20	30	50	60	80	90	100			

[7] 삭제	인덱스 범위를 초과하여 IndexOutOfBoundException 에러 발생

정리

- 자료 삭제가 일어나면 해당 인덱스 이후 자료들은 자리 이동을 하게 되어 인덱스의 변동이 일어난다.
  ▸ 인덱스의 변동에 의해 삭제되어야 할 자료가 삭제되지 않는다.
- 인덱스 [7]의 자료를 삭제하는 시점에서는 자료의 인덱스가 이미 '7'을 초과할 수 없는 상태이기 때문에 인덱스 범위를 초과하게 되어 오류가 발생한다.
  ▸ 인덱스 범위 초과 오류로 결국 에러가 발생하게 된다.
- 객체를 이용하여 삭제를 하는 경우 자료의 중복이 발생할 때 항상 처음 자료만을 삭제하기 때문에 오류의 가능성이 있으므로 반드시 인덱스를 이용해야 한다.
- 인덱스를 일괄적으로 삭제하고자 할 때는 반드시 뒤에서부터 삭제해 나간다면 이러한 문제를 해결할 수 있다.

• 배열의 정렬

- 삭제를 위해서는 배열에 나타나는 인덱스의 정보가 순서대로 정렬되어, 뒤에서부터 삭제할 때 인덱스가 '큰 값에서 작은 값' 순으로 삭제되도록 처리하였다.
- 배열을 관리하는 유틸성 클래스 'Arrays'에는 'Collections' 클래스와 같이 sort() 함수가 존재한다.

Arrays.sort(배열 객체)	기본 정렬 함수
Arrays.sort(배열 객체, Comparator 객체)	사용자 기준에 의한 정렬 함수

■ Iterator를 이용한 자료 삭제

결과 코드

```
package ch12.part02.main7.result2;

import java.util.ArrayList;
import java.util.Iterator;
import java.util.List;
import java.util.ListIterator;

public class TestMain {
    public static void main(String[] args) {

        /** 자료구조 객체생성 */
        List<Integer> list = new ArrayList<Integer>();

        /** 자료추가 */
        for(int i = 1; i<=10; i++){
            list.add(i*10);
        }

        /** 체크된 인덱스 파악 */
        int[] removeIndexArr = {0, 2, 4, 7, 9};

        /** Iterator를 이용한 자료조회 및 자료삭제 */
        Iterator<Integer> iterator = list.iterator();
        int index = 0;
        while(iterator.hasNext()){
            /** 자료조회 */
            Integer next = iterator.next();

            /** 해당 인덱스와 같을 경우 삭제 */
            for(int i : removeIndexArr){
                if(index==i){
                        iterator.remove();
                        break;
                }
            }
            index++;
        }

        /** 결과자료 조회 */
        System.out.println(list);
    }
}
```

결과	[20, 40, 60, 70, 90]
정리	• Iterator를 이용한 삭제 – Collection 인터페이스에서 제공하는 iterator() 함수를 이용하여 Iterator 객체를 얻을 수 있다. – Iterator를 이용하여 자료에 순차적으로 접근이 가능하며 Set에서도 언급하도록 하겠다. – 주요 함수 ▸ hasNext() : 다음 값이 있는지 조사 ▸ next() : 해당 값을 가져오면서 hasNext()는 다음 값의 여부를 나타낸다. ▸ remove() : 해당 값을 삭제한다. – 주의 사항 ▸ next() 함수는 해당 자료에 접근하기 위한 함수이다. ▸ remove()는 반드시 next() 함수를 통해 자료에 접근한 이후에 실행되어야 한다.

12.3 | Set

수준	중요 포인트 및 학습 가이드(※)
하	1. 구현 클래스 종류 및 차이점 – Set 구현 클래스로는 HashSet, TreeSet, LinkedHashSet이 대표적이다. – 자료를 중복하여 입력하지 않으며 중복 검사를 효율적으로 하기 위해 분류 작업을 통해 자료를 등록하므로 인덱스가 존재하지 않는다. ※ HashSet, TreeSet, LinkedHashSet의 차이점을 이해하도록 한다.
하	2. Set 객체 생성, 기본 함수 및 기타 함수 – Set 제네릭 타입을 정의할 수 있으며 참조형의 타입만 가능하며 기본형의 타입은 Wrapper 클래스로 대체할 수 있다. ※ Set 구현 클래스의 객체 생성 및 기본 CRUD 함수, 일괄 처리 등 함수의 활용을 반드시 이해해야 한다.
중	3. 자료 복사 clone() – 객체 복사는 'Shallow Copy'와 'Deep Copy'가 존재하며 'Deep Copy'의 경우 참조하는 객체의 메모리 주소가 다르다.
하	4. 자료 정렬 – Comparable, Comparator – Set은 인덱스가 존재하지 않기 때문에 자료 정렬을 할 수 없다.

하	5. 주의 사항 [1] – 오토 박싱(Auto Boxing) ※ 오토 박싱(Auto Boxing)과 오토 언박싱(Auto Unboxing)의 개념 및 차이를 이해하도록 한다.
하	6. 주의 사항 [2] – 자료 삭제 – 자료 삭제는 자료 객체를 이용하여 삭제할 수 있다.

12.3. 01 구현 클래스 종류 및 차이점

- Set 구현 클래스로는 HashSet, TreeSet, LinkedHashSet이 대표적이며 여기서는 그 차이점을 설명한다.
- Set 인터페이스

인터페이스	설명
Set	• 중복된 자료는 다시 저장하지 않는다. • Set은 '분류 작업' 이후 '중복 검사'를 하기 때문에 '중복 검사'의 속도가 매우 빠르다. – 전체 자료 중복 검사를 하는 것이 아닌 부분 자료 중복 검사를 한다. • 자료를 분류하기 때문에 순차적인 '인덱스'가 존재하지 않는다. – '인덱스' 자체가 없으므로 List에서 '인덱스'를 사용하는 함수는 존재하지 않는다.

- Set 인터페이스 구현 클래스

구현 클래스	설명
HashSet	• Set 타입으로 가장 많이 사용되는 클래스이다. • 자료 저장 절차 – 절차 ▸ '해시코드(HashCode)'로 분류 ▸ 같은 분류에 값이 있을 경우 비교 검사 〉분류된 것만 비교 검사를 하기 때문에 중복 검사가 매우 빠르다.
TreeSet	• 자료 저장 절차 ▸ '트리 구조'를 기준으로 하여 자료 분류 ▸ 같은 분류에 값이 있을 경우 비교 검사 〉분류된 것만 비교 검사를 하기 때문에 중복 검사가 빠르다.

TreeSet	• 자료를 오름차순 기준으로 정렬한다. • 오름차순 정렬 기준에 의한 분류 방식이 해시코드에 의한 분류보다 속도면에서는 느리다.
LinkedHashSet	• 기본적으로 HashSet과 같은 기능을 하며 순차적으로 저장된 자료대로 접근한다.

■ HashSet, TreeSet, LinkedHashSet 성능 비교

예문 설명

```
package ch12.part03.main1;

import java.util.ArrayList;
import java.util.HashSet;
import java.util.LinkedHashSet;
import java.util.List;
import java.util.Set;
import java.util.TreeSet;

public class TestMain {
    public static void main(String[] args) {

        String[] data = {"1","a","e","2","b","b","e","c","d"};

        /** List 성능검사 */
        {
            List<String> list = new ArrayList<String>();
            long time01 = System.currentTimeMillis();
            for(int i = 0; i<10000000; i++){
                for(String s : data){
                        if(list.contains(s)==false) {
                            list.add(s);
                        }
                }
            }
            long time02 = System.currentTimeMillis();
            System.out.println("【ArrayList】 걸린시간 = " + (time02-time01));
            System.out.println("\t자료 " + list);
        }

        /** HashSet 성능검사 */
        {
            Set<String> set01 = new HashSet<String>();
            long time01 = System.currentTimeMillis();
```

```
            for(int i = 0; i<10000000; i++) {
                for(String s : data){
                        set01.add(s);
                }
            }
            long time02 = System.currentTimeMillis();
            System.out.println("【HashSet】 걸린시간 = " + (time02-time01));
            System.out.println("\t자료 " + set01);
        }

        /** TreeSet 성능검사 */
        {
            Set<String> set01 = new TreeSet<String>();
            long time01 = System.currentTimeMillis();
            for(int i = 0; i<10000000; i++){
                for(String s : data){
                        set01.add(s);
                }
            }
            long time02 = System.currentTimeMillis();
            System.out.println("【TreeSet】 걸린시간 = " + (time02-time01));
            System.out.println("\t자료 " + set01);
        }

        /** LinkedHashSet 성능검사 */
        {
            Set<String> set01 = new LinkedHashSet<String>();
            long time01 = System.currentTimeMillis();
            for(int i = 0; i<10000000; i++){
                for(String s : data){
                        set01.add(s);
                }
            }
            long time02 = System.currentTimeMillis();
            System.out.println("【LinkedHashSet】 걸린시간 = " + (time02-time01));
            System.out.println("\t자료 " + set01);
        }
    }
}
```

결과

※ 다음의 시간은 개인의 컴퓨터 환경에 따라 차이가 있을 수 있다.

```
【ArrayList】 걸린시간 = 1264
        자료 [1, a, e, 2, b, c, d]
```

	【HashSet】 걸린시간 = 422 자료 [1, a, 2, b, c, d, e] 【TreeSet】 걸린시간 = 1201 자료 [1, 2, a, b, c, d, e] 【LinkedHashSet】 걸린시간 = 688 자료 [1, a, e, 2, b, c, d]
정리	• 저장 속도 비교 – [가장 빠름] HashSet 〈 LinkedHashSet 〈 TreeSet 〈 ArrayList [가장 느림] – 저장 속도는 컴퓨터의 환경에 따라 달라질 수 있다. • 저장 자료 – ArrayList의 경우 전체 중복 검사를 해야 하므로 속도가 가장 늦다. – TreeSet의 경우 오름차순으로 자료가 정렬되어 출력된다. – LinkedHashSet의 경우 중복 고려 시 저장된 자료 순서대로 자료가 출력된다.

12.3. 02 Set 객체 생성, 기본 함수 및 기타 함수

- Set은 중복 검사의 효율성을 위해 분류 후 저장하기 때문에 순차적인 인덱스가 존재하지 않는다. 따라서 List의 함수 중에 인덱스가 존재하는 함수만 제외하면 나머지 함수들은 거의 동일하다.

▣ java.util.HashSet 클래스 API

- 주요 기능은 Set 인터페이스에서 설명할 예정이다.

객체 생성	**new HashSet〈E〉()** **new HashSet()** • 기본 생성자 함수를 이용한 Set 타입 객체 생성 – '제네릭스'를 이용할 수 있다. ▸ 자료 타입이 고정되며 가장 많이 사용하는 객체 생성 방식이다. – 제네릭스가 없는 경우 기본적으로 Object 타입으로 설정된다. • 사용 예 [1] Set〈String〉 set = new Set〈String〉() • 사용 예 [2] Set set = new HashSet()

	new HashSet<E>(Collection<? extends E> collection) **new HashSet(Collection collection)** • 파라미터 설명 – collection : Collection 인터페이스 타입 객체 ▸ Collection의 하위 인터페이스는 List와 Set이 있다. 즉 List와 Set을 구현한 객체를 파라미터로 일괄 등록을 할 수 있다. • List 또는 Set의 상위 타입인 Collection 객체를 파라미터로 해당 자료 목록을 일괄 등록한다. – 제네릭스가 없는 경우 기본적으로 Object 타입으로 설정된다. • 사용 예 Set<String> set = new Set<String>() Set<String> set2 = new HashSet<String>(set);

▣ java.util.Set 인터페이스 API

- List에는 존재하지만 Set에는 존재하지 않는 함수
  - 인덱스를 사용하는 함수는 Set에서는 사용하지 않는다.
  - 함수 목록
    - ▸ public boolean add(int 인덱스, E 자료 객체)
    - ▸ public E set(int 인덱스, E 자료 객체)
    - ▸ public E remove(int 인덱스)
    - ▸ public E get(int 인덱스)
    - ▸ public List<E> subList(int startIndex, int endIndex)

자료 등록	**public boolean add(E 자료객체)** • 중복 검사 후 중복되지 않은 자료를 저장한다. <사용 예> Set<String> set = new HashSet<String>(); set.add("a"); set.add("b"); set.add("a"); ▷ [결과] 자료 구조 : [a, b]
자료 삭제	**public boolean remove(E 자료객체)** • Set에 담겨 있는 자료 객체를 삭제하며, 삭제되는 자료가 있을 경우 'true'를 반환한다.

	〈사용 예〉
	Set〈String〉 set = new HashSet〈String〉();
	set.add("a"); set.add("b"); set.add("a");
	▷ [결과] 자료 구조 : [a, b]
	set.remove("a");
	▷ [결과] 자료구조 : [b]

	public void clear()
	• Set 자료 구조에 담겨 있는 모든 자료 삭제
	〈사용 예〉
	Set〈String〉 set = new HashSet〈String〉();
	set.add("a"); set.add("b");
	set.clear();
	▷ [결과] 자료 구조 : [ ]

자료 개수	**public int size()**
	• 자료 구조에 담긴 총 자료의 수를 반환
	〈사용 예〉
	Set〈String〉 set = new HashSet〈String〉();
	set.add("a"); set.add("b"); set.add("a");
	int size = set.size();
	▷ [결과] 2를 반환

포함 여부	**public boolean contains(E 자료객체)**
	• 해당 자료 객체가 자료 구조에 포함되었는지 여부를 반환한다.
	〈사용 예〉
	Set〈String〉 set = new HashSet〈String〉();
	set.add("a"); set.add("b");
	boolean contains = set.contains("a");
	▷ [결과] true를 반환

일괄 등록	**public boolean addAll(Collection〈? extends E〉 c)** • 파라미터 설명 – c : Collection 타입 객체로서 List, Set 타입의 상위 인터페이스 타입 객체이다. ▸ List, Set 타입의 객체를 뜻함.

	• 자료 구조에 Collection 타입 재료 객체를 일괄 등록한다.
	〈사용 예〉
	Set〈String〉 set = new HashSet〈String〉();
	set.add("a"); set.add("b"); set.add("c");
	Set〈String〉 set2 = new HashSet〈String〉();
	set2.add("a"); set2.add("b");
	set.addAll(list2);
	▷ [결과] [a, b, c] 자료가 됨

일괄 포함	**public boolean containsAll(Collection〈? extends E〉 c)**
	• 파라미터 설명
	– c : Collection 타입 객체로서 List, Set 타입의 상위 인터페이스 타입 객체이다.
	▸ List, Set 타입의 객체를 뜻함.
	• 해당 객체가 자료 구조에 모두 포함될 경우 'true'를 반환하며 이 외는 'false'를 반환한다.
	〈사용 예〉
	Set〈String〉 set = new HashSet〈String〉();
	set.add("a"); set.add("b"); set.add("c");
	Set〈String〉 set2 = new HashSet〈String〉();
	set2.add("a"); set2.add("b");
	boolean contains = set.containsAll(set2);
	▷ [결과] true 반환

일괄 삭제	**public boolean removeAll(Collection〈?〉 c)**
	• 파라미터 설명
	– c : Collection 타입 객체로서 List, Set 타입의 상위 인터페이스 타입 객체이다.
	▸ List, Set 타입의 객체를 뜻함.
	• Collection 타입 c 객체와 동일한 자료가 있을 경우 해당 자료를 모두 삭제한다.
	〈사용 예〉
	Set〈String〉 set = new HashSet〈String〉();
	set.add("a"); set.add("b"); set.add("c");
	Set〈String〉 set2 = new HashSet〈String〉();
	set2.add("a"); set2.add("d");
	set.removeAll(set2);
	▷ [결과] [b, c]의 자료가 set에 남는다.

public boolean retainAll(Collection〈?〉 c)

- 파라미터 설명
  - c : Collection 타입 객체로서 List, Set 타입의 상위 인터페이스 타입 객체이다.
    - ▸ List, Set 타입의 객체를 뜻함.
- Collection 타입 c 객체와 동일한 자료만 남기고 나머지 자료는 모두 삭제한다.

〈사용 예〉

```
Set〈String〉 set = new HashSet〈String〉();
set.add("a"); set.add("b"); set.add("c");
Set〈String〉 set2 = new HashSet〈String〉();
set2.add("a"); set2.add("d");
set.retainAll(set2);
```

▷ [결과] [a]의 자료가 set에 남는다.

자료 접근

public Iterator〈E〉 iterator()

- 해당 Set 자료구조를 순차적으로 접근하기 위한 Iterator 타입의 객체을 반환한다.
  - List와 Set의 상위 타입인 Collection에서 제공하는 함수이며 Set의 경우 인덱스가 존재하지 않기 때문에 iterator()를 이용하여 접근시킨다.
  - 여기서 순차적인 접근 오름차순이 아닌 자체 로직에 의해 순서가 결정된다.

〈사용 예〉

```
Set〈String〉 set = new HashSet〈String〉();
set.add("a"); set.add("b"); set.add("c");
Iterator〈String〉 iterator = set.iterator();
while(iterator.hasNext()){
        String data = iterator.next();    /** →【결과】순차적으로 자료접근 */
}
```

자료 복사

public static Set〈E〉 copyOf(Collection〈? extends E〉 collection)

- 해당 collection 자료 구조를 복사하기 위한 함수이며 반환된 Set〈E〉의 값은 변경이 불가능하다.
  - Collections.unmodifiableCollection() 함수와 유사하지만 바로 설명할 〈사용 예〉를 보면 차이점을 알 수 있다.
- 자바 1.10 버전에서 추가된 함수이다.

〈사용 예〉

```
Set〈Integer〉 set = new HashSet〈Integer〉();
set.add(1); set.add(2); set.add(3);
Set〈Integer〉 set2 = Set.copyOf(set);
set2.add(4); // 오류발생 – copyOf()에 의해 생성된 자료구조는 변경이 불가능
```

```
Collection<Integer> set3 = Collections.unmodifiableCollection(set);
set3.add(4);                       // 오류발생 – 마찬가지로 변경이 불가능하다.
set.add(4);                        // 원래의 자료구조는 변경이 가능하다.
System.out.println(set);           // →【결과】[1, 2, 3, 4]
System.out.println(set2);          // →【결과】[1, 2, 3]
System.out.println(set3);          // →【결과】[1, 2, 3, 4]
```

1. 객체 생성 사용 예제

사용 예문

```
package ch12.part03.main2.sub1;

import java.util.HashSet;
import java.util.LinkedHashSet;
import java.util.Set;
import java.util.TreeSet;

public class TestMain {
    public static void main(String[] args) {

        /** 1. 객체생성 */
        Set set1 = new HashSet();
        Set set2 = new TreeSet();
        Set set3 = new LinkedHashSet();

        /** 2. 제네릭스를 이용한 객체생성 */
        Set<String> set4 = new HashSet<String>();
        Set<String> set5 = new TreeSet<String>();
        Set<String> set6 = new LinkedHashSet<String>();

    }
}
```

예문 설명

▶ Set<String> set1 = new HashSet<String>();

- 'HashSet<String> set1 = new HashSet()<String>;' 코드로 객체를 생성해도 무관하다.
  – HashSet의 상위 타입은 Set 타입이며 자동 형 변환이 된다.
- 가장 일반적인 Set 타입의 객체 생성 방식이다.
- 제네릭스를 이용하여 저장할 자료의 타입을 제한함으로써 해당 타입으로 반환 타입을 갖는 동적 함수 생성이 가능하다.

▶ Set set2 = new TreeSet();

- 'TreeSet set1 = new TreeSet();' 코드로 객체 생성해도 무관하다.

	▶ Set set3 = new LinkedHashSet(); • 'LinkedHashSet set1 = new LinkedHashSet();' 코드로 객체를 생성해도 무관하다.
주의 사항	• 제네릭스는 '기본형'의 타입은 불가능하며 'Wrapper 클래스'를 사용해야 한다. – [오류 발생] : Set<int> set = new HashSet<int>(); – [오류 수정] : Set<Integer> set = new HashSet<Integer>();

2. 기본 기능(CRUD) 사용 예제 [1]

▣ java.util.Iterator 인터페이스 API

자료 검색	**public boolean hasNext()** • Iterator 객체에서 다음 자료가 있을 경우 'true'를 반환한다.
자료 조회	**public E next()** • Iterator 객체에서 다음 자료가 있을 경우 해당 자료를 반환한다.
자료 삭제	**public void remove()** • next()에 의해 접근된 객체를 Set에서 삭제한다.

사용 예문

```
package ch12.part03.main2.sub2;

import java.util.HashSet;
import java.util.Iterator;
import java.util.Set;

public class TestMain {
    public static void main(String[] args) {

        /** 객체생성 */
        Set<String> set = new HashSet<String>();
        System.out.println("【객체생성1】" + set);

        /** 자료등록 [a, b, c] */
        set.add("a");
        set.add("b");
        set.add("c");
```

```
        set.add("a");
        System.out.println("【자료등록2】" + set);

        /** 자료조회【1】 */
        System.out.println("【자료조회3】");
        Iterator<String> iter = set.iterator();
        while (iter.hasNext()) {
            String data = iter.next();
            System.out.println("\t자료 = " + data);
        }

        /** 자료조회【2】: 향상된 for문 */
        System.out.println("【자료조회4】");
        for (String data : set) {
            System.out.println("\t자료 = " + data);
        }
    }
}
```

결과

```
【객체생성1】[]
【자료등록2】[a, b, c]
【자료조회3】
        자료 = a
        자료 = b
        자료 = c
【자료조회4】
        자료 = a
        자료 = b
        자료 = c
```

예문 설명

▶
```
Iterator<String> iter = set.iterator();
while(iter.hasNext()) {
    String data = iter.next();
    System.out.println("\t자료 = "+data);
}
```

- Set의 상위 타입인 Collection은 자료에 접근할 수 있는 방법으로 Iterator() 함수를 제공한다.
- Iterator 객체가 하는 일
  - 반복문을 통하여 각각의 자료에 접근한다.
    - ▸ hasNext() : 자료 구조에서 다음의 자료가 있을 경우 'true'를 반환한다.

▸ next() : 자료 구조에서 다음의 자료를 가져온다. 자료가 없을 경우 'NoSuchElementException' 에러를 발생시킨다.

▶ for(String data : list) {
　　/** 처리구간 */
}

- 자료 구조의 개별 구조에 접근하기 위해 위의 반복문을 매우 많이 사용한다.
- List가 null일 경우 'NullPointerException' 오류가 발생할 수 있으므로 주의해야 한다.

정리

- add(Object 자료 객체)

– 자료 구조에 자료 저장을 하며 순차적으로 맨 뒤에 저장된다.

- size()

– 자료 구조에 담긴 자료의 수를 반환한다.

- Iterator〈E〉 iterator()

– 반복문을 통하여 각각의 자료에 접근한다.

– Collection에서 제공하는 함수이기 때문에 List 클래스에서도 존재한다.

※ Iterator 처리 절차

– 처리 절차

▸ [절차 1] Iterator 객체 생성

▸ [절차 2] 루프를 이용하여 자료에 값이 있는지 검사

· 자료가 있을 때까지 루프를 반복한다.

▸ 【절차3】 자료 접근

〈사용 예〉

```
Set<String> set = new HashSet<String>();
set.add("a"); set.add("b"); set.add("a");
/** 【절차1】 Iterator 객체생성 */
Iterator<String> iter = set.iterator();
/** 【절차2】 루프를 이용하여 자료에 값이 있는 지 검사 */
while( iter.hasNext() ) {
    /** 【절차3】 자료접근 */
    String data = iter.next();
    System.out.println(data);
}
```

3. 기본 기능(CRUD) 사용 예제 [2]

사용 예문

```
package ch12.part03.main2.sub3;

import java.util.HashSet;
import java.util.Set;

public class TestMain {
    public static void main(String[] args) {

        /** 1. 객체생성 */
        System.out.println("【객체생성】");
        Set<String> set1 = new HashSet<String>();
        System.out.println("₩t set1 : " + set1);

        /** 2. 자료등록 */
        System.out.println("【자료등록】 add() : a, b, c, d ");
        set1.add("a");
        set1.add("b");
        set1.add("c");
        set1.add("d");
        System.out.println("₩t set1 : " + set1);
        System.out.println();

        /** 3. 자료수정 : 존재하지 않음 */

        /** 4. 자료삭제 */
        System.out.println("【자료삭제】 remove() : a, b");
        set1.remove("a");
        set1.remove("b");
        System.out.println("₩t set1 : " + set1);
        System.out.println();

        /** 5. 자료포함여부 */
        System.out.println("【자료포함여부】 contains() : b, c");
        boolean contains1 = set1.contains("b");
        boolean contains2 = set1.contains("c");
        System.out.println("₩t set1 'b' 포함여부 : " + contains1);
        System.out.println("₩t set1 'c' 포함여부 : " + contains2);
    }
}
```

결과

```
【객체생성】
        set1 : []
【자료등록】 add() : a, b, c, d
```

	set1 : [a, b, c, d] 【자료삭제】 remove() : a, b set1 : [c, d] 【자료포함여부】 contains() : b, c set1 'b' 포함여부 : false set1 'c' 포함여부 : true
정리	• 자료 등록 작업 – add(E 자료 객체) ▸ 인덱스가 없기 때문에 중간 삽입은 불가능하며 객체 등록은 가능하다. • 자료 수정 작업 – 자료 수정은 인덱스가 존재하지 않기 때문에 직접적으로 수정이 불가능하다. – 처리 방법 ▸ 특정 자료를 수정하기 위해서는 해당 자료를 remove() 함수를 이용하여 자료 삭제 후 add() 함수를 이용하여 신규 등록을 해야 한다. • 자료 삭제 작업 – remove(E 자료 객체) ▸ 해당 객체를 직접 입력하여 삭제할 수 있다. ▸ 인덱스에 의한 삭제는 불가능하다. • 포함 여부 검색 작업 – contains(E 자료 객체) ▸ 해당 자료가 포함되는 경우 true를 반환하여 List와 같이 포함 여부를 검색할 수 있다.

4. 기타 기능 사용 예제 – 자료 추출 및 일괄 처리

사용 예문

```
package ch12.part03.main2.sub4;

import java.util.HashSet;
import java.util.Set;

public class TestMain {
    public static void main(String[] args) {

        /** 객체생성 및 자료등록 */
        Set<String> set = new HashSet<String>();
```

```
        set.add("a"); set.add("b"); set.add("c");
        System.out.println("set = " + set);
        System.out.println();

        /** 1. 자료추출 : 『subList(int 시작인덱스, int 종료인덱스)』 함수 존재안함 */

        /** 2. 일괄자료등록 - addAll() */
        Set<String> set2 = new HashSet<String>();
        set2.add("a");  set2.add("b"); set2.add("d"); set2.add("e");
        set.addAll(set2);
        System.out.println("  set2 = " + set2);
        System.out.println(" 【일괄자료등록】 set.addAll(set2)");
        System.out.println("set = "+set);
        System.out.println();

        /** 3. 자료포함여부 - containsAll() */
        Set<String> set3 = new HashSet<String>();
        set3.add("a");  set3.add("b"); set3.add("c");
        boolean containsAll = set.containsAll(set3);
        System.out.println("  set3 = " + set3);
        System.out.println(" 【일괄자료포함여부】 set.containsAll(set3)");
        System.out.println("  포함여부 containsSet3 : "+containsAll);
        System.out.println("set = "+set);
        System.out.println();

        /** 4. 일괄자료삭제 - removeAll() */
        Set<String> set4 = new HashSet<String>();
        set4.add("a");  set4.add("b"); set4.add("c");
        set.removeAll(set4);
        System.out.println("  set4 = " + set4);
        System.out.println(" 【일괄자료삭제】 set.removeAll(set4)");
        System.out.println("set = "+set);
        System.out.println();

        /** 5. 일괄공통자료 외 삭제 → 공통자료만 남기기 */
        Set<String> set5 = new HashSet<String>();
        set5.add("a");  set5.add("d"); set5.add("e");
        set.retainAll(set5);
        System.out.println("  set5 = "+set5);
        System.out.println(" 【일괄공통자료외 삭제】 set.retainAll(set5)");
        System.out.println("set = "+set);
    }
}
```

결과

```
set = [a, b, c]
```

	set2 = [a, b, d, e] 【일괄자료등록】 set.addAll(set2) set = [a, b, c, d, e] set3 = [a, b, c] 【일괄자료포함여부】 set.containsAll(set3) 포함여부 containsSet3 : true set = [a, b, c, d, e] set4 = [a, b, c] 【일괄자료삭제】 set.removeAll(set4) set = [d, e] set5 = [a, d, e] 【일괄공통자료외 삭제】 set.retainAll(set5) set = [d, e]

12.3.03 자료 복사 – clone()

1. 자료 복사 기본

개요	• Set 자료 복사 – Set 객체에 담긴 자료를 그대로 다른 Set 객체에 복사하는 것을 말한다. – 자료 복사는 'Object 클래스의 clone() 함수'를 이용하여 생성할 수 있다. • Shallow Copy Vs Deep Copy – 12.2.03 파트에서 학습한 List의 '3.자료 복사 clone()' 부분을 참조하길 바란다.

사용 예문	package ch12.part03.main3.sub1;
	
	import java.util.HashSet;
	import java.util.Set;
	
	public class TestMain {
	    public static void main(String[] args) {
	
	        /** 객체생성 및 자료등록 */
	        HashSet<String> set1 = new HashSet<String>();

```
			set1.add("a");
			set1.add("b");
			set1.add("c");
			set1.add("a");
			System.out.println("set = "+set1);
			System.out.println();

			/** 객체복사【Shallow Copy】set2 */
			Set<String> set2 = set1;
			System.out.println("•【set2】자료복사(Shallow Copy) ");
			System.out.println("set2 = "+set2);
			System.out.println();

			/** 객체복사【Deep Copy】set3 */
			HashSet set3 = (HashSet) set1.clone();
			System.out.println("•【set3】자료복사(Deep Copy)");
			System.out.println("set3 = "+set3);
			System.out.println();

			/** 자료추가 시 Shallow Copy와 Deep Copy */
			set1.add("e");
			System.out.println("•【set1 'e' 자료추가】");
			System.out.println("set1 : "+set1); // 변경
			System.out.println("set2 : "+set2); // 영향 있음
			System.out.println("set3 : "+set3); // 영향 없음
	}
}
```

결과

```
set = [a, b, c]

•【set2】자료복사(Shallow Copy)
set2 = [a, b, c]

•【set3】자료복사(Deep Copy)
set3 = [a, b, c]

•【set1 'e' 자료추가】
set1 : [a, b, c, e]
set2 : [a, b, c, e]
set3 : [a, b, c]
```

정리

- set2와 set3 객체의 차이
  - set1과 set2의 메모리 주소는 같다.
    - ▸ 메모리 주소가 같기 때문에 자료 구조에 변경이 발생하면 동시에 변경되는 것을 확인할 수 있다.

- set1과 set3의 메모리 주소는 다르다.
  - ▸ set1에 자료를 추가해도 set3에는 반영이 되지 않는다.
  - ▸ 복사되는 시점 이후부터는 별개의 객체로 생각하면 된다.

2. 자료 복사 기본

사용 예문

```
package ch12.part03.main3.sub2;

import java.util.HashSet;
import java.util.Set;

public class TestMain {
    public static void main(String[] args) {

        /** 자료구조 객체생성 */
        HashSet<MemberVo> set1 = new HashSet<MemberVo>();

        /** MemberVo 객체생성 */
        MemberVo member1 = new MemberVo("a001","홍길동");
        MemberVo member2 = new MemberVo("a002","이순신");

        /** 자료구조에 자료추가 */
        set1.add(member1);
        set1.add(member2);
        System.out.println("【자료등록】");
        System.out.println("\tset1 : "+set1);
        System.out.println();

        /** 자료복사 - Deep Copy */
        HashSet<MemberVo> set2 = (HashSet<MemberVo>) set1.clone();
        System.out.println("【자료복사】 Deep Copy");
        System.out.println("\tset2 : "+set2);
        System.out.println();

        /** 자료 member1 속성변경 */
        member1.memberId = "p001";
        System.out.println("【member1 속성변경】");
        System.out.println("\tset1 : "+set1);
        System.out.println("\tset2 : "+set2);
        System.out.println();

        /** 자료의 추가 */
```

	``
	        MemberVo member3 = new MemberVo("a003","강감찬");
	        set1.add(member3);
	        System.out.println("【member3 객체 자료등록】");
	        System.out.println("₩tset1 : "+set1);
	        System.out.println("₩tset2 : "+set2);
	    }
	    /** MemberVo 정적 내부클래스 정의 */
	    public static class MemberVo {
	        public MemberVo(String memberId, String memberName){
	            this.memberId = memberId;
	            this.memberName = memberName;
	        }
	        private String memberId;
	        private String memberName;
	
	        public String toString(){
	            return "("+memberId +", " + memberName + ")";
	        }
	    }
	}
	``

결과	【자료등록】 set1: [(a001, 홍길동), (a002, 이순신)] 【자료복사】 set2: [(a001, 홍길동), (a002, 이순신)] 【member1 속성변경】 set1: [(p001, 홍길동), (a002, 이순신)] set2: [(p001, 홍길동), (a002, 이순신)] 【member3 객체 자료등록】 set1: [(a003, 강감찬), (p001, 홍길동), (a002, 이순신)] set2: [(p001, 홍길동), (a002, 이순신)]
예문 설명	• 예문에서 자료 복사 시 메모리 주소 비교

구분	set1 자료 구조	객체 비교	set2 자료 구조
자료 구조 객체	set1 ▷ #주소 1	◁ 다른 객체 ▷	set2 ▷ #주소 4
자료 객체	member1 ▷ #주소 2 member2 ▷ #주소 3 member3 ▷ #주소 5	◁ 동일 객체 ▷ ◁ 동일 객체 ▷	member1 ▷ #주소 2 member2 ▷ #주소 3

	– 자료 구조 객체 ▸ set2의 경우 객체를 새로 생성하기 때문에 set1과 set2는 주소 정보가 다르다. – 자료 객체 ▸ 복사하는 시점에서 set1에는 member1과 member2의 자료가 있으며 해당 자료의 메모리 주소 정보를 set2에 저장하게 된다. ▸ set1의 member1 객체 속성을 변경할 경우 set2의 member1 객체 속성이 같은 주소를 참조하기 때문에 변경된 것처럼 보이게 된다. · 사실상 동일 객체를 변경하는 것이다. ▸ member3의 추가는 set1에 추가되는 자료이기 때문에 set1과 set2의 메모리 주소가 달라 set1에만 추가된다.

• 다음의 두 코드는 동일한 결과를 나타낸다.

자료 복사 [1]	HashSet set1 = new HashSet(); set1.add("a"); set1.add("b"); set1.add("c"); set1.add("d"); /** 자료복사 */ HashSet set2 = (HashSet) set1.clone(); System.out.println(set2);

자료 복사 [2]	HashSet set1 = new HashSet();
	set1.add("a"); set1.add("b"); set1.add("c"); set1.add("d");
	/** 자료복사 */
	HashSet set2 = new HashSet();
	for(Object o : set1) {
	    set2.add(o);
	}
	System.out.println(set2);

자료 복사 [3]	HashSet set1 = new HashSet(); set1.add("a"); set1.add("b"); set1.add("c"); set1.add("d"); /** 자료복사 */ HashSet set2 = new HashSet(set1); System.out.println(set2);

자료 복사 [4]	HashSet set1 = new HashSet();
	set1.add("a"); set1.add("b"); set1.add("c"); set1.add("d");
	/** 자료복사 */
	HashSet set2 = new HashSet();
	set2.addAll(set1);
	System.out.println(set2);

12.3. 04 자료 정렬 - Comparable, Comparator

학습 절차	• 인덱스가 존재하지 않는 Set 타입에서는 자료정렬의 개념이 존재하지 않는다. 따라서 이번 학습에서는 Set 타입의 객체를 List 타입의 객체로 변환 후 자료를 정렬하도록 하겠다. • 처리 절차 – Set 객체 생성 및 자료 등록 ▷ List 객체 변환 ▷ 자료 정렬

사용 예문

```
package ch12.part03.main4;

import java.util.ArrayList;
import java.util.Collections;
import java.util.HashSet;
import java.util.List;
import java.util.Set;

public class TestMain {
    public static void main(String[] args) {

        /** 숫자 자료구조 생성 */
        System.out.println("【set1】 정렬");
        Set<Integer> set1 = new HashSet<Integer>();
        set1.add(55);
        set1.add(3);
        set1.add(44);
        set1.add(1);
        set1.add(22);

        /** 자료정렬 */
        ArrayList arrayList = new ArrayList(set1);
        System.out.println("₩t정렬 전₩t"+arrayList);
        Collections.sort(arrayList);
        System.out.println("₩t정렬 후₩t"+arrayList);
    }
}
```

결과

```
【set1】 정렬
        정렬 전   [1, 3, 22, 55, 44]
        정렬 후   [1, 3, 22, 44, 55]
```

설명

• 정렬 처리
– Set 타입 객체는 순차적 인덱스가 존재하지 않기 때문에 정렬을 할 수 없다.
– 따라서 Set의 결과 자료를 정렬하고자 하는 경우 List 타입 객체로 변환 후 정렬하여 처리해야 한다.

12.3. 05 주의 사항 [1] – 오토 박싱(Auto Boxing)

• 기본형의 자료는 Wrapper 클래스 타입의 참조형으로 자동 변환한다.

– List의 개념과 동일하기 때문에 생략하며, 필요할 경우 12.2.05 파트를 참고하도록 한다.

12.3. 06 주의 사항 [2] – 자료 삭제

개요

• 자료 삭제

– Set은 '인덱스'의 값이 존재하지 않기 때문에 '인덱스' 삭제는 되지 않는다.

– 자료의 삭제는 '자료 객체'로 자료 삭제가 가능하다.

– Set<Integer> 타입의 객체는 int 타입의 값으로 자료 삭제 시 Integer 타입으로 형 변환하여 해당 자료가 있을 경우 삭제한다.

▸ 이러한 기능을 '오토 박싱(Auto Boxing)'이라 한다.

사용 예문

```
package ch12.part03.main6;

import java.util.HashSet;
import java.util.Set;

public class TestMain {
    public static void main(String[] args) {

        /** Set 타입 객체생성 및 자료등록 */
        Set<Integer> set = new HashSet<Integer>();
        set.add(1);
        set.add(new Integer(10));
        set.add(new Integer(100));
        System.out.println("set 객체생성 및 자료등록 ");
        System.out.println(set);
        System.out.println();

        /** 자료삭제 1 */
        set.remove(10);
        System.out.println("자료삭제 : 10");
        System.out.println(set);
        System.out.println();

        /** 자료삭제 2 */
        set.remove(new Integer(100));
```

	`System.out.println("자료삭제 : new Integer(100)");`
	`System.out.println(set);`
	`}`
	`}`

결과	set 객체생성 및 자료등록 [1, 100, 10] 자료삭제 : 10 [1, 100] 자료삭제 : new Integer(100) [1]
소스 설명	▶ set.add(1); • add(E e) – 자료 구조에 '제네릭스' 타입의 객체 'e'를 저장하는 함수이다. – '제네릭스'를 명시하지 않을 경우 'Object' 타입으로 저장된다. • 오토 박싱(Auto Boxing) 기능에 의해 '1'은 'int' 타입에서 'Integer' 타입으로 자동 변환 후 저장된다. ▶ set.remove(10); • remove(E e) – 자료 구조에 '제네릭스' 타입의 객체 'e'를 삭제하는 함수이다. • 오토 박싱(Auto Boxing) 기능에 의해 10은 'int' 타입에서 'Integer' 타입으로 자동 변환 후 해당 객체를 삭제한다.

12.4 | Map

수준	중요 포인트 및 학습 가이드(※)
하	1. 구현 클래스 종류 및 차이점 – Map 구현 클래스로는 'HashMap, TreeMap, LinkedHashMap'이 대표적이다. – Map은 'key'와 'value'로 구성되어 있으며, key는 해당 자료를 관리하기 위한 '고유 식별자' 역할을 한다. ※ HashMap, TreeMap, LinkedHashMap의 차이점을 이해하도록 한다.

하	2. Map 객체 생성, 기본 함수 및 기타 함수 – Map 제네릭 타입을 정의할 수 있고, 참조형의 타입만 가능하며 기본형의 타입은 Wrapper 클래스로 대체할 수 있다. ※ Map 구현 클래스의 객체 생성 및 기본 CRUD 함수, 일괄 처리 등 함수의 활용을 반드시 이해해야 한다.
중	3. 자료 복사 clone() – 객체 복사는 'Shallow Copy'와 'Deep Copy'가 존재하며 Deep Copy의 경우 참조하는 객체의 메모리 주소가 다르다.
하	4. 자료 정렬 – Comparable, Comparator – Map에서도 인덱스가 존재하지 않기 때문에 자료 정렬이 의미가 없다.
하	5. 주의 사항 – null 자료의 처리 – 사실상 key 값의 경우 'null'이 아닌 의미 있는 key 값을 불러오므로 큰 의미는 없으며, 사용하지 않도록 한다. – value 값이 null일 경우에는 Key에 포함된 것을 제외하고는 사실상 삭제된 데이터와 큰 차이가 없다.
중	6. Map의 활용 [1] – DataContainer 만들기 – 데이터 저장소 클래스를 만들어 클래스의 객체 저장을 위한 저장소 타입을 Map의 타입으로 정의하여 관리할 수 있다. ※ DataContainer 클래스의 객체 관리에 대한 이해를 충분히 하길 바란다.
상	7. Map의 활용 [2] – 데이터 전달 파라미터 ※ 함수의 파라미터를 Map을 이용하여 공통적으로 처리할 수 있으며 이를 이용한 처리 과정을 전체적으로 이해하길 바란다.

12.4.01 구현 클래스 종류 및 차이점

- Map 구현 클래스로는 'HashMap, TreeMap, LinkedHashMap'이 대표적이며 여기서는 'HashMap'과 'TreeMap'의 차이점에 대해 설명하도록 한다.

- Map 인터페이스

인터페이스	설명
Map	• Map은 구조는 'Key'와 'Value'로 이루어져 있다. – Key는 List의 '인덱스'와 같다고 생각하면 된다. ▸ List에는 '0, 1, 2, 3, ...'의 자동 '인덱스'가 존재하며 Map은 수동의 값으로 인덱스 역할을 하는 'Key'가 존재한다.

- Key는 중복을 허용하지 않으며 내부적으로 'Set'으로 관리한다.
- Value는 중복을 허용하며 자료 구조에 들어있는 '자료'이다.

• 왜 Key를 수동으로 사용하는가? ▷ 검색 속도가 빠르다.
- List 인덱스 : '0, 1, 2, ...'
  ▸ '인덱스' 값 자체가 '자료의 정보'가 아닌 '담긴 순서'이므로 자료 정보를 반영하지 않는다.
  ▸ 특정 자료에 접근하기 위해서는 '인덱스 0'부터 순차적으로 비교 후 특정 자료에 접근해야 한다.
    · 전체 자료 구조 대상을 가지고 비교하기 때문에 검색의 효율성이 떨어진다.
- Map Key
  ▸ Key는 Map의 자료를 관리하기 위한 '고유 식별자'이다.
  ▸ Key는 인덱스와 달리 특정 값으로 정의할 수 있어 자료의 정보를 반영할 수 있다.
  ▸ Key로 검색 시 자료 전체를 검색하지 않고 'Set'의 특성을 이용하여 '분류된' 자료에서 매우 빨리 자료를 찾을 수 있다.

• Map 인터페이스 구현 클래스

구현 클래스	설명
HashMap	• Set 타입으로 가장 많이 사용되는 클래스이다. • Key를 HashSet 타입으로 관리한다. – Key의 값을 해시코드(HashCode)로 분류 후 관리한다. ▸ Hash값이 같을 때만 자료 비교 검사를 하기 때문에 검색이 매우 빠르다.
TreeMap	• Key를 TreeSet 타입으로 관리한다. – Key의 값을 트리 구조로 분류 후 관리한다. – Key의 값을 오름차순 기준으로 정렬한다.
LinkedHashMap	• 기본적으로 LinkedHashSet과 같은 기능을 하며 순차적으로 저장된 자료대로 접근한다.

12.4.02 Map 객체 생성, 기본 함수 및 기타 함수

▣ java.util.HashMap 클래스 API (주요 기능은 Map 인터페이스에서 설명)

객체 생성	new HashMap<K, V>() new HashMap()

<table>
<tr>
<td></td>
<td>
• 기본 생성자 함수를 이용한 객체 생성
– '제네릭스'를 이용할 수 있다.
▸ 자료 타입이 고정되며 가장 많이 사용하는 객체 생성 방식이다.
– 제네릭스가 없는 경우 기본적으로 Object 타입으로 설정된다.
〈사용 예 1〉
Map map = new HashMap();
〈사용 예 2〉
– Key 타입은 'String', Value 타입은 'Integer'인 자료 구조이다.
▸ Map〈String, Integer〉 map = new HashMap〈String, Integer〉();
</td>
</tr>
<tr>
<td></td>
<td>
new HashMap〈K,V〉(Map〈? extends K, ? extends V〉 map)
new HashMap(Map map)
• 파라미터 설명
– map : Map 인터페이스 타입 객체
• Map 인터페이스 구현한 객체를 파라미터로 일괄 등록을 할 수 있다.
– '제네릭스'를 이용할 수 있다.
▸ 자료 타입이 고정되며 가장 많이 사용하는 객체 생성 방식이다.
– 제네릭스가 없는 경우 기본적으로 Object 타입으로 설정된다.
〈사용 예 1〉
Map map = new HashMap();
Map map2 = new HashMap(map);
〈사용 예 2〉
Map〈String, Integer〉 map = new HashMap〈String, Integer〉();
Map〈String, Integer〉 map2 = new HashMap〈String, Integer〉(map);
</td>
</tr>
</table>

▣ java.util.Map 인터페이스 API

<table>
<tr>
<td>자료
등록
·
자료
수정</td>
<td>
public V put(K key, V value)
• 해당 key의 값에 자료 value를 등록하며 기존에 자료가 있을 경우 자료를 덮어쓴다.
– 반환 값은 기존에 key에 등록되어 있는 value의 자료를 반환하며 자료가 없을 경우 null을 반환한다.
– 기존 자료가 없을 경우 자료등록을 하며 자료가 있을 경우 자료수정의 기능을 한다.
〈사용 예〉
– value2는 '이순신' 값이 등록되기 전에 등록된 '홍길동'이 된다.
</td>
</tr>
</table>

	Map〈String, String〉 map = new HashMap〈String, String〉(); String value1 = map.put("name1", "강감찬"); String value2 = map.put("name2", "홍길동"); String value3 = map.put("name2", "이순신"); System.out.println(value2 + " : " + value2); ▷ [결과] null 홍길동 System.out.println(map); ▷ [결과] {name2=이순신, name1=강감찬}

자료 삭제	**public E remove(K key)**
	• 해당 key를 갖는 자료 객체를 삭제하며, 삭제되는 value의 값을 반환한다.
	〈사용 예〉
	Map〈String,String〉 map = new HashMap〈String,String〉();
	map.put("a01","A"); map.put("a02", "B");
	map.remove("a01");
	▷ [결과] {a02=B}

	public void clear()
	• 자료 구조에 담겨 있는 모든 자료 삭제
	〈사용 예〉
	Map〈String,String〉 map = new HashMap〈String,String〉();
	map.put("a01","A"); map.put("a02", "B");
	map.clear();
	▷ [결과] {}

자료 조회	**public E get(K key)**
	• key의 값을 입력 시 value에 해당하는 자료를 반환
	〈사용 예 1〉 – 제네릭스 사용하지 않을 경우
	Map map = new HashMap();
	map.put("1", "A"); map.put("2", "B");
	Object obj = map.get("1");
	〈사용 예 2〉 – 제네릭스 사용하지 않을 경우
	Map〈Integer, String〉 map = new HashMap〈Integer,String〉();
	map.put(1, "A"); map.put(2, "B");
	String data = map.get(1);

public Set〈K〉 keySet()

- Map에 등록된 모든 key의 자료들을 Set 타입으로 반환

〈사용 예〉

```
Map〈Integer, String〉 map = new HashMap〈Integer,String〉();
map.put(1, "A"); map.put(2, "B");
Set〈Integer〉 keySet = map.keySet();
System.out.println(keySet);
```

▷ [결과] [1, 2]

public Collection〈V〉 values()

- Map에 등록된 모든 value 자료들을 반환
  - 일반적으로 key 값으로 조회하기 때문에 사용 빈도가 적다.

〈사용 예〉

```
Map〈Integer, String〉 map = new HashMap〈Integer,String〉();
map.put(1, "A"); map.put(2, "B"); map.put(3, "A");
Collection〈String〉 values = map.values();
for( String s : values ) {
  System.out.println(s);
}
```

▷ [결과] A, B, C를 순차적으로 콘솔 화면에 출력

포함 여부

public boolean containsKey(Object key)

- Map의 key에 등록된 자료 중에 파라미터로 입력된 key 존재할 경우 true 반환
  - 해당 자료 구조의 key 값이 존재하는지 여부 조회

자료 개수

public int size()

- 자료 구조에 담긴 총 자료의 수를 반환

〈사용 예〉

```
Map〈Integer, String〉 map = new HashMap〈Integer,String〉();
map.put(1, "A"); map.put(2, "B");
int size = map.size();
System.out.println(size);
```

▷ [결과] 2

일괄 등록

public void putAll(Map〈? extends K, ? extends V〉 m)

- 해당 자료를 Map에 일괄 자료 등록한다.

	– key의 값이 중복될 경우 마지막에 입력된 값으로 덮어쓰게 된다.
	
	〈사용 예〉
	Map<Integer, String> map1 = new HashMap<Integer,String>();
	map1.put(1, "A"); map1.put(2, "B");
	Map<Integer, String> map2 = new HashMap<Integer,String>();
	map2.put(2, "C"); map2.put(3, "D");
	map1.putAll(map2);
	System.out.println(map1);
	▷ [결과] 자료구조 {1=A, 2=C, 3=D}

자료
복사
	public static Map<K, V> copyOf(Collection<? extends K, ? extends V> map)
	
	• 해당 map 자료구조를 복사하기 위한 함수이며 반환된 Map<K, V>의 값은 변경이 불가능하다.
	– Collections.unmodifiableMap() 함수와 유사하지만 바로 설명할 사용 예를 보면 차이점을 알 수 있다.
	• 자바 1.10 버전에서 추가된 함수이다.
	
	〈사용 예〉
	Map<String,String> map = new HashMap<String,String>();
	map.put("1", "A");
	map.put("2", "B");
	map.put("3", "C");
	Map<String, String> map2 = Map.copyOf(map);
	map2.put("4", "D"); /** 오류발생 – copyOf()에 의해 생성된 자료 구조는 변경이 불가능 */
	
	//System.out.println(map2);
	Map<String, String> map3 = Collections.unmodifiableMap(map);
	map2.put("4", "D"); // 오류발생 – 마찬가지로 변경이 불가능하다.
	map.put("4", "D"); // 원래의 자료구조는 변경이 가능하다.
	System.out.println(map); // →【결과】{1=A, 2=B, 3=C, 4=D}
	System.out.println(map2); // →【결과】{1=A, 2=B, 3=C}
	System.out.println(map3); // →【결과】{1=A, 2=B, 3=C, 4=D}

※ "Map<? extends K, ? extends V> map" 구문에서 사용된 와일드카드 타입 '?'

– '?'는 제네릭스의 와일드카드 타입이다.

– '? extends K'

▸ ?는 'K 타입' 또는 'K 타입을 상속받은 모든 하위 타입'을 뜻한다.

– '? extends V'

▸ ?는 'V 타입' 또는 'V 타입을 상속받은 모든 하위 타입'을 뜻한다.

1. 객체 생성 사용 예제

<table>
<tr><td>사용
예문</td><td>

```
package ch12.part04.main2.sub1;

import java.util.ArrayList;
import java.util.LinkedList;
import java.util.List;

public class TestMain {
    public static void main(String[] args) {

        /** 1. 객체생성 */
        Map map1 = new HashMap();
        Map map2 = new TreeMap();
        Map map3 = new LinkedHashMap();

        /** 4. 제네릭스를 이용한 객체생성 */
        Map<String, Integer> map4 = new HashMap<String, Integer>();
        Map<String, Integer> map5 = new TreeMap<String, Integer>();
        Map<String, Integer> map6 = new LinkedHashMap<String, Integer>();
    }
}
```

</td></tr>
<tr><td>예문
설명</td><td>

▶ Map map1 = new HashMap();
Map map2 = new TreeMap();
Map map3 = new LinkedHashMap();

• 다음과 같은 코드로 객체 생성해도 무관하다.

HashMap map1 = new HashMap();
TreeMap map2 = new TreeMap();
LinkedHashMap map3 = new LinkedHashMap();

• HashMap의 사용이 가장 많다.

▶ Map<String, Integer> map1 = new HashMap<String, Integer>();
Map<String, Integer> map1 = new TreeMap<String, Integer>();
Map<String, Integer> map1 = new LinkedHashMap<String, Integer>();

• Key의 타입은 'String', Value의 타입은 'Integer'를 사용해야 한다.

</td></tr>
</table>

주의 사항	• List, Set과 마찬가지로 제네릭스는 '기본형'의 타입은 불가능하며 'Wrapper 클래스'를 사용해야 한다. – [오류 발생] List〈int〉 list = new ArrayList〈int〉(); – [오류 수정] List〈Integer〉 list = new ArrayList〈Integer〉();

2. 기본 기능(CRUD) 사용 예제 [1]

사용 예문

```
package ch12.part04.main2.sub2;

import java.util.HashMap;
import java.util.Map;
import java.util.Set;

public class TestMain {
    public static void main(String[] args) {

        /** 객체생성 */
        Map<String, Integer> map1 = new HashMap<String, Integer>();
        System.out.println("• 자료생성");
        System.out.println("map1 = "+map1);
        System.out.println();

        /** 자료등록 [a, b, c] */
        map1.put("a", 1);
        map1.put("b", 2);
        map1.put("c", 3);
        map1.put("a", 4);                /** 자료의 수정 ☞ key 'a'에 값을 덮어쓴다. */
        System.out.println("• 자료등록");
        System.out.println("map1 = "+map1);
        System.out.println();

        /** 자료조회 */
        System.out.println("• 자료조회");
        /** keySet()을 이용한 key 자료조회 */
        Set<String> keySet = map1.keySet();
        for(String key : keySet){
            /** get() 함수를 이용한 자료조회 */
            int data = map1.get(key);
            System.out.println("₩tkey["+ key + "], value["+data+"]");
        }
    }
}
```

결과	• 자료생성 map1 = {} • 자료등록 map1 = {a=4, b=2, c=3} • 자료조회 key[a], value[4] key[b], value[2] key[c], value[3]
정리	• 자료 등록 작업 – put(K key, V 자료 객체) ▸ 자료 구조에 자료 객체를 저장하기 위한 함수이다. ▸ Map은 Key와 Value로 구성되어 있다. ▸ Key는 List의 인덱스와 같은 역할을 하며 수동으로 입력한다. ▸ Key의 값이 이미 있을 경우 새로운 자료 객체로 덮어쓰게 된다. • 전체 Key 자료 조회 작업 – Set〈K〉 keySet( ) ▸ Key는 Set 타입으로 관리하며 전체 key 정보를 Set 타입으로 반환한다. • Value 자료 조회 작업 – V get(K key) ▸ 자료 구조에서 해당 key에 연결된 자료 객체를 반환한다.

3. 기본 기능(CRUD) 사용 예제 [2]

사용 예문

```
package ch12.part04.main2.sub3;

import java.util.HashMap;
import java.util.Map;

public class TestMain {
    public static void main(String[] args) {

        /** 1. 객체생성 */
        System.out.println("• 객체생성");
        Map<String, String> map = new HashMap<String, String>();
        System.out.println("map = "+map);
```

```
            System.out.println();

            /** 2. 자료등록 */
            System.out.println("• 자료등록 put()");
            map.put("1","a"); map.put("2","b");
            map.put("3","c"); map.put("4","d");
            System.out.println("map = "+map);
            System.out.println();

            /** 3. 자료수정 */
            System.out.println("• 자료수정 put()");
            map.put("1","a1");
            map.put("3","c1");
            System.out.println("map = "+map);
            System.out.println();

            /** 4. 자료삭제 */
            System.out.println("• 자료삭제 remove()");
            map.remove("1");
            System.out.println("map = "+map);
            System.out.println();

            /** 5. 자료포함여부 */
            System.out.println("• 자료포함여부 contains()");
            boolean containsKey = map.containsKey("2");
            System.out.println("₩tkey 2 존재여부 확인 = "+containsKey);
            boolean containsValue = map.containsValue("c");
            System.out.println("₩tvalue c 존재여부 확인 = "+containsValue);
    }
}
```

결과

```
• 객체생성
map = {}

• 자료등록 put()
map = {1=a, 2=b, 3=c, 4=d}

• 자료수정 put()
map = {1=a1, 2=b, 3=c1, 4=d}

• 자료삭제 remove()
map = {2=b, 3=c1, 4=d}

• 자료포함여부 contains()
```

	key 2 존재여부 확인 = true key 2 존재여부 확인 = false
정리	• 자료 삭제 작업 – remove(K key) ▸ 자료 구조에서 해당 key가 가지고 있는 자료를 삭제한다. ▸ 해당 key도 자료 구조에서 삭제된다. • 자료 포함 여부 검색 작업 – containsKey(Object key) ▸ 해당 key가 자료 구조에 있을 경우 'true'를 반환한다. – containsValue(Object value) ▸ 해당 value가 자료 구조에 있을 경우 'true'를 반환한다.

4. 기타 기능 사용 예제 – 일괄 처리 및 전체 자료 조회

사용 예문

```
package ch12.part04.main2.sub4;

import java.util.Collection;
import java.util.HashMap;
import java.util.Map;
import java.util.Set;

public class TestMain {
    public static void main(String[] args) {

        /** 1. 객체생성 및 자료등록 */
        System.out.println("• 객체생성 및 자료등록");
        Map<String,String> map1 = new HashMap<String,String>();
        map1.put("1", "a");
        map1.put("2", "b");
        map1.put("3", "c");
        map1.put("4", "d");
        System.out.println("map1 = " + map1);
        System.out.println();

        /** 2. 일괄자료등록 */
        System.out.println("• 자료일괄등록 – map1.putAll(map2)");
        Map<String,String> map2 = new HashMap<String,String>();
        map2.put("1", "e");
        map2.put("2", "f");
```

```
		map2.put("5", "g");
		map2.put("6", "h");
		map1.putAll(map2);
		System.out.println("map2 = " + map2);
		System.out.println("map1 = " + map1);
		System.out.println();

		/** 3. 전체 Key 자료조회 */
		System.out.println("• 전체 Key 자료조회 map1.keySet()");
		Set<String> keySet = map1.keySet();
		for(String s : keySet){
			System.out.println("₩tKey 검색 = [" + s + "]");
		}
		System.out.println("map1 = " + map1);
		System.out.println();

		/** 4. 전체 Value 자료조회 */
		System.out.println("• 전체 Value 자료조회 map1.values()");
		Collection<String> values = map1.values();
		for(String s : values){
			System.out.println("₩tValue 검색 [" + s + "]");
		}
		System.out.println("map1 = " + map1);

	}
}
```

결과

```
• 객체생성 및 자료등록
map1 = {1=a, 2=b, 3=c, 4=d}

• 자료일괄등록 – map1.putAll(map2)
map2 = {1=e, 2=f, 5=g, 6=h}
map1 = {1=e, 2=f, 3=c, 4=d, 5=g, 6=h}

• 전체 Key 자료조회 map1.keySet()
	Key 검색 = [1]
	Key 검색 = [2]
	Key 검색 = [3]
	Key 검색 = [4]
	Key 검색 = [5]
	Key 검색 = [6]
map1 = {1=e, 2=f, 3=c, 4=d, 5=g, 6=h}
```

	• 전체 Value 자료조회 map1.values() Value 검색 = [e] Value 검색 = [f] Value 검색 = [c] Value 검색 = [d] Value 검색 = [g] Value 검색 = [h] map1 = {1=e, 2=f, 3=c, 4=d, 5=g, 6=h}
정리	• 일괄 등록 작업 – putAll(Map<? extends Key, ? extends V> map) ▸ 해당 Map에 Map 타입을 일괄 등록한다. ▸ 기존에 중복되는 key 값이 있다면 마지막에 등록된 값으로 변경된다. • 전체 Value 자료 조회 작업 – Collection<V> values() ▸ Map에 담겨 있는 자료 객체를 담은 Collection 타입으로 반환한다. ▸ Collection 타입은 List와 Set의 상위 인터페이스이다.

12.4.03 자료 복사 – clone()

1. 자료 복사 [1]

개요	• 자료 복사 – Map 객체에 담긴 자료를 그대로 다른 Map 객체에 복사하는 것을 말한다. – 자료 복사는 'Object 클래스의 clone() 함수'를 이용하여 생성할 수 있다. • Shallow Copy Vs Deep Copy – 12.2.03 파트의 List 3.자료복사 clone() 부분을 참조하길 바란다.
사용 예문	package ch12.part04.main3.sub1; import java.util.ArrayList; import java.util.HashMap; import java.util.List; import java.util.Map;

```java
public class TestMain {
    public static void main(String[] args) {

        /** 객체생성 */
        HashMap<String,String> map1 = new HashMap<String,String>();
        map1.put("1", "a");
        map1.put("2", "b");
        map1.put("3", "c");
        map1.put("4", "d");
        System.out.println("• 객체생성 및 자료등록");
        System.out.println("map1 = " + map1);
        System.out.println();

        /** 객체복사【Shallow Copy】 list2 */
        Map<String,String> map2 = map1;
        System.out.println("• 자료복사(Shallow Copy) ");
        System.out.println("map2 = "+ map2);
        System.out.println();

        /** 객체복사【Deep Copy】 list3 */
        Map<String,String> map3 = (Map<String,String>) map1.clone();
        System.out.println("• 자료복사(Deep Copy)");
        System.out.println("map3 = "+map3);
        System.out.println();

        /** 자료추가 시 Shallow Copy와 Deep Copy */
        map1.put("5","e");
        System.out.println("• map1 자료추가 [key=5, value=e] ");
        System.out.println("map1 = "+map1);
        System.out.println("map2 = "+map2);
        System.out.println("map3 = "+map3);
    }
}
```

결과

```
• 객체생성 및 자료등록
map1 = {1=a, 2=b, 3=c, 4=d}

• 자료복사(Shallow Copy)
map2 = {1=a, 2=b, 3=c, 4=d}

• 자료복사(Deep Copy)
map3 = {1=a, 2=b, 3=c, 4=d}

• map1 자료추가 [key=5, value=e]
map1 = {1=a, 2=b, 3=c, 4=d, 5=e}
```

	map2 = {1=a, 2=b, 3=c, 4=d, 5=e} map3 = {1=a, 2=b, 3=c, 4=d}
설명	• map2와 map3 객체의 차이 – map1과 map2의 메모리 주소는 같다. ▸ 메모리 주소가 같기 때문에 자료 구조에 변경이 발생하면 동시에 변경되는 것을 확인할 수 있다. – map1과 map3의 메모리 주소는 다르다. ▸ map1에 자료를 추가해도 map3에는 반영이 되지 않는다. ▸ 복사되는 시점 이후부터는 별개의 객체로 생각하면 된다.

2. 자료 복사 [2]

사용 예문

```
package ch12.part04.main3.sub2;

import java.util.HashMap;
import java.util.Map;

public class TestMain {
    public static void main(String[] args) {

        /** 객체생성 */
        HashMap<String,MemberVo> map1 = new HashMap<String,MemberVo>();

        /** MemberVo 객체생성 */
        MemberVo member1 = new MemberVo("a001","홍길동");
        MemberVo member2 = new MemberVo("a002","이순신");
        map1.put("a001", member1);
        map1.put("a002", member2);
        System.out.println("• 객체생성 및 자료등록");
        System.out.println("map1 = " + map1);
        System.out.println();

        /** 자료복사 - Deep Copy */
        Map<String,String> map2 = (Map<String,String>) map1.clone();
        System.out.println("• 자료복사(Deep Copy)");
        System.out.println("map2 = "+map2);
        System.out.println();

        /** 자료 member1 속성변경 */
        member1.memberId = "p001";
```

```
            System.out.println("• member1 속성변경 : 'a001' → 'p001' ");
            System.out.println("map1 = "+map1);
            System.out.println("map2 = "+map2);
            System.out.println();

            /** 자료의 추가 */
            MemberVo member3 = new MemberVo("a003","강감찬");
            map1.put("a003", member3);
            System.out.println("• member3 객체 자료등록 : " + member3);
            System.out.println("map1 = "+map1);
            System.out.println("map2 = "+map2);
      }

      /** MemberVo 클래스 정의 */
      public static class MemberVo {
            public MemberVo(String memberId, String memberName){
                  this.memberId = memberId;
                  this.memberName = memberName;
            }
            private String memberId;
            private String memberName;

            public String toString(){
                  return "["+memberId +", " + memberName + "]";
            }
      }
}
```

결과

```
• 객체생성 및 자료등록
map1 = {a001=[a001, 홍길동], a002=[a002, 이순신]}

• 자료복사(Deep Copy)
map2 = {a001=[a001, 홍길동], a002=[a002, 이순신]}

• member1 속성변경 : 'a001' → 'p001'
map1 = {a001=[p001, 홍길동], a002=[a002, 이순신]}
map2 = {a001=[p001, 홍길동], a002=[a002, 이순신]}

• member3 객체 자료등록 : [a003, 강감찬]
map1 = {a001=[p001, 홍길동], a002=[a002, 이순신], a003=[a003, 강감찬]}
map2 = {a001=[p001, 홍길동], a002=[a002, 이순신]}
```

예문 설명	• 예문에서 자료복사 시 메모리 주소 비교(List에서의 설명과 같다.) (see table below) – 자료 구조 객체 ▸ map2의 경우 객체를 새로 생성하기 때문에 map1과 주소 정보가 다르다. – 자료 객체 ▸ 복사하는 시점에서 map1에는 member1과 member2의 자료가 있으며 해당 자료의 메모리 주소 정보를 map2에 저장하게 된다. ▸ map1의 member1 객체 속성을 변경할 경우, map2의 member2 객체 속성이 같은 주소를 참조하기 때문에 변경된 것처럼 보이게 된다. · 사실상 동일 객체를 변경하는 것이다. ▸ member3의 추가는 map1에 추가되는 자료이기 때문에, map1과 map2의 메모리 주소가 달라 map1에만 추가된다.
정리	• 12.2.03 파트의 List 3.자료복사 clone() 부분을 참조하길 바란다.

구분	Map1 자료 구조	객체 비교	Map2 자료 구조
자료 구조 객체	map1 ▷ #주소 1	◁ 다른 객체 ▷	map2 ▷ #주소 4
자료 객체	member1 ▷ #주소 2 member2 ▷ #주소 3 member3 ▷ #주소 5	◁ 동일 객체 ▷ ◁ 동일 객체 ▷	member1 ▷ #주소 2 member2 ▷ #주소 3

12.4.04 자료 정렬 – Comparable, Comparator

• Map 또한 인덱스가 존재하지 않기 때문에 '자료 정렬'이란 개념 자체가 존재하지 않는다. 따라서 Map에서는 정렬에 대해 언급하지 않도록 한다.

12.4.05 주의 사항 – null 자료의 처리

개요	• null은 Key 타입으로 존재할 수 있을까? • null은 Value 타입으로 존재할 수 있을까?
사용 예문	package ch12.part04.main5; import java.util.Collection;

사용 예문

```
import java.util.HashMap;
import java.util.Map;
import java.util.Set;

public class TestMain {
    public static void main(String[] args) {

        /** 객체생성 */
        System.out.println("• 객체생성 및 자료등록");
        Map<String,String> map1 = new HashMap<String,String>();
        map1.put("1", "a");
        map1.put("2", "b");
        map1.put(null, "e");
        map1.put("3", null);
        System.out.println("map1 = " + map1);
        System.out.println();

        /** Key 조회 */
        System.out.println("• Key 조회");
        Set<String> keySet = map1.keySet();
        System.out.println("keySet = " +keySet);

        /** key 값이 존재함 */
        boolean containsKey1 = map1.containsKey("3");
        boolean containsKey2 = map1.containsKey(null);
        /** key 값이 존재 안 함 */
        boolean containsKey3 = map1.containsKey("4");

        System.out.println("containsKey1 '3' 조회 = " +containsKey1);
        System.out.println("containsKey2 null 조회 = " +containsKey2);
        System.out.println("containsKey3 '4' 조회 = " +containsKey3);
        System.out.println();

        /** Value 조회 */
        System.out.println("• Value 조회");
        Collection<String> values = map1.values();
        System.out.println("values = " +values);

        /** value 값 존재함 */
        boolean containsValue1 = map1.containsValue("a");
        boolean containsValue2 = map1.containsValue(null);
        /** value 값 존재 안 함 */
        boolean containsValue3 = map1.containsValue("f");

        System.out.println("containsValue1 'a' 조회 = " +containsValue1);
```

	System.out.println("containsValue2 null 조회 = " +containsValue2); System.out.println("containsValue3 'f' 조회 = " +containsValue3); } }
결과	• 객체생성 및 자료등록 map1 = {null=e, 1=a, 2=b, 3=null} • Key 조회 keySet = [null, 1, 2, 3] containsKey1 '3' 조회 = true containsKey2 null 조회 = true containsKey3 '4' 조회 = false • Value 조회 values = [e, a, b, null] containsValue1 'a' 조회 = true containsValue2 null 조회 = true containsValue3 'f' 조회 = false

정리	• Key 타입
	– 'null'이 포함될 수 있다.
	– 사실상 key값의 경우 'null'이 아닌 의미 있는 key 값으로 불러오기 때문에 큰 의미는 없으며 사용하지 않도록 한다.
	
	• Value 타입
	– 'null'이 포함될 수 있다.
	– value의 값이 'null'일 경우에는 Key에 포함된 것을 제외하면 사실상 삭제된 데이터와 큰 차이가 없다.
	〈사용 예〉
	Map〈String, String〉 map = new HashMap〈String, String〉();
	map.put("1","a"); map.put("2",null);
	String data2 = map.get("2"); // →【결과】null 반환
	String data3 = map.get("3"); // →【결과】null 반환

12.4.06 Map의 활용 [1] – DataContainer 만들기

※ 프로그램 작성 시 자바 1.9 버전 이후 22.3.01의 설명대로 모듈을 정의하자.

▷ 'module-info.java' 파일에 'requires java.desktop;' 모듈 추가

학습 목표	• Map을 이용한 정적(static) 변수를 통한 자료 연결의 로직을 이해하도록 한다. – 자료의 연결을 'DataContainer' 클래스의 정적(static) 전역변수를 이용하여 관리할 계획이며, 전역변수를 Map 타입으로 관리할 예정이다.
학습 절차	**1. ch12.part04.main6.DataContainer 클래스 정의** – 데이터 컨테이너 설정을 위한 applicationContainer 전역변수 정의 – 데이터 저장을 위한 addBean() 함수 정의 – 데이터 호출을 위한 getBean() 함수 정의 [1] – 제네릭스를 이용한 데이터 동적 호출 getBean() 함수 정의 [2] **2. ch12.part04.main6.Frame01 클래스 정의** – JTextField 객체 text를 Frame02에 사용하도록 전역변수화 처리 – 생성자 함수 정의 ▸ 화면 기본 구성 ▸ 컴포넌트(텍스트) 생성 ▸ 컴포넌트(버튼) 생성 ▸ 버튼 클릭 이벤트 생성 · 공유 데이터에서 frame02 객체 가져오기 **3. ch12.part04.main6.Frame02 클래스 정의** – JTextField 객체 text를 Frame02에 사용하도록 전역변수화 처리 – 생성자 함수 정의 ▸ 화면 기본 구성 ▸ 컴포넌트(텍스트) 생성 ▸ 컴포넌트(버튼) 생성 ▸ 버튼 클릭 이벤트 생성 · 공유 데이터에서 frame01 객체 가져오기 **4. ch12.part04.main6.TestMain 클래스 정의**
사용 예문	**1. ch12.part04.main6.DataContainer 클래스 정의**

```
package ch12.part04.main6;

import java.util.HashMap;
import java.util.Map;

public class DataContainer {

    /** 데이터 컨테이너 설정을 위한 applicationContainer 전역변수 정의 */
    private static final Map<String, Object> applicationContainer = new HashMap<String, Object>();
```

```
    /** 데이터 저장을 위한 addBean() 함수 정의 */
    public static void addBean(String beanName, Object bean){
        applicationContainer.put(beanName, bean);
    }

    /** 데이터 호출을 위한 getBean() 함수 정의 【1】 */
    public static Object getBean(String beanName){
        return applicationContainer.get(beanName);
    }

    /** 제네릭스를 이용한 데이터 동적호출 getBean() 함수 정의 【2】 */
    public static <T> T getBean(String beanName, Class<T> clazz){
        return (T) applicationContainer.get(beanName);
    }
}
```

2. ch12.part04.main6.Frame01 클래스 정의

사용 예문

```
package ch12.part04.main6;

import java.awt.event.ActionEvent;
import java.awt.event.ActionListener;
import java.util.Calendar;
import java.util.Date;

import javax.swing.JButton;
import javax.swing.JFrame;
import javax.swing.JTextField;

public class Frame01 extends JFrame {

    /** JTextField 객체 text를 Frame02에 사용하도록 전역변수화 처리 */
    private JTextField text = new JTextField();
    public String getText(){ return text.getText(); }
    public void setText(String msg){ text.setText(msg); }

    public Frame01(){

        /** 화면 기본구성 */
        setTitle("Frame01");
        setLayout(null);
        setBounds(0,0, 300,300);

        /** 컴포넌트(텍스트) 생성 */
        //JTextField text = new JTextField();  // 전역변수로 변경
```

```
            text.setBounds(10,10, 200, 30);
            this.add(text);

            /** 컴포넌트(버튼) 생성 */
            JButton btn = new JButton("현재시간");
            btn.setBounds(10,50, 150, 30);
            this.add(btn);

            /** 버튼클릭 이벤트 생성 */
            btn.addActionListener(new ActionListener() {
                @Override
                public void actionPerformed(ActionEvent e) {

                    /** 공유데이터에서 frame02 객체 가져오기 */
                    Frame02 bean = DataContainer.getBean("frame02", Frame02.class);
                    Calendar calendar = Calendar.getInstance();
                    Date time = calendar.getTime();
                    bean.setText(time.toString());
                }
            });
    }
}
```

사용 예문

3. ch12.part04.main6.Frame02 클래스 정의

```
package ch12.part04.main6;

import java.awt.event.ActionEvent;
import java.awt.event.ActionListener;
import java.util.Calendar;

import javax.swing.JButton;
import javax.swing.JFrame;
import javax.swing.JTextField;

public class Frame02 extends JFrame  {

    /** JTextField 객체 text를 Frame02에 사용하도록 전역변수화 처리 */
    private JTextField text = new JTextField();
    public void setText(String msg){ text.setText(msg); }

    public Frame02(){

            /** 화면 기본구성 */
            setTitle("Frame01");
```

사용
예문

```
            setLayout(null);
            setBounds(320,0, 300,300);

            /** 컴포넌트(텍스트) 생성 */
            //JTextField text = new JTextField();  //【절차6】 전역변수로 변경
            text.setBounds(10,10, 200, 30);
            this.add(text);

            /** 컴포넌트(버튼) 생성 */
            JButton btn = new JButton("현재번호");
            btn.setBounds(10,50, 150, 30);
            this.add(btn);

            /** 버튼클릭 이벤트 생성 */
            btn.addActionListener(new ActionListener() {
                  @Override
                  public void actionPerformed(ActionEvent e) {

                        /** 공유데이터에서 frame01 객체 가져오기 */
                        Frame01 bean = DataContainer.getBean("frame01", Frame01.class);
                        String text2 = bean.getText();
                        if(text2==null || text2.equals("")){
                                    bean.setText("1");
                        }else{
                                    int parseInt = Integer.parseInt(text2)+1;
                                    bean.setText(String.valueOf(parseInt));
                        }
                  }
            });
      }
}
```

4. ch12.part04.main6.TestMain 클래스 정의

```
package ch12.part04.main6;

public class TestMain {
      public static void main(String[] args) {

            /** 객체생성 */
            Frame01 frame01 = new Frame01();
            Frame02 frame02 = new Frame02();

            /** 공유데이터 저장 */
            DataContainer.addBean("frame01", frame01);
```

```
            DataContainer.addBean("frame02", frame02);

            /** 화면 view 설정 */
            frame01.setVisible(true);
            frame02.setVisible(true);
    }
}
```

소스 설명

▶ int parseInt = Integer.parseInt(text2)+1;
bean.setText(String.valueOf(parseInt));

- Integer.parseInt(String 숫자형 문자열)
  - '클래스명.함수명'의 호출 형태이므로 '정적(static) 함수'임을 알 수 있다.
  - 숫자형의 문자열을 정수로 변환하는 함수이다.
  - 숫자형의 문자열이 아닐 경우 『NumberFormatException』 예외발생이 된다.

- String.valueOf(Object o), String.valueOf(기본형 o)
  - '클래스명.함수명'의 호출 형태이므로 '정적(static) 함수'임을 알 수 있다.
  - Object의 경우 해당 객체의 toString() 함수를 호출하며 값을 String 타입의 문자열로 변환하는 함수이다.

▶ public static 〈T〉 T getBean(String beanName, Class〈T〉 clazz){
        return (T) applicationContainer.get(beanName);
  }

- 제네릭스를 이용하여 반환 타입을 동적으로 나타내고자 처리하였다.
  - 최초 함수를 사용하는 곳에서 파라미터로 입력된 clazz 변수의 타입을 반환 타입으로 동적 제어한다.

정리

- DataContainer 클래스
  - 정적변수 'applicationContainer'를 만들어서 객체를 관리하고자 한다.

1. 'Map〈String, Object〉 applicationContainer' 정적변수 정의
   - 객체 관리를 위한 정적(static) 변수 정의
   - Key는 '변수명'으로 저장하는 것으로 하자.
   - Value는 객체를 저장하는 것으로 한다.
     - ▸ 모든 객체 입력이 가능하도록 Value 타입을 'Object'로 설정하였다.
2. 'addBean()' 함수 정의
   - 객체를 applicationContainer 정적(static) 변수에 저장하기 위한 함수 정의
3. 'getBean()' 함수 정의
   - applicationContainer 정적(static) 변수에 저장된 객체를 호출하기 위한 함수
     - ▸ Key가 '변수명'이므로 Key의 값은 이미 알고 있으므로, 해당 객체를 applicationContainer에서 쉽게 가져올 수 있다.

정리

- 반환 타입 Object
  - ▸ 일반적인 함수 타입이며 해당 타입으로 형 변환 후 사용해야 한다.
- 제네릭스를 이용한 동적 반환 타입 〈T〉
  - ▸ 사용자가 타입 지정 시 해당 타입으로 반환하여 결과값을 받을 수 있다.

• 객체 자료 연결 처리 절차

- [1] Bean 등록하기 [객체 생성 ▷ Bean 등록]

```
Frame01 frame01 = new Frame01();
DataContainer.addBean("frame01", frame01);
```

- [2] 외부에서 사용할 수 있도록 함수 정의

```
public class Frame01 extends JFrame {
    private JTextField text = new JTextField();
    public String getText(){ return text.getText(); }
    public void setText(String msg){ text.setText(msg); }
    ...
}
```

- [3] 외부에서 Frame01 객체를 DataContainer로부터 가져온다.

```
Frame01 bean = DataContainer.getBean("frame01", Frame01.class);
```

- [4] Frame01에 정의된 함수를 사용하여 처리

```
String text2 = bean.getText();
if(text2==null || text2.equals("")){
    bean.setText("1");
}else{
    int parseInt = Integer.parseInt(text2)+1;
    bean.setText(String.valueOf(parseInt));
}
```

• 객체 관리

- 화면 객체 간에 객체 정보를 공유하기 위해서는 함수의 파라미터 또는 정적(static) 전역변수를 이용하여 처리할 수 있으며 이번 학습에서는 정적(static) 전역변수를 이용하여 처리하였다.
  - ▸ 화면 객체를 실제 함수의 파라미터를 이용하여 처리하면 매우 까다롭지만 정적(static) 변수를 이용한 객체 연결은 간단히 처리됨을 느낄 수 있을 것이다.
- 향후 개발자라면 '스프링 프레임워크(Spring Framework)'를 접하게 될 것이며 이 프레임워크에서 이와 유사한 원리로 객체를 관리하는 것을 확인할 수 있을 것이다.

12.4.07 Map의 활용 [2] – 데이터 전달 파라미터

※ 프로그램 작성 시 자바 1.9 버전 이후 22.3.01 파트의 설명대로 모듈을 정의하자.

▷ 'module-info.java' 파일에 'requires java.desktop;' 모듈 추가

학습 목표

- 화면에서 자료 요청 및 결과를 화면에 반영하는 일련의 과정을 매우 간단히 표현하도록 한다.
- 자료 전달을 위한 Parameter Map을 만들기
  – Key 타입은 String이며, Value 타입은 Object로 한다.

처리 방법

- 관리 화면에서의 일반적인 자료 처리 상 자료 전달을 위한 파라미터는 다음과 같이 매우 중요하게 사용된다.

[1] 조회 조건을 설정 후 [검색] 버튼을 이용하여 자료 목록을 조회

화면	Parameter	시스템
조회 조건	▷	해당 품목 리스트 조회
자료 목록(품목 리스트)	◁	

[2] 자료 목록 중에 특정 자료를 선택하여 상세 자료를 조회

화면	Parameter	시스템
품목 정보	▷	해당 품목 상세 정보 조회 – 상세 정보 조회 – 이미지 정보 조회 – 생산 내역 정보 조회
품목 상세 정보 – 상세 정보 – 이미지 정보 – 생산 내역 정보	◁	

※ 자료 전달은 함수의 파라미터로 전달할 것이며, 아래의 사용예문에서는 전달할 파라미터 타입을 Map 타입으로 정의하였다.

– 파라미터의 타입 : Map<String, Object>

학습 절차

1. ch12.part04.main7.DataContainer 클래스 정의

– 데이터 컨테이너 설정을 위한 applicationContainer 전역변수 정의

– 데이터 저장을 위한 addBean() 함수 정의

– 데이터 호출을 위한 getBean() 함수 정의 [1]

– 제네릭스를 이용한 데이터 동적 호출 getBean() 함수 정의 [2]

2. ch12.part04.main7.ParameterMap 클래스 정의

– 해당 Key를 입력 시 String 타입의 결과값을 반환하기 위해 getString() 정의

학습 절차	– 해당 Key와 클래스 객체를 입력 시 해당 클래스 타입의 결과값을 반환하기 위한 getString() 함수 정의 – 해당 타입에 대한 정보를 제공하기 위한 getInfo() 함수 정의 **3. ch12.part04.main7.ProductVo 클래스 정의** – 전역변수 정의 – 생성자 함수 정의 – toString() 함수 재정의 – getter setter 함수 정의 **4. ch12.part04.main7.Frame01 클래스 정의** – textArea 전역변수 정의 : 지역변수를 전역변수로 분리 – 생성자 함수 정의 ▸ 화면 기본 구성 ▸ 컴포넌트(textArea) 생성 ▸ 컴포넌트(btn) 생성 ▸ 버튼 클릭 이벤트 함수 정의 · [1] 검색 조건 설정 · [2] Controller에 검색 요청 · [3] 검색 결과를 화면에 반영 **5. ch12.part04.main7.Controller 클래스 정의** – 외부에서 요청 시 해당 조건에 맞는 품목을 반환하는 함수 정의 ▸ DataContainer에서 Service 객체조회 및 품목조회 **6. ch12.part04.main7.Service 클래스 정의** – 외부에서 요청 시 해당 조건에 맞는 품목을 반환하는 서비스 함수 정의 ▸ 파라미터 검색 조건 조회 ▸ 데이터베이스에 자료 조회를 한다. – 향후 학습 예정 ▸ 검색 결과를 파라미터에 저장한다. **7. ch12.part04.main7.TestMain 클래스 정의** – 메인 함수 정의 ▸ frame01, controller, service 객체 생성 ▸ DataContainer에 저장 ▸ 화면이 나타나도록 설정
사용 예문	1. ch12.part04.main7.DataContainer 클래스 정의 **– 메인 객체 저장을 위한 클래스** **– 데이터의 저장은 applicationContainer에 저장하여 관리한다.**

사용 예문

```
package ch12.part04.main7;

import java.util.HashMap;
import java.util.Map;

public class DataContainer {

    /** 데이터 컨테이너 설정을 위한 applicationContainer 전역변수 정의 */
    private static final Map<String, Object> applicationContainer = new HashMap<String, Object>();

    /** 데이터 저장을 위한 addBean() 함수 정의 */
    public static void addBean(String beanName, Object bean){
        applicationContainer.put(beanName, bean);
    }

    /** 데이터 호출을 위한 getBean() 함수 정의【1】*/
    public static Object getBean(String beanName){
        return applicationContainer.get(beanName);
    }

    /** 제네릭스를 이용한 데이터 동적호출 getBean() 함수 정의【2】*/
    public static <T> T getBean(String beanName, Class<T> clazz){
        return (T) applicationContainer.get(beanName);
    }
}
```

2. ch12.part04.main7.ParameterMap 클래스 정의
– 함수의 파라미터 타입을 공통으로 사용하기 위해 ParameterMap 클래스 정의

```
package ch12.part04.main7;

import java.util.HashMap;
import java.util.Set;

/** 상속을 이용한 클래스 정의 */
public class ParameterMap extends HashMap<String, Object> {

    /** 해당 Key를 입력 시 String 타입의 결과값을 반환 */
    public String getString(String key){
        Object object = get(key);
        if(object==null) return null;
        return object.toString();
    }

    /** 해당 Key와 클래스 객체를 입력 시 해당 클래스 타입의 결과 값을 반환 */
    public <T> T get(String key, Class<T> clazz){
```

```
        return (T) get(key);
    }

    /** 해당 타입에 대한 정보를 제공하기 위한 함수 */
    public String getInfo(String title){

        String msg = "\r\n==============================\r\n";
        msg += "【 "+title + " 파라미터 정보 】\r\n";
        msg += "------------------------------\r\n";
        Set<String> keySet = this.keySet();
        for(String s : keySet){
            Object obj = get(s);
            msg += "\t" + s + "\t:\t" + obj+"\r\n";
        }
        msg += "==============================\r\n";
        return msg;
    }
}
```

3. ch12.part04.main7.ProductVo 클래스 정의

사용 예문

```
package ch12.part04.main7;

public class ProductVo {

    /** 전역변수 정의 */
    private String productNo;
    private String productName;
    private int price;

    /** 생성자함수 정의 */
    public ProductVo(String productNo, String productName, int price){
        this.productNo = productNo;
        this.productName = productName;
        this.price = price;
    }

    /** toString() 함수 재정의 */
    @Override
    public String toString(){
        return "["+productNo+"\t"+productName+"\t"+price+"]";
    }

    /** getter setter 함수 정의 */
    public String getProductNo() {
```

```
        return productNo;
    }
    public void setProductNo(String productNo) {
        this.productNo = productNo;
    }
    public String getProductName() { return productName; }
    public void setProductName(String productName) {
        this.productName = productName;
    }
    public int getPrice() { return price; }
    public void setPrice(int price) { this.price = price; }
}
```

4. ch12.part04.main7.Frame01 클래스 정의

사용 예문

```
package ch12.part04.main7;

import java.awt.event.ActionEvent;
import java.awt.event.ActionListener;
import java.util.List;

import javax.swing.JButton;
import javax.swing.JFrame;
import javax.swing.JTextArea;

public class Frame01 extends JFrame {

    /**  지역변수를 전역변수로 분리 */
    private JTextArea textArea = new JTextArea();

    /** 생성자함수 정의 */
    public Frame01(){

        /** 화면기본구성 */
        setTitle("Frame01");
        setLayout(null);
        setBounds(10,50, 500,500);

        /** 컴포넌트(텍스트Area) 생성 */
        textArea.setBounds(10,50, 400, 300);
        this.add(textArea);

        /** 컴포넌트(버튼) 생성 */
        JButton btn = new JButton("자료가져오기");
        btn.setBounds(10,10, 140, 30);
        this.add(btn);
```

사용 예문

```
			/** 버튼클릭 이벤트 함수 정의 */
			btn.addActionListener(new ActionListener() {
				@Override
				public void actionPerformed(ActionEvent e) {

					/** 【1】 검색조건 설정 */
					ParameterMap param = new ParameterMap();
					param.put("searchMinPrice", 4000);
					param.put("searchMaxPrice", 5000);
					System.out.println(param.getInfo("[Frame01] 이벤트 조회조건"));

					/** 【2】 Controller에 검색요청 */
					Controller controller
							= DataContainer.getBean("controller", Controller.class);
					controller.getSearchProductList(param);
					System.out.println(param.getInfo("[Frame01] 이벤트 조회결과"));

					/** 【3】 검색결과를 화면에 반영 */
					List<ProductVo> list = param.get("resultList",List.class);
					String msg = "";
					if(list!=null){
							for(ProductVo v : list ){
									msg += v.toString() + "\r\n";
							}
					}
					textArea.setText(msg);
				}
			});
		}
}
```

5. ch12.part04.main7.Controller 클래스 정의

```
package ch12.part04.main7;
public class Controller {

	/** 외부에서 요청 시 해당 조건에 맞는 품목을 반환하는 함수 정의 */
	public void getSearchProductList(ParameterMap param) {
		/** DataContainer에서 Service 객체조회 및 품목조회 */
		System.out.println(param.getInfo("[Controller] getSearchProductList()"));
		Service service = DataContainer.getBean("service",Service.class);
		service.getSearchProductList(param);
	}
}
```

6. ch12.part04.main7.Service 클래스 정의

```
package ch12.part04.main7;

import java.util.ArrayList;
import java.util.List;

public class Service {

    /** 외부에서 요청 시 해당 조건에 맞는 품목을 반환하는 서비스 함수 정의 */
    public void getSearchProductList(ParameterMap param) {

        /** 파라미터 검색조건 조회 */
        System.out.println(param.getInfo("[Service] getSearchProductList()"));
        System.out.println(param.getInfo("[Service] 조회조건"));

        /** 데이터베이스에 자료조회를 한다. - 향후 학습예정. */
        List<ProductVo> list = new ArrayList<ProductVo>();
        list.add(new ProductVo("a001","아메리카노",4000));
        list.add(new ProductVo("a002","까페라떼",4300));
        list.add(new ProductVo("a003","까페모카",4500));

        /** 검색결과를 파라미터에 저장한다. */
        param.put("resultList", list);
        System.out.println(param.getInfo("[Service] 조회결과"));
    }
}
```

7. ch12.part04.main7.TestMain 클래스 정의

```
package ch12.part04.main7;

public class TestMain {
    public static void main(String[] args) {

        /** frame01, controller, service 객체생성 */
        Frame01 frame01 = new Frame01();
        Controller controller = new Controller();
        Service service = new Service();

        /** DataContainer에 저장 */
        DataContainer.addBean("frame01", frame01);
        DataContainer.addBean("controller", controller);
        DataContainer.addBean("service", service);

        /** 화면이 나타나도록 설정 */
        frame01.setVisible(true);
```

```
    }
}
```

결과 화면

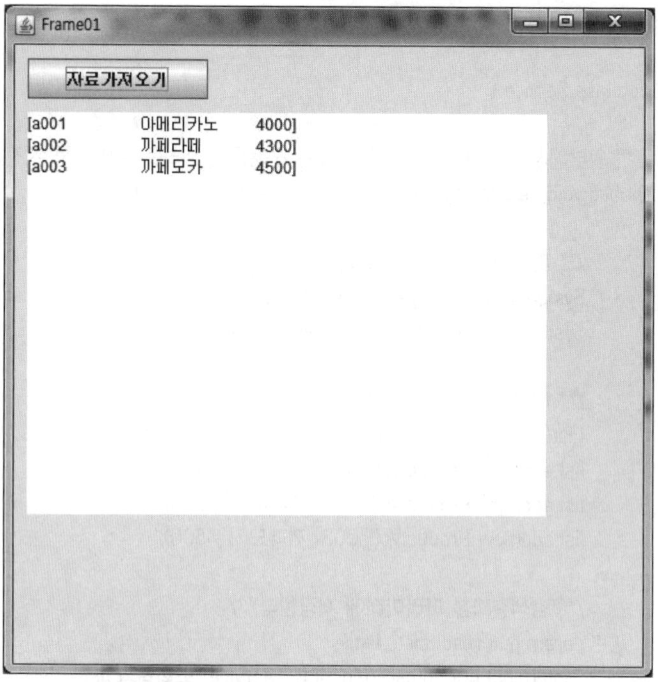

```
Frame01
자료가져오기
[a001        아메리카노      4000]
[a002        까페라떼        4300]
[a003        까페모카        4500]
```

결과

```
==============================
【 [Frame01] 이벤트 조회조건 파라미터 정보 】
------------------------------
     searchMinPrice   :   4000
     searchMaxPrice   :   5000
==============================



==============================
【 [Controller] getSearchProductList() 파라미터 정보 】
------------------------------
   searchMinPrice   :   4000
   searchMaxPrice   :   5000
==============================



==============================
【 [Service] getSearchProductList() 파라미터 정보 】
```

```
-----------------------------
  searchMinPrice   :  4000
  searchMaxPrice   :  5000
=============================


=============================
【 [Service] 조회조건 파라미터 정보 】
-----------------------------
  searchMinPrice   :  4000
  searchMaxPrice   :  5000
=============================


=============================
【 [Service] 조회결과 파라미터 정보 】
-----------------------------
  searchMinPrice   :  4000
  searchMaxPrice   :  5000
  resultList       :  [[a001  아메리카노  4000], [a002  까페라떼  4300], [a003  까페모카  4500]]
=============================


=============================
【 [Frame01] 이벤트 조회결과 파라미터 정보 】
-----------------------------
  searchMinPrice   :  4000
  searchMaxPrice   :  5000
  resultList       :  [[a001  아메리카노  4000], [a002  까페라떼  4300], [a003  까페모카  4500]]
=============================
```

정리

- DataContainer 클래스의 활용
  - 객체 정보를 저장하기 위한 데이터 컨테이너 역할
    - ▸ 클래스 어느 위치에서도 특정 객체에 접근이 가능하다.

      Controller controller = DataContainer.getBean("controller", Controller.class);

- Map 활용
  - 객체 간의 함수의 파라미터 전달을 ParameterMap 타입을 정의하여 전달한다.
    - ▸ 0개 이상의 파라미터를 Map 타입으로 저장하여 전달할 수 있다.

정리

– HashMap<String, Object>를 상속받으므로 해당 타입의 기능을 모두 상속받았다.

```
public ParameterMap extends HashMap<String, Object> {
    ...
}
```

• 'MVC' 디자인 패턴

– MVC 패턴은 13장에서 다시 다룰 예정이며 로직의 흐름을 이해할 수 있는 수준으로 학습하길 바란다.

– Model(M), View(V), C(Controller)의 앞글자로 이루어졌으며, Web 프로그램의 경우 대부분 MVC 패턴으로 설계되어진다.

<table>
<tr><th rowspan="2">View(화면) 이벤트</th><th rowspan="2">Controller</th><th colspan="2">Model</th></tr>
<tr><th>Service</th><th>DAO</th></tr>
<tr><td>[1] 조건 자료

[2] Controller 호출 ▷

[8] 화면 반영</td><td>[3] Service 호출 ▷</td><td>[4] DAO 호출 ▷</td><td>[5] 조건 자료
[6] DB 조회
[7] 결과 자료 저장</td></tr>
</table>

– View

▸ 화면을 담당하며 사용자가 최초로 프로그램을 접하는 부분이다.

▸ 사용자가 프로그램 조작을 통하여 이벤트를 발생시키며 해당 이벤트를 Controller에서 처리하도록 설계한다.

– Controller

▸ 화면으로부터 최초 요청을 받는 구간으로서, 요청을 처리하기 위한 구간이다.

▸ Controller의 주된 업무 절차는 다음과 같다.

[1] 요청 파라미터 자료 객체 조회

[2] 객체 검증(Validation)

〉 필수 항목 입력 여부, 자료의 길이, 자료의 타입 등이 정상적인지 검사

[3] 'Service' 요청 자료 처리 요청 및 결과 값 도출

[4] 'View' 결과 자료 전달

▸ 주로 Service 객체가 가지는 함수를 호출한다.

– Service

▸ Model의 비즈니스 로직을 처리하는 구간이며 업무 단위의 로직을 처리하기 위한 구간이다.

▸ 하나의 서비스는 여러 개의 DAO로 구성된 작업이 필요하며 DAO는 단위 업무 처리를 위한 객체라고 생각하면 된다.

▸ 하나의 비즈니스 로직은 일반적으로 1개 이상의 단위 업무 처리를 한다.

ex1) 주로 데이터베이스를 통하여 자료 저장 또는 자료 조회를 한다.

ex2) 파일 서버에 파일을 저장한다.

▸ 예를 들어 하나의 제품 판매 서비스는 다음과 같이 3개의 단위 업무 처리를 위한 작업 처리가 필요하다.

[1] 거래처 제품 판매 데이터베이스 자료 등록

[2] 재고 출고에 의한 재고 수량 데이터베이스 자료 수정

[3] 전표 발생 데이터베이스 자료 수정

12.5 Properties, Stack, Queue

수준	중요 포인트 및 학습 가이드(※)
중	1. Properties ※ Properties는 주로 파일과 연관되어 사용하기 때문에 load() 함수를 이용하여 자료 등록 과정을 반드시 숙지하길 바란다.
하	2. Stack ※ Stack에서 LIFO 개념을 이해하고 push(), pop(), peek() 함수의 사용을 이해하면 한다.
하	3. Queue – Queue는 인터페이스이며 이를 구현한 클래스는 'LinkedList, PriorityQueue, PriorityBlockingQueue' 등이 있다. ※ Queue에서 FIFO 개념을 이해하고 offer(), poll(), peek() 함수의 사용을 이해하면 한다.

12.5.01 Properties

▣ java.util.Properties 클래스 API

- Map을 구현한 클래스이므로 Map에서 소개한 기능 그대로 사용할 수 있으며 그 외의 기능을 소개하도록 하겠다.
- 파라미터로 사용된 Inputstream, Reader, OutputStream 타입은 파일을 읽고 쓰기 위한 객체이며 15장에서 상세하게 다룰 예정이다.

주요 함수	• java.util.Map 타입의 API를 참조하길 바란다. • 주요 함수 public V put(K key, V value) – **자료 입력, 자료 수정** public E remove(K key) – **자료 삭제** public void clear() – **전체 자료 삭제** public E get(K key) – **자료 조회** public Set〈K〉 keySet() – key **전체 자료 조회** public Collection〈V〉 values() – value **전체 자료 조회** public boolean containsKey(Object key) – **자료 포함 여부** public int size() – **자료 수** public void putAll(Map〈? extends K, ? extends V〉 m) – **일괄 자료 등록**
자료 조회	public String getProperty(String key) • Map 타입의 구현 클래스이며 key에 해당하는 value의 값을 반환하는 함수이다. – Properties는 key와 value가 사용 목적 상 주로 String 타입으로 되어 있다.
파일 조회	Public void load(InputStream in) Public void load(Reader reader) • properties 파일에 설정된 key, value의 값을 읽어서 Properties 객체에 해당 자료를 저장하기 위한 함수 • 이번 학습에서는 간단히 properties 파일에 입력된 자료를 읽기작업을 할 것이다.
파일 저장	Public void store(OutputStream out, String title) ~~Public void save(OutputStream out, String title)~~ • Properties 타입에 저장되어 있는 'key, value'를 properties 파일에 저장하기 위한 함수 • save() 함수는 IOException 처리를 사용자가 처리할 수 없도록 정의되어 있어 deprecated 되어 있으며 이를 보완한 store() 함수를 사용하도록 권장하고 있다. – 'deprecated'는 해당 함수를 더 이상 사용하지 않도록 하기 위한 표현 방법이며 '@Deprecated'를 함수에 정의하면 된다. – 대부분 'deprecated'된 함수는 이를 대체한 함수가 존재한다.

1. 기본 학습

사용 목적	• 시스템 설정 변수 사용 목적 – 시스템에서는 기본 설정 항목을 외부 파일에 저장하여 관리한다. ▸ 일반적으로 확장자가 'properties'인 파일로 관리한다. ex) configuration.properties

	– 외부 파일에 저장하는 이유 ▸ 소스 코드 상에 설정값 저장 시 프로그램이 실행된 이후 소스 코드를 변경해도 반영되지 않는다. ▸ 외부 파일에 저장 시 시스템 작동 이후에 값이 변경되어도 반영될 수 있도록 할 수 있다. ▸ 설정 변수를 한 곳에서 관리함으로써 유지/관리가 용이하다. – 시스템의 변수는 '속성(Key)'과 '값(Value)'으로 이루어져 있다.
특징	• Properties 클래스 – '속성(Key)'과 '값(Value)'으로 구성된 Map을 구현한 클래스이다. ▸ 속성과 값은 사용 목적 상 주로 String 타입으로 제한된다. – 위에서 설명한 properties 파일을 이용하여 읽기/쓰기가 가능하다. ▸ 파일을 이용하여 읽기/쓰기를 할 때 String 값으로 변환하여 입력한다. • HashMap, Hashtable, Properties 클래스 비교 – 모두 Map 타입을 구현한 클래스이다. – HashMap은 동기화를 고려하지 않은 Map 타입의 클래스이다. – Hashtable은 동기화를 고려한 Map 타입의 클래스이다. ▸ Properties는 Hashtable을 상속받은 자식 클래스이다.

2. Properties 기본 예제 [1] – 기본 CRUD

학습 목표

• Properties의 기본적인 CRUD 기능을 구현하도록 한다.

사용 예문

```
package ch12.part05.main1.sub2;

import java.util.Properties;
import java.util.Set;

public class TestMain {
    public static void main(String[] args) {

        /** 객체생성 및 자료등록 : put() */
        System.out.println("• Properties 객체생성 및 자료등록");
        Properties prop = new Properties();
        prop.put("1", "a");
        prop.put("2", "b");
        prop.put("3", "c");
        prop.put("4", "d");
        prop.put("5", "e");
        System.out.println("prop = "+prop);
```

```
		System.out.println();

		/** 자료수정 : put() */
		System.out.println("• Properties 자료수정 : [3,c] → [3, f]");
		prop.put("3", "f");
		System.out.println("prop = "+prop);
		System.out.println();

		/** 자료삭제 : remove() */
		System.out.println("• Properties 자료삭제 : 2");
		prop.remove("2");
		System.out.println("prop = "+prop);
		System.out.println();

		/** 전체자료조회 : keySet(), get() */
		System.out.println("• Properties 자료조회");
		Set<Object> keySet = prop.keySet();
		for(Object o : keySet){
			System.out.println("₩t" + o + " : " + prop.get(o));
		}
		System.out.println("prop = "+prop);
		System.out.println();

		/** String 자료 접근 : getProperty() */
		System.out.println("• Properties String 타입 자료조회 : [key=1]");
		String property1 = prop.getProperty("1");
		System.out.println("prop property [key=1] = " + property1);
		System.out.println("prop = "+prop);
	}
}
```

결과

```
• Properties 객체생성 및 자료등록
prop = {5=e, 4=d, 3=c, 2=b, 1=a}

• Properties 자료수정 : [3,c] → [3, f]
prop = {5=e, 4=d, 3=f, 2=b, 1=a}

• Properties 자료삭제 : 2
prop = {5=e, 4=d, 3=f, 1=a}

• Properties 자료조회
	5 : e
	4 : d
	3 : f
```

	1 : a prop = {5=e, 4=d, 3=f, 1=a} • Properties String 타입 자료조회 : [key=1] prop property [key=1] = a prop = {5=e, 4=d, 3=f, 1=a}
정리	• 객체 생성 작업 Properties prop = new Properties(); • 자료 등록 및 자료 수정 작업 – key와 value로 자료를 구성하여 등록하면 되며 동일한 key로 등록 시 기존 자료에 덮어쓰게 되어 자료 수정이 된다. prop.put("key1", "value1"); /** 자료등록 */ prop.put("key1", "value2"); /** 자료수정 – 앞에서 등록한 값을 수정 */ • 자료 삭제 작업 – key의 값을 이용하여 자료를 수정할 수 있다. prop.remove("key1"); /** key1의 key값에 해당하는 자료를 삭제 */ prop.clear(); /** 전체자료삭제 */ • 자료 조회 Set<String> keySet = prop.keySet(); /** key 전체자료조회 */ String value = prop.get("key1"); /** key1의 key에 해당하는 value 값 조회 */

3. Properties 기본 예제 [2] – properties 파일에서 자료 등록하기

학습 목표	• 파일에 저장된 properties 파일을 읽어서 Properties 파일 객체에 저장하는 과정을 학습하도록 하겠다. – File 읽기는 'File IO'에서 다룰 부분이므로 일단 이해하는 차원으로 참고하길 바란다. – conf.properties 파일을 윈도우 시스템 D 드라이브(D:) 바로 밑에 생성하도록 한다. 학습자의 환경에 맞게 정의하되 해당 경로를 가져올 수 있도록 주의하자. ▸ 저장 경로(D 드라이브) – D://conf.properties ▸ 이클립스에서 properties 파일의 경우 한글 지원이 되지 않기 때문에 한글이 지원되는 플러그인을 설치해야 한다. · 이클립스 플러그인 설치는 웹에서 검색하면 자세히 나와 있기 때문에 생략하도록 한다. · properties 파일의 특징 ▸ properties 파일은 '#'으로 시작할 경우 주석으로 처리된다. ▸ 'key=value'의 형태로 첫 번째 등호를 기준으로 'key'와 'value'를 구분한다.

처리 방법

- 이클립스에서 패키지 내에 properties 파일 정의하기
  - [1] 해당 패키지 선택
  - [2] 단축키 [Ctrl + N] 입력 ▷ 'file' 입력 ▷ 'file' 선택 ▷ [Next] 버튼 클릭

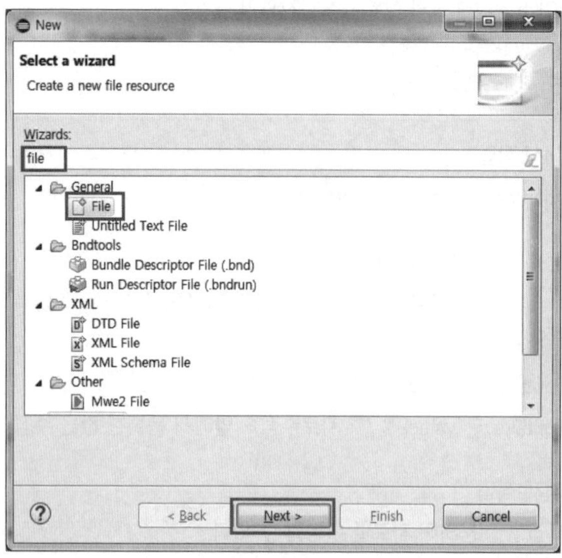

  - [3] 'File name' 입력 란에 'conf.properties' 파일명 입력 ▷ [Finish] 버튼 클릭

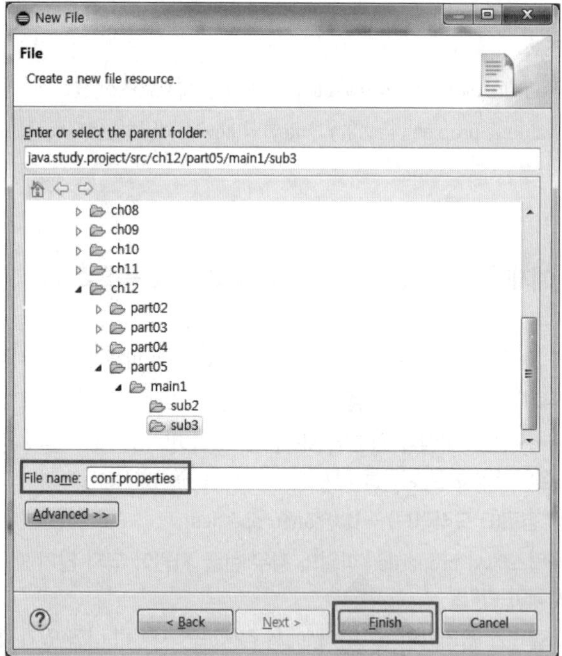

학습 절차

1. conf.properties 파일 정의

- ch12.part05.main1.sub3의 패키지 내에 해당 파일을 정의하도록 한다.

▸ 상대 경로는 [src/ch12/part05/main1/sub3/conf.properties]가 된다.

▸ 상대 경로에 대해는 15장에서 절대 경로와 상대 경로에 대해 상세하게 학습할 계획이다.

2. ch12.part05.main1.sub3.TestMain 클래스 정의

– 메인 함수 정의

▸ Properties 객체 생성

▸ FileInputStream 객체 생성

▸ 파일 내용을 prop에 저장하기

▸ FileInputStream 종료

▸ Properties 자료 읽기

사용 예문

1. conf.properties 파일 정의

– ch12.part05.main1.sub3의 패키지 내에 해당 파일을 정의하도록 한다.

```
# configuration parameter
1=a
2=b
3=c
4=d
5=e
```

2. ch12.part05.main1.sub3.TestMain 클래스 정의

```
package ch12.part05.main1.sub3;

import java.io.FileInputStream;
import java.io.FileNotFoundException;
import java.io.IOException;
import java.util.Properties;
import java.util.Set;

public class TestMain {
    public static void main(String[] args) {

        /** Properties 객체생성 */
        Properties prop = new Properties();

        FileInputStream fis = null;
        try {

            String str = TestMain.class.getPackage().getName().replace(".", "/");
            System.out.println(str);

            /** FileInputStream 객체생성 */
```

```
            fis = new FileInputStream("src/ch12/part05/main1/sub3/conf.properties");

            /** 파일내용을 prop에 저장하기 */
            prop.load(fis);

        } catch (FileNotFoundException e) {
            e.printStackTrace();
        } catch (IOException e) {
            e.printStackTrace();
        }

        /** FileInputStream 종료 */
        try {
            if(fis!=null) fis.close();
        } catch (IOException e) {
            e.printStackTrace();
        }

        /** Properties 자료읽기 */
        Set<Object> keySet = prop.keySet();
        for(Object o : keySet){
            String property = prop.getProperty((String)o);
            System.out.println(o + " : " + property);
        }
    }
}
```

결과

```
5 : e
4 : d
3 : c
2 : b
1 : a
```

정리

- 사용 예문에서 파일 읽기를 위한 FileInputStream 처리 절차 [파일 읽기 예습]
  - FileInputSteam 처리 과정은 15장에서 상세히 다룰 것이다.
  - 작업 처리 절차
    - ▸ [1] 객체 생성 : FileInputStream fis = new FileInputStream("파일 경로");
    - ▸ [2] 읽기 작업 : prop.load(fis);
    - ▸ [3] 종료 작업 : fis.close();
  - 처리 예문은 다음과 같이 된다.

```
FileInputStream fis  = new FileInputStream("파일경로");
prop.load(fis);
```

정리

```
fis.close();
```

- 예외 처리를 고려한 소스 개선을 위한 처리 과정 [예외 처리 복습]

– 위에서 언급한 처리 절차에 따른 예외 처리를 하도록 하겠다.

– '객체 생성'과 '읽기 작업'은 연관성이 있기 때문에 동일한 예외 처리 블록으로 처리해야 한다.

– '종료 작업'은 앞의 로직에서 에러가 발생해도 무조건 처리되어야 하기 때문에 독립적으로 사용하도록 하겠다.

– [개선 1] 결과 코드는 다음과 같이 2개의 'try–catch 블록'으로 된다.

```
try{
        FileInputStream fis  = new FileInputStream("파일경로");
        prop.load(fis);
} catch (FileNotFoundException e) {
        e.printStackTrace();
}
try {
        fis.close();
} catch (IOException e) {
        e.printStackTrace();
}
```

– [개선 2] 블록과 블록 사이의 자료 연결 ▷ 상위 블록으로 객체 선언 및 초기화

▸ 위의 경우 fis의 객체 연결이 되지 않아 오류가 발생하며 '블럭'과 '블럭' 사이의 자료 연결을 위해 해당 객체를 상위 구간에서 선언되어야 하며 이 때 상위 블록에 선언한 객체는 반드시 초기화되어야 한다. 따라서 결과 코드는 다음과 같다.

```
FileInputStream fis = null;
try{
        fis  = new FileInputStream("파일경로");
        prop.load(fis);
} catch (FileNotFoundException e) {
        e.printStackTrace();
} catch (IOException e) {
        e.printStackTrace();
}
try {
        fis.close();
} catch (IOException e) {
        e.printStackTrace();
}
```

– [개선 3] NullPointerException의 처리

▸ 첫 번째 try–catch 블록에서 객체 생성을 하면서 오류가 발생할 경우 fis 객체는 'null'이 되며 두 번째 try–catch 블록에서 close() 함수 호출 시 fis가 'null'이기 때문에 NullPointerException 오류가 발생하게 되므로 이를 고려하여 처리해야 하며 결과 코드는 다음과 같다.

```
FileInputStream fis = null;
try{
    fis  = new FileInputStream("파일경로");
    prop.load(fis);
} catch (FileNotFoundException e) {
    e.printStackTrace();
} catch (IOException e) {
    e.printStackTrace();
}
try {
    if(fis!=null) fis.close();
} catch (IOException e) {
    e.printStackTrace();
}
```

4. Properties 기본 예제 [3] – properties 파일에 자료 저장하기

학습 목표	• Properties에 담긴 자료를 conf.properties 파일에 저장하기 – 파일은 바로 앞에서 학습한 conf.properties 파일을 이용한다.
학습 절차	**ch12.part05.main1.sub4.TestMain 클래스 정의** – 메인 함수 정의 ▸ Properties 객체 생성 ▸ 자료 저장 ▸ 파일 내용을 prop에 저장하기 ▸ FileInputStream 종료 ▸ Properties 자료 읽기
사용 예문	ch12.part05.main1.sub4.TestMain 클래스 정의 – ch12.part05.main1.sub4의 패키지 내에 해당 conf.properties 파일을 정의하도록 한다. ▶ 상대 경로는 [src/ch12/part05/main1/sub4/conf.properties]가 된다. ▶ 상대 경로에 대해는 15장에서 절대 경로와 상대 경로에 대해 상세하게 학습할 계획이다.

사용 예문

```
package ch12.part05.main1.sub4;

import java.io.FileNotFoundException;
import java.io.FileOutputStream;
import java.io.IOException;
import java.util.Properties;

public class TestMain {
    public static void main(String[] args) {

            /** Properties 객체생성 */
            Properties prop = new Properties();

            /** 자료저장 */
            prop.put("1", "a");
            prop.put("2", "b");
            prop.put("3", "c");
            prop.put("4", "d");
            prop.put("5", "e");

            FileOutputStream fos = null;
            try {

                    /** FileOutputStream 객체생성 */
                    fos = new FileOutputStream("src/ch12/part05/main1/sub4/conf.properties");

                    /** 자료 쓰기 작업 */
                    prop.store(fos, "configuration file setting");
            } catch (FileNotFoundException e) {
                    e.printStackTrace();
            } catch (IOException e) {
                    e.printStackTrace();
            }

            /** FileOutputStream 종료 */
            try {
                    if (fos != null)
                        fos.close();
            } catch (IOException e) {
                    e.printStackTrace();
            }
    }
}
```

결과	• 이클립스에서 해당 패키지 'ch12.part05.main1.sub4'를 선택 후 [F5] 키를 누르면 refresh()가 되어 다음과 같이 해당 파일이 생성된 것을 확인할 수 있을 것이다.
	`#configuration file setting`
	`#Sun Jul 29 18:22:52 KST xxxx`
	`5=e`
	`4=d`
	`3=c`
	`2=b`
	`1=a`

5. Properties 기본 예제 [4] – 자바 시스템 설정 Properties 자료 조회하기

• 자바 시스템 Properties 조회하기

– System 클래스는 자바의 설정 정보를 제공하며 이에 대한 정보를 Properties 타입으로 제공한다.

사용 예문

```
package ch12.part05.main1.sub5;

import java.util.Properties;
import java.util.Set;

public class TestMain {
    public static void main(String[] args) {

        /** 시스템 정보 조회 */
        Properties properties = System.getProperties();
        Set<Object> keySet = properties.keySet();
        for(Object key : keySet){
            System.out.println(key + " : " + properties.get(key));
        }
    }
}
```

결과

※ 시스템마다 정보가 다를 수 있으며 결과자료의 중요한 항목 일부만 나타내도록 한다.

user.dir:	【프로젝트 경로】
os.name: Windows 7	【OS명】
file.encoding: UTF-8	【파일 인코딩】
user.home: C:₩Users₩SSW	【사용자 home 디렉토리】

정리

• 시스템 정보는 향후에 프로젝트 설계에서 필요한 자료를 조회하여 사용할 수 있는 중요한 변수가 될 것이다.

12.5.02 Stack

▣ java.util.Stack 클래스 API

– Stack은 List 인터페이스를 구현한 클래스이므로 List의 기능 목록을 가지고 있지만 Stack의 기본 기능은 다음과 같이 'push(), pop(), peek()'의 메인 기능을 사용하길 권장한다.

객체 생성	**new Stack<E>()** • 기본 생성자 함수를 이용한 객체 생성 – 제네릭 타입을 설정함으로써 자료의 타입을 제한할 수 있다.
자료 등록	**public E push(E 자료객체)** • 자료를 마지막에 추가하며 추가되는 자료 객체의 값을 반환한다.
자료 삭제	**public E pop()** • 마지막 자료를 제거 후 제거되는 자료를 반환한다.
자료 조회	**public E peek()** • 현재 저장된 마지막 자료를 반환한다.

■ Stack 기본 학습

자료 조회

• 프로그램 함수 처리 방식

– 다음 클래스의 메인 함수에서 method1() 함수가 호출될 경우 다음과 같은 호출 과정이 나타난다.

```
public class A {
    public void method1(){ method2(); } /** 함수1 */
    public void method2(){ System.out.println("method2 print"); } /** 함수2 */
    public static void main(String[] args){
        A a = new A();
        a.method1(); /** 함수1 호출 */
    }
}
```

– 스택 자료 및 함수 호출 순서

▸ 위의 처리 과정에서 메인 함수 호출 이후, 내부에서 처리되는 함수의 호출 과정은 다음과 같다.

· 함수 1 호출 ▷ 함수 2 호출 ▷ 함수 2 종료 ▷ 함수 1 종료

▸ 함수 1은 함수 2를 호출하며 함수 2가 종료된 이후에 함수 1이 종료될 수 있다.

▸ 메인 함수는 함수 1이 종료된 이후에 종료될 수 있다.

▸ 함수가 호출될 때마다 다음과 같이 스택에 메모리 자료가 생성되며, 함수가 종료되면서 해당 메모리 자료가 스택에서 제거된다.

▸ 참고로 스택에 쌓이는 자료는 해당 함수의 로컬 변수에 관한 정보를 가지고 있다.

Stack 자료[2]				함수2 자료 등록			
Stack 자료[1]			함수1 자료 등록	함수1 자료	함수1 자료		
Stack 자료[0]		메인 함수 자료 등록	메인 함수 자료	메인 함수 자료	메인 함수 자료	메인 함수 자료	
메모리 자료	시작	메인 함수 호출 →	함수1 호출 →	함수2 호출 →	함수2 종료 →	함수1 종료 →	종료

– 위의 과정을 토대로 Stack 자료 구조 처리 과정을 설명하도록 하겠다.

▸ 최초 메인 함수가 호출되면서 Stack에 첫 번째 자료가 등록된다.

▸ 함수 1이 실행되면서 Stack에 두 번째 자료가 등록된다.

▸ 함수 2가 실행되면서 Stack에 세 번째 자료가 등록된다.

▸ 함수 2가 종료되면서 Stack에 세 번째 자료가 삭제된다.

▸ 함수 1이 종료되면서 Stack에 두 번째 자료가 삭제된다.

▸ 메인 함수가 종료되면서 Stack에 첫 번째 자료가 삭제된다.

– 위와 같이 자료가 순차적으로 추가되면서 마지막의 자료가 우선 제거되는 형태를 'LIFO (Last In First Out)' 방식의 자료 구조라 한다.

특징

• LIFO (Last In First Out)

– 자료는 순차적으로 추가되며 삭제는 마지막에 입력된 자료가 우선 삭제되는 형태의 자료 구조이다.

– 위에서 함수의 호출을 보면 마지막에 호출된 함수가 가장 처음으로 종료된다.

▸ 호출 시 스택에 자료 추가가 되며 종료 시 스택에서 자료가 삭제된다.

– Stack의 처리는 이와 같이 함수의 처리 과정이 대표적이다.

• 스택에서의 주요 관심사

– 자료 추가 : 자료가 순차적으로 쌓인다.

– 자료 제거 : 마지막 자료가 우선 제거된다.

사용 예문

```
package ch12.part05.main2;
```

사용 예문

```
import java.util.Stack;

public class TestMain {
    public static void main(String[] args) {

        /** 객체생성 */
        Stack<Integer> stack = new Stack<Integer>();

        /** stack에 자료존재 여부 검사 */
        System.out.println(stack.isEmpty());

        /** 자료추가 push() - 1 → 2 → 3 → 4 */
        Integer push1 = stack.push(1);
        System.out.println(
            "절차1₩tpush():"+push1+"₩tpeek():"+stack.peek()+"₩tstack:"+stack);

        Integer push2 = stack.push(2);
        System.out.println(
            "절차2₩tpush():"+push2+"₩tpeek():"+stack.peek()+"₩tstack:"+stack);

        Integer push3 = stack.push(3);
        System.out.println(
            "절차3₩tpush():"+push3+"₩tpeek():"+stack.peek()+"₩tstack:"+stack);

        Integer push4 = stack.push(4);
        System.out.println(
            "절차4₩tpush():"+push4+"₩tpeek():"+stack.peek()+"₩tstack:"+stack);

        /** 마지막 자료 삭제 - 4 → 3 → 2 → 1 */
        Integer pop1 = stack.pop();
        System.out.println(
            "절차5₩t pop():"+pop1+"₩tpeek():"+stack.peek()+"₩tstack:"+stack);

        Integer pop2 = stack.pop();
        System.out.println(
            "절차6₩t pop():"+pop2+"₩tpeek():"+stack.peek()+"₩tstack:"+stack);

        Integer pop3 = stack.pop();
        System.out.println(
            "절차7₩t pop():"+pop3+"₩tpeek():"+stack.peek()+"₩tstack:"+stack);

        Integer pop4 = stack.pop();
        System.out.println("절차8₩t pop():"+pop4+"₩tpeek():없음₩tstack:"+stack);

        /** stack에 자료존재 여부 검사 */
```

```
            System.out.println(stack.isEmpty());
    }
}
```

결과	true 절차1 push():1 peek():1 stack:[1] 절차2 push():2 peek():2 stack:[1, 2] 절차3 push():3 peek():3 stack:[1, 2, 3] 절차4 push():4 peek():4 stack:[1, 2, 3, 4] 절차5 pop():4 peek():3 stack:[1, 2, 3] 절차6 pop():3 peek():2 stack:[1, 2] 절차7 pop():2 peek():1 stack:[1] 절차8 pop():1 peek():없음 stack:[ ] true
주의 사항	• EmptyStackException 에러 발생 – Stack 자료 구조에 자료가 없을 때 peek(), pop() 함수를 호출 시 에러를 발생시킨다. – 필요하다면 peek(), pop()을 호출하기 전에 isEmpty() 함수를 이용하여 자료 존재 여부를 확인해야 한다.

12.5.03 Queue

▣ java.util.Queue 인터페이스 API

자료 등록	**public E offer(E 자료객체)** • 자료를 마지막에 추가하며, 추가되는 자료를 반환한다.
자료 삭제	**public E poll()** • 마지막 자료를 삭제하며, 삭제되는 자료를 반환한다.
자료 조회	**public E peek()** • 현재 마지막 자료를 반환한다.

개념 설명	• 모든 시스템은 기본적으로 서비스 처리 요청이 있을 때 먼저 요청한 서비스부터 처리한다. – 이와 같이 자료는 순차적으로 추가되면서 가장 먼저 입력된 자료가 삭제되는 형태의 자료 구조를 'Queue 구조'라 한다.

<table>
<tr><td></td><td>- 이러한 자료 구조를 'FIFO(First In First Out)' 방식의 자료 구조라 한다.</td></tr>
<tr><td>특징</td><td>• FIFO (First In First Out)
- 자료는 순차적으로 추가되며 삭제는 처음에 입력된 자료가 우선 삭제되는 형태의 자료 구조이다.
- 시스템의 이벤트 처리가 대표적인 FIFO 처리 방식이다.
▸ 우선 요청한 이벤트가 우선적으로 처리가 된다.

• Queue 구조에서의 주요 관심사
- 자료 추가(offer()) : 자료가 순차적으로 쌓인다.
- 자료 제거(poll()) : 처음 자료가 우선 제거된다.

• Queue 구현 클래스
- LinkedList
▸ LinkedList 클래스는 List 인터페이스를 구현한 클래스이다.
▸ 처음의 자료가 우선적으로 삭제된다.
- PriorityQueue, PriorityBlockingQueue
▸ 자료가 오름차순으로 가장 우선이 되는 자료가 우선 삭제된다.
▸ 사용 빈도가 높지 않기 때문에 참고로만 알고 넘어가자.</td></tr>
</table>

<table>
<tr><td rowspan="4">종류</td><th>클래스명</th><th>클래스 설명</th></tr>
<tr><td>LinkedList</td><td>• 들어오는 순서대로 자료를 저장한다.
- 먼저 들어온 순서대로 자료를 삭제한다.</td></tr>
<tr><td>PriorityQueue</td><td rowspan="2">• 자료를 정렬 순서대로 저장한다.
- 정렬 순서에서 가장 빠른 순서대로 삭제한다.

• 정렬 순서
- 기본적으로 오름차순 정렬
- Comparator를 이용하여 정렬 순서 정의 가능

• 차이점은 '동기화' 여부이며, 이에 대한 설명은 생략하도록 한다.</td></tr>
<tr><td>PriorityBlockingQueue</td></tr>
</table>

1. Queue 기본 예제 [1]

학습 목표	• Queue 구현 클래스를 이용하여 CRUD 작업을 하도록 한다.
학습 절차	**ch12.part05.main3.sub1.TestMain 클래스 정의** - 메인 함수 정의

▸ 객체 생성

▸ Queue 자료 추가 : 1 → e → b → 3 → c

▸ Queue 자료 삭제 : 1 → e → b → 3 → c

– Queue에 자료를 담기 위한 offer() 함수 정의

▸ 자료 저장 Queue offer() 함수 사용

– Queue에 자료를 삭제하기 위한 poll() 함수 정의

▸ 자료 삭제 Queue poll() 함수 사용

사용 예문

ch12.part05.main3.sub1.TestMain 클래스 정의

```
package ch12.part05.main3.sub1;

import java.util.LinkedList;
import java.util.Queue;

public class TestMain {
    public static void main(String[] args) {

        /** 객체생성 */
        Queue<String> q = new LinkedList<>();

        /** 자료추가 : offer() 함수를 정의하여 해당 함수에서 추가 */
        offer(q, "1"); offer(q, "e"); offer(q, "b"); offer(q, "3"); offer(q, "c");

        /** 자료삭제 : 입력된 순서대로 자료가 삭제 */
        poll(q);poll(q);        poll(q);     poll(q);     poll(q);
    }

    /** 인쇄 라인번호를 나타내기 위한 변수 */
    private static int no = 0;

    /** 자료 저장 및 메시지 출력 */
    private static void offer(Queue q, Object data){
        /** 자료저장 Queue offer() 함수사용 */
        q.offer(data);  /** 저장 */
        no++;
        String msg = "절차" + no + "\t offer ["+ data+"]";
        msg += "\t peek ["+q.peek()+"]";
        msg += "\t 자료구조 " + q;
        System.out.println(msg);
    }

    /** 자료 삭제 및 메시지 출력 */
    private static void poll(Queue q){
```

	`/** 자료삭제 Queue poll() 함수사용 */`
	`Object data = q.poll();`
	`no++;`
	`String msg = "절차" + no + "\t  poll ["+ data+"]";`
	`msg += "\t peek ["+q.peek()+"]";`
	`msg += "\t 자료구조 " + q;`
	`System.out.println(msg);`
	`}`
	`}`

결과	절차1 offer [1] peek [1] 자료구조 [1] 절차2 offer [e] peek [1] 자료구조 [1, e] 절차3 offer [b] peek [1] 자료구조 [1, e, b] 절차4 offer [3] peek [1] 자료구조 [1, e, b, 3] 절차5 offer [c] peek [1] 자료구조 [1, e, b, 3, c] 절차6 poll [1] peek [e] 자료구조 [e, b, 3, c] 절차7 poll [e] peek [b] 자료구조 [b, 3, c] 절차8 poll [b] peek [3] 자료구조 [3, c] 절차9 poll [3] peek [c] 자료구조 [c] 절차10 poll [c] peek [null] 자료구조 []
설명	• Queue – 'offer() 자료 등록'과 'poll() 자료 삭제'를 하는 형식으로 진행된다. – 'peek()'는 현재의 값을 나타낸다. – Stack과 달리 자료가 없을 경우에 peek()의 값은 에러를 발생시키지 않는다. • LinkedList – LinkedList의 경우 자료를 순차적으로 저장하며 저장된 순서대로 삭제된다. • 입력 순서 및 삭제 순서 – 입력 순서 : [1] ▷ [e] ▷ [b] ▷ [3] ▷ [c] – 삭제 순서 : [1] ▷ [e] ▷ [b] ▷ [3] ▷ [c]

2. Queue 기본 예제 [2] – 기본 정렬 기준 PriorityQueue 객체 활용

학습 목표	• PriorityQueue를 이용한 자료 저장 및 삭제를 처리한다. – 자료 순서는 저장과 삭제 시 우선 순위를 고려하여 저장되므로 순서대로 저장이 되지 않는다. – 삭제 시에는 오름차순으로 자료 삭제가 된다.

사용
예문

```
package ch12.part05.main3.sub2;

import java.util.PriorityQueue;
import java.util.Queue;

public class TestMain {
    public static void main(String[] args) {

        /** 객체생성 */
        Queue<String> q = new PriorityQueue<String>();

        /** 자료추가 : offer() 함수를 정의하여 해당 함수에서 추가 */
        offer(q, "1"); offer(q, "e"); offer(q, "b"); offer(q, "3"); offer(q, "c");

        /** 자료삭제 : 입력된 순서대로 자료가 삭제 */
        poll(q); poll(q); poll(q); poll(q); poll(q);
    }

    /** 인쇄 라인번호를 나타내기 위한 변수 */
    private static int no = 0;

    /** 자료 저장 및 메시지 출력 */
    private static void offer(Queue q, Object data){
        /** 자료저장 Queue offer() 함수사용 */
        q.offer(data);  /** 저장 */
        no++;
        String msg = "절차" + no + "₩t offer ["+ data+"]";
        msg += "₩t peek ["+q.peek()+"]";
        msg += "₩t 자료구조 " + q;
        System.out.println(msg);
    }

    /** 자료 삭제 및 메시지 출력 */
    private static void poll(Queue q){

        /** 자료삭제 Queue poll() 함수사용 */
        Object data = q.poll();
        no++;
        String msg = "절차" + no + "₩t  poll ["+ data+"]";
        msg += "₩t peek ["+q.peek()+"]";
        msg += "₩t 자료구조 " + q;
        System.out.println(msg);
    }
}
```

결과	절차1 offer [1] peek [1] 자료구조 [1] 절차2 offer [e] peek [1] 자료구조 [1, e] 절차3 offer [b] peek [1] 자료구조 [1, e, b] 절차4 offer [3] peek [1] 자료구조 [1, 3, b, e] 절차5 offer [c] peek [1] 자료구조 [1, 3, b, e, c] 절차6 poll [1] peek [3] 자료구조 [3, c, b, e] 절차7 poll [3] peek [b] 자료구조 [b, c, e] 절차8 poll [b] peek [c] 자료구조 [c, e] 절차9 poll [c] peek [e] 자료구조 [e] 절차10 poll [e] peek [null] 자료구조 [ ]
설명	• 자료저장 방식 – 우선 순위를 고려하여 자료가 저장된다. – 삭제 순서는 오름차순으로 자료가 삭제된다. • 입력 순서 및 삭제 순서 – 입력 순서 : [1] ▷ [e] ▷ [b] ▷ [3] ▷ [c] – 삭제 순서 : [1] ▷ [3] ▷ [b] ▷ [c] ▷ [e] /** 오름차순으로 삭제 */

3. Queue 기본예제 [3] – 사용자 정렬 기준 PriorityQueue 객체 활용

사용 예문

• PriorityQueue를 이용한 자료 저장 및 자료 삭제 [2]

– 자료 순서는 저장과 삭제 시 우선 순위를 고려하여 저장되기 때문에 순서대로 저장되지 않는다.

– Comparator에 의해 정렬된 순서대로 자료를 삭제한다.

```
package ch12.part05.main3.sub3;

import java.util.Comparator;
import java.util.PriorityQueue;
import java.util.Queue;

public class TestMain {
    public static void main(String[] args) {

        /** String 자료를 내림차순으로 자료정렬을 위한 익명클래스 정의 */
        Comparator<String> comparator = new Comparator<String>() {
            @Override
            public int compare(String o1, String o2) {
                if(o1==null && o2!=null) return -1;
                else if(o1!=null && o2==null) return 1;
```

```
                else if(o1==null && o2==null) return 0;
                else {
                        return -o1.compareTo(o2);
                }
            }
        };

        /** 사용자 정렬 PriorityQueue 객체생성 */
        Queue<String> q = new PriorityQueue<String>(comparator);

        /** 자료추가 */
        offer(q, "1"); offer(q, "e"); offer(q, "b"); offer(q, "3"); offer(q, "c");

        /** 자료삭제 : 입력된 순서대로 자료가 삭제 */
        poll(q); poll(q); poll(q); poll(q); poll(q);
    }

    /** 인쇄 라인번호를 나타내기 위한 변수 */
    private static int no = 0;

    /** 자료 저장 및 메시지 출력 */
    private static void offer(Queue q, Object data){
        q.offer(data);  /** 저장 */
        no++;
        String msg = no + "₩t offer ["+ data+"]";
        msg += "₩t peek ["+q.peek()+"]";
        msg += "₩t 자료구조 " + q;
        System.out.println(msg);
    }

    /** 자료 삭제 및 메시지 출력 */
    private static void poll(Queue q){
        Object data = q.poll();
        no++;
        String msg = no + "₩t poll ["+ data+"]";
        msg += "₩t peek ["+q.peek()+"]";
        msg += "₩t 자료구조 " + q;
        System.out.println(msg);
    }
}
```

결과

```
1   offer [1]   peek [1]   자료구조 [1]
2   offer [e]   peek [e]   자료구조 [e, 1]
3   offer [b]   peek [e]   자료구조 [e, 1, b]
```

	4 offer [3] peek [e] 자료구조 [e, 3, b, 1] 5 offer [c] peek [e] 자료구조 [e, c, b, 1, 3] 6 poll [e] peek [c] 자료구조 [c, 3, b, 1] 7 poll [c] peek [b] 자료구조 [b, 3, 1] 8 poll [b] peek [3] 자료구조 [3, 1] 9 poll [3] peek [1] 자료구조 [1] 10 poll [1] peek [null] 자료구조 [ ]
설명	• 자료 저장 방식 – 우선 순위를 고려하여 자료가 저장된다. – 정렬 방법을 Comaprator 인터페이스를 구현한 객체를 이용하여 직접 정의할 경우 해당 정렬 기준으로 자료가 삭제된다. • 입력 및 삭제 순서 – 입력 순서 : [1] → [e] → [b] → [3] → [c] – 삭제 순서 : [e] → [c] → [b] → [3] → [1] /** 정렬기준으로 삭제 */

12.6 불변 자료 구조

수준	중요 포인트 및 학습 가이드(※)
하	1. Collections 클래스를 이용한 불변 자료 구조 ※ Collections의 unmodifiableXXX() 함수를 이용하여 불변 자료 구조를 만드는 함수를 가볍게 이해하자. 사용 빈도가 높지 않다.
하	2. of( ) 함수를 이용한 불변 자료 구조 ※ Collections unmodifiableXXX( ) 대신에 of( ) 함수를 이용해 간단히 불변 자료 구조를 만드는 과정을 이해하자. ※ 해당 함수는 List, Set, Map 클래스에 있으며 **자바 1.9 버전부터 사용이 가능**하다.

12.6.01 Collections 클래스를 이용한 불변 자료 구조

▣ java.util.Collections 클래스 API

<table>
<tr><td rowspan="4">불변
자료
구조</td><td>public static List<T> unmodifiableList(List<? extends T> list)
• List 타입 list 객체의 자료를 동일 타입의 불변 자료 구조 객체를 생성하여 반환하는 함수
– 반환되는 객체는 자료의 추가, 수정, 삭제가 불가능하며 파라미터 list의 자료를 그대로 참조한다.
– 파라미터 list는 자료의 추가, 수정, 삭제가 가능하기 때문에 변경이 발생하면 불변 자료 구조의 자료로 변경되어 나타난다.</td></tr>
<tr><td>public static Set<T> unmodifiableSet(Set<? extends T> set)
• Set 타입 set 객체의 자료를 동일 타입의 불변 자료 구조 객체를 생성하여 반환하는 함수
– 반환되는 객체는 자료의 추가, 삭제가 불가능하며 파라미터 set의 자료를 그대로 참조한다.
– 파라미터 set은 자료의 추가, 삭제가 가능하기 때문에 변경이 발생하면 불변 자료 구조의 자료로 변경되어 나타난다.</td></tr>
<tr><td>public static Collection<T> unmodifiableCollection(Collection<? extends T> collection)
• Collection 타입 collection 객체의 자료를 동일 타입의 불변 자료 구조 객체를 생성하여 반환하는 함수
– Collection은 List와 Set의 상위 인터페이스이다.
– 반환되는 객체는 자료의 추가, 수정, 삭제가 불가능하며 파라미터 collection의 자료를 그대로 참조한다.
– 파라미터 collection은 자료의 추가, 수정, 삭제가 가능하기 때문에 변경이 발생하면 불변 자료 구조의 자료로 변경되어 나타난다.</td></tr>
<tr><td>public static Map<K, V> unmodifiableMap(Map<? extends T, ? exnteds V> map)
• Map 타입 map 객체의 자료를 동일 타입의 불변 자료 구조 객체를 생성하여 반환하는 함수
– 반환되는 객체는 자료의 추가, 수정, 삭제가 불가능하며 파라미터 map의 자료를 그대로 참조한다.
– 파라미터 map는 자료의 추가, 수정, 삭제가 가능하기 때문에 변경이 발생하면 불변 자료 구조의 자료로 변경되어 나타난다.</td></tr>
</table>

▣ java.util.Arrays 클래스 API

<table>
<tr><td>List
변환</td><td>public static List<T> asList(T... t)
• 배열을 List 타입으로 변환하기 위한 함수
– 동적 파라미터 t 객체를 이용하여 List 타입의 객체로 변환한다.</td></tr>
</table>

1. 불변 자료 구조 객체 생성

학습 목표	• Collections 클래스를 이용하여 List, Set, Map의 객체의 불변 자료 구조 객체를 생성할 수 있다.

사용 목적	• 자료 구조 내의 자료를 추가, 수정, 삭제가 불가능하도록 설정하기 위함이며 읽기 전용으로 자료 구조를 생성하고자 할 때 사용한다.

처리 방법	• List 불변 자료구조
	List<String> list = new ArrayList<String>();
	list.add("자료1");
	list.add("자료2");
	list.add("자료3");
	List<String> unmodifiableList = Collections.unmodifiableList(list);
	
	• Set 불변 자료구조
	Set<String> set = new HashSet<String>();
	set.add("자료1");
	set.add("자료2");
	set.add("자료3");
	Set<String> unmodifiableSet = Collections.unmodifiableSet(set);
	
	• List 불변 자료구조
	List<String> list = new ArrayList<String>();
	list.add("자료1");
	list.add("자료2");
	list.add("자료3");
	Collection<String> unmodifiableCollection = Collections.unmodifiableCollection(list);
	
	• Map 불변 자료구조
	Map<String, String> map = new HahMap<String, String>();
	map.put("key1", "value1");
	map.put("key2", "value2");
	map.put("key3", "value3");
	Map<String, String> unmodifiableMap = Collections.unmodifiableMap(map);

학습 절차	**ch12.part06.main1.sub1.TestMain 클래스 정의** – 메인 함수 정의 ▸ List 불변 자료 구조 생성 ▸ Set 불변 자료 구조 생성 ▸ Collection 불변 자료 구조 생성 ▸ Map 불변 자료 구조 생성

	ch12.part06.main1.sub1.TestMain 클래스 정의
사용 예문	(코드 아래 참조)

```
package ch12.part06.main1.sub1;

import java.util.ArrayList;
import java.util.Collection;
import java.util.Collections;
import java.util.HashMap;
import java.util.HashSet;
import java.util.List;
import java.util.Map;
import java.util.Set;

public class TestMain {
    public static void main(String[] args) {

        /** 【1】 List 불변 자료구조 객체생성 */
        List<String> list = new ArrayList<String>();
        list.add("자료1");
        list.add("자료2");
        list.add("자료3");
        List<String> unmodifiableList = Collections.unmodifiableList(list);

        /** list는 자료변경이 가능하다. */
        list.add("자료4");

        /** 다음을 주석해제 후 실행을 할 경우 에러가 발생된다. */
//      unmodifiableList.add("자료5");

        /** ununmodifiableList 자료조회 */
        System.out.println("unmoifiableList : " + unmodifiableList);

        /** 【2】 Set 불변 자료구조 객체생성 */
        Set<String> set = new HashSet<String>();
        set.add("자료1");
        set.add("자료2");
        set.add("자료3");
        Set<String> unmodifiableSet = Collections.unmodifiableSet(set);

        /** set은 자료변경이 가능하다. */
        set.add("자료4");

        /** 다음을 주석해제 후 실행을 할 경우 에러가 발생된다. */
//      unmodifiableSet.add("자료5");

        /** unmodifiableSet 자료조회 */
```

```
            System.out.println("unmodifiableSet : " + unmodifiableSet);

            /** 【3】 Collection 불변 자료구조 객체생성 */
            List<String> list2 = new ArrayList<String>();
            list2.add("자료1");
            list2.add("자료2");
            list2.add("자료3");
            Collection<String> unmodifiableCollection = Collections.unmodifiableCollection(list2);

            /** set은 자료변경이 가능하다. */
            list2.add("자료4");

            /** 다음을 주석해제 후 실행을 할 경우 에러가 발생된다. */
//          unmodifiableCollection.add("자료5");

            /** unmodifiableCollection 자료조회 */
            System.out.println("unmodifiableCollection : " + unmodifiableCollection);

            /** 【4】 Map 불변 자료구조 객체생성 */
            Map<String, String> map = new HashMap<String, String>();
            map.put("key1", "value1");
            map.put("key2", "value2");
            map.put("key3", "value3");
            Map<String, String> unmodifiableMap = Collections.unmodifiableMap(map);

            /** set은 자료변경이 가능하다. */
            map.put("key4", "value4");

            /** 다음을 주석해제 후 실행을 할 경우 에러가 발생된다. */
//          unmodifiableMap.put("key5", "value5");

            /** unmodifiableCollection 자료조회 */
            System.out.println("unmodifiableMap : " + unmodifiableMap);
    }
}
```

결과

```
unmoifiableList : [자료1, 자료2, 자료3, 자료4]
unmodifiableSet : [자료3, 자료2, 자료1, 자료4]
unmodifiableCollection : [자료1, 자료2, 자료3, 자료4]
unmodifiableMap : {key1=value1, key2=value2, key3=value3, key4=value4}
```

정리

- 분석 결과
  - 불변 자료 구조는 읽기 전용 기능으로 사용하기 위해 사용되는 객체이다.
  - Collections를 이용하여 객체를 생성하였다.

2. Collections.unmodifiableList()와 Arrays.asList()의 차이점

학습 목표	• 두 함수의 차이점을 이해할 수 있다.
설명	• Collections.unmodifiableList() 함수 – 파라미터로 들어오는 List 타입의 객체를 이용하여 읽기 전용의 List 타입 객체로 생성하여 반환하기 위한 함수 – 파라미터의 list 자료의 변경이 발생하면 반환된 List 타입의 객체도 영향을 받는다. – 함수에 의해 생성된 객체를 이용하여 자료의 추가, 수정, 삭제가 불가능하다. • Arrays.asList() 함수 – 배열의 객체를 List 타입의 객체로 변환하기 위한 함수이다. – 배열과 동일한 특성으로 자료의 추가 및 삭제는 불가능하지만 자료의 수정은 가능하다.
학습 절차	**ch12.part06.main1.sub2.TestMain 클래스 정의** – 메인 함수 정의 ▸ Collections.unmodifiableList() 함수 이용 ▸ Arrays.asList() 함수 이용

사용 예문

ch12.part06.main1.sub2.TestMain 클래스 정의

```
package ch12.part06.main1.sub2;

import java.util.ArrayList;
import java.util.Arrays;
import java.util.Collections;
import java.util.List;

public class TestMain {
    public static void main(String[] args) {

        /** 【1】 Collections.unmodifiableList() 함수이용 */
        List<String> list = new ArrayList<String>();
        list.add("자료1");
        list.add("자료2");
        list.add("자료3");
        List<String> unmodifiableList = Collections.unmodifiableList(list);

        /** 자료추가 불가능 - 오류발생 */
//      unmodifiableList.add("자료4");

        /** 자료수정 불가능 - 오류발생 */
//      unmodifiableList.set(0, "자료4");
        System.out.println("unmodifiableList : " + unmodifiableList);
```

	``
	            /** 【2】 Arrays.asList() 함수이용 */
	            String[] array = new String[]{"자료1", "자료2", "자료3"};
	            List<String> asList = Arrays.asList(array);
	
	            /** 자료추가 불가능 - 오류발생 */
	// asList.add("자료4");
	
	            /** 자료수정 가능 */
	            asList.set(0, "자료4");
	            System.out.println("asList = " + asList);
	    }
	}
	``

결과	unmodifiableList : [자료1, 자료2, 자료3] asList : [자료4, 자료2, 자료3]
정리	• 분석 결과 – Collections.unmodifiableList() 함수는 읽기 전용으로 자료 변경 시 에러를 발생시킨다. – Arrays.asList() 함수는 배열의 특성을 갖는 List 객체를 반환시키며 자료의 추가 및 삭제는 불가능하지만 자료의 수정은 가능하다.

12.6. 02 of() 함수를 이용한 불변 자료 구조

※ 불변 자료 구조를 위한 of() 함수는 자바 1.9 버전에서 소개되는 기능이다.

▣ java.util.List 인터페이스 API

불변 자료 구조	**public static List<T> of()** **public static List<T> of(T... t)** • 자료를 직접 파라미터로 받아 와 List 타입의 불변 자료 구조 객체로 반환하기 위한 함수 – 불변 자료 구조이므로 자료의 변경이 불가능하다.

▣ java.util.Set 인터페이스 API

불변 자료 구조	**public static Set<T> of()** **public static Set<T> of(T... t)**

	• 자료를 직접 파라미터로 받아 와 Set 타입의 불변 자료 구조 객체로 반환하기 위한 함수 – '불변' 자료 구조이므로 자료의 변경이 불가능하다.

▣ java.util.Map 인터페이스 API

불변 자료 구조	**public static Map〈K, V〉 of()** **public static Map〈K, V〉 of(K k1, V v1)** **public static Map〈K, V〉 of(K k1, V v1, K k2, V v2)** **public static Map〈K, V〉 of(K k1, V v1, K k2, V v3, K k3, V v3)** **...** **public static Map〈K, V〉 of(K k1, V v1, K k2, V v2, ... K k10, V v10)** • 자료를 직접 파라미터로 받아 와 Map 타입의 불변 자료 구조 객체로 반환하기 위한 함수 – 불변 자료 구조이므로 자료의 변경이 불가능하다. – key와 value 구조로 이루어져 있으며 순서대로 입력을 해야 한다. – key와 value의 값은 10쌍까지 입력이 가능하다. – 입력 시 key의 값이 중복되어 입력될 경우 오류가 발생된다.
	public static Entry〈K, V〉 entry(K, V) • key와 value의 정보를 가진 Entry 타입의 객체를 반환하는 함수 – Map의 자료를 구성하는 객체로서 key와 value의 정보를 가지고 있다.
	public static Map〈K, V〉 ofEntries(Entry〈K, V〉 ... entries) • Map의 불변 자료 구조를 동적 파라미터 Entry 객체를 이용하여 구성하기 위한 함수 – of() 함수로는 10개를 초과하여 입력이 불가하며, Entry를 이용할 경우 입력되는 자료 수에 제한이 없다. – Entry의 key가 중복될 경우 에러를 발생시킨다.

■ of() 함수를 이용한 객체 생성

학습 목표	• 자바 1.9 버전에서 소개되는 of() 함수를 이용하여 불변 자료 구조의 생성을 할 수 있도록 한다.
사용 목적	• of() 함수를 이용하여 Collections를 이용하여 생성하는 로직보다 단순화 할 수 있다. 〈사용 예 : Collections 클래스 사용〉 List〈String〉 list = new ArrayList〈String〉();

```
list.add("자료1");
list.add("자료2");
list.add("자료3");
List<String> of1 = Collections.unmodifiableList(list);
```

〈사용 예 : of() 함수 사용〉

```
List<String> of1 = List.of("자료1", "자료2","자료3");
```

학습 절차

ch12.part06.main2.TestMain 클래스 정의

- 메인 함수 정의
  - ▸ List 불변 자료 구조 객체 생성
  - ▸ Set 불변 자료 구조 객체 생성
  - ▸ Map 불변 자료 구조 객체 생성

사용 예문

ch12.part06.main2.TestMain 클래스 정의

```
package ch12.part06.main2;

import java.util.List;
import java.util.Map;
import java.util.Set;

public class TestMain {
    public static void main(String[] args) {

        /** List 불변 자료구조 객체생성 */
        List<String> of1 = List.of("자료1", "자료2","자료3");
        System.out.println("List<String> of1 = " + of1);

        /** Set 불변 자료구조 객체생성 */
        Set<Integer> of2 = Set.of(1,2,3,4);
        System.out.println("Set<Integer> of2 = " + of2);

        /** Map 불변 자료구조 객체생성 */
        Map<String, String> of3 = Map.of(
                "key1", "value1"
                ,"key2", "value2"
                ,"key3", "value3"
                ,"key4", "value4"
                ,"key5", "value5"
                ,"key6", "value6"
                ,"key7", "value7"
                ,"key8", "value8"
```

```
            ,"key9", "value9"
            ,"key10", "value10"
        );
        System.out.println("Map〈String, String〉 of3 = " + of3);

        /** Map의 Entry를 이용한 불변 자료구조 객체생성 */
        Map〈String, String〉 ofEntries = Map.ofEntries(
             Map.entry("key1", "value1")
            ,Map.entry("key2", "value2")
            ,Map.entry("key3", "value3")
            ,Map.entry("key4", "value4")
        );
        System.out.println("Map〈String, String〉 ofEntries = " + ofEntries);

    }
}
```

결과

List〈String〉 of1 = [자료1, 자료2, 자료3]

Set〈Integer〉 of2 = [1, 2, 3, 4]

Map〈String, String〉 of3 = {key4=value4, key5=value5, key6=value6, key7=value7, key8=value8, key9=value9, key10=value10, key1=value1, key2=value2, key3=value3}

Map〈String, String〉 ofEntries = {key4=value4, key1=value1, key2=value2, key3=value3}

정리

- 분석 결과
  - of() 함수를 이용하여 불변 자료 객체를 생성할 수 있다.
  - Collections를 이용한 불변 자료 구조와 결과가 동일한 결과의 자료 구조를 얻는다.
  - Map.of() 함수는 10의 쌍을 넘어설 경우 에러가 발생된다.

부록

※ 자바 변경 내역은 버전 1.9 이상을 기준으로 나타내며, 학습 과정에서 다룬 내용에 대해서만 명시하도록 합니다.

1. 자바 1.9 버전

학습 단원	변경 내역
10.3	• 'try–with–resources' 예외 처리 개선
12.6.02	• 불변 자료 구조 – List.of(), Set.of(), Map.of()
19.2.02 19.2.03	• Stream 함수 추가 – Stream〈T〉 Stream.ofNullable(T t) – IntStream IntStream.iterate(int seed, IntUnaryOperator next) – IntStream IntStream.iterate(int seed, IntPredicate hasNext, IntUnaryOperator next) – public Stream〈T〉 takeWhile(Predicate〈? super T〉 predicate) – public Stream〈T〉 dropWhile(Predicate〈? super T〉 predicate)
19.3.01	• Optional 함수 – public void ifPresentOrElse(Consumer〈? extends T〉 consumer, Runnable r) – public Optional〈T〉 or(Supplier〈T〉 supplier)
22	• 모듈(module–info.java)

2. 자바 1.10 버전

학습 단원	변경 내역
3.10	• 지역변수의 타입추론 – 『var』
12.2.02 12.3.02 12.4.02	• List, Set, Map 불변함수 – public static List〈E〉 copyOf(Collection〈? extends E〉 collection) – public static Set〈E〉 copyOf(Collection〈? extends E〉 collection) – public static Map〈K, V〉 copyOf(Collection〈? extends K, ? extends V〉 map)

7.6.05 7.6.06	• 리플렉션 – Field ‣ public boolean canAccess(Object obj) – Method ‣ public boolean canAccess(Object obj)

3. 자바 1.11 버전

학습 단원	변경 내역
3.10.01	• 지역변수의 타입추론 – 람다식에서 『var』 타입의 사용
18.1.01	• HttpClient, HttpRequest, HttpResponse의 사용
20.1.02	• String 클래스 함수 추가 – strip(), stripLeading(), stripTrailing() – isBlank() – repeat() – lines()

※ 각 [학습 단원]에 표기된 장을 기준으로 '1~12장'은 본 도서의 1권을, '13~22장'까지는 2권에 수록되어 있습니다.

A ~ Z	

ㄱ

ㄴ

ㄷ